Das Recht der Handelsgeschäfte in der Russischen Föderation

Europäische Hochschulschriften
Publications Universitaires Européennes
European University Studies

Reihe II
Rechtswissenschaft

Série II Series II
Droit
Law

Bd./Vol. 3873

PETER LANG
Frankfurt am Main · Berlin · Bern · Bruxelles · New York · Oxford · Wien

Tatjana Pashchenko

Das Recht der Handelsgeschäfte in der Russischen Föderation

PETER LANG
Europäischer Verlag der Wissenschaften

Bibliografische Information Der Deutschen Bibliothek
Die Deutsche Bibliothek verzeichnet diese Publikation in der Deutschen Nationalbibliografie; detaillierte bibliografische Daten sind im Internet über <http://dnb.ddb.de> abrufbar.

Zugl.: Köln, Univ., Diss., 2003

Gedruckt auf alterungsbeständigem,
säurefreiem Papier.

D 38
ISSN 0531-7312
ISBN 3-631-52214-2

Printed in Germany 1 2 3 4 5 7

www.peterlang.de

In Andenken an Prof. Dr. Dr. h.c. Georg Brunner

Meinen Eltern und Großeltern

Vorwort

Die vorliegende Arbeit lag der juristischen Fakultät der Universität zu Köln im Sommersemester 2003 als Dissertation vor.
Mein besonderer Dank gilt meinem - inzwischen leider unerwartet verstorbenen - Doktorvater, dem ehemaligen Direktor des Instituts für Ostrecht Herrn *Prof. Dr. Dr. h.c. Georg Brunner*, der diese Arbeit angeregt und beinahe zu den letzten Zeilen intensiv betreut hat. Seine vielfältigen Anregungen, großes Engagement und die außerordentliche Hilfsbereitschaft bei der Förderung der Arbeit sowie seine Herzlichkeit und Lebensfreude werden mir immer in Erinnerung bleiben.
Zu einem herzlichen Dank bin ich umso mehr der neuen Direktorin des Instituts für Ostrecht, Frau *Prof. Dr. Angelika Nußberger*, verpflichtet, die sich bereit erklärt hat, die Betreuung der Arbeit zu übernehmen und diese zu begutachten. Ein herzliches Dankeschön auch an Herrn *Prof. Dr. Klaus Peter Berger* für die schnelle Erstellung des Zweitgutachtens.
Danken möchte darüber hinaus allen, die mich auf dem Weg zur Promotion unterstützt und begleitet haben. Dies gilt in erster Linie für alle heutigen und ehemaligen Mitarbeiter des Instituts für Ostrecht – Frau *Dr. Carmen Schmidt,* Frau *Marina Schneider,* Herrn *Prof. Dr. Herbert Küpper,* Frau *Erika Chilecki* und Frau *Teresa Kassel* – für die herzliche Atmosphäre, die jahrelange Beherbergung und die Aufnahme in die „Kaffeerunde".
Besonderen Dank möchte ich ferner *Herrn Dr. Joachim Lippott,* Bonn, aussprechen für seine wertvollen Ratschläge und die Zurverfügungstellung seiner umfangreichen russischen juristischen Privatbibliothek.
Gedankt sei ferner Richtern am Höchsten Wirtschaftsgericht der Russischen Föderation *Frau Andreeva* und *Herrn Sarbaš* für anregende und weiterführende Fachgespräche.
Besonderen Dank schulde ich auch den Mitarbeitern der Deutschen Stiftung für internationale rechtliche Zusammenarbeit e.V., Bonn, insbesondere Frau *Andrea Gräfin von Vitzthum* und Frau *Brigitte Liebermann* für die Gewährung der Möglichkeit, mit osteuropäischen Richtern und Anwälten zu diskutieren, sowie für die Unterstützung mit unveröffentlichten Materialien im Rahmen der Gesetzgebungsberatung in Russland.
Am meisten gedankt seien aber diejenigen, die mir persönlich am nahesten stehen und mich in allerlei Hinsicht während der Promotionszeit durch Liebe, Zuwendung, Geduld und Rat unterstützt und an mich geglaubt haben – meine Eltern Ljudmila und Nikolaj Pashchenko, meine Großeltern, mein Mann Tilman sowie Lois Fisher-Dietzel.

Diese Arbeit wurde durch ein Dissertationsstipendium der Friedrich-Naumann-Stiftung gefördert, wofür ich zu tiefstem Dank verpflichtet bin.

Köln, den 29.11.2003 *Tatjana Pashchenko*

IHNHALTSVERZEICHNIS

ABKÜRZUNGSVERZEICHNIS

a.A.	andere Ansicht
Abs.	Absatz
AcP	Archiv für die zivilistische Praxis
a.E.	am Ende
a.F.	alte Fassung
AJIL	American Journal of International Law, Zeitschrift
Alt.	Alternative
Anm.	Anmerkung
aaO	am angegebenen Ort
Art.	Artikel
Aufl.	Auflage
BB	Betriebs-Berater, Zeitschrift
Bd.	Band
BegrRegE HrefG	Begründung des Regierungsentwurfs zum Handelsrechtsreformgesetz
BNA	Bjulljuten' normativnych aktov ministerstv i vedomstv SSSR (Bulletin der Normativakte von Ministerien und Behörden der UdSSR)
BT-Drucks.	Bundestagsdrucksache
BVS	Bjulljuten' Verchovnogo suda (Bulletin des Obersten Gerichts)
bzw.	beziehungsweise
ChiP	Chozjajstvo i Pravo (Wirtschaft und Recht), Zeitschrift
CISG	United Nations Convention on Contracts for the International Sale of Goods (Übereinkommen der Vereinten Nationen über Verträge über den internationalen Kauf)
DB	Der Betrieb, Zeitschrift
ders.	derselbe
d.h.	das heißt
dt.	deutsch
Dz. U.	Dziennik Ustaw, polnisches Gesetzblatt
etc.	etcetera
E	Entscheidung
EG ZGB	Einführungsgesetz zum ersten Teil des Zivilgesetzbuches der Russischen Föderation
ĖiŽ - Jurist	Ėkonomika i Žizn'- Jurist (Wirtschaft und Leben – Jurist), Zeitschrift
ELR	European Law Review, Zeitschrift
ĖPOS	Ėkonomika, predprinimatel'stvo, okružajuščaja sreda (Wirtschaft, Unternehmertum, Umwelt), Zeitschrift
ERPL	European Review of Private Law, Zeitschrift
EuGRZ	Europäische Grundrechtezeitschrift

E ZGB	Entwurf des Zivilgesetzbuchs
f. (ff.)	folgende (mehrere folgende)
Fn.	Fußnote
GG	Grundgesetz
GiP (oder SGiP)	(Sovetskoe) Gosudarstvo i Pravo ((Sowjet-)Staat und Recht), Zeitschrift
HGB	Handelsgesetzbuch
HGB-D	deutsches HGB
HWiG	Höchstes Wirtschaftsgericht (russ.: Vysšij Arbitražnyj sud)
i.d.F.	in der Fassung
IGRV	Institut für Gesetzgebung und Rechtsvergleichung bei der Regierung der RF
insbes.	insbesondere
IRZ-Stiftung	Deutsche Stiftung für internationale rechtliche Zusammenarbeit e.V.
i.S.d.	im Sinne des, der
i.V.m.	in Verbindung mit
IZSP	Institut zakonodatel'stva i sravnitel'nogo pravovedenija (Institut für Gesetzgebung und Rechtsvergleichung)
JbOR	Jahrbuch für Ostrecht, Zeitschrift
JEEL	The Journal of East European Law, Zeitschrift
JZ	Juristische Zeitschrift
LeasingG	Gesetz „Über das Leasing"
m.E.	meines Erachtens
Musterkaufbest.	Bestimmungen „Über den Verkauf von Waren anhand von Mustern"
mwN	mit weiteren Nachweisen
NBG	Niederländisches Bürgerliches Gesetzbuch
n.Chr.	nach Christus
n.F.	neue Fassung
NatmonopolG	Gesetz „Über die natürlichen Monopole"
NJW	Neue Juristische Wochenschrift
NÖP	Neue Ökonomische Politik
NotarGrdl.	Grundlagen der Gesetzgebung der RF über das Notariat
Nr.	Nummer
OER	Osteuroparecht, Zeitschrift
OG	Oberstes Gericht (russ: Verchovnyj sud)
ÖffdienstGrdl	Gesetz "Über die Grundlagen des öffentlichen Dienstes der Russischen Föderation"
PECL	Principles of European Contract Law
PG	Produktionsgenossenschaft
PSJEEL	Parker School Journal of East European Law, Zeitschrift
RabelsZ	Zeitschrift für ausländisches und internationales Privatrecht

RCEEL	Review of Central and East European Law, Zeitschrift
RiG	Gesetz „Über den Status der Richter in der RF“
RF	Russische Föderation
RIW	Recht der internationalen Wirtschaft, Zeitschrift
RJ	Rossijskaja Justicija (Russische Justiz), Zeitschrift
RL	Richtlinie
Rn.	Randnummer
RNK	Rossijskij nalogovyj kur'er (Russischer Steuerkurier), Zeitschrift
RG	Rossijskaja gazeta (Russische Zeitung)
ROW	Recht in Ost und West, Zeitschrift
Rspr.	Rechtsprechung
S.	Seite
Sb	Sbírka Zákonů Česká Republika, tschechisches Gesetzblatt
SNK	Sovet narodnych komissarov (Rat der Volkskommissare)
SJZ	Schweizerische Juristen-Zeitung
sog.	sogenannte
SP	Sobranie postanovlenij (Verordnungs-Sammlung)
SSSR	Sojuz Sovetskich Socialističeskich Respublik (Union der Sozialistischen Sowjetrepubliken = UdSSR)
StaatmatreservG	Gesetz „Über die staatlichen materiellen Reserven“
StaatslieferG	Gesetz „Über die Lieferung von Erzeugnissen für den föderalen staatlichen Bedarf“
StandardisierungsG	Gesetz „ Über die Standardisierung“
StGB	Strafgesetzbuch
SU	Sobranie uzakonenij (Gesetzessammlung)
SU RKP	Sobranie uzakonenij i rasporjaženij raboče-krest'janskogo pravitel'stva (Sammlung der Gesetze und Verordnungen der Arbeiter- und Bauernregierung)
SZ	Sobranie zakonov (Gesetzblatt)
SZ RF	Sobranie zakonodatel`stva Rossijskoj Federacii (Gesetzessammlung der Russischen Föderation), seit 1994 erscheinendes Bakanntmachungsblatt
u.a.	unter anderem
UCC	Uniform Commercial Code
UntG	Gesetz der Russischen Föderativen Sozialistischen Sowjetrepublik „Über Unternehmen und unternehmerische Tätigkeit“
VCIK	Vsesojuznyj central'nyj ispolnitel'nyj komitet (Der Zentrale Vollzugsausschuss der Sowjetkongresse der Union)
VerbrSchG	Gesetz „Über den Schutz der Verbraucher“
Verf.	Verfasser/in
Verf. RF	Verfassung der Russischen Föderation
VerfGG RF	Verfassungsgerichtsgesetz der Russischen Föderation

vgl.	vergleiche
VMU	Vestnik Moskovskogo Universiteta, Serija 11, Pravo (Bote der Moskauer Universität, Serie 11, Recht), Zeitschrift
VO	Verordnung
VSND	Vedomosti S"ezda Narodnych Deputatov i Verchovnogo Soveta (Gesetzblatt des Kongresses der Volksdeputierten und des Obersten Sowjets)
VVAS	Vestnik Vysšego Arbitražnogo suda (Bote des Höchsten Wirtschaftsgericht)
VVS	Vedomosti Verchovnogo Soveta (Mitteilungen des Obersten Sowjets)
WettbewerbsG	Gesetz „Über Wettbewerb und Beschränkung von Monopoltätigkeit auf Warenmärkten"
WGO-MfOR	Die wichtigsten Gesetzgebungsakte in den Ländern Osteuropas und Südosteuropas - Monatshefte für Osteuropäisches Recht, Zeitschrift
WiPO	Wirtschaftsprozessordnung
WiRO	Wirtschaft und Recht in Osteuropa, Zeitschrift
WOS	Wirtschaftsrecht der osteuropäischen Staaten
WPNR	Weekblad voor privatrecht, notariaat en registratie, Zeitschrift
ZaÖRV	Zeitschrift für ausländisches öffentliches Recht und Völkerrecht
z.B.	zum Beispiel
ZertifizG	Gesetz „Über die Zertifizierung von Produktion und Dienstleistungen"
ZEuP	Zeitschrift für Europäisches Privatrecht
ZfO	Zeitschrift für Ostrecht
ZfRV	Zeitschrift für Rechtsvergleichung
ZGB	Zivilgesetzbuch der RF
ZGR	Zeitschrift für Unternehmens- und Gesellschaftsrecht
ZHR	Zeitschrift für das gesamte Handelsrecht, seit 1907: Zeitschrift für das gesamte Handels- und Konkursrecht, seit 1962: Zeitschrift für das gesamte Handelsrecht und Wirtschaftsrecht
Ziff.	Ziffer
ZiP	Zeitschrift für Wirtschaftsrecht und Insolvenzpraxis
zit.	zitiert
ZPO	Zivilprozeßordnung
ŽRP	Žurnal rossijskogo prava (Zeitschrift des russischen Rechts)
ZRP	Zeitschrift für Rechtspolitik
ZSR	Zeitschrift für schweizerisches Recht
ZvglRWiss	Zeitschrift für vergleichende Rechtswissenschaft

Das Recht der Handelsgeschäfte in der Russischen Föderation

Einleitung

Das Recht der Handelsgeschäfte gehört traditionell zu der Materie des Handelsrechts und ist sein ursprüngliches und ältestes Anwendungsfeld. Während es für einen deutschen Juristen selbstverständlich ist, dass Handelsrecht und Zivilrecht von einander zumindest formal getrennt sind, zeigt die Praxis, dass mehrere europäische Staaten in ihren moderneren Kodifikationen eine einheitliche Regelung vorgezogen haben. Dem letzteren Weg ist auch der Gesetzgeber der Russischen Föderation gefolgt, indem er in den ersten beiden Teilen des Zivilgesetzbuches[1] das Recht der Handelsgeschäfte mitgeregelt hat. Mit der vorliegenden Arbeit soll das Verhältnis von Zivilrecht und Handelsrecht in der Russischen Föderation erörtert und einzelne, in der Praxis besonders relevante Handelsgeschäfte dargestellt werden. Es wird zunächst die historische Entwicklung des Handelsrechts und der Prozess der Verselbständigung des Handelsrechts als Sonderrecht der Kaufleute geschildert. Es folgt eine Darstellung der Herausbildung des dualistischen und des monistischen Systems im heutigen Europa sowie der verschiedenen Abgrenzungsmöglichkeiten zwischen Zivil- und Handelsrecht in ausgewählten Rechtsordnungen (objektives und subjektives System). Das dualistische System wird am Beispiel Deutschlands und Frankreichs erörtert. Die neueren Tendenzen einer gesetzgebungstechnischen Vereinheitlichung des Handels- und Zivilrechts (monistisches System) werden anhand der Rechtsordnungen der Schweiz, Italiens und der Niederlande festgestellt.

In diesem Zusammenhang ist auch auf unterschiedliche Erfahrungen osteuropäischer Staaten einzugehen, die im Rahmen ihrer umfassenden Rechtsreformen in den 90er Jahren vor dem grundlegenden Problem einer Neuregelung des Zivil- und Handelsrechts standen und dieses unterschiedlich gelöst haben. Beispielhaft sollen hierbei Polen, Ungarn, Tschechien, die Slowakei und Bulgarien herausgegriffen werden, da aus der Sicht des russischen Rechts von Interesse ist, welche Aspekte diese Staaten bei der erneuten Entscheidung zwischen dualistischem und monistischem System berücksichtigt haben.

Der Schwerpunkt der Arbeit liegt im russischen Recht der Handelsgeschäfte, dessen Darstellung der zweite Teil gewidmet ist. Es wird zunächst die historische Entwicklung des Handelsrechts in Russland untersucht und Fragen der Abgrenzung des Handelsrechts vom Zivilrecht diskutiert. Dabei erfolgt zunächst eine Untersuchung der im allgemeinen Schuldrecht für Unternehmer vorgesehenen Sonderregelungen, was eine Definition des Anknüpfungspunktes der „unternehmerischen Tätigkeit" voraussetzt. Nachfolgend werden die besonderen Vertragstypen – sowohl die ein-

[1] Erster Teil v. 30.11.1994 trat am 01.01.1995 in Kraft (SZ RF 1994, Nr. 32, Art. 3301 i.d.F. vom 8. Juli 1999, Rossijskaja Gazeta, S. 14. Juli 1999, Nr. 134). Zweiter Teil v. 26.01.1996 trat am 01.03.1996 in Kraft (SZ 1996 Nr. 5, Art. 410 i.d.F. vom 17.12.1999, SZ 1999 Nr. 51, Art. 6288).

seitigen als auch die beiderseitigen Handelsgeschäfte - eingehend dargestellt, wobei hier der Schwerpunkt bei den Regelungen zum Handelskauf gelegt wird.

Im dritten Teil der Arbeit werden Ergebnisse zusammengefasst und eine Gesamtwertung vorgenommen. Es wird eine Bilanz gezogen, ob das existierende Recht der Handelsgeschäfte in der Russischen Föderation bezüglich seiner Systematik reformbedürftig ist oder ob es den Anforderungen des modernen Wirtschaftsverkehrs entspricht und damit als gelungen zu beurteilen ist. Schließlich wird ein Ausblick auf die zu erwartende bzw. angestrebte Entwicklung vorgenommen.

Kapitel 1:

Aufriss der Gesamtproblematik - eine rechtsvergleichende Darstellung

Die Frage der äußeren bzw. inneren Verselbständigung des modernen Handelsrechts kann nicht ohne Einblick in dessen historische Entwicklung behandelt werden. Eine Herausarbeitung des Ursprungs der Gegensatzbildung zwischen Handelsrecht und Zivilrecht in Europa ist nicht ohne einen Rückblick auf die europäische Handelsrechtsgeschichte möglich. Denn die heutige Entwicklung ist in dem langen Prozess der Handelsrechtsgeschichte bereits angelegt.[2] Eine solche Herangehensweise hilft insbesondere, das Handelsrecht kennzeichnende Merkmale zu erklären.

A. Verhältnis von Handelsrecht und Zivilrecht

Die Frage, ob Handelsrecht und Bürgerliches Recht einheitlich oder getrennt zu kodifizieren sind, war schon im 19. Jahrhundert beim Entstehen der großen Kodifikationen Gegenstand heftiger Meinungsverschiedenheiten.

Das Verhältnis von Handelsrecht und Zivilrecht kann sich auf unterschiedliche Art und Weise gestalten. Nach der äußeren Erscheinungsform einer Kodifikation unterscheidet man herkömmlicherweise zwischen den Systemen der einheitlichen Vollkodifizierung, der dualistischen Vollkodifizierung und der Teilkodifizierung.[3] Die Entscheidung für das eine oder andere System ist dabei nicht nur eine Frage der Gesetzestechnik, sondern ist eng damit verbunden, welche Bedeutung dem Handelsrecht im Gesamtsystem des betreffenden nationalen Rechts beigemessen wird, welche Stellung es im Sozialbereich einnimmt und welche wirtschaftlichen und rechtspolitischen Ziele mit ihm verfolgt werden.[4] Dabei, wie zu zeigen sein wird, kennen mehrere Rechtssysteme trotz des Fehlens einer handelsrechtlichen Sonderkodifikation gleichwohl die Unterscheidung zwischen Handels- und Zivilrecht. Daher ist die Frage nach der Eigenständigkeit des Handelsrechts vom Vorliegen einer handelsrechtlichen Kodifikation streng zu trennen.[5]

---

[2] Vgl. *Schmidt,* HandR § 2 II 1.
[3] Vgl. *Schmitthoff,* RabelsZ 28 (1964), 47, 50 f.; *Heymann,* Die Beziehungen des Handelsrechts zum Zivilrecht, S. 115; *Luther,* in: Rotondi, 247 f.
[4] *Luther,* in: Rotondi, 248; vgl. auch *Müller-Freienfels,* in: FS für von Caemmerer, S. 583, 593, 595.
[5] *Müller-Freienfels,* in: FS für von Caemmerer, S. 593; *Luther,* in: Rotondi, 248.

I. Historische Darstellung: die Herausbildung des selbständigen Handelsrechts

1. Deutschland

a. Frühes und spätes Mittelalter

Anders als bei den Griechen und Römern[6] spielte der Handel bei den Germanen im Altertum und im frühen Mittelalter keine große Rolle.[7] Die Germanen waren überwiegend Bauern und beschränkten sich bei ihren landwirtschaftlichen Erzeugnissen auf den Eigenbedarf. Die herrschende Naturalwirtschaft und der sich daraus in nur geringem Umfang entwickelnde Tauschhandel bedurften keiner besonderen umfassenden handelsrechtlichen Regeln.[8]
Die Entstehung eines besonderen, vom bürgerlichen Gesetzbuch getrennten Handelsrechts in Europa geht auf das hohe und späte Mittelalter zurück. Zwar war das vorhandene bürgerliche Recht in zahlreiche Stammesrechte zersplittert.[9] So existierte neben dem Reichsrecht, dem Landrecht und dem Stadtrecht auch noch kanonisches Recht.[10] Der allgemeine Aufschwung des Handels vor allem in den norditalienischen Handelsstädten sowie die Bildung eines mächtigen Kaufmannsstandes trugen aber in großem Maße zu der Verselbständigung des Handelsrechts bei.[11] Dieses entwickelte sich zunächst als Gewohnheitsrecht unter den Mitgliedern der kaufmännischen Korporationen und wurde zum im wesentlichen lokalen, auf das Gebiet der Stadt begrenzten, Standesrecht der Handel treibenden Personen – der Kaufleute.[12] Das lokale Handelsrecht erstreckte seine Geltung auch auf fremde Kaufleute. Dies hatte seine Ursachen in der Handelsgerichtsbarkeit und den Messen und Jahrmärkte, auf denen sich auch internationale Geschäfte vollzogen und sich einheitliche Bräuche bei allen Völkern mit Auslandsverkehr bildeten.[13] Aufgrund des regen Handelsverkehrs mit Italien und der Niederlassung italienischer Waren- und Geldhändler in den größeren deutschen Städten wurde die Übernahme des italienischen Rechts gefördert.[14] Davon profitierte das deutsche Handelsrecht, da das italienische Recht wertvolle Rechtsgedanken aus den von den Italienern im Welthandel gesammelten Erfahrungen herausgebildet hatte und die

---

[6] S. dazu eingehend statt vieler *Rehme*, in: Ehrenbergs Handbuch, 1. Band, S. 67 ff., 73 ff. und *Goldschmidt*, Universalgeschichte des Handelsrechts, S. 47 ff., 143 ff.
[7] Vgl. *Goldschmidt*, Handbuch des Handelsrechts, S. 56, 77; *Rehme*, in: Ehrenbergs Handbuch, 1. Band, S. 108 ff.
[8] Vgl. *Jestel*, Die historische und dogmatische Begründung, S. 32; *Goldschmidt*, Handbuch des Handelsrechts, S. 56, 77; *Rehme*, in: Ehrenbergs Handbuch, 1. Band, S. 108 mwN.
[9] Vgl. *Jestel*, Die historische und dogmatische Begründung, S. 32; *Zweigert/Kötz*, Einführung in die Rechtsvergleichung, S. 132.
[10] Vgl. *Eisenhard*, Rn. 36 ff.
[11] Vgl. *Jestel*, Die historische und dogmatische Begründung, S. 11 ff.; *Gierke/Sandrock*, Handels- und Wirtschaftsrecht, S. 11 f.; *Müller-Freienfels*, FS von Caemmerer, 598 f.; *Eisenhardt*, Deutsche Rechtsgeschichte, Rn. 221.
[12] Vgl. *Eisenhardt*, Deutsche Rechtsgeschichte, Rn. 221; *Rehme*, in: Ehrenbergs Handbuch, 1. Band, S. 119 f., 123 ff, 125 ff.; *Goldschmidt*, Universalgeschichte des Handelsrechts, S. 124 ff., 126 ff.
[13] Vgl. *Heymann*, Handelsrecht, S. 13.
[14] Vgl. *Müller-Erzbach*, S. 33; *Rehme*, in: Ehrenbergers Handbuch, 1. Band, S. 132 f. Zur Entwicklung des gesonderten Handelsrechts in Italien s. *Rotondi*, AcP 167 (1967), 32 ff.

Italiener gegenüber den deutschen Händlern auf dem Gebiet des Geldhandels weit überlegen waren.[15] Von einer umfassenden Rezeption des italienischen Rechts kann dennoch nicht gesprochen werden.[16]

b. Die Neuzeit und das 19. Jahrhundert

In der Neuzeit verdrängte die Rechtsetzung das im Mittelalter vorherrschende Gewohnheitsrecht. Von größerer Bedeutung war die Sondergesetzgebung im 17. und in der ersten Hälfte des 18. Jahrhunderts. So wurden unter anderem Wechsel-, Mäkler- und Failitätenverordnungen erlassen.[17] Es entstanden Handelsgerichte als staatliche Institutionen.[18]

Der ständische Charakter des Handelsrechts blieb erhalten.[19] Durch den Übergang der Rechtssetzung auf größere Gebilde durch die Bildung eines internationalen Brauchs auf den europäischen Messen und Börsen und durch die teilweise Rezeption des italienischen Rechts wurde eine gewisse Rechtsvereinheitlichung in den romanischen Ländern erzielt.[20]

Die Entwicklung der deutschen Territorien zu absolutistischen Staaten und der Zerfall des Heiligen Römischen Reichs Deutscher Nation im Jahre 1806 führten zu einer großen Rechtszersplitterung auf dem Gebiet des Zivilrechts.[21] So galt zum Beispiel in Preußen das Allgemeine Landrecht von 1794[22], welches die erste umfassende Regelung des Handelsrechts im deutschen Rechtskreis enthielt. In den Rheinlanden galt dagegen der Code de commerce, das französische Handelsgesetzbuch von 1807. Das ALR enthielt eine umfassende Regelung von Materien, wie sie noch im heutigen HGB und den handelsrechtlichen Nebengesetzen zu finden sind.[23] Der im 8. Titel des zweiten Teils als Sonderrecht gegenüber dem allgemeinen bürgerlichen Recht[24] geregelte handelsrechtliche Stoff des ALR ließ sich in drei Hauptteile gliedern: Die Ordnung des Kaufmannsstandes und der kaufmännischen Organisation einschließlich der entsprechenden Vertretungsmacht, die Regelung der Personengesellschaften und die Handelsgeschäfte[25]. Es handelte sich um Sondernormen, welche für Kaufleute galten,[26] die „den Handel mit Waren oder Wechseln als ihr Hauptgeschäft betreiben“[27]. Mit der preußischen Kodifikation

---

[15] Vgl. *Rehme*, in: Ehrenbergers Handbuch, 1. Band, S. 133.
[16] Vgl. *Rehme*, in: Ehrenbergers Handbuch, 1. Band, S. 134.
[17] Vgl. die Nachweise bei *Rehme*, in: Ehrenbergers Handbuch, 1. Band, S. 198 ff.
[18] S. *Rehme*, in: Ehrenbergers Handbuch, 1. Band, S. 195 f. mwN.
[19] Vgl. *Müller-Freienfels*, in: FS für von Caemmerer, S. 593; *Rehme*, in: Ehrenbergers Handbuch, 1. Band, S. 198, der von Sondergesetzgebung spricht.
[20] Vgl. *Rehme*, in: Ehrenbergers Handbuch, 1. Band, S. 202 ff., 206; *Müller-Erzbach*, S. 34.
[21] Vgl. *Goldschmidt*, Handbuch des Handelsrechts, Teil B, S. 57; zur Vielfalt der geltenden Zivilrechte s. *Staudinger-Coing*, Bd. I, Einl. Rn. 24; *Šeršenevič*, S. 34.
[22] Fortan: ALR. Textausgabe mit einer Einführung von *Hans Hattenhauer*, 1970 (Registerband 1973) und von *H.Rehbein und O.Reinke*, Berlin 1882, Bd. 2.
[23] *Raisch*, Abgrenzung, S. 34.
[24] Vgl. *Eichler*, ZHR 126 (1964), 184; *Luther*, in Rotondi, Bd. III, 250.
[25] *Eichler*, ZHR 126 (1964), 184.
[26] Vgl. *Raisch*, Abgrenzung, S. 38; *Schmidt*, HandlR § 2 II 1; *Müller-Freienfels*, in: FS für von Caemmerer, S. 598; *Gierke/Sandrock*, Handels- und Wirtschaftsrecht, S. 14.
[27] ALR II 8 § 475.

begann eine neue Epoche, da sich in Deutschland bis zu diesem Zeitpunkt nur einzelne Materien des Handelsrechts in Landesgesetzen und Statuten niedergeschlagen hatten, wenngleich wissenschaftliche Gesamtbearbeitungen schon lange Zeit vorher erfolgten.[28]
Die Idee einer völligen Trennung der beiden Gebiete gewann erst unter dem Einfluss der napoleonischen Gesetzgebung Raum.[29] Vor allem *Heinrich Thöl* wurde eifriger Befürworter eines vom bürgerlichen Recht dogmatisch getrennten Handelsrechts.[30]
Die Gründung des Deutschen Bundes im Jahre 1815 brachte nicht die erhoffte Einigung und damit auch keine Schaffung eines einheitlichen Zivilrechts mit sich. Dem Deutschen Bund fehlte es an einer Gesetzgebungskompetenz auf dem Gebiet des Zivilrechts.[31] Die Zersplitterung des deutschen Rechts war insbesondere auf dem Gebiet des Handelsrechts besonders störend.[32] Einen wichtigen Beitrag zur Rechtsvereinheitlichung Deutschlands und insbesondere des Handelsrechts lieferte der Deutsche Zollverein, der im Jahre 1834 gegründet wurde.[33] Zum ersten Mal wurde das Wechselrecht als zentrales Gebiet für ganz Deutschland einheitlich und erschöpfend geregelt.[34] 1847 wurde der württembergische Entwurf einer allgemeinen deutschen Wechselordnung fertiggestellt und von den einzelnen deutschen Staaten in den Folgejahren als Landesgesetz übernommen.[35] Durch den fortschreitenden Aufschwung des Handels wuchs das Bedürfnis nach einem einheitlichen deutschen Handelsgesetzbuch.[36] Regelrechte HGB-Entwürfe entstanden in Württemberg und Nassau.[37] Im Jahre 1848 wurde eine Kommission zur Ausarbeitung des Entwurfs eines Allgemeinen HGB für Deutschland[38] einberufen. Bei den Vorarbeiten zu diesem Entwurf, an denen *Thöl* regen Anteil hatte, war die Abgrenzungsproblematik zwischen Handelsrecht und Bürgerlichem Recht bereits klar erkannt worden.[39] Das ADHGB scheiterte allerdings mit der gesamten Paulskirchenversammlung. Auf diese Arbeit griff nach dem Erliegen der deutschen Einigungsbewegung ein preußischer Entwurf (1856-1857) zurück, der wiederum für die Arbeiten der ab 1857 tagenden sogenannten „Nürnberger Kommission" zur Grundlage wurde.[40] Aufbauend auf den Vorschlägen der Handelsrechtswissenschaft legte diese Kommission ein Modellgesetz des Allgemeinen Deutschen Handelsgesetzbuchs von 1861[41] vor, in welchem das Ende der Zersplitterung des deutschen Handelsrechts und der Beginn

[28] Zum Beispiel *Langermann,* De iure in curia mercatorum usitato und *Marquard,* Tractatus politico-juridicus de iure mercatorum et commerciorum singulari, 1662. Zur Eetwicklung der deutschen Handelsrechtswissenschaft s. eingehend *Lysenko,* VMU 2000 Nr. 6, 72 ff.
[29] Vgl. *Lehmann*, ZHR 52 (1902),1 ff., 4 ff.
[30] Vgl. *Thöl*, Handelsrecht, S. 39.
[31] Vgl. Artt. 6 und 64 der Bundesakte, zit. nach *Getz,* Die deutsche Rechtseinheit, S. 29.
[32] *Canaris,* § 1 Rn. 47.
[33] Vgl. *Getz*, Die deutsche Rechtseinheit, S. 35.
[34] Vgl. *Rehme*, in: Ehrenbergers Handbuch, 1. Band, S. 238; *Canaris,* § 1 Rn. 47.
[35] Vgl. *Goldschmidt*, Handbuch des Handelsrechts, Bd. 1, S. 96; *Rehme*, in: Ehrenbergers Handbuch, 1. Band, S. 239.
[36] Vgl. *Rehme*, in: Ehrenbergers Handbuch, 1. Band, S. 238.
[37] *Schmidt,* HandlR § 2 II 1.
[38] Fortan: ADHGB.
[39] *Luther*, in: Rotondi, Bd. III, 251.
[40] Vgl. *Luther*, in: Rotondi, Bd. III, 251; *Schmidt,* HandR § 2 II 2.
[41] Textausgabe Mannheim 1862; Nachdruck Aalen 1973.

der Geschichte des heute noch geltenden HGB zu erblicken ist[42]. Mit der Einführung des ADHGB in den Einzelstaaten als Landesgesetz hatte Deutschland zunächst im Wege der Landesgesetzgebung[43] ein einheitliches Handelsrecht erhalten.[44] Das ADHGB wurde 1869 als Bundesgesetz des norddeutschen Bundes eingeführt und verkündet und galt nach der Reichgründung im Jahre 1871 als für das gesamte Reichsgebiet verbindliches Reichsgesetz fort.[45] Für die einheitliche Handhabung des ADHGB leistete das 1869 eingerichtete Bundesoberhandelsgericht[46] wesentlichen Beitrag.[47] Systematisch ging das ADHGB von dem subjektiven System, also von einem reinen Sonderrecht der Kaufleute, aus, ließ aber auf bestimmte Rechtsgeschäfte das Handelsrecht zur Anwendung kommen, auch wenn lediglich ein Kaufmann oder nur Nichtkaufleute beteiligt waren.[48] Das ADHGB enthielt eine Fülle von Vorschriften, die dogmatisch ins bürgerliche Recht gehören, was sich unter anderem aus dem engen Zusammenhang des Handelsrechts mit diesem erklärt.[49] An dieser Verlagerung der Vorschriften von einem Sonderrecht für den Handel zum bürgerlichen Recht wurde das ADHGB kritisiert.[50] Demgegenüber ist darauf hingewiesen worden, dass das Hinausgreifen über ein reines Kaufmannsrecht, die Aufnahme allgemeingültiger Rechtsregeln und damit die teilweise Abschwächung des Prinzips des Sonderrechts für den Handel wegen der damaligen Zersplitterung der Rechtsvorschriften des bürgerlichen Rechts notwendig war.[51]

Bei den Vorarbeiten zum BGB stand der Gesetzgeber vor der Frage, ob er dem System des ADHGB folgen und es im Sinne einer Einheit von Zivil- und Handelsrecht ausbauen oder ob er zu einer scharfen Trennung der beiden Gebiete zurückkehren sollte.[52] Er wählte den letzten Weg.

Der bedeutendste Handelsrechtler *Levin Goldschmidt*, der der vom Bundesrat einberufenen „Kommission zur Aufstellung des Entwurfs eines Deutschen Bürgerlichen Gesetzbuchs" angehörte, trat zwar zunächst für ein gemeinsames Deutsches Gesetzbuch als „den allein richtigen Weg" ein.[53] Jedoch wichen er und die Kommission in der Folge von diesem Weg ab. Die wahre Ursache der Bedenken Goldschmidts gegen eine kodifikatorische Vereinheitlichung von Handelsrecht und bürgerlichem Recht dürfte seine Angst um Fortentwicklung und Einfluss der damals in voller Blüte stehenden Handelsrechtswissenschaft gewesen sein, an deren

[42] Vgl. *Schmidt,* HandlR § 2 II 2; *Luther*, in: Rotondi, Bd. III, 251.
[43] Bundestag besaß 1861 selbst keine Gesetzgebungskompetenz und konnte daher die Einführung des Allgemeinen Deutschen Handelsgesetzbuches den Ländern lediglich empfehlen.
[44] Vgl. *Luther*, in: Rotondi, Bd. III, 251.
[45] Vgl. *Schmidt,* HandR § 2 II 2.
[46] Ab 1971 Reichsoberhandelsgericht, ab 1879 das Reichsgericht.
[47] *Schmidt,* HandR § 2 II 2.
[48] Vgl. *von Gierke,* Handelsrecht und Schifffahrtsrecht, § 2 V 2, S. 15; *Canaris,* § 1 Rn. 48.
[49] Vgl. *Canaris,* § 1 Rn. 48.
[50] Vgl. *Eichler*, ZHR 126 (1964), 186.
[51] Vgl. *Luther*, in: Rotondi, Bd. III, 251; *Goldschmidt*, ZHR 5 (1862), 212 ff.; *Eichler*, ZHR 126 (1964), 186; *Raisch*, JuS 1967, 535; *Canaris,* § 1 Rn. 48.
[52] Vgl. *Luther*, in: Rotondi, Bd. III, 251.
[53] *Goldschmidt*, ZHR 5 (1862), 212 ff.; vgl. auch *Goldschmidt*, Preußische Jahrbücher, Bd. III (1859), S. 57.

Erhaltung Goldschmidt selbst entscheidend beteiligt war.[54] Ferner wäre die angestrebte Beständigkeit des BGB[55] nach Ansicht der Kommission und Goldschmidts gefährdet gewesen, wenn man die stärkeren Wandlungen unterworfenen handelsrechtlichen Sätze in das BGB aufgenommen hätte[56]. Die Aufnahme des Handelsrechts in das BGB hieße, dieses der häufigen Revision und Umgestaltung auszusetzen oder das Handelsrecht zum Stillstand zu verurteilen[57]. Daneben wurden andere Gründe für die Selbständigkeit des Handelsrechts angeführt. So könnten dem Handel eigentümliche Institute und Rechtssätze nicht einfach nach systematischen Anforderungen in das BGB eingereiht werden. Auch pflegten im Handelsrecht gewisse Prinzipien des Verkehrsrechts in eigentümlicher Ausbildung und Schärfe hervorzutreten, deren einfache Übertragung auf den gesamten Verkehr bedenklich sei. Schließlich sei für das Handelsrecht ein größeres Maß an Beweglichkeit und an Übereinstimmung mit dem Recht anderer Länder notwendig.[58]

Das Handelsrecht wurde also nicht als ganzes in das BGB aufgenommen, sondern als Gegenstand eigenständiger Kodifizierung belassen.[59] Dieses System hatte sich in den vorangegangenen Jahren bewährt, so dass damals nur die selbständige Neugestaltung, nicht aber, von allgemeinen Rechtsgeschäfts- und Vertragsregeln abgesehen, der Einbau in das BGB in Betracht kam.[60] Die einheitliche Behandlung und Neugestaltung des Privatrechts im Zuge der Kodifizierung des bürgerlichen Rechts erforderten eine Revision des ADHGB.[61] Viele Vorschriften waren nun überflüssig geworden, andere mussten mit dem BGB abgestimmt werden.[62] Der 1895 vollendete Entwurf wurde vom Reichsjustizamt umgearbeitet und nach nochmaliger Durchsicht 1896 dem Bundesrat und 1897 dem Reichstag vorgelegt und am 10.05.1897 veröffentlicht.[63] Das HGB von 1897 war noch mehr als das frühere als Sonderrecht der Kaufleute ausgestaltet.[64] Die Institution der objektiven Handelsgeschäfte wurde beseitigt, Nichtkaufleute wurden nur dann erfasst, wenn Kaufleute mit ihnen Handelsgeschäfte tätigten.[65]

Die Abkehr von der Schaffung eines code unique führte nicht zu der von Goldschmidt erhofften Kodifikation des gesamten Handelsrechts. Eine Aufwertung des HGB durch die Einarbeitung handelsrechtlicher Spezialgesetze unterblieb. Die Revision des HGB ergab, dass dem HGB nur die Rolle einer Ergänzungskodifikation zufiel.[66]

---

[54] *Raisch*, Geschichtliche Voraussetzungen, S. 91.
[55] *Benöhr*, JuS 1977, 80; *Goldschmidt*, ZHR 20 (1874), 138.
[56] Vgl. *Goldschmidt*, ZHR 23 (1878), 301 f.
[57] Vgl. *Goldschmidt*, ZHR 23 (1878), 302.
[58] S. dazu *Goldschmidt*, ZHR 20 (1874), 139 ff.
[59] Vgl. *Eichler*, ZHR 126 (1964), 186.
[60] Vgl. *von Gierke*, Handelsrecht und Schifffahrtsrecht, S. 16; vgl. auch *Šeršenevič*, S. 35, der die Entscheidung für das „kosmopolitische Handelsrecht" und damit für den Dualismus mit dem Wunsch begründet, „das erste Denkmal der nationalen Vereinigung der Deutschen" beizubehalten.
[61] Vgl. *Schmidt*, HandlR § 2 II 2 mwN; *Canaris*, § 1 Rn. 49.
[62] Vgl. *Schmidt*, HandlR § 2 II 2; *Canaris*, § 1 Rn. 49.
[63] RGBl. S. 219/BGBl. III 4100-1.
[64] *Eichler*, ZHR 126 (1964), 186.
[65] *Luther*, in: Rotondi, Bd.III, 245 (251); vgl. *Eichler*, ZHR 126 (1964), 186.
[66] *Recknagel*, Die Trennung von Zivil- und Handelsrecht, S. 30.

2. Frankreich

Verglichen mit der Geschichte des deutschen Handelsrechts hat diejenige des französischen Handelsrechts für die Frage der Herausbildung handelsrechtlicher Grundsätze eine noch höher einzustufende Bedeutung.[67]

a. Frühes und spätes Mittelalter

Im frühen Mittelalter bestand in Frankreich kein Bedarf für ein einheitliches nationales Handelsrecht, da in der Regel der Tauschhandel vorherrschte und sich für den Mittelmeerraum „internationale" Handelsgewohnheiten gebildet hatten.[68] Obwohl der Handel an Bedeutung gewann, war nach dem Vorbild des römischen Rechts, welches in Gallien und anderen Provinzen des Römischen Reiches gegolten hatte, das bürgerliche Recht, in erster Linie das den Güteraustausch regelnde Obligationenrecht, noch ausreichend.[69] Erst nach der Teilung des fränkischen Reichs gegen Ende des 9. Jahrhunderts begann mit dem Zusammenwachsen der verschiedenen Völker die Sondergeschichte des heutigen Frankreichs.[70] Das selbständige Handelsrecht entwickelte sich, ebenso wie in Deutschland, erst im hohen und späteren Mittelalter. Abgesehen vom Seerecht war das Recht in Frankreich ein partikuläres Gewohnheitsrecht.[71] Während im Norden das germanische Recht vorherrschte, wurde im Süden das Recht der Westgoten und der Burgunder durch das römische Recht verdrängt.[72] Durch den wirtschaftlichen Aufschwung und die Bildung der Handelszentren entstand das Bedürfnis nach einem eigenständigen Handelsrecht. Bis zum Ende des Mittelsalters blieb das Handelsrecht allerdings im Gegensatz zum Zivilrecht, das sich regional oder lokal bildete, ein internationales Recht der Märkte, ius nundiarum.[73] Gegen Ende des Mittelalters wurden mehrere Versuche unternommen, die Rechtszersplitterung zu beseitigen. Die Fortbildung des Rechts wurde vorwiegend durch königliche Ordonnancen betrieben.[74] Im Handelsrecht beschränkte man sich auf die Schaffung und Vereinheitlichung der Handelsgerichtsbarkeit[75]. So wurde zum Beispiel in Paris im Jahre 1563 durch *Charles IX.* ein spezielles, unabhängig von den Messen zuständiges Handelsgericht errichtet.[76] Insgesamt löste sich das Handelsrecht vom Zivilrecht völlig und wurde zu einem selbständigen Recht der professionellen

---

[67] Vgl. *Hübner/Constantinesco,* Einführung in das französische Recht, S. 123.
[68] *Ittenbach,* Handelsrechtssysteme, S. 133 mwN.
[69] Vgl. *Goldschmidt*, Universalgeschichte des Handelsrechts, S. 11 f., 71 ff.
[70] Vgl. *Goldschmidt*, Universalgeschichte des Handelsrechts, S. 212.
[71] Vgl. *Goldschmidt,* Universalgeschichte des Handelsrechts, S. 221 mwN.
[72] Vgl. *Zweigert/Kötz,* Einführung in die Rechtsvergleichung, S. 74 f.
[73] Vgl. *Ittenbach*, Handelsrechtssysteme, S. 137 mwN; *Zweigert/Kötz,* Einführung in die Rechtsvergleichung, S. 76.
[74] Vgl. *Rehme*, in: Ehrenbergs Handbuch, 1. Band, S. 182 f.; *Zweigert/Kötz,* Einführung in die Rechtsvergleichung, S. 77.
[75] *Ittenbach,* Handelsrechtssysteme, S. 137.
[76] Vgl. *Rehme*, in: Ehrenbergs Handbuch, 1. Band, S. 183.

Kaufleute. Diese kontrollierten seine Anwendung innerhalb der Gilden und seine Auslegung durch ihren Einfluss auf die Handelsgerichte.[77]

b. Neuzeit

In der Neuzeit erging unter Ludwig XIV. eine erste umfassende gesetzliche Regelung des Handelsrechts durch die „Ordonnance du Commerce" von 1673 und die „Ordonnance de la Marine" von 1681.[78] Diese auf *Colbert* und *Savary* zurückgehenden Regelungen erreichten, dass für ihren Geltungsbereich die bisherige Teilung Frankreichs in ein germanisches und ein romanisches Rechtsgebiet überwunden wurde.[79] Allerdings beschränkte sich die Ordonnance du Commerce darauf, das bestehende Gewohnheitsrecht zu bereinigen und als einheitliches Recht zu regeln. Auch die Ordonnance de la Marine brachte keine grundlegende Rechtserneuerung, gab aber eine vollständige und sichere Darstellung des geltenden öffentlichen und privaten Seehandelsrechts in Gestalt eines nationalen Gesetzbuches.[80] Trotz der Systematisierung blieb die Entwicklung des Handelsrechts zur Zeit des Ancien Régime hinter den Bedürfnissen der Wirtschaft zurück.[81] Die beiden Grandes Ordonnances beschleunigten aber die Entwicklung des Handelsrechts zu einem nationalen und zu einem geschriebenen Recht.[82]
Auch die revolutionären Ideen der Freiheit und Gleichheit blieben auf die Entwicklung des Handelsrechts nicht ohne Auswirkungen. So wurde durch das Gesetz vom 2.-17. Mai 1791 die Freiheit von Handel und Industrie proklamiert.[83] Die Revolution beseitigte durch die Auflösung aller kaufmännischen Zünfte den ursprünglichen Hauptgrund für die Selbständigkeit einer Handelsgesetzgebung und erklärte die Möglichkeit eines Klassenrechts für gänzlich ausgeschlossen. Dennoch konnte sie die Vereinigung des Handelsrechts mit dem Zivilrecht nicht herbeiführen; sie musste die Autonomie des Handelsrechts anerkennen.[84]

c. 19. Jahrhundert

Auf Initiative von *Napoléon Bonaparte* wurde im Jahre 1801 eine Kommission mit der Ausarbeitung des Entwurfs eines Code de Commerce beauftragt.[85] Die Kodifizierung des Handelsrechts wurde zwar von der allgemeinen Überzeugung der Zeit getragen, dass die Bewältigung der Wirtschaftsaufgaben ein rationales, wissenschaftliches Denken grundsätzlich ebenso voraussetze wie der Fortschritt in anderen

---

[77] S. *Ittenbach*, Handelsrechtssysteme, S. 137 mwN.
[78] *Müller-Freienfels*, in: FS Caemmerer. S. 598; *Gierke/Sandrock*, Handels- und Wirtschaftsrecht, S. 14; *Šeršenevič*, S. 33.
[79] *Rehme*, in: Ehrenbergs Handbuch, 1. Band, S. 184.
[80] *Wilhelm*, in: IuS Commune, Band 1, S. 246.
[81] *Ittenbach*, Handelsrechtssysteme, S. 139 mwN.
[82] *Ittenbach*, Handelsrechtssysteme, S. 139 mwN.
[83] *Ittenabach*, S. 139 f. mwN.
[84] *Rotondi*, AcP 167 (1967), 36.
[85] *Rehme*, in: Ehrenburg, Band 1, S. 230.

Bereichen.[86] Von daher erschien eine klar festgelegte, folge- und fachgerechte Lösung der Probleme des Handels in einem Handelsgesetzbuch als die nächstliegende Forderung.[87] Die spezielle Behandlung der handelsrechtlichen Fragen in einem Handelsgesetzbuch neben einem dem allgemeinen Zivilrecht gewidmeten Code wurde allgemein also als selbstverständlich angesehen und war im Hinblick auf die große Rolle des Sonderrechts nahezu unbestritten.[88] Jedoch bereitete die ständische Tradition zunächst Schwierigkeiten in einer vom Anspruch her ständelosen Gesellschaft eine eigenständige Sondergesetzgebung für den früheren Kaufmannstand zu akzeptieren. Man hatte Standesgerichte und Standesrecht soeben abgeschafft und wollte sie nicht für den Stand der Kaufleute wieder einführen.[89] In der Person des Kaufmannes sah man einen Ausdruck des durch die Revolution überwundenen ständischen Denkens.[90] Der Code de Commerce löste dieses Problem, indem er die offen auf den „Kaufmann" bezogene „subjektive Systematik" durch die an den Begriff des „Handelsgeschäfts" anknüpfende „objektive Systematik" ersetzte.[91] Gleichwohl handelte es sich hierbei lediglich um ein Zugeständnis des Gesetzgebers an egalitäre Bestrebungen, das den weiterhin subjektiv standesrechtlichen Charakter des Code de Commerce nicht aufhob.[92]

Der Code de Commerce trat nach seiner Annahme durch die gesetzgebende Versammlung im Jahre 1807 am 1. Januar 1808 in Kraft. Er löste eine regelrechte Lawine handelsrechtlicher Entwürfe und Kodifikationen aus. Nach ihm entstanden etwa 40 in Kraft getretene selbständige Handelsgesetzbücher. In zeitlicher Reihenfolge kodifizierten folgende Staaten das Handelsrecht: Spanien 1829, Portugal 1844, Griechenland 1834, Holland 1838, Brasilien 1850, Ungarn 1875, Chile 1881, Italien 1882, Japan 1889, Argentinien 1889, Mexiko 1889, Bulgarien 1891, usw.[93] Diese Kodifikationsbewegung bezeichnete die europaweite Etablierung eines selbständigen Handelsrechts im formellen und materiellen Sinne.

---

[86] *Lütge*, Deutsche Sozial- und Wirtschaftsgeschichte, S. 422.

[87] *Müller-Freienfels*, in: FS für von Caemmerer, S. 599.

[88] Zu den Gründen für den Erlass des Code de commerce vgl. auch *Šeršenevič*, S. 33, der das besondere Bedürfnis des Handelsverkehrs nach einem Sonderrecht u.a. deswegen bezweifelt, weil das neue HGB kaum Regelungen über die Handelsgeschäfte enthielt. So sei z.B. dem Handelskauf nur ein einziger Artikel gewidmet, so dass das Recht der Handelsgeschäfte im Endeffekt dem Code civil unterliege. Ferner beträfen die Bücher 3 und 4 des Code de commerce hauptsächlich prozessuales Recht, während das Seehandels- und Wechselrecht keine Abschnitte im Code civil habe. *Šeršenevič* versucht daher, den Erlass eines Handelsgesetzbuchs mit der Gewohnheit an die alte Tradition und mit dem Streben des Kaufmannstandes nach Eigenständigkeit zu erklären.

[89] *Sonnenberger*, Französisches Handels- und Wirtschaftsrecht, S. 31; vgl. schon oben Kapitel 1 A I 2 a.

[90] Vgl. *Müller-Freienfels*, in: FS für von Caemmerer, S. 599 f.

[91] Vgl. *Müller-Freienfels*, in: FS für von Caemmerer, S. 600; *Rotondi*, AcP 167 (1967), 36.

[92] Vgl. *Müller-Freienfels*, in: FS für von Caemmerer, S. 600 f.

[93] S. *Müller-Freienfels*, in: FS für von Caemmerer, S. 601 mwN; vgl. auch *Hübner/Constantinesco*, Einführung in das französische Recht, S. 123 mwN, *Šeršenevič*, S. 34.

II. Rechtsvergleichende Darstellung im 20. Jahrhundert

Heute ist der Dualismus indessen keineswegs ausnahmslos in den Rechtsordnungen europäischer Staaten verankert. Während die Wiege des kodifizierten Handelsrechts in Frankreich und Deutschland stand und diese Staaten den Dualismus bis heute beibehalten, zeichnet sich in der jüngeren Vergangenheit zunehmend eine monistische Tendenz ab.

1. Dualistisches System

Wie bereits am Beispiel Deutschlands und Frankreichs gezeigt, hat die Selbständigkeit des Handelsrechts in Ländern mit dualistischem System geschichtliche Ursachen. Die Ausgestaltung der kodifikatorischen Trennung zwischen Zivil- und Handelsrecht in dualistischen Systemen ist jedoch nicht einheitlich. Es gibt unterschiedliche Möglichkeiten, das Vorliegen professionellen Wirtschaftsverkehrs zu identifizieren und daran Spezialregeln zu knüpfen.[94] Herkömmlicherweise werden drei Systeme unterschieden: das subjektive System, nach dem das Handelsrecht als Sonderrecht für Kaufleute ausgestaltet ist, das objektive System, das den Sonderrechtscharakter des Handelsrechts anhand gewisser Rechtsgeschäfte ohne Rücksicht auf die Person der Beteiligten festlegt, und das gemischte System, das die personale und sachliche Anknüpfung als Ausgangspunkt für Sonderregeln kombiniert.[95]

a. Deutschland

Das deutsche Handelsrecht wurde systematisch als Sonderprivatrecht der Kaufleute ausgestaltet.[96] Rechtstechnischer Anknüpfungspunkt für seine Geltung ist die Schlüsselfigur des Kaufmanns. Das deutsche Recht folgt somit grundsätzlich dem subjektiven System nach dem Normadressatenkreis, nach welchem die Anwendung handelsrechtlicher Normen davon abhängt, ob ein Kaufmann an einem Rechtsgeschäft beteiligt ist oder nicht.[97] Auf die besondere Natur des in concreto zu beurteilenden Geschäfts und seinen Inhalt kommt es zumindest primär nicht an.[98]
Das Verhältnis von Handelsrecht und Bürgerlichem Recht regelt Art. 2 des Einführungsgesetzes zum HGB[99], wonach in Handelssachen die Vorschriften des BGB insoweit zur Anwendung kommen, als nicht im HGB oder im EGHGB etwas anderes bestimmt ist. Das deutsche HGB als lex specialis ist aber in aller Regel nicht

---

[94] *Heinemann*, in: FS Fikentscher, S. 352.
[95] Vgl. *Heinemann,* in: FS Fikentscher, S. 353 f.
[96] Vgl. *Schmidt,* HandlR, § 1 I 1; *Roth*, Handelsrecht, § 1, 1 c; *Brox*, Handelsrecht, Rn. 1, 4; *Canaris,* Handelsrecht, § 1, Rn.1.
[97] Vgl. *Schmidt*, HandlR, § 1 I 1 b; *Canaris,* § 1 Rn. 2.
[98] Vgl. *Schmidt*, HandlR, § 1 I 1 b, § 18 I b; *Gierke/Sandrock,* Handels- und Wirtschaftsrecht, S. 4; *Canaris,* § 1 Rn. 2 f.
[99] Fortan: EGHGB, EGHGB v. 10. Mai 1897, RGBl. S. 437, BGBl. III/FNA 4101-1.

für sich allein anwendbar.[100] Seine Vorschriften ergänzen oder spezifizieren die allgemeinen Bestimmungen des BGB in einzelnen Punkten für den Sonderfall ein- oder zweiseitiger Handelsgeschäfte[101], so dass Handelsrecht nur im Blick auf das allgemeine Privatrechtssystem sachgerecht anwendbar ist[102]. Damit stehen Handelsrecht und Bürgerliches Recht untereinander in Wechselwirkung.[103]

Sowohl die Vorschriften des ersten als auch des vierten Buches des HGB, das die Handelsgeschäfte beinhaltet und diese in § 343 Abs. 1 HGB definitorisch mit dem Kaufmannsbegriff verbindet, knüpfen tatbestandlich an das Vorliegen der Kaufmannseigenschaft an.[104] Bis 1998 enthielt § 1 Abs. 2 HGB a.F. einen Katalog der Kaufleute kraft Gewerbebetriebs. Zu den *ipso iure* kaufmännischen Gewerben zählten insbesondere der Warenhandel, die Lohnfabrikation, die Bankgeschäfte, das Transportgewerbe, die Kommission, Spedition, die Handelsvertretung und das Handelsmaklergewerbe. Bei hinreichend großen Unternehmen, die kaufmännischer Einrichtungen bedurften, musste eine Eintragung ins Handelsregister erfolgen, die allerdings lediglich deklaratorischen Charakter hatte. Kleinere Unternehmen, die keinen in kaufmännischer Weise errichteten Geschäftsbetrieb erforderten, waren „Minderkaufleute" und nicht eintragungspflichtig. Sie unterfielen größtenteils den Regelungen des HGB.[105] Die in § 1 Abs. 2 HGB a.F. nicht genannten Unternehmen wurden erst mit der insoweit konstitutiv wirkenden Eintragung in das Handelsregister Kaufleute.[106] Nach der Modernisierung des HGB wurde der Normadressatenkreis im Rahmen der Handelsrechtsreform von 1998 trotz entsprechender Forderungen in der Literatur absichtlich nicht geändert.[107] Der vor allem von *Karsten Schmidt* mit Nachdruck geforderte „Unternehmensbegriff", welcher u.a. die freien Berufe einbezogen hätte, konnte sich nicht durchsetzen.[108] *De lege lata* ist eine völlige Ablösung des Kaufmannsbegriffs durch den des Unternehmensträgers nicht realistisch.[109] Jedoch wurde der Sinnwandel vom Sonderprivatrecht der Kaufleute zum privaten Außenrecht der Unternehmen wesentlich vorangetrieben, auch wenn er nicht abgeschlossen wurde.[110]

Unter Kaufleuten versteht das HGB einmal die Kapitalgesellschaften und Genossenschaften (AG, KGaA, GmbH und eG) als sogenannte Formkaufleute, zum anderen die Träger eines handelsgewerblichen Unternehmens (§§ 1 ff. HGB), bei denen es

---

[100] *Baumbach/Hopt*, HGB, Einl. I 1; *Canaris,* § 1 Rn. 11.
[101] *Müller-Freienfels*, in: FS für von Caemmerer, S. 591; *Canaris,* § 1 Rn. 12.
[102] *Schmidt,* HandlR § 1 II 1 a mwN.
[103] *Schmidt,* HandlR § 1 II 1 a.
[104] Ausnahmsweise vom Gesetz als Handelsgeschäfte bezeichnet sind Kommissionsgeschäfte, Transport-, Speditions- und Lagergeschäfte von Kleingewerbetreibenden, die nicht in das Handelsregister eingetragen und daher keine Kaufleute sind (vgl. §§ 383 Abs. 2 S. 1, 407 Abs. 3 S. 2, 453 Abs. 3 S. 2, 467 Abs. 3, S. 2 HGB).
[105] Ausnahme bildeten z.B. Vorschriften über Handelsgesellschaften, über Prokura und über die formlose Bürgschaft (§§ 4, 351 HGB a.F.). S. dazu eingehend *Schmidt,* HandR, 4. Auflage, § 10 VII.
[106] Eingehend dazu *Schmidt,* HandR, 4. Auflage, § 10 V.
[107] Vgl. BegrRegE HRefG, BT-Drucks. 13/8444, S. 25, 31.
[108] S. dazu *Schmidt,* HandlR § 3 I 1 f., § 10 I 1 b mwN; insbesondere 4. Auflage, § 3 I, II 2 a, § 10 IV 1 b, V 1 b, 2 b.
[109] Vgl. *Canaris,* § 1 Rn. 24 mwN.
[110] Ausführlich dazu s. *Schmidt,* HandlR § 3 I, III, § 10.

sich gleichfalls um Gesellschaften handeln kann (vgl. § 6 f. HGB). Nach dem am 1.7.1998 in Kraft getretenen Handelsrechtsreformgesetz hängt die Kaufmannseigenschaft nicht mehr von der Einstufung in einen veralteten Katalog von Grundhandelsgewerben ab. Vielmehr werden gerade die modernen Dienstleistungsunternehmen *ipso iure* dem Handelsrecht unterstellt, jedenfalls soweit sie gewerblicher Natur sind und einen kaufmännischen Geschäftsbetrieb erfordern.[111] Der Tatbestand der „Minderkaufleute" ist entfallen. Die Kleingewerbetreibenden sind berechtigt, sich in das Handelsregister eintragen zu lassen und damit die Kaufmannseigenschaft nach § 2 HGB zu erwerben.[112]

Die gesetzliche Grundlage des Handelsrechts im engeren Sinne bilden das erste und das vierte Buch des HGB. Der Gesetzgebungstechnik des BGB entsprechend wird im ersten Abschnitt des vierten Buches eine Reihe von Vorschriften „vor die Klammer gezogen", die grundsätzlich für Handelsgeschäfte aller Art gelten (§§ 343-372 HGB). Hier stehen äußerlich ungetrennt, sachlich jedoch klar zu unterscheidende vier Regelungskomplexe nebeneinander: an die Bestimmung des Anwendungsbereichs der Vorschriften über Handelsgeschäfte schließen sich Normen an, die Ergänzungen oder Sonderregelungen zum Allgemeinen Teil des BGB, zum Allgemeinen Teil des Schuldrechts und zum Sachenrecht enthalten. Der zweite bis siebte Abschnitt behandelt dagegen einzelne Handelsgeschäfte, die dogmatisch in den Besonderen Teil des Schuldrechts gehören.[113]

Die kodifikatorische Trennung zwischen Handelsrecht und Zivilrecht ist heute nicht mehr Gegenstand der Diskussion, sondern allgemein anerkannt.[114] Das Handelsrechtsreformgesetz trifft auch keine Regelung darüber, welche handels-rechtlichen Institute auch im bürgerlichen Verkehr anzuwenden sind und beseitigt auch nicht überflüssige Doppelnormierungen ähnlicher Rechtsverhältnisse in beiden Gebieten. Angestrebt wird daher heute eine Vereinigung der Vorschriften des HGB mit denen des BGB in einem Teilbereich, und zwar in erster Linie für das vierte Buch über die Handelsgeschäfte.[115] Dies wäre ebenfalls deswegen sinnvoll, weil das vierte Buch des HGB größtenteils einen Bruch mit dem subjektiven System darstellt.[116] Ferner wird dafür vorgebracht, dass die allgemeinen vertraglichen Regeln des HGB ohne dogmatische Verbindung in diesem Gesetz stehen, sie systematisch zum bürgerlichen Vertragsrecht gehören und dorthin zurückkehren sollten.[117]

---

[111] *Heinemann,* in: FS Fikentscher, S. 373.

[112] Verzichtet ein Kleingewerbetreibender auf eine Eintragung in das Handelsregister, so ist er kein Kaufmann, ist jedoch in bestimmten Fällen den Kaufleuten gleichgestellt (vgl. z.B. §§ 84 Abs. 4, 93 Abs. 3, 383 Abs. 2, 407 Abs. 3, 453 Abs. 3, 467 Abs. 3 HGB)

[113] Vgl. *Canaris,* Handelsrecht, § 1 Rn. 38.

[114] Vgl. *Raisch,* Geschichtliche Voraussetzungen, S. 179 ff.; *Schmidt,* Gegenwartsaufgaben, S. 16 ff., 18; *Canaris,* § 1 Rn. 39.

[115] Vgl. z.B. *Luther,* in: Rotondi, 259; *Eichler,* ZHR 126 (1964), 197 f.; *Müller-Freienfels,* in: FS für von Caemmerer, S. 618; *Schmidt,* Gegenwartsaufgaben, S. 13 mwN, 18 f.; *Herber,* ZHR 144 (1980), 52, 70 f.; *Lutter,* in: Rotondi, 268; *Raisch,* JuS 1967, 536; *Canaris,* Handelsrecht, § 1 Rn. 38 mwN, 39, 44, 30 ff.

[116] Vgl. *Schmidt,* HandlR, § 1 I 2 a; *ders.*, Gegenwartsaufgaben, S. 18 f.

[117] *Luther,* in: Rotondi, 259; vgl. auch *Eichler,* ZHR 126 (1964), 188 f.; *Müller-Freienfels,* in: FS für von Caemmerer, S. 597, 613 ff.; *Schmidt,* Gegenwartsaufgaben, S. 18.

Eine vollständige Verschmelzung zwischen Handelsrecht und Zivilrecht ist aber in der näheren Zukunft in Deutschland nicht abzusehen.

b. Frankreich

In Frankreich besteht heute eine kodifikatorische Trennung zwischen Zivil- und Handelsrecht. Das Handelsrecht wird als der Teil des Privatrechts bezeichnet, der die Rechtsgeschäfte von Kaufleuten und bestimmte Geschäftsvorgänge regelt. Das Verhältnis des Code de commerce (1807) zum Code civil (1804) ist somit als Sonderrecht ausgestaltet. Der Code civil ist als grundlegendes Werk subsidiär anwendbar.[118]

Im Code de commerce wurden im Laufe der Zeit zahlreiche Änderungen vorgenommen. Solche Materien wie Gesellschafts-, Register- und Konkursrecht wurden aus dem Code de commerce entfernt und zahlreiche handelsrechtliche Spezialgesetze geschaffen. So sind heute von den ursprünglichen 648 Vorschriften im eigentlichen Code de commerce nur noch 160 verblieben, u.a. über den Handelskauf, Börsengeschäfte, Kommissions- und Handelsvertretergeschäfte, die Handelsbücher, das Handelspfand sowie über die Beweis- und Verjährungsregeln für den Handelsverkehr.[119] Einen allgemeinen Teil der Handelsgeschäfte, wie er sich im deutschen HGB in §§ 343 ff. findet, enthält Code de commerce nicht. Der Kaufmann wird in Art. 1 Code de commerce definiert als derjenige, der berufsmäßig Handelsgeschäfte (actes de commerce) betreibt und daraus seinen gewöhnlichen Beruf macht.

Obwohl die Eigenständigkeit des französischen Handelsrechts ebenso wie in Deutschland historisch bedingt ist, geht der Code de commerce nicht von einem rein subjektiven System aus. Im Mittelpunkt des französischen Handelsrechts steht der Begriff " acte de commerce".[120] Der Begriff des Handelsgeschäfts ist nicht gesetzlich definiert, sondern in den Artikeln 632 und 633 Code de commerce durch eine Aufzählung von Beispielsfällen erläutert. Obwohl diese beiden Artikel nur die Kompetenz der Handelsgerichte festlegen, ist allgemein anerkannt, dass sich daraus die Abgrenzung vom Zivil- und Handelsrecht ergibt.[121] Der Katalog des Art. 632 ist in die Kategorien der Handelsgeschäfte nach ihrer Natur[122], nach ihrer Form[123], kraft gewerbsmäßigen Betriebs und kraft Akzessorietät[124] unterteilt worden.[125] Recht-

---

[118] Art. 1107 Absatz 2 Code civil weist ausdrücklich auf den Vorrang handelsrechtlicher Spezialgesetzgebung hin.

[119] Ausführlich zur Entwicklung des französischen Handelsrechts s. *Sonnenberger*, Französisches Handels- und Wirtschaftsrecht, S. 31 ff.

[120] Vgl. dazu *Hübner/Constantinesco*, Einführung in das französische Recht, S. 191.

[121] Vgl. *Hübner/Constantinesco*, Einführung in das französische Recht, S. 191; *Recknagel*, Die Trennung von Zivil- und Handelsrecht, S. 120, Fn. 4 mwN; *Heinemann*, in: FS Fikentscher, S. 353, Fn. 22 mwN; *Sonnenberger*, Französisches Handels- und Wirtschaftsrecht, S. 31.

[122] actes de commerce par nature.

[123] actes de commerce par la forme.

[124] actes de commerce par accessoire.

[125] Die Systematik erfolgt nicht einheitlich, s. dazu *Sonnenberger*, Französisches Handels- und Wirtschaftsrecht, S. 47 ff.; *Kort*, AcP 193 (1993), 467 ff.

sprechung und Lehre haben den Anwendungsbereich des Handelsrechts beständig ausgedehnt.[126]

Wegen der Anknüpfung an das Vorliegen eines Handelsgeschäfts wurde das französische Recht früher als objektives System klassifiziert. Die rein objektive Abgrenzung der Zuständigkeit der Handelsgerichte durch die *actes de commerce* ist jedoch nur bei den Handelsgeschäften nach ihrer Form eingehalten worden. Die anderen Handelsgeschäfte beziehen sich dagegen überwiegend auf das gewerbsmäßige Betreiben eines Handelsgeschäftes und hängen damit von der Beteiligung eines Kaufmannes ab. Ferner ist gemäß Art. 1 Code de commerce das Vorliegen eines Handelsgeschäfts nicht ausreichend, es müsse noch die *profession habituelle,* also ein subjektives Element hinzukommen.[127] Aus diesen Gründen wird heute von einem Mischsystem ausgegangen, das teilweise Sonderrecht der Kaufleute (*commerçants*), teilweise Recht der Handelsgeschäfte ist.[128] Die Bedeutung der Anknüpfung wird aber dadurch relativiert, dass der Code de commerce nur über wenige Sonderregeln für Handelsgeschäfte verfügt.[129]

Bisher ist es der französischen Rechtswissenschaft noch nicht gelungen, ein dogmatisches Abgrenzungskriterium für die de lege lata gezogene Grenze zwischen Zivil- und Handelsrecht zu finden.[130] Diese Frage beschäftigte die französischen Rechtswissenschaftler schon gegen Ende des 19. Jahrhunderts im Rahmen der Diskussion, ob das Handelsrecht einen vom Zivilrecht unterscheidbaren Gegenstand regele oder ob von der Einheitlichkeit des Privatrechts auszugehen sei.[131]

Heute wird die Existenz eines eigenständigen Handelsrechts nahezu einhellig befürwortet.[132] Zwar wird die Diskussion um eine Vereinheitlichung des Handelsrechts mit dem Zivilrecht immer noch geführt, ernsthaft gefordert wird sie jedoch nur im Bereich des Schuldrechts.[133] Die Zweiteilung wird daher wie in Deutschland nur bei den Sondervorschriften für Handelsgeschäfte angegriffen. Ein Bedürfnis nach einem selbständigen Handelsrecht ist aber heute in der französischen Rechtswissenschaft ebenso anerkannt wie das System der dualistischen Vollkodifizierung.[134]

---

[126] S. hierzu *Heinemann,* in: FS Fikentscher, S. 354, Fn. 26 mwN.

[127] *Heinemann,* in: FS Fikentscher, S. 354, Fn. 30 mwN.

[128] S. *Sonnenberger*, Französisches Handels- und Wirtschaftsrecht, S. 31 mwN und *Canaris,* § 1 Rn. 3 mwN.

[129] *Heinemann,* in: FS Fikentscher, S. 355; s. auch *Ittenbach,* Handelsrechtssysteme, S. 130, 143.

[130] *Ittenbach,* Handelsrechtssysteme, S. 154 und S. 166, Fn. 186 mwN, *Recknagel*, Die Trennung von Zivil- und Handelsrecht, S. 122 mwN.

[131] *Ittenbach,* Handelsrechtssysteme, S. 144 mwN.

[132] S. *Recknagel*, Die Trennung von Zivil- und Handelsrecht, S. 122 mwN; *Ittenbach,* Handelsrechtssysteme, S. 154 mwN der französischen Literatur.

[133] Vgl. *Ittenbach,* Handelsrechtssysteme, S. 155 mwN.

[134] Vgl. *Recknagel*, Die Trennung von Zivil- und Handelsrecht, S. 122 mwN; *Ittenbach,* Handelsrechtssysteme, S. 155 mwN.

2. Monistisches System

Die neueste Entwicklung zeigt, dass in verschiedenen Ländern eine Abkehr vom hergebrachten Dualismus der Gesetzbücher und eine teilweise Vereinheitlichung der zivil- und handelsrechtlichen Ordnungen verwirklicht wurde.

a. Schweiz

aa. Entstehung und Begründung des schweizerischen Systems

Die Intensivierung des Wirtschaftslebens seit der Mitte des 19. Jahrhunderts ließ in der Schweiz ebenso wie in anderen europäischen Staaten das Bedürfnis nach der Vereinheitlichung des Privatrechts als dringlich erscheinen. Dem stand aber ein vollkommen zersplittertes Kantonalrecht gegenüber.[135] Es lag nahe, dem Vorbild des damals im Entstehen begriffenen ADHGB, welches ebenfalls zahlreiche heterogene Landeszivilrechte berücksichtigen musste, zu folgen.[136]
Ab 1861 betrieben *Walther Munziger* (Bern) und *Heinrich Fick* (Zürich) auf Veranlassung ihrer Kantonregierungen und bald des National- (Bundes-) Rats diese Gesetzgebung. Im Jahre 1864 wurde der von *Munziger* 1863 verfasste Entwurf eines Schweizerischen Handelsrechts veröffentlicht. Er enthielt unter anderem Vorschriften über den Handelsstand, über die Handelsgesellschaften und eine Reihe von Verträgen. Die Letzteren sollten aber nicht allein für Kaufleute gelten, sondern generelles Vertragsrecht enthalten.[137] Auf Sonderregeln über Handelsgeschäfte hatte Munzinger verzichtet und nahm das züricherische Privatrechtliche Gesetzbuch zum Vorbild.[138] Er empfahl mit großem Nachdruck ein rein subjektives System, ein reines Sonderrecht der Kaufleute.[139] Damit war der Grundgedanke des heutigen schweizerischen Rechts verwirklicht: gewisse Rechtsinstitute, besondere Verträge, die anderswo als typisch handelsrechtlich empfunden und deshalb speziell geregelt wurden, dem zivilrechtlichen Verkehr zugänglich zu machen, also zu generalisieren, und für die Kaufleute nur einzelne Ausnahmeregelungen einzufügen.[140] Auf einer Konferenz der Kantone am 13. Dezember 1867 sprach sich Munzinger für die Ausdehnung des Entwurfes des Handelsrechts auf ein Obligationenrecht aus, und zwar ohne darin eine Trennung zwischen Zivil- und Handelsrecht durchzuführen. Dabei wies er auf die Entwicklung in Deutschland hin, wo dem Norddeutschen Bund die Kompetenz zur Schaffung eines Obligationenrechts erteilt worden sei.[141]

---

[135] Vgl. *Wittibschlager*, S. 44, Rn. 118; vgl. auch *Zweigert/Kötz*, Einführung in die Rechtsvergleichung, S. 166 f.
[136] Vgl. *Heymann*, Die Beziehungen des Handelsrechts zum Zivilrecht, S. 198.
[137] Vgl. speziell Art. 204 des Entwurfes, Munzigers Motive zu dem Entwurfe eines schweizerischen Handelsrechtes, Bern 1865, 10, 11, 17, 189 (zit. nach *Oftinger*, SJZ 50 (1954), 155).
[138] *Merz*, in: FS Zweigert, S. 674.
[139] *Spiro*, Einheit der Kodifikation, in: Rotondi, Bd. 3, S. 568.
[140] *Oftinger*, SJZ 50 (1954), 155.
[141] Vgl. *Raisch*, Geschichtliche Voraussetzungen, S. 85; *Schmidt*, HandlR § 2 II 2.

Der Entwurf von 1864 wurde allerdings nicht Gesetz. Es gelang weder ein Gesetz nach dem Muster des ADHGB noch nach dem Muster des Code de commerce zu erstellen, zunächst wegen der Gegensätzlichkeit der Auffassungen in der deutschen und in der französischen Schweiz, dann aber wohl auch, weil die starke Zersplitterung der Kantonsrechte die subsidiäre Ergänzung durch dieses Zivilrecht erschwerte. Das Bedürfnis nach einem Obligationenrecht war größer als nach dem Handelsrecht. Hinzu kam, dass es Schwierigkeiten bereitete, den richtigen Begriff für den Handel zu finden und eine Abgrenzung zwischen dem Handelsrecht und dem bürgerlichen Recht vorzunehmen. Schließlich hat das schweizerische Volk im Jahre 1874 die Abstimmungsvorlage, mit der sich die Eidgenossenschaft die Zuständigkeit zum Erlass eines Handelsgesetzbuchs hatte verschaffen wollen, verworfen.[142] Der Bund erhielt 1874 durch eine Verfassungsänderung nur die Gesetzgebungskompetenz für das „Obligationenrecht mit Einschluss des Handels- und Wechselrechts".[143] Es war deshalb ganz natürlich, dass man Handels- und Obligationenrecht in einem Gesetzbuch vereinigte.[144] Damit waren die Voraussetzungen für die Schaffung eines einheitlichen Obligationenrechts gegeben. Man entschloss sich, das ganze Obligationenrecht einheitlich für alle Kantone zu regeln und die handelsrechtlichen Institute einzufügen.[145] Der Entwurf eines Handelsrechts wurde somit auf das Obligationenrecht ausgedehnt, ohne eine Trennung zwischen den Handels- und Zivilgeschäften durchzuführen.[146] 1875 kamen die Arbeiten an dem Entwurf, die von Heinrich Fick nach dem Tode von Munzinger im Jahre 1873 fortgesetzt wurden, zum Abschluss, und 1887 wurde der Entwurf veröffentlicht.[147]

Der schweizerische *Code unique,* der erste in der neueren Entwicklung in Europa, entstand im Obligationenrecht vom 14. Juni 1881 und trat am 1. Januar 1883 in Kraft. Er wies im wesentlichen bereits dieselbe Ordnung des Verhältnisses von Zivil- und Handelsrecht auf. Ein Erlass des ZGB am 10. Dezember 1907 machte eine Ergänzung bzw. Anpassung des Obligationenrechts an das Zivilgesetzbuch sowie seine Modernisierung erforderlich.[148] Mit Bundesgesetz vom 18. Dezember 1936 wurden die handelsrechtlichen Abteilungen 3 bis 5 (Art. 552 ff.) revidiert. Der in diesem Zusammenhang erwogene Gedanke der Schaffung einer handelsrechtlichen Spezialregelung für gewisse Bereiche (Regelung der Aktiengesellschaft, der Genossenschaft, des Wechsels) fand im Ergebnis keine Zustimmung, so dass das einheitliche Gesetzbuch wiederum siegte.[149] Ein Erlass eines umfassenden Handels-

---

142 Vgl. *Müller-Freienfels,* in: FS für von Caemmerer, S. 594; *Zweigert/Kötz,* Einführung in die Rechtsvergleichung, S. 167.

143 Art. 64 der Schweizerischen Verfassung, vgl. dazu *Wittibschlager,* S. 45, Rn. 119 f.; *Raisch*, Geschichtliche Voraussetzungen, S. 89. Erst mit der Verfassungsrevision von 1898 erhielt der Bund Gesetzgebungskompetenz auf weiteren Gebieten des Privatrechts. Darauf stützte sich der von *Eugen Huber* geschaffene ZGB, das am 1. Januar 1912 in Kraft trat.

144 *Oftinger,* SJZ 50 (1954), 156.

145 Vgl. *Heymann*, Die Beziehungen des Handelsrechts zum Zivilrecht, S. 198.

146 *Müller-Freienfels*, in: FS für von Caemmerer, S. 591 f.

147 *Raisch*, Geschichtliche Voraussetzungen, S. 89.

148 Vgl. *Zweigert/Kötz,* Einführung in die Rechtsvergleichung, S. 168.

149 S. ausführlich dazu: *Richard Eugster*, Die Entstehung des Schweizerischen Obligationenrechts, Dissertation, Zürich 1926; *Huber/Mutzner*, System und Geschichte des schweizerischen Privatrechts, I. Lfg., 2. Auflage, Basel 1932, S. 113 ff. (zit.: nach *Oftinger*, SJZ 50 (1954), 155).

gesetzbuches wurde damals von niemandem befürwortet. Über die Gründe des schweizerischen Verzichts auf ein besonderes Handelsgesetzbuch herrscht keine Einigkeit. Die Botschaft des Bundesrats bediente sich der gleichen Argumente, die schon *Munziger* zur Lösung des code unique bestimmt hatten.[150] Sie motivierte das Vorgehen mit der in der demokratischen Überzeugung wurzelnden Abneigung des Schweizer Volkes gegen ein Standesrecht der Kaufleute und mit der Auffassung, dass die geschäftliche Begabung der Bevölkerung dem kommerziellen Einschlag des Zivilrechts gewachsen sei.[151] Die Schaffung eines Obligationenrechts entsprach auch besser dem Art. 64 der Verfassung. Schließlich besaß das Einheitssystem den Vorzug der Einfachheit und war geeignet, die Kontroversen über die Abgrenzung des Handelsgeschäfts als solchem vom bürgerlichen Vertrag gleichen Inhalts zu vermeiden.[152]

Damit führten zum Teil politische, zum Teil allgemeingültige Überlegungen, im wesentlichen aber historische, für die Schweiz typische Gründe, zur Schaffung des Code unique.

bb. Kurzes Charakteristikum des schweizerischen Systems

Heute gilt das Obligationenrecht als fünfter Teil des Zivilgesetzbuchs von 1907.

Zusammenfassend lässt sich sagen, dass die Schweiz ungeachtet des Fehlens eines besonderen Handelsgesetzbuches ein Handelsrecht besitzt, nämlich speziell gefasste Vorschriften für den Handel.[153] Insoweit wird trotz der formellen Einheit von Zivil- und Handelsrecht von einem Dualismus des Handelsrechts und Zivilrechts im materiellen Sinne gesprochen.[154] Der handelsrechtliche Charakter einer Norm oder eines Rechtsinstituts ist von Fall zu Fall zu entscheiden; das Gesetz erfordert es nicht, *a priori* und *expressis verbis* den handelsrechtlichen Charakter abzugrenzen.[155]

Das Handelsrecht basiert größtenteils auf dem subjektiven System. Das schweizerische Recht kennt keine nur den Kaufleuten zugängliche Gruppe von Handelsgeschäften, wohl aber Vorschriften, die im Rahmen einer generell – also zivilrechtlich - getroffenen Regelung handelsrechtliche Ergänzungen anfügen.[156] Der Begriff der Handelsgeschäfte, der in zahlreichen Rechtsordnungen zentrale Bedeutung besitzt und zu theoretischen und praktischen Schwierigkeiten führt, ist somit vom schweizerischen Recht vermieden worden. Die Berücksichtigung der besonderen Bedürfnisse des Handels erfolgt einerseits durch das Gesetz, aber auch durch seine Auslegung.

---

[150] *Merz*, in: FS Zweigert, 667, 669.
[151] Botschaft des Bundesrathes an die Bundesversammlung zu einem Gesetzesentwurfe, enthaltend schweizerisches Obligationen- und Handelsrecht, Schweizerisches Bundesblatt, 32 I (1880), S. 174.
[152] *Oftinger*, SJZ 50 (1954), 156, Fn. 12, 13 mwN.
[153] *Spiro*, Einheit der Kodifikation, in: Rotondi, Bd. 3, S. 569; *Oftinger*, SJZ 50 (1954), 160.
[154] Vgl. *Oftinger*, SJZ 50 (1954), 160; Fn. 46, mwN.
[155] Vgl. *Oftinger*, SJZ 50 (1954), 160.
[156] *Oftinger*, SJZ 50 (1954), 160.

Diese Lösung wird in der Schweiz überwiegend positiv beurteilt.[157] Trotz einiger Kritik am monistischen System[158], vor allem seitens der schweizerischen Handelsrechtler, hat sich der Gesetzgeber bei der Revision des handelsrechtlichen Teils der Obligationen vom 18. Dezember 1936[159] für die Beibehaltung des Modells ausgesprochen. Auch in der Praxis hat sich das schweizerische System in den 130 Jahren seines Bestehens bewährt.[160]

b. Italien

aa. Entwicklung des Handelsrechts

In Italien entwickelte sich das Handelsrecht im Mittelalter zunächst als Sonderrecht der Kaufleute. Als wohl wichtigste Ursache dafür ist ein allgemeiner Aufschwung des Handels und vor allem des Seehandels im damaligen Italien zu nennen.[161] Als es den Städten gelang, sich von der Herrschaft der Lehensherren zu lösen, und sie das Recht der Selbstverwaltung sowie das Recht, die Steuern zu erheben und eine eigene Gerichtsbarkeit einzusetzen, bekamen, bildete sich ein mächtiger Kaufmannstand heraus.[162] Die Kaufleute erlangten aufgrund ihres Wohlstands und ihres Einflusses auf den Handel einen maßgeblichen Anteil an der städtischen Regierung, am Stadtgericht und an der gesetzgebenden Versammlung.[163] Schließlich erhielten die Zusammenkünfte von Handwerkern und Kaufleuten (universitates mercatorum) das Recht der Autonomie und eine eigene Rechtspflege, was ebenfalls zur Bildung eines Sonderrechts beitrug.[164] Die Handelsgesetzgebung war somit aufgrund der besonderen Bedürfnisse des Verkehrs entstanden und hatte sich in einer Zeit außerordentlicher Schwäche der gesetzgeberischen Zentralgewalt durch die Regelung innerhalb der autonomen Organisationen handwerklicher und freistädtischer Korporationen behauptet.[165] Ursprünglich rein berufsständischen Charakters, hat diese Gesetzgebung durch die natürlichen, wirtschaftlichen und politischen Gegebenheiten der Zeit nach und nach ihre Zuständigkeit auf die Gesamtheit der Schuldverhältnisse ausgedehnt.[166] In einer Zeit, als man wahrscheinlich sowohl in gesetzgeberischer als auch in lehrmäßiger Hinsicht zur Vereinheitlichung des Zivil-

---

[157] *Spiro*, Einheit der Kodifikation, in: Rotondi, Bd. 3, S. 575; *Oftinger*, SJZ 50 (1954), 161; *Merz*, in: FS Zweigert, 677.
[158] Vgl. *Giovanolo*, ZSR 1942, 12 ff.; *Gmür*, Schweizerisches Zivil- und Handeslrecht, S. 34; *Haab*, S. 11, 12, in: „Sieben Vortäge über das neue OR", veranstaltet von der Basler Handelskammer (Basel 1937), zit.: nach *Oftinger*, SJZ 50 (1954), 161.
[159] Vgl. dazu *Wittibschager*, S. 45, Rn. 120.
[160] Vgl. *Oftinger*, SJZ 50 (1954), 161; *Spiro*, Einheit der Kodifikation, in: Rotondi, Bd. 3, S. 575.
[161] Vgl. *Rotondi*, AcP 167 (1967), 33; *Jestel*, Die historische und dogmatische Begründung, S. 11; *Goldschmidt*, Universalgeschichte des Handelsrechts, S. 142 f.
[162] Vgl. *Jestel*, Die historische und dogmatische Begründung, S. 17; *Goldschmidt*, Universalgeschichte des Handelsrechts, S. 153 f.; *Rotondi*, AcP 167 (1967), 33.
[163] Vgl. *Rehme*, in: Ehrenbergers Handbuch, 1. Band, S. 84; *Rotondi*, AcP 167 (1967), 33; *Jestel*, Die historische und dogmatische Begründung, S. 18.
[164] Vgl. *Jestel*, Die historische und dogmatische Begründung, S. 18.
[165] *Rotondi*, AcP 167 (1967), 53 f.
[166] *Rotondi*, AcP 167 (1967), 54.

rechts und des Handelsrechts in Italien gekommen wäre, schuf der Gesetzgeber der französischen Revolution mit dem Begriff des objektiven Handelsgeschäftes einen neuen Grund für die Selbständigkeit des Handelsrechts.[167] Von dem französischen Gesetzbuch des Jahres 1808 stammt eine ganze Reihe von italienischen Handelsgesetzbüchern ab[168], darunter der italienische Codice Albertino von 1852 und das erste italienische Handelsgesetzbuch des Jahres 1865[169]. Von den wenigen Änderungen gegenüber dem Vorbild ist die Einführung eines neuen Teils über Handelsverträge im allgemeinen anzuführen; damit war der Grundstein für die spätere Vereinigung von Zivil- und Handelsrecht gelegt.[170] Die Einführung des wenig fortschrittlichen Codice stieß vor allem in den venetischen Provinzen sofort nach deren Annexion im Jahre 1866 auf beträchtlichen Widerstand aus der Wirtschaft.[171] Das Ergebnis der Arbeiten der zum Zwecke der Revision des Codice de commercio 1869 eingesetzten Kommission war das neue Handelsgesetzbuch vom 31. Oktober 1882, das am 1. Januar 1883 in Kraft trat.[172]

Ende des 19. und Anfang des 20. Jahrhunderts beschäftigte man sich in Italien intensiv mit der Frage, ob die historischen Gründe, die zu einer Trennung von Zivilrecht und Handelsrecht geführt hatten, noch bestanden und eine kodifikatorische Trennung damit noch gerechtfertigt war. Die Disparität von Zivil- und Handelsrecht stieß zunehmend auf Kritik.[173] Die Idee der Verschmelzung des bürgerlichen Rechts und des Handelsschuldrechts zu einem einzigen Buch der Schuldverhältnisse wurde erstmals von *Cesare Vivante* vertreten. Er hatte wissenschaftliche Bedenken gegen das Sonderhandelsrecht in der Abhandlung „Per un codice unico delle obligazioni“ bereits im Jahre 1888 geltend gemacht[174] und löste damit eine lebhafte Auseinandersetzung über die Berechtigung einer selbständigen Kodifikation des Handelsrechts im In- und Ausland aus[175]. So sei bereits die Abgrenzung von Zivil- und Handelsrecht nicht überzeugend geregelt, da das Handelsrecht bestimmte Geschäfte erfasse, ohne dass ein Bezug zum Handel vorliegen müsse. Andererseits sei die subjektive Anknüpfung zu eng gefasst, da Herstellerbetriebe und Absatzmittler nicht

---

[167] *Rotondi*, AcP 167 (1967), 54.

[168] Vgl. *Kindler*, Einführung in das italienische Recht, S. 74 f.; *Schioppa*, Handelsrecht, in: Coing, Bd. III/3, 1986, S. 3209 mwN, 3214.

[169] Vgl. *Kindler*, Einführung in das italienische Recht, S. 74 ff., Rn. 1, 2. Der Codice di commercio del Regno d`Italia trat zugleich mit dem Codice civile am 1.1.1866 in Kraft. Zu der Vereinheitlichung des Handelsrechts s. *Schioppa*, Handelsrecht, in: Coing, Bd. III/3, 1986, S. 3231 ff., 3234 ff.; *Mittermaier*, ZHR IV (1861), 327 ff.; *Rotondi*, AcP 167 (1967), 54.

[170] Vgl. *Kindler*, Einführung in das italienische Recht, S. 76, Rn. 2.

[171] In diesen, vormals österreichischen, Gebieten galten nämlich schon die modernen deutschen Kodifikationen (seit 1850 die Allgemeine Deutsche Wechselordnung und seit 1863 das ADHGB).

[172] Vgl. *Kindler*, Einführung in das italienische Recht, S. 76, Rn. 2; s. dazu eingehend *Schioppa*, Handelsrecht, in: Coing, Bd. III/3, 1986, S. 3234 ff., 3240 f.

[173] Vgl. *Kindler*, Einführung in das italienische Recht, S. 77, Rn. 5; *Schioppa*, Handelsrecht, in: Coing, Bd. III/3, 1986, S. 3250.

[174] *V. Vivante*, Per un codice unico delle obligazioni, in: Archivo Giuridico, 29 (1888), S. 497 und in: Monitore dei Tribunali 29 (1888), S. 169 ff.; Ancora per un codice unico delle obbligazioni, in: Rivista per le Scienze Giuridiehe, XIII (1892), S. 378 (zit.: nach *Rotondi*, AcP 167 (1967), 37, Fn. 2).

[175] Befürworter einer Vereinheitlichung waren z.B. *von Bolaffio, Straffa, Navarrine, Porro, Bensa*. Gegner waren *Vidari, Manara, Sacerdoti, Franchi, Supino, Rocco*. Eine Übersicht über die wichtigsten positiven und negativen Stimmen mit genauen Nachweisen findet sich bei *Rotondi*, AcP 167 (1967), 37 f., Fn. 3, 4 und bei *Schioppa*, Handelsrecht, in: Coing, Bd. III/3, 1986, S. 3250, Fn. 9, 10.

unter den Begriff des Kaufmanns (commerciante) fielen.[176] Die Abgrenzungsnormen selbst seien ungenau. Die Erstreckung des Handelsrechts auf einseitige Handelsgeschäfte führe zu dem ungerechten Ergebnis, dass gegenüber Nichtkaufleuten der in vielen Einzelfragen allein auf das Interesse des Kaufmanns ausgerichtete Codice de commercio angewandt werde.[177] *Vivante* plädierte daher für die Schaffung eines einheitlichen Gesetzbuches des Privatrechts (Codice unico), wobei er einerseits eine Ausdehnung einiger modernen handelsrechtlichen Bestimmungen auf zivilrechtliche Obligationen befürwortete, andererseits aber den Gesetzgeber aufforderte, von der zu starken Begünstigung der Kaufleute abzugehen.[178]

Diese Vorschläge setzten sich erst nach dem ersten Weltkrieg durch, als die Reformarbeiten zunächst für beide Rechtsgebiete – Zivil- und Handelsrecht – begannen.[179] Die Frage der Beziehungen zwischen dem Handels- und dem Zivilrecht wurde wiederum zum Gegenstand kontroverser Auffassungen in der Gesetzgebungspolitik. Auf der einen Seite zeigten sich Tendenzen, das Handelsrecht deutlicher an die Prinzipien der carta del lavoro und der Doktrin des Faschismus anzugleichen, auf der anderen Seite wollten manche das Handelsrecht von der Kodifikation ausschließen.[180] Man beschloss, in das Buch über die Obligationen sowohl die Handelsverträge als auch die Wertpapiere aufzunehmen, während ein weiteres Buch das Recht der Unternehmen, das Arbeitsrecht und die Handelsgesellschaften beinhalten sollte.[181] Damit entschied sich der italienische Gesetzgeber, vom „dualistischen" zum „monistischen" System überzugehen. Die ursprüngliche Zweiteilung zwischen Handels- und Zivilrecht wurde durch eine kodifikatorische Vereinigung dieser beiden Materien im Codice civile beseitigt, der am 21. April 1942 in Kraft trat. Wie in der Schweiz wurde dieser Übergang auch in Italien keineswegs bewusst in Erkenntnis der abnehmenden Bedeutung der handelsrechtlichen Regelungen vollzogen.[182] Als aber der italienische Gesetzgeber sich 1942 gegen eine Sonderkodifikation des Handelsrechts aussprach, hatte *Vivante* seine Auffassung schon wieder revidiert.[183] Er vertrat nunmehr die Meinung, dass es noch nicht an der Zeit sei, in Italien das Zivil- und Handelsrecht äußerlich in einem Zivilgesetzbuch zu regeln.[184] Wohl setzten sich andere italienische Handelsrechtler,[185] insbesondere *Mario Rotondi*, für das Modell eines Code unique ein[186].

---

[176] S. *Kindler,* Einführung in das italienische Recht, S. 77, Rn. 5.

[177] Vgl. *Schioppa,* Handelsrecht, in: Coing, Bd. III/3, 1986, S. 3250; *Kindler,* Einführung in das italienische Recht, S. 77, Rn. 5.

[178] Vgl. *Schioppa,* Handelsrecht, in: Coing, Bd. III/3, 1986, S. 3250 mwN.

[179] Vgl. dazu *Zweigert/Kötz,* Einführung in die Rechtsvergleichung, S. 103 f.; zu den Arbeiten der unterschiedlichen Kommissionen s. eingehend *Schioppa,* Handelsrecht, in: Coing, Bd. III/3, 1986, S. 3252 ff.

[180] *Schioppa,* Handelsrecht, in: Coing, Bd. III/3, 1986, S. 3255 f. mwN.

[181] *Schioppa,* Handelsrecht, in: Coing, Bd. III/3, 1986, S. 3256 mit zahlreichen weiteren Nachweisen.

[182] *Müller-Freienfels,* in: FS für von Caemmerer, S. 592.

[183] L'autonomia del diritto commercciale e i Progetti di riforma, in: Rivista del Diritto Commerciale 1925, S. 527 ff. und in: Monitore dei Tribunali, 1926, S. 281 (zit. nach *Rotondi,* AcP (1967), 50).

[184] *Müller-Freienfels,* in: FS für von Caemmerer, S. 592.

[185] Z.B. *Candian,* Della nuova legislazione di diritto privato in Italia, in: Temi Emiliana, 1928, Parte II, c. 209; *ders.,* in: Saggi di diritto, vol. I, Padova, 1931, S. 65 ff. (zit.: nach *Rotondi,* AcP (1967), 45, Fn. 10).

[186] S. *Rotondi,* AcP (1967), 29 ff. mwN.

Ihre wissenschaftlichen Argumente waren allerdings bei der Verabschiedung des italienischen Zivilgesetzbuches weniger entscheidend.[187] Der Faschismus propagierte, mit dem Codice erstmalig ein das ganze nationale Leben des Staatsbürgers regelndes, einzigartiges Gesetzbuch geschaffen zu haben.[188] Es beziehe sich auf alle seine Lebensbeziehungen im persönlichen Bereich sowie in der Wirtschaftsordnung und sei insofern weit umfassender und „größer" als die nur jeweils Teilgebiete regelnden dualistischen Kodifikationen im Ausland.[189] Obwohl der Niedergang des autonomen Handelsrechts ein „Werk des Regimes" war, blieb dem Gesetzeswerk die Ideologie des Faschismus fremd.[190]

In der Wissenschaft wurde die Abschaffung des autonomen Handelsrechts damit begründet, dass die historischen Gründe, die zu einer Trennung geführt hätten, nicht so gewichtig seien wie die strukturelle Identität handelsrechtlicher Regeln mit denen des bürgerlichen Rechts, und daher eine Vereinheitlichung aus systematischer Hinsicht geboten sei.[191] Das System des Code unique habe das System des privaten Schuldrechts gestärkt und auf diesem Gebiet die Einheit gesetzgeberischer Quellen wiederhergestellt, wie es schon in der Rechtsprechung der Fall gewesen sei. Für die Vereinheitlichung sprächen auch moderne Entwicklungen, nämlich die ausweitende und gleichsetzende Tendenz des Handelsrechts.[192] Dies zeige sich nicht nur in der Tatsache, dass das Handelsrecht nicht mehr ein Ausnahmerecht oder Sonderrecht eines Berufsstandes sei, sondern ein Recht, das in immer größerem Umfang unterschiedslos für alle Staatsbürger Anwendung fände.[193] Auch die Abschaffung der Handelsgerichte und die Möglichkeit, Zivilklagen ebenfalls durch Schnellverfahren zu erledigen, die früher den Handelssachen allein vorbehalten war, seien ein Zeichen für diese ausweitende Tendenz.[194] Weiterhin würde die praktische Normenanwendung vereinfacht, da Widersprüche, Reibungen und Überschneidungen zwischen den beiden Rechtsordnungen, vor allem im Bereich des Einzelhandels, ausgeschaltet würden.[195] Schließlich würde sich die Arbeit der Lehre beweglicher und fruchtbarer gestalten, da die Aufteilung der Materie auf zwei Gesetzbücher mit teilweise abweichenden Grundsätzen immer ein Hindernis für einen Überblick in einem einheitlichen System bliebe[196].

Von den Verteidigern der kodifikatorischen Trennung wurde diesen Gründen entgegengehalten, dass die charakteristischen Eigenschaften der Handelsgesetz-

---

[187] Vgl. *Müller-Freienfels*, in: FS für von Caemmerer, S. 592 mwN; *Kindler,* Einführung in das italienische Recht, S. 79, Rn. 6.

[188] Vgl. Mossa, AcP 150 (1949), 315; *Kindler,* Einführung in das italienische Recht, S. 79, Rn. 6; *Müller-Freienfels*, in: FS für von Caemmerer, S. 592; *Rotondi*, AcP (1967), 51.

[189] Vgl. *Müller-Freienfels*, in: FS für von Caemmerer, S. 592; *Rotondi*, AcP (1967), 51; *Mossa,* AcP 150 (1949), 321.

[190] Vgl. *Rotondi*, AcP 167 (1967), 29; skeptisch dagegen *Mossa,* AcP 150 (1949), 322, der unter Berufung auf den Handelsrechtler *Valeri* von dem Handelsgesetzbuch als einem Opfer des Faschismus spricht.

[191] Vgl. *Rotondi*, AcP 167 (1967), 47.

[192] Vgl. *Rotondi*, AcP 167 (1967), 46 f.

[193] Vgl. *Rotondi*, AcP 167 (1967), 46.

[194] Vgl. *Rotondi*, AcP 167 (1967), 46.

[195] Vgl. *Rotondi*, AcP 167 (1967), 47.

[196] Vgl. *Rotondi*, AcP 167 (1967), 47, 56.

gebung von den Erfordernissen des Handels geprägt seien. Ferner sprächen die besonderen Anforderungen des Handelsverkehrs, wie das Fehlen von Formalitäten, die leichte Übertragbarkeit von Guthaben, die Schnelligkeit und die kurzen Verjährungsfristen für eine Trennung.[197] Ein oft vorgebrachter Einwand war außerdem, dass die Funktion der Gepflogenheiten im Zivilrecht und im Handelsrecht verschieden sei. Die Vereinheitlichung wäre auch deswegen nicht vorteilhaft gewesen, weil die handelsrechtlichen Verhältnisse schnelleren Änderungen unterworfen seien als die zivilrechtlichen und die Tendenz aufwiesen, international einheitlich geregelt zu werden.[198]

Vor der Reform im Jahre 1942 war das Unterscheidungskriterium zwischen bürgerlichem und Handelsrecht das gleiche wie in fast allen Gesetzeswerken mit lateinischer Grundlage. Das Handelsrecht wurde auf Handelsgeschäfte angewandt, ferner auf Rechtsgeschäfte nicht wesenhaft ziviler Natur, die durch einen Kaufmann erfolgten sowie auf jene zweiseitigen Rechtsgeschäfte, bei denen mindestens einer der Beteiligten Kaufmannseigenschaft besaß.[199]

bb. Ausgestaltung des italienischen Systems

Heute sind die Regeln über den professionellen Wirtschaftsverkehr in den Codice civile von 1942 integriert. Sie finden sich im vierten („Delle Obligazioni") und im fünften Buch („Del Lavoro"). Das im vierten Buch geregelte Schuldrecht enthält verschiedene Vertragstypen, die typischerweise im Handelsverkehr vorkommen, sowie die allgemeinen Regeln des Wertpapierrechts. Das fünfte Buch hat u.a. das gesamte Gesellschaftsrecht zum Inhalt.

Im Codice civile hat man im Grundsatz das alte objektive System beibehalten. In systematischer Hinsicht wurde die Bezeichnung „Kaufmann" durch die des „Unternehmers" (*imprenditore*) ersetzt, der in Art. 2082 Codice civile als jemand definiert wird, der berufsmäßig zur Gewinnerzielungsabsicht eine organisierte wirtschaftliche Tätigkeit zum Zweck der Produktion oder des Austausches von Gütern oder von Dienstleistungen ausübt. Die Figur des Kaufmanns (commerciante) ist mit der Abschaffung des Handelsrechts als Sonderprivatrecht verschwunden.[200] Mit der Unternehmereigenschaft sind allerdings nur wenige privatrechtliche Besonderheiten verbunden. Sonderregelungen für den Wirtschaftsverkehr werden eher über besondere Vertragstypen getroffen, so dass sich das italienische Recht dem objektiven System nähert.[201] Die fehlende formelle Autonomie des Handelsrechts lässt die Frage der wissenschaftlichen und didaktischen Eigenständigkeit des Handelsrechts unberührt. Zumindest in der Rechtswissenschaft wird der Bedarf für eine eigenständige Darstellung des Phänomens Handel, Unternehmen und Wirt-

---

[197] S. dazu *Rotondi*, AcP 167 (1967), 48 f., der sich mit den einzelnen Argumenten seiner Gegner auseinandersetzt.
[198] *Rotondi*, AcP 167 (1967), 48 f.
[199] *Rotondi*, AcP 67 (1967), 31.
[200] Vgl. *Kindler,* Einführung in das italienische Recht, S. 125, Rn. 1.
[201] Vgl. *Heinemann,* in: FS Fikentscher, S. 357.

schaft gesehen, wie an der Existenz zahlreicher Lehrbücher zum diritto commerciale zum Ausdruck kommt.[202]

d. Niederlande

aa. Historische Entwicklung

Vom Mittelalter bis zum Ende des 18. Jahrhunderts bestand das Privatrecht in den Niederlanden aus einer Kombination aus Gewohnheitsrecht germanischen Ursprungs mit unterschiedlichen regionalen Ausprägungen, Verordnungen der Provinzen und Städte sowie aus römischem Recht als dem ius commune.[203] Das niederländische Privatrecht unterschied nicht zwischen Zivilrecht und Handelsrecht.[204]

Diese Situation erfuhr eine grundlegende Veränderung durch die Französische Revolution und die ihr folgenden nationalen Kodifikationen.[205] Als eines der ersten Länder folgten die Niederlande dem französischen Beispiel, so dass schon 1809 ein Zivilgesetzbuch im Auftrage des Königs Louis Napoleon, eines Bruders des Kaisers, entstand.[206] Dieses übernahm zwar nicht direkt den französischen Code civil, stand aber unter seinem starken Einfluss.[207] Allerdings wurde dieses niederländische Zivilgesetzbuch zwei Jahre, nachdem die Niederlande Teil des französischen Kaiserreichs wurden, durch den Code civil ersetzt.[208] Der Einfall Napoleons in den Niederlanden führte auch dazu, dass das bisher auf mündlicher Überlieferung beruhende und aus einzelnen geschriebenen Rechtsregeln bestehende Handelsrecht durch den Code de Commerce ersetzt wurde.[209] Das bisher vom Zivilgesetzbuch in keiner Weise abgegrenzte Handelsrecht erlangte damit eine eigenständige Bedeutung.[210]

Nach dem Ende der französischen Herrschaft 1813 und der Restaurationsbewegung gegen die im Gefolge der Französischen Revolution vorgenommenen Rechtsänderungen blieben der Code civil und der Code de Commerce noch längere Zeit in Kraft, bis sie am 1. Oktober 1838 durch nationale Gesetzbücher abgelöst wurden.[211] Bereits vor 1838 waren eigene Kodifikationsversuche unternommen worden, die

---

[202] *Heinemann,* in: FS Fikentscher, S. 357 mwN.
[203] *Hartkamp*, RabelsZ 57 (1993), 664; s. auch *Hartkamp/Tillema,* Contract Law, § 2, Rn. 20.
[204] *Hartkamp*, RabelsZ 57 (1993), 665; vgl. *Smith,* WPNR 5504, 57; *Hartkamp/Tillema,* Contract Law, § 2, Rn. 20.
[205] *Hartkamp*, RabelsZ 57 (1993), 665.
[206] Vgl. *Hartkamp/Tillema,* Contract Law, § 2, Rn. 20; *Hondius,* in: Bydlinsky/Mayer-Maly/Pichler, S. 41 f.
[207] Vgl. *Schrage,* The new Civil Code of The Netherlands: some old, some new, in: Boizova/Boizova, Gollandskaja pravovaja kul'tura, S. 340; *Hartkamp/Tillema,* Contract Law, § 2, Rn. 20.
[208] Vgl. *Hartkamp*, RabelsZ 57 (1993), 665; *Hondius*, Dutch Civil Law and Jurisprudence. Recodification of the Law in The Netherlands. The New Civil Law Experience, in: Boizova/ Boizova, Pravovaja sistema Niderlandov, S. 225, Fn. 10.; *Hartkamp/Tillema,* Contract Law, § 2, Rn. 20 f.
[209] Vgl. *Gotzen,* Niederländisches Handels- und Wirtschaftsrecht, Rn. 5; *Hartkamp*, RabelsZ 57 (1993), 665; *Basedow,* ZVglRWiss 79 (1980), 134 mwN.
[210] Vgl. *Gotzen,* Niederländisches Handels- und Wirtschaftsrecht, Rn. 5.
[211] Vgl. *Gotzen,* Niederländisches Handels- und Wirtschaftsrecht, Rn. 5.

1826 zu einer Veröffentlichung eines HGB („Wetboek van Koophandel voor het Koningrijk der Nederlanden") geführt hatten, dessen Inkrafttreten aber durch den Aufstand der niederländischen Südprovinzen, der zur Teilung des Staates und zur Entstehung des Königreichs Belgiens führte, verhindert worden war.[212]

Das 1838 erlassene „Wetboek van Koophandel" lehnte sich, sowohl was die Art des behandelten Rechtsstoffes als auch seine Ausgestaltung im einzelnen anbelangt, in sehr starkem Maße an den Code de Commerce an, was schon der fast identische äußere Aufbau zeigt.[213] Es blieb somit bei der Trennung von kaufmännischem und privatem Handeln. Der Kaufmannsbegriff war dabei so definiert, dass als Kaufmann angesehen wurde, wer Handlungen des Kaufhandels verrichtete und daraus seinen Beruf machte (Art. 2 Wetboek van Koophandel[214]). Des weiteren enthielt das Handelsgesetzbuch spezielle Regelungen für einzelne Gebiete des Privatrechts, die einerseits als mehr oder weniger mit der kaufmännischen Tätigkeit verknüpft galten, die sich andererseits aber dem Bürgerlichen Recht im Sinne der Justinianischen Kodifikation nur schwer zuordnen ließen.[215]

Die Tatsache, dass ein Teil des Privatrechts nicht im „Burgerlijk wetboek", dem Bürgerlichen Gesetzbuch, sondern im Handelsgesetzbuch kodifiziert wurde, wurde zum Teil kritisiert, und es wurde vorgeschlagen, beide Gesetzbücher zu verschmelzen.[216] Der historisch bedingte Dualismus könne systematisch nicht gutgeheißen werden, da beide Gesetze einen wesentlichen Zusammenhang aufwiesen und ein einheitliches Ganzes bildeten, so dass eine äußerliche Unterscheidung unnatürlich sei.[217]

Seit dem Ende des 19. Jahrhunderts wurde die scharfe Trennung zwischen Zivil- und Handelsrecht Schritt für Schritt abgebaut. Die infolge der sprunghaft zunehmenden Ausweitung des Welthandels erforderlich werdenden Rechtsänderungen und -vereinheitlichungen erfolgten in den Niederlanden stets mehr durch schrittweise Umgestaltung und Anpassung des vorhandenen Rechts als durch neue spezialgesetzliche Kodifikationen.[218] Darin kommt, ebenso wie bereits in der Abschaffung des Kaufmannsbegriffs durch das Gesetz vom 2. Juli 1934[219], der Gedanke der Verbürgerlichung aller derjenigen rechtlichen Vorgänge zum Ausdruck, die ein gutes

---

[212] Vgl. *Hondius*, Dutch Civil Law and Jurisprudence. Recodification of the Law in The Netherlands. The New Civil Law Experience, in: *Boizova/ Boizova,* Pravovaja sistema Niderlandov, S. 225, Fn. 12; *Raisch*, Abgrenzung, S. 69; *Gotzen,* Niederländisches Handels- und Wirtschaftsrecht, Rn. 5.

[213] Vgl. *Raisch*, Abgrenzung, S. 68; *Schrage,* The new Civil Code of The Netherlands: some old, some new, in: Boizova/ Boizova, Gollandskaja pravovaja kul'tura, S. 340; *Zweigert/Kötz,* Einführung in die Rechtsvergleichung, S. 100; *Hartkamp/Tillema,* Contract Law, § 2, Rn. 21.

[214] Zit. nach *Gotzen,* Niederländisches Handels- und Wirtschaftsrecht, Rn. 48.

[215] *Gotzen,* Niederländisches Handels- und Wirtschaftsrecht, Rn. 48.

[216] *Cleveringa*, ZHR 101 (1935), 321 f.; *A. Fontein,* A century of codification in Holland, 21 Journal of comparative legislation and international law 81, S. 84 f. (1939) (zit. nach *Hondius*, Dutch Civil Law and Jurisprudence. Recodification of the Law in The Netherlands. The New Civil Law Experience, in: *Boizova/ Boizova,* Pravovaja sistema Niderlandov, S. 374, Fn. 13); *Basedow,* ZVglRWiss 79 (1980), 135 mwN.

[217] *Cleveringa*, ZHR 101 (1935), 321 f.; zu den weiteren Gründen für eine Gesamtkodifikation s. *Basedow,* ZVglRWiss 79 (1980), 135, 138 mit zahlreichen Nachweisen.

[218] *Gotzen,* Niederländisches Handels- und Wirtschaftsrecht, Rn. 7.

[219] Staatsblad 1934, Nr. 347, in Kraft ab dem 1. Januar 1935. Seither war das Handelsrecht nicht mehr das Recht der Kaufleute, sondern das Recht bestimmter Handelsgeschäfte.

Jahrhundert als Besonderheiten eines bestimmten Standes angesehen worden waren[220].

Eine lebhafte Diskussion über die Notwendigkeit einer Neukodifizierung und eine weitere Liberalisierung der Auslegung der Gesetzesvorschriften mündete in einem Regierungsbeschluss vom 25. April 1947, in dem Professor *Eduard Maurits Meijers* mit dem Entwurf eines neuen Bürgerlichen Gesetzbuches beauftragt wurde.[221] Bis zu seinem Tod im Jahre 1954 wurden nur die ersten vier Bücher des Entwurfs zum Bürgerlichen Gesetzbuches fertig. Die neue Kommission zur Revision des BGB setzte die langwierige Arbeit am Entwurf der nächsten Bücher fort.[222] Die ersten beiden Bücher[223] traten 1970 bzw. 1976 in Kraft. Das siebte Buch über die besonderen Verträge wurde 1972 in der Form des „Meijers-Entwurfs“ veröffentlicht.[224]

bb. Aktuelle Rechtslage

In den 80er und 90er Jahren des letzten Jahrhunderts folgte sukzessiv die Übernahme früherer handelsrechtlicher Rechtsmaterien in das Bürgerliche Gesetzbuch (Bücher 2[225], 7 und 8). Diese Entwicklung kann man als eine langfristige Rückbesinnung von den seinerzeit rezipierten französischen Einflüssen auf die nationalen Eigenarten des früheren „altväterländischen Rechts“ deuten.[226]

Mit der Aufgabe der Begriffe des Kaufmannes und des Handelsgeschäfts im Handelsgesetzbuch erteilte der holländische Gesetzgeber dem dualistischen System eine endgültige Absage. Nur noch wenige Regeln wurden für den neu eingeführten Begriff „Betrieb“[227] aufrechterhalten[228]. Seither lässt sich feststellen, dass in den Niederlanden jedermann Kaufmann und damit Unternehmer ist, der sich im geschäftlichen Verkehr betätigt.[229] Dennoch ist es nicht völlig ohne Belang, ob jemand, der in den Niederlanden gewerbsmäßig am Handels- und Wirtschaftsverkehr teilnimmt, mit seinesgleichen Geschäftsabschlüsse tätigt oder ob er mit privaten Endverbrauchern bei Einzelgeschäften in rechtlichen Kontakt tritt.[230] Nur unter den erstgenannten

---

[220] Vgl. *Gotzen,* Niederländisches Handels- und Wirtschaftsrecht, Rn. 7.

[221] Vgl. *Hartkamp*, RabelsZ 57 (1993), 667; *Hondius*, Dutch Civil Law and Jurisprudence. Recodification of the Law in The Netherlands. The New Civil Law Experience, in: *Boizova/ Boizova,* Pravovaja sistema Niderlandov, S. 227; *Hartkamp/Tillema,* Contract Law, § 2, Rn. 22; *Basedow,* ZVglRWiss 79 (1980), 135.

[222] Zur Historie der Neukodifikation s. insbesondere *Hondius,* AcP (191) 1991, 378 ff.; *Basedow,* ZVglRWiss 79 (1980), 132 ff.; *van Dijk,* in: Bydlinsky/Mayer-Maly-/ Pichler, S. 25 ff.; *Hartkamp/Tillema,* Contract Law, § 2, Rn. 22.

[223] 1. Buch (Personen- und Familienrecht) und 2. Buch (Juristische Personen).

[224] Vgl. *Hartkamp*, RabelsZ 57 (1993), 667; *Hondius*, Dutch Civil Law and Jurisprudence. Recodification of the Law in The Netherlands. The New Civil Law Experience, in: *Boizova/ Boizova,* Pravovaja sistema Niderlandov, S. 230; *Hartkamp/Tillema,* Contract Law, § 2, Rn. 22; zu dem komplizierten Gesetzgebungsverfahren und den einzelnen Phasen s. ausführlich *Basedow,* ZVglRWiss 79 (1980), 136 f.

[225] Deutsche Übersetzung des zweiten Buches in: *Nieper/Westerdijk,* Niederländisches Bürgerliches Gesetzbuch.

[226] *Gotzen,* Niederländisches Handels- und Wirtschaftsrecht, Rn. 7.

[227] Niederl.: „bedrijf“.

[228] *Müller-Freienfels*, in: FS für von Caemmerer, S. 593.

[229] *Gotzen,* Niederländisches Handels- und Wirtschaftsrecht, Rn. 50.

[230] *Hartkamp*, Nederlands Juristenblad 1983, 1069 ff. (zit. nach *Gotzen,* Niederländisches Handels-

Voraussetzungen finden beispielsweise die Regeln des Handelskaufs Anwendung, der nicht anders als ein privater Kauf im Bürgerlichem Gesetzbuch (Buch 7, Art. 1 ff.[231]) geregelt ist. Zur Abgrenzung des Handelskaufs vom privaten Kauf geht die niederländische Rechtsordnung nicht von besonderen persönlichen Eigenschaften der vertragsschließenden Parteien aus.[232] Dies wäre jedenfalls im Hinblick auf die Abschaffung des Kaufmannsbegriffs unlogisch. Auch die Eintragung der beteiligten Personen in das Handelsregister wäre kein brauchbares Abgrenzungskriterium, da neben Handelsgesellschaften und Einzelkaufleuten auch die Handwerksbetriebe dem Eintragungszwang unterliegen.[233] Die niederländische Rechtspraxis stellt für den Handelskauf vielmehr darauf ab, dass ein Kauf von den beteiligten Parteien im Rahmen des Betriebs ihres Unternehmens bzw. der Ausübung ihres Berufs getätigt wird, wobei im letztgenannten Fall die Berufsausübung den Abschluss von Kaufverträgen zum Gegenstand haben muss.[234] Die vom Gesetz vorgesehene Gleichstellung kaufmännischen und nicht kaufmännischen Handelns wirkt demnach nicht unter allen Umständen und ist nicht mit letzter Konsequenz durchführbar.[235] Sie muss vielmehr als eine Regel angesehen werden, die trotz weitestmöglicher Anwendung gewisse Ausnahmen zulässt.[236]

Das niederländische Recht kennt aber zahlreiche Bestimmungen mit alleiniger Bedeutung für die in Handel und Wirtschaft tätigen Rechtssubjekte, die nach der Abschaffung des Kaufmannsbegriffs zunächst als diejenigen, die „einen Betrieb führen“, später auch als „Unternehmer“[237] bezeichnet wurden[238].

Die wohl wichtigste Phase des umfangreichen Reformvorhabens wurde am 1.1.1992 mit dem Inkrafttreten des zentralen Teils[239] des neuen Bürgerlichen Gesetzbuches abgeschlossen, der aus dem gesamten Schuld- und Sachenrecht besteht. Das Gesetzbuch weist eine völlig neue Struktur auf und ist in seiner Vollständigkeit bisher einmalig.[240] Es ersetzt sowohl das alte Zivilgesetzbuch als auch das Handelsgesetzbuch und beseitigt damit die aus der französischen Zeit stammende, dem holländischen Recht jedoch fremde Unterscheidung zwischen Zivil- und Handelsrecht.[241] Das holländische Gesetzbuch folgt insoweit dem schweizerischen und dem italieni-

---

und Wirtschaftsrecht, Rn. 51).

[231] Deutsche Übersetzung der Bücher 6, 7, 7A in: *Nieper/Westerdijk,* Niederländisches Bürgerliches Gesetzbuch.

[232] *Gotzen,* Niederländisches Handels- und Wirtschaftsrecht, Rn. 534.

[233] Vgl. *Gotzen,* Niederländisches Handels- und Wirtschaftsrecht, Rn. 534, auch 46 ff., 521 f.

[234] *Gotzen,* Niederländisches Handels- und Wirtschaftsrecht, Rn. 534.

[235] *Gotzen,* Niederländisches Handels- und Wirtschaftsrecht, Rn. 51

[236] *Gotzen,* Niederländisches Handels- und Wirtschaftsrecht, Rn. 51.

[237] „ondernemer“.

[238] So z.B. das Handelsnamengesetz, s. dazu *Gotzen,* Niederländisches Handels- und Wirtschaftsrecht, Rn. 52.

[239] Bücher 3 (Vermögensrecht im allgemeinen), 5 (Sachenrecht), 6 (Allgemeiner Teil des Schuldrechts), z.T. 7 (Besondere Verträge); das 8. Buch (Transportrecht) kam am 1. April 1991 in Kraft.

[240] Vgl. *Hartkamp*, RabelsZ 57 (1993), 668; *Drobnig,* ERPL 1993, 175 f.; *Smith,* WPNR 5504, 55. *Drobnig* empfielt in diesem Zusammenhang den osteuropäischen Staaten, sich im Rahmen ihrer Reformen ihre Rechtssysteme an eine Marktwirtschaft durch die Erweiterung existierender oder die Schaffung neuer bürgerlicher Gesetze nach dem holländischen Modell anzupassen.

[241] *Hartkamp*, RabelsZ 57 (1993), 668.

schen Vorbild, geht aber in seinem Bestreben, das gesamte Privatrecht zu umfassen, über diese noch hinaus.[242]

III. Die Systeme der osteuropäischen Staaten

Verfolgt man die Entwicklung des Verhältnisses des Handelsrechts zum Zivilrecht in den ehemaligen sozialistischen Staaten, so lässt sich feststellen, dass es hier für die Industrie und große Teile des Handels Sondervorschriften gab, die sich von den für die Bürger geltenden unterschieden. Aufgrund der anderen Begründung dieses Sonderrechts war allerdings auch dessen Ausgestaltung anders.
Während des sozialistischen Regimes ging das Handelsrecht von einer weitgehend sozialisierten Wirtschaft aus, in der die Wirtschaft in Volkseigentum oder sozialistisch-genossenschaftliches Eigentum überführt worden war. Das Recht der sozialistischen Wirtschaft war vor allem durch die große Plannähe gekennzeichnet. Die Gebote der sozialistischen Planwirtschaft galten in besonderem Maße für die Verträge zwischen den sozialistischen Einheiten, daneben aber auch für die Geschäfte zwischen dem Staatsbürger und der sozialistischen Verkaufsstelle. Daher bildeten sich für Streitigkeiten aus sozialistischen Verträgen vielfach eigene Spruchkörper (Arbitrage) und ein eigenes Verfahrensrecht heraus. Für den Bürger galten die Zivilgesetzbücher der betroffenen Staaten. Die Wirtschaftseinheiten waren streng an die Planvorgaben gebunden, und ihre Rechtsfähigkeit war auf diejenigen Rechtsgeschäfte beschränkt, die ihnen nach den Statuten zugewiesen waren.[243]
Nach dem Bruch des sozialistischen Systems entstand in den ehemaligen sozialistischen Staaten das Bedürfnis nach eine Reformierung des Handelsrechts. Mit der Schaffung eines marktwirtschaftlich orientierten Rechtssystems kehrten Anfang der neunziger Jahre viele der osteuropäischen Staaten zu den traditionellen Rechtsformen des Handelsverkehrs zurück oder entwickelten sie weiter. Dort, wo bereits Gesetzbücher bestanden, ging es vielfach um die moderne Fragestellung, ob der Dualismus von Zivilgesetzbuch und Handelsgesetzbuch beibehalten oder entsprechend der Lösungen, die in den vergangenen Jahrzehnten in der Schweiz, Italien und den Niederlanden gefunden worden waren, ein einheitliches auch für Kaufleute geltendes Zivilrecht geschaffen werden sollte. Im Nachfolgenden soll am Beispiel von Polen, Ungarn, Tschechien, der Slowakei und Bulgarien gezeigt werden, für welches der beiden Modelle sich die osteuropäischen Staaten entschieden haben.

1. Polen

Ursprünglich regelte in Polen das Handelsgesetzbuch von 27. Juni 1934 neben den Handelsgesellschaften auch den Handelsstand sowie die Handelsgeschäfte und galt

---

[242] Vgl. *Hartkamp*, RabelsZ 57 (1993), 668.
[243] *Pleyer,* in: Horn/Pleyer, 3 ff.; *Bernstoff*, Vertrags-, Kauf-, Handels- und Gesellschaftsrecht in Osteuropa, S. 162.

damit als selbständige Kodifikation.[244] Die Struktur des Gesetzes orientierte sich ebenso wie zahlreiche Vorschriften in starkem Maße am deutschen Handelsgesetzbuch.[245] Das Gesetz baute auf dem subjektiven System auf. Die Vorschriften des HGB definierten im zweiten Buch Handelsgeschäfte als Rechtshandlungen des Kaufmanns, die im Zusammenhang mit der Unternehmensführung stehen. Dies hatte die Anwendung der Vorschriften des HGB nicht nur auf den Kaufmann, sondern auch auf die andere Vertragspartei zur Folge, auch wenn sie selbst kein Kaufmann war[246].
Im Jahre 1964 wurde das HGB durch Artikel VI des Einführungsgesetzbuches zum Zivilgesetzbuch (ZGB) weitgehend außer Kraft gesetzt. Ausgenommen waren nur die Vorschriften über die OHG, die GmbH und die AG sowie – für diese Gesellschaftsformen - die Vorschriften über die Handelsregister, die Firma und die Prokura. Für Außenhandelsgeschäfte wurden die Vorschriften über das Zurückbehaltungsrecht (Art. 518-524 HGB) und über den vertraglichen Schadensersatz (Art. 531 HGB) aufrechterhalten.[247] Im übrigen wurden zuvor im HGB geregelte Handelsvertragstypen wie Handelskauf, Bankkontovertrag, Agenturvertrag, Kommissionsvertrag, Speditionsvertrag, Frachtvertrag und Lagervertrag nunmehr im neuen ZGB normiert.[248] Somit bildet das allgemeine (Drittes Buch, Titel I-X) und besondere Schuldrecht (Drittes Buch, Titel XI-XXXVI) die rechtliche Basis für das Wirtschaftsvertragsrecht. Der Begriff des Kaufmanns verschwand aus dem polnischen Handelsrecht. In Kraft blieben nur die Vorschriften über den „Registerkaufmann", worunter OHG, KG, GmbH und AG fallen. Durch diese Reduzierung des Handelsgesetzbuches auf das Gesellschaftsrecht verlor das Handelsrecht nach der herrschenden Meinung der polnischen Rechtswissenschaft seine Bedeutung als selbständiges Rechtsgebiet und wurde zu einem integralen Bestandteil des Zivilrechts.[249]
Das Zivilgesetzbuch vom 23. April 1964 unterschied vor der Novellierung vom 28. Juli 1990 zwischen dem Rechtsverkehr zwischen staatlichen oder staatlich beherrschten Wirtschaftsorganisationen und dem Rechtsverkehr zwischen natürlichen Personen und nicht staatlichen Wirtschaftorganisationen. Nach der Novelle von 1990 wurde diese Unterscheidung aufgehoben. Anstelle der herkömmlichen Begriffe „Kaufmann" oder „Wirtschaftssubjekt"[250] wurde der Begriff „Unternehmer" bereits 1997 eingeführt, der neben dem Begriff „Wirtschaftstätigkeit" zum zentralen Begriff im neuen Gesetz über das Recht der Wirtschaftstätigkeit[251] wurde.
Als „Wirtschaftstätigkeit" gilt eine erwerbsmäßig, in organisierter Weise und dauerhaft ausgeübte Produktions-, Handels-, Bau- und Dienstleistungstätigkeit (Art. 2 I

[244] *Gralla*, Gesellschaftsrecht in Polen, S. 1.
[245] Vgl. *Kępiński*, in: Martiny/Witzleb, S. 88; *Herrnfeld*, Recht europäisch, S. 33.
[246] *Kuglarz*, in: Horn/Pleyer, S. 22.
[247] *Kalus*, in: Wirtschafts- und Gesellschaftsrecht Osteuropas, S. 241.
[248] Vgl. *Kalus*, in: Wirtschafts- und Gesellschaftsrecht Osteuropas, S. 241.
[249] *Kuglarz*, in: Horn/Pleyer, S. 8 mwN in Fn. 3.
[250] Der Begriff „Wirtschaftssubjekt wurde durch das Gesetz über die Wirtschaftstätigkeit vom 23. Dezemeber 1988 eingeführt (Dz. U. Nr. 41, Pos. 324), deutsche Übersetzung in Brunner/ Schmid/Westen, WOS I 1 Polen III 2 (fortan abgekürzt WiTG). S. hierzu: *Gralla*, WGO MfOR 1989, 57 ff.
[251] Vom 19. November 1999 (Dz.U. Nr. 101, Pos. 11178 v. 17.12.1999), deutsche Übersetzung des 1. Teils in WiRO 2000, 252 ff., des 2. Teils in WiRO 2000, 284 ff. Fortan abgekürzt: RWiTG.

RWiTG). Wer eine solche Tätigkeit im eigenen Namen aufnimmt und gewerbsmäßig ausübt, gilt nach Artikel 2 II RWiTG als Unternehmer, unabhängig davon ob er einer natürliche oder juristische Person oder eine Handelsgesellschaft ohne Rechtspersönlichkeit (OHG, KG) ist. Bei Gesellschaften des Zivilrechts gelten jedoch nicht die Gesellschaft, sondern die Gesellschafter „hinsichtlich der von ihnen ausgeübten Wirtschaftstätigkeit" als Unternehmer (Art. 2 III RWiTG). Keine Unternehmer sind Notare, Rechtsanwälte, Justitiare bzw. Rechtsräte (Artikel 76 und 87 RWiTG).
Das ZGB regelt somit heute die Rechtsbeziehungen sowohl zwischen Wirtschaftsubjekten, zwischen Bürgern untereinander als auch zwischen ersten und letzteren. Damit hielt Polen auch nach der Wende am Grundsatz der Einheit des Zivilrechts fest. Aufgrund dieser Konzeption eines einheitlichen Zivilrechts werden heute in den im HGB nicht geregelten Angelegenheiten die Vorschriften des Zivilgesetzbuches direkt angewandt.[252]

2. Ungarn

Das geltende Privatrecht in Ungarn kennt die Unterscheidung zwischen Handelsrecht und bürgerlichem Recht nicht. Grundlage des Handelsrechts ist das Zivilgesetzbuch, neben dem einige seit 1988 erlassene Spezialgesetze zur Anwendung kommen.[253] Während das Zivilrecht sich im wesentlichen auf gewohnheits- und präzedenzrechtlichen Grundlagen entwickelte,[254] wurde das Handelsrecht bereits 1875 kodifiziert.[255] Es wurde nach dem Muster des deutschen bzw. österreichischen Handelsgesetzbuchs entworfen[256] und regelte die Rechtsstellung der Einzelkaufleute und der Handelsgesellschaften sowie die Handelsgeschäfte. Obwohl die handelsrechtlichen Beziehungen nach der Verwirklichung der kommunistischen Ideologie fast vollkommen bedeutungslos geworden waren, sind die meisten Regeln des HGB formell bis 1960 in Kraft geblieben,[257] bis sie mit dem Erlass des Zivilgesetzbuches im Jahre 1959[258] fast ausnahmslos gestrichen wurden[259]. Die gesellschaftsrechtlichen Bestimmungen blieben zunächst in Kraft und wurden erst 1988 durch das neue Gesetz über die Wirtschaftsgesellschaften[260] aufgehoben. Heute gelten aus dem

[252] *Gralla*, Gesellschaftsrecht in Polen, S. 1; vgl. auch *Kępiński*, in: Martiny/Witzleb, S. 90.
[253] Z.B. Gesetz Nr. VI v. 1988 über die Wirtschaftsgesellschaften; Gesetz Nr. V v. 1990 über die Einzelunternehmer; Gesetz Nr. I v. 1992 über die Genossenschaften etc. S. dazu Sárközy, in: Horn/Pleyer, S. 91 mwN.
[254] S. dazu *Almási*, Ungarisches Privatrecht, S. 1 ff.
[255] Vgl. *Sárközy*, in: Horn/Pleyer, S. 90; *Szécsényi*, Ungarisches Handelsrecht, S. 9; *Vékás*, Privatrecht und Wirtschaftsverfassung in Ungarn, in: Schlechtriem, Privatrecht und Wirtschaftsverfassung, S. 43.
[256] Vgl. *Herrnfeld*, Recht europäisch, S. 77; *Goldschmidt*, ZHR 21 (1976), 164 ff.; *Sárközy*, OER 3-4/2000, 257; *Vékás*, Privatrecht und Wirtschaftsverfassung in Ungarn, in: Schlechtriem, Privatrecht und Wirtschaftsverfassung, S. 44 mwN in Fn. 7.
[257] *Vékás*, Privatrecht und Wirtschaftsverfassung in Ungarn, in: Schlechtriem, Privatrecht und Wirtschaftsverfassung, S. 44.
[258] Gesetz Nr. IV/1959 i.d.F. der Bakanntmachung des Gesetzes Nr. IV/1977. Dt. Text z.T. in: Brunner/Schmid/Westen, WOS I 3 Ungarn (1), II 1 a), III 1, IV 1.
[259] *Herrnfeld*, Recht europäisch, S. 77.
[260] Gesetz VI/1988; dazu *Vékás*, JbOR XXX/2 (1989), S. 345 ff.

alten HGB von 1875 nur noch die Bestimmungen über die kaufmännische Anweisung (§§ 291-298) fort.[261]
Ungarn hat während der letzten Jahrzehnte an der Konzeption des einheitlichen Zivilrechts mit der traditionellen Regelung sowohl der zivilrechtlichen Verträge zwischen den Staatsbürgern als auch der wirtschaftlichen Verträge festgehalten.[262] Ein besonderes Wirtschaftsvertragsrecht im Sinne einer nur für den „sozialistischen" Wirtschaftssektor geltenden Vertragsrechtsordnung hat es in Ungarn nie gegeben.[263] Der noch aus der 1968 beendeten Periode der imperativen Planwirtschaft stammende Typus der „Planverträge" wurde 1977 aus dem ZGB gestrichen.[264]
Ein neues Handelsgesetzbuch wurde nicht angenommen, da der „mütterliche" Charakter des ZGB aufrechterhalten werden sollte.[265] Bereits die Kodifikatoren des ersten ungarischen Handelsgesetzbuches hatten die Ansicht vertreten, dass die dualistische Kodifikation des Privatrechts nur eine einmalige historische Gegebenheit gewesen sei.[266] Die allgemeine Verneinung eines eigenständigen Handelsrechts bezog sich in erster Linie auf selbständige Handelsgeschäfte; man wollte alle Rechtsgeschäfte nach dem schweizerischen Modell in einem einheitlichen Schuldrecht zusammenfassen.[267] Die dogmatisch begründete Auffassung dieses einheitlichen Schuldrechts wurde auch mit ideologischen Gesichtspunkten unterstützt. Die Handelsrechte der kapitalistischen Länder Europas wurden als Hausrechte der Bourgeoise bezeichnet, da sie eigentlich der Realisation des Profits dienten.[268] Die klassischen Institutionen des Handelsrechts wurden unter den Verhältnissen der sozialistischen Planwirtschaft als „überholt" angesehen. Die wirtschaftlichen Verhältnisse der sozialistischen Gesellschaften sollten in einem einzigen Rechtszweig, dem bürgerlichen Recht, geregelt werden.[269]
Im Endergebnis hat das Zivilgesetzbuch eine einheitliche Kodifizierung des Privatrechts verwirklicht, wobei auch die traditionell als Handelsgeschäfte geltenden Rechtsgeschäfte (z.B. Frachtvertrag, Kommission, Speditionsgeschäft, Versicherungsvertrag) im besonderen Vertragsrecht geregelt werden. Zwar unterscheidet das ZGB heute in einigen Fällen die zwischen Staatsbürgern oder zwischen Staatsbürgern und Wirtschaftsorganisationen geschlossenen oder nur zwischen Wirt-

[261] Gesetzesartikel Nr. XXXVII/1875 über das Handelsgesetz (dt. Übersetzung in Brunner/ Schmid/Westen, WOS I 3 Ungarn (1), IV 1 b).
[262] Vgl. *Brunner*, Brunner/Schmid/Westen, WOS I 3 Ungarn (1), Einführung, S. 40; *Vékás*, Privatrecht und Wirtschaftsverfassung in Ungarn, in: Schlechtriem, Privatrecht und Wirtschaftsverfassung, S. 4, 7; *Vékás*, in: Bydlinsky/Mayer-Maly/Pichler (Hrsg.), Renaissance der Idee der Kodifikation, S. 145 ff.; *Sárközy*, OER 3-4/2000, 258.
[263] *Brunner*, WOS I 3 Ungarn (1), Einführung, S. 40.
[264] *Brunner*, WOS I 3 Ungarn (1), Einführung, S. 40.
[265] *Sárközy*, in: Horn/Pleyer, S. 91.
[266] Vgl. *Szécsényi*, Ungarisches Handelsrecht, S. 9.
[267] *Szécsényi*, Ungarisches Handelsrecht, S. 9.
[268] *Világhy/Eörsi*, Magyar polgári jog (Ungarisches bürgerliches Recht), Band I, Budapest 1962, S. 18, zit. nach *Szécsényi*, Ungarisches Handelsrecht, S. 10.
[269] *Világhy/Eörsi*, Magyar polgári jog (Ungarisches bürgerliches Rechts), Band I, Budapest 1962, S. 19, zit. nach *Szécsényi*, Ungarisches Handelsrecht, S. 10.

schaftsorganisationen geschlossenen Verträge. Den Begriff des Handelsgeschäftes kennt das ungarische ZGB aber nicht[270].
Nach der Grundsatzdiskussion in den 90-er Jahren hat sich die Konzeption durchgesetzt, erst die nötigen Korrekturen und Ergänzungen im Zivilgesetzbuch zu verabschieden und dann eine Gesamtkodifikation anzustreben.[271] Im Hinblick auf die zukünftig geplante Gesamtkodifikation ist man sich heute in der grundlegenden Frage einig, dass man die Kodifikation einspurig und nicht zweispurig durchführen solle. Zwar wird zum Teil die Meinung vertreten, dass neben einem Privatgesetzbuch ein gesondertes Handelsgesetzbuch geschaffen werden sollte. Die zur Zeit herrschende Meinung favorisiert aber ein einheitliches Gesetzbuch.[272] Geplant ist, die modernisierten Regelungen für Handelsgeschäfte im Zeichen des monistischen Konzepts in das Zivilgesetzbuch zu integrieren.[273]

3. Tschechische und Slowakische Republik

Die Tschechoslowakei gehörte zu denjenigen sozialistischen Staaten, in denen die Konzeption des Wirtschaftsrechts als eines selbständigen Rechtszweigs in der Gesetzgebung Ausdruck fand.[274]
Davor galt in der Tschechischen Republik neben dem österreichischen ABGB aus dem Jahre 1811 das österreichische ADHGB, das 1918 vorbehaltlos übernommen wurde, während in der Slowakei das ungarische Handelsgesetzbuch Anwendung fand.[275] Die tschechoslowakische Regierung versäumte es, eine Vereinheitlichung des Privatrechts durch eine Zusammenführung des Zivilgesetzbuches und des Handelsgesetzbuches herbeizuführen.[276] Die zwischen den beiden Weltkriegen tätige Kommission zur Vereinheitlichung des Zivilrechts brachte keine Ergebnisse und scheiterte endgültig nach der kommunistischen Machtübernahme.[277]
In der sozialistischen Tschechoslowakei gab es ein dualistisches System für sozialistische und nichtsozialistische Rechtssubjekte.[278] Die sozialistischen Wirtschaftssubjekte unterlagen vor allem dem streng an der sozialistischen Planwirtschaft orientierten Wirtschaftsgesetzbuch.[279] Für die Rechtbeziehungen zwischen tschechoslowakischen staatlichen Unternehmen einerseits und Handelspartnern aus Nicht-RGW-Staaten andererseits wurde das liberale Gesetzbuch des internationalen Handels[280] geschaffen. Beziehungen zwischen vergesellschafteten Unternehmen

---

[270] *Sárközy*, in: Horn/Pleyer, S. 102.
[271] Vgl. *Vékás*, Privatrecht und Wirtschaftsverfassung in Ungarn, in: Schlechtriem, Privatrecht und Wirtschaftsverfassung, S. 48.
[272] *Vékás*, Privatrecht und Wirtschaftsverfassung in Ungarn, in: Schlechtriem, Privatrecht und Wirtschaftsverfassung, S. 49 f.; *Vékás*, in: Bydlinsky/Mayer-Maly/Pichler (Hrsg.), Renaissance der Idee der Kodifikation, S. 145 ff.
[273] *Sárközy*, OER 3-4/2000, S. 259.
[274] Vgl. *Herrnfeld*, Recht europäisch, S. 56.
[275] Vgl. *Raban/Bohata*, JOR Bd. 42 (2001), 54.
[276] Vgl. *Raban/Bohata*, JOR Bd. 42 (2001), 54.
[277] Vgl. *Raban/Bohata*, JOR Bd. 42 (2001), 54.
[278] *Bučková*, in: Horn/Pleyer, S. 66.
[279] Gesetz Nr. 109/1964 Sb.
[280] Gesetzbuch über Rechtsbeziehungen im internationalen Handelsverkehr, Nr. 191/1963 Sb. über

und Bürgern sowie unter Bürgern zwecks Befriedigung ökonomischer und kultureller Bedürfnisse regelte das Bürgerliche Gesetzbuch[281]. Dieses Gesetzbuch wurde später auch auf verschiedene schuldrechtliche Beziehungen von Einzelunternehmern bei ihrer unternehmerischen Tätigkeit angewandt.[282]
Ende 1989 wurde in der Tschechoslowakei eine Sonderkommission zur Vorbereitung von Regierungsentwürfen neuer grundlegender privatrechtlicher Gesetze gegründet.[283] Ihre gesamte Konzeption orientierte sich im Grunde an dem traditionellen dualistischen Model, das für das 19. Jahrhundert typisch gewesen ist.[284] Den Weg der erneuten Spaltung unterstützten zusätzlich die Beispiele der Nachbarländer und die damals modernen Bestrebungen selbst, an die Zeit vor dem Zweiten Weltkrieg wieder anzuknüpfen.[285] Die schweizerischen, italienischen oder die niederländischen Erfahrungen mit ihren kommerzialisierten Zivilgesetzbüchern wurden dabei übergangen, was später zuweilen Gegenstand von Kritik geworden ist.[286]
Das tschechoslowakische Handelsgesetzbuch[287] trat am 1. Januar 1992 in Kraft. Es hob die Ungleichheiten zwischen den sozialistischen und nicht sozialistischen Rechtssubjekten auf und legte für sämtliche Rechtsträger die gleichen Rechtsbedingungen ihrer unternehmerischen Tätigkeit fest[288]. Die Grundlagen für das HGB waren einerseits das deutsche und österreichische Recht und andererseits die bereits im Gesetzbuch des internationalen Handels geregelten Rechtsinstitute.[289]
Seit dem 1. Januar 1992 gilt somit eine einheitliche Regelung der Handelsbeziehungen. Auch nach der Teilung der ehemaligen ČSFR am 1.1.1993 gilt das Handelsgesetzbuch weiterhin in beiden Republiken: aufgrund des Verfassungsgesetzes des tschechischen Nationalrats „Über Maßnahmen in Zusammenhang mit der

---

Rechtsbeziehungen im internationalen Handelsverkehr. Die Rechtsbeziehungen zwischen tschechoslowakischen Staatsunternehmen und den entsprechenden Unternehmen anderer RGW-Staaten waren dagegen überwiegend durch zwischenstaatlich vereinbarte Allgemeine Vertragsbedingungen bestimmt.

[281] Gesetz Nr. 40/1964 Sb.

[282] *Hajn,* Die Entwicklung des Zivilrechts in der Tschechischen Republik, in: Schlechtriem, Privatrecht und Wirtschaftsverfassung, S. 29.

[283] *Eliáš,* Osteuropa-Recht 6/2000, S. 431.

[284] Vgl. *Hajn,* Die Entwicklung des Zivilrechts in der Tschechischen Republik, in: Schlechtriem, Privatrecht und Wirtschaftsverfassung, S. 30; *Herrnfeld,* Recht europäisch, S. 58; *Eliáš,* OER 6/2000, S. 428 ff.

[285] *Raban/Bohata,* JbOR Bd. 42 (2001), 55.

[286] Vgl. *Eliáš,* OER 6/2000, S. 431; *Raban/Bohata,* JbOR Bd. 42 (2001), 76, die dem Gesetzgeber den Vorwurf machen, er hätte mit der abweichenden Regelung allgemeiner und spezieller handelsrechtlichen Beziehungen "aus nicht immer nachvollziehbaren Gründen ehe für eine Verwirrung, als für Rechtssicherheit gesorgt".

[287] Gesetz Nr. 513/1991 Sb vom 5. November 1991, geändert duch Gesetz Nr. 264/1992 Sb, 591/1992 Sb und 600/92 Sb – für die Tschechische Republik ferner durch Gesetz Nr. 286/993 Sb und 156/94 Sb; dt. Übersetzung in WiRO-Handbuch CS 300; z.T. auch in Brunner/Schmid/Westen, I 2 (Slowakische Republik/Tschechische Republik) ČSFR III 1a, III 3a, III 4b.

[288] *Bučková,* in: Horn/Pleyer, S. 66.

[289] *Bučková,* in: Horn/Pleyer, S. 66; vgl. auch *Libánský,* in Wirtschafts- und Gesellschaftsrecht Osteuropas, S.285; *Hajn,* Die Entwicklung des Zivilrechts in der Tschechischen Republik, in: Schlechtriem, Privatrecht und Wirtschaftsverfassung, S. 27, 30; *Raban/Bohata,* JOR Bd. 42 (2001), 55.

Beendigung der Tschechischen und Slowakischen Föderativen Republik"[290] sowie der Art. 153 ff. der Verfassung der Slowakischen Republik vom 16.9. 1992[291] fort.[292] Die legislative Regelung der Wechselbeziehung des Bürgerlichen Gesetzbuches und des Handelsgesetzbuches geht von der traditionellen Auffassung des BGB als eines Kodex allgemeinen Charakters aus, der alle grundlegenden Beziehungen der bürgerlichen Gesellschaft regelt.[293] Der subsidiäre Charakter des allgemeinen Zivilrechts im Anwendungsbereich des HGB wird ausdrücklich in § 1 Abs. 2 HGB festgelegt.

Bis zum 1.1.2001 unterlagen dem HGB folgende Rechtsgeschäfte:

1) Rechtsgeschäfte zwischen Unternehmern, die im Rahmen ihrer unternehmerischen Tätigkeit oder im unmittelbaren Zusammenhang damit entstehen;

2) Rechtsgeschäfte zwischen dem Staat und den Unternehmern, die im Rahmen der unternehmerischen Tätigkeit entstehen und zur Befriedigung von öffentlichen Interessen dienen;

3) Die sogenannten absoluten Geschäfte, wie zum Beispiel der Unternehmenskauf, die im HGB aufgezählt und dem HGB unterzuordnen sind, ohne Rücksicht auf das Statut der Parteien des Rechtsgeschäftes;

4) Rechtsgeschäfte, für die die Vertragsparteien die Anwendbarkeit des HGB schriftlich vereinbart haben[294].

Zur Bestimmung seines sachlichen und persönlichen Geltungsbereichs verwendete das HGB als Grundbegriffe die Bezeichnung „Unternehmung" und „Unternehmer". Dabei verstand man unter „Unternehmung" eine systematische Tätigkeit, die der Unternehmer im eigenen Namen und in eigener Verantwortung selbständig zum Zwecke der Gewinnerzielung ausübt (§ 2 Abs. 2 HGB a.F.).

Nach dem Inkrafttreten der umfangreichen Novelle des tschechischen HGB zum 1.1.2001[295] regelt das HGB die Stellung der Unternehmen, die Vertragsbeziehungen im Handel sowie andere mit unternehmerischer Tätigkeit zusammenhängende Beziehungen (§ 1 Abs. 1 HGB). Die Definition der unternehmerischen Tätigkeit (§ 2 HGB) entspricht der früheren Definition der „Unternehmung". Den Handelsgeschäften ist der dritte Teil des HGB (§§ 261-755) gewidmet. Dabei handelt es sich zum einen um absolute Handelsgeschäfte, worauf das HGB immer Anwendung findet, unabhängig davon, ob die beteiligten Parteien Unternehmer sind oder nicht. Dies gilt beispielsweise für Rechtsbeziehungen, die innerhalb von Gesellschaften entstehen,

---

[290] Gesetz Nr. 4/1993 vom 15. Dezember 1992, deutsche Übersetzung in Brunner/Schmid/Westen, WOS I 2 (Slowakische Republik/Tschechische Republik), ČR I 1b.

[291] Nr. 460/1992 Sb, deutsche Übersetzung teilweise in Brunner/Schmid/Westen, WOS I 2 (Slowakische Republik/Tschechische Republik), Slowakei I 1.

[292] *Drücke*, in: Handbuch Wirtschaft und Recht in Osteuropa, Syst 11 CS, S. 1.

[293] Vgl. *Libánský*, in: Wirtschafts- und Gesellschaftsrecht Osteuropas, S. 285.

[294] Vgl. dazu *Bučková*, in: Horn/Pleyer, S. 80.

[295] Änderungsgesetz zum HGB Nr. 370/2000, Sb. v. 25.10.2000. Zu der bis zum 31. Dezember 1999 geltenden Fassung des HGB in der Tschechischen Republik vgl. *Breidenbach (Hrsg.)*, Handbuch Wirtschaft und Recht in Osteuropa, CS 300. Dt. Übersetzung z.T. in: WiRO 2001 Heft 5, 146 ff. mit Einleitung von *Bohata*. Zu den Änderungen des HGB im Jahre 1996 (Nr. 142/1996 Sb.) s. *Bohata*, WiRO 1996, 314 f.; zu der Reform im Jahr 2000: *Humlová-Ueltzhöffer/Kořínková*, WiRO 2001, 234 ff.; *Raban/Bohata*, JbOR Bd. 42 (2001), 53 ff.

aber auch für Verträge über den Unternehmenskauf und –pacht sowie über die stille Gesellschaft und Wertpapiergeschäfte, die im ZGB nicht geregelt sind. [296] Zum anderen wird auf die Natur der Subjekte (Unternehmer) abgestellt. Neben allgemeinen Bestimmungen enthält das HGB umfangreiche Regelungen für eine Reihe von Vertragstypen (u.a. Kauf- und Werkverträge, Kommissions-, Speditions- und Frachtverträge, Handelsvertreter- sowie Bankverträge).[297] Insgesamt sind über zwanzig Vertragstypen geregelt, die für die Unternehmenstätigkeit von Bedeutung sind. Das HGB gestattet den Vertragsparteien aber ausdrücklich auch den Abschluss von Verträgen, die als Vertragstypen nicht aufgezählt sind. Die Vertragsparteien können grundsätzlich von den Bestimmungen im Gesetz abweichen und ihre Rechtsverhältnisse nach ihrem Willen gestalten. Die Mehrzahl der Bestimmungen ist dispositiv. Die Ausnahmen werden in § 263 HGB enumerativ aufgezählt.

Vor allem in der Tschechischen Republik wird heute die nicht zufriedenstellende Abstimmung von Zivil-[298] und Handelsgesetzbuch kritisiert[299] und eine tiefgreifende Reform beider Gesetzbücher gefordert.[300] Dies führte auch zu Überlegungen, entsprechend der in Italien, in der Schweiz und den Niederlanden gefundenen Lösungen unter Aufgabe des Dualismus von Zivil- und Handelsgesetzbuch eine einheitliche Kodifikation zu schaffen.[301] Es scheint nun unbestritten zu sein, dass die Rekodifikation des Zivilgesetzbuchs als ein kommerzialisierter Kodex gestaltet werden soll, der Regelungen des allgemeinen Zivilrechts und des Handelsrechts vereint, mit dem Vorbehalt, dass das Recht der Handelsgesellschaften separat geregelt wird.[302]

---

[296] Vgl. *Raban/Bohata,* JbOR Bd. 42 (2001), 76 f. mit Fn. 38.

[297] S. dazu im einzelnen *Raban/Bohata,* JbOR Bd. 42 (2001), 78 f.

[298] Gesetz Nr. 509/19991 Sb.

[299] So regelt das HGB parallel zum ZGB eine Reihe von zivilrechtlichen Instituten, z.B. das Schuldanerkenntnis, den Werkvertrag etc., was manchmal in der Rechtsanwendung zu gänzlich ungewollten Effekten führt. Dazu *Eliáš,* OER 6/2000, S. 432 und *Raban/Bohata,* JbOR Bd. 42 (2001), 77.

[300] Vgl. *Herrnfeld,* Recht europäisch, S. 60; *Raban/Bohata,* JbOR Bd. 42 (2001), 80.

[301] So z.B. *Kanda,* WiRO 12/ 1997, 441, 443; *I. Pelikánová,* Privatrecht: Die Wege zur Kodifikation, Ekonom 34/93, 55; *A. Kanda/K. Eliás,* Privatrecht: Die Zeit der Gedanken über eine neue Konzeption, Ekonom 27/93, 55; *J. Bejcek,* Die Konzeption des Privatrechts: Entwicklung oder Diskontinuität, Ekonom 36/93, 56; Befürworter des HGB etwa: *L. Kopác,* Zur Zweckmäßigkeit des Handelsgesetzbuches, Ekonom 38/93, S. 75; wohl auch *Hajn,* Die Entwicklung des Zivilrechts in der Tschechischen Republik, in: Schlechtriem, Privatrecht und Wirtschaftsverfassung, S. 31 (zit. nach *Hajn,* Die Entwicklung des Zivilrechts in der Tschechischen Republik, in: Schlechtriem, Privatrecht und Wirtschaftsverfassung, S. 30).

[302] Der ZGB-Entwurf der Arbeitsgruppe des Justizministeriums unter Führung von *K. Eliáš* wurde nach jahrelangen Diskussionen von der Regierung genehmigt, so dass mit der konkreten Ausgestaltung des Zivilgesetzbuches begonnen werden kann. Man rechnet damit, dass die Tschechische Republik zum Ende 2004 ein vollkommen neues Zivilgesetzbuch haben wird. Geplant ist, die handelsrechtlichen Vertragsbeziehungen (bis auf wenige Aufnahmen) alle im ZGB aufgehen zu lassen und im HGB bei lediglich ausschließlich handels- und gesellschaftsrechtlichen Regelungen zu belassen. Vgl. *Eliáš,* OER 6/2000, S. 435); eingehend *Bohata,* WiRO 2001, 296.

4. Bulgarien

Das heute seit 1991 in Bulgarien geltende Handelsgesetzbuch in der Fassung vom 28. Dezember 1999[303] folgt dem Modell des deutschen HGB und orientiert sich an dem alten bulgarischen HGB von 1897, welches seinerseits vom deutschen Recht stark beeinflusst war.[304] Es enthält im dritten Teil im 21. Kapitel Regelungen zum Abschluss von Handelsgeschäften, Formvorschriften, Sorgfaltspflichten sowie zum kaufmännischen Zurückbehaltungsrecht. Die hierauf folgenden Kapitel befassen sich mit dem Handelskauf, dem Leasingvertrag, dem Speditions-, Beförderungs- und Versicherungsvertrag.

Ein Handelsgeschäft wird als ein von einem Kaufmann abgeschlossenes Geschäft definiert, das mit dem von ihm ausgeübten Gewerbe verbunden ist. Wie im deutschen Recht gilt im Zweifel die Vermutung, dass das von dem Kaufmann vorgenommene Geschäft mit seinem Gewerbe verbunden und damit ein Handelsgeschäft ist. Unabhängig von der Eigenschaft der Person, die sie vornimmt, gelten auch Geschäfte nach Art. 1 Abs. 1 HGB als Handelsgeschäfte (Art. 286 HGB). Diese Norm enthält einen Katalog von Geschäften, deren gewerbsmäßiges Betreiben jede natürliche oder juristische Person zum Kaufmann macht. Darunter fallen solche Tätigkeiten wie z.B. die Anschaffung von Waren, anderen Sachen oder Wertpapieren mit Weiterveräußerungsabsicht, der Verkauf von Waren eigener Produktion, Kommissions-, Speditions- und Beförderungsgeschäfte, Leasing u.a. Dabei fällt eine weitreichende Übereinstimmung mit § 1 Abs. 2 des deutschen HGB a.F. auf, nach dem ebenfalls die Art der gewerblichen Tätigkeit ausschlaggebend war.

Das HGB ist *lex specialis* zum Zivilgesetzbuch, das dementsprechend nur auf die im HGB nicht geregelten Verhältnisse der Handelsgeschäfte Anwendung findet. Soweit das ZGB die Handelsgeschäfte unvollständig regelt, werden Handelsbräuche angewendet (Art. 288 HGB).

Der bulgarische Gesetzgeber hat somit das dualistische System sowohl im formellen als auch im materiellen Sinn beibehalten.

---

[303] D.V. 1999 Nr. 114, S. 41.

[304] Vgl. *Stalev,* in: Wirtschafts- und Gesellschaftsrecht Osteuropas, S. 335 f.; *von Bernstoff,* Vertrags-, Kauf-, Handels- und Gesellschaftsrecht in Osteuropa, S. 164.

B. Ergebnis

Der rechtsvergleichende Überblick zeigt, dass die Frage nach der Erforderlichkeit einer handelsrechtlichen Sonderkodifikation sowie nach dem Anknüpfungspunkt des Handelsrechts nicht einheitlich beantwortet wird.

Zusammenfassend lässt sich feststellen, dass das besondere Handelsrecht in allen europäischen Staaten im Mittelalter entstand und zunächst international übereinstimmte. Erst durch die unterschiedlichen politischen und wirtschaftlichen Entwicklungen ergaben sich nationale Besonderheiten. Wiederum gemeinsam verlief dann im 19. Jahrhundert eine „Kodifikationswelle“. Zunächst setzte sich das System der dualistischen Vollkodifizierung durch. Es lässt sich aber ein Trend feststellen: in der neueren Zeit haben immer mehr Staaten handelsrechtliche Vorschriften in die allgemeinen Zivilrechtskodifikationen aufgenommen, teils innerhalb anderer zivilrechtlichen Bestimmungen, teils in besonderen Abschnitten.

Das Verhältnis von Zivilrecht und Handelsrecht ist wohl in allen Ländern, auch in denen mit formaler Trennung, von der Einsicht geprägt, dass das Handelsrecht kein eigenständiges vom Zivilrecht getrenntes Rechtsgebiet darstellt.

Kapitel 2: Die rechtliche Situation in der Russischen Föderation

A. Rechtshistorischer Überblick

Die Stellung des Handelsrechts im heutigen russischen Rechtssystem und die Probleme dieser Rechtsdisziplin lassen sich nur dann begreifen, wenn man sich die Geschichte des Handelsrechts von den Ursprüngen über die gesamte historische Entwicklung bis zum heutigen Zeitpunkt vergegenwärtigt.
Die russische Rechtsgeschichte wirkt heute in der formalen Struktur der Rechtsordnung, in der Anlage und Sprache der Gesetze, in Rechtsfiguren und Begriffen, in vielen technischen Einzelheiten, aber auch in inhaltlichen Wertentscheidungen fort.[305] Der Sinn und Zweck handelsrechtlicher Vorschriften, den es mit Hilfe der Auslegung zu ermitteln gilt, wird erst durch die geschichtliche Entwicklung dieser Normen deutlich. Gesetze werden in ihrer Entstehungsgeschichte von kulturellen, wirtschaftlichen und sozialen Faktoren beeinflusst. Mittels der historischen Methode werden diese Faktoren und damit die Intention des Gesetzgebers verständlich. Die Verfolgung der Ursprünge und der Wandlungen des Handelsrechts bietet ferner genügend Erfahrungsmaterial, um neue, sich abzeichnende Entwicklungstendenzen durchsichtiger zu machen und Fehllösungen vorzubeugen.[306]

I. Historische Entwicklung des Handelsrechts im zaristischen Russland

Verglichen mit der Handelsrechtsgeschichte der meisten europäischen Staaten nahm die Entwicklung des Handelsrechts in Russland einen besonderen Weg.[307]

1. Altrussland[308] (IX.-XIII. Jahrhundert) und das Gerichtsbuch von Pskov

Bereits die geografischen und geopolitischen Bedingungen wirkten sich ungünstig auf die Entwicklung des Handels in Russland aus. Die riesige Ebene, das erbärmliche Klima, die Abwesenheit des Meeres und der Küstenlinien, die undurchdringlichen Wälder und Sümpfe, die schwierigen Verkehrswege, die geringe Bevölkerungsdichte, die Abwesenheit fester Grenzen, die Entfernung von den Kulturländern, die Nachbarschaft wilder Stämme, alles dieses hinderte die Entstehung des Handels.[309]
Hinzu kam, dass Altrussland keine klassische Ständegesellschaft war, so dass der Boden für die Herausbildung eines feudalen bzw. kaufmännischen Rechts fehlte.[310]

---

[305] *David/Grasmann/Westen,* Einführung in die großen Rechtssysteme der Gegenwart, S. 245; vgl. auch *Suchanov,* Einführung, S. 7 ff.
[306] Vgl. dazu *Suchanov,* Einführung, S. 8 ff., 12; *Eisenhardt,* Deutsche Rechtsgeschichte, S. 2 f.; *David/Grasmann/Westen,* Einführung in die großen Rechtssysteme der Gegenwart, S. 19 f.
[307] Ausführlich dazu s. *Šeršenevič,* Sistema torgovych dejstvij, 4. Kapitel, S. 210-278; *Udincev,* Istorija obosoblenija, S. 12-18, 82-104; *Citovič,* Lekcii po torgovomu pravu, S. 66 ff.
[308] „Drevnjaja Rus'" mit dem damaligen kulturellen Mittelpunkt Kiev, daher auch „Kiever Rus'" genannt.
[309] Vgl. *Udincev,* Istorija obosoblenija, S. 12 ff.
[310] *Šeršenevič,* S. 36; *Koršunova/Eriašvili,* Predprinimatel'skoe pravo, S. 8. Allerdings bildete sich schon in Altrussland langsam eine Gesellschaftsschicht von Kaufleuten, den Einheimischen („kupcy")

Wenn der Handelsverkehr manchmal besonderer Behandlung im Vergleich zum üblichen bürgerlichen Rechtsverkehr bedurfte, so fanden solche Sonderregelungen ihren Platz in den allgemeinen Gesetzessammlungen und nicht in Spezialgesetzen.
Erstmals wurde das Handelsrecht neben dem Recht der Schuldverhältnisse in der ältesten Gesetzessammlung Altrusslands,[311] der „**Russkaja Pravda**"[312], die *Ključevskij* als „Kodex des Kapitals" bezeichnete,[313] geregelt. Von den Handelsgeschäften besprach die dritte Fassung der „Russkaja Pravda"[314] die Verwahrung und das Kommissionsgeschäft, die ausdrücklich von Verträgen unter Privatleuten, wie Kauf und Darlehen, unterschieden wurden.[315] Der Erleichterung und Beschleunigung des Handels sollte z.B. der Verzicht auf Zeugen beim Abschluss kaufmännischer Verträge dienen.[316] Eine Besonderheit stellte ferner die Beweislastumkehr zugunsten des Klägers dar. So war bei Streitigkeiten über Existenz und Umfang des kaufmännischen Schuldverhältnisses der für die richterliche Entscheidung maßgebliche Beweis beim Kommissionsgeschäft und bei der Verwahrung von dem Beklagten zu führen. Bei privaten Kauf- und Darlehensverträgen war dieser Beweis dagegen vom Kläger zu erbringen.[317]
Die kaufmännische Verwahrung war ein Depot, das ein Kaufmann bei einem anderen errichtete. Dabei sah die „Russkaja Pravda" vor, dass der Verwahrer vereidigt werden sollte, wenn sich der Hinterleger nach Vertragsschluss darüber beklagte, mehr Ware hinterlegt als zurückbekommen zu haben. Sobald der Aufbewahrer geschworen hatte, nicht mehr Ware erhalten zu haben, wurde er von weiterer Haftung frei.[318]
Schließlich wurde der Konkurs eines Kaufmanns behandelt, welcher mehrere Gläubiger und eine Geschäftsverbindung mit Großkaufleuten aus einer anderen Stadt oder aus fremdem Land voraussetzte.[319] Bei selbstverschuldetem Konkurs konnte

---

und den Fernhandel Treibenden („gosti") heraus, die zu großem Wohlstand gelangten und zu Grundbesitzern, Bojaren, wurden. Von einer Ständebildung kann man allerdings erst nach dem Erlass der berühmten Rangtabelle durch *Peter den Großen* sprechen.

[311] „Russkaja Pravda" ist nach der h.M. kein offizielles Gesetzbuch der Fürsten, sondern eine private Sammlung von altrussischem Gewohnheitsrecht, Gerichtsentscheidungen, Fürstengesetzen und z.T. auch von aus dem byzantischen Recht rezipierten Rechtsnormen. S. zu der Diskussion und zum Meinungsstand *Filippov,* Učebnik' istorii russkogo torgovogo prava, S. 102 ff. mwN; vgl. auch *Goetz,* Das russische Recht, S. 43 ff.; *Schultz,* Russische Rechtsgeschichte, S. 48 ff.

[312] Wörtlich übersetzt „russische Wahrheit". Unter dem Wort „pravda" wurde aber damals „pravo", d.h. „das Recht" verstanden, so dass die korrekte Übersetzung dieser Gesetzessammlung „Das Russische Recht" ist. S. zu dem sprachlichen Gebrauch *Filippov,* Učebnik" istorii russkogo torgovogo prava, S. 97 mwN.

[313] Zit. nach *Schultz,* Russische Rechtsgeschichte, S. 63.

[314] Diese erweiterte Redaktion stammt aus der Mitte des 12. Jahrhunderts und umfasst u.a. die Gesetze des *Vladimir Monomach* (1113-1125), s. *Schultz,* Russische Rechtsgeschichte, S. 46, 68; ausführlich dazu *Goetz,* Das Russische Recht, S.1 ff.; *Janin*, Zakonodatel'stvo Drevnej Rusi, S. 43 mwN; *Filippov,* Učebnik" istorii russkogo torgovogo prava, S. 122.

[315] S. dazu ausführlich *Goetz,* Das russische Recht, S. 156 ff., der auch entsprechende Normen der „Russkaja Pravda" zitiert (Art. 60, 61, 66, 67).

[316] Art. 66, zit. nach *Goetz,* Das russische Recht, der den Text der „Russkaja Pravda" von *Sergeevič* benutzt. Ebenso *Schultz,* Russische Rechtsgeschichte, S. 50. Dt. Übersetzung von *Goetz* in: ZvglRWiss, Bd. 24, 1910, S. 246 ff.

[317] S. Art. 58, 60 der „Russkaja Pravda" nach dem Text von *Sergeevič.*

[318] Art. 48 der „Russkaja Pravda" nach dem Text von *Grekov* (Red.).

[319] Art. 68 nach dem Text von *Sergeevič*; Art. 55.nach dem Text von *Grekov* (Red.), den z.B. *Janin,*

der Schuldner - ebenso wie der Kommissionär - als Sklave auf dem Marktplatz verkauft werden[320]. Aus dem Erlös wurden zuerst die altrussischen Fürsten und dann die fremden Kaufleute befriedigt, den Rest teilten die Einheimischen untereinander.[321] Dieser Regelung lag der Gedanke des Verkehrsschutzes zugrunde.[322]

Unter den verschiedenen örtlichen Gesetzessammlungen, die in Russland zwischen der für ganz Russland geltenden „Russkaja Pravda" und dem im Jahre 1497 herausgegebenen allgemeinen Gesetzbuch entstanden waren[323], ist vor allem die **Pskovskaja Sudnaja Gramota (Das Gerichtsbuch von Pskov)**[324] von besonderer Bedeutung. Dieses Gerichtsbuch übertraf in der Zahl der zivilrechtlichen Normen sogar die beiden späteren Gerichtsbücher (sudebniki) des Moskauer Staates und selbst das allgemeine Landrecht von 1649.[325] Die nach der Gewinnung der Unabhängigkeit von Novgorod reiche Stadt Pskov entwickelte sich im XIV.-XV. Jahrhundert rasch zu einem Handelszentrum und benötigte eine entsprechende gesetzliche Basis.[326] So wurden im Pskovsker Gerichtsbuch zahlreiche Verträge, wie z.B. Darlehen, Kauf, Dienstvertrag, Verwahrung sowie die Bürgschaft geregelt. Während in der Periode der „Russkaja Pravda" Kreditgeschäfte ohne Zeugen abgeschlossen wurden, sah das Pskovsker Gerichtsbuch erstmals bestimmte Formalitäten[327] für Kreditgeschäfte vor. Deren Nichteinhaltung führte dazu, dass das Dokument als „nicht offiziell" angesehen wurde[328]. An sich wurde die Schriftform zwar im 16. Jahrhundert allgemein üblich, wurde jedoch nicht gesetzlich festgeschrieben. Erst 1635 wurde die Schriftform für Kreditgeschäfte obligatorisch und die Nichtbeachtung der Form bzw. der spätere Verlust des Dokuments führte unabhängig vom Verschulden der Partei zum Verlust des Beweismittels[329].

Zakonodatel`stvo Drevnej Rusi, und *Titov* benutzen.

[320] **Str. So** *Goetz,* Das russische Recht, S. 160; *Schultz,* Russische Rechtsgeschichte, S. 68; *Janin,* Zakonodatel`stvo Drevnej Rusi, S. 102 f., *Vladimirskij-Budanov,* S. 398; **dagegen** legen andere Autoren das Wort „prododajt" so aus, dass damit nur der Verkauf des Vermögens des Schuldners und nicht sein eigener Verkauf gemeint ist. So z.B. *S. G. Strumilin,* Dogovor zaima v drevnerusskom prave, und *B. D. Grekov,* Krest'jane na Rusi s drevnejšich vremën do XVII veka, zit.: nach *Janin,* Zakonodatel`stvo Drevnej Rusi, S. 103. Für die Auslegung nach der ersten Ansicht spricht u.a. die Tatsache, dass der Verkauf eines insolventen Kaufmanns als Sklave (prodaža v cholopy) auch im Entwurf des Vertrages zwischen Novgorod und Lübeck aus dem Jahr 1269 (Gramoty Velikogo Novgoroda i Pskova, S. 61) vorgesehen war.

[321] Art. 68.

[322] *Udincev,* Istorija obosoblenija, S. 83.

[323] Die „ssudnye gramoty" wurden in den Gebieten, in denen sie galten, durch das Gesetzbuch von 1497 nicht außer Kraft gesetzt, sondern blieben weiter positives Recht, weshalb sie von großer Bedeutung sind.

[324] Die Entstehungszeit dieses Dokuments ist umstritten. Während ein Teil der Autoren das im Kodex selbst genannte Jahr 1397 für richtig hält, wendet eine Vielzahl von Rechtshistorikern dagegen mehrere Argumente ein und nennt als möglichen Entstehungszeitraum die Zeit zwischen 1462-1471. Zum Meinungsstand und zu den Argumenten im einzelnen vgl. *Janin,* Zakonodatel`stvo Drevnej Rusi, S. 328 f.; *Filippov,* Učebnik" istorii russkogo torgovogo prava, S. 126 ff. mwN; *Schultz,* Russische Rechtsgeschichte, S. 91.

[325] Sobornoe uloženie 1649 goda, abgedruckt in: *Man'kov,* Akty Zemskich soborov, S. 83 ff. S. dazu: *Schultz,* Russische Rechtsgeschichte, S. 95; *Vladimirskij-Budanov,* S. 595.

[326] *Filippov,* Učebnik" istorii russkogo torgovogo prava, S. 135 f.

[327] Vgl. russ. „rjadnica", d.h. schriftliches Dokument, das die Zahlung bestätigen sollte.

[328] Vgl. Art. 38, *Janin,* Zakonodatel'stvo Drevnej Rusi, S. 362 f.

[329] Vgl. *Vladimirskij-Budanov,* S. 596.

2. Moskauer Staat (XIII.-XVII. Jahrhundert)

Auch dem **Moskauer Staat** waren fest ausgebildete Stände mit eigenen Rechten und Pflichten im Sinne Westeuropas fremd.[330] Handels- und Gewerbetreibende waren, von den großen Städten wie Moskau und Novgorod abgesehen, nicht besonders zahlreich, was u.a. auf das „Pomest'je[331] - System" zurückzuführen war, welches Gewerbebetriebe auf dem Lande errichtete und die Mittelschicht aus den Städten an sich zog.[332] Auch unterlagen die in den Städten gebliebenen Kaufleute („gosti" oder „Einheimische") wie die Bauern der Last der Geld- und Naturalleistungen.[333] Nur die Handels- und Gewerbetreibenden in den Siedlungen, die sich hinter der Vorstadt befanden[334], unterlagen dieser Umlagepflicht nicht.[335] Aufgrund der schlechten Entwicklung des städtischen Lebens wegen der fehlenden autonomen Städtegemeinden war die Klasse der Städter zu gering, um in Russland einen Bürgerstand bilden zu können, der für seine Privilegien gekämpft hätte. Die Gesellschaft stellte eine einheitliche Masse dar, die dem Zaren diente. Die Klassen der Bevölkerung unterschieden sich von einander nicht nach ihren Rechten in bezug auf den Staat, sondern nach ihren Pflichten.[336] Schließlich verhinderte die äußerste Willkür und Erpressung[337] durch die Administration, in deren Händen auch die Gerichtsbarkeit über die Kaufleute lag und die die zentrale Regierung zu zähmen nicht imstande war, die Bildung eines selbständigen Kaufmannsstands, und damit auch die Aussonderung des Handelsrechts als *jus mercatorum.*[338]

Daher hatten die beiden Gerichtsbücher der Zaren *Iwan III.* (1497) und *Iwan IV.* (1550) Allgemeincharakter.[339] Sie behandelten das ganze Privatrecht recht knapp und dürftig, so dass sie für die Entwicklung des Handelsrechts in Russland kaum von Bedeutung sind.

Der Kodex des zweiten Zaren der Romanov-Dynastie, *Aleksej Michajlovič,* von 1649[340] fasste das bestehende Laienrecht und kanonisches Recht in einem Werke für ganz Russland zusammen. Obwohl der Kodex aus diesem Grunde als eine für

---

330 *Schultz,* Russische Rechtsgeschichte, S. 115.

331 „Pomest'je" = Dienstgut. Diese Dienstgüter „po mestu služby", nach dem Dienstort, bekamen die Dienstleute des Moskauer Zaren (der gesamte Adel), die zum Zivil- und Militärdienst verpflichtet waren. Sie waren ihnen auf die Dauer der Dienstzeit oder auch auf Lebenszeit zur Nutzung zugewiesen. S. dazu *Schultz,* Russische Rechtsgeschichte, S. 116 f.

332 Vgl. *Schultz,* Russische Rechtsgeschichte, S. 118.

333 Russ.:"tjanut' tjaglo".

334 Russ.: „slobody".

335 Vgl. *Schultz,* Russische Rechtsgeschichte, S. 118 f.

336 Vgl. *Zavadskij,* Quellen des russischen Handelsrechts, S. XI; *Šeršenevič,* S. 36.

337 Russ.: proizvol i pobory.

338 Vgl. *Zavadskij,* Quellen des russischen Handelsrechts, S. XI.

339 Der russische Text mit Kommentar ist abgedruckt in: *Gorskij,* Russkoe zentralizovannoe gosudarstvo, S. 63 ff., 131 ff. und in: *Čerepnin (Hrsg.),* Pamjatniki russkogo prava, Bd. III, S. 346 ff., Bd. IV, S. 229 ff. Vgl. zum ganzen: *Schultz,* Russische Rechtsgeschichte, S. 130 ff., 136 ff.; *Filippov,* Učebnik" istorii russkogo torgovogo prava, S. 265 ff.; 272 ff.; *Gorskij,* Russkoe zentralizovannoe gosudarstvo, S. 34 ff., 129 ff.

340 "Sobornoe Uloženie carja Alekseja Michajloviča", Text mit dem Kommentar in: *Man'kov,* Akty zemskich soborov, Bd. 3, S. 83 ff.; Vgl. dazu: *Schultz,* Russische Rechtsgeschichte, S. 144 ff.; *Filippov,* Učebnik" istorii russkogo torgovogo prava, S. 297 ff.

Russland sehr bedeutsame Kodifikation angesehen wird,[341] war er für den Handelsverkehr mangels entsprechender Regelungen nicht fördernd.
Erst der tiefe Niedergang des Volkswohlstandes, der mit den Staatswirren 1612 zusammenfiel, zwang die Regierung seit der zweiten Hälfte des XVII. Jahrhunderts, mit gesetzgeberischen Maßnahmen den Handel zu fördern, wobei auch der Einfluss westeuropäischer Ideen eine nicht geringe Rolle spielte[342]. Dabei war der Ausgangspunkt des Gesetzgebers aber ein rein fiskalischer: die Erhöhung des Steueraufkommens.[343] Die Dominanz dieses öffentlich-rechtlichen Ansatzes zieht sich wie ein roter Faden durch die Gesetzgebung des XVII., XVIII. und des beginnenden XIX. Jahrhunderts, u.a. durch die Handelsordnungen von 1653 und 1667.[344] Letztere[345] regelte trotz ihrer Bezeichnung kein Handelsrecht im materiellen Sinne, sondern hatte größtenteils Finanz- und Polizeirecht und damit öffentliches Recht zum Gegenstand.[346]
Damit waren alle Versuche, dem Kaufmannstand mehr Autonomie zu gewähren, fehlgeschlagen.[347]

3. Die Periode des absolutistischen Zarenreichs (XVII.-XX. Jahrhundert)

Die Thronbesteigung von *Peter dem Großen* im Jahre 1689 brachte Russland in erster Linie Reformen im Verwaltungsbereich nach westlichem Vorbild, während das Privatrecht vernachlässigt blieb.[348]
Die Gesetzgebung des XVIII. Jahrhunderts, die versuchte, den Städtern und Kaufleuten Autonomie zu gewähren, war zum Misserfolg verurteilt.[349] Auf der einen Seite waren Städter und Kaufleute darauf nicht vorbereitet, auf der anderen Seite gab die Regierung die Autonomie aus fiskalischen Gründen, wofür das Volk keine Zuneigung zeigte, und stellte die neu geschaffenen Organe der Selbstverwaltung in völlige Abhängigkeit von der örtlichen Administration.[350] Daher blieb es in all diesen Gesetzen im Grunde bei Regelungen des Zugangs zum Kaufmannsstand, eine detaillierte Regelung der Handelsgeschäfte erfolgte dagegen nicht.[351] Regelungen

---

[341] *Filippov,* Učebnik" istorii russkogo torgovogo prava, S. 297; *Schultz*, Russische Rechtsgeschichte, S. 145; *David/Grasmann/Westen*, Einführung in die großen Rechtssysteme der Gegenwart, S. 248, Rn. 139.
[342] Vgl. *Zavadskij*, Quellen des russischen Handelsrechts, S. XI.
[343] *Citovič*, Očerk osnovnych ponjatij, S. 60 f.; *Belov,* Predislovie, S. 18.
[344] Vgl. *Citovič*, Očerk osnovnych ponjatij, S. 60 f.; *Zavadskij*, Quellen des russischen Handelsrechts, S. XII.
[345] Russ.: Novotorgovyj ustav.
[346] S. dazu *Filippov,* Učebnik" istorii russkogo torgovogo prava, S. 333 f.
[347] *Šeršenevič*, S. 36.
[348] Vgl. *David/Grasmann/Westen,* Einführung in die großen Rechtssysteme der Gegenwart, S. 248.
[349] Gesetz v. 30. Januar 1699, Polnoe sobranie zakonov (Vollständige Sammlung der Gesetze) Nr. 1675; Gesetz v. 16. März 1699, Vollständige Sammlung der Gesetze Nr. 1683; Gesetz v. 13. Februar 1720, Vollständige Sammlung der Gesetze Nr. 3520. Dazu im einzelnen *Filippov,* Učebnik" istorii russkogo torgovogo prava, S. 50 ff.
[350] Gesetz v. 24. Februar 1727, Vollständige Sammlung der Gesetze Nr. 5017. S. *Zavadskij*, Quellen des russischen Handelsrechts, S. XIII; *Filippov,* Učebnik" istorii russkogo torgovogo prava, S. 786.
[351] Eine Ausnahme stellen lediglich die Städteordnung von 1785 und die Zunftordnung von 1799 dar, die ausführlich den Anstellungsvertrag zwischen dem Handlungsgehilfen und dem Prinzipal regelten.

der besonderen kaufmännischen Bedürfnisse wurden nur einzeln getroffen, wie z.B. der Verzicht auf Formalitäten beim Abschluss von Handelsgeschäften aufgrund von Handelsbräuchen[352] oder die Einführung von Verzugszinsen für Kaufleute[353].

Auf dem Gebiete des Handelsrechts ist die **Wechselordnung von 1729**[354] zu nennen, wodurch dem in der russischen Praxis schon eingebürgerten Wechsel eine rechtliche Basis gewährt wurde. Die Wechselordnung war in Russland bis 1832 bis zum Erlass einer neuen Wechselordnung[355] in Kraft. Über die Entstehungsgeschichte dieses Dokuments herrscht Uneinigkeit. So wird zum Teil angenommen, dass die Wechselordnung von einem Professor der Leipziger Universität verfasst wurde und auf dem deutschen Wechselrecht, das im XVII. Jahrhundert gesondert in den einzelnen Städten entstand (Hamburg 1603, Leipzig 1682), aufgebaut wurde.[356] Mehrheitlich wird die Wechselordnung jedoch dem Vorsitzenden des Kommerzkollegiums *I. A. Ostermann* zugeschrieben, der auch ausländische Erfahrungen rezipierte.[357] Die Wechselfähigkeit besaßen alle Stände, also auch der Adel, die Geistlichen, die Bauern[358] und darüber hinaus die Frauen, sofern diese Geschäfte mit Kaufleuten tätigten.[359]

Als wichtiges Mittel zur Hebung des Handels und damit des Handelsrechts ist noch auf die **Gesetzgebung in bezug auf Befestigung der Städte und Selbstverwaltung** hinzuweisen. Während es im Kodex des Zaren *Aleksej Michajlovič* noch bei Versuchen verblieb, den Handel zum Privileg der Stadtbevölkerung zu machen, organisierte sich diese unter *Katharina II.* erstmals als Stand, wobei nur die Kaufmannsgilden als Oberschicht des städtischen Standes Handel treiben durften.[360] Der Zugang zur Kaufmannsgilde stand jedem Bürger unter der Bedingung der Entrichtung der Gildensteuer offen.[361] In der Folgezeit wurde der Kaufmannsstand auch für den Adel geöffnet.[362] Nach der Aufhebung der Leibeigenschaft[363] stand der Zugang

---

[352] Ukaz des Senats v. 1.2.1726, Vollständige Sammlung der Gesetze Nr. 4828.
[353] Ukaz des Senats v. 26.8.1727, Vollständige Sammlung der Gesetze Nr. 5145. S. dazu im einzelnen *Udincev,* Istorija obosoblenija, S. 85 f.
[354] Russ.: Ustav Veksel'nyj vom 16. Mai 1729. Vollständige Sammlung der Gesetze Nr. 5410. S. dazu Kommentar in: *Indova,* Absolitismus, S. 423 ff.
[355] V. 25. Juni 1832, Vollständige Sammlung der Gesetze Nr. 5363.
[356] So z.B. *Schultz,* Russische Rechtsgeschichte, S. 198, dazu *Indova,* Absolutismus, S. 421 f.
[357] *Filippov,* Učebnik" istorii russkogo torgovogo prava, S. 537; *Indova,* Absolutismus, S. 421 f. mwN, 482.
[358] Durch den Ukas v. 1. Februar 1761 (in: Vollständige Sammlung der Gesetze Rußlands, Band XV, Nr. 11204) wurde den Bauern das Recht, Wechselverbindlichkeiten einzugehen, entzogen. S. dazu ausführlich *Diltej,* veksel'noe pravo, S. 82 f., zit.: nach *Indova*, Absolutismus, S. 482; **a.M.** *Schultz,* Russische Rechtsgeschichte, S. 198.
[359] Art. 38 der Wechselordnung. S. dazu *Udincev,* Istorija obosoblenija, S. 92; *Indova,* Absolutismus, S. 480; *Filippov*, Učebnik" istorii russkogo torgovogo prava, S. 537, der von einem sehr weiten Gebrauch des Wechselrechts in der Praxis spricht.
[360] Vgl. *Zavadskij,* Quellen des russischen Handelsrechts, S. XII; *Koršunova/Ėriašvili,* Predprinimatel'skoe pravo, S. 15.
[361] *Zavadskij,* Quellen des russischen Handelsrechts, S. XII.
[362] Gesetze v. 4. November 1802 und v. 1. Januar 1807Vollständige Sammlung der Gesetze Nr. 20493 und Nr. 22418.
[363] 19. Februar 1961.

zum Kaufmannsstand auch den Bauern offen. Zu erwähnen ist schließlich die Freiheit der russischen Ehefrau zur Eröffnung eines Gewerbes, die grundsätzlich keine Erlaubnis bei ihrem Ehegatten einholen musste.[364] Dies alles gab den handelsrechtlichen Bestimmungen ein ständisch-fiskalisches Gepräge. Der privatrechtliche Begriff des Kaufmanns als einer Person, die gewerbsmäßig Handelsgeschäfte betreibt, sonderte sich endgültig vom standesrechtlichen Begriff des Kaufmanns mit dem Inkrafttreten des Gesetzes vom 8. 6.1898 über die Reichsgewerbesteuer ab.[365]

Unter dem Zaren *Alexander I.* erfuhr die Idee einer vom allgemeinen Zivilrecht getrennten handelsrechtlichen Kodifikation ihren Höhepunkt, als *Alexander I.* ein Handelsgesetzbuch entwerfen ließ, welches alle zivilrechtlichen Sonderbestimmungen für Kaufleute enthalten sollte. Der im Mai 1814 vorgelegte HGB-Entwurf wurde allerdings von dem Staatsrat abgelehnt.[366] Der Entwurf enthielt keine systematische Darstellung der Handelsgeschäfte, Kaufleute wurden in § 1 als Personen definiert, die ein Recht auf das Führen dieser Bezeichnung kraft geltender Gesetze oder anderer Rechtsakte besitzen.[367]

Die Konzeption des einheitlichen Privatrechts wurde weiterhin in der unter *Nikolaj I.* entstandenen "Sammlung der Gesetze des Russischen Reichs" **(Svod zakonov Rossijskoj Imperii)** von 1832[368] beibehalten. Der Leiter der Kodifikationsarbeiten, der Minister Graf *Michail Speranskij (1772-1839),* verfolgte ursprünglich mit dem Gesetzeswerk das Ziel, ein Corpus juris zu schaffen, das alle Bereiche der Gesetzgebung umfassen sollte.[369] Dies lehnte der Zar jedoch als zu weitgehend ab und bestand auf einer Zusammenfassung des ganzen bestehenden Rechts.[370] Das Vorhaben der Verfasser des Svod Zakonov, das Zivil- und Handelsrecht wie in Westeuropa kodifikatorisch zu trennen, wurde mangels handelsprivatrechtlicher

[364] Vgl. Art. 107 Band X des Svod zakonov. In diesem Punkt nicht so fortschrittlich dagegen z.B. §§ 4, 5, 7 Code de commerce und § 1405 BGB a.F. S. dazu *Šeršenevič,* S. 69 mwN.

[365] Vollständige Sammlung der Gesetze Nr. 15601. Vgl. *Zavadskij,* Quellen des russischen Handelsrechts, S. XII.

[366] *Udincev,* Istorija obosoblenija, S. 93 mwN.

[367] *Udincev,* Istorija obosoblenija, S. 93.

[368] Datum der 1. Auflage, verkündet am 31. Januar 1833. Alle 15 Bände der Gesetzessammlung traten am 1. Januar 1835 in Kraft.

[369] Ursprünglich vertrat *Speranskij* die Meinung, dass man einen neuen Zivilkodex erlassen müsse, wobei er als zivilrechtlichen Teil den französischen Code civil übernehmen wollte. Speranskij wollte im ersten Schritt sämtliche Rechtsakte sammeln und historisch-chronologisch aufarbeiten, im zweiten Schritt dann aus dieser Rechtsmasse die noch gültigen Normativakte herausfiltern und in eine systematische Ordnung bringen. Auf der so geschaffenen Grundlage sollte in einem dritten Schritt das *Uloženie* (das eigentliche Gesetzbuch) erstellt werden. Vgl. *Arnold,* RIW 1995, 900, Fn. 15; *David/Grasmann/Westen,* Einführung in die großen Rechtssysteme der Gegenwart, S. 249, Rn. 141; *Filippov,* Učebnik" istorii russkogo torgovogo prava, S. 574; *Šeršenevič*, S. 36; *Schultz*, Russische Rechtsgeschichte, S. 201.
Ausführlich zu der Entstehungsgeschichte des Svod Zakonov und zu den Kodifikationsarbeiten s. *Reich,* Ius Commune Bd. 3 (1970), S. 152 ff. mwN.

[370] Die berühmten Worte des *Nikolaj I.* waren: „Anstatt des Verfassens von neuen Gesetzen befahl ich zunächst, die bereits existenten zu sammeln und diese in Ordnung zu bringen" (*Mickevič,* ŽRP 2001 Nr. 5, S. 158 mwN).

Materie aufgegeben,[371] da sich ein berufsständisches und vom allgemeinen Zivilrecht losgelöstes Sonderprivatrecht der Kaufleute in Russland nicht herausgebildet hatte[372]. Während sich das Handelsrecht in Westeuropa als berufsständisches Recht autonomer Kaufmannskorporationen entwickelt hatte, sich durch Rechtsprechung, Zunftordnungen und Stadtstatuten verfestigte, blieb der die Absonderung des Handelsrechts tragende ständische Gedanke dem Zarenreich stets fremd.[373] Der Grund dafür durfte in der russischen Sozialordnung liegen.[374] Charakteristisch für Russland war die von oben oktroyierte Einheit der Gesellschaft.[375] Die Förderung der Bildung russischer Kaufmannskorporationen durch *Peter I.* und *Katharina II.* änderten nichts daran.[376] Grund dafür war u.a., dass der ausgeprägte autokratische Zentralismus mit einer engen Anbindung aller gesellschaftlichen Gruppen an die Zentralgewalt der Kaufmannseigenschaft nicht den notwendigen Spielraum ließ, um die bereitgestellten rechtlichen Formen auszufüllen.[377] Es fehlte damit der Nährboden für die Ausbildung eines Sonderprivatrechts der Kaufleute, welches die Grundlage des zunächst geplanten Handelsgesetzbuches hätte bilden können.[378]

Die Herausgeber des Svod Zakonov beabsichtigten, das private Handelsrecht, welches aus wenigen handelsrechltichen Nebengesetzen bestand, im Rahmen des allgemeinen Zivilrechts (Band X, Teil 1[379]) zu regeln.[380] In Wirklichkeit wurde aber ein beträchtlicher Teil dieser handelsrechtlichen Normen in die Handelsordnung (**Ustav Torgovyj**) in den Band XI, Teil 2 eingeführt.[381] Die Handelsordnung umfasste 2186 Artikel und 33 Beilagen und wies im allgemeinen öffentlich-rechtlichen Charakter auf.[382] Sie fußte weitgehend auf altrussischem Recht, vieles wurde aus dem XVIII. und dem beginnenden XIX. Jahrhundert übernommen. Aber auch der Code de commerce ist als zweite Quelle zu nennen.[383]

Die Handelsordnung zerfiel in fünf Bücher: I. über das Recht zum Handelsbetriebe, II. über die allgemeinen und besonderen Handelsverbindlichkeiten und -verträge, III. über die Verträge und Verbindlichkeiten des Handelsschiffbaus und der Seeschiff-

---

[371] Vgl. *Filippov,* Juridičeskij vestnik 1882, 574.

[372] Vgl. *Udincev,* Istorija obosoblenija, S. 12 ff., 82 ff.; *Belov,* Predislovie, S. 17 f., 31.

[373] Vgl. *Rovnyj,* Graždansko-pravovaja priroda, S. 15; *Zavadskij,* Quellen des russischen Handelsrechts, S. XI; *Citovič,* Očerk osnovnych ponjatij, S. 52 ff.; *Belov,* Predislovie, S. 17.

[374] Vgl. *Rovnyj,* Graždansko-pravovaja priroda, S. 16; *Šerševič,* Učebnik russkogo graždanskogo prava, S. 90.

[375] *Rovnyj,* Graždansko-pravovaja priroda, S. 15.

[376] Vgl. *Udincev,* Istorija obosoblenija, S. 12; *Koršunova/Ėriašvili,* Predprinimatel'skoe pravo, S. 12 ff., 15.

[377] Vgl. *Belov,* Predislovie, S. 18.

[378] *Rovnyj,* Graždansko-pravovaja priroda, S. 15 f.

[379] Dt. Übersetzung bei *Klibanskij,* Handbuch, Bd. 1, S. XIII ff.

[380] Dazu im Einzelnen *Zavadskij,* Quellen des russischen Handelsrechts, S. XIV.

[381] Deutsche Übersetzung der Ausgabe aus dem Jahr 1842 bei *F. von Schultz* „Das Handelsgesetzbuch des Russischen Reiches", Riga und Leipzig 1851. S. auch die Übersetzung von *H. O. Klibanskij,* in: Die Handelsgesetze des Erdballs, Band IX, Berlin 1906.

[382] *Zavadskij,* Quellen des russischen Handelsrechts, S. XIV.

[383] *Schultz*, Russische Rechtsgeschichte, S. 224. Zu den Vorbildern des Zivilrechts (X. Band) s. *Roggemann*, Grundzüge ZGB I, S. 35 mwN.

fahrt[384], IV. über die Handelsgerichtsbarkeit, V. über die Handelseinrichtungen.[385] Der subsidiäre Charakter der handelsrechtlichen Normen gegenüber dem allgemeinen Zivilrecht kam in Art. 1 der Handelsordnung zum Ausdruck. Der dort formulierte Grundsatz besagte, dass alle Rechte und Verpflichtungen, die sich aus den dem Handel eigenen Geschäften und Verhältnissen ergeben, sich nach Handelsrecht zu richten haben. Im Falle des Fehlens entsprechender Regelungen sollten Normen des Zivilrechts und Handelsbräuche zur Anwendung kommen[386]. Da die Handelsordnung sehr lückenhaft war,[387] fand Gewohnheitsrecht in Handelssachen weite Anwendung und war vor Gericht entsprechend Art. 1 von Amts wegen anzuwenden.[388]

Das Aufleben von Gewerbe und Handel, die Entwicklung der Rechtsprechung in Handelssachen und der juristischen Literatur[389] in den folgenden 30 Jahren und der Einfluss deutscher Wissenschaft[390] führten zu einer klaren Aussonderung des Begriffs des privaten Handelsrechts gegenüber dem öffentlichen Handelsrecht.[391] Die Kodifikatoren versuchten diesen neuen Strömungen bei der Neuauflage Rechnung zu tragen. So wurden im Jahre 1887 aus dem XI. Band alle finanz- und polizeirechtlichen Regelungen sowie die Wechselverordnung,[392] die Verordnung über die Insolvenz und die Handelsgerichtsordnung ausgesondert. Ferner wurde das erste Buch fiskalisch-ständischen Inhalts über das Recht zum Handelsbetrieb beseitigt, so dass in der Handelsordnung nur noch das Seerecht und einige wenige Bestimmungen betreffend der Handlungsgehilfen,[393] Handelsvollmacht sowie der Handelsgesellschaften und der Handelseinrichtungen verblieben.[394] Die Ausgabe von 1902 besaß nur noch 819 Artikel. Die äußerste Dürftigkeit des privatrechtlichen Inhalts der Handelsordnung geht schon aus diesem Inhalt hervor. Auffällig ist, dass

---

[384] Viele Regelungen gingen auf das 18. Jahrhundert zurück, insbesondere auf das Gesetz über die Schifffahrt Katharinas II. von 1781. S. dazu *Schultz*, Russische Rechtsgeschichte, S. 225.

[385] S. dazu *Zavadskij*, Quellen des russischen Handelsrechts, S. XIV; *Udincev*, Istorija obosoblenija, S. 99 f.

[386] Der unklare Text und die kodifikatorische Entstehung dieses Artikels veranlasste eine große Anzahl von Theoretikern (*Gol'msten, Azarevič, Waldenberg, Nevsorov, Bašilov*) zu der Annahme, dass die handelsrechtlichen Gewohnheiten Vorrang vor den allgemeinen Zivilgesetzen haben (dagegen: *Citovič* und *Šeršenevič*). Dieser Streit hatte aber wegen der äußersten Lückenhaftigkeit der einschlägigen Zivilgesetzgebung im Grunde eine nur akademische Bedeutung.

[387] Eine heftige Kritik der Handelsordnung findet sich bei *Citovič*, Očerk osnovnych ponjatij, S. 60 und bei *Gol'msten*, Očerki, S. 3, die die Handelsordnung als „Lager der Ruinen gesetzgeberischer Tätigkeit verschiedener zaristischen Herrschaften" nennen.

[388] Zum Gewohnheitsrecht und den Handelsbräuchen s. *Šeršenevič*, S. 41, 44 f.; *Citovič*, Očerk osnovnych ponjatij, S. 69 ff.; *Zavadskij*, Quellen des russischen Handelsrechts, S. XIX f.

[389] Diese stand unter starkem Einfluss der deutschen Wissenschaft, vgl. *Arnold*, RIW 1995, 900, Fn. 16; *Zavadskij*, Quellen des russischen Handelsrechts, S. XIV.

[390] So betonend *Udincev* (Istorija obosoblenija, S. 101 f.), der den deutschen Einfluss als alleinige Ursache der Aussonderung des materiellen Handelsrechts in Russland ansieht.

[391] *Zavadskij*, Quellen des russischen Handelsrechts, S. XIV.

[392] Die neue Wechselordnung v. 27. Mai 1902 trat 1903 in Kraft (126 Artikel) und war neueren, u.a. der deutschen, Wechselordnungen nachgebildet. Dazu *Schultz*, Russische Rechtsgeschichte, S. 225; *Zavadskij*, Quellen des russischen Handelsrechts, S. XVIII.

[393] Russ.: „prikazčiki" = Personen, die Handelsgeschäfte gewerbsmäßig im fremden Namen betreiben (*Šeršenevič*, S. 62, 87 ff.).

[394] S. dazu im einzelnen *Udincev*, Istorija obosoblenija, S. 102.

die „Haupt- und Grundhandelsgeschäfte“[395] (Handelskauf, Liefervertrag, Kommissionsgeschäft, Frachtgeschäft) in der Handelsordnung nicht geregelt waren. Für diese kamen die Bestimmungen des allgemeinen Zivilrechts, insbesondere die Normen über die Verbindlichkeiten aus Verträgen (Art. 1528-2334) sowie die Handelsbräuche zur Anwendung.[396] Die Handelsordnung konnte somit weder ihrer Gesetzessystematik noch ihrem Inhalt nach mit gleichnamigen ausländischen Handelsrechtskodifikationen damaliger Zeit verglichen werden.[397]

Die Einführung der besonderen Handelsgerichte,[398] deren Tätigkeit die Handelsprozessordnung bestimmte, bewirkte ebenfalls keine Herausbildung des materiellen Handelsrechts.[399]

Russische Juristen neigten zu einem privatrechtlichen Monismus, indem sie in das zivilrechtliche Gebiet auch das Handelsrecht einbeziehen wollten.[400] In seiner berühmten Monografie „Geschichte der Absonderung des Handelsrechts“ zeigte der damals renommierte Prof. *Udincev* in Übereinstimmung mit *Vivante* und *Molengraf* auf, dass die Absonderung des Handelsrechts aus dem allgemeinen Zivilrecht ausschließlich ständisch bedingt gewesen sei und ein dogmatischer Grund für die Trennung nicht bestehe.[401] Danach bestand in der russischen Rechtswissenschaft Einigkeit darüber, dass die Aufspaltung des Privatrechts in ein Handelsrecht und ein allgemeines Zivilrecht nicht mehr zeitgemäß sei. Das Ideal wurde in einer einheitlichen, das gesamte Privatrecht umfassenden Kodifikation gesehen.[402] Die Rechtswissenschaftler betonten, dass das Handelsrecht als Teil des Privatrechts sehr eng mit dem Zivilrecht verbunden sei, da beide privatrechtliche Beziehungen zum Gegenstand hätten. Daher seien die Rechtsbeziehungen zwischen den Privatpersonen, die aus dem Handelsverkehr entstehen, ein Teil des Zivilverkehrs.[403] Die Tatsache, dass das Handelsrecht besondere und ausschließliche Normen aufweist, ändere nichts an seiner Zugehörigkeit zum Zivilrecht, da Handelsbeziehungen daneben genauso wie allgemeine bürgerliche Rechtsbeziehungen der Regelung durch das Zivilrecht unterlägen.[404] Daraus wurde der Schluss gezogen, das Handelsrecht stelle weder ein eigenständiges Rechtsgebiet noch eine eigenständige Rechtsdisziplin dar, an dessen gesonderter Unterrichtung jedoch wegen des herausragenden öffentlichen Interesses ein besonderes Bedürfnis bestehe.[405]

---

[395] Dazu *Gol'msten,* Očerki, S. 3.

[396] *Zavadskij,* Quellen des russischen Handelsrechts, S. X, XV ff.; *Šeršenevič,* S. 42 f.

[397] S. *Šeršenevič,* S. 36 f.

[398] Grundlage war das Allgemeine Organisationsgesetz für die Handelsgerichte v. 14. Mai 1832 (Polnoe sobranie zakonov (Vollständige Sammlung der Gesetze) Nr. 5360).

[399] S. dazu *Zavadskij,* Quellen des russischen Handelsrechts, S. X, XIII.

[400] Z.B. *Udincev, Kaminka, Tal', Citovič, Gambarov, Pachman, Muromcev, Meier.* S. dazu *Šeršenevič,* S. 29; *Belych,* Pravovedenie 2001 Nr. 1, 127; *Popondoopulo/Jakovleva,* S. 17 f.; *Braginskij/Vitrjanskij,* Dogovornoe pravo I, S. 100 ff.; *Rovnyj,* Graždansko-pravovaja priroda, S. 18 mwN.

[401] *Udincev,* Istorija obosoblenija, S. 112 ff., 215.

[402] Vgl. *Udincev,* Istorija obosoblenija, S. 216; *Citovič,* Očerk osnovnych ponjatij, S. 52; *Pachman,* Istorija kodifikacii graždanskogo prava, S. 12; *Šeršenevič,* S. 36 f.; *Gelbke,* S. 45.

[403] *Šeršenevič,* S. 28; *ders.,* Kurs torgovogo prava, Band 1, S. 16; *Udincev,* Istorija obosoblenija, S. 216; *Pachman,* Istorija kodifikacii graždanskogo prava, S. 26; *Gelbke,* S. 88, 92.

[404] *Šeršenevič,* S. 28; *Udincev,* Istorija obosoblenija, Sb. 216.

[405] *Šeršenevič,* S. 29; *ders.,* Kurs torgovogo prava, S. 99, 102.

Die Regelung handelsrechtlicher Institute im Rahmen des allgemeinen Zivilrechts wurde unter mehreren Aspekten begründet. Zum einen fördere dies die Bestärkung der Idee der einheitlichen Prinzipien, die sowohl den allgemeinen als auch den besonderen Rechtsnormen zugrunde lägen.[406] Zum anderen helfe sie, das Abgrenzungsproblem der Anwendungsgebiete des Handelsgesetzbuches und des Zivilgesetzbuches zu vermeiden.[407] Auch unter rechtsvergleichenden Gesichtspunkten fühlten sich die Anhänger der monistischen Konzeption bestätigt: So verzichtete man in der Schweiz auf ein gesondertes HGB und integrierte das Handelsrecht in das Obligationenrecht, auch in Italien und Deutschland existierten mehrere Anhänger des privatrechtlichen Monismus.[408] Darüber hinaus entsprach ein monistisches System ihrer Meinung nach den Interessen der Praxis, indem es ermögliche, sich einfacher in einem Kodex zu orientieren.[409] Schließlich wurden rechtshistorische Gründe für das einheitliche Privatrecht angeführt.[410] Diese Rechtslehre setzte sich durch und bestimmte die Entscheidung des Gesetzgebers für die Beibehaltung des monistischen Konzepts.

Da in Russland keine selbständige Handelsrechtskodifikation existierte und damit kein Problem der Festlegung des Anwendungsbereiches des Handelsrechts wie in anderen westeuropäischen Staaten bestand, gab es weder ein System noch eine Aufzählung der Handelsgeschäfte. Diese Lücke suchten Praxis und Theorie aufgrund der Aufzählung der Handelsgeschäfte auszufüllen, welche die Handelsprozessordnung (Art. 40-43) und das Gesetz über die Reichsgewerbesteuer vom 8. Juni 1898 (Svod Zakonov, Band V) gaben.[411] Der Begriff „Handelsgeschäfte“[412] wurde erstmals im Gesetz über den Ratenkauf vom 9. Februar 1904[413] erwähnt und tauchte später im Gesetz über den Kommissionsvertrag vom 21. April 1910[414] wieder auf. Unter Handelsgeschäften verstand man alle Geschäfte einer der Eintragung in das Handelsregister unterliegenden Person, die zum Betrieb seines Handelsgewerbes gehörten.[415] Entscheidend für die Qualifikation als Handelsgeschäft war grundsätzlich die Gewinnerzielungsabsicht und der gewerbsmäßige Charakter[416] des Geschäfts.[417] Ein Gewerbe brauchte nur ausnahmsweise bei Beförderungsgeschäften und bei Lieferungsverträgen nicht vorzuliegen; in diesen Fällen war schon die allei-

---

406 *Udincev*, Istorija obosoblenija, S. 123, 216; vgl. auch *Šeršenevič*, S. 30.

407 *Šeršenevič*, S. 30.

408 *Udincev*, Istorija obosoblenija, S. 109 f., 111 f.

409 *Udincev*, Istorija obosoblenija, S. 131.

410 *Šeršenevič*, Kurs torgovogo prava, S. 117; *Udincev*, Istorija obosoblenija, S. 104.

411 Vgl. *Šeršenevič*, S. 48; *Zavadskij*, Quellen des russischen Handelsrechts, S. X; *Udincev*, Istorija obosoblenija, S. 100.

412 Russ.: "torgovye sdelki".

413 Svod zakonov i.d.F. des Svodnoe Prodolženie v. 1912, Band X, Teil 1, Art. 1509 hoch 6.

414 Svod zakonov i.d.F. des Svodnoe Prodolženie v. 1912, Band XI, Teil 2, Art. 54'.

415 *Nefed'ev*, Učebnik torgovogo prava, S. 20; *Šeršenevič*, S. 48; *Gordon*, Sistema, S. 84, 136.

416 Russ.: „promyslovyj charakter“.

417 S. E des 4 Departements des Senats v. 1895, Nr. 267, vgl. dazu *Dobrovol'skij-Ber*, Praktika byvšego 4 I Sudebnogo Departamentov, a takže 2 Obščich Sobranij Senata po torgovym delam (1889-1913) (Rechtsprechung des ehemaligen 4. und Gerichtsdepartements sowie zwei Sammlungen des Senats für Handelssachen), Band I, Nr. 10 (zit.: nach *Šeršenevič*, S. 52); vgl. *Šeršenevič*, S. 48 ff.

nige Vornahme der Handlung für die Qualifizierung als Handelsgeschäft ausreichend.[418]
In Bezug auf den Handelskauf definierte die Rechtsprechung das Handelsgeschäft als „jeden entgeltlichen Erwerb von Sachen oder Waren, die zur entgeltlichen Weiterveräußerung zwecks Gewinnerzielung bestimmt sind".[419] Unbewegliches Vermögen zählte dabei nicht als Ware und konnte daher nicht Gegenstand eines Handelsgeschäfts sein.[420] Die Gewinnerzielungsabsicht war von der sich darauf berufenden Seite nachzuweisen.[421] Die Frage, ob alle von dem Kaufmann im Rahmen seines Gewerbes vorgenommenen Geschäfte den handelsrechtlichen Regelungen unterliegen sollten, wurde in der Rechtsprechung unterschiedlich gesehen.[422]

Der Erlass des „Svod Zakonov" führte zunächst zu einem langen Stagnieren der Kodifikationsarbeiten. Der Svod, der keine systematische Neuschöpfung, sondern lediglich eine Zusammenfassung und Bereinigung früher geltenden Rechts darstellte, wurde aber schon bald als reformbedürftig angesehen.[423] Mit der Entwicklung bürgerlicher Rechtsverhältnisse, insbesondere nach der Befreiung der leibeigenen Bauern im Jahre 1861 und der Gerichtsreform von 1864, wurde eine modernere Kodifikation des bürgerlichen Rechts immer vordringlicher. Die Arbeiten an einer umfassenden Kodifikation des gesamten Privatrechts wurden durch eine besondere Regierungskommission im Jahre 1882 in Angriff genommen.[424] Dem ersten Entwurf des Zivilkodex (Graždanskoe Uloženie) von 1897/1898 folgte nach der Begutachtung und Überarbeitung 1903/1904 ein weiterer Entwurf mit umfangreichen Motiven.[425] Die revolutionären Ereignisse von 1905 drängten aber das Kodifikationsproblem in den Hintergrund.[426] Erst 1913 wurde der Staatsduma ein Projekt des Obligationenrechts in der Hoffnung zugeleitet, dass wenigstens das gleichsam unpolitische Schuldrecht gesondert kodifiziert werden könnte. Zwar wollte „das Land keine Teilnovellen und keine Teilkodifikationen, sondern einen vollständigen und umfassenden, nach den neuesten Prinzipien geschaffenen Zivilkodex"[427], jedoch erhoben sich politische Streitigkeiten um die Fassung des Entwurfs des Zivilkodexes,

---

[418] E des 4 Departements des Senats v. 1895, Nr. 934; v. 1897, Nr. 1194; *Dobrovol'skij-Ber*, aaO, Band I, 55/43; 54/42 (zit. nach *Šeršenevič*, S. 51). Bei Lieferungsverträgen allerdings **str**. Vgl. dazu *Šeršenevič*, S. 53 mwN
[419] S. E des Kassationsdepartements des Senats v. 1884, Nr. 69; E des 4 Departements des Senats v. 1877, Nr. 980 (zit. nach *Šeršenevič*, S. 51).
[420] *Šeršenevič*, S. 51.
[421] E des Kassationsdepartements des Senats v. 1872, Nr. 719 (zit. nach *Šeršenevič*, S. 52).
[422] **Bejahend**: 4. Departement des Senats, E v. 1895, Nr. 277; *Dobrovol'skij-Ber*, aaO, Band I, Nr. 7; *Šeršenevič*, S. 59; **verneinend**: Kassationsdepartement, E v. 1905, Nr. 25; Gerichtsdepartement, E v. 1911, Nr. 633 (zit. nach *Šeršenevič*, S. 51).
[422] E des Kassationsdepartements des Senats v. 1872, Nr. 719 (zit. nach *Šeršenevič*, S. 52).
[423] *Roggemann*, JbOR 1971/1, 153.
[424] S. dazu *Reich*, Sozialismus und Zivilrecht, S. 77; *Chochlov*, Konceptual'naja osnova, S. 410 f.
[425] Graždanskoe uloženie. Kniga pjataja. Objazatel'stva. Proekt Vysočajše utverždënnoi Redakcionnoj komissii po sostavleniju Graždanskogo uloženija (Zivilkodex. Fünftes Buch. Obligationen. Entwurf der Allerhöchst errichteten Redaktionskommission zur Ausarbeitung eines Zivilkodex), Band V mit Erläuterungen, St. Petersburg, 1899.
[426] S. dazu *Pokrovskij*, Osnovnye problemy graždanskogo prava, S. 47.
[427] *Pokrovskij*, Osnovnye problemy graždanskogo prava, S. 47.

die die Verabschiedung des gesamten ZGB zunächst verhinderten. In den Gesetzesmotiven wurde die Entscheidung, den Erlass des Schuldrechts zeitlich vorzuziehen, damit gerechtfertigt, dass mittels eines allgemeinen Schuldrechts auch die aus den ständischen Fesseln entlassenen Bauern die Möglichkeit haben sollten, am Zivilrechtsverkehr teilzunehmen.[428] Die Kodifikationskommission sprach sich nach langen Diskussionen und Analyse ausländischer (insbesondere deutscher und schweizerischer) Gesetzgebung gegen einen Dualismus von Zivil- und Handelsrecht aus.[429] Begründet wurde diese Entscheidung vor allem damit, dass der Monismus im Interesse der Einheit und Ganzheit (celostnost') des Zivilrechtssystems sowie der Vermeidung von Widersprüchen, Lücken und Wiederholungen geboten und wünschenswert sei.[430] Im Entwurf des Obligationenrechts waren daher auch Handelsgeschäfte mitenthalten, womit dem Dualismus des Privatrechts eine endgültige Absage erteilt wurde.[431]
Diesen Kodifikationsarbeiten war jedoch kein Erfolg mehr beschieden, da die Oktoberrevolution von 1917 den Reformbestrebungen ein endgültiges Ende setzte.[432]

4. Zwischenergebnis

Im zaristischen Russland gab es keine historische Tradition für die Absonderung des Rechts der Kaufleute. Die verbreitete Rechtsauffassung richtete sich gegen den Dualismus von Zivil- und Handelsrecht. Die Existenz eines ausgebildeten Handelsrechts lässt sich nicht aus dem Umstand bejahen, dass einzelne Rechtsnormen allein für den Handelsverkehr Bedeutung hatten. In Russland lagen die historischen Voraussetzungen dafür nicht vor, dass das Handelsrecht zu einem formal getrennten Sonderrecht ausgebildet wurde, wie es in Deutschland und Frankreich der Fall war. Der nach Meinung russischer Juristen einzige Grund für eine dualistische Vollkodifizierung, nämlich die Mangelhaftigkeit der Zivilgesetzgebung, erübrigte sich mit der Aufnahme der Reformen des Zivilrechts Anfang des 20. Jahrhunderts. Damit wurde das Verhältnis von Handelsrecht und allgemeinem Zivilrecht vor der Revolution durch den Umstand geprägt, dass das Handelsrecht weder einen dogmatisch noch gesetzgebungstechnisch eigenständigen Bereich darstellte.

---

[428] *Reich,* Sozialismus und Zivilrecht, S. 78.
[429] Der Frage nach der Notwendigkeit eines separaten Handelsgesetzbuchs wurden 35 Seiten in den Motiven gewidmet. S. dazu *Chochlov,* Konceptual'naja osnova, S. 411.
[430] *Chochlov,* Konceptual'naja osnova, S. 411.
[431] *Šeršenevič,* S. 31, 37; vgl. auch *Freund,* Das Zivilrecht in der Sowjetunion, S. 2; *Boguslawskij,* in: Horn/Pleyer, S. 38; *Schultz*, Russische Rechtsgeschichte, S. 222 f.
[432] Vgl. dazu im einzelnen *v. Seeler,* Entwurf, S. 9 ff.

II. Entwicklung des Handelsrechts zu Sowjetzeiten

1. Revolution und Kriegskommunismus (1917-1921)

Nach der „Oktoberrevolution" von 1917[433] begann eine neue Ära in der Rechtsgeschichte des Landes. Zunächst galt der Svod zakonov von 1832 in der Fassung seiner Novellen wie das ganze zaristische Recht fort, soweit es nicht ausdrücklich aufgehoben oder ersetzt war.[434] Der Bruch mit der vorrevolutionären Rechtsordnung wurde durch die Justizdekrete Nr. 1 vom 22. 11. / 5. 12. 1917[435] und Nr. 2 vom 22.2.1918[436] eingeleitet, die die Anwendung des vorrevolutionären Rechts stark einschränkten.[437] Abgeschlossen wurde dieser Prozess mit der Volksgerichtsordnung vom 30.12.1918[438], die die Anwendung vorrevolutionären Rechts nun endgültig verbot und den Richtern befahl, Gesetzeslücken durch „sozialistisches Rechtsbewusstsein" auszufüllen.[439]

Während der Sowjetzeit war das Recht eng mit der wirtschaftlichen und politischen Struktur des Staates verknüpft.[440] Die sowjetische Rechtstheorie verwarf den Dualismus im Recht, in erster Linie was die Einteilung in Privatrecht und Öffentliches Recht anbetrifft, aber auch die Unterscheidung zwischen Handels- und Zivilrecht[441], u.a. aus dem Grunde, weil in der Sowjetunion kein Privateigentum an Produktionsmitteln bestand.[442] Das sowjetische Recht sei genauso wie seine Prinzipien in allen seinen Rechtsgebieten einheitlich, so dass es einer Differenzierung im einzelnen nicht bedürfe.[443] Infolge des sozialistischen Eigentums und der Planwirtschaft war das sowjetische Recht weitgehend mit öffentlich-rechtlichen Elementen durchsetzt.

---

[433] Die revolutionäre Machtergreifung der Bolschewiki erfolgte am 7. November 1917 bzw. am 25. Oktober 1917 nach dem damals noch geltenden julianischen Kalender, daher „Oktoberrevolution".

[434] Vgl. *Roggemann,* JbOR 1971/1, 153.

[435] O sude (Über das Gericht), SU RKR RSFSR 1918 Nr. 4, Art. 50. Dt. Übersetzung bei *Klibanskij,* Die Gesetzgebung der Bolschewiki, S. 131 ff.

[436] O sude (Über das Gericht), SU RKR RSFSR 1918 Nr. 26, Art. 420. Zur Rechtsgeltung und Anwendung nach der Revolution vgl. *Roggemann,* OER 1966, 230 ff.

[437] So sah Art. 36 des Justizdekrets Nr. 2 vor, dass „das Gericht in Zivil- und Strafsachen die jetzt geltenden Gesetze [des vorrevolutionären Rechts, Anm. der Verf.] nur soweit anzuwenden hat, als sie durch Dekrete des Zentralexekutivkomitees und des Rates der Volkskommissare nicht aufgehoben sind und mit dem sozialistischen Rechtsbewusstsein nicht in Widerspruch stehen".

[438] Položenie o narodnom sude Rossijskoj Sovetskoj Federativnoj Socialističeskoj Respubliki, SU RSFSR 1918 Nr. 85, Art. 889.

[439] Vgl. Art. 22 der Volksgerichtsordnung. Dazu *David/Grasmann/Westen,* Einführung in die großen Rechtssysteme der Gegenwart, S. 253, Rn. 145; *Roggemann,* JbOR 1971/1, 153.

[440] Vgl. *Olejnik,* Predprinimatel'skoe pravo, S. 119.

[441] Vgl. *Schultz,* Russische Rechtsgeschichte, S. 273 f., 292; *David/Grasmann/Westen,* Einführung in die großen Rechtssysteme der Gegenwart, S. 314, Rn. 200; *Freund,* Das Zivilrecht in der Sowjetunion, S. 2 f.; *Bilinsky,* Das sowjetische Wirtschaftsrecht, S. 7; *Popondopulo/Jakovleva,* Kommerčeskoe pravo, S. 18; *Popondopulo,* Pravovoj režim predprinimatel'stva, S. 24 mwN, S. 40; vgl. auch *Boguslawskij,* in: Horn/Pleyer, S. 38; *Jakovlev,* Graždanskij kodeks i gosudarstvo, S. 62; *Olejnik,* Predprinimatel'skoe pravo, S. 126 mwN.

[442] Vgl. *Schultz,* Russische Rechtsgeschichte, S. 274.

[443] Vgl. *Olejnik,* Predprinimatel'skoe pravo, S. 126 mwN.

Selbst der Begriff Privatrecht schien unzulässig, und man versuchte, ihn durch den Begriff „Wirtschaftsrecht“[444] zu ersetzen.[445]

2. Neue Ökonomische Politik (1922-1928), ZGB von 1922[446]

Die Wirtschaftskrise der Jahre 1919/1920, die Hungersnot von 1921 und der industrielle Rückstand des Landes führten zum Scheitern der Politik und des Wirtschaftssystems des Kriegskommunismus.[447] An ihre Stelle sollte die Neue Ökonomische Politik[448] (NEP) treten, die primär von der Notwendigkeit geprägt war, Wirtschaftschaos und Hungersnot abzuwenden.[449] Mit der Einführung der NEP, die durch die Abkehr vom Rechtsnihilismus der Revolutionszeit und durch eine Rückbesinnung auf die Rechtsreform gekennzeichnet war[450], stellte sich das Bedürfnis einer Kodifikation des Zivilrechts primär im Bereich des Vertragsrechts[451]. Der Warenverkehr der NEP sollte sich auch bei Einschaltung des Staates in vertraglichen Formen abspielen.[452] Dem Konzept der NEP lag die Erwartung zugrunde, durch die Wiederzulassung privater Wirtschaftstätigkeit[453] und von Marktmechanismen bei gleichzeitiger Aufrechterhaltung staatlicher Kontrollen eine wirtschaftliche Konsolidierung des Landes zu bewirken.[454] Die Wiedereinführung vertraglicher Beziehungen zwischen Subjekten des Privatrechts erforderte eine Ausfüllung der bestehenden handelsrechtlichen Regelungslücke. In diesem Zusammenhang wurde die Frage einer gesonderten Kodifizierung des Handelsrechts erörtert. Im Oktober 1923 wurde den gesetzgebenden Organen ein entsprechender Entwurf[455] durch die Kommission für Binnenhandel bei dem Arbeits- und Verteidigungsrat der RSFSR vorgelegt[456], die sich auf die „fortschrittlichsten Handelsgesetzbücher der bourgeoisen Staaten“

---

[444] Russ.: „chozjajstvennoe pravo“.

[445] Vgl. *Schultz*, Russische Rechtsgeschichte, S. 292; *Wähler,* RabelsZ 51 (1987), 522 ff.; *Bilinsky,* Das sowjetische Wirtschaftsrecht, S. 7; *Olejnik,* Predprinimatel'skoe pravo, S. 118 ff.

[446] Deutsche Übersetzung mit Erläuterungen bei *Freund,* Das Zivilrecht Sowjetrußlands, Berlin 1924 (Nachtrag von 1925).

[447] Vgl. *Reich,* Sozialismus und Zivilrecht, S. 128; *Suchanov/Makovskij,* ChiP 2001 Nr. 8, 18.

[448] Russ.: Novaja Ėkonomičeskaja Politika.

[449] Vgl. *Roggemann,* JbOR 1967/2, 62; *Feldbrugge,* Russian Law, S. 96; *Suchanov/Makovskij,* ChiP 2001 Nr. 8, 18 f.

[450] Vgl. *Reich,* Sozialismus und Zivilrecht, S. 129; *Olejnik,* Predprinimatel'skoe pravo, S. 119.

[451] So hieß es in der Schlusserklärung des Neunten Allrussischen Sowjetkongresses vom 28.12.1921: „Die neuen Verhältnisse, die im Prozess der Revolution mit der Durchführung der ökonomischen Politik geschaffen wurden, müssen ihren Ausdruck im Gesetz und im Schutz durch Gerichte finden. Zur Entscheidung aller Vermögensstreitigkeiten sind feste zivile Normen zu schaffen...“ (S"ezdy Sovetov v dokumentach, Bd. 1, 1917-1922, Moskau 1959, S. 188). Dementsprechend wurde das Volkskommissariat für Justiz am 22.5.1922 mit dem Entwurf eines neuen Zivilgesetzbuches beauftragt.

[452] Vgl. *Reich,* Sozialismus und Zivilrecht, S. 130; *Sprague*, JEEL 2000 Vol. 7 No. 1, S. 13.

[453] Rechtsgrundlage für die private gewerbliche Tätigkeit wurde das Dekret des Zentralen Exekutivkomitees der RSFSR über die persönlichen Vermögensrechte der Bürger der RSFSR vom 22. Mai 1922 (Deklaracija osnovnych častnych imuščestvennych prav, priznavaemych RSFSR), SU RSFSR 1922 Nr. 36, Art. 423; dt. Übersetzung bei *Freund,* Das Zivilrecht Sowjetrußlands, S. 102 ff.

[454] Vgl. *David/Grasmann/Westen,* Einführung in die großen Rechtssysteme der Gegenwart, S. 258, Rn. 148; *Feldbrugge,* Russian Law, S. 96; *Arnold,* RIW 1995, 900, Fn. 18, der insoweit auf die Vergleichbarkeit mit Reformbestrebungen der Perestrojka-Phase hinweist.

[455] Russ.: "proekt Torgovogo Svoda".

[456] *Olejnik,* Predprinimatel'skoe pravo, S. 124 f. mwN.

stützte[457]. Da das HGB als Unionsgesetz und nicht auf der Ebene der Republiken verabschiedet werden sollte, eine Einigung auf der Unionsebene jedoch nicht zustande kam, wurde der Entwurf nicht Gesetz.[458] Vielmehr blieb man bei dem am 31. Oktober 1922[459] verabschiedeten Zivilgesetzbuch.[460] Dieses behielt noch Vieles aus dem vorrevolutionären Recht bei, insbesondere im Schuldrecht, das sich auf den Entwurf von 1905 bzw. von 1913 stützte, der seinerseits unter dem Einfluss des deutschen BGB stand.[461] Jedoch war das Zivilgesetzbuch natürlich stark vom sozialistischen Denken und damit vom Grundsatz beeinflusst, dass in der Wirtschaft alles öffentlich-rechtlich und nicht privat sei.[462] Der Staat setzte bestimmte allgemeine Vertragsbedingungen fest, die für Unternehmen bindend waren.[463] Die einzelnen handelsrechtlichen Normen fanden Platz im Zivilgesetzbuch, wie z.B. Versicherungen (Abschnitt XI, §§ 367 ff.) und Kommissionsvertrag (Abschnitt IX-a, §§ 275 a-275 šč[464]).[465] Es fehlte aber sowohl eine allgemeine, das Handelsrecht vom Zivilrecht absondernde Regel (wie z.B. der Begriff des Kaufmanns) als auch eine allgemeingültige Definition der Handelsgeschäfte bzw. detaillierte besondere Bestimmungen über Handelsgeschäfte.[466] Zwar waren einzelne Definitionen der Handelsgeschäfte in Spezialgesetzen enthalten, diese stimmten aber miteinander nicht überein.[467]

Neben dem ZGB existierten besondere wirtschaftsrechtliche Gesetze wie z.B. das Gesetz über die Seehandelsschifffahrt von 1929, das Wechselgesetz von 1937, das Scheckgesetz von 1929 u.a.

---

[457] *Bilinsky,* Das sowjetische Wirtschaftsrecht, S. 8.

[458] Vgl. *Freund,* Das Zivilrecht in der Sowjetunion, S. 2.

[459] Das ZGB trat am 1. Januar 1923 für die RSFSR in Kraft (SU RSFSR 1922 Nr. 71, Art. 904, 905), dt. Übersetzung bei *Freund,* Das Zivilrecht Sowjetrußlands, S. 115 ff. Zur Entstehungsgeschichte s. *Reich,* Sozialismus und Zivilrecht, S. 128 ff., 140 ff.; *Roggemann,* JbOR 1971/1, 158, Fn. 50 mwN.

[460] Vgl. dazu im einzelnen *Roggemann,* JbOR 1971/1, 158 ff.

[461] Vgl. *Arnold,* RIW 1995, 900; *Brendel,* JbOR 1995/2, 206; *Chochlov,* Konceptual'naja osnova, S. 411 f.; *Gsovski,* Soviet Civil Law, S. 26; *Sawadsky,* in: Makletzov, Das Recht Sowjetrußlands, S. 250; *Reich,* Sozialismus und Zivilrecht, S. 146 f., 155; *Roggemann,* JbOR 1971/1, 153; *Schultz,* Russische Rechtsgeschichte, S. 293, 223, 300; *Westen,* JZ 1993, 9; *Sprague,* JEEL 2000 Vol. 7 No.1, S. 39.

[462] So verlangte *Lenin* in seinem Brief v. 28.2.1922 an den Volkskommissar der Justiz, *Kurskij,* anlässlich der Ausarbeitung des ZGB 1922, dass „die verstärkte Einmischung des Staates in die „Privatrechtsverhältnisse" weiter voranzutreiben ist". „Wir erkennen nichts „Privates" an, für uns ist alles im Bereich der Wirtschaft „öffentlich-rechtlich", aber nicht privat. Wir erlauben den Kapitalismus nur dem Staat, der Staat aber sind wir. Deshalb sind die Anwendung staatlicher Einmischung in „Privatrechts"-Verhältnisse und das Recht des Staates zur Annullierung von „Privat"-Verträgen zu erweitern. In Bezug auf die „zivilen Rechtsbeziehungen" ist nicht das corpus juris romani, sondern unser revolutionäres Rechtsbewusstsein anzuwenden". Vgl. V. I. Lenin, Brief v. 20.2.1922, in: Polnoe sobranie sočinenij (Gesammelte Werke), XLIV (1970), 398 (bzw. Band 36, Dietz Verlag Berlin, 1962, S. 550).

[463] Vgl. *Schultz,* Russische Rechtsgeschichte, S. 301.

[464] Eingeführt durch die Verordnung VCIK und SNK am 6. September 1926 (SU Nr. 59, Art. 451).

[465] Auch das Gesellschaftsrecht fand sich im Obligationenrecht des ZGB und bildete mit dem Recht der einfachen Gesellschaft das Kapitel „Über die Gesellschaften" (Artt. 322-366).

[466] S. dazu *Gordon,* Sistema, S. 135.

[467] Vgl. dazu *Gordon,* Sistema, S. 135.

3. Grundlagen der Zivilgesetzgebung der Union und das ZGB der RSFSR von 1964

Das Konzept der NEP wurde auf dem XIV. Parteitag der KPdSU im Dezember 1925 verworfen, bevor der XV. Parteitag Ende 1927 die endgültige Neuorientierung der sowjetischen Wirtschaftspolitik brachte.
Der Gesetzgeber setzte die Theorie der einheitlichen zivilrechtlichen Regelung der Vermögensbeziehungen unabhängig von den daran beteiligten natürlichen oder juristischen Personen in den „Grundlagen der Zivilgesetzgebung der UdSSR und der Unionsrepubliken“ vom 8. Dezember 1961[468] sowie im ZGB der RSFSR vom 11. Juni 1964[469] fort.[470]
Dies ergab sich nicht nur aus der Regelung der Liefer- und anderer Wirtschaftsverträge, sondern auch aus der ausdrücklichen Bestimmung des Art. 2 sowie aus der Präambel.[471] Danach fand das Zivilrecht Anwendung auf vermögensrechtliche und mit ihnen verbundene nichtvermögensrechtliche persönliche Verhältnisse auf der Basis des sozialistischen Wirtschaftssystems und der sozialistischen Eigentumsordnung. Gemäß Art. 2 der Grundlagen waren Gegenstand des sowjetischen Zivilrechts Verhältnisse

1) der staatlichen, genossenschaftlichen und gesellschaftlichen Organisationen,
2) zwischen diesen und Bürgern sowie
3) zwischen Bürgern.

Der Zivilkodex der RSFSR galt damit formell für den gesamten zivilen Verkehr, so dass er die Kontinuität zum ZGB von 1922 bewahrte und damit die zweite Kodifikationsphase im Sinne der traditionellen zivilrechtlichen Kodifikationsmodelle abschloss.[472] Dessen ungeachtet war das ZGB praktisch nur für Rechtsverhältnisse, an denen Bürger beteiligt waren, von Bedeutung.[473] Für die Beziehungen zwischen sozialistischen Organisationen untereinander galten dagegen spezielle Gesetze und Verordnungen, die die Bestimmungen des ZGB gänzlich verdrängten oder allenfalls noch deren subsidiäre Anwendung gestatteten.[474] Darin lag formell die Verschmelzung des Verwaltungs- und Zivilrechts in das Wirtschaftsrecht.[475]

---

[468] VVS SSSR 1961 Nr. 50, Art. 525 (fortan: Grundlagen ZG), dt. Übersetzung in: Berichte des Osteuropa-Instituts an der Freien Universität Berlin, Heft 53, Reihe Wirtschaft und Recht, Berlin 1962.
[469] Das ZGB der RSFSR wurde am 11.6.1964 erlassen und trat am 1.10.1964 in Kraft, VSND RSFSR 1964 Nr. 30 Art. 406 i.d.F. des Dekretes v. 24.2.1987 VSND RSFSR 1987 Nr. 9 Art. 205. Dt. Übersetzung in: *W. Meder (Hrsg.),* Rechtswissenschaftliche Folge der Berichte des Osteuropa-Instituts an der Freien Universität Berlin, (Nr. 21, 21.03.1965 = Reihe Wirtschaft und Recht, Heft 67), Berlin 1965. S. auch die Übersetzung von *Dietrich Frenzke (Hrsg.),* Das Zivilgesetzbuch und das Ehe – und Familiengesetzbuch der Russischen Sowjetrepublik (RSFSR), Berlin 1988.
[470] Vgl. dazu im einzelnen *Roggemann,* JbOR 1971/1, 171 ff.; *Reich,* Sozialismus und Zivilrecht, S. 316 ff.; *Bilinsky,* Das sowjetische Wirtschaftsrecht, S. 11 f.
[471] Vgl. *Wähler,* RabelsZ 51 (1987), 532.
[472] Vgl. *Reich,* Sozialismus und Zivilrecht, S. 326; *Flejsič/Makovskij,* SGiP 1964 Nr. 8, S.15.
[473] Vgl. *Bilinsky,* Das sowjetische Wirtschaftsrecht, S. 11.
[474] *Solotych,* Einführung, S. 18; *Bilinsky,* Das sowjetische Wirtschaftsrecht, S. 11 f. Vgl. dazu

4. Streit um das sowjetische Wirtschaftsrecht

Die Frage, ob das Wirtschaftsrecht neben dem Zivil- und Verwaltungsrecht ein eigenständiges Rechtsgebiet bildet und einer Kodifikation bedarf, stand zu Sowjetzeiten in Gestalt des immer wieder geführten lebhaften Streits zwischen Zivilisten[476] und Wirtschaftsrechtlern[477] im Blickpunkt. Diese Diskussion verlief unter den Schlagworten „einheitliches Zivilrecht" und „besonderes Wirtschaftsrecht" und drehte sich um die Frage, ob die rechtsgeschäftlichen Vorgänge, die in Ausführung von Planaufgaben von den Subjekten der Wirtschaft abgewickelt werden, sich nach Zivilrecht richten oder ob sie zusammen mit den planungsrechtlichen Instrumentarien eine Einheit bilden und in einer eigenständigen Materie, dem Wirtschaftsrecht, abschließend und zusammenfassend geregelt werden sollen.[478] Für die Anhänger des einheitlichen Zivilrechts war für die Zuordnung in erster Linie die Methode der rechtlichen Regulierung entscheidend.[479] Da für die vertikalen Beziehungen der Grundsatz der Unter- und Überordnung, für die horizontalen Beziehungen dagegen das Prinzip der Gleichordnung und Gleichberechtigung gelte, sei die Regelungsmethode verschieden, was die Existenz eines einheitlichen Wirtschaftsrechts ausschließe.[480] Die Wirtschaftsrechtler stellten dagegen auf den Gesichtspunkt der sachlichen Zusammengehörigkeit ab. Sie gingen vom Prinzip der Einheit der verwaltungs- und der zivilrechtlichen Regelung im Wirtschaftsbereich aus und hoben damit die Rolle des Staates im ökonomischen Leben besonders hervor.[481] Ihnen zufolge ließen sich die aus der Über- und Unterordnung in der Wirtschaft ergebenden vertikalen Beziehungen von den horizontalen Vermögensbeziehungen der Unternehmen untereinander nicht trennen.[482] Die Vertreter der Konzeption des besonderen Wirtschaftsrechts versuchten unter anderem damit zu argumentieren, dass die Beziehungen zwischen den Betrieben anderer Art seien als die, an denen Bürger beteiligt sind; deshalb könne die jeweils gemäße rechtliche Regelung nicht durch dieselben Normen und durch dasselbe Rechtsgebiet erfolgen. Im übrigen betonte die Lehre vom selbständigen Wirtschaftsrecht die Entlastung des Zivilrechts, welche bei einem Ausscheiden der Normen über die Vermögensbeziehungen

---

Roggemann, JbOR 1971/1, 176 ff. mwN.

[475] Vgl. *Bilinsky,* Das sowjetische Wirtschaftsrecht, S. 12.

[476] Z.B. *Amfiteatrov,* SGiP 1930 Nr. 4, 74 ff.; *Denisov/Bernštejn,* SGiP 1959 Nr. 5, 48 ff.; *Fišmann,* Pravo i žizn' 1925 Nr. 7-8, 5; *Ioffe,* Pravovoe regulirovanie, S. 39 f.; *Lunc/Flejšic,* Pravovedenie 1960 Nr. 4, 46 ff.; *Matveev,* Pravovedenie 1961 Nr. 1, 70 ff.; *Tal',* Pravo i žizn', 1924 Nr. 9, 22; *Tolstoj, Kodifikacija,* S. 125; *Venediktov,* SGiP 1958 Nr. 11, 128; *Vol'f,* Osnovy chozjajstvennogo prava, S. 7.

[477] Z.B. *Gincburg,* O chozjajstvennom kodekse SSSR, S. 5 ff.; ders., SGiP 1956 Nr. 10, 84 ff.; *Ivanickij,* S. 210 f.; *Gordon,* Sistema, S. 14 ff.; *Šreter,* S. 15; *Tadevosjan,* SGiP 1956 Nr. 8, 99; *ders.,* SGiP 1959 Nr. 6, 57; *Laptev,* SGiP 1959 Nr. 4, 77; *ders.,* Predmet, S. 133; *Pavlov,* SGiP 1958 Nr. 11, 12.; *ders.,* SGiP 1959 Nr. 8, 36 ff.; *Mamutov,* SGiP 1959 Nr. 5, 61 ff.

[478] Vgl. *David/Grasmann/Westen,* Einführung in die großen Rechtssysteme der Gegenwart, S. 313.

[479] Vgl. *David/Grasmann/Westen,* Einführung in die großen Rechtssysteme der Gegenwart, S. 313.

[480] Vgl. statt aller *Gribanov/Ioffe,* SGiP 1976 Nr. 3, 61; *Ioffe,* Izbrannye trudy, S. 708 f., 717 f.

[481] Vgl. *Boguslawskij,* in: Horn/Pleyer, S. 37; eingehend dazu *Eršova/Ivanova,* Predprinimatel'skoe pravo, S. 9 f.

[482] Vgl. *Laptev,* SGiP 1959 Nr. 4, S.70 ff.; *Mamutov,* SGiP 1959 Nr. 5, 61 ff.

zwischen den Betrieben aus dem Zivilrecht eintreten würde, da das Zivilrecht sich verstärkt den Rechtsbeziehungen unter Beteiligung von Bürgern widmen könne.[483] Die Anhänger der Lehre vom einheitlichen Zivilrecht wiesen dagegen darauf hin, dass die Wirtschaft ein so kompliziertes und komplexes System bilde, dass es durch ein einziges Rechtsgebiet nicht geregelt werden könne. Da Regelungen der wirtschaftlichen Tätigkeit sich in nahezu allen Rechtsgebieten fänden (u.a. im Arbeits-, Finanz-, Verwaltungs- und Staatsrecht), beruhe eine Aussonderung allein der Normen des Verwaltungs- und Zivilrechts und deren Zusammenführung in einem neuen Rechtsgebiet nicht auf objektiven Kriterien. Die Zivilrechtler hoben außerdem hervor, dass vertikale Beziehungen und die auf Gleichstellung und Autonomie der Partner basierenden horizontalen Beziehungen so grundverschieden seien, dass sich ihre gemeinsame Regelung in nur einem Rechtsgebiet verbiete.[484] Schließlich wurde hervorgehoben, dass die Konzeption der Wirtschaftsrechtler zu einer Doppelnormierung führe und daher in der Praxis Anwendungsschwierigkeiten bereite.[485] Der Streit um das Wirtschaftsrecht vollzog sich in verschiedenen Entwicklungsstufen[486], wurde aber nie definitiv entschieden. Während der sowjetische Gesetzgeber den seit Jahrzehnten unterbreiteten Vorschlag eines eigenen Wirtschaftsgesetzbuches nicht aufgriff und damit die Position der Vertreter des einheitlichen Zivilrechts stützte, schienen in der öffentlichen Meinung, in Wissenschaft und Praxis die Vertreter des besonderen Wirtschaftsrechts vorzuherrschen.[487]

5. Grundlagen der Zivilgesetzgebung der UdSSR und der Unionsrepubliken von 1991[488]

In der Umbruchszeit wurde in Russland die monistische Konzeption grundsätzlich beibehalten. Die Grundlagen der Zivilgesetzgebung der UdSSR vom 31. Mai 1991 traten aufgrund des Beschlusses des Obersten Sowjets vom 14. Juli 1992[489] am 3. August 1992 in Kraft und lösten damit die Grundlagen von 1961 ab.[490] Sie galten

[483] Vgl. z.B. *Gincburg*, SGiP 1956 Nr. 10, 84 ff.; *Laptev*, SGiP 1959 Nr. 4, S. 70 ff.; *Mamutov*, SGiP 1959 Nr. 5, 61 ff.; *Tadevosjan*, SGiP 1956 Nr. 8, S. 99 f.

[484] Vgl. *Denisov/Bernštejn*, SGiP 1959 Nr. 5, 48 ff.; *Ioffe*, Pravovoe regulirovanie, S. 39 f.; *Lunc/Flejšic*, Pravovedenie 1960 Nr. 4, 46 ff.; *Matveev*, Pravovedenie 1961 Nr. 1, 70 ff.; *Tolstoj, Kodifikacija*, S. 125.

[485] Vgl. dazu *Litovkin*, in: 75 Jahre, S. 141.

[486] Im ersten Jahrzehnt der sowjetischen Rechtsgeschichte wurden die Begriffe „Wirtschaftsrecht" und „Zivilrecht" synonym verwendet. Die Stalin-Ära war dagegen vom Kampf zwischen Zivil- und Wirtschaftsrecht geprägt: zunächst verdrängte das Wirtschaftsrecht das Zivilrecht, mit der Verabschiedung der Stalin-Verfassung (1936) begann dagegen die Periode der Rückbesinnung auf das Zivilrecht, das Wort Wirtschaftsrecht wurde sogar verfemt (bis zum XX. Parteitag, 1956) und die Anhänger der Wirtschaftslehre wurden repressiert. Nachdem sich schließlich der Gesetzgeber für das einheitliche Zivilrecht unter Einschluss des Wirtschaftsrechts (1961) entschied, wurde das Wirtschaftsrecht als eigenes Forschungsgebiet sowie später als eigenes Gesetzgebungsgebiet anerkannt. Vgl. dazu ausführlich *Reich*, Sozialismus und Zivilrecht, S. 175 ff., 231 ff., 274 ff.; *Wähler*, RabelsZ 51 (1987), 518 ff. mwN; *Eršova/Ivanova*, Predprinimatel'skoe pravo, S. 10.

[487] Vgl. *David/Grasmann/Westen*, Einführung in die großen Rechtssysteme der Gegenwart, S. 314.

[488] VSND SSSR 1991 Nr. 26, Art. 733.

[489] VVS RF 1992 Nr. 30, Art. 1800.

[490] Ursprünglich waren die Grundlagen ZG durch den Obersten Sowjet der UdSSR am 31. Mai 1991 verabschiedet und sollten gemäß der Verordnung des Obersten Sowjets am 1. Januar 1992 in Kraft

laut dem Beschluss, soweit sie den nach dem 12. Juni 1990[491] beschlossenen Rechtsakten Russlands nicht widersprachen. Die Grundlagen sahen mehrere moderne zivilrechtliche Bestimmungen vor, die der Entwicklung der Marktwirtschaft dienten. Auch waren Bestimmungen, die Besonderheiten für den unternehmerischen Verkehr vorsahen, in den Grundlagen enthalten. Hervorzuheben ist insbesondere die strengere Haftung der Unternehmer für ihre Verpflichtungen.[492] Danach haftete verschuldensunabhängig jeder, der bei Ausübung einer unternehmerischen Tätigkeit vertragliche Verpflichtungen nicht oder nicht gehörig erfüllte, mit seinem Vermögen für den Ersatz des dadurch entstandenen Schadens. Ausgeschlossen war die Haftung nur, soweit der Unternehmer beweisen konnte, dass die gehörige Erfüllung infolge höherer Gewalt unmöglich geworden ist. Unter höherer Gewalt waren dabei außerordentliche und unter den gegebenen Umständen unabwendbare Umstände (Naturereignisse, Kriegshandlungen etc.) zu verstehen. Im Gegensatz dazu wurde jeder andere Schuldner von der Haftung frei, wenn er bewies, dass er alles in seinen Händen stehende zur gehörigen Erfüllung der Verbindlichkeit unternommen hatte.[493] Eine Sonderregelung gegenüber dem Zivilverkehr stellte ferner Art. 66 Punkt 3 der Grundlagen dar. Während der Schuldner bei Verzug mit einer Geldschuld 5% gesetzliche Jahreszinsen zu zahlen hatte, waren bei Verzug mit einer im Zusammenhang mit einer unternehmerischen Tätigkeit geschuldeten Geldleistung zusätzlich Zinsen für die Nutzung fremder Geldmittel zu entrichten.[494]

Für die Entwicklung des Handelsrechts in Russland ist neben den Grundlagen noch das Gesetz „Über Unternehmer und unternehmerische Tätigkeit“ vom 25. 12. 1990[495] von Bedeutung, welches erstmals die Gewerbefreiheit garantierte. Das UntG verwendete zum ersten Mal den vormals verpönten Begriff des „Unternehmertums“ und definierte die unternehmerische Tätigkeit als eine initiativreiche selbständige Tätigkeit von Bürgern und Vereinigungen von Bürgern, die auf Erzielung von Gewinn gerichtet ist.[496] Sowohl das Risiko für diese Tätigkeit als auch die Haftung sollten beim Unternehmer liegen (Art. 1 Absatz 2 UntG). Alle organisationsrechtlichen Unternehmensformen und Unternehmer wurden gleichgestellt (Artt. 6 ff. UntG). Schließlich räumte das Gesetz den Unternehmern selbst weitreichende Freiheit bei Planung, Produktion, der Verwaltung ihrer Erzeugnisse und Preisbildung sowie bei der finanziellen Tätigkeit ein (Vgl. Artt. 16, 23, 24 UntG). Das UntG stellte indessen

---

treten (VVS RSFSR 1990 Nr. 30, Art. 417). Die Sowjetunion zerfiel aber vor Inkrafttreten des Gesetzes, so dass es unklar war, ob die Grundlagen ZG wie alle anderen Unionsgesetze subsidiär gelten sollten. Diese Rechtsunsicherheit wurde vom Obersten Sowjet Russlands durch erneuerte Beschlussfassung beseitigt.

[491] An diesem Tag hat Russland seine Souveränität noch im Rahmen der Sowjetunion verkündet.

[492] Art. 71 Punkt 2 der Grundlagen ZG.

[493] Art. Art. 71 Absatz 1 der Grundlagen ZG.

[494] Vgl. dazu *Kuss,* RIW 1993, 101.

[495] VSND RSFSR 1990 Nr. 30, Art. 418. Fortan abgekürzt: UntG. Das UntG trat am 1. Januar 1991 in Kraft. Dt. Übersetzung in: WiRO 1992 Heft 3, 79 ff. sowie in: WiRO- Handbuch RUS 330. Zum Gesetz „Über die Unternehmen in der UdSSR“ v. 4.6.1990 (VSND SSSR 1990 Nr. 25, Art. 460) s. *Laptev,* Die rechtliche Stellung der Unternehmen, S. 5 ff.

[496] Art. 1 Absatz 1 UntG.

keine Sonderegelung für den Unternehmensverkehr im Sinne einer Hinwendung des Gesetzgebers zum dualistischen System dar. Hierfür fehlt es dem UntG u.a. am handelsrechtlichen Sondervertragsrecht, am Recht der Rechnungslegung (Buchhaltung) und Bilanzierung, am Firmenrecht, am Recht der Handelsvertreter, Handelsmakler, Kommissionäre etc. Demnach kann man im Zusammenhang mit dem UntG nicht von einer Abkehr des russischen Gesetzgebers vom monistischen System sprechen.[497]

III. Der Standort des Handelsrechts im Streit zwischen Zivilisten und Wirtschaftsrechtlern Anfang / Mitte der 90-er Jahre

Im Rahmen der Vorbereitung des neuen Zivilgesetzbuches Anfang der neunziger Jahre war das Verhältnis von Zivilrecht und Handelsrecht neu zu klären. Es wurde kontrovers diskutiert, ob der neue Zivilkodex das Zivil-, Handels- und Gesellschaftsrecht grundlegend regeln soll oder ob es ein „Unternehmens- bzw. ein Wirtschaftsgesetzbuch“ außerhalb des ZGB geben sollte.[498] Damit tauchte die Frage nach der Existenz eines besonderen Wirtschaftsrechts bzw. Unternehmensrechts im formellen und materiellen Sinne wieder auf, die in Verbindung zu der zu Sowjetzeiten geführten Diskussion[499] zu sehen ist.

Außer Streit stand grundsätzlich die Existenz einer besonderen Wirtschaftsgesetzgebung[500] als solcher. Ebenfalls bestand Einigkeit darüber, dass nichts im Wege steht, Wirtschaftsrecht als eine eigene Wissenschaftsdisziplin zu betreiben.[501] Die Meinungen gingen aber darüber auseinander, wie diese Disziplin zu charakterisieren ist. Der Kern des Problems lag darin, ob das Unternehmensrecht dem Privatrecht zuzuordnen und damit als Teil des Zivilrechts anzusehen ist, was die „Zivilisten“ annahmen, oder ob es sich beim Unternehmensrecht um ein eigenständiges Rechtsgebiet handelt, das sowohl privatrechtliche als auch öffentlich-rechtliche Rechtsnormen verbindet und auch formelle Selbständigkeit als eigenes Rechtsgebiet beansprucht.

Die Regierung schien sich zunächst (zumindest) für den (formellen) Dualismus ausgesprochen zu haben. Die Wirtschaftsberater von Präsident El'cin forderten

---

[497] So aber *Mamutov,* GiP 1996 Nr. 8, 47.

[498] Zu der vergleichbaren Diskussion in der Ukraine sowie zum Erlass des neuen ZGB und HGB vgl. eingehend *Herrnfeld*, in: Schroeder, Die neuen Kodifikationen in Russland, S. 91 ff.; *Mamutov,* ŽRP 2001 Nr. 7, 129 ff.; Dovgert, Das neue Zivilgesetzbuch in der Ukraine, Mitteilungen der Vereinigung für deutsch-russisches Wirtschaftsrecht Nr. 22 (Jg. 14/2003), S. 3 ff. und Schulze, Vortragsnachmittag zum ukrainischen Zivilrecht, Mitteilungen der Vereinigung für deutsch-russisches Wirtschaftsrecht Nr. 22 (Jg. 14/2003), S. 17 ff.

[499] Vgl. oben Kapitel 2 A II 4.

[500] Darunter werden alle Rechtsnormen unabhängig von deren Natur (privatrechtlich oder öffentlich-rechtlich) verstanden, die unternehmerische Tätigkeit betreffen. Zur Definition s. eingehend *Andreev/Dodonov,* Große rußländische juristische Enzyklopedie, Stichwort „Predprinimatel'skaja dejatel'nost'“ (unternehmerische Tätigkeit); *Puginskij,* Kommerčeskoe pravo, S. 29; *Popondopulo,* Pravovoj režim predprinimatel'stva, S. 66 ff. und *ders.,* Pravovedenie 1993 Nr. 1, 15 f. Vgl. dazu auch *Belych,* GiP 1995 Nr. 11, 59; *Dozorcev,* PSJEEL 1995, 27 f., 49; *Suchanov,* in: FS für Gribanov, S. 45; *Popondopulo/Jakovleva,* Kommerčeskoe pravo, S. 21.

[501] S. z.B. *Suchanov,* Graždanskoe pravo, S. 19; *Dozorcev,* GiP 1994 Nr. 1, 27; *ders.*, PSJEEL 1995, 27 f.

nachdrücklich den Erlass eines eigenständigen Unternehmensgesetzbuches. So wurde im Regierungsprogramm der Entwicklung der Reformen und der Stabilisierung der Wirtschaft vom 6. August 1993 auf die Notwendigkeit der Verbesserung der Wirtschaftsgesetzgebung, u.a. auf die Verabschiedung eines besonderen Handelsgesetzbuches neben einem Zivilgesetzbuch hingewiesen.[502] Unterstützung fanden die Anhänger eines Wirtschafts- bzw. Unternehmenskodexes ferner durch den Präsidialerlass vom 29. April 1994[503], der ebenfalls die Ausarbeitung eines Unternehmenskodexes vorsah und dessen rasche Ausarbeitung anmahnte.[504] Ein Entwurf eines solchen Unternehmensgesetzbuches wurde in der Tat vom Institut für Staat und Recht der Russischen Akademie der Wissenschaften unter Federführung von Prof. *V. V. Laptev*, von der Moskauer Staatlichen Juristischen Akademie sowie von der Moskauer Staatlicher Universität erarbeitet. Er umfasste 10 Abschnitte, 38 Kapitel, 330 Artikel. Neben den Regelungen über die Subjekte des Unternehmensrechts, deren Vermögen, Haftung, Handelsgeschäfte, Buchführung und Wirtschaftsprüfung wurden im Unternehmensgesetzbuch auch die staatliche Regulierung sowie die Finanzierung der unternehmerischen Tätigkeit und die Investitionstätigkeit vorgesehen[505]. Der Entwurf war jedoch bis zur Beratung im Parlament heftig umstritten und wurde schließlich vom Gesetzgeber abgelehnt, der sich damit zugunsten einer einheitlichen Kodifikation entschieden hat.[506]
Die Relevanz des Streites zwischen den Vertretern der beiden Konzeptionen zeigt sich jedoch auch nach der Verabschiedung des ZGB, so dass an dieser Stelle beide Meinungen darzustellen sind.

1. Lehre vom besonderen Wirtschafts- bzw. Unternehmensrecht

Die Anfang der 90-er Jahre neu aufkommende Lehre vom Wirtschafts- bzw. Unternehmensrecht schließt sich zwar z.T. begrifflich, nicht aber vollinhaltlich an die zu Sowjetzeiten geführte Diskussion an. Der Niedergang des Sozialismus entzog der ideologisch überformten Wirtschaftsrechtstheorie jede Grundlage. Daher versuchen deren Anhänger mit neueren Ansätzen und Modifikationen dieser Theorie die Idee des Wirtschaftsgesetzbuches mit marktwirtschaftlichen und rechtsstaatlichen Grundsätzen in Einklang zu bringen. Sie betonen, dass die in der Zeit der Planwirtschaft herausgebildete Konzeption des Wirtschaftsrechts nicht mehr den Zielen und Realitäten der gegenwärtigen Periode des Übergangs zur Marktwirtschaft

---

[502] Rossijskie Vesti, 21. September 1993.
[503] Erlass des Präsidenten der RF im Zusammenhang mit dem wissenschaftlich-technischen Programm „Wege und Formen der Stärkung des Russischen Staates“, SZ RF 1994 Nr. 2, Art. 84.
[504] Vgl. dazu *Suchanov,*, PSJEEL 1994 Nr. 1, 635.
[505] S. dazu *Laptev,* GiP 1995 Nr. 5, S. 53 ff.
[506] Der Entwurf hatte dasselbe Schicksal wie viele seiner Vorgänger zu Sowjetzeiten. Nachdem die Sowjetregierung anlässlich der Eröffnungssitzung des Obersten Sowjets am 3.8.1966 erklärte: „In Verbindung mit den Änderungen des ökonomischen Lebens im Lande muss viel für die Verbesserung der Wirtschaftsgesetzgebung getan werden“ (Izvestija v.4.8.1966), entstanden im Institut für Staat und Recht an der Akademie der Wissenschaften SSSR unter Federführung von *Laptev* und *Mamutov* mehrere Entwürfe von Wirtschaftskodexen. Tatsächlich kam es jedoch auch nicht zur Verabschiedung eines Wirtschaftskodexes. Vgl. dazu *Olejnik,* Predprinimatel'skoe pravo, S. 141 f.

entspreche und daher revidiert werden müsse.[507] So trete unter den Bedingungen der Wirtschaftsreform an Stelle des Wirtschaftsrechts die Idee der unternehmerischen Tätigkeit und damit eines Unternehmensrechts.[508]

Auf Seiten der Wirtschaftsrechtstheoretiker steht vor allem das Institut für Staat und Recht der Akademie der Wissenschaften, welches an die Tradition von *Pašukanis, Gincburg und Tadevosjan* anknüpft. Ferner sprechen sich vor allem Ökonomen, aber auch eine Anzahl von hauptsächlich praktisch tätigen Juristen für ein formell und materiell selbständiges Unternehmensrecht aus.[509]

a. Dualismus im materiellen Sinne

Um die Notwendigkeit eines Unternehmensgesetzbuches zu beweisen, bemühen sich die Anhänger der Wirtschaftsrechtslehre zunächst, den besonderen Platz des Unternehmensrechts im gesamten Rechtssystem aufzuzeigen. Alle Wirtschaftsrechtler setzen das Unternehmensrecht bzw. das Wirtschaftsrecht[510] vom Zivilrecht deutlich ab. Zwischen ihnen besteht Einigkeit darüber, dass es sich beim Unternehmensrecht um ein selbständiges Rechtsgebiet handelt, das durch einen eigenen Gegenstand, Prinzipien, Subjekte und Regelungsmethoden gekennzeichnet ist.[511]
Bei der Bestimmung des **Gegenstandes** zeigen sich auch innerhalb der Wirtschaftsrechtler Unterschiede und Meinungsverschiedenheiten. Den weitesten Begriff entwickeln *Martem`janov, Laptev, Dojnikov* und *Bykov,* die die Begriffe Wirtschaftsrecht und Unternehmensrecht synonym verwenden.[512]

Martem'janov definiert das Unternehmensrecht als ein Rechtsgebiet, das sich aus Normen zusammensetzt, die unternehmerische und damit eng verbundene Rechtsbeziehungen regeln, u.a. nichtkommerzielle Beziehungen sowie Beziehungen hinsichtlich der staatlichen Regulierung der Wirtschaft zwecks Gewährleistung staatlicher und gesellschaftlicher Interessen.[513] Dieser Definition folgt auch

---

[507] Vgl. *Laptev,* GiP 1993 Nr. 1, 36; *ders.,* RIW 1994, Heft 5, 371 f.
[508] Vgl. *Laptev,* RIW 1994, Heft 5, 372; *Olejnik,* Predprinimatel'skoe pravo, S. 143; *Semeusov,* Predprinimatel'skoe pravo, S. 3.
[509] Vgl. dazu *Sadikov,* ZEuP 1996, 260.
[510] Die Terminologie ist nicht einheitlich. Z.T. ist entweder von „Wirtschaftsrecht" oder von „Unternehmensrecht" die Rede, gebräuchlicher ist jedoch die Bezeichnung "Unternehmensrecht (Wirtschaftsrecht)". Wo die Begriffe gleichbedeutend gebraucht werden, wird fortan einheitlich von „Unternehmensrecht" gesprochen.
[511] Vgl. *Dojnikov,* Predprinimatel'skoe pravo, S. 4; *Olejnik,* Predprinimatel'skoe pravo, S. 33, 47; *Belych,* Pravovedenie 2001 Nr. 1, 136; *Semeusov,* Predprinimatel'skoe pravo, S. 3.
[512] Vgl. *Laptev,* RIW 1994, Heft 5, 372; *ders.,* GiP 1995 Nr. 5, 50; s. dazu ausführlich *Laptev,* Predprinimatel'skoe pravo; *Martem'janov,* Chozjajstvennoe pravo, S. 1 ff.; *Dojnikov,* Predprinimatel'skoe pravo, S. 4; *Bykov,* Vestnik 1993 Nr. 6, 3 ff.
[513] *Martem'janov,* Chozjajstvennoe pravo, S. 1 ff.

Dojnikov[514]. Dabei gehen die Autoren von einer „bestimmten Einheit der genannten Rechtsbeziehungen im realen Leben“ aus.[515]

Eine etwas präzisere Bestimmung des Unternehmensrechts gibt *Laptev,* der sich bereits zu Sowjetzeiten als führender Theoretiker des Wirtschaftsrechts durchsetzen konnte. Das neue, das Wirtschaftsrecht ablösende Unternehmensrecht umfasst nach seiner Meinung sowohl die Beziehungen zwischen individuellen und kollektiven Unternehmern als auch deren Beziehungen zu staatlichen Organen (Finanzorganen, Steuerbehörden, Monopolorganen), d.h. verbindet in sich Elemente des Privatrechts und des öffentlichen Rechts. Nach *Laptev* ist das Unternehmensrecht damit durch die einheitliche Regelung horizontaler und vertikaler Beziehungen gekennzeichnet.[516]

Olejnik folgt im Grunde der Meinung von *Laptev*, versucht aber einen engeren Begriff des Unternehmensrechts zu entwickeln, indem sie Unternehmensrecht als einen Teil des allgemeineren Wirtschaftsrechts begreift.[517] Sie glaubt den Gegenstand des Unternehmensrechts bestimmen zu können, indem sie zwischen Unternehmensrecht im weiteren und im engeren Sinne unterscheidet. Das Unternehmensrecht i.w.S. soll ein „Regulator des Verhaltens“ sein, der „im komplizierten Zusammenwirken verschiedener Faktoren existiert“.[518] I.e.S. sieht sie im Unternehmensrecht ein „Rechtsgebiet der zweiten Ebene“, der in sich Merkmale und Methoden anderer Rechtszweige vereinigt[519], worunter *Olejnik* öffentliches Recht und Privatrecht versteht.[520] Für die Abgrenzung zum Zivilrecht soll das Merkmal der Professionalität unternehmerischer Tätigkeit entscheidend sein.[521]

Für einen engen Begriff des Unternehmensrechts tritt ferner *Mamutov* ein. Nach *Mamutov* ist das Unternehmensrecht nicht mit dem Wirtschaftsrecht identisch, sondern stellt lediglich eine Unterdisziplin des Wirtschaftsrechts dar.[522]

Skeptisch gegenüber der Anpassung der alten Wirtschaftsrechtslehre an die neuen Wirtschaftsbedingungen spricht sich *Čankin* aus und schlägt vor, mit der Bildung eines neuen Rechtsgebiets – des Unternehmensrechts - zu beginnen.[523] Auch wenn *Čankin* den Gegenstand des Unternehmensrechts als „sehr umfangreiche kommerzielle Beziehungen in der Sphäre der Wirtschaftstätigkeit“ bestimmt[524], ist

[514] Vgl. *Dojnikov,* Predprinimatel'skoe pravo, S. 6.
[515] *Martem'janov*, Chozjajstvennoe pravo, S. 1.
[516] S. *Laptev*, GiP 1993 Nr. 1, 36 f., 38; *ders*., RIW 1994, Heft 5, 372; *ders.*, GiP 1996 Nr. 4, 59.
[517] *Olejnik,* Predprinimatel'skoe pravo, S. 39. Ebenso sieht *Mamutov* im Unternehmensrecht lediglich einen Teil des Wirtschaftsrechts (*Mamutov,* GiP 1994 Nr. 6, 84 f.; *ders.,* GiP 1996 Nr. 4, 61).
[518] *Olejnik,* Predprinimatel'skoe pravo, S. 33.
[519] *Olejnik,* Predprinimatel'skoe pravo, S. 33.
[520] Vgl. *Olejnik,* Predprinimatel'skoe pravo, S. 37.
[521] *Olejnik,* Predprinimatel'skoe pravo, S. 47 f.
[522] Vgl. *Mamutov,* GiP 1994 Nr. 6, 79.
[523] *Čankin*, GiP 1993 Nr. 2, 60.
[524] Ähnlich auch *Belych,* GiP 1995 Nr. 11, 57; *ders.,* Pravovedenie 2001 Nr. 1, 129, 136, der von

dieser Begriff sehr weit und unpräzise. Damit bleibt immer noch unbeantwortet, worin die Rechtsnatur dieser Beziehungen liegt und was genau diese von den zivilrechtlichen unterscheidet. Auch hilft die Erklärung von *Čankin* nicht viel weiter, dass „die Grenze zwischen Handelsrecht und Zivilrecht parallel zur Grenze zwischen kommerziellen und nicht kommerziellen Beziehungen im Zivil- und Handelsverkehr verläuft". Denn dieser Unterschied zwischen Zivil- und Handelsverkehr wird gerade nicht erläutert.

Aus dem Versuch einer Abgrenzung der Gegenstände von Unternehmens- und Zivilrecht schließen die Wirtschaftsrechtler auf eine Besonderheit der **Rechtssubjekte des Unternehmensrechts**. Während die klassischen Rechtssubjekte des Zivilrechts die natürlichen Personen (Bürger) und juristischen Personen sind, träten an deren Stelle im Unternehmensrecht individuelle Unternehmer (Einzelunternehmer) und kollektive Unternehmer (Unternehmen).[525] Charakteristisch für diese sei die Professionalität der unternehmerischen Tätigkeit, die Legitimation dieser Tätigkeit durch Registrierung und das Vorhandensein abgesonderten Vermögens.[526] Nach *Čankin* zählen Unternehmer weder zu den natürlichen noch zu den juristischen Personen des Zivilrechts, sondern stellen eigene Rechtssubjekte des Unternehmensrechts dar. Dagegen betrachten andere Autoren diese Frage differenzierter und betonen, dass Unternehmer jedenfalls unter einem Aspekt juristische Personen sind.[527]

Für die Wirtschaftsrechtler besteht ein Kernproblem darin, die eigenen **Prinzipien des Unternehmensrechts** herauszuarbeiten, die dieses vom allgemeinen Zivilrecht unterscheiden sollen. Die Existenz dieser Sonderprinzipien wird als Argument für die Eigenständigkeit des Rechtsgebiets des Unternehmensrechts verwendet. Als Prinzipien des Unternehmensrechts werden die Freiheit der Unternehmertätigkeit, die Selbständigkeit der Wirtschaftsubjekte, die gleiche Stellung aller Eigentumsformen, der Vertrag als Grundlage der unternehmerischen Tätigkeit, der freie Wettbewerb sowie die Gesetzlichkeit der Wirtschaftbeziehungen genannt.[528] Im Gegensatz zum Zivilrecht verfügen die Rechtssubjekte des Unternehmensrechts nicht in selbem Maße über Vertragsfreiheit und juristische Gleichheit und zwar nur insoweit, als dies aus ihren ökonomischen Möglichkeiten folge.[529] So fänden die Prinzipien des Zivilrechts auf eine Reihe von Rechtsnormen, die z.B. mit der

---

„einem komplexen Gebilde aus öffentlich-rechtlichen und privatrechtlichen Anfängen in der Wirtschaftssphäre" spricht.

525 Vgl. *Laptev*, GiP 1993 Nr. 1, 38; *ders.*, RIW 1994, Heft 5, 372; *ders.*, GiP 1995 Nr. 5, 54; GiP 1996 Nr. 4, 59; *ders.*, GiP 1999 Nr. 11, S. 13; *Dojnikov*, Predprinimatel'skoe pravo, S. 4, 26 f.; *Olejnik*, Predprinimatel'skoe pravo, S. 234 ff.; *Čankin*, GiP 1993 Nr. 2, 60 f., 63; *Mamutov*, GiP 1994 Nr. 6, 87.

526 Vgl. *Olejnik*, Predprinimatel'skoe pravo, S. 231 ff.; *Laptev*, GiP 1993 Nr. 1, 38; *ders.*, RIW 1994, Heft 5, 373; *ders.*, GiP 1995 Nr. 5, 53 f.

527 Vgl. Z.B. *Laptev*, GiP 1995 Nr. 5, 54; *Olejnik*, Predprinimatel'skoe pravo, S. 236 ff.

528 Vgl. *Laptev*, RIW 1994, Heft 5, 372; *ders.*, GiP 1994 Nr. 5, 14; *Olejnik*, Predprinimatel'skoe pravo, S. 41 f.; *Dojnikov*, Predprinimatel'skoe pravo, S. 8 f.; *Čankin*, GiP 1993 Nr. 2, 62 f; *Kruglova*, Chozjajstvennoe pravo, S. 52.

529 *Čankin*, GiP 1993 Nr. 2, 62 f.; *Olejnik*, Predprinimatel'skoe pravo, S. 62.

staatlichen Registrierung, Lizenzierung oder Preisbildung zusammenhängen und das Wesen des Unternehmensrechts ausmachten, keine Anwendung.[530]

Da die Zivilrechtler mehrheitlich als Abgrenzungskriterium die **Methode der rechtlichen Regulierung** heranziehen, beschäftigen sich auch die Wirtschaftsrechtler eingehend mit dem Methodenkriterium. Als Hauptmethode innerhalb des Unternehmensrechts wird die Methode der autonomen Entscheidungen angesehen, die die früher in allen Wirtschaftsbereichen dominante Methode der obligatorischen Anweisung grundsätzlich verdrängen soll.[531] Letztere gelte allerdings für vertikale Beziehungen fort, woraus folge, dass das Zivilrecht allein privatrechtliche horizontale Beziehungen umfasse.[532] Die zunehmende Selbständigkeit der Unternehmenssubjekte und die damit verbundene privatrechtliche Selbstregulierung dürfe entgegen der Meinung der Einheitslehre nicht den Schluss nahe legen, dass damit die Methoden des Zivilrechts zur Anwendung kämen und das Unternehmensrecht damit als Teil des Zivilrechts zu verstehen wäre. Im Gegenteil bestehe auch weiterhin keine scharfe Trennung zwischen den vertikalen und horizontalen Regelungsmethoden. Charakteristisch für die Wirtschaftsrechtsmethode sei gerade die Wechselbeziehung zwischen der Freiheit bei der Verwirklichung der Privatinteressen und staatlichem Einfluss dort, wo es die staatlichen und gesellschaftlichen Interessen erfordern.[533]

Dem Vorwurf, die Lehre vom Wirtschaftsrecht gehe von einem nach planwirtschaftlichen Methoden ausgerichteten Wirtschaftsrecht aus und sei daher veraltet und für die neuen Wirtschaftsverhältnisse unbrauchbar, wird von deren Vertretern widersprochen. Die Wirtschaftsrechtler entgegnen, alle Rechtsgebiete hätten zu Sowjetzeiten das administrative Kommandosystem widergespiegelt. Dies gelte in erster Linie gerade für das Zivilrecht, das die absolute Priorität des Verwaltungsaktes gegenüber jedem Vertrag vorsah. Dagegen habe die Wirtschaftsgesetzgebung zumindest Versuche unternommen, die Vertragsbeziehungen bei der Planungstätigkeit der Unternehmen zu fördern. Die Theorie des Wirtschaftsrechts sei allerdings heute zu erneuern und anzupassen, nicht dagegen ganz aufzugeben.[534]

b. Dualismus im formellen Sinne

Die formelle Selbständigkeit des Unternehmensrechts wird in Kreisen der Wirtschaftsrechtler unterschiedlich beurteilt. Die meisten beharren auf einer umfassenden Kodifizierung derjenigen Vorschriften, die wirtschaftliches Handeln

---

[530] Vgl. *Olejnik*, Predprinimatel'skoe pravo, S. 62.
[531] Vgl. *Laptev*, GiP 1993 Nr. 1, 38 f.; *ders.*, RIW 1994, Heft 5, 372; *ders.*, GiP 1994 Nr. 5, 15; *Dojnikov*, Predprinimatel'skoe pravo, S. 7; *Olejnik*, Predprinimatel'skoe pravo, S. 44 f.; *Čankin*, GiP 1993 Nr. 2, 63; *Kruglova*, Chozjajstvennoe pravo, S. 53 ff.
[532] *Laptev*, GiP 1999 Nr. 11, 13.
[533] Vgl. *Olejnik*, Predprinimatel'skoe pravo, S. 45; *Dojnikov*, Predprinimatel'skoe pravo, S. 6.
[534] Vgl. dazu ausführlich *Laptev*, RJ 1994 Nr. 5, 14 f.; RIW 1994, Heft 5, 372; GiP 1993 Nr. 1, 36 f.

betreffen, in einem separaten Gesetzbuch.[535] Im Ergebnis halten aber auch diejenigen Autoren, die die Verabschiedung eines Unternehmenskodexes wegen der sich daraus möglicherweise ergebenden praktischen Schwierigkeiten nicht als das erstrangige Ziel ansehen, für wünschenswert.[536]

Der Kodifikationsfrage hat sich insbesondere *Laptev* angenommen. Eine klare und umfassende Regelung der Rechtsprinzipien, -normen und -institute der unternehmerischen Tätigkeit könne nur in einem separaten Unternehmensgesetzbuch erfolgen. Ein solcher Kodex erlaube eine heute **fehlende Systematisierung** der zahlreichen Normen der Wirtschaftsgesetzgebung sowie deren **Harmonisierung** und **Verbindung.**[537]

Ähnlich argumentiert *Mamutov*[538]. Die zivilistische Einheitslehre sei den Anforderungen der modernen Wirtschaft des XX. Jahrhunderts nicht adäquat. Die professionelle Wirtschaftstätigkeit brauche eine spezielle Rechtsregulierung, die alle spezifischen Besonderheiten dieser Tätigkeit berücksichtigen würde, da die allgemeinen Rechtsnormen dies nicht ausreichend gewährleisten könnten.[539] Widersprüchlichkeit und Schwammigkeit der heutigen Wirtschaftsgesetzgebung verhinderten die Entwicklung der Wirtschaftstätigkeit, die Gewinnung ausländischer Investoren und von Wirtschaftspartnern.[540] Eine übersichtliche stabile Gesetzgebung wäre seiner Meinung nach auch unter dem Gesichtspunkt der Förderung der außenwirtschaftlichen Beziehungen zweckmäßig.[541]

Die Wirtschaftsrechtler fordern eine das ganze Unternehmensrecht umfassende Kodifizierung aus Gründen der **Gewährleistung der öffentlichen Wirtschaftsordnung.**[542] Dabei sind sie sich der Problematik einer einheitlichen Regelung privat- und öffentlich-rechtlicher Normen in einem Gesetz durchaus bewusst.[543] Ein solcher Ansatz wird jedoch unter Berufung auf die „organische Verbindung" beider Rechts-

---

[535] *Belych,* Pravovedenie 2001 Nr. 1, 136; *Laptev*, GiP 1993 Nr. 1, 34; *ders.,* ROW 1993 Nr. 5, 139; *ders.*, RIW 1994, Heft 5, 372; *ders.*, GiP 1994 Nr. 5, 13; *ders.*, GiP 1995 Nr. 5, 51; ders, in: FS Mestmäcker, S. 938; *ders.* GiP 1999 Nr. 11, 14; *Laptev, Mamutov, Venedin, Masljaev, Olejnik,* GiP 1996 Nr. 4, S. 59 ff.; *Tolstoj,* Pravovedenie 1998 Nr. 2, S. 133, 142; *Voskresenskij,* RJ 1994 Nr. 12, 28; *Zinčenko/Šapsugov/Korch,* S. 198.

[536] Z.B. *Bykov*, Vestnik 1993 Nr. 6, 8; *Čankin*, GiP 1993 Nr. 2, 64.

[537] Vgl. *Laptev,* GiP 1993 Nr. 1, 34; *ders.,* ROW Nr. 5, 139; *ders.,* GiP 1995 Nr. 5, 50, 52; *ders.* GiP 1999 Nr. 11, 14. Dieses Argument verwendet auch *Olejnik,* Predprinimatel'skoe pravo, S. 56.

[538] *V.K. Mamutov* war Direktor des Instituts für wirtschafts-rechtliche Forschung der Akademie der Wissenschaften der Ukraine und leitete die Vorbereitungsarbeiten für ein Wirtschaftsgesetzbuch.

[539] *Mamutov,* GiP 1996 Nr. 4, 61.

[540] *Mamutov,* GiP 1994 Nr. 6, 80. Auch wenn die von *Mamutov* gegebene Zustandsbeschreibung der Zivilgesetzgebung treffend sein mag, bedeutet m.E. die Kodifizierung ganz unterschiedlicher Rechtsmaterien in einem Gesetz nur, dass zusätzliche Unklarheiten und Unstimmigkeiten geschaffen werden. Es wäre daher sinnvoller, die Mängel der Zivilgesetzgebung zu beheben, anstatt ein neues umfassendes Gesetz zu fordern, welches der Problemlösung nicht hilft.

[541] *Mamutov,* GiP 1994 Nr. 6, 88.

[542] *Mamutov,* GiP 1996 Nr. 4, 62; *Belych,* Pravovedenie 2001 Nr. 1, 136.

[543] *Laptev,* GiP 1995 Nr. 5, 52; *Belych,* Pravovedenie 2001 Nr. 1, 136.

beziehungen[544] sowie auf die bereits vorhandene Erfahrung[545] für „durchaus stichhaltig" gehalten.[546] Eine erschöpfende Regelung des Unternehmensrechts im Rahmen des Zivilrechts würde zur Eingliederung öffentlich-rechtlicher Normen in das ZGB führen, die nach Art. 2 Punkt 3 ZGB nicht Gegenstand der Zivilgesetzgebung sind, und sei daher nicht möglich.[547] Dies habe zur Konsequenz, dass die Rechte der Unternehmer gegenüber dem Staat geschmälert würden, da ein entsprechender Rechtsschutz im Rahmen der Zivilrechtsgesetzgebung nicht gewährleistet sei.[548]
Für eine separate Kodifikation wird ferner vorgebracht, die Vereinheitlichung vertikaler und horizontaler Normen in einem Gesetz erleichtere die Anwendung erheblich.[549]

Die Wirtschaftsrechtler verwenden darüber hinaus ein prozessuales Argument. Sie fassen die Verabschiedung der „speziellen" **Wirtschaftsprozessordnung** von 1992[550] neben der Zivilprozessordnung z.T. als Hinweis auf, der Gesetzgeber habe eine gesonderte Kodifikation im Bereich des materiellen Wirtschaftsrechts beabsichtigt, oder finden es zumindest logisch konsequent, neben der Zivilgesetzgebung ein spezielles Unternehmensgesetzbuch zu verabschieden.[551] Die WiPO regele einheitlich alle wirtschaftsrechtlichen Streitigkeiten sowohl zwischen Unternehmern als auch zwischen Unternehmern und staatlichen Organen. So sei in Artikel 20 und 22 WiPO-1992 die Rede von ökonomischen Streitigkeiten und von Streitigkeit in der Verwaltungssphäre. Der Begriff „Wirtschaftsstreitigkeiten" wird ausdrücklich nicht gebraucht, woraus der Schluss zu ziehen sei, dass der Gesetzgeber davon ausging, dass es sich dabei um einen einheitlichen Oberbegriff handele.[552] Trotz der Unterschiede dieser beiden Arten von Streitigkeiten seien sie in einem Kodex geregelt, was die Gewährleistung des Prinzips der Gesetzlichkeit für horizontale und vertikale Rechtsbeziehungen auf einer einheitlichen Basis garantiere.

---

544 Vgl. *Laptev,* GiP 1995 Nr. 5, 52; *Belych,* Pravovedenie 2001 Nr. 1, 136.

545 Vgl. *Mamutov,* GiP 1994 Nr. 6, 84.

546 Die Wirtschaftsrechtler verkennen m.E. bei dieser Argumentation, dass eine solche Gesetzessystematik gerade die Gefahr einer grenzenlosen Eingriffsmöglichkeit der Verwaltung in die freie unternehmerische Betätigung in sich birgt. Der Verzicht auf eine Differenzierung zwischen privat- und verwaltungsrechtlichen Regelungen, wie es befürwortet wird, könnte dazu führen, dass Anwendung, Durchsetzung und Überwachung der Einhaltung jeder Norm als eine Aufgabe der Verwaltung gestaltet bzw. interpretiert wird. Die Gefährlichkeit einer solchen Konzeption kommt in der Sowjetgeschichte, also gerade in den bisher gemachten Erfahrungen, von denen *Mamutov* spricht, zum Ausdruck. Während der Planwirtschaft hatte ein besonderes Wirtschaftsrecht mit den vertikalen und horizontalen Rechtsbeziehungen als komplexe Einheit die latente Tendenz, verwaltungsrechtliche und obrigkeitliche Elemente im Wirtschaftsablauf dominieren zu lassen.

547 Vgl. *Olejnik,* GiP 1996 Nr. 4, 68; *dieselbe,* Predprinimatel'skoe pravo, S. 63; *Laptev,* GiP 1995 Nr. 5, 50; *ders.,* GiP 1999 Nr. 11, 13; *Bykov,* Vestnik 1993 Nr. 6, 8; *Venedin,* GiP 1996 Nr. 4, 63; *ders.,* GiP 1999 Nr. 11, 13; i.E. auch *Belych,* Pravovedenie 2001 Nr. 1, 136.

548 *Olejnik,* GiP 1996 Nr. 4, 67 f.; *dieselbe,* Predprinimatel'skoe pravo, S. 63; *Laptev,* GiP 1996 Nr. 4, 60.

549 *Laptev,* GiP 1995 Nr. 5, 52; *Mamutov,* GiP 1994 Nr. 6, 84.

550 Vom 5. März 1992, SZ RF 1992, Nr. 16, Art. 836; russ.: „Arbitražno-Processual'nyj kodeks" (Arbitrageprozesskodex), als Wirtschaftsprozessordnung übersetzt, um sprachliche Missverständnisse zu vermeiden. Fortan: WiPO-1992.

551 Vgl. *Laptev,* GiP 1996 Nr. 4, 60; *ders.* GiP 1995 Nr. 5, 52; *ders.,* GiP 1993 Nr. 1, 35; *Bykov,* Vestnik 1993 Nr. 6, 8; *Mamutov,* GiP 1996 Nr. 4, 63.

552 *Laptev,* GiP 1993 Nr. 1, 37 f.

Wenn schon eine solche Einheit in der prozessualen Sphäre erreicht worden sei, dann sei eine Sonderregelung der Unternehmenstätigkeit in einem separaten Gesetz erst recht notwendig.[553]

Nicht nur die positiven Erfahrungen mit separaten **Handelsgesetzbüchern in vielen europäischen Staaten** (vor allem Deutschland und Frankreich) und in den USA ermuntern die Wirtschaftsrechtler[554] zur Nachahmung, sondern auch die besonders schnelle Anpassung einiger Staaten des ehemaligen Ostblocks, wie z.B. der DDR und der ČSSR nach der Wende an die neuen Wirtschaftsbedingungen, dank des gut herausgebildeten Systems des Wirtschaftsrechts bzw. der Existenz des Wirtschaftskodexes.[555]

2. Lehre vom Unternehmensrecht als einem Teil des Zivilrechts

Die Positionen der Wirtschaftslehre werden von den Zivilrechtlern, die sich vor allem in Kreisen der Universitätszivilistik,[556] aber auch in der Praxis finden,[557] grundlegender Kritik unterzogen. Aufgrund der Nähe des Unternehmensrechts zum Zivilrecht verneinen die Zivilisten die Berechtigung der wissenschaftlichen und gesetzgeberischen Verselbständigung des Unternehmensrechts.

---

[553] *Laptev*, GiP 1995 Nr. 5, 52; *ders.*, GiP 1996 Nr. 4, 60.

[554] Vgl. *Mamutov*, GiP 1994 Nr. 6, 80 ff.; *ders.*, GiP 1996 Nr. 4, 61; *ders.*, GiP 1999 Nr. 1, 18 ff.; *Olejnik*, Unternehmensrecht, S. 63; *Laptev*, GiP 1993 Nr. 1, 35; *ders.*, GiP 1999 Nr. 11, 14; *Bykov*, Vestnik 1993 Nr. 6, 7.

[555] In diesem Zusammenhang sei auf die Stellungnahme des langjährigen Direktors des Instituts für Rechtswissenschaften der Tschechoslowakischen Akademie der Wissenschaften *Viktor Knapp* hingewiesen. Ihm zufolge hat sich dieses Argument als nicht überzeugend erwiesen, da die Trennung des Wirtschaftsrechts vom Zivilrecht in der Entwicklung der Volkswirtschaft keine bemerkbare Wirkung ausübte. Daher könne auch nicht behauptet werden, dass die Volkswirtschaft in den Ländern, wo das Wirtschaftsrecht anerkannt und kodifiziert wurde, ein höheres Niveau erreicht hat in Ländern, wo dies nicht geschehen sei. *Knapp*, Zivilrecht und Wirtschaftsrecht in der Tschechoslowakei, S. 151.

[556] Insbesondere das Institut für Gesetzgebung und Rechtsvergleichung. S. Koncepcija graždanskogo zakonodatel'stva RF. Materialy naučno-praktičeskoj konferencii „Graždanskoe zakonodatel'stvo RF: sostojanie, problemy, perspektivy" (Konzeption der Zivilgesetzgebung der RF. Materialien der wissenschaftlich-praktischen Konferenz „Zivilgesetzgebung der RF: Zustand, Probleme, Perspektiven"), Moskau 1994, S. 5 ff.

[557] *Alekseev*, GK, S. 31; *ders.*, ĖiŽ 1994 Nr. 45, 15; *Andreev*, GiP 1996 Nr. 4, 110 ff.; *Belych*, GiP 1995 Nr. 11, 53 ff.; *Bogatych*, Graždanskoe i torgovoe pravo, S. 16; *Boguslawskij*, in: Horn/Pleyer, S. 38, 41; *Braginskij/Vitrjanskij*, Dogovornoe pravo I, S. 97 f.; *Braginskij*, ŽRP 1997 Nr. 6, 139; *Chochlov/Makovskij*, Vvodnyj kommentarij, S. 11; *Dozorcev*, GiP 1994 Nr. 1, 27; *ders.*, PSJEEL 1995, Vol. 2, 27 ff.; *ders.*, Trudy, S. 142; *Fëdorov*, S. 88; *Kalmykov*, O značenii, S. 45; *Klein*, Predprinimatel'skoe pravo, S. 4; *Kozlov/Falileev*, GiP 1997 Nr. 11, 84; *Kuznecov*, RJ 1999 Nr. 4, 51; *Litovkin/Rachmilovič/Sadikov*, Koncepcija 1995, S. 71 f.; *Makovskij*, VVAS 1995 Nr. 4, 85; *Makovskij/Chochlov*, Zakon 1995 Nr. 2, 89; *Matveev*, GiP 1992 Nr. 5, 50 ff.; *Okun'kov/Tichomirov/Orlovskij*, Koncepcija 1994, S. 65 ff.; *Petrova/Konjuchova*, S. 73; *Pliev*, S. 25; *Popondopulo/Jakovleva*, Kommerčeskoe pravo, S. 16 ff.; *Popondopulo*, Pravovoj režim predprinimatel'stva, S. 38 ff., 53 f.; *ders.*, Pravovedenie 1993 Nr. 1, 18 ff.; *Puginskij*, Große rußländische juristische Enziklopedie, Stichwort „Kommerčeskoe pravo" und „Torgovoe pravo (Handelsrecht)"; *Puginskij/Sidorova*, Kommerčeskoe pravo, S. 5; *Rachmilovič*, GiP 1996 Nr. 4, 117 (119); *ders.*, RCEEL 1996 No. 2, 137 f.; *Rovnyj*, Graždansko-pravovaja priroda, S. 43; *Sadikov/Litovkin*, Kommentar zum ZGB I, Art. 2, S. 18; *Sadikov*, Ausgewählte Fragen, S. 4 ff.; *Suchanov/Bergmann*, Einführung, S. 8; *Suchanov*, Graždanskoe pravo, S. 16 f.; *ders.*, PSJEEL 1994, Vol. 1, S. 635; *ders.*, Einführung, S. 14 f.; *Žilinskij*, Predprinimatel'skoe pravo, S. 64.

a. Monismus im materiellen Sinne

Ihr Ausgangspunkt ist, dass das Unternehmensrecht kein eigenes Rechtsgebiet wie Strafrecht, öffentliches Recht oder Zivilrecht sei, sondern lediglich einen Teilbereich des Privatrechts darstelle, welches einen Spezialcharakter gegenüber dem Zivilrecht aufweise.[558] Unter dem Unternehmensrecht seien daher diejenigen allgemeinen und besonderen Normen des Zivilrechts zu verstehen, die Rechtsbeziehungen zwischen Unternehmern bzw. Rechtsbeziehungen unter deren Beteiligung regeln.[559]

Der entscheidende Vorwurf der Zivilisten gegen die Lehre vom besonderen Wirtschaftsrecht besteht darin, dass das Unternehmensrecht **keinen eigenständigen Gegenstand** habe. Aus der Tatsache, dass das Unternehmensrecht Rechtsbeziehungen zweier unterschiedlicher Rechtsgebiete, nämlich des öffentlichen Rechts und des Privatrechts, in sich vereinen soll, könne nicht auf die Einheit des Regelungsgegenstands geschlossen werden. Auch wenn beide Rechtsgebiete das Wirtschaftsrecht regeln mögen, spräche dies nicht für die Herausbildung eines neuen selbständigen Rechtsgebiets, sondern nur für die Existenz einer Wirtschaftsgesetzgebung. Beide Begriffe seien aber voneinander streng zu trennen. Die Wirtschaftsgesetzgebung bestehe aus privatrechtlichen und öffentlich-rechtlichen Normen, die Beziehungen regeln, die zwar im Leben miteinander verbunden, ihrer Natur nach aber ganz unterschiedlich seien.[560] Damit wird von den Zivilrechtlern nicht die in bestimmten Fällen notwendige staatliche Einmischung in die unternehmerische Sphäre bestritten, die ihrer Meinung nach in bestimmten Bereichen durchaus sinnvoll und wünschenswert sein kann.[561] In Frage gestellt wird aber die Notwendigkeit der Schaffung eines Rechtsgebiets, das öffentlich-rechtliche mit privatrechtlichen Elementen verbindet.[562]

Die Zivilrechtler betonen, dass die traditionellen Rechtsgebiete die Verhältnisse zwischen Unternehmern ausnahmslos erschöpfend regeln. Ein neuer Rechtszweig könne nur dann entstehen, wenn dessen Gegenstand und Methoden der rechtlichen Regulierung nicht durch andere, bereits vorhandene Rechtsgebiete mitumfasst seien.[563] Da dies beim Unternehmensrecht gerade nicht der Fall sei, könne man es nur als eine entsprechende Gesetzgebung qualifizieren, deren Existenz kein

[558] *Suchanov/Bergmann,* Einführung, S. 8; *Popondopulo/Jakovleva,* Kommerčeskoe pravo, S. 19, 22; *Popondopulo,* Pravovoj režim predprinimatel'stva, S. 38 ff., 53 f.; *Braginskij/Vitrjanskij,* Dogovornoe pravo I, S. 99; *Rachmilovič,* GiP 1996 Nr. 4, 119; *ders.,* RCEEL 1996 No. 2, 138; *Dozorcev,* Trudy, S. 117; *Puginskij/Sidorova,* Kommerčeskoe pravo, S. 5; *Puginskij,* Kommerčeskoe pravo, S. 12.
[559] *Popondopulo/Jakovleva,* Kommerceskoe pravo, S. 19.
[560] Vgl. *Popondopulo/Jakovleva,* Kommerčeskoe pravo, S. 21; *Suchanov,* Graždanskoe pravo, S. 19.
[561] Vgl. Z.B. *Dozorcev,* PSJEEL 1995, Vol. 2, 30; *ders.,* in: Tezisy, S. 6; *ders.,* Trudy, S. 117; *Suchanov,* Zivilrecht, S. 18; *Makovskij,* in: Tezisy, S. 41 f.; *Suchanov/Makovskij,* ChiP 2001 Nr. 8, 21; *Pliev,* S. 15 f.
[562] *Rovnyj,* Graždansko-pravovaja priroda, S. 135; *Popondopulo/Jakovleva,* Kommerčeskoe pravo, S. 20, 22; *Dozorcev,* Trudy, S. 133.
[563] Vgl. *Pliev,* S. 25 ff.

eigenständiges Rechtsgebiet begründet, wie es bei Agrarrecht, Ärzterecht, Transportrecht etc. gemacht wird.[564]

Besondere Kritik der Zivilisten ruft die Behauptung der Wirtschaftsrechtler hervor, das Unternehmensrecht verfüge über eigene **Prinzipien**. So machen insbesondere *Popondopulo/Jakovleva* und *Dozorcev* geltend, es handele sich bei den „Prinzipien des Unternehmensrechts" allein um Besonderheiten der Ausprägung der zivilrechtlichen Prinzipien in der Unternehmenssphäre.[565] Anhand einer Untersuchung der Prinzipien des Zivilrechts, die in Art. 1 ZGB festgelegt sind, versuchen die Autoren diese Besonderheiten nachzuweisen. Insbesondere sei die Freiheit der Unternehmertätigkeit kein eigenes Prinzip, sondern lediglich ein Ausfluss des Prinzips der Dispositivität[566] , was mit anderen Worten bedeute: „Erlaubt ist alles, was nicht gesetzlich verboten ist" (vgl. Art.18, 49 ZGB)[567].
Gegen den Einwand der Wirtschaftsrechtler, das Prinzip der Vertragsfreiheit gelte im Unternehmensrecht z.T. nicht, heben die Vertreter der Einheitstheorie hervor, dass dieses Prinzip durchaus auch auf die Unternehmer Anwendung findet, in bestimmten Fällen allerdings Schranken unterliegt. Diese Einschränkungen des Grundprinzips seien im öffentlichen Interesse erlaubt; daraus lasse sich jedoch nicht schließen, dass die Vertragsfreiheit ganz negiert werde. Die Zivilrechtler weisen ferner darauf hin, im Zivilrecht gelte auch der Gleichheitsgrundsatz nicht uneingeschränkt. Gewisse Beschränkungen seitens des Gesetzgebers im Rahmen des Unternehmertums vor allem in den Bereichen der staatlichen Registrierung, Buchhaltungspflichten, Lizenzierung und Monopoltätigkeit änderten somit nichts an der grundsätzlichen Geltung des Gleichheitsgrundsatzes.[568]

Die Einheitslehre setzt sich ferner mit den Argumenten der Wirtschaftsrechtler hinsichtlich der Eigenständigkeit der **Subjekte** des Unternehmensrechts auseinander und versucht, sie zu widerlegen. Sie weist darauf hin, dass die Rechtssubjekte des Unternehmensrechts keine selbständigen, sondern solche des Zivilrechts seien, nämlich natürliche und juristische Personen sowie die RF, ihre Subjekte und Gebietskörperschaften[569] (Artt. 2 Punkt 1 Abs. 2, 124 ZGB), die unternehmerisch tätig sind.[570] Bereits in Art. 18 der Grundlagen der Zivilgesetzgebung der UdSSR und der Unionsrepubliken[571] wurden die kommerziellen Organisationen, d.h. die

---

[564] Vgl. *Žilinskij*, Predprinimatel'skoe pravo, S. 64; *Suchanov*, Graždanskoe pravo, S. 19; *Belych*, GiP 1995 Nr. 11, 57; *Puginskij*, Kommerčeskoe pravo, S. 30. Zur ähnlichen Argumentation im Streit zu Sowjetzeiten s. *Ioffe*, Izbrannye trudy, S. 708.
[565] Vgl. *Popondopulo/Jakovleva*, Kommerčeskoe pravo, S. 22; *Dozorcev*, PSJEEL 1995, Vol. 2, 28 ff., 39 ff.; *ders.*, Trudy, S. 125; auch *Rachmilovič*, RCEEL 1996 No. 2, 138 f.
[566] Russ.: "princip dozvolitel`noi napravlennosti častno-pravovogo regulirovanija".
[567] *Popondopulo/Jakovleva*, Kommerčeskoe pravo, S. 23; *Dozorcev*, Trudy, S. 117.
[568] Vgl. *Dozorcev*, Trudy, S. 117; *Popondopulo/Jakovleva*, Kommerčeskoe pravo, S. 24 ff.
[569] Russ.: "municipal'nye obrazovanija" (munizipale Gebilde).
[570] Vgl. *Žilinskij*, Predprinimatel'skoe pravo, S. 75 f.; *Popondopulo/Jakovleva*, Kommerčeskoe pravo, S. 48.
[571] VSND SSSR 1991 Nr. 26, Art. 733.

Unternehmer, als Subjekte des Zivilrechts genannt.[572] Letztlich sei das Kriterium der Rechtssubjekte für die Festlegung der Grenzen zwischen verschiedenen Rechtsgebieten auch nicht entscheidend.[573]

Die Zivilisten kommen damit im Ergebnis zu dem Schluss, dass das Unternehmensrecht seinem sachlichen Gehalt nach keine tiefgreifenden Unterschiede gegenüber dem Zivilrecht aufweist und damit keine genügende Grundlage für eine eigenständige Rechtsdisziplin bildet. Auch wenn das Unternehmensrecht die oben genannten Besonderheiten aufweist, folgt daraus keine materielle Eigenständigkeit gegenüber dem Zivilrecht.

Für diese Auffassung wird ferner ein weiteres Argument vorgebracht. So befürchten insbesondere *Suchanov* und *Alekseev*, eine Herausbildung des Unternehmensrechts als eigenständiges Rechtsgebiet im materiellen und formellen Sinne nach dem Modell der Wirtschaftsrechtler könne zu einer **Rückkehr zu einer staatlich gelenkten administrativen Kommandowirtschaft** führen.[574] Hinter diesem Modell stünden Versuche, die dem alten System immanente Vermischung öffentlich-rechtlicher und privatrechtlicher Regulierung, bei der erstere zum Schaden der letzteren überwog, beizubehalten. Ein solches „öffentliches Privatrecht" sei keinem Rechtssystem der entwickelten Länder bekannt.[575] Die Konzeption des Unternehmensrechts in der Konstellation, wie sie von den Wirtschaftsrechtlern vertreten wird, ist nach Meinung von *Suchanov* "eine Bremse auf dem Weg der progressiven Reformen" der russischen Gesellschaft[576] und ruiniert nach *Dozorcev* das System der Marktwirtschaft.[577]

b. Monismus im formellen Sinne

Bei den Vorarbeiten zum ZGB traten die Zivilisten gegen den Erlass eines separaten Unternehmenskodexes und für die einheitliche Regelung der Vermögensverhältnisse zwischen Unternehmern als auch derjenigen zwischen Privatbürgern im ZGB ein.[578] Ein Gesetzbuch, das keine eigenen allgemeinen Grundprinzipien aufweise, sondern lediglich Prinzipien aus dem Privat- und Öffentlichem Recht „ausleihe", könne seine Funktionen nicht erfüllen, da ihm eine theoretische Basis für die Vereinigung von Rechtsnormen fehle.[579] In diesem Fall würde ein „Unternehmensgesetzbuch"

---

[572] Vgl. *Braginskij/Vitrjanskij*, Dogovornoe pravo I, S. 99; *Popondopulo/Jakovleva,* Kommerčeskoe pravo, S. 4, 25.
[573] *Popondopulo/Jakovleva,* Kommerčeskoe pravo, S. 22; *Popondopulo,* GiP 1993 Nr. 8, 79.
[574] *Suchanov/Bergmann,* Einführung, S. 8; *ders.,* Entwicklung der Zivilgesetzgebung, S. 44; vgl. *Alekseev*, GK, S. 31.
[575] Vgl. *Suchanov/Bergmann,* Einführung, S. 8.
[576] Vgl. *Suchanov,* Graždanskoe pravo, S. 18.
[577] Vgl. *Dozorcev,* PSJEEL 1995, Vol. 2, 53; *ders.,* Trudy, S. 139.
[578] Vgl. *Fëdorov,* S. 88; *Petrova/Konjuchova,* S. 73; *Dozorcev,* PSJEEL 1995, Vol. 2, 28; *Rachmilovič,* GiP 1996 Nr. 4, 117 (119); *ders.,* RCEEL 1996 No. 2, 140 f.; *Okun'kov/Tichomirov/Orlovskij,* Koncepcija 1994, S. 65 f.
[579] Vgl. *Dozorcev,* PSJEEL 1995, Vol. 2, 50; *ders.,* Trudy, S. 125.

tatsächlich eine bloße Gesetzessammlung aus privat- und öffentlich-rechtlichen Normen darstellen, die keine organische Einheit besäßen.[580] Daraus ziehen die Zivilisten folgenden Schluss: ohne eigene Grundprinzipien des Unternehmensrechts könne dieses auch kein eigenes Rechtsgebiet bilden und damit auch auf kein eigenes Gesetzbuch plädieren.[581]

Die Zivilisten fühlen sich ferner durch die **Universalgeschichte des Handelsrechts** und **die aktuellen europäischen Tendenzen** auf diesem Gebiet bestätigt.[582] Zum einen habe sich das Handelsrecht in Europa als Sonderrecht gegenüber dem Zivilrecht entwickelt, so dass man von einem Dualismus des Privatrechts sprechen müsse und nicht von einem eigenen Rechtsgebiet privat-öffentlichen Charakters.[583] Zum anderen habe die Entstehung der Handelsrechtskodifikationen in Europa allein historische Ursachen.[584] Die Zivilrechtler unterscheiden vier Phasen der Handelsrechtsgeschichte. Das Handelsrecht habe sich zunächst im Mittelalter als Recht der Kaufleute herausgebildet. Die Handelsrechtskodifikation wurde immer umfangreicher und unübersichtlicher und habe vor allem mit der Verabschiedung mehrerer Spezialgesetze (wie AktG, GmbHG etc.) kontinuierlich an Bedeutung verloren. Der zweite Schritt betreffe die gegenseitige Beeinflussung des Handels- und des Zivilrechts, was u.a. in der Kommerzialisierung des Zivilrechts seinen Niederschlag gefunden habe. Die dritte Entwicklungsphase sei die Tatsache, dass sich im 20. Jahrhundert einige Länder vom dualistischen System verabschiedet hätten und die bedeutendsten Privatrechtskodifikationen das Handelsrecht im Rahmen des Zivilgesetzbuches behandelten, wie die Beispiele Italiens, der Niederlande und Quebec zeigten. Schließlich habe in den letzten Jahren kein entwickeltes Land ein Handelsgesetzbuch angenommen.[585] Im Gegenteil konzentrieren sich den Zivilisten zufolge alle Gesetzgebungsbemühungen auf die Reformen im Bereich der Zivilgesetzbücher.[586] Die Trennung von Zivil- und Handelsrecht entspringe daher einer überkommenen ständischen Tradition, die man aufgrund der komplexer werdenden und nicht nach Berufsständen geordneten Gesellschaftsstruktur nicht mehr gesetzlich festschreiben solle.[587]

---

[580] Vgl. *Dozorcev,* PSJEEL 1995, Vol. 2, 39, 48 f.; *ders.,* Trudy, S. 128 ff.; *Rachmilovič,* RCEEL 1996 No. 2, 141.

[581] Vgl. *Dozorcev,* PSJEEL 1995, Vol. 2, 50. So spach sich auch die gemeinsam vom HWiG und dem Institut für Gesetzgebung und Rechtsvergleichung veranstaltete Konferenz über die Grundfragen der russischen Privatrechtsordnung in ihrem Abschlusskommuniqué gegen die Schaffung eines Unternehmensgesetzbuchs und für die Aufnahme des Unternehmensrechts in das ZGB aus.

[582] Vgl. z.B. *Popondopulo/Jakovleva,* Kommerčeskoe pravo, S. 19; *Dozorcev,* PSJEEL 1995, Vol. 2, 39 ff.; *ders.,* Trudy, S. 132; *Suchanov,* Vestnik 1995 Nr. 3, 11; *ders.,* Entwicklung der Zivilgesetzgebung, S. 43 f. Vestnik 1995 Nr. 3, 10; *Okun'kov/Tichomirov/orlovskij,* Koncepcija 1994, S. 68.

[583] Vgl. *Suchanov,* Vestnik 1995 Nr. 3, 11; *ders.,* Entwicklung der Zivilgesetzgebung, S. 43 f. Vestnik 1995 Nr. 3, 10; *Dozorcev,* Trudy, S. 128 f.

[584] Vgl. *Suchanov,* Einführung, S. 14; *ders.,* Entwicklung der Zivilgesetzgebung, S. 42 f.; *ders.,* Vestnik 1995 Nr. 3, 10; *Dozorcev,* Trudy, S. 128 ff.

[585] Vgl. *Suchanov,* Vestnik 1995 Nr. 3, 10 mwN; *Dozorcev,* Trudy, S. 130.

[586] Vgl. *Dozorcev,* PSJEEL 1995, Vol. 2, 42 ff.; *Suchanov,* Einführung, S. 14; *ders.,* Entwicklung der Zivilgesetzgebung, S. 42 f.

[587] Vgl. *Dozorcev,* PSJEEL 1995, Vol. 2, 42 ff.

Auch das Beispiel der USA, die einen Uniform Commercial Code (UCC) besitzen, könne man nicht als eine Gegentendenz deuten, da dieser unter spezifisch amerikanischen Bedingungen entstanden sei[588], da man dadurch die rechtlichen Unterschiede zwischen den Einzelstaaten der USA zu nivellieren versucht hatte.[589] Darüber hinaus habe der UCC nur sehr wenige Handelsgeschäfte zum Inhalt.[590]

Damit spreche die historische Entwicklung gegen ein separates Unternehmensgesetzbuch. Die Vertreter des dualistischen Konzepts, die die *de lege lata* in Europa existierende Ausgliederung des Handelsrechts aus dem Zivilgesetzbuch gerade als Argument für ihr Modell benutzen, verkennen nach Auffassung der Zivilisten, dass die Entstehung dieser HGB's in diesen Ländern lediglich historisch bedingt gewesen sei und diese spezifischen Voraussetzungen heute in Russland nicht bestünden.[591] Die Existenz einer besonderen Kodifikation an sich vermöge auch keinen hinreichenden Grund für die wissenschaftliche Verselbständigung des Handels- bzw. Unternehmensrechts abzugeben.[592] Denn nicht jedem Gesetz entspreche eine eigene rechtswissenschaftliche Disziplin.[593] Daher sei die Frage nach der Eigenständigkeit des Unternehmensrechts vom Vorliegen einer handelsrechtlichen Kodifikation streng zu trennen.[594] Denn auch in den Ländern mit einem formell dualistischen System sei Handelsrecht materiell als ein Teil des Privatrechts anerkannt.[595]

Darüber hinaus wird mit der **russischen Rechtsgeschichte** argumentiert. Der Dualismus des Privatrechts sei dem russischen Recht schon immer sowohl vor der Revolution als auch zu Sowjetzeiten fremd gewesen.[596]

Neben den rechtshistorischen und rechtsvergleichenden Argumenten werden darüber hinaus praktische Gründe gegen die Ausgliederung des Unternehmens-

---

[588] Näher dazu *Dozorcev,* PSJEEL 1995, Vol. 2, 45 f.; *ders.,* Trudy, S. 130 f. Vgl. auch *Suchanov,* in: FS für Gribanov, S. 42.

[589] *Dozorcev,* PSJEEL 1995, Vol. 2, 45 f.; *ders.,* Trudy, S. 130 f.

[590] S. *Suchanov,* in: FS für Gribanov, S. 42 mwN; *Okun'kov/Tichomirov/Orlovskij,* Koncepcija 1994, S. 68 f.

[591] *Dozorcev,* PSJEEL 1995, Vol. 2, 47; *ders.,* Trudy, S. 132; vgl. auch Belych, GiP 1995 Nr. 11, 56.

[592] Vgl. *Dozorcev,* Trudy, S. 130, 135 f.; *Popondopulo,* Pravovoj režim predprinimatel'stva, S. 44 f.

[593] Vgl. *Dozorcev,* Trudy, S. 123 f., 135 f.; *Litovkin/Rachmilovič/Sadikov,* Koncepcija 1995, S. 71 f.; *Okun'kov/Tichomirov/Orlovskij,* Koncepcija 1994, S. 67.

[594] Vgl. *Popondopulo/Jakovleva,* Kommerčeskoe pravo, S. 19; *Popondopulo,* Pravovoj režim predprinimatel'stva, S. 44 f.; *Dozorcev,* Trudy, S. 130, 135 f. Dies verkennt *Kruglova,* Chozjajstvennoe pravo, S. 45, nach der jedes Rechtsgebiet einen eigenen Kodex braucht.

[595] Vgl. *Rachmilovič,* RCEEL 1996 No. 2, 138; *Okun'kov/Tichomirov/Orlovskij,* Koncepcija 1994, S. 68 f.; *Litovkin/Rachmilovič/Sadikov,* Koncepcija 1995, S. 72.

[596] Vgl. *Belych,* GiP 1995 Nr. 11, 55; *Braginskij/Vitrjanskij,* Dogovornoe pravo I, S. 100 f.; *Dozorcev,* PSJEEL 1995, Vol. 2, 47; *ders.,* Trudy, S. 132; *Litovkin/Rachmilovič/Sadikov,* Koncepcija 1995, S. 72; *Okun'kov/Tichomirov/Orlovskij,* Koncepcija 1994, S. 68; *Popondopulo/Jakovleva,* Kommerčeskoe pravo, S. 17 ff.; *Rachmilovič,* RCEEL 1996 No.2, 138, 141; *Rovnyj,* Graždansko-pravovaja priroda", S. 145; *Suchanov,* PSJEEL 1994 Vol. 1, 635; *ders.,* Zivilrecht, S. 16; *ders.,* Entwicklung der Zivilgesetzgebung, S. 44; *ders.,* VMU 1995 Nr. 3, 10; *Žilinskij,* Predprinimatel'skoe pravo, S. 64.

rechts aus dem ZGB erhoben. So weist die Einheitslehre nicht zuletzt auf die zahlreichen potenziellen Probleme im Bereich der **Rechtsanwendung** hin, die ein Wirtschaftsgesetzbuch nach sich ziehen würde. Zum einen verursache das dualistische Modell ein Problem der Abgrenzung des Anwendungsbereichs von Zivil- und Unternehmensrecht, was sich im monistischen System vermeiden lasse.[597] Die Schaffung eines Unternehmensgesetzbuches lasse auch den Bedarf an spezieller Wirtschaftsgesetzgebung nicht entfallen, welche sich an diesem, u.U. aber auch am ZGB orientieren müsse.[598] Ein solches mehrstufiges System im Bereich des Unternehmensrechts wäre uneffektiv und führe zwangsläufig zu Unklarheiten und Unstimmigkeiten sowie zur Verdoppelung allgemeiner Rechtsnormen.[599] Die Existenz eines umfassenden ZGB erleichtere dem Rechtsanwender die Orientierung innerhalb eines Gesetzbuchs.[600] Würde man neben dem ZGB ein Unternehmensgesetzbuch verabschieden, so wäre ein Hauptanliegen der Reform, die Schaffung eines reibungsarmen und anwendungsfreundlichen Privatrechtssystems, in Frage gestellt.[601]

Schließlich bedeute die Entscheidung für ein Unternehmensgesetzbuch eine bedeutende Verzögerung der Verabschiedung des ZGB, da wichtige Vorschriften des Unternehmensrechts bereits im ZGB-E vorgesehen seien.[602] Die Behandlung der Grundregelungen des Unternehmensrechts im ZGB sichere die marktwirtschaftlichen Reformen rechtspolitisch ab[603] und stelle unter Hinweis auf den herausragenden Rang des ZGB in der Normenhierarchie klar, dass auch der Wirtschaftsrechtsverkehr im postsozialistischen Russland zivilrechtlichen Grundsätzen zu folgen habe.[604]

Für die Zivilrechtler birgt ein Unternehmensgesetzbuch noch eine weitere Gefahr. So bestimme Art. 71 lit. n) der Verfassung der RF[605] ausdrücklich eine ausschließliche **Gesetzgebungskompetenz** der Föderation auf dem Gebiet des Zivilrechts, nicht dagegen auf dem Gebiet des Wirtschaftsrechts. Letztere sei schwer zu bestimmen, da in Art. 71 lit. g) Verf. RF nur von der Kompetenz zur Festlegung der Grundlagen eines einheitlichen Marktes die Rede sei. Daher könnten Unstimmigkeiten bei der Frage entstehen, wer die Gesetzgebungszuständigkeit für das Unternehmensrecht

597 Vgl. *Belych*, GiP 1995 Nr. 11, 56; *Dozorcev*, PSJEEL 1995, Vol. 2, 53; *Makovskij*, VVAS RF 1995 Nr. 4, 85; *Petrova/Konjuchova*, S. 71 f.; *Popondopulo/Jakovleva*, Kommerčeskoe pravo, S. 17; *Rachmilovič*, GiP 1996 Nr. 4, S. 121.
598 Vgl. *Dozorcev*, PSJEEL 1995, Vol. 2, 53; *ders.*, Trudy, S. 130; ähnlich *Litovkin/Rachmilovič/Sadikov*, Koncepcija 1995, S. 72.
599 Vgl. *Dozorcev*, PSJEEL 1995, Vol. 2, 53; *ders.*, Trudy, S. 130; *Litovkin/Rachmilovič/Sadikov*, Koncepcija 1995, S. 71 f.; *Okun'kov/Tichomirov/Orlovskij*, Koncepcija 1994, S. 66; *Rovnyj*, Graždansko-pravovaja priroda, S. 142.
600 *Popondopulo/Jakovleva*, Kommerčeskoe pravo, S. 18 mwN.
601 Vgl. *Suchanov*, VMU 1993 Nr. 5, 5; *Dozorcev*, Trudy, S. 138.
602 So *Sadikov*, Ausgewählte Fragen, S. 6 f.
603 Vgl. auch *Dozorcev*, PSJEEL 1995, Vol. 2, 53.
604 Vgl. *Makovskij*, in: Boguslawskij/Knieper (Hrsg.), S. 121 ff., 132.
605 Verfassung der RF vom 12. Dezember 1993, Rossijskaja Gazeta v. 25.12.1993 (fortan: Verf RF); dt. Übersetzung bei *Frenzke*, Die russischen Verfassungen von 1978 und 1993, Berlin 1995, bzw. *Frenzke*, Osteuropa-Recht 1994, S. 292 ff.; sowie in: EuGRZ 1994, S. 519 ff.

habe, soweit dieses ein eigenes Rechtsgebiet darstellen solle, wie es die Wirtschaftsrechtler vertreten. Die Probleme, die eine Lösung zugunsten einer solchen Gesetzgebungskompetenz der Föderationssubjekte zur Folge habe, seien evident.[606] So habe die Republik Kalmykien bereits am 16. Juli 1993 ein Unternehmensgesetzbuch verabschiedet.[607] Eine Zersplitterung des Unternehmensrechts innerhalb der Föderation und eine Desintegration der Zivilgesetzgebung sei für die Wirtschaft des Landes katastrophal. Darüber hinaus führe die Verabschiedung von Unternehmensgesetzbüchern durch die Föderationssubjekte zu Unklarheiten bei der Frage, welche Organe dafür auf Subjektsebene insoweit zuständig sind.[608]

IV. Weitere Debatte um den Standort des Unternehmensrechts nach der Kodifikation des ZGB

In beiden Teilen des 1994 bzw. 1995 in Kraft getretenen ZGB verfolgt der russische Gesetzgeber wie schon in den vergangenen Jahren[609] weiterhin den Ansatz einer einheitlichen zivilrechtlichen Regelung des unternehmerischen und des bürgerlichen Rechtsverkehrs (vgl. Art. 2 ZGB). Der neue Zivilkodex regelt gleichermaßen die Beziehungen zwischen Privatpersonen und Unternehmern und enthält für letztere einige Sonderbestimmungen im allgemeinen Schuldrecht sowie im besonderen Schuldrecht auch Regelungen der Handelsgeschäfte.

Die Verabschiedung der beiden Teile des ZGB schien den Anhängern der Wirtschaftsrechtstheorie eine eindeutige Absage erteilt und gesetzestechnisch die theoretische Streitfrage um ein besonderes Wirtschafts- bzw. Unternehmensrecht gelöst zu haben. Diese Einschätzung wurde sowohl in Russland[610] als auch im Ausland[611] geäußert. Die Theorie- und Kodifikationsdebatte ist jedoch durch die Kodifikation nicht hinfällig geworden. Auch in jüngster Zeit stehen sich die Meinungen unversöhnlich gegenüber.[612] Die fortgesetzte Diskussion um den Erlass eines Unternehmensgesetzbuchs kann grundsätzlich mit derjenigen vor der Verabschiedung des ZGB verglichen werden. Wesentlich neue Argumente werden dabei jedoch nicht vorgetragen. Daher sind hier nur die neueren Aspekte der Debatte darzustellen.

Die Zivilrechtler fühlen sich durch die Kodifikation des Zivilrechts in ihrer monistischen Konzeption bestätigt. Art. 2 Punkt 1 Abs. 3 ZGB, wonach die Zivil-

---

[606] Vgl. *Dozorcev,* PSJEEL 1995, Vol. 2, 54 f.; *Suchanov,* Einführung, S. 14.
[607] Vgl. dazu *Alekseev*, GK, S. 31 und *Barenbojm*, RJ 1994 Nr. 12, 30.
[608] Vgl. *Dozorcev,* PSJEEL 1995, Vol. 2, 54 f.
[609] Vgl. oben.
[610] Z.B. *Braginskij/Vitrjanskij*, Dogovornoe pravo I, S. 98 f.; *Braginskij-Braginskij,* Kommentar für Unternehmer zum ZGB I, S. 32; *Popondopulo/Jakovleva,* Kommerčeskoe pravo, S. 4; *Sadikov/Litovkin,* Kommentar zum ZGB I, Art. 2, S. 18; *Suchanov,* PSJEEL 1994 Vol.1, 635; *ders.*, Zivilrecht, S. 19; *ders.,* Vestnik 1995 Nr. 3, 10; *Pliev*, S. 13.
[611] Vgl. z.B. *Roggemann,* Grundzüge ZGB I, S. 18 f.; *ders.,* Grundzüge ZGB II, S. 27 f., der von der Beendigung der konzeptionellen Kontroverse und einer definitiven Rückkehr der Wirtschaft ins Zivilrecht als Privatrecht spricht; *Arnold,* RIW 1995, 905. Dagegen offen: *Solotych,* Das ZGB, Teil 1, S. 17.
[612] Zuletzt s. die Auseinandersetzung zwischen *Mamutov* und *Suchanov/Makovskij,* in: ChiP 2001 Nr. 8, S. 14 ff.

gesetzgebung die Rechtsverhältnisse zwischen Personen regelt, die unternehmerische Tätigkeit betreiben oder daran teilnehmen, lasse keine Zweifel an dem vom Gesetzgeber bevorzugten monistischen System.[613] Die Materien, die man zu einem Unternehmensrecht zusammenfassen könnte, werden nach dem Verständnis des ZGB-Gesetzgebers zur zivilen Gesetzgebung gezählt.[614] Das ZGB erstrecke sich abschließend auf das gesamte Privatrecht, so dass eine Notwendigkeit für ein spezielles Unternehmensgesetzbuch im russischen Recht nicht mehr erkennbar sei.[615]

Einer solchen Interpretation des gesetzgeberischen Willens haben aber die Anhänger der Wirtschaftsrechtstheorie widersprochen. Danach verliere das Problem der Sonderkodifizierung des Unternehmensrechts nicht dadurch an Bedeutung und Aktualität, dass das ZGB die privatrechtlichen Regelungen hinsichtlich der unternehmerischen Tätigkeit enthält.[616] Als wohl wichtigsten Grund dafür, nach der Kodifikation des Zivilrechts die Forderung nach einem Unternehmensgesetzbuch nicht fallen zu lassen, nennen die Wirtschaftsrechtler **die Regelungslücken der Zivilgesetzgebung**. Das ZGB regele nur die horizontalen Rechtsbeziehungen zwischen den Unternehmern untereinander, während die vertikalen Rechtsbeziehungen zwischen Unternehmern und staatlichen Organen, die gerade den Gegenstand des Unternehmensrechts bildeten (z.B. Rechtsbeziehungen hinsichtlich der Registrierung, Lizenzierung, Preisbildung) dagegen nicht erfasst blieben.[617] Gerade die vertikalen Rechtsbeziehungen seien aber heute in Russland besonders wichtig.[618] Somit sei die Regelung der Subjekte des Unternehmensrechts im ZGB nicht adäquat und mangelhaft, da sie nur aus der Perspektive der Gleichordnungsverhältnisse erfasst werde.[619]
Die Wirtschaftsrechtler begrüßen zwar, dass das Unternehmensrecht nicht umfassend und erschöpfend im ZGB geregelt werde, kritisieren aber die Verweisungstechnik des ZGB-Gesetzgebers auf zahlreiche unternehmensrechtliche

---

613 Vgl. *Makovskij,* VVAS 1995 Nr. 4, 85; *Makovskij/Chochlov,* Zakon 1995 Nr. 2, 89; *Suchanov,* Zakonnost' 1995 Nr. 3, 8; *Rachmilovič,* ŽRP 1997 Nr. 12, 61; *Petrov,* Ross. predprinimatel'skoe pravo, S. 14; *Borisov,* Kommentar zum ZGB I,II, S. 7; *Litovkin/Rachmilovič/Sadikov,* Koncepcija 1995, S. 71.

614 Vgl. *Braginskij/Vitrjanskij,* Dogovornoe pravo I, S. 98 f.; *Kalmykov,* O značenii, S. 45; *Makovsky,* The Preface, S. lii; *Sadikov/Litovkin,* Kommentar zum ZGB I, Art. 2, S. 18; *Popondopulo/Jakovleva,* Kommerčeskoe pravo, S. 4; *Suchanov,* PSJEEL 1994 Vol. 1, 635; *ders.,* Zivilrecht, S. 19; *ders.,* Vestnik 1995 Nr. 3, 10; *Boguslawskij,* in: Horn/Pleyer, S. 38; *Braginskij-Braginskij,* Kommentar zum ZGB I, S. 32; *Litovkin/Rachmilovič/Sadikov,* Koncepcija 1995, S. 71.

615 Vgl. *Sadikov/Litovkin,* Kommentar zum ZGB I, Art. 2, S.18; *Braginskij/Vitrjanskij,* Dogovornoe pravo I, S. 98 f.; *Braginskij-Braginskij,* Kommentar zum ZGB I, S. 32; *Suchanov,* Zakonnost' 1995 Nr. 3, 8; *ders.,* PSJEEL 1994 Vol. 1, 635.

616 So sprachen sich alle Wissenschaftler auf einer dem Problem des Wirtschafts- bzw. Unternehmensrechts gewidmeten wissenschaftlichen Konferenz verschiedener Universitäten, die Ende 1995 anlässlich des Todes von Prof. *V.S. Martemjanov* stattgefunden hat, gegen die Einheitslehre aus. S. GiP 1996 Nr. 4, S. 59 ff.; vgl. auch *Laptev,* GiP 1995 Nr. 5, S. 51; *Tolstoj,* Pravovedenie 1994 Nr. 3, 30 (Fn. 9); *ders.,* Pravovedenie 1998, 134.

617 *Tolstoj,* Pravovedenie 1998, 134; *Olejnik,* Predprinimatel'skoe pravo, S. 63; *Laptev,* GiP 1999 Nr. 11, 13 f.; *ders.,* GiP 1995 Nr. 5, S. 51.

618 *Laptev,* GiP 1999 Nr. 11, 13 f.; *ders.,* GiP 1995 Nr. 5, S. 51; *Olejnik,* Predprinimatel'skoe pravo, S. 63.

619 *Laptev,* GiP 1995 Nr. 5, S. 51.

Spezialgesetze, da diese keine einheitliche Regelung der Grundsätze der unternehmerischen Tätigkeit bieten könnten.[620]
Auch die Praktikabilitätsgründe werden erneut hervorgehoben. Die Anwendung eines einzelnen Kodexes - eines UntGB – soll es den Unternehmern erleichtern, die für sie relevanten Rechtsnormen aufzufinden. Bisher sei es gerade für Unternehmer, die selbst keine Juristen sind, außerordentlich schwierig, im ZGB die „verschmolzenen" unternehmensrechtlichen Sonderregelungen zu finden.[621]
Schließlich werfen die Wirtschaftsrechtler den Zivilisten die Haltlosigkeit deren Konzeption vor, da „die Praxis die rosigen Hoffnungen der Effektivität des privatrechtlichen Ansatzes nicht bestätigt habe"[622].
Der Idee eines Unternehmenskodexes neigen sogar Anhänger der traditionellen Zivilistik zu.[623] So stellt *Moiseev* die Vermutung auf, dass die Zeit gekommen sei, einen Normativakt über die unternehmerische Tätigkeit vorzubereiten, um dogmatische Widersprüche in der Einheitslösung des ZGB zu vermeiden.[624] Auch *Zinčenko, Lapač* und *Gazarjan* zeigen sich von der Idee eines Unternehmensgesetzes angetan.[625] Die Verabschiedung eines Handelsgesetzbuches fordert schließlich *Puginskij,* einer der bekanntesten Handelsrechtler Russlands.[626] Dabei beruft er sich in erster Linie darauf, dass die unterschiedliche Intensität der Entwicklung öftere Änderungen des Handelsrechts erfordert, während der allgemeine Konservatismus des Zivilrechts und die Änderungsschwierigkeiten des ZGB es erschweren.[627] Ferner könnten handelsrechtliche Fragen im Zivilgesetzbuch aufgrund seines begrenzten Umfangs nicht vollständig und detailliert genug geregelt werden.[628] Im übrigen rügt *Puginskij* die von den Wirtschaftsrechtlern ebenfalls kritisierte Zerstreutheit und Uneinheitlichkeit der handelsrechtlichen Materie und deren Widersprüchlichkeit.[629]

Die fortgesetzte Diskussion um die Notwendigkeit eines Unternehmens- bzw. Handelsgesetzbuches in der russischen Rechtswissenschaft wird durch die Tatsache bestätigt, dass ein aktuelles Konzept für ein solches künftiges Gesetzbuch herausgearbeitet wird. Geplant ist, im ersten Teil die Besonderheiten der Rechtslage der Subjekte des Unternehmensrechts und im zweiten Teil die Besonderheiten des Abschlusses und der Erfüllung von Handelsgeschäften sowie die unterschiedlichen Vertragsformen im einzelnen zu regeln. Der dritte Teil des Gesetzes soll den Fragen

---

[620] *Laptev,* GiP 1995 Nr. 5, S. 51 f.
[621] *Laptev,* GiP 1995 Nr. 5, S. 52.
[622] *Mamutov,* ChiP 2001 Nr. 8, 14; vgl. auch *Tolstoj,* Pravovedenie 1998, 133. Dagegen betonen aber *Suchanov* und *Vitrjanskij* (ChiP 2001 Nr. 8, 18), dass der erste Teil des ZGB erst nach „der radikalen Etappe der Reformierung" mit allen ihren negativenFolgen für die Wirtschaft in Kraft trat.
[623] Vgl. z.B. *Bryzgalin,* Pravovedenie 1994 Nr. 1, 73.
[624] *Moiseev,* ChiP 1997 Nr. 3, 79.
[625] *Zinčenko/Lapač/Gazarjan*, ChiP 1995 Nr. 10, 90.
[626] *Puginskij,* Kommerčeskoe pravo, S. 32.
[627] *Puginskij,* Kommerčeskoe pravo, S. 31.
[628] *Puginskij,* Kommerčeskoe pravo, S. 31 f.
[629] *Puginskij,* Kommerčeskoe pravo, S. 32.

der Annahme der Ware, der Überprüfung ihrer Qualität u.ä. gewidmet werden.[630] Ob nun dieser Entwurf ein glücklicheres Schicksal haben wird, als seine Vorgänger der letzten Jahre, bleibt abzuwarten.

V. Zusammenfassung

Die russische Rechtsgeschichte zeigt, dass es in Russland keine Tradition eines eigenständigen Handels- bzw. Unternehmensrechts gibt, wie sie in anderen europäischen Ländern zu beobachten ist. Der in der Sowjetzeit entstandene Streit um die Einordnung des Wirtschaftsrechts im System des gesamten Sowjetrechts und die damit eng verbundene Frage nach einer Sonderkodifikation des Wirtschaftsrechts setzt sich in modifizierter Form bis heute fort.

Dieses an sich rein theoretische Problem des Dualismus bzw. Monismus des Privatrechts gewann in Russland Anfang der 90-er Jahre an Aktualität und praktischer Bedeutung im Zusammenhang mit der Frage nach der Verabschiedung eines separaten Unternehmenskodexes. 1995 und 1996 traten die ersten beiden Teile des ZGB in Kraft, was zunächst zum vorübergehenden Stillstand der Diskussion führte. Dem neuen ZGB liegt die Konzeption eines wirtschaftlich erweiterten Zivilgesetzbuches zugrunde, die Kreise russischer Rechtswissenschaftler sogar zu der Aussage veranlasste, es handele sich bei dem ZGB um eine Art „Wirtschaftsverfassung"[631]. Dieses System konnte vor allem mit dem Argument durchgesetzt werden, dass eine Neuentstehung des vormaligen Wirtschaftsrechts mit den aus Zeiten der Planwirtschaft überkommenen Regelungsmethoden unter dem Deckmantel eines Handels- und Unternehmensrechts verhindert werden müsse.

Die Verabschiedung eines weiteren Handels- bzw. Unternehmensgesetzbuches neben dem ZGB ist in der nahen Zukunft trotz der zahlreichen Befürworter sowohl in Kreisen der Wirtschaftswissenschaftler als auch unter den Zivilisten unwahrscheinlich.

---

[630] Eine ausführliche Schilderung des Gesetzesentwurfes findet sich bei *Puginskij,* Kommerčeskoe pravo, S. 32 f.

[631] S. z.B. *I. Rybkin* in der Sitzung am 22. Dezember 1995; Alekseev, Pravo (Recht), Moskau 1999, S. 186 (zit. nach *Bergmann,* Der Zweite Teil des ZGB, S. 33); *Alekseev,* GK, S. 42; auch der damalige Präsident *Boris El'cin* nannte das ZGB „Wirtschaftsverfassung der Russischen Föderation" (*Sprague,* JEEL 2000 Vol. 7 No. 1, S. 2 Fn.3 mwN). Kritisch dagegen: *Andreev,* GiP 1996 Nr. 4, 110; *Suchanov,* Zakonodatel'stvo 1998 Nr. 10, 2. In der deutschen Presse vgl. *E. Siegl,* in: FAZ v. 26.12.1995.

B. Begriff des Handelsgeschäfts

Die wörtliche Übersetzung des deutschen Begriffs „Handelsgeschäft" als „torgovaja sdelka" war noch im vorrevolutionären Recht gebräuchlich, ist aber heute im geschriebenen Recht kaum mehr existent.[632] Eine mit § 343 HGB-D vergleichbare Legaldefinition der Handelsgeschäfte fehlt im ZGB. In der modernen russischen Rechtssprache findet der Begriff „Handelsgeschäft" seine materielle Entsprechung in einer nicht einheitlichen Terminologie. Während das ZGB von „Verträgen und Verbindlichkeiten, die mit der Ausübung unternehmerischer Tätigkeit verbunden sind"[633] spricht, werden in der Literatur Begriffe wie „predprinimatel'skij" oder „torgovyj dogovor" (Unternehmens- bzw. Handelsvertrag)[634], „dogovor v sfere predprinimatel'stva" (Vertrag in der Sphäre des Unternehmertums)[635], „kommerčeskij dogovor"(kommerzieller Vertrag)[636] sowie vereinzelt auch „torgovaja sdelka" (Handelsgeschäft")[637] verwendet. Den in der Lehre verwendeten Begriffen liegt ein einheitliches Verständnis des Handelsgeschäftes zugrunde, wonach dieses **einen zivilrechtlichen Vertrag zwischen Unternehmern oder unter der Beteiligung von Unternehmern, der im Rahmen ihrer unternehmerischen Tätigkeit geschlossen wird,** darstellt.[638] Ein solches Verständnis kommt auch im ZGB in Art. 2 Punkt 1 Abs. 3 ZGB zum Ausdruck. Danach regelt die Zivilgesetzgebung die Rechtsverhältnisse zwischen Personen bzw. unter Beteiligung von Personen, die unternehmerische Tätigkeit betreiben. Diese Formulierung deutet darauf hin, dass der Gesetzgeber im Handelsverkehr auf das subjektive Element abstellt. Das russische ZGB kennt somit ebenso wie das deutsche HGB im Gegensatz zum Code de Commerce grundsätzlich keine „absoluten" Handelsgeschäfte, die nach ihrer Art dem Handelsrecht unterliegen, gleich von wem vorgenommen. Der Begriff des Handelsgeschäfts wird vielmehr primär von dem Begriff „Unternehmer" abgeleitet. Der russische Gesetzgeber folgt daher traditionell dem subjektiven System.[639]

---

[632] Das Gesetz erwähnt den Begriff „torgovaja sdelka" lediglich an einer Stelle in Art. 184 Punkt 3 Abs. 2 ZGB.

[633] Vgl. z.B. Artt. 23 Punkt 4, 184 Punkt 1, 310 S. 2, 401 Punkt 3, 428 Punkt 3 ZGB.

[634] *Olejnik*, Predprinimatel'skoe pravo, S. 413 ff.; *Braginskij/Vitrjanskij*, Dogovornoe pravo I, S. 96; *Braginskij*, ŽRP 1997 Nr. 6, 139; *Dojnikov*, Predprinimatel'skoe pravo, S. 58; *Puginskij*, Kommerčeskoe pravo, S. 123 ff.; *Gubin/Lachno*, Predprinimatel'skoe pravo, S. 355.

[635] *Popondopulo/Jakovleva*, Kommerčeskoe pravo, S. 190; *Andreev*, RJ 1995 Nr. 5, 9.

[636] *Rotar'*, Zakonodatel'stvo 2001 Nr. 11, 24.

[637] *Rovnyj*, Graždansko-pravovaja priroda", S. 70; *Popondopulo*, Pravovoj režim predprinimatel'stva, S. 151, *Popondopulo/Jakovleva*, Kommerčeskoe pravo, S. 190.

[638] Vgl. *Koršunova/Ėriašvili*, Predprinimatel'skoe pravo, S. 28; *Popondopulo/Jakovleva*, Kommerčeskoe pravo, S. 190; *Popondopulo*, Pravovoj režim predprinimatel'stva, S. 151, 153; *Gubin/Lachno*, Predprinimatel'skoe pravo, S. 356 f., 384; *Olejnik*, Predprinimatel'skoe pravo, S. 414, 418; *Braginskij*, ŽRP 1997 Nr. 6, 139; jetzt auch *Rovnyj*, Ponjatie, S. 71 f. Bisher (*Rovnyj*, Graždansko-pravovaja priroda, S. 76) stellte *Rovnyj* das Kriterium der Gewinnerzielung in den Vordergrund der Definition, das Merkmal der Beteiligung von Unternehmern sah er dagegen zwar in den meisten Fällen als gegeben, aber fakultativ an.

[639] Vgl. *Popondopulo/Jakovleva*, Kommerčeskoe pravo, S. 191; *Popondopulo*, Pravovoj režim predprinimatel'stva, S. 151 mwN; *Olejnik*, Predprinimatel'skoe pravo, S. 414, 417 f; *Kuznecov*, RJ 1999 Nr. 4, 52; *Dojnikov*, Predprinimatel'skoe pravo, S. 4; i.E. auch *Andreev*, RJ 1995 Nr. 4, 12; *Gubin/Lachno*, Predprinimatel'skoe pravo, S. 357. Wohl auch *Puginskij* (Kommerčeskoe pravo, S. 95), der zwar für einen engeren Begriff des Handelsgeschäfts plädiert, dabei aber auch auf die

Aus der oben ausgeführten herrschenden Definition des Handelsgeschäfts als eines Vertrages folgt, dass der Begriff des Geschäfts in diesem Zusammenhang eng ausgelegt wird. Grundsätzlich fallen unter den Begriff des Rechtsgeschäfts gemäß Art. 154 Punkt 1 ZGB sowohl einseitige als auch mehrseitige Verträge; ein Rechtsgeschäft ist somit gegenüber einem Vertrag ein Oberbegriff. Diese allgemeine Klassifizierung erfährt im Bereich des Unternehmerrechts nach Meinung der Literatur eine Einschränkung, indem unter dem Stichwort „Handelsgeschäfte" lediglich mehrseitige Verträge behandelt werden. Dies stelle keinen Widerspruch zu Art. 154 ZGB dar, sondern sei eine bloße Folgerung aus dem Wesen der Handelsgeschäfte.[640] Bereits 1886 hat *Citovič* dargelegt, das Wesen der Handelsgeschäfte liege in ihrer Entgeltlichkeit und es handele sich daher dabei naturgemäß um gegenseitige Verträge.[641] Einer ähnlichen Argumentation bedient sich auch die moderne Lehre. Einseitige Rechtsgeschäfte bzw. Willenserklärungen seien größtenteils ein Teil von mehrseitigen Rechtsgeschäften bzw. lediglich deren Voraussetzung;[642] ansonsten könne von der Gewinnerzielungsabsicht bei einseitigen Handelsgeschäften kaum eine Rede sein.[643]

Ein solches Verständnis der Lehre hat zur Folge, dass rechtsgeschäftsähnliche Handlungen und Unterlassungen – z.B. Mahnung, Leistung und ihre Annahme, Schweigen im Handelsverkehr, die im deutschen Recht unter den weiten Begriff des

---

Unternehmereigenschaft abstellt und sich damit dem subjektiven System anschließt. Offen gelassen bei *Rovnyj*, Graždansko-pravovaja priroda, S. 74.

Braginskij (ŽRP 1997 Nr. 6, 139) spricht in diesem Zusammenhang von einem gemischten subjektiv-objektiven System, weil auch Verträge zwischen Unternehmern keine Handelsgeschäfte seien, wenn sie keine unternehmerische Tätigkeit regelten. Dabei vermischt *Braginskij* zwei unterschiedliche Fragen: die Frage des Systems einerseits und der Zugehörigkeit eines Geschäftes zu unternehmerischer Tätigkeit andererseits. Ein gemischtes System wäre nur dann anzunehmen, wenn das Gesetz zum einen Verträge zwischen Unternehmern (bzw. unter deren Beteiligung), zum anderen aber auch andere Verträge unabhängig von der Subjektseigenschaft als Handelsgeschäfte ansehen würde. Die Tatsache, dass nur „professionelle" (berufsmäßige), nicht hingegen private Verträge zwischen Unternehmern als Handelsgeschäfte gelten, ist eine Selbstverständlichkeit und hat keine Auswirkung auf die Zuordnung zu verschiedenen Systemen.

Entgegen der Meinung von *Rovnyj* (Ponjatie, S. 65) spricht auch Art. 23 Punkt 4 ZGB nicht gegen das subjektive System. Danach kann sich eine nicht ordnungsgemäß registrierte Person, die unternehmerische Tätigkeit betreibt, nicht darauf berufen, sie sei kein Unternehmer. Dies macht aber die von nicht registrierten Personen getätigten Geschäfte automatisch zu Handelsgeschäften. Denn die Formulierung in Art. 23 Punkt 4 S. 2 ZGB, wonach das Gericht auf derartige Rechtsgeschäfte die Bestimmungen über die mit dem Betreiben unternehmerischer Tätigkeit verbundenen Verbindlichkeiten anwenden kann, zeigt, dass solche Geschäfte mangels Unternehmereigenschaft gerade keine Handelsgeschäfte sind, sondern lediglich nach dem Ermessen des Gerichts wie solche behandelt werden können.

Ebenso wenig kann gegen das subjektive System angeführt werden, dass nichtkommerzielle Organisationen im Rahmen ihres Unternehmensgegenstandes unternehmerisch tätig sein können (so aber *Rovnyj*, Ponjatie, S. 66). Macht nämlich eine nichtkommerzielle Organisation von dem ihr in Art. 50 Punkt 3 Abs. 2 ZGB zustehenden Recht Gebrauch, indem sie unternehmerisch tätig wird, so ist sie in Rahmen solcher Tätigkeit als Unternehmer anzusehen (ebenso *Gubin/Lachno*, Predprinimatel'skoe pravo, S. 358).

640 Vgl. *Rovnyj*, Graždansko-pravovaja priroda", S. 71; *ders.*, Ponjatie, S. 66 f., 71.

641 *Citovič*, Očerk osnovnych ponjatij, S. 185.

642 Vgl. Art. 1057 Punkt 5 ZGB.

643 *Rovnyj*, Graždansko-pravovaja priroda, S. 71, *ders.*, Ponjatie, S. 67 und 71. Als Beispiel nennt *Rovnyj* das Abschicken einer Banküberweisung (Art. 863 ZGB), was von dem Bankkontovertrag nach Art. 845 ZGB miterfasst wird.

Handelsgeschäfts fallen,[644] im russischen Recht dagegen keine eigenständigen Handelsgeschäfte sind.
Den folgenden Ausführungen der einzelnen Definitionsmerkmale soll die in der russischen Lehre übliche enge Definition des Handelsgeschäftes zugrunde gelegt werden.

I. Zivilrechtlicher Vertrag

Der Begriff des Vertrags wird legaldefiniert als eine zwei- oder mehrseitige Vereinbarung (Rechtsgeschäft) zwischen zwei oder mehreren Personen zur Begründung, Veränderung oder Aufhebung ziviler Rechte und Pflichten (Artt. 420 Punkt 1, 153, 154 Punkt 1 ZGB). Damit entspricht die Definition derjenigen im deutschen Recht.

II. Unternehmer

Aufgrund des monistischen Systems und des dadurch zum Ausdruck kommenden Grundsatzes der Einheit des Privatrechts gibt das ZGB keine Definition des Unternehmerbegriffs. Aus Artt. 2 Punkt 1 Abs. 3, 23 Punkt 1, 48 Punkt 1 und 50 Punkte 1 und 3 Abs. 2 ZGB folgt, dass unter den Begriff „Unternehmer“ sowohl unternehmerisch tätige natürliche Personen fallen, die entsprechend den gesetzlicher Bestimmungen als Unternehmer registriert sind (Einzelunternehmer), als auch kommerzielle Organisationen sowie nichtkommerzielle Organisationen im Rahmen der von ihnen ausgeübten unternehmerischen Tätigkeit.[645]
Das Recht, unternehmerisch tätig zu sein, ist in Art. 34 Abs.1 Verf. RF verankert und steht „jedem“ zu. Damit kommen grundsätzlich sowohl inländische als auch ausländische natürliche und juristische Personen als Unternehmer in Betracht.[646]

1. Einzelunternehmer

a. Wer kann Einzelunternehmer sein?

Grundsätzlich können alle rechtsfähigen Bürger unternehmerische Tätigkeit ausüben (Art. 18 ZGB), ohne dafür eine juristische Person gründen zu müssen (Art. 23 Punkt 1 ZGB). Dies setzt die unbeschränkte Geschäftsfähigkeit des Bürgers voraus, die in den meisten Fällen mit dem Eintritt der Volljährigkeit, das heißt mit der Vollendung des 18. Lebensjahres eintritt (Art. 21 Punkt 1 ZGB). Ausnahmsweise können Bürger, die das 18. Lebensjahr noch nicht erreicht haben, unternehmerisch tätig werden, wenn sie entweder im Wege der Eingehung einer wirksamen Ehe (Art. 21 Punkt 2

---

[644] Vgl. *Baumbach/Hopt,* § 343 Rn. 1; *Schmidt,* HandelsR § 18 I 1 a.
[645] Vgl. *Popondopulo/Jakovleva,* Kommerčeskoe pravo, S. 51, 54; *Žilinskij,* Predprinimatel'skoe pravo, S. 81 f.; *Rovnyj,* Graždansko-pravovaja priroda, S. 76 f.
[646] Vgl. *Aksenčuk,* Zakonodatel'stvo 2001 Nr. 2, 31 ff., 33 f. mwN; *Žilinskij,* Predprinimatel'skoe pravo, S. 75; *Grigorenko,* ChiP 1999 Nr. 5, 19.

Abs. 1 ZGB) oder im Wege der Emanzipation die unbeschränkte Geschäftsfähigkeit verliehen bekommen haben (Art. 27 ZGB). Eine Emanzipation setzt voraus, dass ein Minderjähriger, der das 15. Lebensjahr vollendet hat, aufgrund eines Arbeitsvertrages - wozu auch ein Werkvertrag zählt - tätig ist oder eine unternehmerische Tätigkeit mit Einwilligung seiner gesetzlichen Vertreter betreibt.[647] Sie erfolgt auf Antrag durch einen Beschluss des Vormundschafts- oder Pflegschaftsorgans mit Zustimmung beider Eltern, der Adoptiveltern oder des Vormunds oder - beim Fehlen einer derartigen Zustimmung – durch einen gerichtlichen Beschluss über die Verleihung der unbeschränkten Geschäftsfähigkeit (Art. 27 Punkt 1 Abs. 2 ZGB).[648] Die Nichtbeachtung der gesetzlich bestimmten Voraussetzungen sowie des Verfahrens zur Beschränkung der Rechte der Bürger zum Betreiben unternehmerischer Tätigkeit hat die Unwirksamkeit des Aktes der staatlichen oder anderen Organe zur Folge, die die betreffende Beschränkung ausgesprochen haben (Art. 22 Punkt 2 ZGB).[649]

Der personelle Anwendungsbereich des grundsätzlich „jedem" zustehenden Rechts, unternehmerisch tätig zu werden, ist jedoch nicht uneingeschränkt. Vom personellen Anwendungsbereich sind von vornherein bestimmte Berufsgruppen ausgenommen, deren Tätigkeit kraft Gesetzes nicht als unternehmerische gilt.[650] Zum anderen ist bestimmten Berufsgruppen die Ausübung unternehmerischer Tätigkeit gesetzlich verboten. Dies gilt zum Beispiel für die Angestellten des öffentlichen Dienstes[651], ihre Vertreter[652], Notare,[653] Richter[654] und Friedensrichter[655]. Ferner dürfen Börsen-

---

[647] Zu unternehmerischer Tätigkeit emanzipierter Minderjähriger s.a. Ziff. 16 der Entscheidung der Plenen des Obersten Gerichts der RF und des Höchsten Wirtschaftsgerichts der RF Nr. 6/8 vom 1. Juli 1996 „Über einzelne Fragen der Anwendung des ersten Teils des Zivilgesetzbuchs der Russischen Föderation" (fortan: Plenen OG und HWiG Nr. 6/8 v. 1.7.1996), in: *Dolženko/Reznikov/Chochlova*, Sudebnaja praktika, S. 28.

[648] Nach Auffassung von *Levšina* können Minderjährige im Alter von 14 - 18 Jahre sowie volljährige, aber beschränkt geschäftsfähige Bürger beim Vorliegen der Zustimmung ihrer gesetzlichen Vertreter ebenfalls unternehmerische Tätigkeit ausüben *(Sadikov/Levšina*, ZGB-Kommentar I, Art. 23, Ziff. 1). Dies erscheint m.E. zweifelhaft, weil eine solche Zustimmung regelmäßig nur einzelfallbezogen ist und nicht im voraus eine auf Dauer angelegte unternehmerische Tätigkeit erfassen kann. Ferner würde dies für Minderjährige das Institut der Emanzipation entbehrlich machen, da sie bereits ohne Beschluss des Vormundschaft- oder Pflegeorgans bzw. ohne gerichtlichen Beschluss unternehmerisch tätig werden könnten (ebenfalls kritisch *Zinčenko/Lapač/Gazarjan*, ChiP 1995 Nr. 10, 90).

[649] Vgl. dazu Rechtsprechungsübersicht des Gerichtskollegiums für Zivilsachen des Obersten Gerichts RF „Einige Fragen der Gerichtspraxis in Zivilsachen" Punkt 11, BVS RF 1997 Nr. 10.

[650] S. z.B. Art. 1 Abs. 6 der „Grundlagen der Gesetzgebung der RF über das Notariat", fortan: NotarGrdl.) v. 11.2.1993, VSND 1993 Nr. 10, Art. 357. Für Anwälte sieht Art. 5 Abs. 1 S. 2 des Entwurfs des föderalen Gesetzes „Über die Anwaltschaft in der Russischen Föderation" v. 30.6.1999 ebenfalls vor, dass die anwaltliche Tätigkeit keine unternehmerische Tätigkeit ist.

[651] Russisch: „gosslužaščij".

[652] Art. 11 Punkt 1 Ziff. 3 des föderalen Gesetzes der RF vom 31. Juli 1995 „Über die Grundlagen des öffentlichen Dienstes der Russischen Föderation", SZ RF 1995 Nr. 31, Art. 2990 i.d.F. v. 18. Februar 1999 (Fortan abgekürzt: ÖffdienstGrdl). S. ferner Art. 9 des föderalen Gesetzes v. 22.3.1991 „Über Wettbewerb und Beschränkung von Monopoltätigkeit auf Warenmärkten" (fortan: WettbewerbsG), Vedomosti RSFSR 1991 Nr. 16, Art. 499 i.d.F. v. 9.10.2002, RG vom 12.10.2002.
Dagegen war die Ausübung eines Gewerbes für diese Personen im zaristischen Recht erlaubt (Svod Zakonov, Band III, Art. 534). Dazu *Šeršenevič*, S. 65 f.

[653] Art. 6 NotarGrdl.

[654] Art. 3 Punkt 3 des Gesetzes der RF „Über den Status der Richter in der Russischen Föderation" v. 26.6.1992 i.d.F. v. 20.6.2000, SZ RF 2000 Nr. 26, Art. 2736 (fortan: RiG).

angestellte an Börsengeschäften nicht teilnehmen und eigene Brokerfirmen errichten sowie dienstliche Informationen in eigenen Interessen nutzen[656]. Gemäß Art. 11 des föderalen Gesetzes „Über den Wertpapiermarkt"[657] ist es Börsenangestellten untersagt, Gründer und Gesellschafter von am Wertpapiermarkt professionell tätigen juristischen Personen zu sein sowie selbst als Unternehmer an der Tätigkeit der Wertpapierbörse teilzunehmen.
Der Sinn solcher Einschränkungen dürfte darin liegen, den Konflikt zwischen den Interessen der Angestellten des öffentlichen Dienstes und den unternehmerischen Interessen anderer Personen zu vermeiden, denen sie kraft ihrer Amtsstellung zur Unterstützung verpflichtet sind.[658] Allerdings verhindern derartige Verbote nicht, die Tätigkeit eines Angehörigen solcher Personengruppen als unternehmerisch einzuordnen, wenn er sich über das Verbot hinwegsetzt.[659]

b. Unternehmerische Tätigkeit

Art. 23 Punkt 1 ZGB erlaubt Bürgern, unternehmerische Tätigkeit ohne Gründung einer juristischen Person zu betreiben. Unter unternehmerischer Tätigkeit versteht das Gesetz **eine selbständige und auf eigenes Risiko von im gesetzlich bestimmten Verfahren registrierten Unternehmern ausgeübte Tätigkeit, die auf systematische Gewinnerzielung aus Vermögensnutzung, Warenverkauf oder Ausführung von Arbeiten und Dienstleistungen gerichtet ist (Art. 2 Punkt 4 ZGB).**[660] Zu untersuchen ist, welche der in der Legaldefinition genannten Merkmale konstitutiv und welche lediglich deklaratorisch sind und ob darüber hinaus weitere, ungeschriebene Tatbestandsmerkmale bestehen.

aa. Selbständigkeit

Selbständigkeit bedeutet in erster Linie Weisungsungebundenheit und fehlende Unterordnung innerhalb einer Hierarchie.[661] Der Unternehmer ist sowohl in der Wahl

---

[655] Art. 5 Punkt 2 des Gesetzes „Über die Friedensrichter in der Russischen Föderation" vom 17.12.1998, SZ RF 1998 Nr. 51, Art. 6270 (zur Wiedereinführung der Friedensrichter in Russland s. *Pashchenko*, OER 1999 Nr. 4, 319 ff.).
[656] Art. 32 Punkt 2 des Gesetzes der RF vom 20.2.1992 „Über Warenbörsen und Börsenhandel", Vedomosti RF 1992 Nr. 18, Art. 961 i.d.F. v. 19.6.1995, SZ RF 1995 Nr. 26, Art. 2397.
[657] Gesetz vom 22.4.1996, SZ RF 1996, Nr. 17, Art. 1918.
[658] Vgl. *Popondopulo/Jakovleva*, Kommerčeskoe pravo, S. 51; s. *Andreev/Dodonov*, Große russische juristische Enzyklopädie, Stichwort „Predprinimatel'skaja dejatel'nost'" (unternehmerische Tätigkeit).
[659] *Stampe*, Der Funktionsbereich der russischen Wirtschaftsgerichtsbarkeit, S. 72 mwN aus der Rspr.
[660] Gemäß Art. 153 StGB der RSFSR (Gesetz vom 27.10.1960, VVS RSFSR 1960, Nr. 40, Art. 591) galt das private Unternehmertum als gesellschaftsfeindliche Betätigung und war in der RSFSR verboten. Die unternehmerische Tätigkeit wurde erstmals im Zuge der Wirtschaftsreformen in Art. 1 UntG definiert, wobei die Gewinnerzielungsabsicht, die zu Sowjetzeiten maßgebendes Kriterium zur Begründung des Unwerturteils war (Art. 153 Abs. 2 StGB RSFSR), zum tragenden Merkmal unternehmerischer Tätigkeit wurde. Vgl. dazu *Košaeva*, Pravo i ėkonomika 1997 Nr. 3, 12; zum neuen Tatbestand des „ungesetzlichen Unternehmertums" in Art. 171 StGB s. *Tjunin*, Pravovedenie 1996 Nr. 1, 70 ff.
[661] Vgl. *Belych*, Pravovedenie 2001 Nr. 1, 130 f.; *Gubin/Lachno*, Predprinimatel'skoe pravo, S. 20; *Kašanina*, Predprinimatel'stvo, S. 8; *Koršunova/Ėriašvili*, Predprinimatel'skoe pravo, S, 30; *Eršova/Ivanova*, Predprinimatel'skoe pravo, S. 4; *Olejnik*, Predprinimatel'skoe pravo, S. 21;.

der Form, der Art und der Methoden seiner Tätigkeit als auch in der Organisation seines Unternehmens frei[662], was jedoch eine gesetzliche Regulierung der unternehmerischen Tätigkeit seitens des Staates nicht ausschließt[663]. Das Merkmal der Eigeninitiative, das bisher in der Definition im UntG enthalten war, ist nun im Merkmal der Selbständigkeit aufgegangen.[664]

Darüber hinaus wird in der Literatur von einer „vermögensrechtlichen" Selbständigkeit gesprochen, die im Vorhandensein eines abgesonderten Vermögens als einer „wirtschaftlichen Basis der Tätigkeit" zum Ausdruck komme.[665]

Das Merkmal der Selbständigkeit soll Unternehmer von Arbeitnehmern, deren Beschäftigung dem Einzelunternehmer in seinem Betrieb nunmehr erlaubt ist,[666] unterscheiden. Dabei ist es irrelevant, ob der Handelnde Geschäfte im eigenen oder im fremden Namen schließt. So ist der Handelsvertreter[667] selbst ein Unternehmer[668], auch wenn er in Art. 184 ZGB als eine Person definiert ist, die ständig und selbständig *im Namen von (anderen) Unternehmern* Verträge im Bereich unternehmerischer Tätigkeit als Vertreter abschließt. Dagegen sind Angestellte eines Unternehmers, die in einem Arbeitsverhältnis zum Arbeitgeber stehen und eine von diesem abhängige, weisungsgebundene Tätigkeit ausüben, unter anderem das Unternehmen nach außen vertreten und Verträge abschließen, mangels Selbständigkeit keine Unternehmer.[669]

Der Einsatz von Fremdkapital als solchem lässt die Selbständigkeit nicht entfallen.[670] So kann ein Handelsvertreter oder ein Franchisenehmer wirtschaftlich höchst unselbständig sein, ohne dadurch seine Unternehmereigenschaft zu verlieren.

Das Merkmal der Selbständigkeit ist konstitutiv, d.h. sein Nichtvorliegen führt dazu, dass die Tätigkeit nicht als unternehmerische qualifiziert werden kann.[671]

Popondopulo/Jakovleva, Kommerčeskoe pravo, S. 5; *Tišanskaja,* Pravovedenie 1994 Nr. 1, 69; *Zvereva,* ĖPOS 1996 2 (7), 25. Ähnlich im Bezug auf Unternehmen *Laptev,* ROW 1993 Nr. 5, 138.

[662] Vgl. *Eršova/Ivanova,* Predprinimatel'skoe pravo, S. 4; *Gubin/Lachno,* Predprinimatel'skoe pravo, S. 20; *Belych,* Pravovedenie 2001 Nr. 1, 130 f.; *Zvereva,* ĖPOS 1996 2 (7), 25; *Tišanskaja,* Pravovedenie 1994 Nr. 1, 68; *Kašanina,* Predprinimatel'stvo, S. 7; *Andreev/Dodonov,* Große russische juristische Enzyklopädie, Stichwort „Predprinimatel'skaja dejatel'nost'" (unternehmerische Tätigkeit).

[663] Vgl. *Rovnyj,* Graždansko-pravovaja priroda, S. 34; *ders.,* Ponjatie, S. 50; *Gubin/Lachno,* Predprinimatel'skoe pravo, S. 20; Popondopulo/Jakovleva, Kommerčeskoe pravo, S. 5 f.; *Kašanina,* Predprinimatel'stvo, S. 8; *Koršunova/Ėriašvili,* Predprinimatel'skoe pravo, S. 30; *Zvereva,* Otvetstvennost', S. 5.

[664] *Rovnyj,* Ponjatie, S. 49; *Zvereva,* Otvetstvennost', S. 8.

[665] *Eršova/Ivanova,* Predprinimatel'skoe pravo, S. 4; *Gubin/Lachno,* Predprinimatel'skoe pravo, S. 39.

[666] Das alte Recht verbot es dem Einzelunternehmer, ohne Gründung einer juristischen Person, in seinem Betrieb Arbeitnehmer zu beschäftigen (vgl. Art. 2 Abs. 3 UntG).

[667] Russ.: „kommerčeskij predstavitel'"(kommerzieller Vertreter). Vgl. § 84 I HGB-D.

[668] Vgl. dazu im einzelnen *Zavidov,* RJ 1998 Nr. 1, 24.

[669] Vgl. dazu *Popondopulo/Jakovleva,* Kommerčeskoe pravo, S. 52 f. Dies gilt sowohl für die Vertretungsorgane von juristischen Personen, als auch für die seitens eines Rechtsträgers erteilte rechtsgeschäftliche Vertretungsmacht.

[670] *Stampe,* Der Funktionsbereich der russischen Wirtschaftsgerichtsbarkeit, S. 70.

[671] *Popondopulo/Jakovleva,* Kommerčeskoe pravo, S. 5; *Popondopulo,* Pravovoj režim predprinimatel'stva, S. 15; *Koršunova/Ėriašvili,* Predprinimatel'skoe pravo, S. 29; *Gubin/Lachno,* Predprinimatel'skoe pravo, S. 20; *Kašanina,* Predprinimatel'stvo, S. 9; *Zvereva,* Otvetstvennost', S. 4 f. **A .M.** *Rovnyj,* Graždansko-pravovaja priroda, S. 34; *ders.,* Ponjatie, S. 50; *Belych,* Pravovedenie 2001 Nr. 1, S. 130 f.; wohl auch *Abova/Kabalkin/Mozolin,* Kommentar zum ZGB I, S. 12 f.

Dieses Merkmal wird in der Literatur zum Teil wegen seiner Zweideutigkeit kritisiert. So befürchtet *Moiseev,* man könne es so verstehen, dass auch Bürger, die selbständig Wertpapiere zwecks Gewinnerzielung erwerben, selbständig unternehmerisch tätig sind.[672] Zu recht weist aber *Stampe* darauf hin, dass die Frage der privaten Vermögensanlagen aus dem Merkmal der Selbständigkeit ausgeklammert werden solle und vielmehr mit Hilfe des Merkmals Professionalität zu lösen sei.[673]

bb. Auf eigenes Risiko

Die unternehmerische Tätigkeit muss ferner auf eigenes Risiko des Unternehmers ausgeübt werden. Das hat in erster Linie die persönliche vermögensrechtliche Haftung des Unternehmers für seine Handlungen bzw. Unterlassungen zur Folge,[674] was den Gesetzgeber dazu veranlasst hat, nun auf das überflüssige, früher im UntG enthaltene Merkmal der „persönlichen vermögensrechtlichen Haftung" zu verzichten.[675] Der verschärfte Haftungsmaßstab kommt in Art. 401 Punkt 3 ZGB zum Ausdruck, wonach der Unternehmer auch bei unverschuldeter Nicht- oder Schlechterfüllung einer Verbindlichkeit in Anspruch genommen werden kann, soweit dies nicht auf höherer Gewalt beruht.[676]
Entscheidend ist allein die rechtliche Verantwortung; das wirtschaftliche Risiko können auch andere Personen tragen.[677] So werden z.B. ein Kommissionär und ein Agent aus Geschäften mit Dritten unmittelbar berechtigt und verpflichtet, obschon diese für Rechnung des Kommittenten bzw. des Prinzipals abgeschlossen werden.[678] Darüber hinaus findet sich eine Begriffsbestimmung des unternehmerischen Risikos im Versicherungsverkehrsrecht. Gemäß Art. 929 Punkt 2 Nr. 3 ZGB ist unter unternehmerischem Risiko das Risiko von Verlusten aus unternehmerischer Tätigkeit infolge der Nichterfüllung von Verbindlichkeiten durch Vertragspartner des Unternehmers zu verstehen oder das Risiko der Veränderung der Bedingungen dieser Tätigkeit aufgrund von Umständen, die der Unternehmer nicht zu vertreten hat, u.a. das Risiko des Ausbleibens erwarteter Gewinne. Dass es sich hierbei nicht um eine Legaldefinition des Merkmals „auf eigenes Risiko" im Sinne des Art. 2 Punkt 1 Absatz 3 ZGB handelt,[679] ergibt sich bereits daraus, dass die Haftung für eigene

---

[672] *Moiseev,* ChiP 1997 Nr. 3, 77 mwN aus der Praxis.
[673] Vgl. *Stampe,* Der Funktionsbereich der russischen Wirtschaftsgerichtsbarkeit, S. 70 f. S. näher dazu unten B II 1 b dd.
[674] Vgl. *Moiseev,* ChiP 1997 Nr. 3, 77; *Popondopulo/Jakovleva,* Kommerčeskoe pravo, S. 6; *Tišanskaja,* Pravovedenie 1994 Nr. 1, 71; *Popondopulo,* Pravovoj režim predprinimatel'stva, S. 17.
[675] Dies verkennt *Olejnik* (Predprinimatel'skoe pravo, S. 26), die weiterhin die vermögensrechtliche Haftung als konstitutives Merkmal unternehmerischer Tätigkeit behandelt.
[676] Bis zum Inkrafttreten des ZGB haftete ein Einzelunternehmer im Gegensatz zu Unternehmen nur bei schuldhaft herbeigeführten Verletzungen. S. Verordnung des Obersten Rates der RF v. 3. März 1993 „Über einzelne Fragen der Anwendung der Gesetzgebung der UdSSR auf dem Territorium der Russischen Föderation", VSND RF 1993 Nr. 11, Art. 393.
[677] Vgl. *Stampe,* Der Funktionsbereich der russischen Wirtschaftsgerichtsbarkeit, S. 70.
[678] Artt. 990 Punkt 1 und 1005 Punkt 1 ZGB. Vgl. *Stampe,* Der Funktionsbereich der russischen Wirtschaftsgerichtsbarkeit, S. 71.
[679] In der Literatur wird das Verhältnis von Art. 2 Punkt 3 ZGB und Art. 929 Punkt 2 Nr. 3 ZGB größtenteils verkannt. Die versicherungsrechtliche Begriffsbestimmung in Art. 929 Punkt 2 Nr. 3 ZGB wird als eine Legaldefinition angesehen (so z.B. *Olejnik,* Predprinimatel'skoe pravo, S. 25; *Rovnyj,*

Pflichtverletzungen nicht von Art. 929 Punkt 2 Nr. 3 ZGB erfasst wird. Letzteres wird versicherungsrechtlich durch Haftpflichtversicherungen abgedeckt.[680]
Die Ausübung der Tätigkeit auf eigenes Risiko gehört nach einhelliger Auffassung zu den konstitutiven Merkmalen unternehmerischer Tätigkeit.[681]

cc. Auf systematische Gewinnerzielung gerichtet

Unentbehrliche Voraussetzung unternehmerischer Tätigkeit ist ferner, dass sie auf systematische Gewinnerzielung *gerichtet* ist.[682] Aus der gesetzlichen Formulierung geht eindeutig hervor, dass allein die Absicht,[683] nicht das Vorliegen ein tatsächlich erzielter Gewinne[684] von Bedeutung ist.[685] Diese Auffassung wird auch von der Rechtsprechung geteilt. So wurde vom Obersten Gericht unternehmerische Tätigkeit in einem Fall bejaht, in dem ein Bürger in den Jahren 1995-1996 systematisch Nichteisenmetalle aufkaufte in der Absicht, diese später weiterzuveräußern, wozu es jedoch nicht kam, weil diese Tätigkeit von der Miliz untersagt wurde.[686] Für das Ausreichen einer Gewinnerzielungsabsicht spricht ferner, dass in Verlusten, die der Unternehmer z.B. aufgrund ungünstiger Marktentwicklung macht, sich gerade das unternehmerische Risiko realisiert, welches in der Legaldefinition als eigenständiges Merkmal enthalten ist.[687] Daher kann auch etwa ein nicht die Selbstkosten deckender

---

Graždansko-pravovaja priroda, S. 101; *ders.*, Ponjatie, S. 34; *Gubin/Lachno,* Predprinimatel'skoe pravo, S. 22). Allerdings wird diese Definition einer Kritik unterzogen. Zum einen handele es dabei um eine *idem per idem* – Erläuterung. Zum anderen könne Art. 929 Punkt 2 Nr. 3 ZGB so verstanden werden, dass das unternehmerische Risiko lediglich solche Tätigkeiten erfasse, die Verluste mit sich bringen. Damit wären jedoch solche Tätigkeiten vom Begriff unternehmerischer Tätigkeit ausgeschlossen, die noch gewinnerbringend sind, die Höhe ihres Gewinns jedoch unter der geplanten Höhe liege. Begriffe „Risiko" und „Gewinn" schlössen aber einander nicht aus (*Rovnyj,* Graždansko-pravovaja priroda, S. 101; *ders.*, Ponjatie, S. 37).

680 Vgl. Art. 929 Punkt 2 Nr. 2 ZGB.

681 *Abova/Kabalkin/Mozolin,* Kommentar zum ZGB I, S. 12; *Archipov,* ChiP 2002 Nr. 12, 55 f.; *Popondopulo/Jakovleva,* Kommerčeskoe pravo, S. 6; *Popondopulo,* Pravovoj režim predprinimatel'stva, S. 15; *Gubin/Lachno,* Predprinimatel'skoe pravo, S. 21; *Zvereva,* Otvetstvennost', S. 10 f.; *Rovnyj,* Graždansko-pravovaja priroda, S. 32 ff.; *Kašanina*, Predprinimatel'stvo, S. 9; *Koršunova/Ėriašvili,* Predprinimatel'skoe pravo, S. 29.

682 So die **h.M.**: *Archipov,* ChiP 2002 Nr. 12, 55; *Gubin/Lachno,* Predprinimatel'skoe pravo, S. 19; *Kašanina*, Predprinimatel'stvo, S. 9; *Koršunova/Ėriašvili,* Predprinimatel'skoe pravo, S. 29; *Popondopulo,* Pravovoj režim predprinimatel'stva, S. 18; *Popondopulo/Jakovleva,* Kommerčeskoe pravo, S. 7; *Rovnyj,* Graždansko-pravovaja priroda, S. 28; *ders.*, Ponjatie, S. 51; *Žilinskij,* Predprinimatel'skoe pravo, S. 93; *Zvereva,* Otvetstvennost', S. 8.
Vgl. die noch h.M. im deutschen Recht, die ebenfalls eine Gewinnerzielungsabsicht für das Vorliegen eines Gewerbes als unverzichtbar ansieht. S. RGZ 38, 18, 20; 66, 48, 51; 116, 227, 229; 132, 367, 372; 128, 6, 16; BGHZ 33, 321, 325; 49, 258, 260; 53, 222, 223; 63, 32, 33; 66, 48, 49; 83, 382, 386; zweifelnd *Baumbach/Hopt,* § 1 Rn. 2; a. A. *Schmidt,* Handelsrecht, § 9 IV 2 d; *Raisch,* Geschichtliche Voraussetzungen, S. 186; *Raiser,* Das Unternehmen als Organisation, S. 112; *Canaris,* § 2 Rn. 14 mwN in Fn. 10 und 11.

683 *Eršova/Ivanova,* Predprinimatel'skoe pravo, S. 4; *Gubin/Lachno,* Predprinimatel'skoe pravo, S. 26; *Zvereva,* Otvetstvennost', S. 9; wohl auch *Žilinskij,* Predprinimatel'skoe pravo, S. 93 f.

684 Zum Begriff „Gewinn" s. ausführlich *Žilinskij,* Predprinimatel'skoe pravo, S. 46 ff., 48 und *Gubin/Lachno,* Predprinimatel'skoe pravo, S. 24 f.

685 So aber *Olejnik,* Predprinimatel'skoe pravo, S. 24. Vgl. dazu *Belych,* Pravovedenie 2001 Nr. 1, 131; *Rovnyj,* Graždansko-pravovaja priroda, S. 29 f.; *ders.*, Ponjatie, S. 73 f.

686 S. BVS 1997 Nr. 10, 13.

687 Vgl. BVS 1997 Nr. 10, 13 f.

Verkauf von Waren eine unternehmerische Tätigkeit darstellen,[688] wenn der Unternehmer diese Verluste vorübergehend in Kauf nimmt, um zukünftige Gewinne zu erzielen, eine bestimmte Geschäftsbeziehung aufrechtzuerhalten o.ä.
Gewinnstreben muss das Hauptziel der Tätigkeit sein, andere Nebenziele sind ohne Belang.[689] Es genügt bereits ein entfernter, lockerer Zusammenhang zwischen den Handlungen und der Gewinnerzielungsabsicht. Damit werden Hilfs- und Nebengeschäfte, wie z.B. ein Mietvertrag über Büroräume oder ein Bankkontovertrag, die primär keine Gewinnerzielung zum Ziel haben und u.U. sogar Ausgaben mit sich bringen, in den Begriff des Handelgeschäftes miteinbezogen.[690]
Zu untersuchen ist, was unter der Absicht der *systematischen* Gewinnerzielung im einzelnen zu verstehen ist. Hier drängt sich in erster Linie die Frage auf, auf wie viele Handlungen, die für sich potentiell gewinnträchtig sind, die Absicht des Unternehmers gerichtet sein muss. Eine derart *systematische* Vorgehensweise stellt einen unbestimmten Rechtsbegriff dar, der bislang – auch in im Kontext anderer Rechtsgebiete[691] – weder durch den Gesetzgeber[692] noch durch die Rechtsprechung[693] und Lehre[694] präzisiert wurde.
Eine differenzierte Herangehensweise findet sich allein bei *Rovnyj*, der vier Kriterien vorschlägt, die den unbestimmten Rechtsbegriff der systematischen Gewinnerzielung erläutern sollen:
1) objektives Verhaltenskriterium, das es ermöglicht, die in Betracht kommenden Handlungen (Grund- und Hilfshandelsgeschäfte) von anderen zu unterschieden;
2) Mengenkriterium, das die Frage beantwortet, wie viele Verhaltensakte überhaupt erforderlich sind;[695]

[688] Ebenso *Rovnyj*, Graždansko-pravovaja priroda, S. 28; *ders.*, Ponjatie, S. 52; *Olejnik*, GiP 1996 Nr. 4, S. 67; *dies.*, Predprinimatel'skoe pravo, S. 21 f.
[689] Vgl. *Olejnik*, Predprinimatel'skoe pravo, S. 21 f.; *Rovnyj*, Ponjatie, S. 67; *Popondopulo*, Pravovoj režim predprinimatel'stva, S. 18; *Eršova/Ivanova*, Predprinimatel'skoe pravo, S. 4; *Zvereva*, Otvetstvennost', S. 8.
[690] Vgl. *Rovnyj*, Ponjatie, S. 67. Eine solche weite Auslegung der Gewinnerzielungsabsicht entspricht dem vorrevolutionären Recht, vgl. *Čitovič*, Očerk osnovnych ponjatij, S. 85; *Šeršenevič*, S. 59.
[691] Dazu im einzelnen s. *Rovnyj*, Ponjatie, S. 74.
[692] Einzelne Definitionen der Systematik finden sich allerdings in Spezialgesetzen. S. z.B. Art. 26 S. 1 Nr. 2 des föderalen Gesetzes „Über die Waffen" v. 13.12.1996 (SZ RF 1996 Nr. 51, Art. 5681 i.d.F. v. 19.11.1999, SZ RF 1999 Nr. 47, Art. 5612)
[693] Soweit sich das Oberste Gericht zu Sowjetzeiten im Rahmen des Art. 111 ZGB 1964 mit dem unbestimmten Rechtsbegriff der „Systematik" beschäftigte, trug dies nicht zur Klärung bei. Gemäß Art. 111 ZGB 1964 war die Beschlagnahme eines Wohnhauses oder eines anderen Vermögens in Fällen zulässig, in denen diese systematisch zur Erwirtschaftung von Einkünften außerhalb des Arbeitsverhältnisses genutzt wurden. Im Plenumsbeschluss des Obersten Gerichts der RSFSR vom 22.3.1966 „Über einzelne Fragen, die in der richterlichen Praxis bei Anwendung von Normen des ZGB betreffend die Verhältnisse des Privateigentums an Wohnhäusern entstehen" (Bjulleten' Verchovnogo Suda RSFSR 1966 Nr. 6, S. 3) wurde lediglich betont, dass die Systematik der Vermögensnutzung berücksichtigt werden müsse, den Begriff der Systematik wurde jedoch nicht näher erläutert. Eine Übersicht der Literaturmeinungen zu diesem Problem findet sich bei *Rovnyj*, Ponjatie, S. 75, Fn. 151.
[694] Nur sehr knappe Erläuterungen zum Begriff „Systematik" finden sich bei *Zvereva*, Otvetstvennost', S. 10; *Gubin/Lachno*, Predprinimatel'skoe pravo, S. 26; *Koršunova/Ėriašvili*, Predprinimatel'skoe pravo, S. 30; *Popondopulo*, Pravovoj režim predprinimatel'stva, S. 18 f.; *Belych*, Pravovedenie 2001 Nr. 1, 131; *Olejnik*, Predprinimatel'skoe pravo, S. 19.
[695] Bisher sprach sich *Rovnyj* (Graždansko-pravovaja priroda, S. 30) für die Notwendigkeit mindestens zwei Handlungen aus; jetzt fordert er das Vorliegen mindestens drei Handlungen (*Rovnyj*, Ponjatie, S. 79).

3) Zeitkriterium, das die zulässige Zeitspanne zwischen den einzelnen Verhaltensakten berücksichtigt;
4) psychologisches Kriterium, das ein subjektives Element darstellt und eine willentliche Verknüpfung aller Verhaltensakte und dessen einheitliche Zielrichtung erfordert.[696]
Dem geschilderten Ansatz ist im Grundsatz zuzustimmen. Jedenfalls kann nicht ausschließlich und generell auf das Mengenkriterium abgestellt werden. Denn naturgemäß stellt sich dabei jedes mal die Frage, wie viele Handlungen genau vorliegen müssen. Ob man hier wie im Arbeitsrecht die Systematik schon dann bejahen kann, wenn in der Vergangenheit bereits mindestens eine Handlung vorgelegen hat,[697] erscheint zweifelhaft. Vielmehr soll die Anwendung und Gewichtung der genannten Kriterien einzelfallabhängig erfolgen, wobei u.a. das Wesen des konkreten Handelsgeschäfts, dessen Gegenstand, die geplante Dauer und auch der Wille des Betreibenden zu berücksichtigen wären. Das Erzielen unabsichtlicher Gewinne wäre z.B. nicht ausreichend.[698]
Zu verlangen ist m.E. die Periodizität, also ein planmäßiges Betreiben und die Dauerhaftigkeit der Tätigkeit.[699] Die Tätigkeit muss auf eine grundsätzlich unbestimmte Vielzahl von Geschäften gerichtet sein.[700] Nicht erforderlich ist dagegen die **Ununterbrochenheit** der Tätigkeit.[701] Eine diesbezügliche Auslegung des Merkmals der systematischen Gewinnerzielungsabsicht wäre zu eng und würde einen großen Personenkreis aus dem Unternehmerbegriff ausschließen. So wäre ein Saisonunternehmer, z.B. ein Eiscafebetreiber, der nur im Sommer tätig ist, kein Unternehmer. Auch würden Unternehmer, die von vornherein eine zeitlich begrenzte Tätigkeit planen, nicht unter den Unternehmerbegriff fallen. Für die hier vertretene Auffassung streitet auch, dass die unternehmerische Tätigkeit keine Haupteinnahmequelle zu sein braucht.[702] Auch eine Nebentätigkeit muss deshalb als unternehmerische qualifiziert werden können, obwohl sie zwar dauerhaft, aber typischerweise mit Unterbrechungen ausgeführt wird. Mit dem Merkmal der systematischen Gewinnererzielungsabsicht will der Gesetzgeber solche Fälle ausschließen,

---

[696] Vgl. *Rovnyj,* Ponjatie, S. 78 f.
[697] Im Arbeitsrecht entstand die Frage, ab wann man von einer systematischen Verletzung der Arbeitsdisziplin auszugehen hat. Vgl. Art. 33 Punkt 3 Kodex der Gesetze über Arbeit v. 9.12.1971, VVS RSFSR 1971 Nr. 50, Art. 1007 i.d.F. vom 30.04.1999, SZ RF 1999 Nr. 18, Art. 2210.
[698] Vgl. *Rovnyj,* Ponjatie, S. 79; *Andreev/Dodonov,* Große russische juristische Enzyklopädie, Stichwort „Predprinimatel'skaja dejatel'nost'" (unternehmerische Tätigkeit); *Stampe,* Der Funktionsbereich der russischen Wirtschaftsgerichtsbarkeit, S. 71.
[699] Ebenso *Olejnik,* Predprinimatel'skoe pravo, S. 19; *Rovnyj,* Graždansko-pravovaja priroda, S. 30.
[700] Ähnlich *Olejnik,* Predprinimatel'skoe pravo, S. 19 und *Rovnyj,* Graždansko-pravovaja priroda, S. 30.
[701] So auch die Rechtsprechung, vgl. BVS 1997 Nr. 10, 13. Abweichend dagegen noch die Vorinstanz (Primorskij Regionsgericht), die die Ununterbrochenheit der Tätigkeit im Fall mit dem Aufkauf von Nichteisenmetallen verlangte. Ebenso *Andreeva* und *Sarbaš,* Richter am HWiG, im Interview mit der Verfasserin am 27. November bzw. am 3. Dezember 2001; *Žilinskij,* Predprinimatel'skoe pravo, S. 48. **A. A.** *Tichomirov,* Predprinimatel' i zakon, S. 4; *Andreev/Dodonov,* Große russische juristische Enzyklopädie, Stichwort „Predprinimatel'skaja dejatel'nost'" (unternehmerische Tätigkeit); *Stampe,* Der Funktionsbereich der russischen Wirtschaftsgerichtsbarkeit, S. 71.
[702] Vgl. *Kozlova,* Zakonodatel'stvo 1997 Nr. 2, 25; *Popondopulo/Jakovleva,* Kommerčeskoe pravo, S. 8.

in denen eine Person nur gelegentlich eine selbständige entgeltliche Tätigkeit ausübt.[703] Das beabsichtigte systematische Vorgehen zwecks Gewinnerzielung ist daher nicht so zu verstehen, dass sich die Absicht von vornherein auf eine ununterbrochene Vielzahl von Geschäften als Ganzes zu richten hat,[704] sondern so, dass der Unternehmer plant, aus einer regelmäßigen und auf eine gewisse Dauer angelegten Tätigkeit Gewinne zu erwirtschaften.[705] Ab wann man dabei von einer Regelmäßigkeit und Dauerhaftigkeit sprechen kann, sollte indessen *de lege ferenda* geregelt werden.[706]

dd. Berufsmäßigkeit

Das Merkmal der systematischen Gewinnerzielungsabsicht verleitet einige Autoren zu der Annahme, dass die Berufsmäßigkeit (Professionalität) weitere konstitutive Voraussetzung unternehmerischer Tätigkeit sei.[707] M.E. ist dies keine notwendige Konsequenz aus der Systematik des Gewinnstrebens. Das Kriterium der Berufsmäßigkeit trifft zwar zu, wenn ein Unternehmer legal planmäßig ständig am Markt auftritt, sein Unternehmen auf Dauer ausrichtet und dieses Unternehmen ein Mindestmaß an sachlichen und persönlichen Mitteln aufweist. Jedoch lässt sich dieses Erfordernis aus Art. 2 Punkt 1 Abs. 3 ZGB nicht ableiten,[708] obwohl dies aus Sicht des Drittschutzes im Rechtsverkehr wünschenswert wäre. Zu verlangen wäre vor allem ein Mindestmaßstab an sachlichen Mitteln und persönlichen Qualifikationen, an organisierter Wirtschaftseinheit sowie ein äußeres Auftreten dieser Einheit am Markt. Der Unternehmer soll nach außen erkennbar als Fachmann agieren und damit Anlass für besonderes Vertrauen Dritter in seine Kompetenz geben.[709] In gewissem Umfang wird bereits *de lege lata* dem Merkmal der Berufsmäßigkeit insofern Rechnung getragen, als für die Ausübung bestimmter Tätigkeiten eine Lizenz erforderlich ist, welche nur bei bestimmten Qualifikationen und Fertigkeiten zu erteilen ist. In anderen nicht lizenzpflichtigen Bereichen lässt die Berufsmäßigkeit der

---

[703] Vgl. *Moiseev*, ChiP 1997 Nr. 3, 74; *Zvereva,* ĖPOS 1996 2 (7), 26; *Andreev/Dodonov,* Große russische juristische Enzyklopädie, Stichwort „Predprinimatel'skaja dejatel'nost'" (unternehmerische Tätigkeit); ebenso *Stampe,* Der Funktionsbereich der russischen Wirtschaftsgerichtsbarkeit, S. 71.

[704] So *Stampe,* Der Funktionsbereich der russischen Wirtschaftsgerichtsbarkeit, S. 71 unter Hinweis auf *Moiseev*, ChiP 1997 Nr. 3, 74, der sich m.E. gerade nicht für dieses Verständnis des Systematischen ausspricht, sondern dies als eine Randmeinung bezeichnet.

[705] Vgl. *Olejnik,* Predprinimatel'skoe pravo, S. 19. Ebenso kritisch zum Merkmal der Ununterbrochenheit *Eršova/Ivanova,* Predprinimatel'skoe pravo, S. 4 f.

[706] Dafür sprechen sich ebenfalls *Rovnyj*, Ponjatie, S. 80 f. und *Žilinskij*, Predprinimatel'skoe pravo, S. 50 aus.

[707] Vgl. z.B. *Popondopulo,* Pravovoj režim predprinimatel'stva, S. 18 ff., zur Professionalität der unternehmerischen Tätigkeit vor dem Inkrafttreten des ZGB. Allerdings erwähnt *Popondopulo* im neueren Buch „Kommerčeskoe pravo" das Merkmal der Berufsmäßigkeit nicht mehr. S. auch *Andreev/Dodonov,* Große russische juristische Enzyklopädie, Stichwort „Predprinimatel'skaja dejatel'nost'" (unternehmerische Tätigkeit); *Zvereva,* ĖPOS 1996 2 (7), 26; *Olejnik,* Predprinimatel'skoe pravo, S. 19 f.; *Martem'janov,* Chozjajstvennoe pravo, S. 3; *Tišanskaja,* Pravovedenie 1994 Nr. 1, S. 69; *Klein,* Predprinimatel'skoe pravo, S. 11; *Tichomirov,* Predprinimatel' i zakon, 4.

[708] Dagegen sprach das zaristische Recht von der Absicht, den Handel als Gewerbe zu betreiben. Vgl. dazu *Šeršenevič,* S. 61.

[709] Vgl. *Moiseev,* ChiP 1997 Nr. 3, 74.

Unternehmer dagegen zu wünschen übrig und ist in der Praxis nicht immer Realität.[710]

Das Merkmal der Berufsmäßigkeit könnte das oben angesprochene Problem der Zuordnung von privaten Vermögensanlagen lösen. Denn legt jemand sein erspartes Kapital an, um etwa durch künftige Wertsteigerungen planmäßig Einnahmen zu erzielen, so sind die Tatbestandsmerkmale der Definition des Unternehmersbegriffs gemäß Art. 2 Punkt 1 Abs. 3 ZGB formal erfüllt. Da Privatanleger jedoch nicht wie Professionelle gegenüber Dritten auftreten, würden sie mit Hilfe des Merkmals der Berufsmäßigkeit als Unternehmer ausscheiden. Solange die Berufsmäßigkeit kein Tatbestandsmerkmal des Unternehmerbegriffs ist, bleibt abzuwarten, ob die Rechtsprechung Kapitalanlagen und Verwaltung eigenen Vermögens ungeachtet deren wirtschaftlicher Natur nicht als unternehmerisches Handeln ansehen wird. Bisher haben einzelne Gerichte begrüßenswerterweise den Aktienerwerb einzelner Bürger nicht als unternehmerische Tätigkeit qualifiziert.[711]

Sollte das Merkmal der Berufsmäßigkeit eingeführt werden, wäre weiterhin zu überlegen, den persönlichen Anwendungsbereich des Unternehmersbegriffs auch auf tatsächlich nicht Professionelle, die zurechenbar den Anschein (tatsächlich nicht) vorhandener Professionalität erwecken oder unterhalten, auszuweiten.[712] Alternativ könnte man es auf das objektive Vorliegen der Berufsmäßigkeit ankommen lassen und eine Scheinunternehmerhaftung schaffen, um Missbräuche und Unbilligkeiten zu verhindern. In diesem Fall wäre der Scheinunternehmer hinsichtlich aller privatrechtlichen Rechtsfolgen seines Auftretens im Rechtsverkehr im Verhältnis zu gutgläubigen Dritten wie ein Unternehmer zu behandeln. Der Vorteil dieser Lösung wäre, dass der Rechtsscheintatbestand nur zu Lasten, nicht auch zugunsten des Scheinunternehmers wirken würde.[713]

ee. Aus Vermögensnutzung, Warenverkauf, Ausführung von Arbeiten und Erbringung von Dienstleistungen

In der Definition des Art. 2 Punkt 1 Abs. 3 ZGB hat der Gesetzgeber erstmals[714] die Mittel aufgeführt, die zwecks Gewinnerzielung eingesetzt werden: Vermögensnutzung, Warenverkauf, Ausführung von Arbeiten und Erbringung von Dienstleistungen. Diese sich zum Teil überschneidenden Begriffe sind m.E. nicht als enumerativer Katalog zu verstehen, sondern als eine beispielhafte Aufzählung, die Klarstellungsfunktion hat,[715] und sind daher entbehrlich.[716] Die Regelungstechnik, die

---

[710] *Rovnyj*, Graždansko-pravovaja priroda, S. 31; *ders.*, Ponjatie, S. 81; *Sarbaš*, Richter am HWiG, im Interview mit der Verfasserin am 3. Dezember 2001.

[711] S. *Moiseev*, ChiP 1997 Nr. 3, 74 mwN.

[712] So *Moiseev*, ChiP 1997 Nr. 3, 74, der insoweit Art. 2-104 UCC als Vorbild ansieht, und *Stampe*, Der Funktionsbereich der russischen Wirtschaftsgerichtsbarkeit, S. 72.

[713] Vgl. den ähnlichen Rechtsgedanken bei *Braginskij/Vitrjanskij*, Dogovornoe pravo I, S. 95, die die Anwendung der die Unternehmer begünstigenden Normen iRd Art. 23 Punkt 4 ZGB ausschließen.

[714] Eine solche Aufzählung fehlte in UntG.

[715] Vgl. ähnlich *Stampe*, Der Funktionsbereich der russischen Wirtschaftsgerichtsbarkeit, S. 71.

[716] Ebenso *Andreeva* und *Sarbaš*, Richter am HWiG, im Interview mit der Verfasserin am 27. November bzw. am 3. Dezember 2001; *Eršova/Ivanova*, Predprinimatel'skoe pravo, S. 5; *Moiseev*,

der Gesetzgeber hier anwendet, erinnert an diejenige aus der Sowjetzeit, insbesondere an den Grundsatz der speziellen Rechtsfähigkeit. *De lege ferenda* sollte dieses Merkmal konsequenterweise gestrichen werden.[717]

ff. Wirtschaftliche Tätigkeit

Zum Teil wird in der Literatur eine teleologische Reduktion der Legaldefinition unternehmerischer Tätigkeit dahingehend verlangt, dass diese keine wissenschaftliche, künstlerische und Bildungstätigkeit[718] erfassen solle.
So schlägt *Žilinskij* vor, die Legaldefinition im Lichte der Verfassung auszulegen. Aus der Formulierung „Jeder hat das Recht, seine Fähigkeiten und sein Vermögen zu unternehmerischer *und sonstiger* nicht gesetzlich verbotener *wirtschaftlicher Tätigkeit* frei einzusetzen" in Art. 34 Punkt 1[719] der Verfassung leitet er ab, dass unternehmerische Tätigkeit ein Unterfall wirtschaftlicher Tätigkeit sei.[720] Daher sei z.B. ein Maler, der eigene Bilder verkauft, ein Arzt, der in seiner Freizeit zu Hause systematisch medizinische Hilfe leistet, oder ein Dozent einer staatlichen Hochschule, der systematisch auch entgeltliche Vorlesungen in anderen Einrichtungen anbietet, kein Unternehmer.[721]
Kozlova kritisiert ebenfalls die Unschärfe der Legaldefinition unternehmerischer Tätigkeit, die Abgrenzungsschwierigkeiten zu anderen Tätigkeitsbereichen bereite.[722] So gehörten die wissenschaftliche, künstlerische und Bildungstätigkeit sowie andere „Arten des sozialen Engagements" kraft einer gefestigten Tradition nicht zum Unternehmertum, könnten aber *de lege lata* nach dem Wortlaut von Art. 2 Punkt 1 Abs. 3 ZGB unternehmerische Tätigkeiten darstellen.[723] Aus der Tatsache, dass der Gesetzgeber an mehreren Stellen im Gesetz[724] bestimmten Personengruppen die Ausübung unternehmerischer Tätigkeit verbietet, auf der anderen Seite aber wissenschaftliche und künstlerische Tätigkeit erlaubt, zieht *Kozlova* den Umkehrschluss, dass wissenschaftliche, künstlerische und Bildungstätigkeit aus dem Begriff der unternehmerischen Tätigkeit ausgeschlossen sei. Sie schlägt vor, nur die gesetzlich ausdrücklich als solche bezeichnete Tätigkeit als unternehmerische anzusehen.[725]
Dies allein würde aber m.E. das geschilderte Problem nicht entfallen lassen. Denn die heute in unterschiedlichen Gesetzen vorhandenen Bestimmungen zur Qualifizierbarkeit einer Tätigkeit als unternehmerische widersprechen sich zum Teil und

---

ChiP 1997 Nr. 3, 74; *Gubin/Lachno,* Predprinimatel'skoe pravo, S. 27.
[717] Ebenso *Zvereva,* ĖPOS 1996 2 (7), 27.
[718] Russ.: „prosvetitel'skaja dejatel'nost'".
[719] *Žilinskij* (Predprinimatel'skoe pravo, S. 43) spricht dabei von Art. 34 Teil 2 der Verfassung, meint aber offensichtlich den Punkt 1, so dass von einem Druckfehler auszugehen ist.
[720] *Žilinskij,* Predprinimatel'skoe pravo, S. 43.
[721] *Žilinskij,* Predprinimatel'skoe pravo, S. 44.
[722] *Kozlova,* Zakonodatel'stvo 1997 Nr. 2, 24.
[723] *Kozlova,* Zakonodatel'stvo 1997 Nr. 2, 24.
[724] Z.B. Art. 6 NotarGrdl., Art. 11 Punkt 1 Ziff. 3 ÖffdienstGrdl.; Art. 3 Punkt 3 RichterG.
[725] *Kozlova,* Zakonodatel'stvo 1997 Nr. 2, 24.

müssen diesbezüglich überprüft und geändert werden.[726] *Stampe* versucht das geschilderte Problem aufgrund einer entsprechenden Auslegung des Merkmals des systematischen Gewinnstrebens zu lösen.[727] Aus diesem Merkmal ließe sich ableiten, dass unternehmerische Tätigkeit hauptsächlich wegen des Gewinns erbracht werde. Stehe dagegen statt des Gewinns die mit der Tätigkeit verbundene spezifische Leistung im Vordergrund, fehle es am systematischen Gewinnstreben.[728] Einer solchen Betrachtungsweise ist soweit zuzustimmen, als es sich um Personen handelt, die nur gelegentlich wissenschaftlich oder künstlerisch tätig sind, wobei der aus solchen Tätigkeiten erwirtschaftete Gewinn eine sekundäre Rolle spielen mag, so dass es bereits am Merkmal der systematischen Gewinnerzielungsabsicht fehlt. Unter diesem Blickwinkel wären (im Beispiel von *Stampe)* ein Wissenschaftler, der Studien betreibt, deren Ergebnisse er gegen Honorar veröffentlichen möchte, und ein Künstler, der ein Werk schafft, das er später verkaufen will, in der Tat unproblematisch keine Unternehmer. Das Abgrenzungsproblem bleibt jedoch bestehen, wenn man einen Wissenschaftler oder einen selbständigen Künstler nimmt, die systematisch mit Gewinnerzielungsabsicht am Markt das anbieten, was man heute im weitesten Sinne als „Produkt" bezeichnet. So leuchtet nicht ein, warum ein ausgeschiedener Bankfachmann, der eine Gutachtenpraxis eröffnet, oder ein emeritierter Professor für Malerei, der nunmehr Exklusivmalkurse in einem separaten Büro anbietet, nicht Unternehmer sein sollen. Die Problematik der Abgrenzung etwa zwischen künstlerischer und kunsthandwerklicher Tätigkeit oder zwischen wissenschaftlicher Tätigkeit eines betriebswirtschaftlichen Gutachters und der Unternehmensberatung bleibt damit erhalten. Der Ausschluss von Personengruppen aus dem wissenschaftlichen und künstlerischen Bereich im Fall einer planmäßigen dauerhaften Tätigkeit mit Gewinnerzielungsabsicht vom Begriff des Einzelunternehmers ist daher bei objektiv-teleologischer Betrachtungsweise schwer verständlich und vermag nicht zu überzeugen. Eine solche Tätigkeit ist als wirtschaftliche anzusehen und fällt somit unter den Begriff unternehmerischer Tätigkeit in Art. 2 Punkt 1 Abs. 3 ZGB.[729]

Im Hinblick auf die in Deutschland geführte Diskussion über die Sonderstellung der Freiberufler stellt sich ferner die Frage, ob Angehörige der freien Berufe vom Unternehmerbegriff ausgeklammert werden, weil sie möglicherweise nicht „wirtschaftlich" i.S.d. Art. 34 Verf. tätig sind. Diese Fragestellung erscheint deswegen als

---

[726] So wird z.B. in Art. 48 Punkt 1 des Gesetzes „Über die Bildung" v. 10. 07.1992 (VNSD 1992 Nr. 30, Art. 1797) i.d.F. vom 13. Januar 1996 (SZ RF 1996 Nr. 3, Art. 150, letzte Änderung v. 16. November 1997) die individuelle hauptberufliche Lehrtätigkeit als unternehmerische angesehen. Die nebenberufliche Lehrtätigkeit eines Staatsangestellten soll dagegen nicht unternehmerisch sein (Umkehrschluss aus Art. 11 Punkt 1 Ziff. 3 des föderalen Gesetzes der RF vom 31.07.1995 „Über die Grundlagen des öffentlichen Dienstes der Russischen Föderation", SZ RF 1995 Nr. 31, Art. 2990 i.d.F. v. 18.02.1999). S. auch Art. 3 Punkt 3 RiG. Vgl. dazu im einzelnen *Žilinskij*, Predprinimatel'skoe pravo, S. 46, der in diesem Zusammenhang eine Überprüfung der Verfassungsmäßigkeit einzelner Rechtsakte fordert.

[727] So *Stampe,* Der Funktionsbereich der russischen Wirtschaftsgerichtsbarkeit, S. 72.

[728] *Stampe,* Der Funktionsbereich der russischen Wirtschaftsgerichtsbarkeit, S. 72.

[729] Vgl. zum Begriff der „wirtschaftlichen Tätigkeit" *Kudrjavcev-Ivanov, V. I.,* Kommentar zur Verfassung, Art. 34, Ziff. 1, der ebenfalls entgeltliche, gewinnerbringende freiberufliche und wissenschaftliche Tätigkeiten als „wirtschaftliche" betrachtet.

berechtigt, weil bei einigen freien Berufen möglicherweise eine überwiegend höchstpersönliche Leistung erbracht und der Beruf insbesondere auf Grund des hohen Niveaus und der Personenbezogenheit nicht vorwiegend um des Erwerbsstrebens willen ausgeübt werden könnte.
Bisher haben sich – soweit ersichtlich - weder die russische Lehre noch die Rechtsprechung mit dieser Problematik befasst. Es fehlt eine Definition des Begriffes der „freien Berufe" bzw. deren Aufzählung im Rahmen eines abschließenden Katalogs; auch gibt es keine gefestigten Berufsbilder, die etwa die Abgrenzung zwischen nicht unternehmerisch tätigen Freiberuflern und Unternehmern erleichtern könnten.[730] Hier sollen lediglich die typischen freien Berufe, wie Ärzte, Tierärzte, Architekten, Notare, Rechtsanwälte und Wirtschaftsprüfer betrachtet werden.
Für eine Reihe von diesen Berufsgruppen bestimmt das Gesetz ausdrücklich, dass sie vom Unternehmerbegriff ausgeschlossen sind oder darunter fallen. So gilt die Tätigkeit von Notaren[731] und Rechtsanwälten[732] als „nicht unternehmerische",[733] dagegen sind Wirtschaftsprüfer Unternehmer im Sinne des Art. 2 Punkt 1 Abs. 3 ZGB[734]. Solche gesetzgeberischen Klarstellungen über die Unternehmereigenschaft sind notwendig, da auch eine freiberufliche Tätigkeit eines Notars die Merkmale des Unternehmerbegriffs erfüllen kann. Leider trifft der Gesetzgeber solche Klarstellungen lediglich in seltenen Fällen, so dass die Frage nach der Vereinbarkeit der Unternehmereigenschaft mit freien Berufen aufgrund einer Gesamtbetrachtung des auf diese anwendbaren Rechts zu beantworten ist. Die Antwort könnte sich aus dem neuen Lizenzierungsgesetz vom 8.8.2001[735] in Verbindung mit den Bestimmungen über die Lizenzierung einzelner Tätigkeiten ergeben. Gemäß Art. 1 Punkt 1 des LizenzG regelt das Gesetz die Lizenzierung einzelner Tätigkeiten von juristischen Personen und Einzelunternehmern.[736] Im abschließenden Katalog des Art. 17 Punkt 1 a.E. LizenzG wird die freiberufliche Tätigkeit von Architekten, Tierärzten und Ärzten als lizenzbedürftige Tätigkeit aufgelistet. In den Bestimmungen über die Lizenzierung von Bautätigkeiten[737], von veterinären[738] und medizinischen[739] Tätigkeiten wird noch-

[730] Vorschläge westlicher Rechtsexperten im Rahmen von Gesetzgebungsarbeiten zum ZGB, den Begriff der „freiberuflichen Tätigkeit" in das ZGB einzuführen, blieben ohne Berücksichtigung. Vgl. etwa *Junge,* Anmerkungen, S. 9.
[731] Art. 1 Abs. 6 NotarGrdl.
[732] Art. 1 Punkt 2 des föderalen Gesetzes „Über die Anwaltschaft in der Russischen Föderation" vom 31.5.02, SZ RF 2002 Nr. 23, Art. 2102.
[733] Gleichwohl wird die Tätigkeit von Rechtsanwälten als eine Art wirtschaftlicher Tätigkeit nach dem Allrussischen Klassifikator von Arten der wirtschaftlichen Tätigkeit, Produktion und Dienstleistungen, K 7411 (OK 004-93, bestätigt durch Beschluss des Staatliches Komitees für Standardwesen vom 6.8.1993). Die in dieser Klassifikationstabelle verwendete Begriffsbildung dürfte indessen lediglich zu statistischen Zwecken.
[734] Vgl. Art. 1 Punkt 1 des Gesetzes „Über die Wirtschaftsprüfungstätigkeit" vom 7.8.2001, SZ RF 2001 Nr. 33 (Teil 1), Art. 3422.
[735] SZ RF 2001 Nr. 33, Art. 3430, in Kraft ab dem 8.1.2002. Fortan: LizenzG.
[736] Konsequenterweise ist daher die der Lizenzpflicht ebenfalls unterliegende notarielle Tätigkeit vom Anwendungsbereich des LizenzG gemäß Art. 1 Punkt 2 LizenzG ausgeschlossen. Es gilt das „Verfahren der Erteilung von Lizenzen für die Ausübung notarieller Tätigkeit", bestätigt durch die VO des Justizministeriums vom 26.10.1998, RG vom 24.11.1998.
[737] Punkt 1 Fall 3 der Lizenzierungsbestimmungen, bestätigt durch die RegierungsVO vom 25.3.1996, SZ RF 1996 Nr. 14, Art. 1456.
[738] Punkt 1 der Lizenzierungsbestimmungen, bestätigt such die RegierungsVO vom 3.4.1996, SZ RF

mals klargestellt, dass diese Tätigkeiten von juristischen Personen oder von Einzelunternehmern ausgeübt werden. Daraus ist zu folgern, dass *de lege lata* Architekten, Tierärzte und Ärzte nicht vom Unternehmerbegriff ausgeklammert sind.[740] Eine solche völlige Gleichstellung eines großen Teils der freien Berufe mit Unternehmern wird in der russischen Literatur nicht für diskussionsbedürftig gehalten und stößt auf keinerlei Kritik.

Für die russische Lösung lässt sich anführen, dass eine generelle Freistellung der freien Berufe vom Unternehmerbegriff schwer verständlich wäre, da es sich um selbständige, dauerhafte, auf eigenes Risiko ausgeübte und auf Gewinnerzielung gerichtete Tätigkeiten handelt. Eine Freistellung wäre sogar sachfremd, wenn verschärfte Sorgfaltsanforderungen und besonderes Vertrauen Dritter in Rede stehen. Denn vielen Freiberuflern wird gerade wegen ihrer besonderen Qualifikationen ein erhöhtes Vertrauen entgegengebracht, welches strengere Pflichten und Sorgfaltsanforderungen nach sich ziehen muss. Jedoch fühlte sich der Gesetzgeber dazu verleitet, bestimmte Personengruppen vom Unternehmerbegriff auszuschließen. Gründe für diese Entscheidung bleiben unklar. Die einzige Berufung auf idealistische Motive[741] als Grund für die Herausnahme der freien Berufe aus dem Unternehmerbegriff überzeugt m.E. nicht. Die Aussage, dass Angehörige freier Berufe ihre Leistung nicht um des Erwerbsstrebens willen erbringen, erscheint heutzutage wirklichkeitsfremd, da die Gewinnerzielungsabsicht jeder frei beruflichen Tätigkeit zugrunde liegt.

Möglicherweise liegt dieser Entscheidung des Gesetzgebers die Intention zugrunde, freiberufliche Tätigkeiten, bei denen typischerweise die aufgrund besonderer Ausbildung oder kreativer Fähigkeiten höchstpersönliche Leistung einer Person und nicht die Kapazitäten eines Unternehmens in Anspruch genommen wird, anders zu behandeln. Dies wäre zwar ein durchaus akzeptabler Grund gewesen, wird aber *de lege lata* nicht konsequent verfolgt. Denn die Personenbezogenheit und das hohe Niveau der Tätigkeit sind insbesondere bei Ärzten und Architekten gegeben, diese freien Berufe werden aber gerade als unternehmerische qualifiziert.

Die gesetzlich unterschiedliche Bewertung freier Berufe bezüglich deren Zugehörigkeit zum Unternehmerbegriff könnte auf unterschiedliche Anforderungen und Erwartungen der Marktgegenseite an solche Berufe zurückzuführen sein. So kann bei einigen Freiberuflern weder die Geschäftsgewandtheit noch die Organisation des „Unternehmens", wie sie bei Einzelunternehmern gegeben ist, ohne weiteres vorausgesetzt werden. Auch wenn man an dieser Stelle die neuere Entwicklung der immer größer werdenden Gemeinschaftspraxen von Ärzten oder Anwaltssozietäten unberücksichtigt lässt, so fällt doch auf, dass der Gesetzgeber

---

1996 Nr. 15, Art. 1631.

[739] Punkt 1 der Lizenzierungsbestimmungen, bestätigt such die RegierungsVO vom 21.5.2001, SZ RF 2001 Nr. 22, Art. 2247.

[740] Die Tätigkeit von Architekten wird nach dem Allrussischen Klassifikator von Arten der wirtschaftlichen Tätigkeit, Produktion und Dienstleistungen, K 7421 (OK 004-93, bestätigt durch Beschluss des Staatliches Komitees für Standardwesen vom 6.8.1993) als eine Art wirtschaftlicher Tätigkeit angesehen.

[741] Gemäß Art. 1 Abs. 6 NotarGrdl. ist die notarielle Tätigkeit nicht auf Gewinnerzielung gerichtet.

Ärzte und Rechtsanwälte trotz der ähnlichen Gegebenheiten gegensätzlich qualifiziert: Rechtsanwälte als Nichtunternehmer, freiberufliche Ärzte dagegen als Unternehmer. Allerdings kann man beobachten, dass für die Einstufung einzelner freier Berufe als Unternehmer wohl die wirtschaftlichen Kenntnisse und die Geschäftserfahrenheit ausschlaggebend waren. Die Tatsache, dass sich die Angehörigen wirtschaftsnaher Beratungsberufe gerade durch eine ausgesprochen hohe Qualifikation auf wirtschaftlich-juristischem Gebiet auszeichnen und damit eine bestimmte berufliche Geschäftserfahrung aufweisen, rechtfertigt es m.E., sie als Unternehmer anzusehen. Daher erscheint die gesetzliche Klarstellung der Unternehmereigenschaft von Wirtschaftsprüfern als konsequent.
Die Einbeziehung der freien Berufe in den Unternehmerbegriff erscheint im modernen Rechtsverkehr durchaus als gerechtfertigt. Der russische Gesetzgeber ordnet eine Mehrzahl der freien Berufe, darunter insbesondere auch die klassischen Heilberufe, dem Unternehmerbegriff zu. Vor dem Hintergrund dieser Grundsatzentscheidung erschiene es systemkonform, auch Anwälte und Notare (erst recht) als Unternehmer *de lege ferenda* zu behandeln. Die gegenwärtige Ungleichbehandlung der Heilberufe auf der einen Seite und der Notare und Rechtsanwälte auf der anderen Seite stellt einen Wertungswiderspruch dar. Als Fazit lässt sich feststellen, dass das Problem der Sonderstellung der freien Berufe d*e lege lata* nicht konsequent gelöst wird und daher einer gesetzlichen Korrektur bedarf.

gg. erlaubte Tätigkeit

Umstritten ist weiterhin, ob die Tätigkeit rechtlich erlaubt sein muss, um als unternehmerische qualifiziert zu werden.[742] Das ZGB enthält keine mit § 7 HGB-D vergleichbare Regelung, die ausdrücklich klarstellt, dass die öffentlich-rechtliche Erlaubtheit einer Tätigkeit keine Voraussetzung für die Anwendung unternehmerischer Bestimmungen sei. In der Literatur gehen die Meinungen auseinander. Zum Teil wird der Begriff unternehmerischer Tätigkeit dahingehend eingeschränkt, dass deren öffentlich-rechtliche Erlaubtheit verlangt wird.[743] So darf unternehmerische Tätigkeit nach *Kozlova*[744] *und Zvereva*[745] nicht gegen Gesetze und andere Bestimmungen verstoßen. Allerdings bleiben die Vertreter dieser Ansicht eine Begründung schuldig. Dagegen ändert z.B. nach *Tišanskaja*[746], *Moiseev*[747], *Gubin* und *Lachno*[748] das gesetzliche Erfordernis der Registrierung nichts daran, dass eine

[742] Im zaristischen Recht verlor eine Tätigkeit wegen etwaiger Verstöße gegen Ausübungsverbote nicht ihren handelsrechtlichen Charakter. Dazu im einzelnen *Citovič*, Očerk osnovnych ponjatij, S. 90 f.
[743] Vgl. z.B. bzgl. der Registrierung *Abova/Kabalkin/Mozolin,* Kommentar zum ZGB I, Art. 2, S. 12 f.; *Kozlova,* Zakonodatel'sstvo 1997 Nr. 2, 24; *Zvereva,* ĖPOS 1996 2 (7), 26.
[744] *Kozlova,* Zakonodatel'stvo 1997 Nr. 2, 24.
[745] Vgl. *Zvereva,* ĖPOS 1996 2 (7), 27; *dies.*, Otvetstvennost', S. 11. Vgl. z.B. bzgl. der Registrierung *Abova/Kabalkin/Mozolin,* Kommentar zum ZGB I, Art. 2, S. 12 f.; *Kozlova,* Zakonodatel'sstvo 1997 Nr. 2, 24; *Zvereva,* ĖPOS 1996 2 (7), 26.
[746] Vgl. *Tišanskaja,* Pravovedenie 1994 Nr. 1, 68.
[747] *Moiseev,* ChiP 1997 Nr. 3, 74.
[748] *Gubin/Lachno,* Predprinimatel'skoe pravo, S. 27.

inhaltlich unternehmerische Tätigkeit einer nicht als Unternehmer registrierten Person der Legaldefinition in Art. 2 Punkt 1 Absatz 3 ZGB unterfällt.
Der letzen Ansicht ist zu folgen. Für eine solche Einschränkung der Kriterien unternehmerischer Tätigkeit bestehen weder sprachlich noch teleologisch überzeugende Gründe. Die Einordnung einer Tätigkeit als unternehmerische dürfe im Verhältnis zu Dritten nicht davon abhängig gemacht werden, ob sie öffentlich-rechtlich zulässig ist, z.B. ordnungsgemäß registriert oder lizenziert worden ist. Ebenso wenig wie sich die (nachträgliche) gerichtliche Unwirksamkeitserklärung der Registrierung eines Subjekts unternehmerischer Tätigkeit auf die Rechtmäßigkeit der bereits abgeschlossenen Geschäfte auswirkt,[749] ändert eine fehlerhafte bzw. unterlassene Registrierung etwas an dem Vorliegen unternehmerischer Tätigkeit, wenn alle deren Kriterien nach Art. 2 Punkt 1 Absatz 3 ZGB erfüllt sind.

Bisher fehlt in der Literatur eine wissenschaftliche Auseinandersetzung mit der Frage, ob auch privatrechtliche Wirksamkeit der Geschäfte im Rahmen unternehmerischer Tätigkeit zu verlangen ist.[750] Dies ist insbesondere in den Fällen relevant, in denen sich Angehörige bestimmter Personengruppen, denen die Ausübung unternehmerischer Tätigkeit gesetzlich verboten ist, über solche Verbote hinwegsetzen. Ferner stellt sich diese Frage beim Handeln nicht ordnungsgemäß vertretener Minderjähriger bzw. anderen beschränkt Geschäftsfähigen im unternehmerischen Verkehr.[751] In der Rechtsprechung wurde in diesem Zusammenhang eine widerrechtlich erfolgte Tätigkeit bisher als unternehmerische qualifiziert.[752] Es bleibt abzuwarten, welchen Weg die Rechtsprechung in der Zukunft wählen wird und welche Position die Literatur einnimmt.

c. Registrierung

aa. Konstitutives Merkmal unternehmerischer Tätigkeit?

Die Rechtmäßigkeit unternehmerischer Tätigkeit hängt von der Registrierung der sie ausübenden Person ab[753] und wirkt sich somit konstitutiv auf die Legalisierung unternehmerischer Tätigkeit aus. Fraglich ist jedoch, ob die Tätigkeit als unternehmerische qualifiziert werden kann, obwohl sie ohne staatliche Registrierung

---

[749] Vgl. Informationsbrief des Präsidiums des HWiG der RF vom 9.6.2000 Nr. 54, in: *Dolženko/Reznikov/Chochlova,* Sudebnaja praktika, S. 236; Beschluss des föderalen Wirtschaftsgerichts des Nord-West-Bezirks v. 7.7.1998, in: *Dolženko/Reznikov/Chochlova,* Sudebnaja praktika, S. 270 ff.
[750] Vgl. im deutschen Recht eine vergleichbare Diskussion, *Schmidt* § 9 IV 2 b cc mwN.
[751] Nach *Andreev und Dodonov* (Große russische juristische Enzyklopädie, Stichwort „Predprinimatel'skaja dejatel'nost'" (unternehmerische Tätigkeit)) betreiben solche Personen keine unternehmerische Tätigkeit.
[752] *Stampe,* Der Funktionsbereich der russischen Wirtschaftsgerichtsbarkeit, S. 72 mwN aus der Rspr.
[753] Vgl. Art. 23 Punkt 1 ZGB. Einer Registrierung bedarf nur der Leiter einer Bauern- (Farm-)wirtschaft nicht, der ohne Bildung einer juristischen Person unternehmerisch tätig wird. Er gilt schon mit der staatlichen Registrierung seiner Bauern- (Farm-)wirtschaft als Unternehmer (Art. 23 Punkt 2 ZGB). Vgl. dazu *Vol'dman,* ChiP 1998, Nr. 3, S. 48 ff., Nr. 4, S. 38 ff.

erfolgt, der Registrierung somit diesbezüglich eine lediglich deklaratorische Wirkung zukommt.[754] Gegen eine solche Lösung könnte zunächst der (insoweit missverständlich formulierte) Wortlaut des Art. 2 Punkt 1 Abs. 3 ZGB sprechen. Dort wird unternehmerische Tätigkeit als eine Tätigkeit von Personen definiert, die in dieser Eigenschaft im gesetzlich bestimmten Verfahren registriert sind.

M.E. handelt es sich jedoch bei der Registrierung lediglich um ein formales und nicht um ein konstitutives Merkmal unternehmerischer Tätigkeit. Aus Art. 23 Punkte 1 und 4 ZGB sowie aus weiteren Gesetzen (z.B. Art. 171 Punkt 1 StGB[755]) wird deutlich, dass der Gesetzgeber durchaus die Möglichkeit der Ausübung unternehmerischer Tätigkeit ohne Registrierung sieht, indem er bestimmte Rechtsfolgen an ein solches Verhalten knüpft. Damit wird zum Ausdruck gebracht, dass man auch unternehmerisch tätig sein kann, ohne registriert zu sein, was eine konstitutive Wirkung der Registrierung ausschließt. Dagegen spricht auch nicht, dass einzelne Normen im ZGB betreffend unternehmerische Tätigkeit primär keine Anwendung auf nicht registrierte Personen, die unternehmerisch tätig sind, finden und erst nach Art. 23 Punkt 4 ZGB von den Gerichten für anwendbar erklärt werden können. Zwar könnte man daraus folgern, dass nicht registrierte Personen gerade nicht unternehmerische Tätigkeit ausüben, denn ansonsten wären die Normen direkt anzuwenden. Zu berücksichtigen ist aber, dass derartige Spezialbestimmungen so auszulegen sind, dass sie von einer erlaubten legalen Tätigkeit sprechen und damit die Registrierung voraussetzen.[756] Ansonsten wäre die Vorschrift des Art. 23 Punkt 4 ZGB in sich widersprüchlich und überflüssig. Wenn das Registrierungserfordernis auch nicht das faktische Vorliegen unternehmerischer Tätigkeit vor Registrierung hindert, so folgt aus Art. 23 Punkt 4 ZGB nur, dass die Registrierung konstitutiv für die Erlangung des Einzelunternehmerstatus ist.[757]

---

[754] **So** *Andreev/Dodonov,* Große russische juristische Enzyklopädie, Stichwort „Predprinimatel'skaja dejatel'nost'" (unternehmerische Tätigkeit); *Braginskij-Braginskij,* Kommentar zum ZGB I, S. 32; *Braginskij,* Pravo i ėkonomika 1998 Nr. 1, 60; *Dojnikov,* Predprinimatel'skoe pravo, S. 4, 229; *Eršova/Ivanova,* Predprinimatel'skoe pravo, S. 5; *Gubin/Lachno,* Predprinimatel'skoe pravo, S. 27; *Popondopulo,* Pravovj režim predprinimatel'stva, S. 14 f.; *Popondopulo/Jakovleva,* Kommerčeskoe pravo, S. 5; *Rovnyj,* Graždansko-pravovaja priroda, S. 35; *ders.,* Ponjatie, S. 63; *Zvereva,* Otvetstvennost', S. 13; *Stampe,* Der Funktionsbereich der russischen Wirtschaftsgerichtsbarkeit, S. 73; *Tišanskaja,* Pravovedenie 1994 Nr. 1, 68; i.E. ebenso *Moiseev,* ChiP 1997 Nr. 3, 80 und Belov, Primečanija, S. 353 mit Fn. 902, die jedoch davon ausgehen, dass die Registrierung *de lege lata* als *konstitutives Merkmal* in Art. 2 ZGB formuliert ist, und vorschlagen diese „Ungenauigkeit" *de lege ferenda* aus der Definition „unternehmerischer Tätigkeit" zu streichen. **A.M.** *Abova/Kabalkin/Mozolin,* Kommentar zum ZGB I, Art. 2, S. 12 f.; *Kozlova,* Zakonodatel'stvo 1997 Nr. 2, 24; *Olejnik,* Predprinimatel'skoe pravo, S. 26; *Sadikov-Litovkin,* Kommentar zum ZGB I, Art. 2, S. 18; *Zvereva,* ĖPOS 1996 2 (7), 27.

[755] Strafgesetzbuch der Russischen Föderation v. 13.16.1996, SZ RF 1996 Nr. 25, Art. 2954, i.d.F. v. 9.7.1999, SZ RF 1999 Nr. 28, Art. 3491.

[756] Vgl. *Braginskij/Vitrjanskij,* Dogovornoe pravo I, S. 94 f.

[757] S. E Plenen OG und HWiG Nr. 6/8 v. 1.7.1996, Ziff. 13, *Doľženko/Reznikov/Chochlova,* Sudebnaja praktika, S. 28. Vgl. auch Verordnung der Plenen des Obersten Gerichts der RF und des Höchsten Wirtschaftsgerichts der RF v. 18. August 1992 Nr. 12/12 „Über einzelne Fragen der sachlichen Zuständigkeit der ordentlichen und Wirtschaftsgerichte", Punkt 1.

Vgl. kritisch dazu *Stampe,* Der Funktionsbereich der russischen Wirtschaftsgerichtsbarkeit, S. 76 f., der sich im Rahmen der Untersuchung der Zuständigkeit der Wirtschaftsgerichte mit dieser Frage auseinandersetzt und zum Schluss kommt, der Einzelunternehmerstatus könne auch unabhängig von der staatlichen Registrierung erworben werden. Diesem Ergebnis ist aus folgenden Gründen nicht

Auch überzeugt das Argument von *Zvereva* nicht, das Merkmal der staatlichen Registrierung sei für die unternehmerische Tätigkeit zwingend, um Verwechslungsgefahren zwischen privatem und unternehmerischem Handeln einer Person im Zeitpunkt des Vertragsabschlusses zu vermeiden.[758] Diese Gefahr entfällt nämlich auch bei einer ordentlichen Registrierung nicht automatisch, da davon ausgegangen werden kann, dass der Dritte nur in seltenen Fällen das Register eingesehen hat. So wird z.B. die Registrierung eines Einzelunternehmers nicht offenbar, wenn er einen Computer in einem Computerladen kauft. Für den Verkäufer (der von der Registereintragung seines Kontrahenten keine Kenntnis hat) bleibt nämlich unklar, ob der Computer für den privaten Gebrauch bestimmt ist und damit ein allgemeiner Kaufvertrag geschlossen wird oder ob er für das Büro bestimmt ist, der Einzelunternehmer somit beim Kauf in dieser Eigenschaft auftritt. In solchen Situationen muss daher auf anderen Wegen Abhilfe geschaffen werden. [759]

bb. Ziele und Verfahren der Registrierung

Die Registrierung verfolgt mehrere Ziele, insbesondere die staatliche Kontrolle des Unternehmertums zwecks Überwachung der Marktentwicklung, die Erfassung von statistischen Daten u.a. für die Besteuerung von Subjekten unternehmerischer Tätigkeit sowie die Offenlegung von Informationen über die Unternehmer für andere Teilnehmer des Handelsverkehrs.[760] Grundprinzipien der Registrierung sollen ihre Öffentlichkeit (allgemeine Zugänglichkeit des Registers), allgemeine Bekanntheit (die

---

zuzustimmen. Zwar ergibt sich in der Tat aus Art. 23 Punkt 1 ZGB, dass die Registrierung weniger den Einzelunternehmerstatus, als vielmehr das Recht zur Ausübung unternehmerischer Tätigkeit entstehen lässt. Art. 23 Punkt 4 ZGB besagt aber, dass sich derjenige, der unternehmerische Tätigkeit ausübt, ohne als Unternehmer registriert zu sein, nicht darauf berufen kann, er sei kein Unternehmer. Damit bestätigt der Gesetzgeber zunächst, dass der Nichtregistrierte keinen Einzelunternehmerstatus besitzt. Ihm wird lediglich die Berufung auf das Fehlen dieses Status aus Verkehrsschutzgründen verweigert (vgl. *Braginskij/Vitrjanskij,* Dogovornoe pravo I, S. 95).
Zum anderen kann m.E. auch Punkt 7 der Bestimmungen über das Verfahren der staatlichen Registrierung unternehmerisch tätiger Subjekte (bestätigt durch Präsidialerlass v. 8. Juli 1994, SZ 1994 Nr. 11, Pos. 1194, fortan: RegBestimmungen, deutsche Übersetzung in: WiRO-Handbuch RUS 332) nicht als Gegenargument verwendet werden. Die in der Präambel gegebene „Definition" der Einzelunternehmer als Bürger, die ohne eine juristische Person zu errichten, unternehmerisch tätig sind - worauf sich *Stampe* beruft - kann nicht als eine Definition im juristisch-technischen Sinne verstanden werden. Gegen eine solche Deutung spricht vor allem der erste Teil der in der Präambel gegebenen „Definitionen". Danach regeln die RegBestimmungen das Verfahren der staatlichen Registrierung juristischer Personen, die Subjekte der unternehmerischen Tätigkeit sind, und später als „Unternehmen" genannt werden. Würde man diese Formulierung als eine Legaldefinition von Unternehmen deuten, so führte dies zum Schluss, dass unter Unternehmen nicht registrierte juristische Personen zu verstehen wären und die Registrierung nur noch deklaratorische Wirkung hätte. Ein solches Ergebnis widerspräche aber Art. 51 Punkt 2 ZGB, wonach juristische Personen erst mit Registrierung entstehen. Demzufolge geben die RegBestimmungen keine Legaldefinition des Einzelunternehmers und erübrigen nicht das Erfordernis der Registrierung für die Erlangung des Einzelunternehmerstatus.

[758] Vgl. *Zvereva,* ĖPOS 1996 2 (7), 27.

[759] Inzwischen hat *Zvereva* (Otvetstvennost', S. 13) selbst ihre Ansicht revidiert und sieht die Registrierung als ein „formales" und damit deklaratorisches Merkmal an.

[760] Vgl. *Zvereva,* ĖPOS 1996 2 (7), 27; *Olejnik,* Predprinimatel'skoe pravo, S. 170 f.; *Rovnyj,* Graždansko-pravovaja priroda, S. 35; *ders.,* Ponjatie, S. 6; *Dojnikov,* Predprinimatel'skoe pravo, S. 228; *Gubin/Lachno,* Predprinimatel'skoe pravo, S. 61.

Kenntnis über die Subjekte des Unternehmerrechts wird aufgrund regelmäßiger entsprechender Publikationen in den öffentlichen Quellen vermutet) und die Publizität (widerlegbar vermutet wird die Richtigkeit der Angaben im Register) sein.[761]

Die Registrierung der Unternehmer erfolgt am Wohnort des künftigen Unternehmers durch die örtliche Verwaltung oder spezielle Behörden.[762] Sie verliert ihre Gültigkeit beim Ablauf der Geltungsdauer des Registrierungsnachweises[763], beim Vorliegen eines gerichtlichen Beschlusses über die Zahlungsunfähigkeit des Einzelunternehmens oder am Tag des Eingangs eines Antrags des Einzelunternehmers auf Aufhebung seiner Registrierung und des Registrierungsnachweises bei der Registrierungsbehörde.[764] Dabei muss sich der Annullierungsantrag ausdrücklich auf beide Komponenten beziehen und ausschließlich bei der zuständigen Registrierungsbehörde eingereicht werden. Die Abgabe des Registrierungsnachweises bei der zuständigen Steuerinspektion zusammen mit einer Steuererklärung bewirkt daher ebenso wenig einen Verlust des Einzelunternehmerstatus wie eine mündliche Erklärung des Einzelunternehmers über die Einstellung seiner unternehmerischen Tätigkeit gegenüber der Steuerinspektion.[765]
Unterlässt ein unternehmerisch tätiger Bürger die staatliche Registrierung als Unternehmer, kann er sich bezüglich der von ihm vorgenommenen Rechtsgeschäfte nicht darauf berufen, kein Unternehmer zu sein (Art. 23 Punkt 4 Satz 1 i.V.m. Punkt 1 ZGB). Obwohl die Gerichte auf derartige Rechtsgeschäfte die Bestimmungen des ZGB über die mit dem Betreiben unternehmerischer Tätigkeit verbundenen Verbindlichkeiten anwenden können (Art. 23 Punkt 4 Satz 2 ZGB), unterliegen solche Streitigkeiten den ordentlichen Gerichten und nicht den Wirtschaftsgerichten.[766]

d. Lizenzierung

Zur Ausübung bestimmter Arten unternehmerischer Tätigkeit sind Lizenzen erforderlich. Die Lizenzbedürftigkeit, die Zuständigkeit sowie das Lizenzierungsverfahren sind im LizenzG vom 8.8.2001[767] geregelt. Die Lizenz hat im Grunde den

---

[761] Vgl. *Rovnyj,* Graždansko-pravovaja priroda, S. 35; *ders.,* Ponjatie, S. 9; *Gubin/Lachno,* Predprinimatel'skoe pravo, S. 61.
[762] S. RegBestimmungen. Vgl. dazu *Kozlova,* Zakonodatel'stvo 1997 Nr. 2, 24. Zum Verfahren im einzelnen s. *Solotych,* Unternehmensgründung, Rn. 65 ff.; *Olejnik,* Predprinimatel'skoe pravo, S. 173, 297 ff. Zur staatlichen Registrierung von Unternehmen mit ausländischen Investitionen vgl. *Schwarz,* WiRO 8/1995, 314; *Olejnik,* Predprinimatel'skoe pravo, S. 174.
[763] Vgl. dazu Plenum OG und HWiG 6/8 v. 1.7. 1996, Punkt 13, VVAS 1996 Nr. 9, S. 143.
[764] Vgl. Ziffer 9 RegBestimmungen. Entscheidung des Präsidiums des HWiG v. 7. Mai 1996 Nr. 7298/95, VVAS 1996 Nr. 8, S. 53 f.
[765] S. Entscheidungen des Präsidiums des HWiG v. 7. Mai 1996 Nr. 7298/95, VVAS 1996 Nr. 8, S. 53 f. und Nr. 8227/95, VVAS 1996 Nr. 8, S. 57 f.
[766] Plenum OG und HWiG 6/8 v. 1.7.1996, Punkt 13; *Žilinskij,* Predprinimatel'skoe pravo, S. 79 f.; *Kozlova,* Zakonodatel'stvo 1997 Nr. 2, 27. Kritisch dazu *Stampe,* Der Funktionsbereich der russischen Wirtschaftsgerichtsbarkeit, S. 75 ff. mwN.
[767] Nach der umfassenden Novelle wird die Anzahl lizenzbedürftiger Tätigkeiten erheblich verringert (von 415 auf 119, vgl. in Frankreich: 140, in Japan: 39, Großbritannien: 38, in Österreich: 28), die Lizenzdauer von 3 auf 5 Jahre verlängert sowie das Lizenzierungsverfahren vereinfacht. S. dazu im einzelnen *Gluško,* Zakon 2001 Nr. 10, 121 ff. Die deutsche Übersetzung des bisherigen

Charakter einer Gewerbeerlaubnis, doch tendiert das Verfahren insoweit zum Konzessionssystem, als erst die Erteilung der Lizenz die Rechtsfähigkeit einer juristischen Person bezüglich der lizenzbedürftigen Tätigkeit begründet (vgl. Art. 49 Punkt 3 Abs. 2 ZGB). Auf den Rechtsstatus des Einzelunternehmers wirkt sich die Lizenzerteilung nicht aus.[768] Allerdings müsste das Lizenzierungserfordernis auch für bestimmte Tätigkeiten eines Einzelunternehmers als gesetzliche Beschränkung seiner grundsätzlich universellen Rechtsfähigkeit[769] zu deuten sein (vgl. Artt. 23 Punkt 3 i.V.m. 49 Punkt1, 3 Abs. 2 ZGB). Ein ohne erforderliche Lizenz abgeschlossenes Rechtsgeschäft ist nicht nichtig gemäß Art. 168 ZGB, sondern anfechtbar nach Artt. 23 Punkt 3 i.V.m. 173 ZGB, wobei die Anfechtung nur dann erfolgreich ist, wenn die andere Partei vom Fehlen der Lizenz wusste oder hätte offensichtlich wissen müssen.[770] Die Anfechtbarkeit erlischt, wenn die Lizenz im Zeitpunkt der Gerichtsverhandlung erlangt wird.[771]

2. Juristische Personen

Juristische Personen sind die häufigsten Vertragspartner im Wirtschaftsleben. Sie werden traditionsgemäß[772] definiert durch das Vorhandensein eines Sondervermögens, das Handeln unter eigenem Namen, ihre vermögensrechtliche Haftung sowie eine zivile Rechtsfähigkeit und Parteifähigkeit (vgl. Art. 48 Punkt 1 ZGB). Die Klassifizierung juristischer Personen erfolgt auf der einen Seite nach dem Verhältnis der Trägerpersonen zum Vermögen ihrer juristischen Person[773], auf der anderen

---

Lizenzgesetzes v. 25.09.1998 (SZ RF 1998 Nr. 39, Art. 4857) in: Brunner/Schmid/Westen, WOS Russland III 2 d.

[768] Vgl. Art. 9 Punkt 1 Abs. 3 LizenzG; *Braginskij/Vitrjanskij,* Dogovornoe pravo I, S. 129. Zur Lizensierung vor dem Inkrafttreten des LizenzG s. *Žilinskij*, Predprinimatel'skoe pravo, S. 128 ff. mwN.; *Olejnik,* Predprinimatel'skoe pravo, S. 178 ff.; *Ionova,* GiP 1997 Nr. 5, S. 46 ff.

[769] Zwar könnte gegen die Anwendung von Art. 49 ZGB auf Einzelunternehmer und damit gegen die universelle Rechtsfähigkeit Art. 4 Punkt 1 des Gesetzes v. 7. Dezember 1991 „Über die Registrierungsgebühr der natürlichen Personen, die unternehmerische Tätigkeit ausüben, und über das Verfahren deren Registrierung" (VSND 1992 Nr. 8, Art. 360, fortan: RegistrgebührG) sprechen (so *Zinčenko/Lapač/Gazarjan,* ChiP 1995 Nr. 10, 87 (96) und *Laptev,* GiP 1999 Nr. 11, 18, der allerdings diese Rechtslage kritisiert). Danach dürfen Einzelunternehmer nur die im Registrierungsnachweis ausdrücklich genannten Tätigkeiten ausüben. Dies könnte für eine spezielle Rechtsfähigkeit sprechen und wäre als besondere Bestimmung gegenüber Art. 49 ZGB nach Art. 23 Punkt 3 ZGB vorrangig. Diese Vorschrift steht jedoch im Widerspruch zu Art. 55 Punkt 3 Verf. und Art. 1 Punkt 2 Abs. 2 ZGB und findet daher gemäß Art. 4 EGZGB keine Anwendung.
I.E. ebenso *Sadikov-Levšina,* Kommentar zum ZGB I, Art. 23, S. 47, Ziff. 5; *Grigorenko,* ChiP 1999 Nr. 5, 18 (20); *Vanin,* Severo-Kavkazskij vestnik 1997 Nr. 2, 147; *Zalesskij,* Pravo i ėkonomika 1999 Nr. 5, S. 85; *Gubin/Lachno,* Predprinimatel'skoe pravo, S. 63.

[770] Ebenso *Sadikov-Levšina,* Kommentar zum ZGB I 1998, Art. 173, Ziff. 7; s. auch *Zinčenko/Lapač,* ChiP 1997, Nr. 2, 124 f. Zum Begriff „Kennenmüssen" s. unten Kapitel 2 B II 2 a.

[771] *Zinčenko/Lapač,* ChiP 1997, Nr. 2, S. 125; *Sadikov-Levšina,* Kommentar zum ZGB I, Art. 173, S. 219, Ziff. 3.

[772] Vgl. Art. 23 ZGB 1964, Vedomosti VS RSFSR 1964 Nr. 24, Art. 406 i.d.F. vom 24.12.1992, VSND RF 1993 Nr. 4, Art. 119. S. dazu *Rivinius,* ROW 1996, 16 f.

[773] Während die Trägerpersonen von Gesellschaften und Genossenschaften einen schuldrechtlichen Anspruch gegenüber der juristischen Person auf Beteiligung am Gewinn und am Liquidationserlös haben, verfügen die Trägerpersonen staatlicher bzw. kommunaler Einheitsunternehmen sowie eigentümerfinanzierter Einrichtungen an dem der juristischen Person zugeordneten Vermögen über dingliche Rechte (Eigentum oder eigentumsähnliche Rechte). Die Träger von Stiftungen, gemeinnützigen Vereinen, religiösen Organisationen sowie Verbänden juristischer Personen ohne

Seite nach dem Zweck ihrer Betätigung (Artt. 48 Punkt 2, 50 Punkt 1 ZGB).[774] Nach dem Betätigungszweck unterscheidet der Gesetzgeber zwischen kommerziellen und nichtkommerziellen Organisationen.

a. Kommerzielle Organisationen

Kommerzielle Organisationen verfolgen die Gewinnerzielung als Hauptzweck ihrer Tätigkeit. Dazu zählen nach dem abschließenden[775] Katalog in Art. 50 Punkt 2 ZGB alle Handelsgesellschaften[776] in den Formen der Vollgesellschaft, Kommanditgesellschaft, Gesellschaft mit beschränkter Haftung[777], Gesellschaft mit zusätzlicher Haftung[778] und Aktiengesellschaften sowie Produktionsgenossenschaften und staatliche und kommunale Einheitsunternehmen[779].[780]

Erstmals nimmt der russische Gesetzgeber eine strenge begriffliche Trennung zwischen *Personengesellschaften* (wörtlich: tovariščestvo) und *Kapitalgesellschaften* (wörtlich: obščestvo) vor. Bei den Personengesellschaften steht nicht wie bei den Kapitalgesellschaften die Kapitalbeschaffung, sondern die Vereinigung der Gesellschafter im Vordergrund, welche die Geschäfte regelmäßig selbst führen.[781] Im Gegensatz zu Kapitalgesellschaften, deren Verfassung durch eine Satzung zu regeln ist (vgl. Artt. 89 Punkt 1, 95 Punkt 3 i.V.m. 89 Punkt 1, 98 Punkt 3 ZGB), ist zur Gründung von Personengesellschaften lediglich ein Vertrag zwischen den künftigen Gesellschaftern erforderlich (vgl. Artt. 70 Punkt 1, 83 Punkt 1 ZGB). Im Unterschied zum deutschen Recht sind die Personengesellschaften im russischen Recht juristische Personen. Daraus ergeben sich Besonderheiten bei der Haftung der Gesellschafter. Die persönliche Haftung der Gesellschafter mit ihrem Privatvermögen für Verbindlichkeiten der Gesellschaft ist zwar grundsätzlich ausgeschlossen[782], der Grundsatz wird jedoch häufig durchbrochen. So haften Gesellschafter

---

kommerziellen Zweck haben weder dingliche noch schuldrechtliche Rechte. Hier ist das Vermögen vollständig von den Personen ihrer Träger abgetrennt und kann nur für die in der Satzung bestimmten Zwecke verwendet werden.

[774] Zur Klassifizierung im einzelnen vgl. *Sadikov-Rachmilovič*, Kommentar zum ZGB I, Art. 48, S. 79 f.; *Braginskij*, Kommentar zum ZGB I, S. 94 f.; *Olejnik*, Predprinimatel'skoe pravo, S. 236 f.; *Zinčenko/Lapač/Gazarjan*, ChiP 1995 Nr. 10, 90 f.; *Solotych*, ZGB Teil 1, S. 29 f.; *Arzinger/Galander*, S. 17 f.; *Becker*, Gesellschaftsrecht in Russland, S. 3 ff.

[775] S. Art. 6 Punkt 1 des EGZGB v. 30. November 1994, SZ RF 1994 Nr. 32, Art. 3302.

[776] Nach der russischen Rechtsterminologie „Wirtschaftsgesellschaften" (chozjajstvennye tovariščestva i obščestva). Vgl. dazu *Suchanov*, ChiP 1995 Nr. 3, 3 ff., der ausdrücklich darauf hinweist, dass dieser Begriff sowohl nach der vorrevolutionären russischen Terminologie, als auch nach europäischem und amerikanischem Sprachgebrauch das russische Äquivalent für „Handelsgesellschaften" darstellt.

[777] Fortan: GmbH.

[778] Fortan: GmzH.

[779] Russ.: „unitarnye predprijatija".

[780] Zu den einzelnen Typen s. *Suchanov*, RCEEL 1995, 483 ff.; *Sadikov-Zalesskij*, Kommentar zum ZGB I, Art. 66 ff., S. 103 ff.; *Braginskij-Suchanov*, Kommentar zum ZGB I, S. 94 f.; *Olejnik*, Predprinimatel'skoe pravo, S. 236 f.; *Solotych*, ZGB Teil 1, S. 29 f.; *dies.*, Das russische Recht der Handelsgesellschaften, S. 5 ff.

[781] Vgl. *Braginskij-Suchanov*, Kommentar zum ZGB I, S. 94 f.

[782] Art. 56 Punkt 3 Abs. 1 ZGB.

einer Vollgesellschaft und Komplementäre einer KG[783] kraft Gesetzes für Gesellschaftsschulden subsidiär persönlich uneingeschränkt und gesamtschuldnerisch, die Kommanditisten, die von der Geschäftsführung ausgeschlossen sind, [784] haften begrenzt auf ihre Einlage.[785] Bei GmbH und Aktiengesellschaft ist die Haftung auf den nicht geleisteten Teil des Einlagebetrages beschränkt,[786] bei GmzH ist sie durch die Satzung beschränkbar[787].

Kommerzielle Organisationen verfügen grundsätzlich über eine universelle Rechtsfähigkeit (Art. 49 Punkt 1 Abs. 2 ZGB). Als gesetzliche Einschränkung der universellen Rechtsfähigkeit juristischer Personen wurden bisher in der Rechtsprechung und Literatur alle Tätigkeitsverbote oder Genehmigungserfordernisse (z.B. Lizenzen) angesehen.[788] Ferner tritt die spezielle Rechtsfähigkeit kraft statutarischer Selbstbeschränkung bei Handelsgesellschaften ein, wenn deren Gründungsdokumente einen abschließenden Tätigkeitskatalog enthalten (vgl. Artt. 49 Punkt 1, 52 Punkt 2 S. 3, 173 ZGB). Unter Überschreitung der selbstbeschränkten Rechtsfähigkeit sowie ohne erforderliche Lizenz geschlossene Rechtsgeschäfte sind als *ultra-vires*-Geschäfte nach Art. 173 ZGB anfechtbar. Unwirksam sind derartige Geschäfte lediglich dann, wenn nachgewiesen werden kann, dass die Gegenpartei die

---

[783] Russ: „polnye tovarišči".

[784] Art. 84 Punkt 2 ZGB.

[785] Vgl. Artt. 82 Punkt 1, 2 i.V.m. 75 ZGB.

[786] Artt. 87 Punkt. 1 Abs. 2, 96 Punkt 1 Abs. 2 ZGB.

[787] Art. 95 Punkt 1 ZGB.

[788] Vgl. E des OG v. 5.2.1997, BVS 1997 Nr. 5, S.2; *Braginskij-Braginskij,* Kommentar zum ZGB I, S. 100; *Sadikov-Klein,* Kommentar zum ZGB I, Art. 49, S. 82, Ziff. 3; *Avilov,* Chozjajstvennye tovariščestva i obščestva, S. 179; *Ionova,* Pravovedenie 1996 Nr. 3, 95; *Suchanov,* Gražd. pravo, S. 191; *Zalesskij,* Pravo i ėkonomika 1999 Nr. 5, 86; *Popondopulo/Jakovleva,* Kommerčeskoe pravo, S. 66; Zenkin, S. 21; *Žilinskij,* Predprinimatel'skoe pravo, S. 129; *Tolstoj/Sergeev,* Graždanskoe pravo, S. 248; *Zinčenko/Lapač/Gazar'jan,* ChiP 1995 Nr. 10, 92; *Zinčenko/Gazar'jan,* ChiP 1997 Nr. 2, 125; *Kudaškin,* GiP 1999 Nr. 11, 23 f.; *Solotych,* ZGB Teil 1, S. 35; *dies.*, Unternehmensgründung, Rn. 25, 88; *Arzinger/Galander,* Russisches Wirtschaftsrecht, S. 19; *Rivinius,* ROW 1996, 20.
Auch wenn das Handeln ohne erforderliche Lizenz sowie das Überschreiten der selbstbeschränkten Rechtsfähigkeit keine Nichtigkeit nach Art. 168 ZGB (wie beim Verstoß gegen gesetzliche Verbote), sondern lediglich eine Anfechtbarkeit nach Art. 173 ZGB nach sich ziehen, kann man m.E. nicht davon sprechen, dass die universelle Rechtsfähigkeit auch lizenzbedürftige Tätigkeiten erfasst (so aber *Kudaškin,* ChiP 1999 Nr. 9, 109). Für die hier vertretene Auffassung spricht das russische Verständnis des Begriffs Rechtsfähigkeit. Zum einen definiert Art. 49 Punkt 1 Abs. 2 ZGB die den kommerziellen Organisationen ausnahmsweise zustehende universelle Rechtsfähigkeit als Fähigkeit, Träger ziviler Rechte und Pflichten zu sein, soweit dies zur Ausübung beliebiger, *gesetzlich nicht verbotener Tätigkeiten* notwendig ist. Daraus kann im Umkehrschluss gefolgert werden, dass sich die Rechtsfähigkeit von vornherein nicht auf gesetzlich verbotene Tätigkeiten erstreckt. Die Ausübung unternehmerischer Tätigkeit ohne erforderliche Lizenz stellt aber gerade eine solche verbotene Tätigkeit dar (vgl. Art. 49 Punkt 3 Abs. 2 ZGB), so dass die grundsätzlich gewährleistete Rechtsfähigkeit die lizenzbedürftige Tätigkeit nicht umfasst. Dieses Ergebnis wird auch in Art. 49 Punkt 3 Abs. 2 ZGB bestätigt, der ausdrücklich vom Entstehen des Rechts auf Ausübung lizenzbedürftiger Tätigkeit, also von der Rechtsfähigkeit hinsichtlich lizenzbedürftiger Tätigkeit, spricht und dieses von dem Erwerb der erforderlichen Lizenz abhängig macht.
Schließlich spricht die amtliche Überschrift des Art. 173 ZGB von Rechtsgeschäften einer juristischen Person, die *über die Grenzen ihrer Rechtsfähigkeit* hinausgeht. Dadurch kommt der eindeutige Wille des Gesetzgebers zum Ausdruck, dass Lizenzerfordernisse sowie ausschließliche Satzungsbeschränkungen als Beschränkung gegenüber der universellen Rechtsfähigkeit zu qualifizieren. Die Tatsache, dass Art. 173 ZGB lediglich eine Anfechtbarkeit und keine Nichtigkeit solcher Geschäfte vorsieht, kann deswegen nicht als Gegenargument verwendet werden, da diese Norm aus Verkehrsschutzgründen gerade eine Ausnahme gegenüber des an sich in Betracht kommenden Art. 168 ZGB darstellen soll (vgl. dazu *Tolstoj/Sergeev,* Graždanskoe pravo, S. 248).

statuarische Beschränkung der Rechtsfähigkeit bzw. das Fehlen der Lizenz kannte bzw. hätte offensichtlich kennen müssen. Bisher ist keine Rechtsprechung ersichtlich, die sich mit der Frage beschäftigt hätte, was unter den Begriffen „Kennen" und „Kennenmüssen" in Art. 173 ZGB zu verstehen ist. Eine Kenntnis wäre unproblematisch bei einem Schreiben der Gesellschaft an die Vertragspartei anzunehmen, in dem sie ausdrücklich ihren Kontrahenten darauf hinweisen, dass das geplante Geschäft mit den Zielen der Gesellschaft nicht übereinstimmt[789] bzw. dass die erforderliche Lizenz fehlt. Solche Fälle werden aber in der Praxis wohl kaum vorkommen. Fraglich ist daher, ob aus Gründen des vom Gesetzgeber beabsichtigten Verkehrsschutzes[790] die juristische Person Bekanntmachungs- bzw. Mitteilungspflichten oder im Gegenteil den Kontrahenten weitgehende Erkundigungspflichten treffen, so dass bereits einfache Fahrlässigkeit für das Kennenmüssen ausreicht. Gegen die letztere Interpretation könnte zum einen der Wortlaut des Art. 173 ZGB sprechen. Darin kommt die Vermutung für Nichtkenntnis bzw. Nichtkennenmüssen der Beschränkung der Rechtsfähigkeit oder des Fehlens der Lizenz zum Ausdruck, denn die Beweislast für das Kennen bzw. Kennmüssen trägt die kommerzielle Organisation als Klägerin (Art. 65 Punkt 1 WIPO[791]).[792] Eine solche Auslegung wird ebenfalls durch die Tatsache bestätigt, dass es sich bei Art. 173 ZGB wohl um eine Art vorgreifende Umsetzung des Art. 9 der 1. EG-Richtlinie zum Gesellschaftsrecht handelt,[793] was der ähnliche Wortlaut der beiden Normen nahe legt.[794] Somit kann davon ausgegangen werden, dass die Sorgfaltspflichten des Vertragspartners relativ gering sind, so dass die Unkenntnis des Dritten mindestens aus grober Fahrlässigkeit resultieren, die Überschreitung des Unternehmensgegenstandes somit evident sein muss.[795] Der Dritte dürfte nicht verpflichtet sein, Erkundigungen über die Befugnis der Gegenpartei einzuholen.[796] Schließlich spricht gegen eine weitgehende Erkundigungspflicht über das Vorliegen einer erforderlichen Lizenz Art. 9 Punkt 2 des Verbraucherschutzgesetzes[797]. Danach muss der unternehmerisch tätige Verkäufer bzw. Hersteller den Verbraucher über die

---

[789] Vgl. *Avilov,* Chozjajstvennye tovariščestva i obščestva, S. 180.

[790] Vgl. *Vitrjanskij,* Nedejstvitel'nost' sdelok, S. 146; *Braginskij/Vitrjanskij,* Dogovornoe pravo I, S. 142.

[791] WIPO v. 24.7.2002, SZ RF 2002 Nr. 30, Art. 3012.

[792] Vgl. *Sadikov-Levšina,* Kommentar zum ZGB I 1996, Art. 173, Ziff. 5; *Avilov,* Chozjajstvennye tovariščestva i obščestva, S. 180.

[793] Vgl. *Solotych,* ZGB Teil 1, S. 45; *Avilov,* Chozjajstvennye tovariščestva i obščestva, S. 180.

[794] Gemäß Art. 9 Abs. 1 S. 2 HS. 1 der RL können die Mitgliedsstaaten für Handlungen, die den Rahmen des Gegenstands des Unternehmens überschreiten, vorsehen, dass die Gesellschaft nicht verpflichtet wird, wenn sie beweist, dass dem Dritten bekannt war, dass die Handlung den Unternehmensgegenstand überschreitet, oder dass er darüber nach den Umständen nicht in Unkenntnis sein konnte.

[795] Ebenso *Andreeva* und *Sarbaš* , Richter am HWiG, im Interview mit der Verfasserin am 27. November bzw. am 3. Dezember 2001. Vgl. auch Entscheidung des HWiG v. 14.05.1998 Nr. 9, Ziff.5, VVAS 1998 Nr. 7, 19; *Solotych,* ZGB Teil 1, S. 44 f.; *Pellegrino,* RIW 1998, 503; i.E. wohl auch *Abova/Kabalkin/Mozolin,* Kommentar zum ZGB I, S. 297.

[796] Ebenso *Sarbaš,* Richter am HWiG, im Interview mit der Verfasserin am 3. Dezember 2001; *Pellegrino,* RIW 1998, 503; vgl. auch *Vitrjanskij,* Nedejstvitel'nost' sdelok, S. 146 f.; *Braginskij/Vitrjanskij,* Dogovornoe pravo I, S. 143; *Avilov,* Chozjajstvennye tovariščestva i obščestva, S. 180; *Solotych,* ZGB Teil 1, S. 45.

[797] Verbraucherschutzgesetz (fortan: VerbrSchG) v. 9.1.1996 (SZ RF 1996 Nr. 3, Art. 140) i.d.F. vom 17.12.1999 (SZ RF 1999 Nr. 51, Art. 6287).

Lizenznummer, -gültigkeitsdauer sowie über das Organ informieren, das die Lizenz erteilt hat.
Problematisch könnte allerdings der Fall zu beurteilen sein, in dem es sich um ein beiderseitiges Handelsgeschäft handelt. Hier könnten dem Unternehmer (von der Rechtsprechung) höhere Sorgfaltspflichten als einem normalen Bürger auferlegt und verlangt werden, dass er vor dem Geschäftsabschluss alle Gründungsunterlagen seines Vertragspartners auf eine mögliche Beschränkung der Rechtsfähigkeit bzw. die Existenz der Lizenz überprüft.[798] Zum einen könnte das Erfordernis der Lizenzierung bestimmter Tätigkeiten unter Unternehmern als bekannt vorausgesetzt werden, zum anderen gehörte es zum Risikobereich eines Unternehmers, beim Abschluss eines Handelsgeschäfts für die Ordnungsmäßigkeit zu sorgen.[799]

Eine solche Rechtsentwicklung ist schon deshalb nicht abwegig, weil eine vergleichbare Situation bei der Anwendung des rechtstechnisch ähnlich formulierten Art. 174 ZGB nicht nur für den unternehmerischen, sondern sogar für den allgemeinen Rechtsverkehr bereits bis 1998 bestand. Gemäß Art. 174 ZGB ist die Vertretungsmacht durch interne Regelungen auch mit Wirkung für das Außenverhältnis beschränkbar, so dass unter Überschreitung der intern (z.B. satzungsmäßig) beschränkten Vertretungsmacht vorgenommene Rechtsgeschäfte anfechtbar sind, wenn der Vertretene beweisen kann, dass sein Kontrahent die Beschränkung kannte bzw. kennen musste. Die hier – ebenfalls wie bei Art. 173 ZGB - gegebene gesetzliche Vermutung für Gutgläubigkeit war nach der Rechtsprechung bis 1998 praktisch obsolet, welche dem Dritten eine Erkundigungspflicht hinsichtlich etwaiger satzungsmäßiger Beschränkungen im Rahmen der Vertragsverhandlungen auferlegte, so dass im Grundsatz eine Beweislastumkehr zu Lasten des Dritten stattfand.[800] Konnte der Dritte nicht nachweisen, dass für ihn keine Möglichkeit bestand, Einsicht in die Gründungsdokumente der Gesellschaft zu nehmen, so wurde seine Bösgläubigkeit fingiert. Erst die Leitentscheidung des Plenums des HWiG vom 14.5.1998[801] bereitete dieser Spruchpraxis ein Ende, indem sie deutlich machte, dass die Beweislast für die Bösgläubigkeit des Kontrahenten den Anfechtenden trifft.[802]

Unter Heranziehung der von der neueren höchstrichterlichen Rechtsprechung zu Art. 174 ZGB entwickelten Grundsätze, lässt sich somit feststellen, dass dem Dritten keine umfassenden Erkundigungspflichten auferlegt werden.[803] Eine Kenntnis wird nicht bereits dann fingiert, wenn das Vertretungsorgan der juristischen Person beim

[798] Dafür *Andreeva,* Richterin am HWiG, im Interview mit der Verfasserin am 27. November 2001. Ähnlich *Zavidov,* Pravo i ėkonomika 2000, Nr. 8, 24 f.
[799] So *Andreeva,* Richterin am HWiG, im Interview mit der Verfasserin am 27. November 2001.
[800] S. z.B. VVAS 1996 Nr. 2, S. 93 f.; VVAS 1996 Nr. 4, S. 57; VVAS 1996 Nr. 7, S. 44; VVAS 1996 Nr. 8, S. 11 f.; VVAS 1996 Nr. 9, S. 77; VVAS 1996 Nr. 11, S. 74; VVAS 1997 Nr. 1, S. 20; VVAS 1997 Nr. 3, S. 59; VVAS 1997 Nr. 7, S.41. Vgl. dazu *Vitrjanskij,* Nedejstvitel'nost' sdelok, S. 146 f.; *Braginskij/Vitrjanskij,* Dogovornoe pravo I, S. 144 ff..
[801] VVAS 1998 Nr. 7, S. 18 f. = ChiP 1998 Nr. 9, 84 f.
[802] Ziff. 5 Abs. 2 der Entscheidung.
[803] Aus Klarstellungsgründen wäre daher in Art. 173 ZGB eine Formulierung „kannte oder darüber nicht in Unkenntnis sein konnte", wie sie in Art. 40 CISG gewählt wurde, vorzuziehen.

Vertragsabschluss darauf hinweist, dass es aufgrund der Satzung handelt.[804] Dies kann lediglich als ein Indiz gedeutet werden, begründet jedoch allein die Bösgläubigkeit nicht.[805]

Als Rechtsfolge eines unwirksamen Rechtsgeschäfts sieht Art. 167 Punkt 2 ZGB die beiderseitige Rückgewähr des Empfangenen (*restitutio in integrum*) bzw. für den Fall, dass dies nicht möglich ist, Wertersatz in Geld vor. Bisher haben die Gerichte die strengeren Rechtsfolgen des Art. 169 ZGB beim Handeln von Einzelunternehmern ohne Lizenz nicht angewendet[806] und den Grundsätzen der Rechtsordnung und der Sittlichkeit widersprechenden Zweck nicht angenommen.[807]

Die *Produktionsgenossenschaft*[808] weist einige Besonderheiten gegenüber den anderen kommerziellen Organisationen auf. Sie ist eine freiwillige Vereinigung von Bürgern auf mitgliedschaftlicher Grundlage zu gemeinsamer Produktions- oder anderer wirtschaftlicher Tätigkeit durch persönliche Arbeit oder auf andere Weise sowie durch Vereinigung der Vermögenseinlagen (vgl. Art. 107 ZGB). Somit ist die PG einer Produktionsgenossenschaft im deutschen Recht vergleichbar. Die Mitgliedschaft in einer PG und die damit zu erbringende Arbeit muss nicht zwingend hauptberuflich erfolgen, sondern kann auch mit einer Tätigkeit in anderen Organisationen verbunden werden.[809] Für Verbindlichkeiten der PG haften die Mitglieder subsidiär.[810] Die PG waren beim kapitalistischen Neubeginn kaum relevant gewesen, denn sie waren zu der Zeit gesetzlich nicht geregelt.[811] Damit betrifft das Gesetz in erster Linie ehemalige Staatsbetriebe, die heute als PG organisiert sind.

Im Gegensatz zu Handelsgesellschaften und der PG übt das *Einheitsunternehmen* seine kommerzielle Tätigkeit nicht auf der Grundlage eigenen, sondern des in fremdem Eigentum stehenden (staatlichen oder kommunalen) Vermögens aus. Das Vermögen des Einheitsunternehmens ist unteilbar und kann nicht in Einlagen (Anteilen) aufgeteilt werden. (vgl. Art. 113 Punkt 1 ZGB).[812] Die Zahl der Einheitsunternehmen ist in der Praxis sehr gering,[813] so dass sie hier keiner näheren Betrachtung bedürfen.

---

[804] Vgl. Entscheidung des HWiG v. 14.05.1998 Nr. 9, Punkt 5, VVAS 1998 Nr. 7, 19.
[805] Vgl. Entscheidung des HWiG v. 14.05.1998 Nr. 9, Punkt 5, VVAS 1998 Nr. 7, 19.
[806] Vgl. z.B. Entscheidung des Präsidiums des HWiG 22. Oktober 1996 Nr. 3411/96. Kritisch dazu *Guseva*, Rossijskij nalogovyj kur'er 1999 Nr. 5.
[807] Vgl. Entscheidung des Präsidiums des HWiG v. 14. Juli 1998 Nr. 1173/98 für eine juristische Person; sowie den von *Guseva*, Rossijskij nalogovyj kur'er 1999 Nr. 5, geschilderter Fall, in dem das Gericht Verträge eines Einzelunternehmers über Großhandelsvertrieb alkoholischer Produkte für anfechtbar nach Artt. 23 Punkt 3, 168, 173 ZGB erklärt hat.
[808] Fortan: PG.
[809] Vgl. *Sadikov-Masevič*, Kommentar zum ZGB I, Art. 107, Ziff. 4.
[810] Umfang und Verfahren der Haftung bestimmen sich zum einen nach dem Gesetz „Über Produktionsgenossenschaften" v. 8. Mai 1996 (SZ RF 1996 Nr. 20, Pos. 2321), zum anderen nach der Satzung der PG.
[811] *Hüper*, WIRO-Hanbuch , Rn. 27.
[812] Zu Besonderheiten und Eigenarten der EU s. *Suchanov*, ChiP 1995 Nr. 4, S. 8 ff., *ders.*, ChiP 1995 Nr. 8, 68 f.
[813] Vgl. *Suchanov*, ChiP 1995 Nr. 8, 69.

b. Nichtkommerzielle Organisationen

Nichtkommerzielle Organisationen können einer unternehmerischen Tätigkeit nur insoweit nachgehen, als dies der Erreichung ihrer Gründungszwecke dient und diesen Zwecken entspricht.[814] Zu den nichtkommerziellen Organisationen zählen juristische Personen, bei denen weder Gewinnerzielung noch -ausschüttung Hauptzweck ist. Dazu gehören Konsumgenossenschaften[815], gesellschaftliche und religiöse Organisationen (Vereinigungen)[816], vom Eigentümer finanzierte Einrichtungen, gemeinnützige oder andere Stiftungen sowie andere gesetzlich vorgesehene Formen[817]. Der in Art. 50 Punkt 3 ZGB aufgeführte Katalog ist daher nicht abschließend. Der Gesetzgeber verleiht nichtkommerziellen Organisationen lediglich eine spezielle Rechtsfähigkeit. Sie müssen Zweck und Gegenstand ihrer Tätigkeit in ihren Satzungen entweder selbst regeln oder die Satzung wird entsprechend den gesetzlichen Bestimmungen durch hoheitlichen Akt festgelegt. Letzteres ist für die auf dem Recht der Bewirtschaftung oder der operativen Verwaltung beruhenden Einheitsunternehmen obligatorisch (Artt. 114 Punkt 2, 115 Punkt 2 ZGB). Damit bleibt diesen kaum etwas an tatsächlicher privatrechtlicher Gestaltungsfreiheit, so dass von Selbständigkeit im Sinne der Definition der unternehmerischen Tätigkeit wohl kaum eine Rede sein kann.[818]

c. Entstehung und Beendigung

Sowohl kommerzielle als auch nichtkommerzielle Organisationen entstehen im Zeitpunkt ihrer Registrierung.[819] Die Erfassung der Angaben über die Registrierung im einheitlichen staatlichen Register der juristischen Personen hat auf die Entstehung dagegen keinen Einfluss.[820] Art. 2 des in Art. 51 ZGB vorgesehenen Registrierungsgesetzes[821] sieht im Widerspruch zum ZGB Verwaltungsbehörden und nicht die Justizorgane als für die Registrierung zuständige Organe vor.[822]
Fraglich ist, wie sich das Lizenzerfordernis auf die Entstehung juristischer Personen auswirkt. Art. 49 Punkt 3 Abs. 2 ZGB, der die Rechtsfähigkeit einer juristischen Person mit lizenzbedürftiger Tätigkeit von der Lizenzerteilung abhängig macht,

---

814 Vgl. Art. 50 Punkt 3 Absatz 2 ZGB.
815 Russ.: „potrebitel'skij kooperativ“.
816 Russ.: „obščestvennye ili religioznye organizacii (ob''jedinenija)“.
817 S z.B. Art. Art. 1 des föderalen Gesetzes der RF vom 15. Juni 1996 „ Über Personengesellschaften der Wohnungseigentümer“, SZ RF 1996, Nr. 25, Art. 2963, wonach eine Personengesellschaft der Wohnungseigentümer eine nichtkommerzielle Organisation ist. S. auch Art. 11 des föderalen Gesetzes der RF vom 22. April 1996 „Über den Wertpapiermarkt“, SZ RF 1996, Nr. 17, Art. 1918, wonach die Wertpapierbörse in der Form einer nichtkommerziellen Organisation errichtet wird.
818 Vgl. *Solotych,* ZGB Teil 1, S. 31; *Lechtinen,* ChiP 1995 Nr. 8, 60 f.; *Stampe,* Der Funktionsbereich der russischen Wirtschaftsgerichtsbarkeit, S. 63.
819 Vgl. Art. 51 Punkt 2 ZGB.
820 Vgl. *Solotych,* ZGB Teil 1, S. 34; *Rivinius,* ROW 1996, 20; *Holloch,* in: Schroeder, Die neuen Kodifikationen Russlands, S. 39 f.
821 Föderales Gesetz „Über die staatliche Registrierung juristischer Personen“ v. 8.8.2001, SZ RF 2001 Nr. 33 Art. 3431, fortan: RegistrG, in Kraft ab dem 1.7.2002.
822 Nach der Regierungsverordnung vom 17.05.02 i.d.F. vom 12.08.02 wurde die Zuständigkeit für die Registrierung juristischer Personen dem Ministerium für Steuern und Abgaben zugewiesen.

könnte so zu verstehen sein, dass auch die Entstehung selbst einer Erlaubnispflicht unterliegt.[823] Dagegen lässt sich einwenden, dass im eindeutigen Wortlaut von Art. 49 Punkt 3 ZGB nur die Rede vom Entstehen der Rechtsfähigkeit ist, die zwar im Normalfall mit der Entstehung der juristischen Person als solcher, also mit der Registrierung nach Art. 51 Punkt 2 ZGB (worauf Art. 49 ZGB auch ausdrücklich verweist) zusammenfällt, bei lizenzbedürftigen Tätigkeiten (aber auch nur bezüglich dieser) jedoch erst mit der Lizenzerteilung. Für eine solche Auslegung spricht ferner Art. 173 ZGB. Bereits aus der amtlichen Überschrift dieser Norm „ Unwirksamkeit eines Rechtsgeschäfts einer juristischen Person, das über die Grenzen ihrer Rechtsfähigkeit hinausgeht" folgt, dass die juristische Person schon entstanden sein muss. Denn wäre die Lizenzerteilung eine zwingende Voraussetzung für die Entstehung der juristischen Person, so könnte das Gebilde, welches ohne Lizenz Rechtsgeschäfte tätigt, keine juristische Person sein und Art. 173 ZGB käme nicht zur Anwendung. Dieses Ergebnis wäre unsinnig, da der Gesetzgeber mit Art. 173 ZGB offensichtlich gerade solche Fälle miteinbeziehen wollte. Schließlich ergibt sich im Umkehrschluss aus Art. 61 Punkt 2 Abs. 2 1. Fall ZGB, wonach eine juristische Person beim Handeln ohne erforderliche Lizenz liquidiert werden kann, dass eine juristische Person auch ohne erforderliche Lizenz entsteht, denn ansonsten gäbe es nichts zu liquidieren. Damit ist die Lizenzierung für die Entstehung einer juristischen Person deklaratorisch.[824]
Die Beendigung erfolgt durch Reorganisation[825] oder im Wege der Liquidation[826].[827]

III. Im Rahmen unternehmerischer Tätigkeit

Für das Vorliegen eines Handelsgeschäfts ist schließlich erforderlich, dass es im Rahmen unternehmerischer Tätigkeit abgeschlossen wird. Es wird widerlegbar vermutet, dass Geschäfte, die ein Unternehmer tätigt, mit seiner unternehmerischen Tätigkeit verbunden sind und damit als Handelsgeschäfte zu qualifizieren sind.[828] Bei kommerziellen Organisationen sind alle von ihnen vorgenommenen Geschäfte als Handelsgeschäfte anzusehen, da diese Gesellschaften keine private Sphäre haben.[829] Beim Einzelunternehmer ist zwischen seinen privaten Geschäften und denen im Rahmen unternehmerischer Tätigkeit zu unterscheiden.[830] Will ein Unternehmer geltend machen, es handele sich um seine private Angelegenheit, so muss er auch den Gegenbeweis erbringen. Erforderlich ist dabei nicht nur der Nachweis dieser privaten Angelegenheit, vielmehr muss der Einzelunternehmer beweisen

---

823 So *Solotych*, ZGB Teil 1, S. 35, die dieses Ergebnis jedoch selbst anzweifelt.
824 Ebenso *Stampe*, Der Funktionsbereich der russischen Wirtschaftsgerichtsbarkeit, S. 65.
825 Fusion, Anschluss, Teilung oder Umwandlung, Artt. 57-60 ZGB.
826 Art. 61 ZGB.
827 S. dazu *Solotych*, ZGB Teil 1, S. 35 f.; *Braginskij-Braginskij*, Kommentar zum ZGB I, S. 112 ff.
828 *Popondopulo/Jakovleva*, Kommerčeskoe pravo, S. 48 f., 191; *Olejnik*, Predprinimatel'skoe pravo, S. 416.
829 Vgl. *Olejnik*, Predprinimatel'skoe pravo, S. 416.
830 Vgl. dazu Beispiele bei *Popondopulo/Jakovleva*, Kommerčeskoe pravo, S. 81 bzw. bei *Olejnik*, Predprinimatel'skoe pravo, S. 416.

können, dass dies auch für seinen Vertragspartner erkennbar war. Dazu genügt es, wenn der Einzelunternehmer, z.B. beim Abschluss eines Vertrages, seinen Registrierungsnachweis vorlegt und deutlich macht, dass dieser Vertrag den Zwecken seiner Tätigkeit dienen soll.[831]

IV. Zusammenfassung

Der Begriff „Handelsgeschäft" („torgovaja sdelka") ist im geschriebenen russischen Recht heute kaum mehr existent. In der Literatur wird das Handelsgeschäft als ein zivilrechtlicher Vertrag zwischen Unternehmern oder unter der Beteiligung von Unternehmern definiert, der im Rahmen ihrer unternehmerischen Tätigkeit geschlossen wird. Die russische Lehre und der Gesetzgeber folgen traditionell dem subjektiven System.

Der Begriff „Unternehmer" umfasst sowohl unternehmerisch tätige natürliche Personen, die entsprechend den gesetzlich bestimmten Regeln als Unternehmer registriert sind (Einzelunternehmer), als auch kommerzielle Organisationen sowie nichtkommerzielle Organisationen im Rahmen der von ihnen ausgeübten unternehmerischen Tätigkeit. Unter unternehmerischer Tätigkeit versteht Art. 2 Punkt 1 Abs. 3 ZGB eine selbständige und auf eigenes Risiko von im gesetzlich bestimmten Verfahren registrierten Unternehmern ausgeübte Tätigkeit, die auf systematische Gewinnerzielung aus Vermögensnutzung, Warenverkauf oder Ausführung von Arbeiten und Dienstleistungen gerichtet ist. Maßgebliches Kriterium ist dabei die Gewinnerzielungsabsicht, die auch der Abgrenzung zwischen den kommerziellen und nichtkommerziellen Organisationen dient. Zu den konstitutiven Merkmalen unternehmerischer Tätigkeit zählen Selbständigkeit, eigenes Risiko und systematische Gewinnerzielungsabsicht. Planmäßige dauerhafte wissenschaftliche und künstlerische Tätigkeiten, die systematisch mit Gewinnerzielungsabsicht am Markt angeboten werden, sind als wirtschaftliche anzusehen und werden von dem Begriff unternehmerischer Tätigkeit mitumfasst. Nicht erforderlich sind dagegen die Ununterbrochenheit, die Berufsmäßigkeit und die öffentlich-rechtliche Erlaubtheit. Welche Mittel zwecks Gewinnerzielung eingesetzt werden, ist unerheblich; der Katalog in Art. 2 Punkt 1 Abs. 3 ZGB ist insofern nicht abschließend. Bloß deklaratorischen Charakter für die Qualifizierung einer Tätigkeit als unternehmerische weist ferner das Merkmal der Registrierung auf. Diese ist aber für die Erlangung des Einzelunternehmerstatus konstitutiv.

Die Registrierung verfolgt Ziele staatlicher Kontrolle, der Erfassung von statistischen Daten sowie der Offenlegung von Informationen über die Unternehmer für andere Teilnehmer des Handelsverkehrs. Grundprinzipien der Registrierung sind insbesondere ihre Öffentlichkeit, allgemeine Bekanntheit und die Publizität.

[831] S. Entscheidung des Präsidiums des HWiG v. 10. Februar 1998 Nr. 2942/97.

Bestimmte Arten von Handelgeschäften sind lizenzbedürftig; die Lizenzerteilung wirkt sich auf den Rechtsstatus des Einzelunternehmers nicht aus.
Nach dem Betätigungszweck unterscheidet der russische Gesetzgeber zwischen kommerziellen und nichtkommerziellen Organisationen. Sie entstehen im Zeitpunkt ihrer Registrierung und enden durch Reorganisation oder im Wege der Liquidation. Die Lizenzierung ist für die Entstehung einer juristischen Person deklaratorisch.
Handelsgeschäfte müssen im Rahmen unternehmerischer Tätigkeit abgeschlossen werden. Für Geschäfte eines Unternehmers besteht eine widerlegbare Vermutung, dass diese Handelsgeschäfte sind.

C. Allgemeine Bestimmungen über die Handelsgeschäfte

Das Verständnis des Unternehmensrechts als formellen und materiellen Teils des Privatrechts hat zur Folge, dass der Gesetzgeber rechtstechnisch und -systematisch im ZGB keinen eigenen Abschnitt für Handelsgeschäfte geschaffen hat, sondern in den jeweiligen thematischen Abschnitten in den einzelnen Artikeln die für den Unternehmerverkehr relevanten Besonderheiten regelt.
Hier wird ein Versuch unternommen, diese Sonderbestimmungen systematisch darzustellen und zu begründen.

I. Grundsatz der Vertragsfreiheit

Der im russischen Recht nun allgemein anerkannte Grundsatz der Vertragsfreiheit in den Formen der Abschluss- und Gestaltungsfreiheit prägt als konträrer Gegensatz zur vormaligen Regelung auch das Recht der Handelsgeschäfte. Er besagt, dass jedermann grundsätzlich in der Entscheidung frei ist, ob, mit wem und mit welchem Inhalt er Verträge abschließt, solange kein Verstoß gegen das Gesetz und andere Rechtsakte vorliegt.[832] Der Gesetzgeber betont in diesem Zusammenhang die Typenfreiheit und die Abdingbarkeit des dispositiven Rechts.[833]

II. Kontrahierungszwang

Die Vertragsfreiheit findet ihre Einschränkung in den Interessen der Verbraucher und der Gesellschaft als solchen.[834] Der Staat muss solche Grenzen setzen, um einen fairen Wettbewerb zu gewährleisten, die Zusammenballung wirtschaftlicher Macht zu

[832] Vgl. Artt. 1 Punkte 1 und 2; 3, 8, 421 f. ZGB.
[833] Als dispositiv sind die Rechtsnormen anzusehen, wenn sie entsprechende Öffnungsklausel enthalten oder ihr nachgiebiger Charakter anderweitig eindeutig aus der Formulierung hervorgeht, denn es gilt grundsätzlich immer noch die Vermutung des zwingenden Charakters einer gesetzlichen Rechtsnorm. S. dazu *Solotych,* ZGB Teil 1, S. 19 f.; *Chochlov,* Konceptual'naja osnova, S. 420 f.; kritisch *Braginskij,* ŽRP 1997 Nr. 6, 140.
[834] Vgl. Art. 1 Punkt 2 Abs. 2 ZGB; *Sadikov-Jakovlev,* Kommentar zum ZGB I 1998, Art. 421 Ziff. 2; *Braginskij/Vitrjanskij,* Dogovornoe pravo I, S. 125 ff.; *Tel'garin,* RJ 1997 Nr. 10, 13; *Denisov,* Zaključenie dogovora, S. 232, 235 f.

verhindern, Missbräuchen entgegenzuwirken und sozial Schwache zu schützen.[835] Gerade im Handelsverkehr spielt der Kontrahierungszwang eine nicht unerhebliche Rolle. Zum einen handelt es sich dabei um öffentlich-rechtliche Abschlusspflichten und Vertragspartnerbestimmung, zum anderen können sich die Parteien auch freiwillig binden[836] (vgl. Art. 421 Punkt 1 ZGB). Das Verfahren bzw. die Rechtsfolgen solcher Vertragsschlüsse im Zwangsverfahren regelt Art. 445 ZGB.[837] Danach muss die dem Abschlusszwang unterliegende Partei beim Zugang einer Offerte binnen 30 Tagen auf diese reagieren, sei es im Wege ihrer vollständigen Annahme bzw. Ablehnung oder im Wege ihrer Annahme zu anderen Bedingungen. Im letzteren Fall kann der Offerent entweder das neue Angebot, das in einem Dissensprotokoll niedergelegt wird, annehmen oder binnen weiterer 30 Tage nach dessen Zugang bzw. nach Fristablauf des neuen Angebots dem Gericht die entstandenen Meinungsverschiedenheiten zur Erörterung übertragen. In der Praxis klagt häufig die zum Vertragsschluss verpflichtete Partei auf Vertragsgestaltung.[838]
Die Nichteinhaltung der letzten 30-Tage-Frist führt bei fehlender Einigung über die wesentlichen Vertragspunkte[839] zum Nichtzustandekommen des Vertrages; in allen anderen Fällen, d.h. bei Einigung über die wesentlichen und bei Uneinigung lediglich über unwesentliche Vertragsbestimmungen kann die eine Partei trotz Fristversäumnis das Gericht anrufen, soweit die andere Partei sich damit einverstanden erklärt.[840]
Da die Frist-Regelung des Art. 445 ZGB dispositiv ist, können die Parteien sie abbedingen und andere Fristen vereinbaren.

1. Öffentliche Verträge

Den für den Handelsverkehr wichtigsten Fall des Kontrahierungszwanges mit der Möglichkeit der zwangsweisen gerichtlichen Durchsetzung des Vertragsabschlusses sieht das ZGB in Art. 426 ZGB vor,[841] der bestimmte kommerzielle Organisationen

---

[835] Vgl. *Olejnik,* Predprinimatel'skoe pravo, S. 415; *Sadikov-Jakovlev,* Kommentar zum ZGB I 1998, Art. 421 Ziff. 2; ähnlich *Braginskij-Vitrjannskij,* Kommentar zum ZGB I, S. 388.; *Braginskij/Vitrjanskij,* Dogovornoe pravo I, S. 125; *Gubin/Lachno,* Predprinimatel'skoe pravo, S. 359; *Smetanin,* ĖiŽ-Jurist v. 10.3.2001, S. 2.
[836] Z.B. aufgrund eines Vorvertrages gemäß Art. 429 ZGB, für Handelsgeschäfte gelten insoweit keine Besonderheiten.
[837] Diese Regelung ist wohl aus den früheren Bestimmungen für planwirtschaftliche Lieferverträge überkommen. Vgl. dazu *Pellegrino,* RIW 1998, 502 f.
[838] *Solotych,* ZGB Teil 2, S. 59.
[839] Vgl. dazu Art. 432 Punkt 1 ZGB.
[840] Vgl. Informationsbrief des Präsidiums des HWiG v. 5.5.1997 Nr. 14, Punkt 1, in: *Murzin,* ZGB-Rechtsprechung, S. 541; *Braginskij/Vitrjanskij,* Dogovornoe pravo I, S. 175.
Steininger (Kaufrecht, S. 152) spricht in diesem Zusammenhang von einer „weiten und nicht gerade unternehmerfreundlichen Auslegung" des Kontrahierungszwangs durch das HWiG. Dabei verkennt er zum einen, dass der im Informationsbrief formulierte Grundsatz, dass die 30-Tage-Frist nicht absolut gilt bzw. ausdehnbar ist, nur bei Uneinigkeit über unwesentliche Vertragspunkte eingreift, nicht jedoch bei Uneinigkeit über die wesentlichen Vertragspunkte. Zum anderen müsse nach der Fristversäumung die Gegenpartei mit der Einreichung der Klage einverstanden sein. Damit kann von einer „Belastung der kontrahierungspflichtigen Partei durch die Ausdehnung des Zeitraums der Rechtsunsicherheit" - des Unternehmers - kaum eine Rede sein.
[841] Artt. 426 Punkt 3 Abs. 2 i.V.m. 445 Punkt 4 Abs.1 ZGB.

verpflichtet, öffentliche Verträge mit jedem Verbraucher,[842] Einzelunternehmer[843] bzw. mit jeder juristischen Person[844] abzuschließen.[845] Zu öffentlichen Verträgen zählen insbesondere die wichtigen Teilbereiche der Daseinsvorsorge (Beförderung mit öffentlichen Verkehrsmitteln,[846] Kommunikationsdienstleistungen, Energieversorgung,[847] medizinische Betreuung), Hotelservice,[848] Einzelhandel, [849] Vertrag über gewerbsmäßige Miete von beweglichen Sachen,[850] Verbraucherwerkvertrag[851] usw.[852] In Art. 426 ZGB handelt es sich ausschließlich um Fälle, in denen jemand an die kommerzielle Organisation herantritt.[853] Denn eine Verpflichtung kommerzieller Organisationen zur Abgabe eines Angebots kann weder aus Art. 445 Punkte 2 und 4 ZGB noch aus Art. 426 Punkte 1 und 3 ZGB hergeleitet werden.[854]

Darüber hinaus enthält Art. 426 Punkt 1 Abs. 2 und Punkt 2 ZGB innerhalb seines persönlichen Anwendungsbereiches ein Diskriminierungsverbot, indem er grundsätzlich verbietet, eine Person gegenüber einer anderen zu bevorzugen, und Anbieter verpflichtet, Preise für ihre Leistungen einheitlich für alle Verbraucher zu bestimmen. Eine kommerzielle Organisation darf den Vertragsschluss nur dann

---

[842] Zum Begriff des Verbrauchers s. Präambel des VerbrSchG. Danach ist Verbraucher jeder Bürger, der die Absicht hat, ausschließlich für den nicht mit der Ausübung unternehmerischer Tätigkeit verbundenen persönlichen, familiären und anderen Bedarf, Waren (Arbeiten, Dienstleistungen) zu bestellen oder zu erwerben oder diese bestellt, erwirbt oder verwendet.

[843] *Braginskij,* ŽRP 1997 Nr. 6, 140. I.E. auch *Dedikov,* ChiP 1997 Nr. 11, 116 f., der zwar betont, dass nach dem Wortlaut der Norm Einzelunternehmer nicht unter den Anwendungsbereich des Art. 426 ZGB fallen, zu Recht aber unter Einbeziehung der spezielleren Normen des besonderen Schuldrechts zu dem Schluss kommt, dass Art. 426 ZGB so ausgelegt werden müsse.

[844] Dass Art. 426 ZGB unter „jedem" nicht nur Verbraucher, sondern auch juristische Personen versteht, folgt im Umkehrschluss aus Artt. 492 Punkt 2, 626 Punkt 3, 789 Punkt 2, 908 Punkt 2, 927 Punkt 1 ZGB. Vgl. dazu *Braginskij/Vitrjanskij,* Dogovornoe pravo I, S. 205; *Braginskij-Vitrjanskij,* Kommentar zum ZGB I, S. 394 f.; *Popondopulo/Jakovleva,* Kommerčeskoe pravo, S. 200.

[845] Vgl. den Kontrahierungszwang im deutschen Recht beim Personenverkehr (§ 10 AEG), bei der Beförderung mit Straßenbahnen, Obussen und Kraftfahrzeugen (§ 22 PbefG) sowie im Fluglinienverkehr (§ 21 II 2 Luft VG) und bei der Kraftfahrzeugpflichtversicherung (§ 5 II PflVersG).

[846] Art. 789 Punkt 2 ZGB.

[847] Dabei handelt es sich um sog. „natürliche Monopole", die in Art. 3 des föderalen Gesetzes „Über die natürlichen Monopole" v. 17. 8. 1995 (SZ RF 1995 Nr. 34, Art. 3426, dt. Übersetzung in: Brunner/Schmid/Westen, WOS Russland III 8 c, fortan: NatmonopolG) definiert sind als Marktzustände, bei denen die Befriedigung der Nachfrage auf diesen Märkten kraft technologischer Besonderheiten der Produktion bei Fehlen des Wettbewerbs effektiver ist und die von Subjekten der natürlichen Monopole hergestellten Waren beim Verbrauch nicht durch andere Waren ersetzt werden können, wodurch die Nachfrage auf den betroffenen Märkten nach den von Subjekten der natürlichen Monopole hergestellten Waren in geringerem Maße von der Änderung des Preises für diese Ware als die Nachfrage auf andere Warenarten abhängen.

Ein ausdrücklicher Kontrahierungszwang für natürliche Monopole ist in Art. 8 Punkt 1 NatmonopolG festgelegt, wonach die Subjekte natürlicher Monopole nicht berechtigt sind, den Abschluss von Verträgen mit einzelnen Verbrauchern über die Herstellung (Veräußerung) von Waren abzulehnen, gegenüber denen die Regulierung gemäß vorliegendem Föderalen Gesetz erfolgt, wenn das Subjekt des natürlichen Monopols die Möglichkeit hat, diese Waren herzustellen (zu veräußern).

[848] S. Bestimmungen zum Hotelservice in der Russischen Föderation, bestätigt durch den Beschluss der Regierung der RF v. 15.6.1994, Ross. Gazeta v. 22.6.1994.

[849] Art. 492 Punkt 2 ZGB.

[850] Art. 626 Punkt 3 ZGB.

[851] Art. 730 Punkt 2 ZGB.

[852] Vgl. ferner Artt. 834 Punkt 2, 908 Punkt 1, 919 Punkt 1, 923 Punkt 1, 927 Punkt 1 ZGB.

[853] Vgl. Informationsbrief des Präsidiums des HWiG vom 5.5.1997 Punkt 2, abgedruckt in: Murzin, ZGB-Rechtsprechung, S. 515 f.; *Steininger,* Kaufrecht, S. 149 f. mwN aus der Rspr.

[854] Vgl. Informationsbrief des Präsidiums des HWiG vom 5.5.1997 Punkt 2, abgedruckt in: Murzin, ZGB-Rechtsprechung, S. 515 f. Ebenso *Steininger,* Kaufrecht, S. 149 f.

verweigern, wenn die Leistung unmöglich ist, ansonsten begründet die Verweigerung einen Schadensersatzanspruch (Artt. 426 Punkt 3 i.V.m. 445 Punkt 4 Abs. 2 ZGB). Die Beweislast für die Unmöglichkeit der Leistung trägt dabei die kommerzielle Organisation.[855]

Die *ratio* der dem russischen Recht bisher unbekannten Regelung öffentlicher Verträge[856] liegt im Verbraucherschutz sowie im Schutz vor Missbräuchen einer rechtlichen oder tatsächlichen Monopolstellung.[857] Eine umfassende Gewährleistung dieses Schutzes gebietet, auch den Einzelunternehmer in den persönlichen Anwendungsbereich des Art. 426 ZGB als pflichtgebundenes Subjekt nach Art. 23 Punkt 3 ZGB einzubeziehen.[858] Weder bestehen etwaige anderslautende Bestimmungen, noch ergibt sich etwas anderes aus dem Wesen des Rechtsverhältnisses. Für die Anwendbarkeit des Art. 426 ZGB auf Einzelunternehmer spricht insbesondere, dass kommerzielle Organisationen sonst Wettbewerbsnachteile gegenüber Einzelunternehmern hätten, da ihre Vertragsfreiheit nach Art. 426 ZGB stark eingeschränkt wäre.[859] Allerdings dürfte in der Praxis vor allem in den Bereichen der Energieversorgung und der Telekommunikation kaum eine größere Zahl von Einzelunternehmern agieren, da diese Bereiche naturgemäß in den Händen großer Unternehmen liegen. Dagegen könnte Art. 426 ZGB für Einzelunternehmer wohl im Einzelhandel, Hotelservice und im Transportbereich relevant werden.
Art. 426 Punkt 4 ZGB enthält einen weiteren Eingriffsvorbehalt hinsichtlich der Abschlussfreiheit. Danach kann die Regierung in den durch Gesetz vorgesehenen Fällen für die Parteien zwingende Regelungen über Abschluss und Erfüllung von öffentlichen Verträgen erlassen. Davon hat die Regierung bereits regen Gebrauch gemacht.[860] Diese Norm wird in der russischen und westlichen Literatur unterschiedlich bewertet. *Pellegrino* bezweifelt die Zweckmäßigkeit einer solchen Regelung.[861] Fraglich erscheint ihm, ob die Regierung in der Lage sei, jeweils angemessene Bestimmungen in der gebotenen Zeit zu entwerfen und zu verabschieden.[862] Zum anderen beeinträchtigten solche Verordnungen die

---

[855] Vgl. E Plenen OG und HWiG Nr. 6/8 v. 1.7.1996 Punkt 55, VVAS 1996 Nr. 9, 18; *Popondopulo/Jakovleva*, S. 195; *Olejnik*, Predprinimatel'skoe pravo, S. 424.
[856] Diese Regelung stammt wohl aus dem englischen Recht, s. *Boguslawskij*, in: Horn/Pleyer, S. 53, *Sadikov*, ZEuP 1996, 268.
[857] Vgl. *Braginskij/Vitrjanskij*, Dogovornoe pravo I, S. 198 ff.; *Makovskij/Chochlov*, Zakon 1995 Nr. 2, 97; *Braginskij*, ŽRP 1997 Nr. 6, 140; *Klejn*, ŽRP 1997 Nr. 6, 160; *Dedikov*, ChiP 1997 Nr. 11, 116; *Zavidov*, Pravo i ėkonomika 2000 Nr. 7, 8. S. Informationsbrief des Präsidiums des HWiG v. 30.3.1998 Nr. 32, Punkte 8, 13, 14, in: *Murzin*, ZGB-Rechtsprechung, S. 514 f. Im deutschen Recht vgl. § 20 GWB, bis zum Gesetz v. 26.8.1998 (BGBl. I S. 2521) § 26 GWB.
[858] Dafür auch *Braginskij/Vitrjanskij*, Dogovornoe pravo I, S. 205.
[859] Ebenso *Braginskij/Vitrjanskij*, Dogovornoe pravo I, S. 205.
[860] Z.B. Bestimmungen über den Kommissionshandel mit Waren, die nicht Lebensmittel sind, v. 6.6.1998 (SZ RF 1998 Nr. 24, Art. 2733), Bestimmungen über Gaslieferung in der RF v. 5.2.1998 (SZ RF Nr. 6, Art. 770). S. dazu *Braginskij/Vitrjanskij*, Dogovornoe pravo I, S. 207 und *Tot'ev*, ChiP 1995 Nr. 6, 80 mwN.
[861] Vgl. *Pellegrino*, RIW 1998, 502.
[862] *Pellegrino*, RIW 1998, 502.

Übersichtlichkeit des geltenden Rechts und damit die Rechtssicherheit wesentlich.[863] Solche Befürchtungen werden in der russischen Literatur nicht geteilt. So betonen *Braginskij* und *Vitrjanskij* im Gegenteil den fortschrittlichen Charakter des Art. 426 Punkt 4 ZGB, da dieser eine Einschränkung gegenüber Art. 3 Punkt 4 ZGB bedeute.[864] Während der letztere der Regierung der RF ein umfassenderes Rechtsetzungsrecht gewähre, sehe Art. 426 Punkt 4 ZGB lediglich einen Gesetzesvorbehalt vor.[865] Art. 426 Punkt 4 ZGB berücksichtige gerade die Spezifik der Rechtsbeziehungen mit Massenverbrauchern aufgrund öffentlicher Verträge.[866] Regierungsbestimmungen seien ein „operatives und plastisches" Mittel der Gewährleistung eines umfassenden Verbraucherschutzes.[867]
Wenn auch die Zweifel von *Pellegrino* nicht von der Hand zu weisen sind, ist doch grundsätzlich zu betonen, dass die Materie im Detail nur auf Verordnungsebene geregelt werden kann. Jedoch ist der viel zu weit gefasste Tatbestand des Art. 426 Punkt 1 ZGB kritisch zu würdigen. Zwar könnte für den Kontrahierungszwang rechtspolitisch angeführt werden, dass für den Übergang vom planwirtschaftlichen System zur Marktwirtschaft, in dem sich Russland immer noch befindet, der sozialistisch geprägte Kontrahierungszwang hilfreich sei, um insbesondere die Grundversorgung der Bevölkerung zu gewährleisten.[868] Nach dem Wortlaut des Art. 426 ZGB fällt aber jede kommerzielle Organisation, die für ein breites Publikum bestimmte Leistungen anbietet, unter den Anwendungsbereich. Dies bedeutet einen erheblichen Eingriff in die Vertragsfreiheit der Parteien, dessen Rechtfertigung zwar im Fall einer Monopolstellung bzw. marktbeherrschenden Stellung des Anbieters gegeben sein mag, in allen anderen Konstellationen jedoch zweifelhaft erscheint.
Im Ergebnis ist daher *Pellegrino* zuzustimmen, der die Festschreibung des strikten Kontrahierungszwangs, der sich über weite Teile des täglichen Wirtschaftslebens erstreckt, als sozialistische Reminiszenz betrachtet.[869]

2. Weitere Fälle des Kontrahierungszwangs

Im Rahmen des Kontrahierungszwanges ist ferner Art. 5 Punkt 1 WettbewerbsG zu beachten.[870] Danach sind marktbeherrschende Unternehmen verpflichtet, Verträge mit allen Verbrauchern abzuschließen, solange dies ihnen möglich ist.[871]

---

[863] *Pellegrino,* RIW 1998, 502.
[864] Vgl. *Braginskij/Vitrjanskij,* Dogovornoe pravo I, S. 206.
[865] Vgl. *Braginskij/Vitrjanskij,* Dogovornoe pravo I, S. 206.
[866] *Braginskij-Vitrjanskij,* Kommentar zum ZGB I, S. 396.
[867] Vgl. *Braginskij-Vitrjanskij,* Kommentar zum ZGB I, S. 396; *Popondopulo/Jakovleva,* S. 201; *Denisov,* Zaključenie dogovora, S. 243; *Dedikov,* ChiP 1997 Nr. 11, 116.
[868] *Steininger,* Kaufrecht, S. 164 mwN.
[869] *Pellegrino,* RIW 1998, 502; ebenso *Steininger,* Kaufrecht, S. 165.
[870] Vgl. auch Art. 10 Punkt 1 Abs. 2 ZGB.
[871] Dabei ist das Abschicken dem Verbraucher eines Vertragsentwurfs, welches keine wesentlichen Vertragsbedingungen enthält, mangels Bestimmtheit des Angebots als unzureichend anzusehen. S. Beilage zum Informationsbrief des Präsidiums des HWiG v. 30.3.1998 Nr. 32, Punkt 15, in: *Murzin,* ZGB-Rechtsprechung, S. 539 f.

Zu den weiteren Fällen der gesetzlichen Einschränkung der Vertragsfreiheit zählt der zwangsweise Vertragsabschluss im Rahmen einer Versteigerung, wenn das Recht auf Vertragsabschluss Gegenstand der Versteigerung war (Art. 448 Punkt 5 Abs. 2 ZGB). Darüber hinaus ist für marktbeherrschende Unternehmen der Abschluss staatlicher Kontrakte[872] über die Lieferung von Erzeugnissen für den föderalen staatlichen Bedarf[873] sowie der Abschluss eines staatlichen Kontrakts über die Lieferung von Vermögensgegenständen an die staatliche Reserve zwingend.[874] Welche Unternehmen dabei als marktbeherrschend anzusehen sind, wird weder im StaatslieferG noch im StaatmatreservG klargestellt. Es werden weder die zu behauptenden Positionen des betroffenen Unternehmers auf seinem Warensektor bestimmt noch eine Prozentzahl des auf ihn entfallenden Marktanteils genannt. Während für den militärisch-industriellen Sektor die 70%-Grenze gilt,[875] wird in der russischen Literatur für andere Bereiche eine niedrigere Grenze befürwortet.[876] Als Argument wird zunächst die in Art. 4 WettbewerbsG gegebene Definition der marktbeherrschenden Stellung herangezogen.[877] Danach ist die Stellung eines Wirtschaftssubjekts dann marktbeherrschend, wenn es auf einem Markt für eine bestimmte Ware einen Anteil von 65 % und mehr aufweist.[878] Eine Marktbeherrschung ist danach ferner dann zu bejahen, wenn ein Wirtschaftssubjekt einen Marktanteil von weniger als 65 %, jedoch mehr als 35% hat, wenn dies durch das Antimonopolorgan aufgrund einer Marktanalyse festgestellt wird. Ferner beruft sich die Literatur auf Art. 18 WettbewerbsG, wonach alle Unternehmen, welche über 35% der Marktanteile ihres Betätigungsfeldes beherrschen, in ein Antimonopolregister eingetragen werden.[879]

Gegen eine pauschale Übernahme des wettbewerbsrechtlichen Schwellenwertes von 35% im Rahmen staatlicher Kontrakte spricht jedoch, dass es in der Praxis durchaus vorkommen kann, dass ein Unternehmen zwar rein nach Prozentzahlen höhere Marktanteile hält, in Wirklichkeit jedoch ein anderer, prozentual kleinerer Betrieb aufgrund der Lizenzvergabe eines Patentes eine wesentlich markt-

---

[872] Gemäß der Legaldefinition in Art. 526 ZGB wird unter dem staatlichen Kontrakt ein Vertrag verstanden, in dem sich der Lieferant verpflichtet, die Ware dem staatlichen Auftraggeber oder auf seine Anweisung einer anderen Person zu liefern, und sich der staatliche Auftraggeber verpflichtet, für die Bezahlung von gelieferten Waren zu sorgen.

[873] S. Art. 527 Punkt 2 ZGB i.V.m. Artt. 5 Punkt 2; 3 Punkt 7 des föderalen Gesetzes „Über die Lieferung von Erzeugnissen für den föderalen staatlichen Bedarf" (fortan: StaatslieferG) v. 13.12.1994 (SZ RF 1994 Nr. 34, Art. 3540 i.d.F. v. 6.5.1999, SZ RF 1999 Nr. 19, Art. 2302. Dt. Übersetzung in Brunner/Schmid/Westren, WOS Russland IV 2 c) und Art. 9 Punkt 4 StaatmatreservG.

[874] Art. 9 Punkt 4 des Gesetzes „Über die staatlichen materiellen Reserven" vom 29.12.1994 (fortan: StaatmatreservG, SZ RF 1995 Nr. 1, Art. 3) idF vom 12.2.1998 (SZ RF 1998 Nr. 7, Art. 798).

[875] Art. 9 Punkt 4 StaatmatreservG.

[876] Vgl. *Sadikov-Klejn,* Kommentar zum ZGB II 1998, Art. 527, Ziff. 3.

[877] Vgl. *Sadikov-Klejn,* Kommentar zum ZGB II 1998, Art. 527, Ziff. 3.

[878] Hierbei handelt es sich um eine widerlegbare Vermutung. Ausnahmsweise liegt keine Marktbeherrschung vor, wenn dem Wirtschaftssubjekt trotz der Überschreitung dieses Grenzwertes der Gegennachweis gelingt.

[879] Vgl. *Sadikov-Klejn,* Kommentar zum ZGB II 1998, Art. 527, Ziff. 3.

beherrschendere Stellung innehat.[880] Daher sollen solche Begriffe wie „marktbeherrschend“ *de lege ferenda* branchenabhängig ausgelegt werden.[881]

III. Abschluss, Anpassung und Aufhebung der Handelsgeschäfte

1. Zustandekommen der Handelsgeschäfte

Für den Abschluss von Handelsgeschäften stehen wie bei allgemeinen Verträgen drei Möglichkeiten zur Verfügung: ein Vertragsschluss durch Einigung durch Angebot und Annahme (Artt. 432 Punkt 2, 433 Punkt 1 ZGB), ein Vertragsschluss durch Einigung und Übergabe des Vertragsgegenstandes (Art. 433 Punkt 2 ZGB)[882] und ein Abschluss durch staatliche Registrierung (Art. 433 Punkt 3 ZGB)[883].
Der gebräuchliche Vertragsschluss nach Artt. 154 Punkt 3, 432 Punkt 1 Abs. 1, 433 Punkt 1 ZGB setzt übereinstimmende Willenserklärungen der Parteien[884], eine Einigung über die wesentlichen Vertragsbedingungen und die Einhaltung der erforderlichen Form voraus. Als wesentlich werden dabei der Vertragsgegenstand, die die jeweilige Vertragsart charakterisierenden *essentialia negotii* und diejenigen Bedingungen angesehen, zu denen nach dem Willen nur einer Partei eine Vereinbarung getroffen werden soll (Art. 432 Punkt 1 Absatz 2 ZGB).[885] Eine Offerte bindet den Offerenten ab ihrem Zugang beim Adressaten, wobei sie gleichzeitig oder bis zum Zugang widerrufbar ist.[886] Im Fall der Bestimmung einer Annahmefrist kann die Offerte innerhalb dieser Frist lediglich dann widerrufen werden, wenn ein entsprechender Vorbehalt in der Offerte geäußert wurde oder sich aus dem Wesen der Offerte ergibt.[887] Eine solche Konzeption ähnelt dem UN-Kaufrecht.[888] Nach Art. 16 Abs. 2 a) CISG kann ein Angebot nicht widerrufen werden, wenn es durch Bestimmung einer festen Frist zur Annahme oder auf andere Weise zum Ausdruck bringt, dass es unwiderruflich ist. Im Rahmen der Vorarbeiten zum UN-Kaufrecht war umstritten, ob ein Angebot auch dann widerruflich ist, wenn in ihm eine Annahmefrist gesetzt ist. Während Vertreter des *common law* nicht akzeptieren wollten, dass die Fristbestimmung in der Offerte den Offerenten automatisch bindet, waren Vertreter des *civil law* für ein solches Verständnis der Norm. Im Ergebnis schien eine Einigung

---

[880] *Steininger*, Kaufrecht, S. 157.
[881] Ähnlich *Steininger*, Kaufrecht, S. 157.
[882] Hier sind in erster Linie Darlehens- (Art. 807 ZGB) und Verwahrungsverträge (Art. 907 ZGB) zu nennen, die im Zeitpunkt der Übergabe des als Darlehen gewährten Geldes oder der zur Verwahrung übergebenen Sache wirksam werden.
[883] Darunter fällt z.B. der Unternehmenskauf nach Art. 560 Punkt 3 ZGB.
[884] Begriffe des Angebots und der Annahme werden in Artt. 435 Punkt 1, 438 Punkt 1 ZGB wie im UN-Kaufrecht legal definiert.
[885] Im einzelnen dazu s. *Kučer*, Zakonodatel'stvo 2001 Nr. 5, 46 f.; *Steininger*, Kaufrecht, S. 103 ff.
[886] Artt. 435 Punkt 2, 436 ZGB. Vgl. die fast wörtliche Übereinstimmung dieser Normen mit § 130 Abs. 1 S.1 BGB, Art. 15 des Übereinkommens der Vereinten Nationen über Verträge über den internationalen Warenkauf (United Nations Convention on Contracts for the International Sale of Goods, fortan: CISG) v. 11.4.1980. Vgl. auch Art. 2:202 The Principles of European Contract Law (fortan: PECL). Dt. Übersetzung von *Drobnig, U./Zimmermann, R./Wicke, H.* in: ZEuP 2000, 675 ff.
[887] Artt. 435 Punkt 2, 436 ZGB. Ebenso Art. 2:202 Abs. 3 b) PECL.
[888] Vgl. Art. 15 Abs. 1, 16 Abs. 2 CISG.

darüber erzielt worden zu sein, dass Art. 16 Abs. 2 CISG als eine Auslegungsregel aufzufassen sei und die Tatsache, ob ein Angebot widerruflich sei oder nicht, davon abhänge, wie der Wille des Offerenten von dem Annehmenden vernünftigerweise verstanden werden durfte.[889] Im Gegensatz zum UN-Kaufrecht ist Art. 436 ZGB nicht missverständlich, sondern ist eindeutig formuliert und deshalb nicht als eine bloße Auslegungsregel aufzufassen, sondern als Grundsatz der Unwiderruflichkeit eines befristeten Antrags bis zum Ablauf der Frist zu verstehen.[890] Dieses Prinzip entspricht Art. 2:202 Abs. 3 b) PECL, wonach der Widerruf eines Angebots unwirksam ist, wenn das Angebot eine feste Frist zur Annahme bestimmt hat. Die russische Bestimmung hat allerdings gegenüber den PECL den Vorteil, dass sie die für den Offerenten strenge Regelung abmildert.[891] Sie berücksichtigt damit sowohl die Interessen des Empfängers, der auf die Ernsthaftigkeit des Antrags vertraut, als auch die des Offerenten, der sich immer durch einen entsprechenden Vorbehalt in seiner Offerte von der Bindung schützen kann.[892]

a. Invitatio ad offerendum und öffentliche Offerte

Neben dem im Handelsverkehr weit verbreiteten Institut der *invitatio ad offerendum* (Aufforderung zur Abgabe eines Angebots an einen unbestimmten Personenkreis), sieht das russische Recht ferner die Möglichkeit einer öffentlichen Offerte vor (*invitatio ad incertas personam*), die im Gegensatz zur bloßen *invitatio ad offerendum* alle wesentlichen Vertragsbedingungen enthält und aus der der Rechtsbindungswille des Offerenten hervorgeht (Art. 437 Punkt 2 ZGB). So wurde die Verteilung von Preislisten eines pharmazeutischen Unternehmens, die lediglich Informationen über bestimmte Arzneimittel enthielten, vom HWiG mangels wesentlicher Vertragsbedingungen als eine bloße Aufforderung zur Abgabe eines Angebots und nicht als eine öffentliche Offerte qualifiziert.[893]

Das im russischen Recht neu eingeführte Rechtsinstitut der öffentlichen Offerte[894] ähnelt stark der gleichnamigen Rechtsfigur im deutschen Recht. Der Unterschied liegt aber in der Auslegung des Rechtbindungswillens. Zwar soll in beiden Rechtsordnungen nicht der innere Wille des Antragenden, sondern der objektive Erklärungswert seines Verhaltens maßgebend sein.[895] Im Gegensatz zu deutscher

[889] Vgl. *Lando,* Some features of the Law of Contract in the third Millenium, http://www.cbs.dk/departments/law/staff/ol/commission_on_ecl/literature/lando01.htm, S. 384 mwN.
[890] Ebenso *Steininger,* Kaufrecht, S. 112.
[891] Ähnlich *Steininger,* Kaufrecht, S. 112.
[892] Ebenso *Pellegrino,* RIW 1998, 502. Vgl. dazu im einzelnen *Kučer,* Zakonodatel'stvo 2001 Nr. 5, 51 f.
[893] Beschluss des Präsidiums des HWiG vom 9.12.1997, VVAS 1998 Nr. 5, S. 35 f.
[894] Zur Vorgeschichte und zum Streit über die Möglichkeit eines bindenden Angebots an unbestimmten Personenkreis s. *Braginskij/Vitrjanskij,* Dogovornoe pravo I, S. 157 f. mwN; *Kučer,* Zakonodatel'stvo 2001 Nr. 5, 49 f. mwN.
[895] Dies folgt für das russische Recht bereits aus der gesetzlichen Formulierung des Art. 437 Punkt 2 ZGB, wonach ein solches Angebot als öffentliche Offerte anzusehen ist, aus dem *der Vertragsabschlusswille* der Person, die das Angebot abgegeben hat, *ersichtlich ist.* Ob ein solcher Wille in der Tat vorgelegen war, ist somit nicht entscheidend.

Lehre und Rechsprechung wird in der russischen Doktrin jedoch eine sehr weitgehende Auslegung des Rechtsbindungswillen des Offerenten befürwortet. So soll bereits Werbung in Zeitungen, im Fernsehen oder Radio, auf Plakaten bzw. in Preislisten, die wesentliche Vertragsbedingungen enthält, den Rechtsbindungswillen manifestieren und damit den Anforderungen einer öffentlichen Offerte genügen.[896] Für den Einzelhandelskauf wird in Art. 494 Punkt 2 ZGB vielmehr bestimmt, dass bereits die Ausstellung von Waren am Verkaufsort (auf Ladentischen, in Schaufenstern u.ä.), Vorführungen von Warenmustern oder Mitteilung von Informationen über die zu verkaufenden Waren (z.B. Kataloge) am Ort ihres Verkaufs unabhängig davon als eine öffentliche Offerte gilt, ob der Preis und andere wesentliche Bedingungen des Einzelhandelskaufs angegeben sind.[897] Solche Handlungen wären dagegen nach deutschem Recht als bloße *invitatio ad offerendum* anzusehen. Der Verkäufer kann die bindende Wirkung seines Angebots lediglich durch ausdrückliche Vorbehalte vermeiden, in denen er zum Ausdruck bringt, dass die betreffenden Waren nicht für den Verkauf bestimmt sind. Die absurden Ergebnisse dieser Regelung führen z.B. dazu, dass der Verkäufer alle Waren, die der Dekoration bzw. künstlerischen Ausgestaltung seines Geschäfts dienen, praktisch mit einem Schild versehen muss, diese seien unverkäuflich, um die Gefahr einer Inanspruchnahme seitens der Verbraucher zu vermeiden.[898]

Gibt der Unternehmer nicht durch ausdrückliche Hinweise deutlich zu erkennen, dass seine Ware bzw. Dienstleistung kein bindendes Angebot darstellt, besteht für ihn die Gefahr, mit jedem, der sich meldet, einen Vertrag abgeschlossen zu haben. Dies hat zur Folge, dass er das Beschaffungsrisiko trägt und sich im Zweifel schadensersatzpflichtig wegen Nichterfüllung macht.[899] Zum Teil wird in der russischen Literatur in diesem Zusammenhang vertreten, dass sich der Unternehmer bei öffentlichen Verträgen, zu welchen insbesondere der Einzelhandelskauf zählt,[900] immer auf Unmöglichkeit der Beschaffung berufen kann. Dies wird im Umkehrschluss

---

[896] Vgl. *Braginskij/Vitrjanskij,* Dogovornoe pravo I, S. 158 f.; *Sadikov-Klejn,* Kommentar zum ZGB I, Art. 437 Ziff. 2, 3; *Kučer,* Zakonodatel'stvo 2001 Nr. 5, 50; *Gubin/Lachno,* Predprinimatel'skoe pravo, S. 362.
Die gleiche Zielrichtung wird in Art. 8 der Bestimmungen „Über den Verkauf von Waren anhand von Mustern" weiterverfolgt (bestätigt durch die Verordnung der Regierung vom 21.7.1997 (SZ RF 1997 Nr. 30, Art. 3657 i.d.F. vom 2.10.1999, SZ RF 1999 Nr. 41, Art. 4923; fortan: Musterkaufbest.; dt. Übersetzung in: WiRO 1997, S. 468 ff.). Allerdings ist in Art. 8 Abs. 2 Musterkaufbest. missverständlich von einer Verpflichtung zum Vertragsabschluss die Rede, während in Art. 8 Abs. 1 Musterkaufbest. das durch Beschreibung oder Werbung an einen unbestimmten Personenkreis gerichtete Angebot bereits als öffentliche Offerte qualifiziert wird, falls es alle wesentlichen Vertragsbedingungen enthält.

[897] Diesem Grundsatz entspricht auch die Praxis im russischen Einzelhandel. Die Käufer bezahlen zuerst an der Kasse die gewünschte Ware, die sie im Schaufenster oder in anderen Warenauslagen gesehen haben, und lassen sich gegen Vorlage des Kassen- oder Warenbelegs durch den Verkäufer die Ware aushändigen. Dabei kommt der Vertrag bereits mit der Bezahlung an der Kasse durch konkludentes Handeln zustande (vgl. Art. 438 Punkt 3 ZGB) und nicht erst später an der Ladentheke zustande (vgl. Art. 493 ZGB). Vgl. *Braginskij-Vitrjanskij,* Kommentar zum ZGB II für Unternehmer, S. 32.

[898] Vgl. *Sadikov-Levšina,* Kommentar zum ZGB II 1998, Ziff. 2; *Guev,* Kommentar zum ZGB II, S. 138; *Braginskij/Vitrjanskij,* Dogovornoe pravo I, S. 158.

[899] Ähnlich *Steininger,* Kaufrecht, S. 114.

[900] Art. 492 Punkt 2 ZGB. Dazu im einzelnen unten Kapitel 2 D II 1 a.

aus Art. 426 Punkt 3 Abs. 1 ZGB gefolgert. Daraus könne entnommen werden, dass sich eine kommerzielle Organisation bzw. ein Einzelunternehmer weigern können, einen öffentlichen Vertrag abzuschließen, wenn keine Möglichkeit besteht, entsprechende Waren zu liefern, Dienstleistungen zu erbringen oder entsprechende Arbeiten auszuführen.[901] Allerdings ist die Rechtslage bei einer öffentlichen Offerte im Fall eines öffentlichen Vertrages anders als die in Art. 426 Punkt 3 Abs. 1 ZGB geschilderte. Denn Art. 426 Punkt 3 ZGB liegt ein Fall zugrunde, in dem dem Unternehmer ein Angebot unterbreitet wird, das der Unternehmer aufgrund des Abschlusszwanges anzunehmen verpflichtet ist. Damit gibt Art. 426 Punkt 3 ZGB bei Unmöglichkeit der Erbringung der Leistung lediglich das Recht zur Verweigerung des Vertragsabschlusses. Bei einer öffentlichen Offerte liegt dagegen ein bindendes Angebot des Unternehmers bereits vor und der Vertrag kommt schon mit der Annahme durch den Kunden zustande. Der Unternehmer kann also den Vertragsabschluss mit der Berufung auf Unmöglichkeit nicht verhindern, es kann höchstens vom Erlöschen des Leistungsanspruchs bzw. vom Recht zur Verweigerung der Erfüllung[902] die Rede sein. Somit kommt bei öffentlichen Offerten lediglich eine analoge Anwendung des Art. 426 Punkt 3 ZGB in Betracht.[903] Sollte diese statthaft sein, so stellt sich weiterhin die Frage nach dem Begriff der Unmöglichkeit. Eine enge Auslegung der Unmöglichkeit, wonach ausreichend sei, dass die „letzte Ware" verkauft[904] ist oder „der Vorrat nicht reicht",[905] erscheint zweifelhaft.[906] Gegen eine solche enge Auslegung spricht, dass Unternehmer grundsätzlich verschärft haften[907] und dem Gesetz nichts zu entnehmen ist, dass der Unternehmer bei öffentlichen Verträgen nicht das Beschaffungsrisiko tragen soll. Im Gegenteil besteht gerade bei öffentlichen Verträgen ein höheres Schutzbedürfnis für die schwächere Vertragspartei, an deren Stelle in den meisten Fällen ein Verbraucher steht. Dies kommt insbesondere in Art. 505 ZGB zum Ausdruck, wonach der Verkäufer in jedem Fall zur Naturalerfüllung verpflichtet bleibt, solange sie der Käufer fordert, den Verkäufer also eine nachträgliche Beschaffungspflicht trifft. Allerdings soll für unzumutbare Fälle eine weitgehende Unmöglichkeitsvermutung geschaffen werden,[908] um unerträglich weitreichende Beschaffungspflichten auszuschließen und damit vor allem kleinere und mittlere Unternehmer nicht in die Gefahr der Existenzgefährdung zu bringen.

Grund für eine sehr weitgehende Interpretation des Rechtsbindungswillens des Offerenten ist wohl das Bestreben, die schwächere Partei im Geschäftsleben – den Verbraucher - in seinem Glauben an die Ernsthaftigkeit der Offerte sowie gegen mangelhafte Behandlung durch russische Dienstleister und Handelseinrichtungen zu

---

[901] *Braginskij/Vitrjanskij,* Dogovornoe pravo I, S. 159 mwN auf die sowjetische Literatur.
[902] So zurecht *Jehn/Kanaul,* WiRO 1997, 468.
[903] Dies verkennen *Braginskij/Vitrjanskij,* Dogovornoe pravo I, S. 159 und *Steininger,* Kaufrecht, S. 116.
[904] So *Braginskij/Vitrjanskij,* Dogovornoe pravo I, S. 159.
[905] So *Steininger,* Kaufrecht, S. 116.
[906] Von einem *de lege lata* weiteren Unmöglichkeitsbegriff geht wohl auch *Solotych,* ZGB Teil 1, S. 70 aus.
[907] Art. 401 Punkt 3 ZGB.
[908] So auch *Solotych,* ZGB Teil 1, S. 70.

schützen.[909] Daher sollten Unternehmer aufgrund des sie treffenden Beschaffungsrisikos in ihrer Werbung mit Vorsicht und Rücksicht auf die Verbraucher agieren.[910] Das oben genannte Beispiel zeigt jedoch, dass der an sich legitime und zu begrüßende Gedanke des Verbraucherschutzes nicht einseitig, ohne Rücksicht und auf Kosten der Interessen der Anbieter durchgesetzt werden soll. Wieso der Gesetzgeber den Verbraucherschutz für so überwiegend bedeutsam hält, dass er vom allgemeinen Grundsatz der Einigung über alle wesentlichen Vertragsbedingungen im Fall des Einzelhandelskaufs abweicht, ist nicht nachvollziehbar. Denn mit einem so weitgehenden Verständnis der öffentlichen Offerte wird dem Unternehmer auch die Motivation für eine langfristige Führung seines Unternehmens genommen, da ihm auf diese Weise Kunden aufgedrängt werden, die er selbst möglicherweise z.B. wegen mangelnder Zahlungsmoral gar nicht akzeptiert hätte.[911]

b. Annahme einer Offerte

Für die Annahme einer Offerte im Handelsverkehr stehen mehrere Möglichkeiten zur Verfügung. Zum einen kann ein Angebot durch eine Willenserklärung angenommen werden (Art. 438 Punkt 1 ZGB), zum anderen kann die Annahme in bestimmten Fällen durch Schweigen erfolgen (Art. 438 Punkt 2 ZGB), schließlich bietet sich die Möglichkeit einer Annahme durch konkludentes Handeln an (Art. 438 Punkt 3 ZGB). Während im Normalfall der Annahme durch Willenserklärung keine Besonderheiten für Unternehmer bestehen, ist danach zu fragen, wann ein Angebot wirksam durch Schweigen angenommen werden kann. Das Schweigen auf ein Vertragsangebot ist grundsätzlich auch im unternehmerischen Verkehr keine Willenserklärung und damit auch keine Annahme. Allerdings ordnet das Gesetz im Einzelfall an, dass Schweigen als Ablehnung,[912] Zustimmung[913] oder als Annahme gilt. Die Auslegung des Schweigens als Annahme erfolgt, wenn dies sich aus Handelsbräuchen oder aus den bisherigen Geschäftsbeziehungen ergibt, denen durch Art. 5 ZGB[914] Rechtsverbindlichkeit zuerkannt wird (vgl. Artt. 158 Punkt 3, 438 Punkt 2 ZGB).[915]

---

[909] Vgl. *Braginskij/Vitrjanskij,* Dogovornoe pravo I, S. 159 f.; *Kučer,* Zakonodatel'stvo 2001 Nr. 5, 50; ebenso *Solotych,* ZGB Teil 1, S. 70; *dies.,* in: Schroeder, Die neuen Kodifikationen, S. 37.

[910] Ähnlich *Steininger,* Kaufrecht, S. 118.

[911] Ebenso *Steininger,* Kaufrecht, S. 116.

[912] Vgl. z.B. Art. 556 Punkt 1 Abs. 3 ZGB, wonach die Verweigerung der Unterzeichnung der Urkunde über die Übergabe der Immobilie als Ablehnung des Angebots gilt.

[913] S. z.B. Art. 995 Punkt 1 ZGB, wonach das Schweigen des Kommittenten auf eine Fristsetzung des Kommissionärs bzgl. der Abweichung von Weisungen als Zustimmung gilt; Art. 1008 Punkt 3 ZGB, wonach das Schweigen des Prinzipals innerhalb der 30-Tage-Frist nach dem Zugang des Rechenschaftsberichts vom Agenten Annahme des Rechenschaftsberichts bedeutet; Art. 540 Punkt 2 ZGB, wonach das Schweigen vor dem Ablauf einer bestimmten Frist als Verlängerung des Energieversorgungsvertrages für die gleiche Frist gilt.

[914] Art. 5 ZGB definiert zum einen den Begriff des Handelsbrauchs und schließt zum anderen die Anwendung von Handelsbräuchen für den Fall ihres Widerspruchs zu zwingenden gesetzlichen Bestimmungen oder vertraglichen Vereinbarungen aus. Damit bekommen Handelsbräuche erstmalig den Rang einer Rechtsquelle im unternehmerischen Verkehr. Allerdings haben dispositive gesetzliche Normen Vorrang gegenüber Handelsbräuchen (Arg. e Art. 421 Punkt 5 ZGB). Kritisch dazu *Rozenberg, M. G.,* Soobraženija po časti pervoj proekta Graždanskogo kodeksa Rossijskoj Federaci (Überlegungen zum Entwurf des ersten Teils des Zivilgesetzbuches der Russischen Föderation), in:

aa. Schweigen nach Handelsbrauch

Fraglich ist, ob in der RF bereits Handelsbräuche existieren, die Schweigen unter Unternehmern bzw. bei deren Beteiligung in bestimmten Situationen als Annahme deuten. Handelsbrauch wird als eine gesetzlich nicht geregelte Verhaltensregel definiert, die sich auf einem einzelnen Gebiet unternehmerischer Tätigkeit herausgebildet hat und überwiegend befolgt wird (Art. 5 ZGB). Auf die schriftliche Niederlegung dieser Grundsätze in einer Urkunde kommt es dabei nicht an.[916]
Seit Bestehen der RF sind solche Handelsbräuche noch nicht entstanden.[917] Der an sich zulässige Rückgriff auf sowjetisches bzw. vorrevolutionäres Recht[918] führt nicht weiter, da keine entsprechenden Handelsbräuche ersichtlich waren. Die Anwendung internationalen Rechts, insbesondere des Art. 18 Abs. 1 S. 2 CISG, kommt lediglich bei Sachverhalten mit internationalem Bezug in Betracht.
Naheliegend erscheint, dass man das Schweigen auf ein Angebot dann als Annahme zu werten haben wird, wenn das Angebot auf eine *invitatio ad offerendum* abgegeben wird.[919] Würde z.B. eine Partei aufgrund eines Katalogs, welcher keine wesentlichen Vertragsbedingungen enthält und in dem der Rechtsbindungswille des Verkäufers ausgeschlossen wird, Waren bestellen, so wäre eine Annahme durch den Verkäufer entbehrlich; der Vertrag würde schon beim Schweigen des Verkäufers auf ein solches Angebot zustande kommen.

Festzustellen ist, dass Handelsbräuche bisher, anders als im deutschen Recht,[920] beim Kontrahierungszwang bzw. in den Fällen, in denen ein Vertrag durch Vorverhandlungen abschlussreif vorbereitet ist, nicht als Ausgangspunkt einer Zurechnung des Schweigens als Annahme in Betracht kommen.[921] Ein solcher Handelsbrauch wäre allerdings zumindest dann zu begrüßen, wenn die wesentlichen Vertragsbedingungen allgemein festgelegt sind bzw. das Angebot nicht völlig außerhalb der Bedingungen liegt, die der Kontrahierungspflichtige akzeptieren muss. Die in Art. 445 ZGB vorgesehene Formalisierung des Verfahrens des Vertragsabschlusses im Zwangsverfahren entspricht weder den Interessen der Parteien noch

---

Materialien zum ZGB im Institut für Ostrecht, Universität zu Köln, Ordner 6 Ziff. 20.

915 Ähnlich Art. 2:204 PECL, wonach Schweigen oder Untätigkeit allein keine Annahme darstellt. Dies soll aber insbesondere dann der Fall sein, wenn es sich aus den bisherigen Gepflogenheiten ergibt oder wenn entsprechende Handelsbräuche bestehen (*Lando/Beale*, Art. 2:204 PECL, S. 169).

916 Vgl. E Plenen OG und HWiG Nr. 6/8 v. 1.7.1996 Punkt 4, in: *Murzin*, ZGB-Rechtsprechung, S. 17; *Sadikov-Sadikov*, Kommentar zum ZGB I, Art. 5, Ziff. 3.

917 Vgl. *Popondopulo/Jakovleva*, S. 203; *Braginskij-Vitrjanskij*, Kommentar zum ZGB I, S. 389; *Sadikov-Sadikov*, Kommentar zum ZGB I, Art. 5, Ziff. 3, der ledilglich von Handelsbräuchen im Seehandels- und Außenwirtschaftsrecht spricht.
Zu der Herausbildung von Handelsbräuchen in der RF im allgemeinen s. *Vachnin*, Zakonodatel'stvo 1999 Nr. 5, 35 ff.

918 Vgl. *Braginskij/Vitrjanskij*, Dogovornoe pravo I, S. 49 ff.; *Vachnin*, Zakonodatel'stvo 1999 Nr. 5, 38; *Steininger*, Kaufrecht, S. 126.

919 Vgl. einen ähnlichen Rechtsgedanken bei *Kučer*, Zakonodatel'stvo 2001 Nr. 7, 38 bzgl. eines modifizierenden Angebots.

920 Dazu *Schmidt*, HandelsR, § 19 II 1 b.

921 Arg. e Artt. 445, 426, 429 ZGB.

den Zielen der Schnelligkeit und Leichtigkeit des Handelsverkehrs. In diesem Zusammenhang könnte sich allenfalls in der Zukunft eine Praxis herausbilden, wonach die Parteien von der dispositiven Regelung des Art. 445 Punkt 3 ZGB Gebrauch machen und eine Abweichung von der Fristregelung des Art. 445 ZGB insoweit vereinbaren würden, dass das Schweigen des Kontrahierungspflichtigen als eine Annahme des Vertrages zu werten wäre.
Es erscheint ferner vorstellbar, dass die Erwartung einer im Vergleich zu Privatpersonen erhöhten individuellen Geschäftsbereitschaft eines Unternehmers dazu führen wird, dass sich entsprechende Handelsbräuche herausbilden, wonach als selbstverständlich angesehen wird, dass ein Unternehmer ein ihm angetragenes Geschäft besorgen will, soweit er nicht das Gegenteil erklärt.[922] In diesem Zusammenhang wäre eine dem **§ 362 HGB-D vergleichbare Regelung** wünschenswert. Zu beachten ist aber, dass in Russland bisher der schriftliche Geschäftsverkehr aus Beweisgründen dominiert hat.[923] Das Gesetz sieht bisher die Schriftform auch dann als eingehalten an, wenn das schriftliche Angebot durch konkludente Handlungen angenommen wurde (Artt. 434 Punkt 3 i.V.m. 438 Punkt 3 ZGB). Eine Bestimmung hinsichtlich des Verzichts auf das Schriftformerfordernis beim rechtserheblichen Schweigen auf ein Vertragsangebot bzw. ein Verweis in diesem Zusammenhang auf Artt. 434 Punkt 3 i.V.m. 438 Punkt 3 wäre daher angebracht.

Der Rechtssatz vom **Schweigen auf Bestätigungsschreiben im Unternehmerverkehr** wurde bisher weder kraft Handelsbrauch entwickelt noch von der russischen Rechtsprechung und Rechtswissenschaft herausgebildet.[924] Jedoch ist die Einführung dieses Rechtsinstituts in der Zukunft nicht auszuschließen, wobei Voraussetzung dafür die Formfreiheit von Handelsgeschäften wäre. Bisher werden aber die meisten beiderseitigen Handelsgeschäfte von vornherein schriftlich ausformuliert, so dass sich die Frage nach den Rechtswirkungen eines Bestätigungsschreibens unter Unternehmern in der Praxis allenfalls selten stellt.[925]

bb. Schweigen bei bisherigen Geschäftsbeziehungen

Schweigen als Annahme kann sich schließlich aus den **bisherigen Geschäftsbeziehungen** ergeben. Allerdings ist nicht allein aus der Tatsache, dass unter den Parteien eine längere laufende Geschäftsverbindung besteht, ein Vertragsschluss durch stillschweigende Annahme eines Angebots herzuleiten.[926] Vielmehr muss sich ein einseitiger Abruf von Vertragsleistungen eingespielt haben.[927] Jedenfalls genügt

---

[922] Dafür z.B. *Puginskij,* Kommerčeskoe pravo, S. 126 f.
[923] S. dazu Kapitel 2 C III 2 a.
[924] Vgl. Art. 2:201 PECL.
[925] Interview der Verfasserin mit den Richtern *Andreeva* und *Sarbaš* am HWiG am 27. November bzw. am 3. Dezember 2001.
[926] Vgl. Informationsbrief des HWiG vom 5.5.1997, ChiP 1997 Nr. 9, 61.
[927] Vgl. *Abova/Kabalkin/Mozolin,* Kommentar zum ZGB I, Art. 438, S. 642.

es, wenn die Parteien bei laufender Geschäftsverbindung, z.B. bei einem Sukzessivlieferungsvertrag als Dauerschuldverhältnis, vertraglich die verbindliche Wirkung des Schweigens auf eine Einzellieferung vorsehen.[928]

cc. Annahme durch konkludentes Handeln

Handelsangebote können ferner durch konkludentes Handeln angenommen werden, sofern nichts anderes durch Gesetz[929] oder andere Rechtsvorschriften geregelt ist oder nichts Gegenteiliges in der Offerte zum Ausdruck kommt (Art. 438 Punkt 3 ZGB).[930] Die Erfüllungshandlung darf von der geschuldeten Leistungshandlung nicht abweichen.[931] Es kommen somit nur Handlungen zur Erfüllung der in der Offerte bestimmten Vertragsbedingungen in Betracht. Als solche nennt das Gesetz insbesondere die Absendung von Waren, Erbringung von Dienstleistungen, Ausführung von Arbeiten und Zahlung eines entsprechenden Geldbetrages.[932]

Die Formulierung „Handlungen zur Erfüllung der Vertragsbedingungen" macht deutlich, dass Handlungen als Annahme ausscheiden, aus denen zwar der Wille des Annehmenden, den angebotenen Vertrag abzuschließen, hervorgeht, die aber keine Erfüllungshandlungen darstellen. Damit steht das russische Recht im Widerspruch zu den PECL[933]. Dies soll an einem Beispiel verdeutlicht werden: Der Unternehmer A bekommt die Information, der Unternehmer B sei an seiner Ware zu Zwecken des Weiterverkaufs interessiert, und sendet diese Ware daraufhin unaufgefordert an B. Eine Annahme durch B wäre nach den PECL in einem Inserat des B in der Fachpresse zu sehen, in welchem B die von A bekommene Ware zum Kauf anbietet. Dem eindeutigen Wortlaut des Art. 438 Punkt 3 ZGB nach wäre hier dagegen keine Annahme erfolgt, da die Handlung des B nicht die in der Offerte des A bestimmten Bedingungen erfüllt. Die annehmende konkludente Handlung wäre indessen beispielsweise in der Überweisung des für die Lieferung von Waren geschuldeten Betrages zu sehen.

Die für das russische Recht neue Regelung des Art. 438 Punkt 3 ZGB stellt eine Abkehr von der früheren Vertragsabschlußdoktrin dar. Vor Inkrafttreten des ZGB konnte sich ein Besteller in Fällen der Annahme einer eiligen Bestellung und ihrer sofortigen Ausführung darauf berufen, dass der Vertrag mangels einer schriftlichen Annahmeerklärung nichtig sei.[934] Nunmehr soll diejenige Partei, die das Angebot konkludent annimmt, geschützt werden.[935] Abzuwarten bleibt jedoch, ob die Rechtsprechung den weit gefassten Wortlaut des Art. 438 Punkt 3 ZGB restriktiv auslegen

---

[928] Vgl. *Puginskij*, Kommerčeskoe pravo, S. 136. Vgl. ähnlich *Lando/Beale*, Art. 2:204 PECL, S. 169.
[929] Vgl. z.B. Artt. 940 Punkt 2, 887 Punkt 2, 574 Punkt 1 ZGB.
[930] Vgl. Art. 18 Abs. 3 CISG.
[931] Vgl. Informationsbrief des HWiG v. 19.8.1994, VVAS 1994 Nr. 11, S. 66; *Andreeva*, RJ 1999 Nr. 2, S. 16; ähnlich *Abova/Kabalkin/Mozolin*, Kommentar zum ZGB I, Art. 438, Ziff. 3, S. 642.
[932] Vgl. dazu Beilage zum Informationsbrief des Präsidiums des HWiG v. 5.5.1997 Nr. 14, Punkt 5, in: *Murzin*, ZGB-Rechtsprechung, S. 534.
[933] Dazu im einzelnen *Lando/Beale*, Art. 2:205 PECL, S. 171.
[934] Vgl. *Braginskij-Vitrjanskij*, Kommentar zum ZGB I, S. 406; *Andreeva*, RJ 1999 Nr. 2, 17.
[935] Vgl. *Andreeva*, RJ 1999 Nr. 2, 17; *Braginskij-Vitrjanskij*, Kommentar zum ZGB I, S. 407.

wird. *Solotych* hält dies für erforderlich, um zu gerechten Ergebnisses zu gelangen. Denn die Möglichkeit der Annahme durch Erfüllungshandlungen sei an keinerlei Bedingungen, wie etwa die Dringlichkeit der Bestellung oder ausdrücklicher Verzicht auf eine Annahmeerklärung, geknüpft.[936] Dies habe zur Konsequenz, dass der Offerent zur Vermeidung einer Annahme durch umgehende Erfüllung in seiner Bestellung entsprechendes zum Ausdruck bringen müsste. [937] Ob in der sofortigen Erfüllung indessen mit *Solotych* eine Gefahr für den Anbietenden liegt, erscheint jedoch zweifelhaft. Vielmehr stellt diese das durch den Anbietenden regelmäßig Gewollte dar, soweit das Angebot keine zeitlichen Bestimmungen für die Vornahme der Erfüllungshandlung durch den Erklärungsgegner enthält. Jedenfalls kann sich gerade der unternehmerische Rechtsverkehr auf diese Rechtslage einstellen und die Möglichkeit einer konkludenten Annahme von Vertragsangeboten ausdrücklich in dem jeweiligen Angebot ausschließen, was der dispositive Charakter des Art. 438 Punkt 3 ZGB auch gebietet. Im Ergebnis ist daher festzustellen, dass die Regelung der konkludenten Annahme den unternehmerischen Verkehr erheblich vereinfacht und flexibler gestaltet.[938]

Für eine Annahme durch konkludentes Handeln ist ausreichend, dass der Annehmende mit der Erfüllung seiner Verbindlichkeit innerhalb der Annahmefrist beginnt.[939] Damit kommt der Vertrag grundsätzlich mit dem Beginn der Erfüllungshandlung zustande. Vor diesem Hintergrund ist streitig, ob dies auch dann gelten kann, wenn der Anbietende vom Beginn der Erfüllungshandlung keine Kenntnis hat.[940] So wird auf der einen Seite vertreten, der Vertrag komme erst mit Zugang einer Benachrichtigung über die Vornahme der Erfüllungshandlung zustande.[941] Eine andere Meinung sieht den Vertragsschluss dagegen schon in der Vornahme der Erfüllungshandlung als solcher, ohne dass es auf die Kenntnis des Offerenten von der Annahme ankommen soll.[942]
M.E. wäre hier aus Billigkeitsgründen das gegenteilige Regel-Ausnahme-Verhältnis der PECL vorzuziehen. Nach Art. 2:205 PECL kommt der Vertrag grundsätzlich bei einer Annahme durch Verhalten zustande, sobald die Mitteilung des Verhaltens dem Anbietenden zugeht. Kann der Empfänger aber aufgrund von zwischen den Parteien entstandenen Geflogenheiten oder von Gebräuchen das Angebot durch Vornahme einer Handlung annehmen, ohne den Anbietenden davon zu unterrichten, so ist der Vertrag bereits bei Vornahme der Handlung geschlossen. Da diese Problematik in Russland einstweilen streitig bleiben wird, empfiehlt es sich in der Praxis, dass der

[936] *Solotych*, ZGB Teil 1, S. 71 f.
[937] *Solotych*, ZGB Teil 1, S. 72.
[938] Ebenso *Steininger*, Kaufrecht, S. 130.
[939] Vgl. E Plenen OG und HWiG Nr. 6/8 v. 1.7.1996 Punkt 58, in: *Murzin*, ZGB-Rechtsprechung, S. 533 und in: VVAS 1996 Nr. 9, 19.
[940] Zum Streit eingehend *Kučer*, Zakonodatel'stvo 2001 Nr. 7, 38 ff.
[941] *Braginskij/Vitrjanskij*, Dogovornoe pravo I, S. 164 f.; differenzierend *Abova/Kabalikin/Mozolin*, Kommentar zum ZGB I, Art. 428, Ziff. 3, S. 642 f., die eine Benachrichtungspflicht für solche Fälle ausschließen, in denen der Offerent in seiner Offerte ausdrücklich darauf verzichtet.
[942] Vgl. *Kučer*, Zakonodatel'stvo 2001 Nr. 7, 40, Fn. 11.

Offerent eine Annahmefrist setzt[943] und den Erklärungsgegner zur Mitteilung verpflichtet, sobald dieser mit Erfüllungshandlungen beginnt.

dd. Beitritt zu einem Vertrag

Eine im Handelsverkehr weit verbreitete Form des Vertragsschlusses stellt ferner der Beitritt zum angebotenen Vertrag dar, dessen Bedingungen von einer Partei in Formularen oder anderen Standardformen bestimmt sind. Dabei handelt es sich nicht um Verträge, bei denen es neben allgemeinen Geschäftsbedingungen Individualabreden als Vertragsbestandteil gibt, sondern Bestandteile des Vertrags sind allein die vorformulierten Bedingungen.[944] In der Praxis stellt sich die Sachlage typischerweise so dar, dass ein Unternehmer als Verwender vorformulierter Vertragsbedingungen für eine Vielzahl von Geschäften mit Konsumenten agiert. Unternehmer können aber auch die Beitrittspartei des Art. 428 ZGB sein, so dass es sich dann um beiderseitige Handelsgeschäfte handelt.

Der Beitrittsvertrag als für das russische Recht neuer Vertragstyp wurde durch das deutsche Recht der *allgemeinen Geschäftsbedingungen* und das niederländische Bürgerliche Gesetzbuch[945] beeinflusst.[946] Dennoch liegt dem russischen Recht ein anderes Verständnis allgemeiner Geschäftsbedingungen als in Deutschland zugrunde.[947] In der russischen Literatur wird vorgeschlagen, diesen Vertrag – vermeintlich in Einheit mit der deutschen Terminologie - *„diktierter Vertrag"* zu nennen, da diese Bezeichnung am treffendsten den vertragstypspezifischen Sinngehalt wiedergäbe.[948] Im deutschen Recht wird unter einem diktierten Vertrag ein solcher Vertrag verstanden, der aufgrund gesetzlicher Ermächtigungen durch Hoheitsakt zustande kommt, ohne dass es irgendwelcher Willenserklärungen der Beteiligten bedarf.[949] Bei einem Beitrittsvertrag nimmt dagegen eine Partei das ihr unterbreitete Angebot durch eine Willenserklärung im Wege des Beitritts zum Vertrag als Ganzes an.

Aus Art. 428 Punkt 1 ZGB folgt, dass bei einem Beitrittsvertrag, entgegen dem Grundsatz der Vertragsfreiheit, die annehmende Partei die Vertragsgestaltung überhaupt nicht beeinflussen kann. Für eine solche Einschränkung der Gestaltungsfreiheit des Annehmenden durch die einseitige Verwendung vorformulierter

---

[943] Die Bestimmung einer Annahmefrist erübrigt ebenfalls die Frage, ob die Annahme durch konkludente Handlungen nur bei einer in der Offerte dafür bestimmenden Frist möglich ist. Dafür z.B. *Braginskij/Vitrjanskij,* Dogovornoe pravo I, S. 164; für eine weite Auslegung des Art. 438 Punkt 3 ZGB dagegen *Kučer,* Zakonodatel'stvo 2001 Nr. 7, 38. Vgl. auch Art. 2:206 Abs. 3 PECL, der ausdrücklich zwischen dem Fall unterscheidet, wo der Anbietende für die Annahme eine Frist gesetzt hat, und dem Fall, wo eine solche Frist fehlt. Im letzteren Fall soll die Annahme durch konkludente Handlung innerhalb einer angemessenen Frist erfolgen.

[944] Ebenso *Arzinger/Galander,* Russisches Wirtschaftsrecht, S. 135.

[945] Vgl. Artt. 231 ff. NBG.

[946] Vgl. *Boguslawskij,* in: Horn/Pleyer, S. 53; *Solotych,* in: Schroeder, Die neuen Kodifikationen, S. 36.

[947] Ebenso *Arzinger/Galander,* Russisches Wirtschaftsrecht, S. 135.

[948] Vgl. *Braginskij/Vitrjanskij,* Dogovornoe pravo I, S. 208. Dabei wird verkannt, dass „diktierte Verträge" und AGB im deutschen Recht verschiedene Institute sind, die sich grundlegend unterscheiden.

[949] *Palandt-Heinrichs,* Einf. Zu § 145, Rn. 12.

Vertragsformen lässt sich anführen, dass das Abschlussverfahren in erheblichem Maße erleichtert wird.[950] Auf solche Erleichterungen ist der Handelsverkehr angewiesen, weil Handelsgeschäfte vielfach massenhaft abgeschlossen werden und schnell abgewickelt werden müssen.[951] Realistischerweise kann im modernen Massenverkehr nicht mehr erwartet werden, dass wirtschaftliche Gegebenheiten und von Handelsgeschäften von Fall zu Fall zwischen den Vertragsparteien ausgehandelt werden. Daher ist eine Ausarbeitung von für den Massenverkehr vorgesehenen Vertragsbedingungen grundsätzlich geboten und wünschenswert.

In der russischen Literatur wird bisher eine enge Auslegung des sachlichen Anwendungsbereichs des Art. 428 ZGB befürwortet. Die Legaldefinition in Absatz 1 deute darauf hin, dass Art. 428 ZGB in erster Linie solche Verträge meine, denen z.B. aufgrund der strengen gesetzlichen Regulierung naturgemäß keine Verhandlungen vorausgehen, wie z.B. bei Personen- und Güterbeförderung[952], Energieversorgung[953] von Verbrauchern etc.[954] Der Anwendungsbereich erstrecke sich vor allem auf Fälle, in denen Monopolisten bestimmte Waren oder Dienstleistungen auf dem Markt anbieten und aufgrund ihrer Stellung den Kunden keine zumutbare (Ausweich-) Möglichkeit lassen, ihren Bedarf anderweitig zu befriedigen.[955] Ferner kommt Art. 428 ZGB im Massenverkehr mit den Verbrauchern zur Anwendung, insbesondere in den Branchen der Telekommunikation,[956] Hoteldienstleistungen, Versicherungen, Bankgeschäften etc.[957] Während die Verwendung vorformulierter Standardformen in diesen Fällen, also bei vorhandenem Wettbewerb zu begrüßen ist, ist sie bei einer marktbeherrschenden Stellung einer Partei kritisch zu würdigen. Es entsteht nämlich eine erhöhte Gefahr des Missbrauchs der Monopolstellung.[958] Hier könnte die Verwendung nämlich zu einer Aufzwingung von bestimmten für den Verbraucher ungünstigen Bedingungen führen und so die Vertragsfreiheit des Verbrauchers aufheben. Dem begegnet der Gesetz-

---

950 Vgl. *Braginskij-Vitrjanskij,* Kommentar zum ZGB I, S. 398.

951 Vgl. *Tel'garin,* RJ 1997 Nr. 1, 12.

952 Vgl. Art. 784 Punkt 2 Abs. 1 ZGB. Bisher wurden die neue Eisenbahnverkehrsordnung v. 8.1.1998 (SZ RF 1998 Nr. 2, Art. 218, dt. Übersetzung in Brunner/Schmid/Westen, WOS, Russland IV 2a), das Luftverkehrsgesetzbuch v. 19.3.1999 (SZ RF 1997 Nr. 12, Art. 1383) i.d.F. vom 8.7 1999 (SZ RF 1999 Nr. 28, Art. 3483) und das Handelsseeschifffahrtsgesetzbuch v. 30.4.1999 (SZ RF 1999 Nr. 18, Art. 2207) verabschiedet. Zur Rechtsprechung s. Beschluss des Plenums des HWiG v. 12.11.1998, in: *Dolženko/Reznikov/Chochlova,* Sudebnaja praktika, S. 756 ff.

953 Zur Rechtsprechung s. Informationsbrief des HWiG v. 17.2.1998 Nr. 30, in: *Dolženko/Reznikov/Chochlova,* Sudebnaja praktika, S. 519 ff. Im dt. Recht vgl. z.B. die Allgemeinen Strom- und Gasversorgungsbedingungen nach § 7 Energiewirtschaftsgesetz v. 1935, § 27 AGBG a.F. i.V.m. Fernwärme VO und WasserVO v. 20.6.1980, BGBl. I S. 742 und 750.

954 Vgl. *Braginskij-Vitrjanskij,* Kommentar zum ZGB I, S. 398; *Abova/Kabalkin/Mozolin,* Kommentar zum ZGB I, Art. 428, S. 627; *Kabalkin,* RJ 1996 Nr. 6, 22; *Tel'garin,* RJ 1997 Nr. 1, 13; *Arzinger/Galander,* Russisches Wirtscdhaftsrecht, S. 135.

955 Vgl. *Braginskij/Vitrjanskij,* Dogovornoe pravo I, S. 208; *Braginskij-Vitrjanskij,* Kommentar zum ZGB I, S. 398, *Olejnik,* Predprinimatel'skoe pravo, S. 425; *Tel'garin,* RJ 1997 Nr. 1, S. 13.

956 Vgl. das föderale Gesetz „Über Post und Telekommunikation" v. 20.1.1995 (SR RF 1995 Nr. 8, Art. 600) i.d.F. vom 6.1.1999 (SZ RF 1999 Nr. 2, Art. 235).

957 Vgl. *Braginskij-Vitrjanskij,* Kommentar zum ZGB I, S. 398; *Popondopulo/Jakovleva,* Kommerčeskoe pravo, S. 206.

958 Kritisch auch *Klejn,* ŽRP 1997 Nr. 6, 161; *Tel'garin,* RJ 1997 Nr. 1, 12 f.

geber allerdings dadurch, dass er eine Überprüfung der Ausgewogenheit des Vertragsinhalts ermöglicht.[959]

Vorformulierte Standardformen als Einkaufs- und Verkaufsbedingungen haben sich bisher in dem Umfang, in dem AGB im deutschen Handelsverkehr gebräuchlich sind, noch nicht durchgesetzt.[960]

2. Wirksamkeit der Handelsgeschäfte

Hinsichtlich der Wirksamkeit von Handelsgeschäften sieht das ZGB ausdrücklich keine Besonderheiten vor. Wie jedes Rechtsgeschäft, müssen Handelsgeschäfte etwaige Formerfordernisse erfüllen und dürfen nicht gegen das Gesetz, sonstige Rechtsakte und Grundsätze der Sittlichkeit verstoßen.

a. Form

aa. Formbedürftigkeit

Die Formbedürftigkeit von Handelsgeschäften ergibt sich aus Artt. 161 Punkt 1 Ziff. 1, 23 Punkt 3 ZGB. Danach wird die grundsätzlich geltende Formfreiheit für Rechtsgeschäfte im allgemeinen und für Verträge im besonderen[961] für Handelsgeschäfte eingeschränkt. Das folgt für kommerzielle und nichtkommerzielle Organisationen aus Art. 161 Punkt 1 Ziff. 1 ZGB, wonach Rechtsgeschäfte juristischer Personen untereinander und mit Bürgern in einfacher Schriftform vorgenommen werden müssen.[962] Das Erfordernis der Schriftform für Handelsgeschäfte eines Einzelunternehmers folgt aus der entsprechenden Anwendung dieser Vorschrift nach Art. 23 Punkt 3 ZGB.[963] Für bestimmte Rechtsgeschäfte ist notarielle Form[964] (notarielle Beglaubigung[965]) bzw. staatliche Registrierung vorgeschrieben (Art. 163 f. ZGB)[966].

---

[959] Art. 428 Punkt 2 ZGB. Näher dazu unten Kapitel 2 C III 3 b.

[960] Vgl. *Popondopulo/Jakovleva,* S. 203; *Solotych,* ZGB Teil 1, S. 69.

[961] Artt. 158, 159, 434 ZGB.

[962] Eine vergleichbare Vorschrift gab es bereits im Art. 44 Punkt 1 ZGB 1964, es handelt sich aber um sozialistische Organisationen.

[963] Anders *Braginskij/Vitrjanskij,* Dogovornoe pravo I, S. 275 f., die Art. 161 Punkt 1 Ziff.1 ZGB lediglich auf juristische Personen anwenden. Die Autoren erwägen allerdings, dass es wünschenswert wäre, in der Zukunft im ZGB eine ausdrückliche Regelung der Schriftform für Einzelunternehmer vorzusehen. Dadurch sollen Fälle erfasst werden, in denen Einzelunternehmer Geschäfte untereinander bzw. mit Bürgern im Rahmen ihrer unternehmerischen Tätigkeit abschließen. Jedoch gebietet Art. 23 Punkt 3 ZGB *de lege lata* eine entsprechende Anwendung des Art. 161 ZGB auf Einzelunternehmer. Denn weder sind anderslautende Gesetze bzw. sonstige Rechtsakte ersichtlich, noch ergibt sich etwas anderes aus dem Wesen des Rechtsverhältnisses. Die Vergleichbarkeit der Sachverhalte und die dadurch erforderliche Gleichbehandlung bezüglich des Schriftformerfordernisses betonen selbst *Braginskij und Vitrjanskij.* **Ebenso**: *Popondopulo/Jakovleva,* Kommerčeskoe pravo, S. 209; *Žilinskij,* S. 227; *Olejnik,* Predprinimatel'skoe pravo, S. 429.

[964] So z.B. für Hypothekenverträge sowie Verträge über die Verpfändung beweglichen Vermögens bzw. von Rechten an Vermögen zur Sicherung von Verbindlichkeiten aus einem Vertrag, der notariell beglaubigt werden muss (Artt. 339 Punkt 2 ZGB), Abtretung von Forderungen oder Übertragung von Schulden, die auf in notarieller Form geschlossenen Rechtsgeschäfte beruhen (Art. 389 Punkt 1 ZGB, 391 Punkt 2 i.V.m. 389 Punkt 1 ZGB), Rentenverträge (Art. 584 ZGB). Zum Verfahren s. Grundlagen der Gesetzgebung der RF über das Notariat v. 11.02.1993 (VSND RF 1993 Nr. 10, Art. 357).

Handelsgeschäfte können lediglich dann mündlich abgeschlossen werden, wenn sie mit ihrer Vornahme vollzogen werden, es sich also um Realgeschäfte handelt (Artt. 161 Punkt 2 i.V.m. 159 Punkt 2 ZGB). So bedarf z.B. der Kauf von Büromaterial durch einen Unternehmer bei einem Einzelhändler keiner Schriftform.[967] Ferner können Handelsgeschäfte zur Erfüllung eines schriftlich vorgenommenen Rechtsgeschäfts auf Vereinbarung von Parteien mündlich getätigt werden, soweit dies dem Gesetz, sonstigen Rechtsakten oder dem Vertrag nicht widerspricht (Artt. 161 Punkt 2 i.V.m. 159 Punkt 3 ZGB).[968] So können Unternehmer, zwischen denen formgemäß ein Liefervertrag abgeschlossen wurde, mündlich vereinbaren, dass Einzellieferungen auf mündlichen Abruf des Käufers zu erfolgen haben.[969] Ein gemäß Art. 971 ZGB beauftragter Handelsvertreter kann mündlich Geschäfte zur Ausführung des Auftrags abschließen.[970] Mündliche Vereinbarungen sind allerdings für solche Rechtsgeschäfte ausgeschlossen, für die das Gesetz ausdrücklich die notarielle Beglaubigung unter Androhung der Nichtigkeit zwingend die einfache Schriftform vorschreibt (vgl. Art. 159 Punkt 2 ZGB).[971]

Eine dem § 350 HGB-D vergleichbare Regelung, wonach Bürgschaftsversprechen, Schuldversprechen und Schuldanerkenntnisse nicht den gesetzlichen Formerfordernissen unterliegen, wenn es sich um Handelsgeschäfte eines Vollkaufmanns handelt, fehlt im russischen Recht.

Vielmehr ordnet Art. 362 ZGB zwingend die Schriftform an, deren Nichteinhaltung Nichtigkeit des Bürgschaftsvertrags nach sich zieht. Offensichtlich misst der Gesetzgeber in diesem Fall der beweiserleichternden Wirkung der Schriftform bzw. der Warnfunktion mehr Bedeutung bei, als den Erwägungen, den besonderen Bedürf-

---

[965] Das russische Recht kennt grundsätzlich keine notarielle Beurkundung. Ein Notar beglaubigt nur die Richtigkeit der vor ihm geleisteten Unterschriften. S. dazu näher *Arzinger/Galander,* Russisches Wirtschaftsrecht, S. 102 f.

[966] Vgl. z.B. Artt. 558 Punkt 2, 560 Punkt 3, 574 Punkt 3, 584, 609 Punkt 2, 651 Punkt 2, 658 Punkt 2, 1017 Punkt 2, 1028 Punkt 2 ZGB sowie gemäß Artt. 164 Punkt 1 i.V.m. 131 ZGB alle Rechtsgeschäfte mit unbeweglichem Vermögen (S. dazu Gesetz v. 3.7.1997 „Über die staatliche Registrierung von Rechten am unbeweglichen Vermögen und Rechtsgeschäften mit diesem", SZ RF 1997 Nr. 30, Art. 359, dt. Übersetzung in: WiRO 1998, 21 ff.).

[967] Ein solcher Vertrag wird als Einzelhandelskauf qualifiziert, obwohl auf der Käuferseite kein Verbraucher, sondern ein Unternehmer auftritt. Kauft dagegen ein Unternehmer seine Büroausstattung bei einem Lieferanten gemäß Art. 506 ZGB, so gilt dieser Vertrag als ein Liefervertrag (vgl. Beschluss des Plenums des HWiG v. 22.10.1997 „Über einige Fragen im Zusammenhang mit der Anwendung der Vorschriften des ZGB über den Liefervertrag", Punkt 5, in: *Murzin,* ZGB-Rechtsprechung, S. 600).

[968] Offen gelassen bei *Solotych*, ZGB Teil 1, S. 42, die von einer unpräzisen Verweisung in Art. 161 ZGB spricht.

[969] Vgl. *Braginskij/Vitrjanskij,* Dogovornoe pravo I, S. 276; *Braginskij-Vitrjanskij,* Kommentar zum ZGB I für Unternehmer, S. 199.

[970] Vgl. Art. 973 ZGB.

[971] So z.B. für Außenwirtschaftsgeschäfte (Art. 162 Punkt 3 ZGB), Vereinbarungen über Vertragsstrafe (Art. 331 ZGB), Pfandverträge (Art. 339 ZGB), Bürgschaften (Art. 362 ZGB), Vorverträge (Art. 420 ZGB), Verträge über den Verkauf von Immobilien (Art. 550 ZGB), Unternehmenskauf (Art. 560 Punkt 2), Schenkungsverträge (Art. 574 Punkt 2), gewerbsmäßige Miete von beweglichen Sachen (Art. 626 Punkt 2 ZGB), Kreditverträge (Art. 820 ZGB), Bankeinlagenverträge (Art. 836 Punkt 2 ZGB), Versicherungsverträge (Art. 940 Punkt 1 ZGB), Verträge über die treuhänderische Vermögensverwaltung (Art. 1017 Punkt 3 ZGB), Franchiseverträge (Art. 1028 Punkt 1 ZGB) u.a.

nissen des Handelsverkehrs nach Flexibilität und Gestaltungsspielraum entgegenzukommen und eine Erleichterung des Handelsverkehrs durch einfache und schnelle Abwicklung herbeizuführen. Die Zweckmäßigkeit einer solchen Zielsetzung lässt sich jedoch gerade im Geschäftsverkehr bezweifeln. Gerade bei Unternehmern kann nämlich auf Schutzvorschriften, die im allgemeinen Rechtsverkehr notwendig sind, durchaus verzichtet werden, denn berufsmäßig Handeltreibende verfügen über ausreichende Geschäftskunde und -erfahrungen, um Risiken ihrer Geschäfte übersehen und abschätzen zu können. Daher brauchen Unternehmer - im Gegensatz zu Verbrauchern - typischerweise nicht durch ein Formerfordernis vor den Gefahren bestimmter Rechtshandlungen gewarnt zu werden.

In der Literatur wird der sehr stark ausgeprägte Formalismus im Vertragsrecht teilweise kritisiert. *Andreeva* begründet ihn damit, dass die Unterschätzung der Rolle der Verträge seit Sowjetzeiten nicht überwunden wurde. Damals hatten Planakte Priorität und Verträge spielten nur eine Nebenrolle.[972] Auch *Puginskij* und *Vitrjanskij* geben zu, dass die strengen Formanforderungen an die Vertragswirksamkeit objektiv zur Erschwerung und Verlangsamung des Prozesses des Vertragsschlusses führen und in der Regel zusätzliche Kosten der Vertragsausfertigung mit sich bringen.[973]

Mit der Einschränkung des Grundsatzes der Formfreiheit (Artt. 158, 159, 424 ZGB) verfolgt der Gesetzgeber in erster Linie das Ziel, klarzustellen, ob und mit welchem Inhalt der Vertrag zustande gekommen ist, um damit Beweisschwierigkeiten vorzubeugen.[974] Die notarielle Beglaubigung soll darüber hinaus eine sachkundige Beratung und Belehrung der Vertragsparteien sicherstellen sowie die Beteiligten vor den Rechtsfolgen ihres Handelns und übereilten Bindungen warnen.[975] Schließlich soll die staatliche Registrierung daneben eine wirksame staatliche Überwachung und Kontrolle in Interessen des Verkehrs und Dritter gewährleisten.[976] Der letztere Formzweck stellt keine russische Besonderheit etwa als Erbe des sozialistischen Regimes dar, in welchem das weitreichende Formerfordernis Ausdruck des Bestrebens war, staatlicherseits den Wirtschaftsverkehr zu kontrollieren und in Rechtsgeschäfte zwischen Betrieben einzugreifen.[977] Die Einschränkung der Formfreiheit zu Kontrollzwecken ist vielmehr auch westlichen Rechtsordnungen bekannt. Jedoch handelt es sich insoweit – im Unterschied zum russischen Zivilrecht - um Ausnahmetatbestände.[978]

---

[972] Vgl. *Andreeva,* RJ 1999 Nr. 2, 15.
[973] Vgl. *Braginskij/Vitrjanskij,* Dogovornoe pravo I, S. 274; *Puginskij,* Kommerčeskoe pravo, S. 126 f.
[974] Vgl. *Braginskij/Vitrjanskij,* Dogovornoe pravo I, S. 273, 280; *Solotych,* ZGB Teil 1, S. 42.
[975] Vgl. *Braginskij/Vitrjanskij,* Dogovornoe pravo I, S. 273 f.
[976] Vgl. *Braginskij/Vitrjanskij,* Dogovornoe pravo I, S. 273, 281. Der Gesetzgeber hat im ZGB 1995 die Zahl der Rechtsgeschäfte, die staatlicher Registrierung unterliegen, erheblich erhöht.
[977] Vgl. *Topornin,* Wirtschafts- und Gesellschaftsrecht Osteuropas, S. 40.
[978] Z.B. § 34 GWB, der für wettbewerbsbeschränkende Abreden die Schriftform vorschreibt, um den Kartellbehörden die Ermittlungen von solchen Absprachen zu erleichtern.

Im Ergebnis ist festzustellen, dass die vom Gesetzgeber als Grundsatz proklamierte Formfreiheit im Handelsverkehr zu einer Ausnahme wird und damit in Tradition des Schriftformzwangs der Sowjetzeiten steht.[979] Dies wirkt aber im modernen, marktorientierten und schnellen Handelsverkehr als Bremsfaktor.[980]

bb. Anforderungen an die Form

Das Erfordernis der Schriftform für Handelsgeschäfte relativiert sich allerdings erheblich durch die wenig strengen Anforderungen an die Form sowie durch die milden Rechtsfolgen von Formverstößen. Daher führt es im unternehmerischen Verkehr nicht automatisch zu schwer erträglichen Hindernissen und Komplikationen.
Für die einfache Schriftform genügt grundsätzlich eine unterzeichnete gewöhnliche schriftliche Niederlegung des Rechtsgeschäfts (Artt. 160, 434 ZGB). Dies wurde wohl zum Vermeiden der in der Praxis[981] aufgetretenen Unsicherheiten klargestellt.[982] Daneben ist grundsätzlich schon der Austausch von Urkunden per Post-, Telegraphen-, Fernschreib-, Telefon-, elektronischer oder sonstiger Verbindung, die es ermöglicht, zuverlässig festzustellen, dass die Urkunde von der Vertragspartei stammt, ausreichend (Artt. 160 Punkt 1 Absatz 2 i.V.m. 434 Punkt 2 ZGB).[983] Faksimilierungen von Unterschrift ersetzen dabei die eigenhändige Unterschrift nur dann, wenn es durch Rechtsvorschriften bestimmt oder vereinbart ist (Art. 160 Punkt 2 ZGB).[984] In der russischen Praxis wird neben der Übersendung eines Faxes ein Austausch der Originalurkunden erwartet.[985]
Besonderheiten können sich für besondere Vertragstypen ergeben. So verlangt Art. 785 Punkt 2 ZGB für den Abschluss eines Güterbeförderungsvertrags eine Ausstellung und Übergabe des Frachtbriefes. Die Schriftform des Lagervertrages gilt gemäß Art. 907 Punkt 2 ZGB nur dann als eingehalten, wenn sein Abschluss und die Annahme der Ware durch einen Lagerschein bescheinigt werden. Firmenkopfbögen, Firmenstempel und ähnliches sind nur dann erforderlich, sofern es vereinbart wurde oder gesetzliche Bestimmungen bestehen. So muss eine Vollmacht zur Annahme oder Ausgabe von Geld und anderen Vermögenswerten im Namen einer juristischen Person, die auf Staats- oder Kommunaleigentum beruht, neben dem Leiter oder der

[979] Dies bestätigt auch den Schriftformvorbehalt zum UN-Kaufrecht. CISG wurde von der UdSSR und später von der RF im Wege der Rechtsnachfolge unter einem Schriftformvorbehalt in Übereinstimmung mit Art. 12 und 96 des Übereinkommens ratifiziert. Danach ist jede Vereinbarung im Sinne von Artt. 11 und 29 sowie Teil II des Übereinkommens, die für den Abschluss, die Änderung oder Aufhebung eines Kaufvertrags bzw. für ein Angebot, eine Annahme oder sonstige Willenserklärung eine andere als die Schriftform gestattet, ungültig. S. Beschluss des Obersten Sowjets der UdSSR v. 23.5.1990 „Über Beitritt der UdSSR zum Übereinkommen der Vereinten Nationen über Verträge über den internationalen Warenkauf" (VSND SSSR 1990 Nr. 23, Art. 428). S. dazu *Smirnova,* RJ 1997 Nr. 1, 26 f.
[980] Ähnlich *Puginskij,* Kommerčeskoe pravo, S. 126 f.; *Steininger,* Kaufrecht, S. 132.
[981] Vgl. Gerichts- und Wirtschaftsgerichts-Praxis, Zakon 1995 Nr. 7, 114.
[982] *Solotych,* ZGB Teil 1, S. 42.
[983] Zwingendes Erfordernis einer Urkunde ist in Artt. 550, 560 Punkt 1, 651 Punkt 1, 658 Punkt 1, 1017 Punkt 2 ZGB vorgesehen.
[984] Vgl. dazu Punkt 4 des Briefes des HWiG v. 19.8.1994, *Murzin,* ZGB-Rechtsprehung, S. 232 f.; s. dazu *Garibjan,* RJ 1996 Nr. 11, S. 12; *Solovjanenko,* ChiP 1997 Nr. 6, 52 ff. und Nr. 7, 55 ff.
[985] S. *Zavidov,* Pravo i ėkonomika 2000 Nr. 8, 27; *Mundry,* Kaufrecht, Rn. 34.

dafür ermächtigten Person auch vom Hauptbuchhalter unter Hinzufügung des Siegels der Organisation unterschrieben werden (Art. 185 Punkt 5 ZGB).

cc. Formmängel

Formmängel führen grundsätzlich nicht zur Nichtigkeit des gesamten Rechtsgeschäfts, wie es etwa im deutschen und niederländischen Recht die Regel ist. Nichtigkeit tritt nur in den vom Gesetz ausdrücklich bestimmten Fällen, bei notariell zu beglaubigenden Geschäften und bei ausdrücklichen Parteivereinbarungen ein.[986] Ansonsten hat die Nichteinhaltung der Form traditionell lediglich den Ausschluss des Zeugenbeweises zur Folge (Art. 162 Punkt 1 ZGB). Der Ausschluss des Zeugenbeweises erstreckt sich nur auf die Fälle, in denen gerade das Zustandekommen des Vertrages bestritten wird. Die Möglichkeit der Vorlage von anderen Beweismittel im Fall eines Streites, wie etwa von schriftlichen Beweisen,[987] Sachbeweisen oder Gutachten, bleibt erhalten.[988] Betrifft der Streit dagegen die Frage des Vertragsinhalts bzw. der Vertragserfüllung, so hindert die mündliche Form des Rechtsgeschäftes nicht eine Zeugenvernehmung.[989]
Der Grundsatz, dass Formmängel nicht zur Nichtigkeit führen, wird in der russischen Literatur damit begründet, dass die Parteien frei und autonom darüber entscheiden müssen, ob sie die einfache Schriftform einhalten. Dies sei daraus zu folgern, dass das Erfordernis der einfachen Schriftform eine klarstellende Funktion lediglich *für die Parteien* habe, die Interessen des Staates dabei also nicht beeinträchtigt seien. Damit sei die Nichtigkeit von nicht schriftlich abgeschlossenen Rechtsgeschäften keine angemessene Rechtsfolge.[990] Lediglich dort, wo öffentliche Interessen betroffen sind, sei eine Nichtigkeit des Vertrages als *ultima ratio* begründet.[991]
Die Regelung des Art. 162 ZGB stößt in der westlichen Literatur z.T. auf Kritik. So sei zum einen bedenklich, dem Kläger den Nachweis seines Anspruchs im Wege des Zeugenbeweises abzuschneiden, nur weil das prozessökonomisch sinnvoll sei.[992] Die Sanktion des Art. 162 Punkt 1 ZGB verfehle darüber hinaus den eigentlichen Zweck.[993] Da der Formzwang jedenfalls bei Verträgen mit Privatbürgern in der Regel deren Schutz diene und sie vor der Tragweite der übernommenen Verpflichtung warnen solle, könne insoweit nur die Nichtigkeit die angemessene Sanktion bei Nichteinhaltung der Form sein.[994] Dagegen lässt sich einwenden, dass der russische Gesetzgeber den genannten Fällen insofern Rechnung trägt, als er gerade in solchen Vorschriften, die Warn- und Kontrollfunktion haben, ausdrücklich die Nichtigkeitsfolge vorsieht. Angesichts der hohen Zahl von Verträgen, die dem Form-

[986] Vgl. Artt. 162 Punkt 2, 165 Punkt 1 ZGB.
[987] Ein solcher wäre z.B. ein Kassen- oder Warenbeleg, ein Preisetikett etc.
[988] Vgl. Art. 162 Punkt 1 ZGB; *Sadikov-Levšina*, Kommentar zum ZGB I 1998, Art. 162 Ziff. 4.
[989] Arg. e Art. 162 Punkt 1 ZGB.
[990] Vgl. *Braginskij/Vitrjanskij*, Dogovornoe pravo I, S. 280 f.
[991] Vgl. *Braginskij/Vitrjanskij*, Dogovornoe pravo I, S. 281.
[992] Vgl. *Pellegrino*, RIW 1998, 503.
[993] *Pellegrino*, RIW 1998, 503.
[994] Vgl. *Pellegrino*, RIW 1998, 503.

zwang unterliegen, wäre es im Handelsverkehr zu weitgehend, Formverstöße grundsätzlich mit der Nichtigkeitsfolge zu sanktionieren. Dies würde nicht zur Erleichterung, sondern zur Erschwerung des Geschäftsverkehrs führen.
Formverstöße sind heilbar. So werden Formfehler bei Abschlüssen von notariell zu beglaubigenden Handelsgeschäften durch die gerichtliche Feststellung der Gültigkeit geheilt, wenn eine Partei bereits mit der Erfüllung begonnen hat (Art. 165 Punkt 2 ZGB). Entzieht sich eine Partei der staatlichen Registrierung eines Rechtsgeschäfts, so kann bei Gericht auf Registrierung geklagt werden. Die Registrierung erfolgt dann aufgrund des Gerichtsurteils vorzunehmen (vgl. Art 165 Punkt 3 ZGB).

b. gesetzliche Wirksamkeitshindernisse

Für Handelsgeschäfte bestehen keine Sonderbestimmungen hinsichtlich weiterer Wirksamkeitserfordernisse, sondern es finden allgemeine Bestimmungen der Artt. 166 ff. ZGB Anwendung. Es wird zwischen den anfechtbaren und nichtigen Rechtsgeschäften unterschieden. Gemäß Art. 166 Punkt 1 ZGB ist ein Rechtsgeschäft nichtig, wenn es unabhängig von einer gerichtlichen Unwirksamkeitserklärung unwirksam ist. Damit können bei nichtigen Rechtsgeschäften - insbesondere aufgrund von Rechtswidrigkeit (Art. 168 ZGB), Sittenwidrigkeit (Art. 169 ZGB), Scheingeschäften (Art. 170 ZGB) oder mangelnder Geschäftsfähigkeit (Art. 171 ZGB) [995] – lediglich die aus der Nichtigkeit resultierenden Rechtsfolgen gerichtlich geltend gemacht werden.[996] Dagegen handelt es sich um ein anfechtbares Rechtsgeschäft, soweit das Rechtsgeschäft aus im ZGB bestimmten Gründen oder infolge gerichtlicher Unwirksamkeitserklärung unwirksam ist (Art. 166 Punkt 1 ZGB). Die Unwirksamkeit eines anfechtbaren Rechtsgeschäfts wird durch das Gericht entweder vom Zeitpunkt seiner Vornahme (*ex tunc*) oder vom Zeitpunkt der Verkündung des Urteils an (*ex nunc*) festgestellt (Artt. 166 Punkt 1, 167 Punkt 1 ZGB).[997] Anfechtungsgründe sind Überschreitung der beschränkten Rechtsfähigkeit juristischer Personen (Art. 173 ZGB), Überschreitung der beschränkten Vertretungsmacht (Art. 174 ZGB), beschränkte Geschäftsfähigkeit (Artt. 175, 176 ZGB), mangelnder Handlungs- oder Geschäftswille infolge von zeitweiligen Bewusstseinsstörungen (Art. 177 ZGB) sowie Willensmängel (Artt. 178, 179 ZGB), worunter Irrtum, ein auf unzulässige Weise (Drohung, Gewalt, Täuschung, Kollusion des Vertreters mit der anderen Partei) beeinflusster Wille und die Ausnutzung einer Zwangslage

[995] Nichtig sind ferner Rechtsgeschäfte, die auf die Beschränkung der Rechtsfähigkeit oder Geschäftsfähigkeit gerichtet sind (Art. 22 Punkt 3 ZGB), der (auch teilweise) Verzicht auf das Recht eines Gesellschafters einer Vollgesellschaft auf die Einsicht in die Geschäftsführungsunterlagen der Gesellschaft (Art. 71 Punkt 3 ZGB), eine Vereinbarung der Gesellschafter einer Vollgesellschaft über die Beschränkung oder Beseitigung ihrer Haftung für Verbindlichkeiten der Gesellschaft (Art. 75 Punkt 3 ZGB), Vereinbarung zwischen den Gesellschaftern einer Vollgesellschaft über den Verzicht auf das Austrittsrecht (art. 77 Punkt 2 ZGB) etc.
[996] Allerdings legen die Plenen des OG und des HWiG das ZGB so aus, dass es Feststellungsklagen hinsichtlich der Nichtigkeit eines Rechtsgeschäfts nicht verbietet. S. Plenum OG und HWiG 6/8 v. 1.7.1996, Punkt 32, abgedruckt in: *Murzin*, ZGB-Rechtsprechung, S. 266.
[997] S. *Braginskij-Braginskij*, Kommentar zum ZGB I für Unternehmer, S. 203.

fallen. Ein Rechtsgeschäft ist zunächst wirksam und wird, anders als im deutschen Recht,[998] erst aufgrund eines gerichtlichen Gestaltungsurteils unwirksam.

Ob sich in der Rechtsanwendung von Normen betreffend die Wirksamkeit von Rechtsgeschäften Besonderheiten daraus ergeben, dass die Beteiligten Unternehmer sind, bleibt abzuwarten. Nicht auszuschließen ist z.B., dass russische Gerichte, wie die deutschen, eine andere Grenze der Sittenwidrigkeit bei beiderseitigen Handelsgeschäften festsetzen werden als bei Verträgen zwischen Unternehmern und Verbrauchern. Denn der Rechtsgedanke, dass im unternehmerischen Rechtsverkehr von Unternehmern mehr Aufmerksamkeit verlangt und weniger Schutz gewährt werden soll als im allgemeinen Verkehr, liegt ebenfalls dem russischen Recht zugrunde.

Bisher von der Rechtsprechung unbeantwortet bleibt ebenfalls die Frage, ob es im unternehmerischen Verkehr eine Einschränkung der Irrtumsanfechtung stattfinden soll. Vorzustellen wäre dies vor allem für den Bereich der normativ wirkenden Verkehrssitte, wie bei verkehrsüblichen Vertragsklauseln (z.B. Incoterms[999]: FCA[1000], FOB[1001], CIF[1002]). Da es von jedem Unternehmer erwartet werden kann, dass er sich über den Begriff solcher Klauseln im klaren ist, müsse er auch diese parteilich vereinbarte Klausel gegen sich gelten lassen, ohne später durch Irrtumsanfechtung geltend zu machen, er habe sich über die Bedeutung der Klausel geirrt.

Fraglich ist auch, ob die Unkenntnis eines Handelsbrauchs eine Anfechtung nach Art. 178 ZGB rechtfertigen kann. Während Art. 9 Abs. 2 CISG vorsieht, dass bei fehlender Parteivereinbarung international bekannte Gebräuche anzuwenden sind, die die Parteien kannten oder kennen mussten, sind Art. 5 ZGB und alle darauf verweisenden Normen[1003] objektiv formuliert, so dass es auf die Kenntnis der Handelsbräuche nicht ankommt.[1004] Entscheidend ist grundsätzlich allein die objektive Lage, d.h. die Existenz solcher allgemein ausgeübten Handelsbräuche.[1005] Das folgt daraus, dass im Unternehmerverkehr von Unternehmern generell die Kenntnis der Handelsbräuche erwartet werden darf.[1006] Wenn bei fehlenden

---

[998] Vgl. §§ 142, 143 BGB, wonach bereits der Zugang der Anfechtungserklärung Nichtigkeit nach sich sieht.
[999] Abkürzung für: *In*ternational *co*mmercial *terms*.
[1000] Free carrier = frei Frachtführer.
[1001] Free on board = frei an Bord (mit Benennung des Beladungs- und Verschiffungshafens).
[1002] Cost, insurance, freight = Kosten, Versicherung, Fracht (mit Benennung des Bestimmungshafens).
[1003] Insbesondere Art. 421 Punkt 5 ZGB.
[1004] Vgl. *Braginskij/Vitrjanskij,* Dogovornoe pravo I, S. 57; *Braginskij-Braginskij,* Kommentar zum ZGB I für Unternehmer, S. 38; *Arzinger/Galander,* Russisches Wirtschaftsrecht, S. 137.
[1005] Vgl. *Braginskij/Vitrjanskij,* Dogovornoe pravo I, S. 57, die in diesem Zusammenhang von einer widerlegbaren Vermutung sprechen.
Enger gefasst ist dagegen Art. 9 CISG. So wird im UN-Kaufrecht angenommen, dass wenn die Parteien nichts anderes vereinbart haben, sie sich auf Handelsbräuche bezogen haben, die sie kannten oder kennen mussten und die im internationalen Handel den Parteien von Verträgen dieser Art in dem Geschäftszweig weithin bekannt sind und von ihnen regelmäßig beachtet werden.
[1006] Vgl. *Braginskij/Vitrjanskij,* Dogovornoe pravo I, S. 57.

Vertragsvereinbarungen Handelsbräuche als Auslegungshilfe unabhängig von der Kenntnis der Unternehmer zur Anwendung kommen, so bestimmt die Verkehrssitte, die sich auf einem einzelnen Gebiet unternehmerischer Tätigkeit herausgebildet hat und überwiegend befolgt wird, den Vertragsinhalt aufgrund verkehrstypisch erklärten Willens. Daraus ist zu folgern, dass die Nichtkenntnis eines Handelsbrauchs durch Unternehmer nicht als ein rechtsrelevanter Irrtum zu werten ist.[1007]

3. Vertragsänderung und -auflösung

Änderung und Auflösung von Handelsgeschäften richtet sich nach den allgemeinen Regeln des ZGB. Gemäß Art. 450 Punkt 1 ZGB ist es den Parteien gestattet, jederzeit auf eigene Initiative einverständlich den Vertrag zu ändern bzw. aufzulösen. Der Vertrag gilt als geändert bzw. aufgelöst im Zeitpunkt der Erreichung der Einigung, sofern die Parteien keinen anderen Zeitpunkt vereinbaren.[1008] Eine Vereinbarung über eine Vertragsänderung bzw. -auflösung erfolgt gemäß Art. 452 Punkt 1 ZGB grundsätzlich in derselben Form wie der Vertrag. Unter Umständen kann die Vornahme konkludenter Handlungen als Zustimmung zu Änderungen eines schriftlich abgeschlossenen Vertrages ausgelegt werden. So wurde z.B. vom HWiG die Zahlung der im Zuge einer Mieterhöhung neu festgesetzten Miete als Zustimmung zur Änderung des Mietvertrags angesehen. [1009]
Eine einseitige Vertragsänderung bzw. -auflösung gegen den Willen der anderen Partei ist dagegen im allgemeinen Rechtsverkehr lediglich bei wesentlicher Vertragsverletzung sowie in gesetzlich bestimmten Fällen statthaft (Artt. 310 S.1 i.V.m. 450 Punkt 2 Abs.1, Punkt 3 ZGB).
Eine Verletzung vertraglicher Pflichten gilt als wesentlich, wenn sie für die andere Partei einen derartigen Schaden zur Folge hat, dass diese Partei in erheblichem Umfang das verliert, womit sie beim Vertragsschluss rechnen konnte.[1010] Damit geht der russische Gesetzgeber – ähnlich wie das UN-Kaufrecht in Art. 25 CISG - davon aus, dass nicht die Art der Pflichtverletzung, sondern ihre wirtschaftlichen Folgen für die Wesentlichkeit entscheidend sind.[1011] In der Literatur wird vertreten, dass eine wesentliche Verletzung jedenfalls dann gegeben ist, wenn als Folge für die betroffene Partei der Vertragszweck vereitelt wird.[1012] So hat das HWiG in einem Fall eine wesentliche Verletzung vertraglicher Pflichten angenommen, in dem der Gewinner eines privatisierungsrechtlichen Bietverfahrens seine in den Teilnahmebedingungen eingegangenen Investitionsverpflichtungen gegenüber der zu privatisierenden Aktiengesellschaft und dem staatlichen Vermögensfond als Verkäufer der Beteiligung nicht erfüllte.[1013]

[1007] Ebenso: *Braginskij/Vitrjanskij,* Dogovornoe pravo I, S. 55.
[1008] *Puginskij,* Kommerčeskoe pravo, S. 142.
[1009] s. Beilage zum Informationsbrief des Präsidiums des HWiG vom 5.5.1997. Abgedruckt in: *Murzin,* ZGB-Rechtsprechung, S. 534.
[1010] Art. 450 Punkt 2 Abs. 2 ZGB.
[1011] Vgl. *Braginskij/Vitrjanskij,* Dogovornoe pravo I, S. 351; *Puginskij,* Kommerčeskoe pravo, S. 143.
[1012] Vgl. *Braginskij/Vitrjanskij,* Dogovornoe pravo I, S. 358.
[1013] Beilage zum Informationsbrief des HWiG vom 21.4.1998, Punkt 4, abgedruckt in: *Murzin,* ZGB-

Der Gesetzgeber definiert im besonderen Schuldrecht an einzelnen Stellen vertragsspezifische Kriterien der Wesentlichkeit von Vertragsverletzungen, so etwa beim Liefervertrag in Art. 523 Punkt 2 ZGB. Diese vom Gesetzgeber für einzelne Vertragstypen formulierten Vermutungen werden letztendlich auch von den Gerichten als Auslegungshilfe bei der Entscheidung über die Wesentlichkeit von Vertragspflichtverletzungen herangezogen.[1014]
Zu den gesetzlichen Gründen, die eine einseitige Vertragsauflösung oder -änderung rechtfertigen, zählen Fälle der allgemeinen Leistungsstörungen – Leistungsverweigerung[1015] beim gänzlichen oder teilweisen Ausbleiben bzw. bei absehbarer Verspätung der Vorleistung (Art. 328 Punkt 2 ZGB) und Annahmeverweigerung[1016] beim verzugsbedingten Interessenwegfall (Art. 405 Punkt 2 ZGB). Es handelt sich dabei um eine erlaubte Erfüllungsverweigerung bzw. Erfüllungsverzicht im Sinne des Art. 450 Punkt 3 ZGB, was zur Folge hat, dass die Vertragsänderung bzw. -auflösung bereits durch die Erklärung einer Partei wirksam wird. Darüber hinaus bestehen für bestimmte Vertragstypen Sonderbestimmungen für Rücktritt oder Kündigung im ZGB[1017] sowie in anderen Gesetzen[1018].

Eine Neuregelung stellt die Möglichkeit der Vertragsanpassung bzw. -auflösung aufgrund wesentlicher Veränderung der Umstände dar.[1019] Dabei ist der Tatbestand des Art. 451 ZGB so formuliert, dass sowohl Äquivalenzstörungen als auch die Enttäuschung berechtigter Erwartungen einer Partei vorliegen müssen.[1020] Darüber hinaus darf es sich nicht aus Handelsbräuchen bzw. dem Wesen des Vertrages ergeben, dass die betroffene Partei das Risiko einer Veränderung von Umständen trägt.[1021] Bisher fehlt – soweit ersichtlich - Spruchpraxis zum Wegfall der Geschäftsgrundlage, die sich detailliert mit der Auslegung der Tatbestandsmerkmale des Art. 451 ZGB beschäftigt.[1022] Ob Gerichte eine restriktivere Spruchpraxis entwickeln, bleibt daher noch abzuwarten.

Die begehrte Rechtsfolge der Vertragsaufhebung bzw. der Vertragsänderung kann im Widersetzungsfalle klageweise herbeigeführt werden, wenn die betroffene Partei nachweist, dass alle ihre Maßnahmen zwecks einvernehmlicher Vertragsbeendigung

Rechtsprechung, S. 553 f.

[1014] Vgl. *Solotych,* ZGB Teil 2, S. 37; *Voltchenko,* PSJEEL 1996, Vol. 3:713, S. 731 f.

[1015] Russ.: „otkaz ot ispolnenija dogovora" (Verweigerung der Vertragserfüllung).

[1016] Russ.: „otkaz ot prinjatija ispolnenija" (Verweigerung der Erfüllungsannahme).

[1017] Z.B. bei einem Liefervertrag, Art. 523 Punkt 1 ZGB; bei einem Auftragsvertrag, Art. 977 Punkt 2 ZGB; bei einem Bankkontovertrag, Art. 859 Punkt 1 ZGB; beim Kommissionsvertrag, Art. 1003 ZGB, beim Franchisevertrag, Art. 1037 Punkt 1 ZGB.

[1018] S. z.B. Art. 5 Punkt 4 des StaatslieferG.

[1019] Art. 451 ZGB, s. dazu im einzelnen *Dudko,* VMU 2000 Nr. 1, S. 97 ff. Die russische Regelung wurde deutlich von der deutschen Lehre vom Wegfall der Geschäftsgrundlage sowie vom niederländischen Recht beeinflusst (vgl. *Solotych,* ZGB Teil 1, S. 72).

[1020] Vgl. *Braginskij/Vitrjanskij,* Dogovornoe pravo I, S. 358; *Puginskij,* Kommerčeskoe pravo, S. 143. Anders dagegen das niederländische Recht, wonach unter den Art. 6:258 NBG neben den ausdrücklich genannten Fällen der Äquivalenzstörung und der Zweckvereitelung noch andere mögliche Fälle fallen (s. dazu *Hartkamp,* in: Bydlinskij/Mayer-Maly/Pichler, S. 96).

[1021] Art. 451 Punkt 2 Nr. 4 ZGB.

[1022] Dies betonen ebenfalls *Braginskij/Vitrjanskij,* Dogovornoe pravo I, S. 359.

bzw. -anpassung[1023] erfolglos geblieben sind[1024]. Der Vertrag wird mit Rechtskraft des Gestaltungsurteils mit der Wirkung für die Zukunft (*ex nunc*) aufgehoben bzw. geändert.[1025] Das grundsätzliche Erfordernis der gerichtlichen Durchsetzung bei vorherigem obligatorischen Einigungsversuch als Rechtsbehelf zur Beseitigung der Vertragsbindung ist unter anderem auf die Tatsache zurückzuführen, dass Gestaltungsrechte der Parteien dem russischen Vertragsrecht bislang weitgehend unbekannt waren, so dass sich eine diesbezügliche Dogmatik erst noch entwickeln muss[1026].[1027] Zum Teil ist bereits eine Auflösung des Vertrages durch einseitiges Gestaltungsrecht als Folge einer wesentlichen Vertragsverletzung ohne Gerichtsurteil möglich, wenn Parteien dies im Vertrag vorsehen bzw. das Gesetz für den jeweiligen Vertragstyp eine entsprechende Bestimmung enthält.[1028] Es empfiehlt sich jedenfalls, eine möglichst klare und detaillierte Vereinbarung bezüglich einer störungsbedingten Vertragsbeendigung und ihrer Folgen zu treffen.[1029]
Besonderheiten für den unternehmerischen Verkehr bestehen lediglich in wenigen Fällen: bei der einseitigen Vertragsänderung bzw. bei der einseitigen Erfüllungsverweigerung nach Art. 310 ZGB und bei unzulässigen Vertragsbedingungen gemäß Art. 428 ZGB.

a. Einseitige Vertragsänderung bzw. Erfüllungsverweigerung

Art. 310 ZGB sieht bei beiderseitigen Handelsgeschäften eine vertragliche Erweiterung der Gründe für eine einseitige Vertragsänderung bzw. Erfüllungsverweigerung, welche eine Vertragsauflösung nach sich zieht,[1030] vor. So ist bei einer „mit dem Betreiben unternehmerischer Tätigkeit durch die Parteien verbundenen Verbindlichkeit" eine vertraglich vereinbarte Erfüllungsverweigerung bzw. eine einseitige Änderung der Vertragsbedingungen zulässig, sofern sie nicht gesetzwidrig ist bzw. nicht dem Wesen der Verbindlichkeit widerspricht.
Von einer wesensfremden Vereinbarung wäre etwa dann die Rede, wenn Parteien bei einer gewerbsmäßigen Miete eine jederzeit mögliche uneingeschränkte einseitige Kündigungsmöglichkeit des Vermieters vorsehen würden.[1031] Ferner widerspräche eine nachträgliche einseitige Änderung einmal vertraglich festgelegter Reduzierung der Ware dem Wesen der Vereinbarung.[1032] Schließlich hatte das HWiG einen Fall

---

[1023] Gemäß Art. 452 Punkt 2 ZGB zählt dazu insbesondere die Unterbreitung des Vorschlags zur Änderung bzw. Aufhebung des Vertrages ggf. mit einer Fristsetzung für die Antwort.
[1024] Vgl. dazu Plenen OG und HWiG Nr. 6/8 v. 1.7.1996, Punkt 60, *Murzin,* ZGB-Rechtsprechung, S. 552.
[1025] Vgl. Art. 453 Punkte 3 und 4 ZGB.
[1026] *Solotych,* ZGB Teil 2, S. 39.
[1027] Kritisch dazu *Pellegrino,* RIW 1998, 505.
[1028] So berechtigt den Käufer die mehrmalige Verspätung von Teillieferungen, die mehrmalige Verspätung von Teilzahlungen zur einseitigen Vertragsauflösung bzw. -änderung gemäß Art. 523 Punkt 2 2. Fall, Punkt 3 1. Fall ZGB, wobei es keines gerichtlichen Gestaltungsurteils bedarf (Art. 523 Punkt 4 ZGB).
[1029] Ebenfalls *Solotych,* ZGB Teil 2, S. 39.
[1030] Art. 450 Punkt 3 ZGB.
[1031] Bsp. nach *Braginskij/Vitrjanskij,* Dogovornoe pravo I, S. 350.
[1032] Bsp. nach *Sadikov-Sadikov,* Kommentar zum ZGB I 1996, Art. 310, Ziff. 3.

zu entscheiden, in dem die Parteien eines Aktienkaufvertrages ein innerhalb von 80 Tagen ausübbares einseitiges Auflösungsrecht zu Gunsten des Aktienkäufers vorgesehen und für den Fall der Ausübung dieses Rechts vereinbart hatten, dass der Verkäufer innerhalb von 10 Tagen nach Zugang der Auflösungserklärung den an ihn bereits vereinbarungsgemäß zur Hälfte ausgezahlten Kaufpreis nebst Zinsen an den Käufer zurückzuzahlen hat; andernfalls sollte der Anspruch auf Zahlung des Restkaufpreises erlöschen und der Käufer (dennoch) Eigentümer der Aktien bleiben.[1033] Das HWiG wendete auf diesen Fall Art. 450 Punkt 2 i.V.m. 310 S. 2 ZGB an und qualifizierte die Vereinbarung des einseitigen Auflösungsrechts zu den beschriebenen Bedingungen als mit dem Wesen des Aktienkaufvertrages unvereinbar. Das Gericht stützte sich darauf, dass der Vertrag bereits durch die Verschaffung des Eigentums an den Aktien durch den Verkäufer erfüllt sei und damit ein Anspruch auf Zahlung des vereinbarten Gesamtkaufpreises entstanden sei.[1034] Nicht wesensfremd wären dagegen z.B. Vereinbarungen über die einseitige Änderung des Preises aufgrund von äußeren Umständen, wie Tarif- oder Taxenänderung.[1035]

Die Regelung des Art. 310 ZGB steht auf den ersten Blick im Widerspruch zu Art. 450 Punkt 2 Abs.1 Ziff. 2 und Punkt 3 ZGB, wonach eine einseitige Vertragsänderung bzw. -auflösung im allgemeinen Rechtsverkehr jederzeit in durch Vertrag bestimmten Fällen möglich ist, ohne dass das Gesetz dafür ein beiderseitiges Handelsgeschäft auf Seiten der Parteien verlangt.[1036] Wäre tatsächlich ein Widerspruch gegeben, hätte die speziellere Norm des Art. 450 ZGB Vorrang vor dem allgemeineren Art. 310 ZGB,[1037] dessen Anwendungsbereich dann auf nichtvertragliche Schuldverhältnisse reduziert wäre. Dieser Grundsatz *lex specialis derogat generali*[1038] ist in Art. 420 Punkt 3 ZGB verankert, wonach auf vertragliche Schuldverhältnisse die allgemeinen Bestimmungen über Schuldverhältnisse (Artt. 307-419 ZGB) nur insoweit Anwendung finden, als in den allgemeinen Bestimmungen über den Vertrag (Artt. 420-453 ZGB) und den Bestimmungen über einzelne Vertragstypen nichts anderes bestimmt ist. Eine Mindermeinung in der Literatur versucht, die Nichtunternehmern eingeräumte Möglichkeit, eine einseitige Vertragsauflösung durch Erfüllungsverweigerung im Vertrag vorzusehen, damit zu begründen, dass diese Lösung den Vorteil bringt, dass man den Vertrag ändern bzw. aufheben kann, ohne ein Gericht anrufen zu müssen.[1039] Sie beruft sich dabei auf Art. 450 Punkt 3 ZGB, wonach bei einseitiger vollständiger oder teilweiser Erfüllungsverweigerung der Vertrag als aufgehoben oder geändert gilt; nach Art. 450 Punkt 2 ZGB dagegen die Änderung oder Aufhebung eines Vertrages einer

---

[1033] Beschluss des Präsidiums des HWiG vom 22.12.1998, VVAS 1999, Nr. 3.
[1034] Beschluss des Präsidiums des HWiG vom 22.12.1998, VVAS 1999, Nr. 3.
[1035] Vgl. Art. 424 ZGB und Beilage zum Brief des HWiG vom 20.3.1995, Punkt 3, abgedruckt in: *Murzin*, ZGB-Rechtsprechung, S. 384 f.
[1036] Dieses Problem wird bei *Braginskij/Vitrjanskij*, Vertragsrechts AT, S. 348 f. übersehen.
[1037] So *Sadikov-Klejn*, Kommentar zum ZGB I 1998, Art. 450, Ziff. 3; *Šičanin/Grivkov*, Pravo i ėkonomika 2001 Nr. 2, 23.
[1038] Im einzelnen dazu s. *Braginskij/Vitrjanskij*, Dogovornoe pravo I, S. 38 f.
[1039] *Šičanin/Grivkov*, Pravo i ėkonomika 2001 Nr. 2, 23.

entsprechenden gerichtlichen Entscheidung bedarf.[1040] Auch wenn eine Stärkung der Gestaltungsrechte der Parteien bei Vertragsauflösung an sich wünschenswert ist, ist fraglich, ob *de lege lata* eine solche Lösung geboten ist.
Zweifelhaft erscheint, ob der Grundsatz *lex specialis* hier überhaupt zur Anwendung kommt. Legt man nämlich Art. 450 ZGB im Lichte des Art. 310 ZGB dahingehend aus, dass die in Art. 450 Punkt 2 Nr. 2 3. Var. ZGB genannte vertragliche Vereinbarung lediglich Unternehmer betrifft, so besteht kein Widerspruch zwischen den beiden Bestimmungen. Auch wenn eine solche Auslegung in der russischen Literatur als „ jeder Vernunft widersprechend"[1041] und unverständlich[1042] kritisiert wird, sind sich die meisten Autoren einig, dass sie vom Gesetzgeber gewollt war.[1043] Für ein solches Verständnis spricht insbesondere die Formulierung des Art. 450 Punkt 2 Ziff. 2 ZGB von der einseitigen Vertragsänderung bzw. -auflösung in „anderen Fällen, die durch *dieses* Gesetz, ... *oder* durch Vertrag bestimmt sind". Dadurch wird der grundsätzliche Vorrangcharakter des ZGB gegenüber den Parteivereinbarungen unterstrichen.[1044] Daraus folgt, dass unter vertraglichen Parteivereinbarungen lediglich solche gemeint sind, für die das ZGB gar keine oder dispositive Bestimmungen enthält. Dagegen haben imperative Bestimmungen des ZGB Vorrang gegenüber Parteivereinbarungen.[1045] Eine solche imperative Norm sieht auch Art. 310 ZGB vor, der ausdrücklich die einseitige Erfüllungsverweigerung einer Verbindlichkeit sowie eine einseitige Änderung ihrer Bedingungen verbietet. Dadurch reduziert sich der Anwendungsbereich des Art. 450 Punkt 2 Nr. 2 ebenso wie des Punktes 3 ZGB auf vertragliche Vereinbarungen unter Unternehmern.[1046] An diesem Ergebnis ändert auch nichts die Norm des Art. 407 Punkt 2 ZGB.[1047] Danach erlischt ein Schuldverhältnis aus den *durch das ZGB*, durch sonstige Gesetze oder Rechtsakte oder durch *Vertrag* bestimmten Gründen. Zwar ist hier wie in Art. 450 ZGB ebenfalls keine Rede von der Einschränkung der Möglichkeit vertraglicher Vereinbarungen auf Unternehmer, dies folgt aber wiederum aus Art. 310 ZGB.[1048] Denn die Gründe für das Erlöschen eines Schuldverhältnisses und damit jedes Vertrages bei einseitiger Erfüllungsverweigerung oder Vertragsänderung sind für den allgemeinen Rechtsverkehr abschließend im ZGB geregelt, so dass eine diesbezügliche parteiliche Vereinbarung ausgeschlossen ist.

[1040] *Šičanin/Grivkov,* Pravo i ėkonomika 2001 Nr. 2, 23.
[1041] *Andreev,* RJ 1995 Nr. 4, 11, 12. In diesem Zusammenhang spricht der Autor davon, es sei den Parteien im allgemeinen Rechtsverkehr unmöglich, ihren Vertrag durch eine entsprechende Vereinbarung zu ändern. Dies stimmt natürlich nur insoweit, als der Autor eine einseitige Vertragsänderung meint, denn ansonsten ist allen Parteien erlaubt einverständlich eine Vertragsänderung vorzunehmen (Art. 450 Punkt 1 ZGB).
[1042] Vgl. *Rachmilovič,* GiP 1996 Nr. 4, 124 f.; *Braginskij,* Pravo i ėkonomika 1998 Nr. 1, 63.
[1043] *Braginskij,* Pravo i ėkonomika 1998 Nr. 1, 63; *Andreev,* RJ 1995 Nr. 4, 11, 12; *Rachmilovič,* GiP 1996 Nr. 4, 124; s. auch *Voltchenko,* PSJEEL 1996, Vol.3:713, S. 728.
[1044] Vgl. *Braginskij/Vitrjanskij,* Dogovornoe pravo I, S. 47.
[1045] Vgl. Art. 422 Punkt 1, Punkt 4 Abs. 2 ZGB. S. dazu im einzelnen *Braginskij/Vitrjanskij,* Dogovornoe pravo I, S. 70 f.
[1046] Vgl. *Solotych,* ZGB Teil 2, S. 39. Anderer Meinung *Rachmilovič,* GiP 1996 Nr. 4, 124, der von der fehlender Übereinstimmung beider Normen spricht.
[1047] So aber *Rachmilovič,* GiP 1996 Nr. 4, 124; s. dazu auch *Voltchenko,* PSJEEL 1996, Vol.3:713, S. 727..
[1048] Vgl. *Voltchenko,* PSJEEL 1996, Vol.3:713, S. 727.

Die Intention des Gesetzgebers wird schließlich durch die Tatsache bekräftigt, dass der Wortlaut des Art. 310 ZGB gegenüber den Vorgängernormen - Art. 57 Punkt 2 Abs. 2 der Grundlagen und Art. 169 ZGB 1964 - geändert wurde. Während Art. 169 ZGB 1964 eine einseitige Erfüllungsverweigerung bzw. Vertragsänderung nur in gesetzlich geregelten Fällen gestattete, erlaubte Art. 57 Punkt 2 Absatz 2 der Grundlagen allen Parteien, im Vertrag Gründe für eine einseitige Vertragsauflösung oder Vertragsänderung vorzusehen, ohne dass eine Differenzierung zwischen Unternehmern und anderen Bürgern erfolgte. Die Abweichung von diesen beiden Normen durch den Gesetzgeber dürfte bewusst erfolgt sein und bezweckte damit eine unterschiedliche Behandlung von Unternehmern im Vergleich zu Bürgern.
Die Regelung des Art. 310 ZGB wird insbesondere wegen ihrer Einschränkung des Grundsatzes der Vertragsfreiheit einer heftigen Kritik unterzogen. So wenden *Rachmilovič* und *Braginskij* ein, der Grundsatz der Vertragsfreiheit solle für alle Parteien im Rechtsverkehr gleichermaßen gelten und nicht lediglich für Unternehmer.[1049] Einschränkungen seien lediglich zum Schutze der Interessen der schwächeren Partei oder des allgemeinen Rechtsverkehrs geboten.[1050] Die Gefahr des Missbrauchs der Vertragsfreiheit sei aber gerade im Geschäftsverkehr unter Unternehmern insbesondere dann viel höher als im allgemeinen Rechtsverkehr, wenn eine Partei eine marktbeherrschende Stellung innehabe.[1051] Kritisiert wird ferner die Beschränkung des Art. 310 ZGB auf beiderseitige Handelsgeschäfte, und es wird *de lege ferenda* eine Erweiterung des Anwendungsbereichs der Norm gefordert.[1052]
Auch wenn Art. 310 ZGB in der Tat den Grundsatz der Privatautonomie im allgemeinen bzw. den Grundsatz der Vertragsfreiheit im besonderen relativiert,[1053] so verstößt dies allein nicht schon gegen Art. 421 ZGB, da die Vertragsfreiheit nicht schrankenlos gewährleistet ist (Art. 422 Punkt 4 ZGB). Insbesondere Gedanken des Konsumentenschutzes und des Verkehrsschutzes machen solche Einschränkungen notwendig. Die *ratio* des Art. 310 ZGB liegt in der Gewährleistung der Vertragstreue.[1054] Die Parteien sollen grundsätzlich an den Vertrag gebunden sein und lediglich bei einvernehmlichem Einverständnis bestimmte Bedingungen des Vertrages ändern oder den Vertrag ganz aufheben können. Es soll verhindert werden, dass eine – meistens stärkere – Partei jederzeit den Vertrag zu ihren Gunsten ändern oder ganz zurücktreten kann. Diese Konstellation dürfte in Russland vor allem bei einseitigen Handelsgeschäften nicht selten vorkommen, wenn z.B. auf der einen Seite ein geschäftsgewandter Unternehmer, auf der anderen Seite

[1049] Vgl. *Rachmilovič*, GiP 1996 Nr. 4, 124; *Braginskij*, Pravo i ėkonomika 1998 Nr. 1, 63.
[1050] *Braginskij*, Pravo i ėkonomika 1998 Nr. 1, 63.
[1051] *Rachmilovič*, GiP 1996 Nr. 4, 124 f.
[1052] *Andreev*, RJ 1995 Nr. 4, 11; *Braginskij*, Pravo i ėkonomika 1998 Nr. 1, 63. *Puginskij* (Kommerčeskoe pravo, S. 138) geht irrtümlicherweise von der Geltung des Art. 310 ZGB bereits *de lege lata* für einseitige Handelsgeschäfte aus.
[1053] Ebenso *Voltchenko*, PSJEEL 1996, Vol.3:713, S. 728.
[1054] Vgl. *Puginskij*, Kommerčeskoe pravo, S. 142; *Braginskij/Vitrjanskij*, Dogovornoe pravo I, S. 349; *Sadikov*, ZEuP 1999, 906.

dagegen ein weniger erfahrener Verbraucher steht.[1055] Unter diesem Aspekt erscheint die Regelung des Art. 310 ZGB durchaus sinnvoll.
Die Einschränkung der Geltung des Art. 310 S. 2 ZGB auf beiderseitige Handelsgeschäfte entspricht auch der Tatsache, dass Unternehmer im geringeren Maße des Schutzes der Rechtsordnung bedürfen, weil man von ihnen erhöhte Geschäftsgewandtheit und -erfahrung erwarten kann. Darüber hinaus widerstreben die Einschränkungen der Privatautonomie dem Bedürfnis des Handelsverkehrs nach möglichst weitgehender Befreiung von Formalitäten und Einschränkungen.

b. Vertragsänderung oder -auflösung bei einem Beitrittsvertrag

Eine Besonderheit gegenüber dem normalen Zivilverkehr beinhaltet ferner Art. 428 Punkt 3 ZGB, wonach das Recht eines Unternehmers als der beitretenden Partei auf Aufhebung oder Änderung des Beitrittsvertrags eingeschränkt ist. Verbraucher können diese Rechte dann geltend machen, wenn ihnen der Vertrag die üblicherweise einzuräumenden Rechte entzieht, die Haftung für Pflichtverletzungen ausschließt bzw. einschränkt oder andere belastende Bedingungen enthält.[1056] Dagegen steht dem Unternehmer das Recht auf Vertragsaufhebung bzw. - änderung nur dann zu, wenn er nicht wusste oder wissen musste, zu welchen Bedingungen er den Vertrag abschließt; ansonsten ist er an den Vertrag gebunden. Art. 428 Punkt 3 ZGB setzt voraus, dass der Unternehmer den Beitrittsvertrag im Rahmen unternehmerischer Tätigkeit abschließt. Handelt er dagegen als Verbraucher, indem er z.B. einen Energieversorgungsvertrag für seinen privaten Haushalt abschließt, so kommt Art. 428 Punkt 2 ZGB mit seinen weitgehenden Rechten zur Anwendung. Die Beweislast für das Nichtkennen bzw. Kennenmüssen der Vertragsbedingungen trägt der Unternehmer, was aus der widerlegbaren gesetzlichen Vermutung für das Kennenmüssen des Unternehmers folgt.[1057] Wie bereits bei Art. 173 ZGB stellt sich auch hier die Frage, was unter dem Begriff „Kennen“ bzw. „Kennenmüssen“ zu verstehen ist. Weder das Gesetz noch die Rechtsprechung haben bisher eine Antwort auf diese Frage gegeben. Zweifellos ist das „Kennenmüssen“ dann zu bejahen, wenn ein Unternehmer mit einem Verwender von AGB in laufender Geschäftsverbindung steht und dieselben oder nahezu dieselben allgemeinen Vertragsbedingungen bereits mehrmals Gegenstand der in der Vergangenheit abgeschlossenen Verträge waren. So könnte etwa ein Unternehmer, der einen Rahmenvertrag geschlossen hat, sich nicht darauf berufen, ihm seien die Vertragsbedingungen nicht bekannt, wenn bei einem Einzelvertrag im Rahmen des Rahmenvertrags die AGB nicht explizit offengelegt wurden. Denn in diesem Fall sind die Vertragsbedingungen meistens im voraus für etwaige künftige Verträge festgelegt. Fraglich ist aber, wie die Rechtslage in Fällen erstmaligen Vertrags-

---

[1055] Typisch erscheinen daher zwei Beispiele aus der Praxis der Wirtschaftsgerichte, in denen Banken während der Laufzeit von Kreditverträgen einseitig die Zinsen erhöht haben. S. Brief des HWiG vom 26.1.1994, Punkte 1 und 2, abgedruckt in: *Muzin,* ZGB-Rechtsprechung, S. 385 f.
[1056] Art. 428 Punkt 2 ZGB.
[1057] S. dazu *Braginskij/Vitrjanskij,* Dogovornoe pravo I, S. 212.

schlusses zu beurteilen ist. Legt man die Begriffe „Kennen“ und „Kennenmüssen“ weit aus, indem man eine umfassende Informationspflicht und Selbstverantwortlichkeit eines Unternehmers im Geschäftsverkehr annimmt, so würde dies bedeuten, dass ein ordentlicher Unternehmer vor dem Abschluss jedes Geschäftes mit der erforderlichen Sorgfalt alle Vertragsunterlagen prüfen[1058] bzw. sich über die branchentypischen informieren müsste. Ein solches Verständnis lässt allerdings kaum Raum für Fälle, in denen ein Unternehmer sich auf Nichtwissen bzw. Nichtwissenkönnen berufen könnte.[1059] Dies wäre allenfalls denkbar, wenn sich der Verwender von AGB schlechthin weigert, die Vertragsbedingungen seinem Vertragspartner vor bzw. bei Vertragsschluss auszuhändigen, diese zur Einsichtnahme in seinen Geschäftsräumlichkeiten auszulegen oder bei einer Industrie- und Handelskammer zu hinterlegen.

Eine solche Interpretation war wohl vom Gesetzgeber beabsichtigt. Dies zeigen die unterschiedlichen Formulierungen in Art. 428 ZGB und Art. 173 ZGB. Während Art. 173 ZGB eine widerlegbare Vermutung für Nichtkennenmüssen beinhaltet, geht Art. 428 ZGB im Gegenteil von einer Vermutung für Kennenmüssen aus. Damit werden dem Unternehmer beim Abschluss eines Beitrittsvertrages bewusst höhere Erkundigungspflichten auferlegt, als im Rahmen des Art. 173 ZGB.

Als Gründe für eine solche Interpretation werden in der Literatur der Schutz der Interessen des Verwenders von Formularen, die Verkehrssicherheit sowie die mangelnde Schutzbedürftigkeit von Unternehmern als Beitretende zum Vertrag angeführt.[1060]

Fraglich ist jedoch, ob eine solche erhebliche Reduzierung der Rechte von Unternehmern zweckmäßig und gerechtfertigt erscheint. Das Argument des notwendigen Schutzes des Verwenders von AGB überzeugt nicht. Denn die Praxis zeigt, dass es sich bei Art. 428 ZGB in erster Linie um marktstarke bzw. marktbeherrschende Unternehmer handelt, die aufgrund ihrer dominierenden Stellung auf dem Markt gerade keines Schutzes bedürfen. Dem Argument der mangelnden Schutzbedürftigkeit von beitretenden Unternehmern kann auch allenfalls zum Teil zugestimmt werden. Naturgemäß ist das Schutzbedürfnis für rechtsunkundige und geschäftsungewandte Verbraucher im allgemeinen Geschäftsverkehr höher als im unternehmerischen Rechtsverkehr. Mit Art. 428 ZGB verfolgte der Gesetzgeber konsequenterweise das erstrangige Ziel, die Interessen derjenigen Partei zu schützen, die durch die Umstände gezwungen ist, den vorformulierten Vertrag

---

[1058] Vgl. *Sadikov-Jakovlev,* Kommentar zum ZGB I, Art. 428, S. 415, Ziff. 2.

[1059] I.E. ebenso *Solotych,* in: Schroeder, Die neuen Kodifikationen, S. 36; *Abova/Kabalkin/Mozolin,* Kommentar zum ZGB I, Art. 438, S. 628.

Braginskij (Braginskij/Vitrjanskij, Dogovornoe pravo I, S. 212) nennt in diesem Zusammenhang ein Beispiel, in dem ein Unternehmer Vertragsbedingungen weder kannte noch kennen musste, weil er „durch Umstände gezwungen war, ein entsprechendes Telegramm über die Annahme des Vertrags abzuschicken, obwohl das Vertragsformular ihm nicht gezeigt wurde“. Allerdings fragt sich hier, welcher Art außerordentliche Umstände sein müssen, damit es dem Unternehmer weder zumutbar noch möglich war, vor der Vertragsunterschreibung Erkundigungen einzuholen.

[1060] Vgl. *Braginskij/Vitrjanskij,* Dogovornoe pravo I, S. 212; *Sadikov-Jakovlev,* Kommentar zum ZGB I 1996, Art. 428, Ziff. 2.

anzunehmen.[1061] Dabei wurde Art. 428 ZGB primär als eine Verbraucherschutznorm angesehen. Die Unternehmereigenschaft bewahrt aber keineswegs vor Aufzwingung unbilliger Verträge. Gerade die Fälle, in denen auf der Anbieterseite Monopole oder marktbeherrschende Unternehmen stehen und ihre Bedingungen der anderen Partei aufgrund ihrer Machtstellung aufdringen können, zeigen, dass von der Gleichberechtigung der Subjekte nicht gesprochen werden kann.[1062] Ob nun in diesen Fällen ein Verbraucher oder ein vom Anbieter wirtschaftlich abhängiger Unternehmer Vertragspartner ist, dürfte daher keinen Unterschied machen. Die immer noch starke Monopolisierung der russischen Wirtschaft macht solche Fälle gerade zur Regel, so dass von mangelnder Schutzbedürftigkeit der unternehmerisch tätigen Beitrittsseite wohl kaum gesprochen werden kann.[1063]
Daher soll Art. 428 ZGB durchaus auch zugunsten von Unternehmern zur Anwendung kommen. Zu befürworten ist also zumindest eine sehr weitgehende Auslegung der Begriffe „Kennen" bzw. „Kennenmüssen".
Auch wenn es unwahrscheinlich ist, bleibt es jedoch abzuwarten, ob die Rechtspraxis in Russland den Gegensatz zwischen dem nur eingeschränkt in Art. 428 ZGB geschützten Unternehmer und dem des vollen gesetzlichen Schutzes teilhaftigen Nichtunternehmer im Ergebnis erheblich relativiert.

IV. Erfüllung

Schuldrechtliche Verpflichtungen müssen gemäß Art. 309 ZGB in gehöriger Weise erfüllt werden, wobei sich die Gehörigkeit in erster Linie nach den Parteivereinbarungen und den gesetzlichen Anforderungen, in zweiter Linie nach den Handelsbräuchen und anderen üblicherweise zu stellenden Erwartungen richtet. Der Begriff der Gehörigkeit zerfällt in mehrere Elemente: die Leistung muss durch die gehörige Person (Art. 313 ZGB) an die gehörige Person (Art. 312 ZGB) am gehörigen Ort (Art. 316 ZGB) zur gehörigen Zeit (Artt. 314, 315 ZGB) und in gehöriger Art und Weise (Artt. 317, 320 ZGB) erbracht werden.[1064] Besonderheiten für Handelsgeschäfte betreffen den Erfüllungsort und die Erfüllungszeit; ansonsten kommen allgemeine schuldrechtliche Bestimmungen zur Anwendung.

1. Erfüllungsort

Grundsätzlich können Unternehmer in ihren Verträgen den Erfüllungsort selbst festlegen, soweit das Gesetz diesen nicht in den speziellen Vorschriften über die einzelnen Vertragstypen bestimmt.[1065] Unterbleibt eine solche Vereinbarung und ergibt sich der Erfüllungsort nicht aus Handelsbräuchen, so ist der Erfüllungsort bei Verpflichtungen zur Übergabe von Waren oder sonstigem Vermögen durch einen

[1061] Vgl. *Braginskij/Vitrjanskij*, Dogovornoe pravo I, S. 209; *Rachmilovič*, GiP 1996 Nr. 4, 124.
[1062] Im Ergebnis ebenso *Arzinger/Galander*, Russisches Wirtschaftsrecht, S. 136.
[1063] I.E. ebenso *Solotych*, ZGB Teil 1, S. 69; *Arzinger/Galander*, Russisches Wirtschaftsrecht, S. 136.
[1064] S. im einzelnen *Braginskij/Vitrjanskij/* Dogovornoe pravo I, S. 341 ff.
[1065] Art. 316 ZGB.

Unternehmer (bei einseitigen Handelsgeschäften) der Ort der Herstellung oder der Aufbewahrung des Vermögens, sofern dieser dem Gläubiger bekannt ist.[1066] Wird neben der Übergabe von Sachen auch deren Versendung geschuldet, so ist der Erfüllungsort der Ort der Übergabe an den ersten Frachtführer.[1067]
Geldverbindlichkeiten werden auch im Unternehmerverkehr grundsätzlich am Sitz des Gläubigers zum Zeitpunkt der Entstehung der Verbindlichkeit erfüllt.[1068] Damit hängt der Zeitpunkt der Erfüllung vom Zahlungseingang beim Gläubiger ab, und die Gefahr für Verzögerung bzw. Misslingen der Überweisung wird dem Schuldner auferlegt.[1069] Diese für den Schuldner nachteilige Bestimmung kann allerdings vertraglich abbedungen werden.

2. Leistungszeit

Die Leistung ist zu der im Vertrag festgelegten Zeit zu erbringen.[1070] Unterbleibt eine solche Parteivereinbarung oder enthält der Vertrag keine Bedingungen, die es gestatten eine solche Erfüllungsfrist zu bestimmen, so ist die geschuldete Leistung innerhalb einer angemessenen[1071] Frist nach Vertragsschluss zu bewirken (Art. 314 Punkte 1 und 2 Abs. 1 ZGB).[1072] Wird sie nicht bewirkt oder soll sie erst nach Aufforderung des Gläubigers erfolgen, wird im Zweifel durch diese Mahnung bzw. Aufforderung eine siebentägige Frist in Gang gesetzt.[1073] Nach dem erfolglosen Verstreichen dieser Frist gilt die Leistung als verspätet, und der Schuldner gerät in Verzug. Bei Fixgeschäften – wie z.B. nach Art. 457 Punkt 2 Abs. 2 ZGB – darf der Verkäufer nur mit Zustimmung des Käufers vom vereinbarten Termin abweichen.[1074] Der Verzug tritt nicht ein, solange der Gläubiger seinerseits mit Mitwirkungs- oder Annahmehandlungen im Verzug ist.[1075]
Eine wichtige Sonderregelung bezüglich der vorfristigen Erfüllung für beiderseitige Handelsgeschäfte enthält Art. 315 ZGB. Während im allgemeinen Rechtsverkehr eine vorfristige Erfüllung grundsätzlich gestattet ist, gilt für den Unternehmerverkehr die umgekehrte Regel: die vorfristige Erfüllung ist nur in den dafür gesetzlich vorgesehenen Fällen sowie dann zulässig, wenn dies durch die Vertragsbedingungen bestimmt ist oder sich aus Handelsbräuchen oder aus dem Wesen des Vertrages ergibt. Zu nennen sind hier insbesondere die speziellen Bestimmungen hinsichtlich der Leistungszeit beim Handelskauf, sofern mehrere Teilwaren-

---

[1066] Art. 316 Var. 3 ZGB.
[1067] Art. 316 Var. 2 ZGB.
[1068] S. Informationsbrief des HWiG vom 26.1.1994, VVAS 1994 Nr. 3, 70. Ebenso Art. 7:101 Abs.1 a) PECL.
[1069] Vgl. dazu *Braginskij-Vitrjanskij*, Kommentar zum ZGB I, S. 325 f. mit Beispielen aus der Praxis der Wirtschaftsgerichte.
[1070] Die Leitungszeit gilt als wesentliche Vertragsbedingung bei den meisten Handelsgeschäften (*Abova/Kabalkin/Mozolin*, Kommentar zum ZGB I, Art. 315, S. 507).
[1071] Wörtlich: „razumnyj srok“ = vernüftige Frist. S. dazu *Abova/Kabalkin/Mozolin*, Kommentar zum ZGB I, Art. 315, S. 506.
[1072] Vgl. Art. 7:102 Abs. 3 PECL.
[1073] Vgl. Art. 314 Punkt 2 Abs.2 ZGB.
[1074] Vgl. *Braginskij-Braginskij*, Kommentar zum ZGB II, S. 23.
[1075] Arg. e Art. 405 Punkt 3 i.V.m. Artt. 406 Punkt 1, 408 Punkt 2 ZGB.

lieferungen vereinbart sind. Gemäß Art. 508 Punkt 3 ZGB kann eine vorzeitige Lieferung von Waren mit Zustimmung des Käufers erfolgen, wobei diese Waren auf die nächstfällige Teillieferung anzurechnen sind.

Bei der vorfristigen Erfüllung im Sinne des Art. 315 ZGB handelt es sich um eine freiwillige Erfüllung. Damit sind vom Anwendungsbereich dieser Norm diejenigen Fälle ausgeschlossen, in denen der Schuldner verpflichtet ist, seine Leistung vorzeitig zu erfüllen.[1076]

Nach Meinung der Literatur soll Art. 315 ZGB den Interessen der Unternehmer gerecht werden.[1077] Die im Geschäftsverkehr oft auftretenden Fixgeschäfte und die damit verbundenen Handlungen des Unternehmers, wie z.B. Abschluss von Lager- oder Transportverträgen, verlangen die Einhaltung der vereinbarten Erfüllungsfrist.[1078] Denn im Fall einer verfrühten Leistung müsste der Unternehmer die abgeschlossenen Verträge anpassen bzw. kündigen, woraus ihm ein Schaden entstehe. Dieser Schaden wäre nicht ohne weiteres ersetzbar, wenn die vorzeitige Erfüllung zulässig wäre.[1079]

Einer solchen Argumentation der russischen Lehre ist nur im Grundsatz zuzustimmen. In der Tat wird die Erfüllungszeit in der Regel auf die Aktivitäten und die Verfügbarkeit des Gläubigers abgestimmt sein, so dass eine Leistung vor Fälligkeit zusätzliche Ausgaben und Unannehmlichkeiten verursachen kann. Allerdings ist es nicht ersichtlich, wieso man eine Vorleistung verbieten soll, wenn die zu früh angebotene Leistung die Interessen des Annehmenden nicht unangemessen beeinträchtigt. Zu denken wäre in diesem Zusammenhang etwa an Fälle, in denen die Lieferung unvorhersehbar früher erfolgt ist, freie Lagerräume zur Verfügung stehen und der Lieferant bereit ist, sowohl alle mit der Frühleistung verbundenen Kosten als auch das Risiko des Untergangs im Zeitraum bis zum vorgesehenen Termin zu übernehmen. Hier rechtfertigt der Gedanke des Schutzes der Interessen des annehmenden Unternehmers nicht die Benachteiligung des Leistenden durch ein striktes Verbot vorzeitiger Leistung. Darüber hinaus ist ein Verbot vorzeitiger Leistung bei Geldverbindlichkeiten unverhältnismäßig, da hier keine Gefahr besteht, dass dem Annehmenden dadurch ein Schaden entsteht.

Mangels einer einschlägigen Spruchpraxis ist es unklar, ob die genannten Fälle unter den Vorbehalt des Art. 315 ZGB als „dem Wesen des Vertrags entsprechende" fallen. Aus Klarstellungsgründen wäre hier ein – mit Art. 7:103 Abs. 1 PECL vergleichbarer – Zusatz erforderlich, dass das Verbot der vorfristigen Leistung dann nicht gilt, wenn die verfrüht angebotene Leistung die Interessen des Gläubigers nicht unangemessen benachteiligt. Damit wäre eine rechtsmissbräuchliche Ablehnung

[1076] *Abova/Kabalkin/Mozolin,* Kommentar zum ZGB I, Art. 315, S. 508; *Sadikov-Sadikov,* Kommentar zum ZGB 1998, Art. 315 Ziff. 3. Vgl. Artt. 60 Punkt 2, 90 Punkt 5 S. 2, 101 Punkt 1 Abs. 2 S. 2, 351, 562, 657 ZGB.

[1077] Vgl. *Popondopulo/Jakovleva,* Kommerčeskoe pravo, S. 218; *Braginskij-Vitrjanskij,* Kommentar zum ZGB I, S. 324; *Abova/Kabalkin/Mozolin,* Kommentar zum ZGB I, Art. 315, S. 508; *Sadikov-Sadikov,* Kommentar zum ZGB 1998, Art. 315 Ziff. 1; *Olejnik,* Predprinimatel'skoe pravo, S. 445.

[1078] Vgl. *Braginskij-Vitrjanskij,* Kommentar zum ZGB I, S. 324; *Abova/Kabalkin/Mozolin,* Kommentar zum ZGB I, Art. 315, S. 508.

[1079] Vgl. *Braginskij-Vitrjanskij,* Kommentar zum ZGB I, S. 324.

einer vorfristigen Leistung unterbunden, wenn dem Gläubiger aus einer Erfüllung vor Fälligkeit keine Nachteile drohen. Solange das grundsätzliche Verbot der vorfristigen Leistung nicht abgeschafft ist, sollten die Parteien - u.a. auch wegen bisher noch nicht herausgebildeter entsprechender Handelsbräuche - die Möglichkeit einer vorzeitigen Leistung im Vertrag vorsehen.

3. Gesamtschuldverhältnisse

Der im allgemeinen Rechtsverkehr bei Mehrheit von Schuldnern geltende Grundsatz der Teilschuld wird im Geschäftsverkehr zu einer Ausnahme. Gemäß Art. 322 Punkt 2 ZGB sind die Pflichten mehrerer Schuldner bzw. die Forderungen mehrerer Gläubiger aus einem Handelsgeschäft gesamtschuldnerisch, soweit das Gesetz, sonstige Rechtsakte oder die Parteien selbst nichts anderes bestimmen. So haften die Gesellschafter einer Vollgesellschaft subsidiär mit ihrem Vermögen als Gesamtschuldner für die Verbindlichkeiten der Gesellschaft (Art. 75 Punkt 1 ZGB). Eine gesamtschuldnerische Haftung in den Grenzen des Wertes des nicht bezahlten Teils der Einlage besteht ebenfalls bei Gesellschaftern einer GmbH, die ihre Einlagen nicht vollständig geleistet haben (Art, 87 Punkt 1 Abs. 2 ZGB). Bei einer Gesamtschuld kann der Gläubiger die vollständige oder auch teilweise Erfüllung einer Verbindlichkeit sowohl von allen Schuldnern zusammen als auch von jedem einzelnen verlangen.[1080] Bis zur vollständigen Erfüllung bleiben alle Gesamtschuldner verpflichtet.[1081] Soweit nichts anderes vereinbart ist, hat der Schuldner, der die Gesamtschuld erfüllt hat, einen Regressanspruch gegen die übrigen Schuldner zu gleichen Anteilen unter Abzug des auf ihn selbst entfallenden Anteils.[1082] Der Grundsatz der Gesamtschuld im Geschäftsverkehr erklärt sich mit dem Wunsch des Gesetzgebers, einen umfassenden Gläubigerschutz zu gewährleisten.[1083]

4. Haftung für Nichterfüllung oder nicht gehörige Erfüllung

Das Konzept der Vertragshaftung im allgemeinen Rechtsverkehr basiert auf dem Verschuldensprinzip. Art. 401 Punkt 1 ZGB enthält eine Verschuldensvermutung, was zur Folge hat, dass die Beweislast bei der die Verpflichtung verletzenden Partei liegt, Art. 401 Punkt 2 ZGB.[1084] Der zivilrechtliche Verschuldensbegriff wird erstmals in Art. 401 Punkt 1 S. 2 ZGB negativ definiert. Danach liegt kein Verschulden vor, wenn die Person bei dem Grad der Sorgfalt und ordnungsgemäßer Umsicht, der von ihr entsprechend dem Wesen der Verbindlichkeit und der Verkehrssitte zu verlangen war, alle Maßnahmen zur gehörigen Erfüllung der Verbindlichkeit getroffen hat. Damit

---

[1080] Vgl. Art. 323 Punkt 1 ZGB.
[1081] Art. 323 Punkt 2 Abs. 2 ZGB.
[1082] Art. 325 Punkt 2 Nr. 1 ZGB.
[1083] *Braginskij-Vitrjanskij,* Kommentar zum ZGB I, S. 327; *Braginskij/Vitrjanskij*, Dogovornoe pravo I, S. 346; *Popondopulo/Jakovleva,* Kommerčeskoe pravo, S. 216.
[1084] Vgl. dazu *Braginskij/Vitrjanskij*, Dogovornoe pravo I, S. 607 f.

orientiert sich die Bestimmung des Verschuldensmaßstabes an dem konkreten Schuldverhältnis.[1085]
Im Geschäftsverkehr trifft den Unternehmer eine verschärfte Haftung, wenn eine Verbindlichkeit aus einem Handelsgeschäft nicht oder nicht gehörig erfüllt wird. Im Gegensatz zum allgemeinen Rechtsverkehr gilt für Unternehmer das Verursachungsprinzip, d.h. Unternehmer haften grundsätzlich verschuldensunabhängig (Art. 401 Punkt 3 ZGB). Das Einstehenmüssen wird dabei vermutet. Gemäß Art. 401 Punkt 3 ZGB haben Unternehmer für Erfüllungsstörungen immer dann einzustehen, sofern sie nicht nachweislich durch höhere Gewalt verursacht wurden. Als höhere Gewalt gelten außerordentliche und unter den gegebenen Bedingungen unvermeidbare Umstände, wie z.B. Hochwasser, Erdbeben, andere Naturkatastrophen, Kriegshandlungen, Epidemien, Generalstreiks etc.[1086] Unter den Begriff der „höheren Gewalt" fallen dagegen nicht:

1) Pflichtverletzungen durch Kontrahenten des Schuldners;
2) das Fehlen der zur Erfüllung benötigten Waren auf dem Markt;
3) Mangel der erforderlichen Geldmittel beim Schuldner[1087].[1088]

Damit muss ein Unternehmer auch für Zufall einstehen[1089] im Gegensatz zu einem sonstigen Schuldner, solange dieser sich nicht im Verzug befindet[1090]. Im Kaufrecht hat dies z.B. zur Folge, dass ein Unternehmer, sofern keine höhere Gewalt vorliegt, die Leistungsgefahr bis zur Übergabe der Kaufsache trägt. So entgeht ihm bei zufällig eingetretener Unmöglichkeit nicht nur der Kaufpreis, wie es bei einem Privatmann der Fall wäre, sondern er wird darüber hinaus schadensersatzpflichtig wegen Nichterfüllung.
Unternehmer haften ferner für ihre Beschäftigten und für Dritte, denen die Erfüllung auferlegt worden war, soweit das Gesetz nichts anderes bestimmt (Artt. 402 f. ZGB). Die vermögensrechtliche Haftung nach Art. 401 Punkt 3 ZGB befreit den Unternehmer von der Zinszahlung nach Art. 395 ZGB, [1091] die Pflicht zur Zahlung der vereinbarten Vertragsstrafe nach Art. 394 ZGB bleibt dagegen unberührt.[1092]

Der verschuldensunabhängige Haftungsansatz im Unternehmerverkehr wird an zahlreichen Stellen im Besonderen (zweiten) Teil des ZGB durchbrochen. So kann sich ein Hersteller von landwirtschaftlichen Erzeugnissen von seiner Haftung aus

---

[1085] Vgl. *Braginskij/Vitrjanskij,* Dogovornoe pravo I, S. 607 f.; *Arzinger/Galander,* Russisches Wirtschaftsrecht, S. 213.
[1086] *Braginskij/Vitrjanskij,* Dogovornoe pravo I, S. 608; *Braginskij-Vitrjanskij,* Kommentar zum ZGB I, S. 376; *Sadikov-Sadikov,* Kommentar zum ZGB I 1998, Art. 401 Ziff. 3; *Zvereva,* Otvetstvennost', S. 64.
[1087] S. dazu Beschluss des föderalen Wirtschaftsgerichts des Moskauer-Bezirks vom 13.2.2002 Nr. KG-A40/459-02.
[1088] Art. 401 Punkt 3 S. 2 ZGB.
[1089] *Solotych,* ZGB Teil 1, S. 67 f.; *Arzinger/Galander,* Russisches Wirtschaftsrecht, S. 212.
[1090] Vgl. Art. 405 Punkt 1 ZGB.
[1091] Beschluss der Plenen OG und HWiG vom 8.10.1998 Punkt 5, in: *Murzin,* ZGB-Rechtsgprechung, S. 483 f.
[1092] Vgl. *Popov,* Pravo i ėkonomika 2000 Nr. 7, 22 f.

Kaufverträgen über landwirtschaftliche Erzeugnisse befreien, wenn ihn kein Verschulden trifft (Art. 538 ZGB). Auch Energieversorgungsunternehmen haften für Unterbrechung der Energielieferung an den Anschlussnehmer infolge der aufgrund des Gesetzes oder anderer Rechtsakte ausgeführten Regulierung des Energieversorgungsmodus nur bei Verschulden (Art. 547 Punkt 2 ZGB). Eine ähnliche Vorschrift enthält das Transportrecht in Art. 795 Punkt 1 ZGB. Danach hat der Beförderer für eine Verzögerung der Abfahrt des Beförderungsmittels für die Personenbeförderung oder für eine Verspätung der Ankunft des Beförderungsmittels am Bestimmungsort grundsätzlich einzustehen, jedoch nur soweit er sich nicht exkulpieren kann.[1093] Ebenso verschuldensabhängig ist die Haftung des Beförderers bei Verlust, Fehlbestand oder Beschädigung des Transportgutes (Art. 796 Punkt 1 ZGB). Eine Haftung lediglich für Vorsatz und grobe Fahrlässigkeit trifft schließlich den gewerbsmäßigen Verwahrer nach dem Eintritt der Rücknahmepflicht des Hinterlegers (Art. 901 Punkt 2 ZGB).

Neben den gesetzlichen Ausnahmen vom Verursachungsprinzip besteht für Unternehmer auch die Möglichkeit, vertragliche Haftungsbeschränkungen für grob fahrlässige, nicht dagegen aber für vorsätzliche Pflichtverletzungen[1094] vorzusehen. Gegenüber Verbrauchern sowie bei Beitrittsverträgen sind Vereinbarungen über die Beschränkung der Haftungshöhe allerdings nur dann wirksam, wenn keine gesetzlichen Spezialbestimmungen hinsichtlich der Höhe der Haftung für die jeweilige Pflichtverletzung bestehen und die Haftungsbeschränkung nach Eintritt der Leistungsstörung vereinbart wird.[1095] Bei beiderseitigen Handelsgeschäften sollen dagegen Haftungsbeschränkungen - ausgenommen für den Fall vorsätzlicher Pflichtverletzung – grundsätzlich einschränkungslos möglich sein. Insofern zeigt sich, dass die als Garantiehaftung konzipierte Vertragshaftung für Unternehmer dem Verschuldensprinzip weiten Raum lässt.[1096]

Bei der Bemessung der Verantwortlichkeit lässt das ZGB traditionsgemäß relativ breiten Raum für richterliches Ermessen.[1097] Ähnlich wie § 254 BGB kann das Gericht gemäß Art. 404 Punkt 1 ZGB ein Mitverschulden des Gläubigers oder eine unterlassene Schadensminderung bzw. -abwendung bei der Berechnung der Haftungshöhe berücksichtigen. So stellt sich beim Deckungskauf die Rechtsfolge so dar, dass etwa Unternehmer A, nachdem er vertragswidrig von Unternehmer B nicht beliefert wurde und daraufhin die geschuldete Ware bei einem Dritten zu einem erheblich über dem Marktpreis liegenden Preis erwirbt, zwar von B Schadensersatz verlangen kann. Der von B zu ersetzende Betrag ist jedoch um die Differenz

[1093] Die Exkulpationsmöglichkeit ist an die Voraussetzungen des Art. 795 Punkt 2 ZGB gebunden. Danach entfällt die Haftung eines Beförderers, wenn er beweisen kann, dass er die Verzögerung oder Verspätung der Ankunft des Beförderungsmittels sowie die Beseitigung eines technischen Mangels, der Leben und Gesundheit der zu befördernden Personen gefährdet, nicht zu vertreten hat.

[1094] Art. 401 Punkt 4 ZGB.

[1095] Vgl. Art. 400 Punkt 2 ZGB, s. auch E Plenen OG und HWiG Nr. 6/8 v. 1.7.1996, Punkt 56, abgedruckt in: *Murzin*, ZGB-Rechtsprechung, S. 483; Punkte 10 und 14 des Plenumsbeschlusses des OG vom 29.9.1994 i.d.F. vom 17.1.1997, abgedruckt in: *Murzin*, ZGB-Rechtsprechung, S. 483.

[1096] Ähnlich *Sadikov*, ZEuP 1996, 270.

[1097] *Popov*, Pravo i ėkonomika 2001 Nr. 2, 13; *Solotych*, ZGB Teil 1, S. 68.

zwischen dem überhöhten Preis des Deckungsgeschäfts und dem Marktpreis herabzusetzen.[1098] Ebenfalls würde B bei einer vertragswidrig unterbliebenen Lieferung von bestimmten Materialien an A nur beschränkt haften, wenn A trotz bestehender Möglichkeit keine Ersatzware am Markt erwirbt und später den ihm entgangenen Gewinn gegen B geltend macht, indem er sich darauf beruft, dass er nicht produzieren und die Ware nicht weiterverkaufen konnte. In diesem Fall wäre dem A vorzuwerfen, dass er keine angemessenen Maßnahmen zur Minderung des Schadens getroffen hat.[1099]

Der Grundsatz der verschuldensunabhängigen Unternehmerhaftung entspricht – was unstreitig ist - der gesetzgeberischen Intention.[1100] Die Verschärfung unternehmerischer Haftung könnte den Sonderumständen der Übergangszeit von einer sozialistischen Plan- zu einer marktorientierten Wirtschaft in den neunziger Jahren geschuldet sein. Die Instabilität der wirtschaftlichen Gesamtsituation seit Beginn der Transformationsperiode macht deutlich, dass die Berücksichtigung subjektiver Entlastungsgründe der Sicherheit des Rechtsverkehrs nicht förderlich waren. Daher kann Art. 401 Punkt 3 ZGB als Norm verstanden werden, die die für eine Wettbewerbswirtschaft notwendige Rechtssicherheit wiederherstellen soll. Die verschuldensunabhängige Haftung soll bei Unternehmern Vertragsdisziplin erzwingen.[1101] Ein Unternehmer soll als professioneller und geschäftserfahrener Akteur des Wirtschaftslebens stets hohe Sorgfalt und Vorsicht bei der Erfüllung seiner vertraglichen Verbindlichkeiten ausüben.[1102] Da er über besondere Sachkunde verfügt, kann von ihm erwartet werden, dass er Risiken bei der Vertragsdurchführung besser überschaut, was bei Handelsgeschäften einen Rückgriff auf das Verschuldenselement erübrigt.[1103]
Ein ähnliches Haftungsprinzip gilt im anglo-amerikanischen Rechtskreis, wonach der Schuldner aufgrund eines abgegebenen Versprechens grundsätzlich haftet, so dass die Vertragshaftung auf einer Garantiehaftung beruht (*strict liability*).[1104] Auch nach italienischem Recht haftet der Schuldner, soweit keine objektive Unmöglichkeit vorliegt, für sein eingegangenes Versprechen.[1105] Schließlich liegt eine prinzipielle Einstandshaftung für die gehörige Erfüllung der Vertragspflichten auch dem UN-Kaufrecht[1106] und den PECL[1107] zugrunde. Danach muss der Schuldner beweisen, dass die Nichterfüllung auf einem außerhalb seines Einflussbereichs liegenden Hindernisgrund beruht und dass von ihm vernünftigerweise nicht erwartet werden

1098 *Zvereva,* Otvetstvennost', S. 67; *Braginskij-Vitrjanskij,* Kommentar zum ZGB I, S. 378 f.
1099 *Braginskij-Vitrjanskij,* Kommentar zum ZGB I, S. 378 f.; *Zvereva,* Otvetstvennost', S. 67.
1100 Vorgängernorm des Art. 401 Punkt 3 ZGB war Art. 71Punkt 2 Grundlagen ZG.
1101 Vgl. *Gubin/Lachno,* Predprinimatel'skoe pravo, S. 73; *Pellegrino,* RIW 1998, 505 mwN.
1102 Vgl. *Gubin/Lachno,* Predprinimatel'skoe pravo, S. 73 f.; *Zvereva,* Otvetstvennost', S. 55.
1103 Vgl. *Gubin/Lachno,* Predprinimatel'skoe pravo, S. 73 f.
1104 Eine Begrenzung erfährt die Garantiehaftung durch die „*doctrine of frustration*". Der Schuldner haftet somit in den Grenzen des Möglichen und Voraussehbaren für seine ursprüngliche Leistungspflicht. S. dazu im einzelnen *Zweigert/Kötz,* Einführung in die Rechtsvergleichung, § 36 IV.
1105 Vgl. Art. 1218 Codice civile.
1106 Art. 79 CISG.
1107 Artt.9:501 i.V.m. 8:108 PECL.

konnte, den Hinderungsgrund oder seine Folgen zu vermeiden oder zu überwinden. Dagegen kann der Einwand des Nichtverschuldens allein grundsätzlich zum Entfallen der Vertragshaftung nach deutschem und niederländischem Recht führen.[1108]

Die Angemessenheit der russischen Haftungsregelung bezweifelt *Pellegrino.*[1109] Eine strenge Haftung sei schon über die objektiven Sorgfaltsanforderungen und die Beweislastverteilung bei vertraglichen Ansprüchen sowie die verschuldensunabhängige Haftung für Dritte gegeben.[1110] Ferner könne man bei Leistungspflichten, die Dienste zum Gegenstand haben, auf die Norm des Art. 401 Punkt 3 ZGB zurückgreifen, da hierbei vom Schuldner lediglich erwartet werden könne, dass er seine Vertragspflichten mit der im Verkehr üblichen Sorgfalt erfülle.[1111] Für die verschuldensunabhängige Haftung im Unternehmerverkehr lässt sich aber anführen, dass sie sich gut als eine Handlungsanweisung eignet, die ein Unternehmer zu befolgen hat, um den Leistungserfolg der Vertragsvereinbarung zu gewährleisten. Der Schuldner hat Leistungshindernisse vorauszusehen und deren Folgen zu überwinden oder zu vermeiden. Er hat sein Unternehmen so zu organisieren, dass allgemein beherrschbare Leistungsstörungen nicht auftreten. Solche erhöhten Anforderungen an Unternehmer sind m.E. im Vergleich zum allgemeinen Rechtsverkehr angemessen. Dabei ist zu beachten, dass der Gesetzgeber gerade bei Leistungspflichten, die Dienste zum Gegenstand haben, die Haftung des Unternehmers in mehreren Vertragstypen von dessen Verschulden abhängig macht, um damit ungerechte Ergebnisse bei der Risikoverteilung zu vermeiden. Schließlich ist der dispositive Charakter des Art. 401 Punkt 3 ZGB hervorzuheben. Dies erlaubt es den Parteien, eine andere als die gesetzlich vorgeschriebene verschärfte Haftung vorzusehen.

Es liegt im Ermessen der Parteien, jederzeit eine mildere verschuldensabhängige Haftung für Erfüllungsstörungen bzw. zusätzliche Umstände für Haftungsbeschränkungen zu vereinbaren.[1112] Dies wird in der russischen Literatur auch als dringend empfohlen.[1113] Eine Vereinbarung über den Ausschluss oder die Beschränkung der Haftung für vorsätzliche Pflichtverletzung ist allerdings von vornherein nichtig.[1114] Schließen die Parteien vertraglich die Anwendung des Art. 401 ZGB gänzlich aus, so hat dies eine allgemeine Garantiehaftung zur Folge.[1115] Unter diesem Hintergrund lassen sich die Bedenken gegen die Angemessenheit des Art. 401 Punkt 3 ZGB nicht bestätigen.

[1108] Vgl. § 276 Abs. 1 BGB; Artt. 6:74 f.
[1109] *Pellegrino,* RIW 1998, 505.
[1110] *Pellegrino,* RIW 1998, 505.
[1111] *Pellegrino,* RIW 1998, 505 f.
[1112] *Braginskij/Vitrjanskij,* Dogovornoe pravo I, S. 612; *Puginskij,* Kommerčeskoe pravo, S. 275 f.
[1113] *Braginskij-Vitrjanskij,* Kommentar zum ZGB I, S. 377; *Zvereva,* Otvetstvennost', S. 68; *Braginskij/Vitrjanskij,* Dogovornoe pravo I, S. 608, 612.
[1114] Art. 401 Punkt 4 ZGB.
[1115] Vgl. *Braginskij/Vitrjanskij,* Dogovornoe pravo I, S. 611.

V. Erfüllungssicherung

Die Erfüllung von Verbindlichkeiten aus Handelsgeschäften kann durch traditionelle Mittel – Vertragsstrafe, Bürgschaft, Pfand und Draufgeld - sowie durch im ZGB neu eingeführte Rechtsinstitute des Zurückbehaltungsrechts[1116] und der Bankgarantie gesichert werden (Art. 329 ZGB). Darüber hinaus steht es den Parteien frei, andere Sicherungsmittel, wie z.B. den Eigentumsvorbehalt,[1117] in ihrem Vertrag vorzusehen. Das ZGB sieht als Grundsatz die Akzessorietät der Sicherungsmittel mit der Folge vor, dass die Unwirksamkeit der Hauptverbindlichkeit die Unwirksamkeit der zu deren Sicherung eingegangenen Verbindlichkeit nach sich zieht (Art. 329 Punkt 2 ZGB). Eine wichtige Ausnahme von diesem Grundsatz stellt die nicht akzessorische Bankgarantie dar (Art. 370 ZGB).
Für Handelsgeschäfte lassen sich im Bereich der Erfüllungssicherung kaum Besonderheiten feststellen. Zu nennen ist lediglich das Zurückbehaltungsrecht zwischen Unternehmern, das von der Art der Gegenforderung unabhängig ist (Art. 359 Punkt 1 Abs. 2 ZGB). Im Hinblick auf Sonderbestimmungen im deutschen Handelsrecht hinsichtlich der Vertragsstrafe, des Zinssatzes und der Bürgschaft ist auf diese Aspekte im russischen Recht auch kurz einzugehen.

1. Vertragsstrafe

Im deutschen Recht schließt § 348 HGB die richterliche Herabsetzung einer unverhältnismäßig hohen Vertragsstrafe (§ 343 BGB) beim Handelsgeschäft für den Kaufmann aus. Dagegen sieht der russische Gesetzgeber in dieser Frage keine Differenzierung zwischen dem allgemeinen und dem unternehmerischen Verkehr vor und ermächtigt in Art. 333 ZGB das Gericht, bei im Verhältnis zu den Folgen der Pflichtverletzung offensichtlich unangemessener Höhe der Vertragsstrafe[1118] die Vertragsstrafe herabzusetzen. Eine ähnliche Regelung findet sich auch in Art. 9:509 PECL, wonach ungeachtet einer parteilichen Vereinbarung der für den Fall der Nichterfüllung bestimmte Betrag auf einen angemessenen herabgesetzt werden kann, wenn er im Verhältnis zu dem aus der Nichterfüllung entstehenden Schaden und den übrigen Umständen gröblich überhöht ist. Der auf den ersten Blick bestehende Gegensatz zwischen der deutschen und russischen Bestimmung relativiert sich indessen im Ergebnis, wenn man bedenkt, dass § 348 HGB keineswegs dazu führt, dass jede Vertragsstrafe in beliebiger Höhe für unbedenklich erklärt wird.[1119] Vielmehr kann die unverhältnismäßige Höhe einer Vertragsstrafe in

[1116] Wörtlich: „uderžanie imuščestva dolžnika“ (Einbehalt von Vermögen des Schuldners).
[1117] Vgl. Art. 491 ZGB, ebenso *Braginskij/Vitrjanskij*, Dogovornoe pravo I, S. 386.
[1118] Zu den Kriterien, die für die Unangemessenheit entscheidend sind, vgl. E Plenen OG und HWiG Nr. 6/8 v. 1.7.1996 Punkt 42, abgedruckt in: *Murzin*, ZGB-Rechtsprechung, S. 410 f., sowie Informationsbrief des Präsidiums des HWiG vom 14. Juli 1997, abgedruckt in: *Murzin*, ZGB-Rechtsprechung, S. 412 ff., 425 ff.
Im einzelnen zu den Voraussetzungen der „Unangemessenheit“ s. auch *Popov*, Pravo i ėkonomika 2001 Nr. 2, 14 ff.
[1119] Vgl. *Schmidt*, HandelsR, § 18 III 2 a mwN; *Canaris*, Handelsrecht, S. 460, Rn. 3.

besonders gravierenden Fällen zur Unwirksamkeit der Vertragsstrafenregelung führen.[1120] Beim Einwand der Unverhältnismäßigkeit und Unbilligkeit kommen die gleichen Aspekte, wie auch im russischen Recht, zur Geltung, wie z.B. Geringfügigkeit der Verletzung und ihrer Folgen oder Mitverschulden des Gläubigers.[1121] Daher besteht kein bedeutsamer Unterschied zwischen der deutschen und der russischen Regelung.

2. Gesetzlicher Zinssatz und Fälligkeitszinsen

Während im deutschen Recht § 352 HGB-D den gesetzlichen Zinssatz bei beiderseitigen Handelsgeschäften in Abweichung von BGB auf 5% festlegt und in § 353 HGB-D Zinsen ab Fälligkeit und nicht erst ab Verzug einführt, bestimmt sich der Zinssatz bei unberechtigter Nutzung fremder Geldmittel im russischen Recht bei allen Verbindlichkeiten, unabhängig davon, ob Unternehmer daran beteiligt sind, nach dem am Tage der (teilweisen) Erfüllung der Geldschuld geltenden Bankenzinssatz (Art. 395 Punkt 1 ZGB). Die Zinsen sind vom Zeitpunkt der Fälligkeit der Verbindlichkeit zu zahlen. Die Parteien können allerdings im Vertrag eine eigene Regelung über die Höhe der Zinsen treffen.
Noch Art. 66 der Grundlagen ZG von 1991 kannte einen fixen Zinssatz in Höhe von 5%. Bei Verzögerung der Zahlung einer Geldsumme an Unternehmer wurde Verzinsung als eine Vertragsstrafe angesehen und war zusätzlich zu dem „Zinssatz für die Nutzung fremder Geldmittel" zu zahlen. Da dessen Höhe aber nicht gesetzlich definiert war, mussten sich Unternehmer in der Praxis lediglich mit 5% begnügen.[1122] Die neue Regelung entspricht im Grundsatz den internationalen Bestimmungen der PECL und der „Principles of International Commercial Contracts" von 1994.[1123]

3. Bürgschaft

Das im deutschen Recht ausnahmsweise geltende Verbot der Einrede der Vorausklage für einen Kaufmann, der sich durch Handelsgeschäft verbürgt hat (§ 349 HGB), gilt im russischen Recht nicht nur für Unternehmer, sondern auch für andere Parteien, soweit durch Gesetz oder durch den Bürgschaftsvertrag nichts anderes bestimmt ist (Art. 363 Punkt 2 ZGB). Der Grundsatz der gesamtschuldnerischen Haftung von Hauptschuldner und Bürgen, der bereits in Art. 208 ZGB 1964 postuliert war, wurde im ZGB wiederhergestellt, nachdem in den Grundlagen ZG 1991 eine subsidiäre Haftung des Bürgen galt.

[1120] *Schmidt*, HandelsR, § 18 III 2 a; *Canaris*, Handelsrecht, S. 460, Rn. 3. mwN.
[1121] Vgl. *Schmidt*, HandelsR, § 18 III 2 a mwN. Im russischen Recht s. E Plenen OG und HWiG Nr. 6/8 v. 1.7.1996 Punkt 42, abgedruckt in: *Murzin*, ZGB-Rechtsprechung, S. 410 f., sowie Informationsbrief des Präsidiums des HWiG vom 14. Juli 1997, abgedruckt in: *Murzin*, ZGB-Rechtsprechung, S. 412 ff., 425 ff.; *Sadikov-Olejnik*, Kommentar zum ZGB I 1998, Art. 333, Ziff. 4.
[1122] Vgl. dazu *Braginskij/Vitrjanskij*, Dogovornoe pravo I, S. 547; *Braginskij-Vitrjanskij*, Kommentar zum ZGB I, S. 368.
[1123] Vgl. Art. 9:508 PECL und Art. 7.4.9 UNIDROIT-Principles.

Damit ist die Handelsbürgschaft in beiden Rechtsordnungen eine selbstschuldnerische Bürgschaft. Sie erlischt im russischen Recht insbesondere nach Ablauf der dafür vertraglich bestimmten Frist oder – beim Fehlen einer solchen Frist – nach Ablauf eines Jahres nach Eintritt des Erfüllungstermins der durch die Bürgschaft gesicherten Verbindlichkeit, wenn der Gläubiger keine Klage gegen den Bürgen erhebt.[1124]

4 . Zurückbehaltungsrecht

Für beiderseitige Handelsgeschäfte sieht das ZGB lediglich beim Zurückbehaltungsrecht eine Sonderregelung vor. Grundsätzlich entsteht das Zurückbehaltungsrecht dann, wenn sich die Sache im Besitz des Gläubigers befindet und der Schuldner seiner Pflicht zur fristgemäßen Bezahlung der Sache oder zu Ersatzleistungen für Verwendungen auf die Sache nicht nachkommt (Art. 359 Punkt 1 Abs. 1 ZGB). Unter Unternehmern kann dagegen die Sache unabhängig von der Art der Gegenforderung einbehalten werden. Diese Regelung ähnelt sehr dem kaufmännischen Zurückbehaltungsrecht nach §§ 369 ff. HGB-D. Danach hat ein Kaufmann wegen fälliger Forderungen, welche ihm gegen einen anderen Kaufmann aus zwischen ihnen geschlossenen beiderseitigen Handelsgeschäften zustehen, ein Zurückbehaltungsrecht an den beweglichen Sachen und Wertpapieren des Schuldners, welche sich mit dessen Willen aufgrund von Handelsgeschäften in seinem Besitze befinden. Auch Art. 359 ZGB verlangt, dass sowohl der Gläubiger als auch der Schuldner Unternehmer sind; der gesicherte Anspruch muss eine Forderung aus einem zwischen Gläubiger und Schuldner geschlossenen beiderseitigen Handelsgeschäft sein. Gegenstand des Zurückbehaltungsrechts können in beiden Rechtsordnungen nur bewegliche Sachen – Waren und Wertpapiere - sein.[1125] Während die Fälligkeit und Gegenseitigkeit der Forderungen unstreitig weitere Voraussetzungen für die Geltendmachung des Zurückbehaltungsrechts sind, bleibt nach dem vage formulierten Wortlaut des Art. 359 ZGB unklar, ob das Merkmal der Konnexität[1126] – wie es im deutschen Recht der Fall ist - entbehrlich ist. Bisher haben sich – soweit ersichtlich - weder die Rechtsprechung noch die Literatur mit dieser Frage beschäftigt. Dies dürfte darauf zurückzuführen sein, dass die Regelung des Zurückbehaltungsrechts dem russischen Recht neu ist und daher noch mit Zurückhaltung behandelt wird, so dass davon in der Praxis vergleichsweise selten Gebrauch gemacht wird. Im Ergebnis dürfte die Konnexität der Forderungen als Voraussetzung des Zurückbehaltungsrechts zu bejahen sein;[1127] eine Rechtsprechung bleibt aber noch abzuwarten.

[1124] Art. 367 Punkt 4 ZGB. Dies verkennen *Arzinger/Galander*, Russisches Wirtschaftsrecht, S. 112.

[1125] Vgl. *Braginskij/Vitrjanskij*, Dogovornoe pravo I, S. 448 f. Ebenso Art. 1643 des Entwurfs des Obligationenrechts. Dazu im einzelnen *Braginskij/Vitrjanskij*, Dogovornoe pravo I, S. 446 f.

[1126] Von der Konnexität der Forderungen wird gesprochen, wenn sich beide Forderungen auf den zurückbehaltenen Gegenstand beziehen. Vgl. dazu *Baumbach/Hopt*, § 369 Rn. 4.

[1127] Ebenso *Solotych*, ZGB Teil 1, S. 61.

Das Zurückbehaltungsrecht hat in erster Linie Sicherungsfunktion und Befriedigungsfunktion. Art. 360 ZGB gewährt dem Gläubiger ein Befriedigungsrecht. Er kann seine Forderung in die zurückbehaltene Sache wie in einen Pfandgegenstand vollstrecken.[1128]
Das Zurückbehaltungsrecht kann durch Parteivereinbarung ausgeschlossen werden (Art. 359 ZGB).

VI. Zusammenfassung

Der in Art. 421 ZGB postulierte Grundsatz der Vertragsfreiheit in den Formen der Abschluss- und Gestaltungsfreiheit wird im Handelsverkehr insbesondere durch den Kontrahierungszwang für kommerzielle Organisationen nach Art. 426 ZGB erheblich eingeschränkt. Ein solch gravierender Eingriff in die Vertragsfreiheit der Parteien zu Zwecken des Verbraucherschutzes erscheint lediglich bei einer Monopolstellung bzw. marktbeherrschenden Stellung des Anbieters als gerechtfertigt, ist jedoch in allen anderen Fällen aufgrund seiner weitgehenden Konsequenzen kritisch zu würdigen.

Die Regelung der Abschlüsse und Aufhebung von Verträgen ist im ganzen als gut strukturiert und gelungen anzusehen. Hier orientiert sich der russische Gesetzgeber offenbar des öfteren an internationalen Vorbildern - insbesondere am UN-Kaufrecht, aber auch am deutschen und niederländischen Recht. Dennoch sind nationale Besonderheiten – in erster Linie bei Formerfordernissen - nicht zu unterschätzen. Das russische Recht kennt die Rechtsinstitute der *invitatio ad offerendum* und der *invitatio ad incertas personam.* Bei letzterer hat sich eine weite Auslegung des Rechtsbindungswillens durchgesetzt. Dies führt zur Hemmung der Privatinitiative insbesondere im Bereich des Einzelhandelskaufs (Art. 494 ZGB). Daher wäre an dieser Stelle *de lege ferenda* eine dem Art. 2:201 Abs. 3 PECL entsprechende Regelung zu begrüßen, die auch weiterhin hohe Anforderungen an Unternehmer im Hinblick auf den Verbraucherschutz beibehalten, gleichzeitig aber auch die Interessen der Unternehmer eingehend berücksichtigen würde.
Angenommen werden können Handelsgeschäfte durch Schweigen und konkludentes Handeln. Entsprechende Handelsbräuche, die Schweigen unter Unternehmern als Annahme deuten, haben sich bisher nicht herausgebildet. Eine besondere Art der Annahme stellt der Beitritt zum angebotenen Vertrag nach Art. 428 ZGB dar. Im Hinblick auf die einstweilen noch stark monopolisierte russische Wirtschaft birgt diese Regelung eine Missbrauchsgefahr, da die AGB-Verwendung bei Beitrittsverträgen zu einer Aufzwingung von für den Annehmenden ungünstigen Bedingungen führen können. Durch die grundsätzliche Ausschaltung der Möglichkeit der Anfechtung solcher Verträge durch Unternehmer werden insbesondere die Rechte kleiner und mittelständischen Unternehmer erheblich reduziert. Das Argument der mangelnden

---

[1128] Vgl. Artt. 349 f. ZGB.

Schutzbedürftigkeit von Unternehmern auf der Seite der Formularanbieter vermag in diesem Fall nicht zu überzeugen.

Die Formbestimmungen sind zwar im allgemeinen liberaler als früher gefasst worden, entfallen aber nicht für Handelsgeschäfte. Der traditionell stark ausgeprägte Formalismus relativiert sich allerdings durch wenig strenge Formerfordernisse und milde Folgen der Nichteinhaltung der Schriftform.

Änderung und Aufhebung von Handelsgeschäften sind im Einverständnis der Parteien zulässig. Eine einseitige Vertragsänderung bzw. -auflösung gegen den Willen der anderen Partei ist dagegen lediglich bei wesentlicher Vertragsverletzung sowie in gesetzlich bestimmten Fällen statthaft. Eine vertragliche Erweiterung der Gründe für eine einseitige Vertragsänderung bzw. -auflösung ist wegen des Ausnahmevorbehalts in Art. 310 ZGB nur bei beiderseitigen Handelsgeschäften erlaubt.

Hinsichtlich der Erfüllung von Handelsgeschäften bestehen Besonderheiten lediglich für den Erfüllungsort und die Erfüllungszeit. Für Nichterfüllung bzw. eine nicht gehörige Erfüllung von Handelgeschäften haften Unternehmer grundsätzlich veschuldensunabhängig und gesamtschuldnerisch (Artt. 401 Punkt 3, 322 ZGB). Allerdings bestehen mehrere Ausnahmevorschriften im Besonderen Teil des ZGB.
Im Bereich der Erfüllungssicherung kommen für Handelsgeschäfte die traditionellen Mittel – Vertragsstrafe, Bürgschaft, Pfand und Draufgeld - sowie das neu eingeführte Zurückbehaltungsrecht und die Bankgarantie in Betracht (Art. 329 ZGB). Lediglich beim Zurückbehaltungsrecht differenziert der russische Gesetzgeber zwischen den gesicherten Forderungen aus den Handelsgeschäften und den allgemeinen Forderungen. Unter Unternehmern kann die Sache unabhängig von der Art der Gegenforderung einbehalten werden. Diese Regelung ähnelt sehr dem kaufmännischen Zurückbehaltungsrecht im deutschen Recht nach §§ 369 ff. HGB, allerdings ist nach russischem Recht wohl die Konnexitat der Forderungen zu verlangen.
Die unter Unternehmern vertraglich vereinbarte Vertragsstrafe kann bei offensichtlich unangemessener Höhe gemäß Art. 333 ZGB durch das Gericht herabgesetzt werden.
Der Zinssatz bei unberechtigter Nutzung fremder Geldmittel bestimmt sich nach dem Bankenzins am Tage der Erfüllung der Geldschuld oder ihres betreffenden Teils (Art. 395 Punkt 1 ZGB), sofern nichts anderes vereinbart wurde. Die Zinsen sind vom Zeitpunkt der Fälligkeit der Verbindlichkeit zu zahlen.
Die Handelsbürgschaft ist, wie im deutschen Recht, eine selbstschuldnerische Bürgschaft. Damit gilt der Grundsatz, dass im Geschäftsverkehr die Einrede der Vorausklage nicht statthaft ist.

D. Besondere Handelsgeschäfte

I. Arten von Handelsgeschäften

Das russische Recht unterscheidet ebenso wie das deutsche zwischen sogenannten *einseitigen* und *beiderseitigen* Handelsgeschäften. Einseitige Handelsgeschäfte sind Geschäfte eines Unternehmers, wenn sein Vertragspartner kein Unternehmer ist; beiderseitige Handelsgeschäfte sind Geschäfte von Unternehmern untereinander.[1129] Zu den einseitigen Handelgeschäften zählen insbesondere der Vertrag über den Einzelhandelskauf (Art. 492 ZGB), der Vertrag über gewerbsmäßige Miete von beweglichen Sachen[1130] (Art. 626 ZGB), der Werkvertrag über Alltagsleistungen an Privatverbraucher[1131] (Art. 730 ZGB), Beförderung im öffentlichen Verkehr (Art. 789 ZGB) und der Warenlagervertrag[1132] (Art. 907 ZGB). Beiderseitige Handelgeschäfte sind z.B. der Liefervertrag (Handelskauf)[1133] (Art. 506 ZGB), Unternehmenskauf[1134] und Unternehmenspacht[1135] (Artt. 559 bzw. 656 ZGB), der Leasingvertrag (Art. 665 ZGB), der Franchisevertrag (Art. 1027 Punkt ZGB) sowie der Gesellschaftsvertrag einer einfachen Gesellschaft zum Zwecke unternehmerischer Tätigkeit (Art. 1041 Punkt 2 ZGB).

In der Rechtsanwendung verdient die Unterscheidung zwischen einseitigen und beiderseitigen Handelsgeschäften deswegen Beachtung, weil nicht alle Sonderbestimmungen für den unternehmerischen Verkehr auf einseitige Handelsgeschäfte Anwendung finden. So greifen z.B. Artt. 310 S. 2, 315 S. 2, 329 Punkt 1 Abs. 2, 401 Punkt 3, 428 Punkt 3 ZGB nur bei beiderseitigen Handelgeschäften ein. Bei einseitigen Handelsgeschäften gelten die Sonderbestimmungen nur für die Unternehmerpartei, die andere Partei unterliegt dagegen den allgemeinen Regeln des Zivilrechts.[1136] Eine dem § 345 HGB-D vergleichbare Regelung, wonach die Vorschriften über Handelsgeschäfte grundsätzlich auch für denjenigen Beteiligten gelten, der nicht Kaufmann ist, fehlt im russischen Recht.[1137] Damit werden Verbrauchergeschäfte in das Recht der Unternehmer nicht einbezogen, so dass sich die rechtspolitische Frage nach der Statthaftigkeit der Rechtsfigur einseitiger Handelsgeschäfte - anders als im deutschen Recht - nicht stellt.

[1129] *Popondopulo/Jakovleva,* Kommerčeskoe pravo, S. 192; *Rovnyj,* Ponjatie, S. 69 f.; *Gubin/Lachno,* Predprinimatel'skoe pravo, S. 368; *Popondopulo,* Pravovoj režim predprinimatel'stva, S. 152.

[1130] Russ.: „dogovor prokata".

[1131] Russ.: „dogovor bytovogo podrjada".

[1132] Russ.: "dogovor skladskogo chranenija".

[1133] Russ.: „dogovor postavki".

[1134] Russ.: "dogovor prodaži predprijatija".

[1135] Russ.: "dogovor arendy predprijatija"

[1136] Vgl. *Popondopulo/Jakovleva,* Kommerčeskoe pravo, S. 192; *Popondopulo,* Pravovoj režim predprinimatel'stva, S. 152.

[1137] Dies entspricht dem vorrevolutionären Recht, vgl. dazu *Čitovič,* Očerk osnovnych ponjatij torgovogo prava, S. 86.

II. Klassifizierung der Handelgeschäfte

Versuche, eine Klassifizierung der Handelgeschäfte vorzunehmen, wurden bereits im zaristischen Recht vorgenommen.[1138] Der russische Gesetzgeber differenziert zwischen

1) Veräußerungsverträgen,
2) Verträgen auf Überlassung zu Gebrauch und Nutzung,
3) Verträgen über Ausführung von Tätigkeiten,
4) Verträgen über Wahrnehmung fremder Angelegenheiten und
5) sonstigen Verträgen, wie Factoring, Franchising etc.

1. Veräußerungsverträge

Veräußerungsverträge im unternehmerischen Rechtsverkehr sind der Einzelhandelskauf (Art. 492 ZGB), der Vertrag über die Lieferung von Waren (Handelskauf, Art. 506 ZGB), der Unternehmenskauf (Art. 549 ZGB), die Warenlieferung für den staatlichen Bedarf[1139] (Art. 526 ZGB), der Vertrag über den Ankauf von laufwirtschaftlichen Erzeugnissen[1140] (Art. 535 ZGB) und der Energieversorgungsvertrag (Art. 539 ZGB).
Einer näheren Betrachtung werden hier die ersteren beiden Vertragstypen als Beispiele für einseitige und beiderseitige Handelsgeschäfte unterzogen.

a. Einzelhandelskauf

aa. Anwendungsbereich

Der Einzelhandelskauf ist in Art. 492 Punkt 1 ZGB als Vertrag definiert, in dem sich ein Einzelhandelsunternehmer verpflichtet, dem Käufer eine Ware zu übergeben, die zum persönlichen, familiären, häuslichen oder anderen nicht unternehmerischen Gebrauch bestimmt ist. Damit muss auf der Verkäuferseite zwingend ein Unternehmer im Sinne des Art. 2 Punkt 1 Abs. 3 ZGB stehen,[1141] der bei Vornahme eines Rechtsgeschäftes in Ausübung seiner unternehmerischen Tätigkeit handelt. Als Unternehmer[1142] kommen sowohl juristische Personen (insbesondere kommerzielle Organisationen), als auch Einzelunternehmer[1143] in Betracht.[1144] Auf der Käuferseite

---

[1138] Vgl. dazu *Šeršenevič*, S. 50.
[1139] Russ.: „gosudarstvennyj kontrakt na postavku tovarov dlja gosudarstvennych nužd".
[1140] Russ.: „dogovor kontraktacii".
[1141] Für die Heranziehung des Art. 2 ZGB im Rahmen des Einzelhandelskaufs i.E. auch *Steininger,* Kaufrecht, S. 85 f.
[1142] Zum Unternehmerbegriff im einzelnen s.o. Kapitel 2 B II.
[1143] Dies verkennt *Steininger*, Kaufrecht, S. 86, der in diesem Zusammenhang lediglich „unternehmerisch handelnde juristische Personen", nicht dagegen Einzelunternehmer einbezieht. Zu Unrecht ist auch bei *Vitrjanskij,* Kommentar zum ZGB II für Unternehmer, S. 31, nur von kommerziellen Organisationen die Rede.
[1144] Ebenso *Sadikov-Levšina,* Kommentar zum ZGB II 1998, Art. 492 Ziff. 1; *Tolstoj/Sergeev,*

handelt es sich wegen der ausdrücklichen Zweckbestimmung der Ware in Art. 492 Punkt 1 ZGB und dem wörtlichen Zusatz „Gebrauch, der nicht mit einer unternehmerischen Tätigkeit verbunden ist" in erster Linie um Verbraucher. Diese sind nämlich als natürliche Personen definiert, die Waren ausschließlich für den persönlichen, familiären und anderen nicht mit unternehmerischer Tätigkeit verbundenen Bedarf bestellen, erwerben oder verwenden bzw. dies beabsichtigen.[1145] Diese Verbraucherdefinition wurde im Rahmen der Gesetzesänderung von 1999 in das VerbrSchG eingeführt, wobei die Formulierung aus Art. 492 ZGB übernommen wurde. Dadurch wird deutlich, dass der Einzelhandelskauf in erster Linie als Verbrauchsgüterkauf konzipiert wurde.[1146]

Allerdings betont die Kommentarliteratur, dass auch juristische Personen - die keine Verbraucher sind - sowie Einzelunternehmer u.U. in den Anwendungsbereich des Einzelhandelkaufs fallen können, sofern sie Waren erwerben, die nicht mit der Ausübung ihrer unternehmerischen Tätigkeit in Verbindung stehen.[1147] So sei z.B. ein Autokauf durch einen Unternehmer zum privaten Gebrauch trotz der Unternehmereigenschaft des Käufers als Einzelhandelskauf zu qualifizieren. Dies ist konsequent und folgt für den Einzelunternehmer als Käufer bereits aus der Tatsache, dass er im Rahmen seiner Privatgeschäfte als Verbraucher agiert, so dass seine Unternehmereigenschaft ohne Berücksichtigung bleibt. Auch für juristische Personen (insbesondere die nichtkommerziellen Organisationen), die Waren zu anderen als unternehmerischen Zwecken erwerben, ist die Regelung systemkonform.[1148] Dagegen stuft die Rechtsprechung Verträge zwischen Unternehmern systemwidrig als Einzelhandelskäufe ein, sofern der eine im Bereich des Einzelhandels tätig ist und der andere bei ihm Gegenstände etwa für seine Büroausstattung erwirbt.[1149] Die Systemwidrigkeit ergibt sich daraus, dass in solchen Fällen der Käufer die Waren gerade zum Gebrauch im Rahmen seiner unternehmerischen Tätigkeit[1150] und nicht zu Privatzwecken erwirbt,[1151] so dass für ihn ein Hilfshandelsgeschäft[1152] vorliegt und es sich somit bei dem Vertrag um ein beiderseitiges Handelsgeschäft handelt.[1153] Eine sehr weite Auslegung des Käuferbegriffs durch die Rechtsprechung birgt die Gefahr in sich, dass Grenzen zwischen den Anwendungsbereichen von Einzelhandelskauf- und Liefervertrag verwischt werden.[1154]

Graždaskoe pravo II, S. 42 f.

1145 Vgl. Präambel des VerbrSchG.

1146 Vgl. *Gutnikov,* ChiP 2000 Nr. 10, 4.

1147 Vgl. *Sadikov-Levšina,* Kommentar zum ZGB II 1998, Art. 492 Ziff. 1; *Sergeev/Tolstoj,* Graždanskoe pravo II, S. 43; *Levšina,* Rozničnaja kuplja-prodaža, S. 278; *Popondopulo/Jakovleva,* Kommerčeskoe pravo, S. 250; *Braginskij/Vitrjanskij,* Dogovornoe pravo II, S. 77. S. auch Beschluss des HWiG Nr. 18 v. 22.10.1997, Ziff. 5 S. 2, VVAS 1998 Nr. 3. Dies verkennt *Steininger,* Kaufrecht, S. 86, der als Käufer eines Einzelhandelskaufs lediglich natürliche Personen ansieht.

1148 Vgl. *Sergeev/Tolstoj,* Graždanskoe pravo II, S. 43.

1149 Beschluss des HWiG Nr. 18 v. 22.10.1997, Ziff. 5 S. 3, VVAS 1998 Nr. 3.

1150 Ebenso Beschluss des HWiG Nr. 18 v. 22.10.1997, Ziff. 5 S. 2, VVAS 1998 Nr. 3.

1151 Dieses Problem wird bei *Braginskij/Vitrjanskij,* Dogovornoe pravo II, S. 77 übersehen.

1152 Zu Hilfshandelsgeschäften vgl. oben Kapitel 2 B II 1 b cc.

1153 Die Qualifizierung solcher Verträge als Einzelhandelkäufe hat zur Folge, dass Artt. 492 ff. ZGB und nicht die Normen über den Liefervertrag, Artt. 506 ZGB, zur Anwendung kommen. Dagegen *Sadikov-Levšina,* Kommentar zum ZGB II 1998, Art. 492 Ziff. 1 a.E.

1154 Ähnlich *Steininger,* Kaufrecht, S. 86.

Der sachliche Anwendungsbereich der Artt. 492 ff. ZGB betrifft nur den Kauf von Waren, d.h. beweglichen Sachen[1155]. Somit sind Grundstücke, Elektrizität, Gas und Wasser vom Anwendungsbereich des Einzelhandelskaufs ausgenommen.[1156]

bb. Besonderheiten beim Vertragsschluss

Der Einzelhandelskauf ist ein öffentlicher Vertrag im Sinne des Art. 426 ZGB (Art. 492 Punkt 2 ZGB). Daher besteht auf Verkäuferseite Kontrahierungszwang. Da sich für den Einzelhandelskauf diesbezüglich keine Besonderheiten ergeben, kann an dieser Stelle auf die allgemeinen Ausführungen über den Kontrahierungszwang bei öffentlichen Verträgen verwiesen werden.[1157] Die Vertragsfreiheit des Verkäufers im Einzelhandel wird ferner durch das Verbot haftungsbeschränkender und sonstiger den Verbraucher belastender Vertragsbedingungen, insbesondere bei einem Beitrittsvertrag, eingeschränkt (Artt. 400 Punkt 2, 428 Punkt 2 ZGB, Art. 16 Punkt 1 VerbrSchG).[1158]

(1) Einigung über die wesentlichen Vertragsbedingungen

Wie jeder Vertrag kommt der Einzelhandelskauf zustande, wenn eine Einigung über die gesetzlich vorgeschriebenen wesentlichen oder von den Parteien vereinbarten notwendigen Bedingungen erzielt wird.[1159] Für den Kauf sieht das Gesetz lediglich eine Übereinkunft hinsichtlich des Kaufgegenstandes als zwingend erforderlich an. Dazu zählen die Bezeichnung und die Menge der Ware, wobei bereits deren Bestimmbarkeit ausreicht (Artt. 455 Punkt 3, 465 ZGB). Dagegen stellt der Kaufpreis grundsätzlich kein *essentialium negotii* des Vertrages dar.[1160] Dies folgt aus Artt. 485 Punkt 1, 424 Punkt 3 ZGB, wonach bei fehlender Vereinbarung des Preises ein „üblicher" Preis an dessen Stelle tritt.[1161] Der Grund für diese vertragsfreundliche Tendenz ist wohl der Gedanke, dass man jedenfalls von der rechtsunkundigen Verbraucherpartei nicht mehr verlangen könne, als eine Einigung zum Vertragsgegenstand. Allerdings wird dieser Grundsatz durch die Rechtsprechung erheblich

---

[1155] Art. 455 Punkt 1 i.V.m. Art. 128 Punkt 1 ZGB.

[1156] Vgl. *Sadikov-Levšina,* Kommentar zum ZGB II 1998, Art. 492 Ziff. 1; *Sergeev/Tolstoj,* Graždanskoe pravo II, S. 44.

[1157] S. Kapitel 2 C II 1.

[1158] S. dazu oben Kapitel 2 C III 1 b dd und 3 b. Vgl. auch Art. 7 Abs. 1 Verbrauchergüterkauf RL.

[1159] Vgl. Art. 432 Punkt 1.

[1160] Missverständlich daher der Wortlaut des Art. 494 Punkt 2 ZGB, der von „dem Preis und *anderen wesentlichen* Bedingungen des Einzelhandelskaufs" spricht. Vgl. Brief des HWiG vom 20.5.1993 Nr. C-13/ Ziff. 4; *Popondopulo/Jakovleva,* Kommerčeskoe pravo, S. 250; *Girkin,* Dogovor kupli-prodaži, S. 56; a.M.: *Sergeev/Tolstoj,* Graždanskoe pravo, S. 44. Ausnahmsweise ist der Preis bei Verbraucherkreditverträgen gemäß Art. 489 Punkt 1 Abs. 2 ZGB als wesentlicher Vertragspunkt anzusehen.

[1161] Eine vergleichbare Regelung findet sich in Art. 7:4 NBG. Danach schuldet der Käufer einen angemessenen Preis, wenn der Kauf abgeschlossen worden ist, ohne dass der Preis bestimmt wurde. Bei der Bestimmung des Preises werden die zur Zeit des Vertragsschlusses vom Verkäufer gewöhnlich vereinbarten Preise berücksichtigt. Auch nach Art. 14 Abs. 1 CISG genügt, dass bei fehlender ausdrücklichen Bestimmung über den Preis dessen Festsetzung möglich ist.

relativiert. Nach der Leitentscheidung von OG und HWiG vom 1.7.1996 gilt der Vertrag als nicht geschlossen, wenn sich die Parteien über den „üblichen" Preis nicht einigen können.[1162] Damit wird der Preis in solchen Fällen im Ergebnis gerade wie ein wesentlicher Vertragsbestandteil behandelt.[1163] Die Regelung des Art. 485 Punkt 1 i.V.m. 424 Punkt 3 ZGB gewinnt daher lediglich dort an Bedeutung, wo staatliche Preisindices bereits existieren und im Streitfall herangezogen werden können.[1164] Schließlich können die Parteien selbst bestimmte Vertragsbedingungen – wie etwa eine Vertragsstrafe - für einigungsbedürftig und damit für wesentlich erklären.[1165]

(2) Besonderheiten beim Angebot an einen unbestimmten Personenkreis

Eine Modifikation gegenüber dem allgemeinen Vertragsrecht stellt Art. 494 ZGB dar, der das Angebot an einen unbestimmten Personenkreis regelt. Es handelt sich dabei um eine Spezialregelung gegenüber der allgemeineren Bestimmung in Art. 437 Punkt 2 ZGB. Gemäß Art. 437 Punkt 2 ZGB ist für das Vorliegen einer „öffentlichen" - d.h. alle wesentlichen Vertragsbedingungen enthaltenden - Offerte ein Rechtsbindungswille erforderlich. Dagegen gilt nach Art. 494 Punkt 1 ZGB bereits ein an einen unbestimmten Personenkreis adressiertes Angebot, das alle wesentlichen Vertragsbedingungen enthält, als öffentliche Offerte. Ungeachtet der Tatsache, dass das Merkmal „Rechtsbindungswille" beim Einzelhandelskauf nicht ausdrücklich genannt ist, besteht zwischen beiden Normen m.E. kein Widerspruch.[1166] Vielmehr geht der Gesetzgeber bei Artt. 492 ff. ZGB davon aus, dass allein schon das Warenangebot durch professionelle Teilnehmer des Handelsverkehrs in der Werbung, in Katalogen etc., soweit es alle wesentlichen Vertragsbedingungen enthält, den Rechtsbindungswillen des Offerenten klar zum Ausdruck bringt. Ein solches Verständnis des Rechtsbindungswillens ist (gerade) im unternehmerischen Verkehr grundsätzlich nicht zu beanstanden, insbesondere wenn man berücksichtigt, dass es dem Unternehmer immer möglich ist, seinen Rechtsbindungswillen erkennbar nach

[1162] Plenen OG und HWiG Nr. 6/8 v. 1.7.1996, Ziff. 54, abgedruckt in: *Murzin,* ZGB-Rechtsprechung, S. 507.

[1163] Ebenso *Popondopulo/Jakovleva,* Kommerčeskoe pravo, S. 246.

[1164] So hat das föderale Wirtschaftsgericht des Ost-Sibirischen Kreises in einem Fall entschieden, dass im Falle fehlender vertraglicher Preisfestsetzung der in den Instruktionen des Staatlichen Statistischen Komitees der betreffenden Region bestimmte Preis tritt und der Klage des Verkäufers auf Kaufpreiszahlung stattgegeben (s. Beschluss des föderalen Wirtschaftsgerichts des Ost-Sibirischen Kreises vom 23.3.2000, abgedruckt in: *Dolženko/Reznikov/Chochlova,* Sudebnaja praktika, S. 453 f.).
Vgl. eine Liste von Waren, deren Preise staatlich festgelegt sind, bestätigt durch die RegierungsVO vom 7.3.1995 Nr. 239, SZ RF 1995 Nr. 11, Art. 997 i.d.F. vom 31.7.1996 (SZ RF 1996 Nr. 32, Art. 3942), z.B. Edelmetalle und -steine, Gas für Eigenbedarf, Likör- und Vodkaproduktion (likërovodočnaja produkcija).

[1165] Art. 432 Punkt 1 Abs. 2 a.E. ZGB.

[1166] So aber *Steininger,* Kaufrecht, S. 117, der in diesem Zusammenhang von einem Widerspruch zwischen Art. 494 Punkt 1 ZGB und Art. 437 Punkt 1 ZGB spricht. Art. 437 Punkt 1 ZGB unterscheidet sich jedoch von Art. 494 Punkt 1 ZGB grundlegend bereits dadurch, dass eine Offerte im Einzelhandelskauf im Gegensatz zur *invitatio* zwingend alle wesentlichen Vertragsbedingungen enthalten muss. Insofern ist die Schlussfolgerung *Steiningers*, dieselbe Fallkonstellation (Werbung) habe beim Einzelhandelskauf zwei mögliche und verschiedene Rechtsfolgen (nämlich als *invitatio* nach Art. 437 Punkt 1 ZGB oder als bindendes Angebot nach Art. 494 Punkt 1 ZGB), abzulehnen.

außen auszuschließen. Vergleicht man die russische Regelung mit den PECL, so lassen sich einige Parallelen feststellen. So gilt gemäß Art. 2:201 Abs. 3 PECL ein Vorschlag zur Lieferung von Gütern oder zur Leistung von Diensten zu festgesetzten Preisen, den ein professioneller Anbieter in einer öffentlichen Anzeige, in einem Katalog oder durch Auslage von Gütern unterbreitet, im Zweifel als Angebot zum Verkauf oder zur Leistung zu diesem Preis, bis der Vorrat an Gütern oder die Kapazität des Anbieters zur Leistung der Dienste erschöpft ist. Dieser Bestimmung liegt ebenfalls der Gedanke zugrunde, dass bei professionellen Lieferanten, welche ihre Güter in der beschriebenen Weise anbieten, erwartet werden kann, dass sie einen gewissen Warenvorrat vorhalten und imstande sind, die Leistung zu erbringen, sofern nichts Gegenteiliges in ihrer Offerte zum Ausdruck gebracht wird.[1167]

Problematisch erscheint dagegen die Regelung des Punktes 2 des Art. 494 ZGB.[1168] Danach gilt die Ausstellung von Waren am Verkaufsort (auf Ladentischen, in Schaufenstern u.ä.), Vorführungen von Warenmustern oder Mitteilung von Informationen über die zu verkaufenden Waren (Beschreibungen, Kataloge, Aufnahmen von Waren u.ä.) am Ort ihres Verkaufs als eine öffentliche Offerte unabhängig davon, ob der Preis oder die wesentlichen Bedingungen des Einzelhandelskaufs angegeben sind.[1169] Dadurch werden Angebote in Werbungen oder Katalogen am Verkaufsort, die nach Art. 437 Punkt 1 ZGB als bloße *invitatio* einzustufen wären, als verbindliche öffentliche Offerte behandelt. Um eine Inanspruchnahme durch beliebig viele Kunden zu vermeiden und sich nicht schadensersatzpflichtig zu machen, kann der Verkäufer in solchen Fällen ausdrücklich festlegen, dass betreffende Waren nicht zum Verkauf bestimmt sind.[1170]

Bedenken gegen Art. 494 Punkt 2 ZGB ergeben sich insbesondere aus der Tatsache, dass es für die Qualifizierung eines Angebots als öffentlich nicht darauf ankommt, ob darin die wesentlichen Vertragsbedingungen angegeben sind.[1171] Damit steht Art. 494 Punkt 2 ZGB im Widerspruch zu der Regelung der öffentlichen Offerte im allgemeinen Vertragsrecht (Art. 437 Punkt 2 ZGB).[1172] Ferner widerspricht Art. 494 Punkt 2 ZGB dem in Artt. 432 Punkt 1 und 435 Punkt 1 ZGB verkörperten Grundsatz, dass der Vertrag nur dann zustande kommt, wenn eine Einigung über

---

[1167] Vgl. *Lando/Beale*, Art. 2:201 PECL, S. 161.

[1168] Dazu vgl. schon oben Kapitel 2 C III 1 a.

[1169] Diesem Grundsatz entspricht auch die Praxis im russischen Einzelhandel. Die Käufer bezahlen zuerst an der Kasse die gewünschte Ware, die sie im Schaufenster oder in anderen Warenauslagen gesehen haben, und lassen sich gegen Vorlage des Kassen- oder Warenbelegs durch den Verkäufer die Ware aushändigen. Dabei kommt der Vertrag bereits mit der Bezahlung an der Kasse durch konkludentes Handeln (vgl. Art. 438 Punkt 3 ZGB) und nicht erst später an der Ladentheke zustande (vgl. Art. 493 ZGB). Vgl. *Sergeev/Tolstoj*, Graždanskoe pravo II, S. 48 f.; *Braginskij-Vitrjanskij*, Kommentar zum ZGB II für Unternehmer, S. 32.

[1170] Vgl. Art. 494 Punkt 2 ZGB a.E.

[1171] Ebenso *Sergeev/Tolstoj*, Graždanskoe pravo II, S. 49.

[1172] Das Problem der Widersprüchlichkeit der Begriffe der öffentlichen Offerte in Artt. 437 und 494 ZGB bleibt in der russischen Literatur - soweit ersichtlich – bisher unbehandelt (Vgl. z.B. *Vitrjanskij*, Kommentar zum ZGB II für Unternehmer, S. 32; *Sadikov-Levšina*, Kommentar zum ZGB II 1998, Art. 494; *Levšina*, Rozničnaja kuplja-prodaža, S. 279). Vereinzelt wird darauf hingewiesen, dass die Begriffe „einander nicht ganz entsprechen“ (*Sergeev/Tolstoj*, Graždanskoe pravo I, S. 514, Fn. 1, ähnlich *dieselb.*, Graždanskoe pravo II, S. 48 f.).

alle wesentlichen Punkte erreicht wird.[1173] Der an dieser Stelle in der russischen Literatur herangezogene Verbraucherschutzaspekt vermag nicht zu überzeugen. Wieso der Gesetzgeber vom allgemeinen Grundsatz der Einigung über alle wesentlichen Vertragsbedingungen im Fall des Einzelhandelskaufs abweicht, ist nicht nachvollziehbar. Denn zum einen wird in die Rechte des Verkäufers eingegriffen, zum anderen kann es auch für den Verbraucher eine Beschneidung seiner Rechte bedeuten. So wird dem Unternehmer die Motivation für eine langfristige Führung seines Unternehmens genommen, da ihm auf diese Weise Kunden aufgedrängt werden, die er selbst möglicherweise z.B. wegen mangelnder Zahlungsmoral gar nicht akzeptiert hätte.[1174] Für den Verbraucher kann die Regelung des Art. 494 Punkt 2 ZGB Rechtsunsicherheit insofern zur Folge haben, als er die nicht ausdrücklich vereinbarten wesentlichen Vertragsbedingungen nach dem Vertragsschluss einfach hinnehmen muss und nicht beeinflussen kann.[1175] Dadurch werden die Interessen des Verbrauchers nicht - wie beabsichtigt – geschützt, sondern im Gegenteil beeinträchtigt.[1176]
Auf den ersten Blick scheint die Regelung in Art. 494 ZGB der in den PECL vorgeschlagenen Lösung zu entsprechen. Allerdings handelt es sich bei Art. 2:201 Abs. 3 PECL lediglich um eine widerlegbare Vermutung für die öffentliche Offerte, was aus der Formulierung „gilt im Zweifel als" folgt.[1177] Der Wille, durch das Angebot nicht gebunden zu sein, kann sich nicht nur aus dem Angebot selbst, sondern auch aus den Umständen ergeben.[1178] Das letztere ist z.B. bei Ratenzahlungen der Fall, so dass der Anbietende nicht kreditwürdige Kunden ablehnen kann.[1179] Dagegen wäre der Verkäufer nach dem russischen Recht in solchen Fällen an seine Offerte gebunden und hätte keine Möglichkeit, selbst seine Kunden auszuwählen. Die Vorteile der Lösung der PECL liegen auf der Hand: Sie berücksichtigt sowohl den Willen des Unternehmers als auch die höhere Schutzbedürftigkeit der Konsumenten, ohne die Willensfreiheit der Verkäufer zu weitgehend einzuschränken. Eine solche marktgünstigere Bestimmung wäre auch für den Einzelhandelskauf zu befürworten.

Die Tatsache, dass der Gesetzgeber in Art. 494 ZGB bewusst von den Regeln des allgemeinen Vertragsrechts zu Gunsten von Verbrauchern abweicht, wird in den Bestimmungen „Über den Verkauf von Waren nach Mustern"[1180] bestätigt. Diese Bestimmungen finden Anwendung beim Verkauf von Waren nach Mustern i.S.d. Art. 497 ZGB.[1181] Darunter ist ein Einzelhandelsvertrag zu verstehen, der aufgrund der Bekanntmachung mit einem durch den Verkäufer vorgelegten Warenmuster oder

---

[1173] I.E. ebenso *Braginskij/Vitrjanskij*, Dogovornoe pravo I, S. 165.
[1174] Ebenso *Steininger*, Kaufrecht, S. 116.
[1175] Vgl. *Sergeev/Tolstoj*, Graždanskoe pravo II, S. 49.
[1176] Vgl. *Sergeev/Tolstoj*, Graždanskoe pravo II, S. 49.
[1177] Vgl. *Lando/Beale*, Art. 2:201 PECL, S. 161.
[1178] *Lando/Beale*, Art. 2:201 PECL, S. 161.
[1179] *Lando/Beale*, Art. 2:201 PECL, S. 161.
[1180] Bestätigt durch die Verordnung der Regierung vom 21.7.1997, SZ RF 1997 Nr. 30, Art. 3657 i.d.F. vom 2.10.1999, SZ RF 1999 Nr. 41, Art. 4923; fortan: Musterkaufbest.; dt. Übersetzung in: WiRO 1997, S. 468 ff.
[1181] Die Musterkaufbest. zählen zu den „anderen Rechtsakten" i.S.d. Art. 492 Punkt 3 ZGB.

einer Warenbeschreibung in Form von Katalogen, Broschüren, Prospekten, Fotografien sowie anderen Informationsmaterialien und Werbeanzeigen abgeschlossen wird. In Art. 8 Abs. 1 und 2 Musterkaufbest. wird die gleiche Zielsetzung wie bereits in Art. 494 ZGB weiterverfolgt, was der fast übereinstimmende Wortlaut zum Ausdruck bringt.[1182] Danach kommt der Vertrag über den Kauf nach Warenmustern ohne Vorliegen wesentlicher Vertragsbedingungen bereits bei der Vorführung der Warenmuster oder der Beschreibung am Verkaufsort zustande, wenn nicht der Verkäufer erkennbar etwas anderes erklärt. Diese Regelung soll u.a. dazu beitragen, die vielfache Praxis der Falschinformationen und des oftmaligen Missbrauchs durch scheinbar günstige Angebote in Form von nicht dem tatsächlichen Warenbestand entsprechenden Warenmustern oder unrealistischer Warenbeschreibungen in Druckerzeugnissen zu beschränken.[1183] Zwar soll der Verkäufer, der durch die Vorführung einzelner Warenmuster gegenüber dem Kunden eine besondere Vertrauensposition in Anspruch nimmt, nicht aus der in dieser Position begründeten Verantwortung entlassen werden.[1184] Allerdings soll die beabsichtigte Stärkung des an den freien Wettbewerb noch nicht gewöhnten russischen Verbrauchers in seiner Position auch nicht einseitig auf Kosten des unternehmerisch tätigen Verkäufers geschehen. Denn dadurch werden insbesondere die ebenfalls noch nicht hinreichend starken Einzelunternehmer als Verkäufer durch die Einschränkung ihrer Vertragsfreiheit erheblich benachteiligt.

(3) Annahme

Die Annahme eines Angebots zum Abschluss eines Einzelhandelskaufs richtet sich nach der allgemeinen Regelung des Art. 438 ZGB, wobei in den häufigsten Fällen eine Annahme in Form einer Erfüllungshandlung erfolgt. Im Kaufrecht bestehen keine gesetzlichen Sondervorschriften für die konkludente Annahme i.S.d. Art. 438 Punkt 3 ZGB. Eine Sonderregelung ergibt sich nicht etwa aus Art. 493 ZGB, wonach der Einzelhandelskauf als geschlossen gilt, wenn der Verkäufer dem Käufer eine die Bezahlung der Ware bestätigende Urkunde aushändigt. In der Aushändigung des Warenbelegs ist keine konkludente Annahme zu sehen, weil der Vertrag bereits mit der Bezahlung der in einer öffentlichen Offerte angebotenen Ware geschlossen wird.[1185] Die Handlung des Verkäufers ist damit eine bloße Bestätigung des Zustandekommens des Vertrages.[1186]

[1182] Daran ändert nichts der – insoweit missverständlich formulierte - dritte Absatz des Art. 8 Musterkaufbest. Danach ist der Verkäufer verpflichtet, den Vertrag mit jeder beliebigen Person abzuschließen, die die Absicht ausdrückt, die in der Beschreibung oder Werbung angebotene Ware zu erwerben. Denn im ersten Absatz des Art. 8 Abs. 1 Musterkaufbest. wird das durch Beschreibung oder Werbung an einen unbestimmten Personenkreis gerichtete Angebot bereits als öffentliche Offerte qualifiziert, soweit es alle wesentlichen Vertragsbedingungen enthält. Somit kommt der Vertrag bereits mit der Annahme dieser öffentlichen Offerte durch den Kunden zustande und nicht etwa erst später durch die Zusage des Verkäufers.

[1183] Vgl. *Jehn/Knaul,* WiRO 1997, 467.

[1184] Vgl. *Jehn/Knaul,* WiRO 1997, 468.

[1185] Vgl. *Sadikov-Levšina,* Kommentar zum ZGB II 1998, Art. 493 Ziff. 1; *Levšina,* Rozničnaja kuplja-prodaža, S. 279; *Braginskij/Vitrjanskij,* Dogovornoe pravo II, S. 84; *Sergeev/Tolstoj,* Graždanskoe

Im Ergebnis ist festzuhalten, dass bei der Annahme eines Einzelhandelskaufvertrags keine Modifikationen gegenüber dem allgemeinen Vertragsrecht bestehen.

(4) Formbedürftigkeit und Rechtsfolgen von Formmängeln

Die Formbedürftigkeit des Einzelhandelskaufs ergibt sich aus den allgemeinen Bestimmungen der Artt. 161 ff. ZGB. Da in der Praxis die häufigsten Fälle des Einzelhandelskaufs Realgeschäfte sind,[1187] kommen Artt. 161 Punkt 2 i.V.m. 159 Punkt 2 ZGB zur Anwendung, wonach solche Geschäfte grundsätzlich mündlich getätigt werden können.[1188] Der Schriftformzwang für Realgeschäfte wird auch nicht in der speziellen Regelung in Art. 493 ZGB vorgeschrieben.[1189] Die dortige - insoweit missverständliche - Formulierung „ gilt als formgerecht abgeschlossen" hat rein formalen Charakter.[1190] Die in Art. 493 ZGB genannten Anforderungen – die Aushändigung eines Kassen- oder Warenbelegs etc. - genügen nämlich keineswegs den in Artt. 160, 434 ZGB formulierten Anforderungen an die einfache Schriftform und sollen lediglich dazu dienen, den Vertragsabschluss zu beweisen.[1191] Art. 493 ZGB kann damit nicht als eine Einschränkung der allgemeinen Formvorschriften gedeutet werden.

Dieses Ergebnis schlägt sich in den Folgen der Nichteinhaltung der in Art. 493 ZGB genannten Anforderungen nieder. Fehlen nämlich die dort genannten Urkunden, so hat dies im Gegensatz zu Art. 162 Punkt 1 ZGB nicht den Ausschluss des Zeugenbeweises zur Folge. Vielmehr gestattet Art. 493 S. 2 ZGB dem Käufer ausdrücklich, sich zur Bestätigung der Tatsache des Vertragsschlusses und der Vertragsbedingungen auf Zeugenaussagen zu berufen.[1192] Damit folgt das ZGB 1994 der bereits vorher herausgebildeten Rechtsprechung.[1193]

Zum Teil sind Schriftformerfordernisse für einzelne spezielle Untervertragstypen des Einzelhandelskaufs vorgesehen. So bedarf der Abschluss eines Musterkaufvertrags grundsätzlich eines unterzeichneten schriftlichen Dokuments mit genauen Angaben

---

pravo II, S. 46 f.; *Steininger,* Kaufrecht, S. 130; *Parcij,* Kommentar zum VerbrSchG, Art. 18, Ziff. 9; a.M.: *Tereščenko,* Juridičeskij mir, Oktober 2001, 37 f.; *Ščur,* Dogovory v torgovle, S. 24.

[1186] Vgl. *Levšina,* Rozničnaja kuplja-prodaža, S. 279; *Sadikov-Levšina,* Kommentar zum ZGB II 1998, Art. 493 Ziff. 1; *Sergeev/Tolstoj,* Graždanskoe pravo II, S. 46; widersprüchlich *Braginskij/Vitrjanskij,* Dogovornoe pravo II, S. 80, 84, die einerseits die lediglich bestätigende Funktion der Aushändigung von Kassenbelegen hervorheben, andererseits aber betonen, der Gesetzgeber verbinde mit der Aushändigung den Zeitpunkt des Vertragsschlusses.

[1187] Vgl. *Sadikov-Levšina,* Kommentar zum ZGB II 1998, Art. 493 Ziff. 3; Nr. 21 des Plenumsbeschlusses des OG vom 29.9.1994 Nr. 7 (VVAS 1995 Nr. 3) i.d.F. vom 17.1.1997 (RG vom 5.2.1997).

[1188] Eine Ausnahme bilden Einzelhandelskaufverträge nach Mustern. Für diese schreibt Art. 20 Musterkaufbest. die einfache Schriftform vor.

[1189] Vgl. *Levšina,* Rozničnaja kuplja-prodaža, S. 279; *Sadikov-Levšina,* Kommentar zum ZGB II 1998, Art. 493 Ziff. 1; *Mundry,* Kaufvertrag, Rn. 212.

[1190] Ebenso *Steininger,* Kaufrecht, S. 130.

[1191] Vgl. *Sergeev/Tolstoj,* Graždanskoe pravo II, S. 47; *Sadikov-Levšina,* Kommentar zum ZGB II 1998, Art. 493 Ziff. 1; *Levšina,* Rozničnaja kuplja-prodaža, S. 279; *Braginskij/Vitrjanskij,* Dogovornoe pravo II, S. 84; *Parcij,* Kommentar zum VerbrSchG, Art. 18, Ziff. 9; *Mundry,* Kaufvertrag, Rn. 212.

[1192] Vgl. dazu Punkt 21 des Plenumsbeschlusses des OG Nr. 7 vom 29.9.1994 (VVAS 1995 Nr. 3) i.d.F. vom 21.11.2000 (BVS 2001 Nr. 2).

[1193] *Sadikov-Levšina,* Kommentar zum ZGB II 1998, Art. 493 Ziff. 3.

u.a. über die Bezeichnung, Menge und Preis der Ware sowie über die Pflichten des Verkäufers und des Käufers (Punkt 20 Musterkaufbest.).

cc. Pflichten des Verkäufers

Im russischen Recht wird weder seitens des Gesetzgebers noch der Literatur zwischen Haupt- und Nebenleistungspflichten differenziert. Ebenso wenig kommen ungeschriebene Nebenpflichten wegen des extremen Rechtspositivismus und des Fehlens eines „Treu und Glauben" entsprechenden Korrektivs in Frage.[1194] Eine Unterscheidung zwischen verschiedenen Leistungsarten wird wohl bewusst nicht getroffen, da es für die - in Anlehnung an das UN-Kaufrecht vorgenommene - Differenzierung zwischen wesentlichen und nicht wesentlichen Vertragsverletzungen im Grunde nicht darauf ankommt, welcher Art die verletzte Pflicht ist.[1195]
Im Einzelhandelskaufsrecht werden dem Verkäufer drei grundlegende Pflichten – die Übergabe-, die Informations- und die Umtauschpflicht - auferlegt, die im folgenden auf ihre Besonderheiten gegenüber den Vertragspflichten im allgemeinen Vertrags- und Kaufrecht näher zu untersuchen sind.

(1) Übergabepflicht

Die Pflicht des Verkäufers, dem Käufer eine vertragsmäßige Sache am richtigen Ort und zur richtigen Zeit zu übergeben, ergibt sich aus Artt. 492 Punkt 1, 456 Punkt 1 ZGB. Die Übergabepflicht umfasst neben der Kaufsache selbst auch das entsprechende Zubehör sowie die Dokumentation, wie etwa Angaben über technische Daten, das Qualitätszeugnis, Gebrauchsanweisung etc.[1196] Damit entspricht die Übergabepflicht bei einem Einzelhandelskauf derjenigen im allgemeinen Kaufrecht.
Sonderbestimmungen gegenüber dem allgemeinen Kaufvertrag bestehen lediglich hinsichtlich des Zustandes der zu übergebenden Ware. Der unternehmerisch tätige Verkäufer muss gemäß Art. 469 Punkt 4 ZGB zumindest die gesetzlich zwingenden Anforderungen an die Qualität beachten; vertragliche Vereinbarungen sind insofern nur dann beachtlich, wenn sie höhere Qualitätsanforderungen bestimmen. Zu solchen Anforderungen zählen insbesondere die Vorschriften des VerbrSchG, des föderalen Gesetzes „Über Qualität und Unschädlichkeit von Lebensmitteln" vom 2.1.2000[1197] sowie des Standardisierungsgesetzes vom 10.6.1993[1198]. Bei der

---

[1194] Vgl. *Solotych,* ZGB Teil 2, S. 28.
[1195] Vgl. Art. 450 Punkt 2 ZGB; *Solotych,* ZGB Teil 2, S. 28.
[1196] Art. 456 Punkt 2 ZGB.
[1197] SZ RF 2000 Nr. 2, Art. 150.
[1198] Gesetz „Über die Standardisierung", VSND RF 1993 Nr. 23, Art. 917, i.d.F. vom 10.07.2002, SZ RF 2002 Nr. 28, Art. 2791. Danach sind die vom Staatlichen Komitee für Standardwesen herausgegebenen GOST-, Hygiene-, Baunormen etc. verbindlich, die Mindestanforderungen an Sicherheit, Umweltschutz, Kompatibilität, Kennzeichnung und Prüfbarkeit enthalten (vgl. Art. 7 Punkt 2 StandardisierungsG und die Weisung des Staatlichen Antimonopolkomitees bezüglich der Anwendung des VerbrSchG vom 20.5.1998 Nr. 160, RG vom 14.1.1999). Darüber hinaus können die für einzelne Branchen verbindlichen OST-Normen und technische Bedingungen (TU) sowie internationale Standards zur Anwendung kommen (Vgl. Art. 6 StadardisierungsG, im einzelnen dazu s. *Sadikov-*

näheren Untersuchung der Normen des VerbrSchG, die sich mit der Qualität und Sicherheit der Ware beschäftigen, wird allerdings deutlich, dass dort keine nennenswerten Abweichungen zu den bereits in Art. 469 ZGB genannten Qualitätsstandards bestehen: Art. 4 VerbrSchG entspricht fast wörtlich Art. 469 ZGB.[1199] Entscheidend für die Qualität der Ware ist demnach die vertragliche Vereinbarung.[1200] Fehlt eine solche Qualitätsvereinbarung, wird auf die Tauglichkeit für den gewöhnlichen oder spezifischen Gebrauchszweck (sofern der Verkäufer über diesen informiert ist) abgestellt.[1201] Schließlich können Industriestandards wie GOST herangezogen werden.[1202]

Als weitere Bestimmung über höhere Qualitätsanforderungen kommt Art. 7 VerbrSchG in Betracht. Diese Norm gewährt dem Verbraucher einen Anspruch auf Ungefährlichkeit der Waren für seine Gesundheit oder Leben während der festgelegten Lebens- bzw. Haltbarkeitsdauer oder innerhalb von zehn Jahren, falls keine Lebensdauer festgelegt wurde.[1203] Wie bereits Art. 4 VerbrSchG verweist auch Art. 7 Punkt 4 VerbrSchG auf bestimmte Standards, die Leib und Leben der Benutzer schützen sollen, und bestimmt für solchen Standards unterliegende Waren eine Zertifizierungs-[1204] bzw. eine Deklarierungspflicht[1205].

Keine Spezialbestimmung für den Einzelhandelskauf hat der russische Gesetzgeber hinsichtlich der Gefahrtragung beim Versendungskauf getroffen. Nach dem allgemeinen Grundsatz in Art. 459 Punkt 1 ZGB geht die Gefahr des zufälligen Untergangs der Ware in dem Zeitpunkt auf den Käufer über, in dem der Verkäufer seine Übergabepflicht erfüllt hat. Wann Erfüllung der Übergabepflicht eintritt, richtet sich danach, ob Hol-, Bring- oder Schickschuld vorliegt (Art. 458 ZGB). Der gesetzliche Regelfall ist die Schickschuld,[1206] so dass die Gefahr des zufälligen Untergangs bzw. Beschädigung beim Versendungskauf bereits mit der Übergabe der Ware an den Transporteur auf den Käufer übergeht.[1207] Eine solche für den Verbraucher belastende Regelung sollte m.E. auf den Einzelhandelskauf keine Anwendung finden. An dieser Stelle wäre im ZGB eine Modifizierung der Regelungen

---

Levšina, Kommentar zum ZGB II 1998, Art. 469).

[1199] Zu dem gleichen Schluss kommt auch *Parcij,* Kommentar zum VerbSchG, Art. 4 Ziff.2. Im einzelnen dazu s. *Steininger,* Kaufrecht, S. 187 ff., 220 f.

[1200] Art. 4 Punkt 1 VerbrSchG und Art. 469 Punkt 1 ZGB.

[1201] Art. 4 Punkte 2 und 3 VerbrSchG und Art. 469 Punkt 2 ZGB.

[1202] Vgl. Art. 4 Punkt 5 VerbrSchG. Damit verweisen Art. 469 Punkt 4 ZGB und Art. 4 Punkt 5 VerbrSchG durch die Bezugnahme auf andere Vorschriften wechselseitig aufeinander verweisen.

[1203] Art. 7 Punkt 2 VerbrSchG.

[1204] S. Art. 7 des Gesetzes „Über die Zertifizierung von Produktion und Dienstleistungen" (fortan: ZertifizG) vom 10.6.1993 (VSND 1993 Nr. 26, Art. 966) i.d.F. vom 31.7.1998 (SZ RF 1998 Nr. 31, Art. 3832); vgl. auch Beschluss der Regierung der RF vom 13.8.1997 Nr. 1013 „Über die Liste zertifizierungspflichtiger Waren, Tätigkeiten und Dienstleistungen", SZ RF 1997 Nr. 33, Art. 3899, i.d.F. vom 24.5.2000, SZ RF 2000 Nr. 22, Art. 2317. S. auch Beschluss des Staatlichen Komitees für Standardwesen vom 23.2.1998 Nr. 5 „Über die Nomenklatur zertifizierungspflichtiger Produktion und Dienstleistungen" (Vestnik Gossstandarta Rossii 1998 Nr. 5) i.d.F. vom 3.7.2001 (Vestnik Gosstandarta Rossii 2001 Nr. 4).

[1205] S. Art. 7 Punkt 4 ZertifizG. Die Begriffe „Zertifizierung" und „Deklaration" fallen unter den Oberbegriff „zwingende Bestätigung" i.S.d. Punktes 4 des Art. 7 VerbrSchG, der im Rahmen der Änderung 1999 eingeführt wurde (vgl. *Parcij,* Kommentar zum VerbrSchG, Art. 7 Ziff. 4).

[1206] Art. 458 Punkt 2 ZGB.

[1207] Artt. 459 Punkt 1 i.V.m. 458 Punkt 2 ZGB.

des allgemeinen Rechts zugunsten von Verbrauchern, d.h. eine Abkehr vom gesetzlichen Regelfall der Schickschuld, nötig gewesen.
Gegen die Geltung der gesetzlichen Gefahrtragungsregelung beim Versendungskauf im Einzelhandelskaufrecht spricht zunächst die grundsätzliche Erwägung, dass das Risiko des zufälligen Untergangs von derjenigen Vertragspartei getragen werden soll, die eher als die andere imstande ist, dieses Risiko abzuwenden bzw. zu verringern oder Vorsorge gegen die Schadensfolgen eines Untergangs der Ware zu treffen. Regelmäßig ist dies der Verkäufer, insbesondere der Versandhändler, weil meistens er darüber entscheidet, auf welchem Wege und von wem der Transport der Ware erfolgt. Auch ist der Verkäufer besser als der Verbraucher in der Lage, das Beförderungsrisiko in dem nach Sachlage gebotenen Umfang unter Versicherungsschutz zu bringen. Der Verbraucher kann daher erwarten, dass er die Ware erst dann zu bezahlen hat, wenn sie ihm komplett und unbeschädigt übergeben wird. Zwar ist die Bestimmung der Gefahrtragung dispositiv, so dass die Parteien insbesondere eine Bringschuld vertraglich vereinbaren können, bei der die Gefahrtragung zu Gunsten des Käufers erst ab der Übergabe der Ware an den Käufer erfolgt.[1208] Jedoch wird in der Praxis das Verhältnis Unternehmer (Verkäufer) - Verbraucher (Käufer) nicht immer durch ein Gleichgewicht gekennzeichnet sein, so dass der Käufer eine Bringschuldvereinbarung erst durchsetzen muss. Zu wünschen wäre daher eine Regelung, wonach die Gefahr des zufälligen Untergangs bzw. der Verschlechterung der Ware beim Versendungskauf erst dann auf den Verbraucher übergeht, wenn er unmittelbaren Besitz an der Sache erlangt hat.[1209]

(2) Informationspflicht

Im Einzelhandelskaufsrecht trifft den Verkäufer eine umfassendere und strengere Informationspflicht als bei einem normalen Kaufvertrag. Sie geht über die Pflicht zur Übergabe der zur Ware gehörigen Dokumentation hinaus und hat sich aufgrund des Verbraucherschutzrechts neben der klassischen Übergabepflicht zu einer weiteren grundlegenden Verkäuferpflicht verselbständigt.[1210]
Gemäß Art. 495 Punkt 1 ZGB ist der Verkäufer verpflichtet, dem Käufer notwendige und wahrheitsgemäße Informationen über die zu verkaufende Ware zu erteilen. Was darunter im einzelnen fällt, ergibt sich aus Artt. 9 f. VerbrSchG. Es wird zwischen Informationen über den Verkäufer (u.a. Bezeichnung und Sitz der Organisation, Angaben über die Registrierung und Lizenzierung, Art. 9 VerbrSchG) und Informationen über die Ware selbst (Art. 10 VerbrSchG) unterschieden. So muss der Verkäufer den Käufer z.B. über die Herkunft, Eigenschaften und Zusammensetzung der Waren, Garantiefristen, Zertifizierung[1211] sowie über die effektive und ungefährliche Verwendung der Ware informieren (Art. 10 VerbrSchG). Der Verbraucher muss auf

[1208] Art. 458 Punkt 1, 1. Alt. ZGB.
[1209] Vgl. § 474 Abs. 2 BGB, wonach § 446 BGB auf Verbrauchsgüterkaufverträge keine Anwendung findet.
[1210] Vgl. *Solotych*, ZGB Teil 2, S. 29.
[1211] S. dazu *Braginskij/Vitrjanskij*, Dogovornoe pravo II, S. 82 f.

eventuell mit dem Gebrauch verbundene Gefahren hingewiesen werden, insbesondere im Zusammenhang mit dem Ablauf der Haltbarkeits- oder Lebensdauer (Art. 14 Punkt 3 Abs. 2 VerbrSchG).[1212] Vom Verkäufer wird darüber hinaus die Kennzeichnung der Ware nach staatlichen Standards verlangt (Art. 10 Punkt 2 1. Var. VerbrSchG). Solche Standards sind z.B. für russische und importierte Lebensmittel[1213] und für importierte Nichtlebensmittel[1214] vorgesehen. Gemäß Art. 10 Punkt 3 VerbrSchG können die genannten Informationen auf Etiketten, Marken, Broschüren etc. dem Verbraucher mitgeteilt werden.
Zur Informationspflicht des Verkäufers gehört gemäß Art. 495 Punkt 2 ZGB ferner die Pflicht, den Käufer u.U. die Ware vor dem Kauf untersuchen zu lassen und ihm, wenn möglich, den Gebrauch vorzuführen.
All diese Informationen dienen dazu, dem Verbraucher eine hinreichend sachkundige Auswahl entsprechend seinen Bedürfnissen zu ermöglichen.[1215] Sowohl der Gesetzgeber als auch die Rechtsprechung gehen dabei davon aus, dass der Käufer hinsichtlich der Eigenschaften und Merkmale der Ware über keinerlei Spezialkenntnisse verfügt und fremdsprachige Informationsmaterialien nicht verstehen kann.[1216] Genaue Angaben über den Hersteller und den Verkäufer einer Ware sollen dem Verbraucher eine jederzeitige Inanspruchnahme dieser Personen bei Fehlleistungen ermöglichen.[1217]

Auch wenn gegen die Wichtigkeit des Informationsrechts des Verbrauchers nichts einzuwenden ist, erscheint das *de lege lata* gewährte Informationsrecht z.T. als zu weitgehend. Die Rechtsfolge des Art. 495 Punkt 4 ZGB, nämlich die Unternehmerhaftung für Mängel, die nach der Übergabe entstanden sind, ist bei Selbstbedienungsgeschäften, in erster Linie aber bei Schluss- bzw. Lagerverkäufen, wo es sich ausschließlich um Sonderangebote handelt, nicht angemessen. Denn bei solchen Geschäften kann vom Verbraucher erwartet werden, dass er wegen der wesentlich niedrigeren Preise eine nicht allumfassende Informationen und fehlende Beratung in Kauf nimmt. Daher ist es nicht erforderlich, dem Verbraucher in solchen Fällen ein weitgehendes Schadensersatzrecht zu gewähren. Zu recht weist *Junge* in diesem Zusammenhang darauf hin, dass die allgemeinen Vorschriften über Untersuchungs-

---

[1212] Vgl. dazu Punkt 4 der Übersicht über die Rechtsprechung des OG RF im zweiten Quartal 1996, bestätigt durch den Beschluss des Präsidiums des OG RF vom 11.9.1996, abgedruckt in: *Murzin*, ZGB-Rechtsprechung, S. 603.
[1213] S. Beschluss des Staatlichen Komitees für Standartwesen vom 17.7.1997 Nr. 255, GOST R 51074-97.
[1214] S. Beschluss des Staatlichen Komitees für Standartwesen vom 30.12.1997 Nr. 439, GOST R 51121-97.
[1215] Vgl. Art. 10 Punkt 1 VerbrSchG; *Ėrdelevskij-Agafonova,* Kommentar zum VerbrSchG, Art. 9, Ziff. 1, Art. 10, Ziff. 1; *Sadikov-Levšina*, Kommentar zum ZGB II 1998, Art. 495, Ziff. 1; *Parcij,* Kommentar zum VerbrSchG, Art. 10, Ziff. 1.
[1216] Vgl. Artt. 8 Punkt 2, 12 Punkt 4 VerbrSchG und Punkt 22 des Plenumsbeschlusses des OG RF vom 29.9.1994 Nr. 7 i.d.F. vom 17.1.1997, abgedruckt in *Murzin,* ZGB-Rechtsprechung, S. 602; ähnlich *Puginskij,* Kommerčeskoe pravo, S. 103; *Ėrdelevskij-Agafonova,* Kommentar zum VerbrSchG, Art. 9, Ziff. 1, Art. 10, Ziff. 2.
[1217] Vgl. *Ėrdelevskij-Agafonova,* Kommentar zum VerbrSchG, Art. 9, Ziff. 1.

pflicht und Mängelrüge einschließlich deren Verjährung für diese Fälle auch ausreichen.[1218]

(3) Umtauschpflicht

Schließlich obliegt es dem Verkäufer, innerhalb von 14 Tagen - bei Vereinbarung nach einer längeren Frist - die bereits übergebene *ordnungsgemäße* Ware gegen eine gleichartige Ware anderer Größe oder Farbe etc. umzutauschen (Artt. 502 Punkt 1 ZGB, 25 Punkt 1 VerbrSchG). Art. 502 ZGB stellt insofern eine Sonderregelung für den Einzelhandelskauf dar, als es beim allgemeinen Kaufvertrag ein solches Umtauschrecht dem Käufer nicht zusteht.
Der Umtausch setzt als erstes voraus, dass es sich bei der Ware um kein Lebensmittel handelt.[1219] Die Ware darf des weiteren nicht benutzt sein und muss ihre für den Verbraucher wesentlichen Eigenschaften bewahrt haben, d.h. gebrauchstauglich sein.[1220] Der Käufer muss ferner den Erwerb der Ware beim betreffenden Verkäufer nachweisen können.[1221] Dies kann sowohl durch schriftliche Beweise (wie etwa Kassenzettel oder Quittung) als auch im Wege von Zeugenaussagen geschehen.[1222] Die Waren dürfen schließlich nicht vom Umtausch ausgeschlossen sein.[1223] Dies ist z. B. bei Edel- und Halbedelsteinen, bei Waren höchstpersönlichen Gebrauchs (Sport- und Unterwäsche, Make up- und Hygieneartikel), bei Arzneimitteln, Möbeln, Autos, Küchenelektrogeräten, Telefon- und Radiogeräten etc. der Fall.[1224] Der Käufer kann das Umtauschrecht immer dann geltend machen, wenn er die erworbene Ware nach Form, Größe, Farbgebung oder Schnitt nicht zweckentsprechend verwenden kann (Art. 25 Punkt 1 VerbrSchG).[1225] Allerdings ist der Verbraucher nicht gehalten, gegenüber dem Verkäufer bestimmte Motive für die Geltendmachung des Umtauschrechts anzugeben oder nachzuweisen.[1226] Damit wird dem Verbraucher ein sehr weitgehendes und nahezu grenzenloses Umtauschrecht gewährt, das nicht an etwaige Erfüllungsmängel oder Leistungsstörungen gebunden ist.[1227] Dies bringt den Verkäufer in eine enge Position, da ihm eine Verweigerung des Umtausches lediglich dann möglich ist, wenn das Gesetz dies ausdrücklich erlaubt oder eine Umtauschware einfach fehlt.[1228]

[1218] Vgl. *Junge,* Anmerkungen, S. 9.
[1219] Art. 502 Punkt 1 Abs. 1 ZGB.
[1220] Art. 502 Punkt 1 Abs. 3 ZGB.
[1221] Art. 502 Punkt 1 Abs. 3 ZGB.
[1222] *Sadikov-Levšina,* Kommentar zum ZGB II 1998, Art. 502, Ziff. 2.
[1223] Art. 502 Punkt 2 ZGB.
[1224] Eine abschließende Liste von Waren gehöriger Qualität, die keiner Rückgabe bzw. keinem Umtausch unterliegen, ist von der Regierungsverordnung vom 19.1.1998 Nr. 55 bestätigt (SZ RF 1998 Nr. 4, Art. 482).
[1225] Bis 1999 enthielt Art. 25 Punkt 1 VerbrSchG die Formulierung „oder aus anderen Gründen". Im Rahmen einer Änderung vom 17.12.1999 wurde Art. 25 VerbrSchG in Einklang mit Art. 502 ZGB gebracht.
[1226] Vgl. *Sergeev/Tolstoj,* Graždanskoe pravo II, S. 54.
[1227] Vgl. *Sergeev/Tolstoj,* Graždanskoe pravo II, S. 54.
[1228] Kritisch dazu *Parcij,* Kommentar zum VerbrSchG, Art. 25.

Der Verkäufer wird bis zum Ablauf der Umtauschfrist der Rechtsunsicherheit ausgesetzt, da er jederzeit mit einem Austausch der verkauften Ware rechnen muss.[1229] Allerdings folgt daraus nicht, dass der Verkäufer automatisch einen Schaden erleidet, denn er kann im Fall des Umtausches vom Käufer die Preisdifferenz zwischen der ursprünglichen und der neuen Ware verlangen.[1230] Unklar bleibt nach der gegenwärtigen Gesetzeslage jedoch, ob der Umtausch beliebig oft vorgenommen werden kann.[1231] Weder Art. 502 ZGB noch Art. 25 VerbrSchG enthalten diesbezüglich irgendwelche Angaben. Diese Normen sind wohl so zu verstehen, dass dem Käufer grundsätzlich ein umfassendes Umtauschrecht zusteht.[1232] Das könnte in der Praxis die unternehmerische Kalkulation und Planung erschweren. Die Auferlegung einer so weitreichenden Pflicht wäre zwar bei nicht gehöriger Erfüllung ein angemessenes Mittel, da den Verkäufer in diesem Fall eine Pflichtverletzung trifft, so dass er die damit verbundenen Unannehmlichkeiten in Kauf nehmen muss. Bei Art. 502 ZGB stellt sich die Rechtlage jedoch anders dar. Das Umtauschrecht ist an keinerlei Begründung gebunden und dient daher nicht dem Schutz des Verbrauchers im engeren Sinne. Es bleibt abzuwarten, ob die Rechtsprechung den weit gefassten Wortlaut des Art. 502 ZGB restriktiv auslegen und eine sinnvolle Grenze für das Umtauschrecht des Verbrauchers setzen wird.
Trotz der geschilderten Bedenken hinsichtlich des Art. 502 ZGB ist die Regelung entgegen der Meinung von *Steininger* m.E. weder in wirtschaftlicher noch in dogmatischer Hinsicht als „äußerst problematisch“ zu bewerten. Die Gewährung eines umfassenden Umtauschrechts ist eine konsequente Folge aus den Kaufgewohnheiten des modernen Verbrauchers.[1233] Zum einen ist dem Verkäufer eine Rechtsunsicherheit innerhalb von 14 Tagen zuzumuten. Zum anderen sind die Umtauschbedingungen in Art. 502 ZGB streng genug und eine umfangreiche Liste vom Umtausch ausgeschlossener Waren ausreichend, um den Verkäufer gegen unberechtigte oder inadäquate Umtauschverlangen abzusichern.[1234] Schließlich ist mit einer vernünftigen Rechtsprechung zur beliebigen Geltendmachung des Umtauschrechts seitens des Verbrauchers zu rechnen.

dd. Pflichten des Käufers

Den Käufer treffen im Einzelhandel die Zahlungs- und die Abnahmepflicht sowie die Untersuchungs- und Rügeobliegenheit, die gegenüber den Käuferpflichten im allgemeinen Kaufrecht einige Besonderheiten aufweisen.

[1229] Ähnlich *Steininger*, Kaufrecht, S. 222 f.
[1230] Vgl. Art. 502 Punkt 1 Abs. 1 a.E. ZGB.
[1231] Für eine solche Auslegung des ZGB und des VerbrSchG *Parcij*, Kommentar zum VerbrSchG, Art. 25.
[1232] Vgl. *Ėrdelevskij-Agafonova*, Kommentar zum VerbrSchG, Art. 25, Ziff. 3.
[1233] Ebenso *Junge*, Anmerkungen, S. 10.
[1234] Ähnlich auch *Junge*, Anmerkungen, S. 10 f.

(1) Zahlungspflicht

Gemäß Art. 500 Punkt 1 ZGB ist der Käufer zur Zahlung des Kaufpreises unmittelbar vor oder nach Übergabe der Kaufsache verpflichtet. Bestandteil der Zahlungspflicht ist die Erledigung der dazu erforderlichen Formalitäten und sonstigen Maßnahmen.[1235] Es gilt der vom Verkäufer beim Abschluss des Kaufvertrages erklärte Preis, soweit er nicht gesetzlich festgelegt ist oder sich nicht aus dem Wesen des Schuldverhältnisses ergibt.[1236] Die Verpflichtung zur Zahlung des Kaufpreises beim Einzelhandelskauf entspricht der allgemeinen Zahlungspflicht nach Artt. 454 Punkt 1, 486 Punkt 1 ZGB und bedarf hier daher im einzelnen keiner näheren Betrachtung.

(2) Abnahmepflicht

Dem Verkäufer steht nach Artt. 454 Punkt 1, 484 Punkt 1 ZGB ein Anspruch auf Abnahme der Ware durch den Käufer zu. Als Bestandteil der Abnahmepflicht werden alle Mitwirkungspflichten des Käufers bezüglich der Beförderung der Ware sowie auch eine eventuelle Beförderungspflicht selbst angesehen.[1237] Für den Einzelhandelskauf sieht lediglich Art. 496 ZGB einen Spezialfall hinsichtlich der Abnahmepflicht, nämlich die Möglichkeit einer zeitlich begrenzten Abnahmeverpflichtung aufgrund vertraglicher Vereinbarung vor. Innerhalb der Annahmefrist darf der Verkäufer die Ware nicht anderweitig verkaufen. Andere Sonderbestimmungen sind nicht ersichtlich.

(3) Untersuchungs- und Rügeobliegenheit

Art. 492 ff. ZGB enthalten keine Bestimmungen über eine etwaige Untersuchungs- und Rügeobliegenheit für den Käufer. Mangels abweichender Spezialnormen im ZGB und VerbrSchG müssen die allgemeinen kaufrechtlichen Vorschriften der Artt. 477 und 483 ZGB zur Anwendung kommen, wonach der Käufer verpflichtet ist, die gelieferte Ware zu untersuchen[1238] und dem Verkäufer die Vertragswidrigkeit der Ware anzuzeigen. Ansonsten handelte man *contra legem.*[1239] Dieses Ergebnis stimmt mit der einhelligen Meinung der russischen Literatur überein, die das Bestehen einer Untersuchungs- und Rügeobliegenheit beim Einzelhandelskauf nicht in Frage stellt.[1240]

[1235] Ebenso Art. 54 CISG.

[1236] Vgl. Art. 500 Punkt 1 ZGB, *Sadikov-Levšina,* Kommentar zum ZGB II 1998, Art. 500, Ziff. 1.

[1237] Vgl. *Braginskij/Vitrjanskiij,* Dogovornoe pravo II, S. 37.

[1238] Eine Untersuchungspflicht der Ware folgt sowohl aus Art. 477 ZGB als auch aus der Formulierung in Art. 483 Punkt 1 a.E. „innerhalb einer angemessenen Frist, nachdem die Verletzung der betreffenden Vertragsbedingung ... entdeckt werden musste“. Dies verkennt *Mundry,* Kaufvertrag, Rn. 200, der eine Verpflichtung zur Untersuchung beim Einzelhandelskauf verneint.

[1239] Zu diesem Ergebnis kommt auch *Steininger,* Kaufrecht, S. 354 und 363.

[1240] Vgl. *Sadikov-Levšina,* Kommentar zum ZGB II 1998, Art. 503, Ziff. 13; *Sergeev/Tolstoj,* Graždanskoe pravo II, S. 57.

De lege lata wird zwischen Feststellungs- und Rügefristen unterschieden. Aus Art. 477 ZGB und Art. 19 Punkt 1 VerbrSchG folgt, dass der Käufer die Ware entweder innerhalb der vertraglichen Garantiefrist bzw. der Verwendbarkeitsdauer oder in Ermangelung solcher bzw. nach deren Ablauf innerhalb einer angemessenen Frist, die jedoch zwei Jahre nach Übergabe der Sache nicht überschreitet, untersuchen muss. Eine längere Frist für die Entdeckung des Mangels kann darüber hinaus gesetzlich[1241] oder vertraglich festgesetzt werden.[1242] Maßgebend für den Fristbeginn ist dabei die Zeit des Eintreffens der Ware am Zielort.[1243] Der Verbraucher muss die Ware auf ihre Vereinbarkeit mit dem Sortiment, ihre Qualität, Vollständigkeit, Tara und (oder) Verpackung und Menge untersuchen[1244] und eventuelle Abweichungen dem Verkäufer mitteilen.

Bei der Regelung der Untersuchungsobliegenheit hat sich der russische Gesetzgeber zwar an der entsprechenden Regelung in Artt. 38 f. CISG[1245] orientiert,[1246] verzichtete jedoch begrüßenswerterweise im allgemeinen Kaufrecht darauf, vom Käufer eine Untersuchung innerhalb einer „so kurzen Frist, wie es die Umstände erlauben" zu verlangen.[1247] Eine solche besonders scharfe Obliegenheit würde für den Verbraucher eine unzumutbare Belastung darstellen, zumal wenn es sich um Mängel handelt, die nur durch fachmännische Untersuchung aufgedeckt werden können. Ist keine Garantie- bzw. Verwendbarkeitsfrist festgelegt, so hat die Rüge innerhalb einer angemessenen Zeit zu erfolgen, in der die Mängel hätten vernünftigerweise festgestellt werden müssen (Art. 483 Punkt 1 a.E. ZGB). Der Begriff der „angemessenen Frist" findet bisher – soweit ersichtlich - weder in der Literatur noch in der Rechtsprechung nähere Erörterung. Bei der Auslegung dieses unbestimmten Rechtsbegriffs in Artt. 477 Punkt 2 und Art. 19 Punkt 1 Abs. 2 VerbrSchG kann m.E. nicht auf die zum UN-Kaufrecht entwickelten Maßstäbe von sieben Tagen bis zu einem Monat zurückgegriffen werden.[1248] Dagegen spricht bereits, dass die internationalen Grundsätze zur Untersuchungs- und Rügeobliegenheit des Käufers auf eine andere Situation zugeschnitten sind, in der es sich um beiderseitige Handelsgeschäfte handelt und nicht auf den Verbrauchsgüter-

---

[1241] So können wesentliche Mängel innerhalb von 10 Jahren entdeckt werden, wenn keine Verwendbarkeitsdauer der Ware festgelegt wurde, Art. 19 Punkt 6 VerbrSchG.

[1242] Art. 477 Punkt 2 S. 1 ZGB. Art. 19 Punkt 1 Abs. 2 a.E. VerbrSchG.

[1243] Arg. e Art. 477 Punkt 2 S. 2 ZGB, Art. 19 Punkt 2 VerbrSchG. Zur Berechnung der Garantie- und Verwendbarkeitsfristen s. Artt. 471 f. ZGB.

[1244] Arg. e Art. 483 Punkt 1 ZGB.

[1245] Gemäß Art. 38 Abs. 1 CISG hat der Käufer die Ware innerhalb einer so kurzen Frist zu untersuchen oder untersuchen zu lassen, wie es die Umstände erlauben. Nach Art. 39 Abs. 1 CISG verliert der Käufer das Recht, sich auf Vertragswidrigkeit der Ware zu berufen, wenn er sie dem Verkäufer nicht innerhalb einer angemessenen Frist nach dem Zeitpunkt, in dem er sie festgestellt hat oder hätte feststellen lassen können, anzeigt und dabei die Vertragswidrigkeit genau bezeichnet. Zur Unverzüglichkeit der Mängelrüge beim Liefervertrag s. unten Kapitel 2 D II 1 b.

[1246] Deutlich erscheint ebenfalls die Parallele zum niederländischen Recht (Art. 7: 23 Abs. 1 NBG).

[1247] *Sadikov-Rozenberg,* Kommentar zum ZGB II 1998, Art. 477 Ziff. 1.

[1248] So aber *Steininger,* Kaufrecht, S. 315 f., 318 mwN. *Parcij*, auf den sich *Steininger* beruft, spricht sich nicht für die Anwendung der internationalen Maßstäbe beim Einzelhandelskauf aus (die Rede ist dort vom Liefervertrag), sondern plädiert im Gegenteil für eine längere Frist bis zu zwei Jahren (vgl. Parcij, Kommentar zum VerbrSchG, Art. 19 Ziff. 1; ähnlich auch *Sergeev/Tolstoj,* Graždanskoe pravo II, S. 30).

kauf.[1249] Dies dürfte dem russischen Gesetzgeber bekannt gewesen sein, worauf auch der Hinweis der Kommentarliteratur deutet, dass man die kurze Untersuchungsfrist bewusst lediglich für Lieferverträge (die gerade beiderseitige Handelsgeschäfte sind) einführen wollte, nicht dagegen für den Einzelhandelskauf.[1250] Für dieses Ergebnis könnte ferner angeführt werden, dass der russische Gesetzgeber im Rahmen der Gesetzgebungsarbeiten von der ursprünglichen Variante abgewichen ist, die in Art. 477 Punkt 2 ZGB eine ausdrückliche Frist von zwei Monaten vorsah, und sich für die – im Ergebnis in der Regel wohl längere - „angemessene" Frist entschieden hat.[1251] Eine enge Auslegung der angemessenen Frist zuungunsten des Käufers stünde schließlich im Widerspruch zu der Gesetzesintention, einen möglichst umfassenden Verbraucherschutz zu gewährleisten. Daher ist von einer vernünftigen Frist auszugehen, die von den Umständen des Einzelfalls – wie etwa von den Eigenschaften der Ware (z.B. Verderblichkeit) und deren gewöhnlichem Nutzungszweck – abhängt.[1252] Jedenfalls muss dem Käufer genug Zeit gegeben werden, um zu prüfen, ob die Leistung für ihn noch brauchbar ist. Auch dürfte die Untersuchungs- und Rügefrist länger ausfallen, wenn etwa Anknüpfungspunkte dafür bestehen, dass der Verkäufer versuchte, den Mangel zu verheimlichen. Es bleibt abzuwarten, wie die Gerichte in der Zukunft die Bestimmungen über die Untersuchungs- und Rügefristen im einzelnen anwenden werden.

Neben der Untersuchungs- trifft den Käufer eine Rügeobliegenheit gemäß Art. 483 Punkt 1 ZGB. Die Rügeobliegenheit des Käufers ist dem russischen Kaufrecht neu.[1253] Der Käufer muss nach erfolgter Untersuchung der Ware den Verkäufer über die Verletzung von Vertragsbedingungen über die Menge, das Sortiment, die Qualität, die Vollständigkeit, die Tara und (oder) Verpackung der Ware informieren. Die Rügefristen sind vertraglich zu bestimmen, sofern diesbezüglich keine zwingenden gesetzlichen Bestimmungen bestehen, wie etwa beim Verkauf nach Warenmustern, wo eine 20-tägige Rügefrist nach dem Ablauf der Garantie- bzw. Verwendbarkeitsfrist vorgesehen ist.[1254] Soweit gesetzliche oder vertragliche Rügefristen nicht existieren, tritt an deren Stelle eine „angemessene Frist ab dem Zeitpunkt, in dem die Mängel entsprechend dem Wesen und der Zweckbestimmung der Ware hätten entdeckt werden müssen".[1255] Wie bereits bei der Untersuchungsobliegenheit festgestellt, sollen auch bei der Auslegung des Begriffs der Angemessenheit die Umstände des Einzelfalls entscheidend sein.

Die Auferlegung einer Rügeobliegenheit zu Lasten des Verbrauchers nach Entdeckung des Mangels ist keine Besonderheit des russischen Rechts, sondern ist

[1249] Vgl. auch § 377 HGB.

[1250] Vgl. *Sadikov-Rozenberg/Levšina,* Kommentar zum ZGB II 1998, Art. 477 Ziff. 1, Art. 513 Ziff. 5.

[1251] Vgl. *Junge*, Anmerkungen, S. 6; i.E. wohl auch *Ėrdelevskij-Agafonova,* Kommentar zum VerbrSchG, Art. 19, Ziff. 2; *Parcij,* Kommentar zum VerbrSchG, Art. 19, Ziff. 2.

[1252] Vgl. *Braginskij/Vitrjanskij,* Dogovornoe pravo II, S. 32.

[1253] Vgl. *Sergeev/Tolstoj,* Graždanskoe pravo II, S. 38.

[1254] Punkt 32 Abs. 2 Musterkaufbest.

[1255] Vgl. Art. 7:23 Abs. 1 S. 1 NBG. Danach kann sich der Käufer nicht mehr auf die Vertragswidrigkeit der gelieferten Ware berufen, wenn er dem Verkäufer davon nicht innerhalb einer angemessenen Zeit, nachdem er dies entdeckt hat oder hätte entdecken müssen, Kenntnis gegeben hat.

vom Grundsatz her auch dem internationalen Recht bekannt. So sah noch der Kommissionsvorschlag zur EG-Richtlinie 1999/44/EG eine strenge Rügeobliegenheit innerhalb einer kürzeren Frist von einem Monat nicht nur bei positiver Kenntnis vor, sondern auch dann, wenn der Verbraucher den Mangel hätte feststellen müssen.[1256] Allerdings wurde in der Endfassung der VerbrauchsgüterkaufRL auf den Tatbestand des Kennenmüssens des Mangels verzichtet. Nunmehr erlaubt Art. 5 Abs. 2 der Richtlinie 1999/44/EG den einzelnen Mitgliedsstaaten, für Verbraucher eine Unterrichtungsobliegenheit mit einer zweimonatigen Rügefrist vorzusehen. Eine Rügeobliegenheit für Verbraucher innerhalb einer angemessenen Frist erscheint nicht unzumutbar. Im Regelfall wird der Käufer schon im eigenen Interesse an der Nachbesserung den Verkäufer von dem Mangel umgehend in Kenntnis setzen. Im übrigen stellt die Einführung einer Untersuchungs- und Rügeobliegenheit für den Verkäufer eine Art Ausgleich für die weitreichenden Gewährleistungsrechte des Käufers[1257] dar.

ee. Verantwortlichkeit für Vertragsverletzungen

(1) Rechtsfolgen der Nicht- und Schlechterfüllung der Verkäuferpflichten

(a) Verletzung der Übergabepflicht

Bei Nichterfüllung der Pflicht zur Übergabe der geschuldeten Ware stehen dem Verbraucher grundsätzlich die gleichen Rechte zu, wie sie nach dem allgemeinen Schuld- und Kaufrecht gegeben sind. Der Käufer kann alternativ

- Schadensersatz wegen Nichterfüllung gemäß Art. 395 ZGB verlangen;
- bei einer geschuldeten Gattungssache die Erfüllung des Vertrages verweigern und Schadensersatz wegen Nichterfüllung fordern (Artt. 463 Punkt 1, 15, 393 ZGB);
- die Herausgabe der geschuldeten Speziessache mit Ersatz des Verzugsschadens oder Schadensersatz wegen Nichterfüllung gemäß Artt. 463 Punkt 2 i.V.m. 398 Abs. 1, 405 Punkt 1, 398 Abs. 2 ZGB verlangen.[1258]

Dabei befreit die Zahlung von Schadensersatz und einer Vertragsstrafe den Verkäufer beim Einzelhandelskauf in Abweichung von Art. 396 Punkt 2 ZGB nicht von der Hauptverbindlichkeit *in natura* (Art. 505 ZGB). Diese Vorschrift hat für den vertragsbrüchigen Verkäufer Strafcharakter, da der Käufer mehr erhält, als ihm nach dem Vertrag zusteht.[1259]
Gerät der Verkäufer mit der Übergabepflicht in Verzug, wenn er im Zweifelsfall nach Mahnung nicht innerhalb von sieben Tagen leistet (Art. 314 Punkt 2 S. 2 ZGB),

---

[1256] Vgl. *Staudenmayer,* in: *Grundmann/Medicus/Rolland,* Europäisches Kaufgewährleistungsrecht, S. 41 mwN.
[1257] Im einzelnen dazu unten Kapitel 2 II 1 ee (1) (e).
[1258] Zu den Ansprüchen des Käufers im einzelnen s. *Steininger,* Kaufrecht, S. 294 ff.
[1259] Vgl. *Mundry,* Kaufvertrag, Rn. 222.

stehen dem Käufer je nach Sachlage Ansprüche auf Ersatz des Verzugsschadens (Art. 405 Punkt 1 ZGB) oder auf Zurückbehaltung des Kaufpreises und Schadensersatz (Artt. 328 Punkt 2, 393 ZGB) zu. Handelt es sich um ein Fixgeschäft i.S.d. Art. 457 Punkt 2 ZGB, so kann der Käufer die Annahme der verspätet angekommenen Ware verweigern und Schadensersatz verlangen (Art. 405 Punkt 2 ZGB).
Spezialregelungen für den Einzelhandelskauf hinsichtlich der Folgen des Verzugs bestehen weder im ZGB noch im VerbrSchG.

(b) Verletzung der Informationspflicht

Dagegen sind beim Einzelhandelskauf die Konsequenzen einer Nichterfüllung der Informationspflicht des Verkäufers ausführlich geregelt. Wurde der Käufer beim Kauf nicht hinreichend über die Sache informiert oder wurde ihm nicht die Möglichkeit eingeräumt, die Ware zu besichtigen, so stehen dem Käufer gemäß Art. 495 Punkt 3, 2. Alt. ZGB, Art. 12 Punkt 1, 2. Alt. VerbrSchG folgende Rechte zur Verfügung: Er kann innerhalb einer angemessenen Frist die Erfüllung des Vertrages verweigern und die Rückzahlung des bereits bezahlten Betrages sowie den Ersatz sonstiger Schäden verlangen. Zu den sonstigen Schäden gehören insbesondere Gesundheits- oder Eigentumsverletzung im Sinne des Deliktsrechts (Artt. 1095 ff. ZGB).[1260] Das Recht zur einseitigen Vertragsaufhebung seitens des Verbrauchers stellt ein gesetzliches Sonderrecht im Sinne des Art. 450 Punkt 3 ZGB dar.
Art. 12 VerbrSchG fällt im Vergleich zu Art. 495 Punkt 3 ZGB detaillierter aus. Es werden mehrere alternative Fallkonstellationen aufgelistet, die zu den oben genannten Verbraucherrechten führen. In erster Linie handelt es sich um Sachverhalte, in denen der Verbraucher aufgrund fehlender Informationen eine Ware kauft, die für ihn notwendige Eigenschaften nicht besitzt. So wäre die Sachlage beim Erwerb eines Elektrogeräts, dessen Spannungsbereich der angestrebten Nutzung nicht entspricht.[1261] Ferner sind Fälle erfasst, in denen die mangelhafte Information entweder dazu führt, dass der Verbraucher die Ware nicht zweckentsprechend einsetzen kann oder dazu, dass aufgrund der Desinformationen Fehler an der Sache - etwa durch fehlerhaften Gebrauch – auftreten (Art. 12 Punkt 3 VerbrSchG). Dabei muss der Verbraucher nicht mehr nachweisen, dass ihm die fehlende Information beim Gebrauch der Sache hinderlich war oder dass falsche bzw. unzureichende Informationen über den Hersteller oder die Ware selbst bei ihm zu einem Irrtum bezüglich der Gebrauchs- oder sonstigen Eigenschaften der Ware geführt haben.[1262]
Im Hinblick auf die umfassende und strenge Informationsobliegenheit des Verkäufers im Einzelhandelskauf lässt sich feststellen, dass dem Verbraucherrecht nicht das Leitbild eines mündigen, sondern im Gegenteil eines uninformierten Konsumbürgers

[1260] Vgl. Art. 12 Punkt 3 VerbrSchG; Ziff. 13 des Plenumsbeschlusses des OG vom 29.9.1994 Nr. 7 (RG vom 26.11.1994, VVAS 1995 Nr. 3) i.d.F. vom 21.11.2000 (RG vom 13.1.2001, BVSRF 2001 Nr. 2, 2 f.); *Sadikov-Levšina,* Kommentar zum ZGB II 1998, Art. 495 Ziff. 4. Vgl. Art. 12 Punkt 3 VerbrSchG.
[1261] Bsp. nach *Parcij,* Kommentar zum VerbrSchG, Art. 12 Ziff. 2.
[1262] So aber noch Art. 12 Punkt 1 VerbrSchG a.F.

zugrunde liegt.[1263] Auch hat das Plenum des OG erkennen lassen, dass es den Verbraucher nicht als Experten, sondern als Laien ansieht und entsprechend daran sein Informationsbedürfnis misst.[1264] Ein solches Leitbild ist zu begrüßen, da es in Russland jedenfalls realistischer ist als das im Westen z.T. vorgeschlagene Modell eines aufgeklärten und mündigen Konsumentenbürgers.

(c) Verletzung der Umtauschpflicht

Kommt der Verkäufer seiner Umtauschpflicht gemäß Art. 502 ZGB nicht nach, kann der Verbraucher vom Vertrag gegen Rückerstattung des gezahlten Kaufpreises zurücktreten, wenn eine ähnliche Ware fehlt. Zum anderen kann er den Verkäufer auf Vornahme des Umtauschs verklagen, wenn der Verkäufer eine Benachrichtigung über das Eintreffen der erforderlichen Ware unterlässt.[1265]

(d) Sachmängelhaftung

Die Gewährleistungsansprüche des Verbrauchers werden durch Art. 503 ZGB sowie durch Art. 18 VerbrSchG gegenüber dem allgemeinen Kaufrecht erheblich erweitert. So kann der Käufer gemäß Art. 475 ZGB bei allen Arten von Mängeln wahlweise lediglich Minderung, unentgeltliche Mängelbeseitigung oder Aufwendungsersatz geltend machen. Rücktritt und Ersatz durch eine mangelfreie Ware kommen jedoch nur bei wesentlichen Mängeln in Betracht. Dagegen wird in Art. 503 Punkt 1 S. 1 ZGB zwischen wesentlichen und unwesentlichen Mängeln nicht differenziert, vielmehr stehen dem Verbraucher grundsätzlich unabhängig von der Wesentlichkeit des Mangels folgende Rechte zu:

- Ersatzleistung,
- Minderung,
- Rücktritt[1266],
- Mängelbeseitigung[1267] und
- Aufwendungsersatz für selbst durchgeführte Mängelbeseitigung.

(aa) Anspruchsvoraussetzungen

Alle in Art. 503 ZGB bzw. Art. 18 VerbrSchG genannten Ansprüche setzen einen Mangel im Zeitpunkt der Übergabe der Ware an den Käufer voraus.[1268] Bei dem

[1263] Vgl. *Parcij,* Kommentar zum VerbrSchG, Art. 12, Ziff. 2.
[1264] Vgl. Ziff. 22 des Plenumsbeschlusses des OG vom 29.9.1994 Nr. 7 (RG vom 26.11.1994, VVAS 1995 Nr. 3) i.d.F. vom 21.11.2000 (RG vom 13.1.2001, BVS 2001 Nr. 2, 2 ff.).
[1265] Arg. e Art. 25 Punkt 2 S. 2 VerbrSchG. *Parcij,* Kommentar zum VerbrSchG, Art. 25; *Ėrdelevskij-Agafonova,* Kommentar zum VerbrSchG, Art. 25, Ziff. 2.
[1266] Art. 503 Punkt 3 Abs. 1 ZGB, Art. 18 Punkt 1 Abs. 1, 5. Var. VerbrSchG.
[1267] Der Anspruch auf Mängelbeseitigung entfällt allerdings dann, wenn diese nach der Art der Ware, wie z.B. bei Lebensmitteln oder Haushaltschemikalien, nicht möglich ist (Art. 503 Punkt 2 ZGB).
[1268] Arg. e Art. 476 ZGB. Zu beachten ist aber die Vorschrift des Art. 495 Punkt 4 ZGB, wonach der

Begriff des Mangels kann im Einzelhandelskauf auf Art. 469 Punkt 1 ZGB bzw. Art. 4 VerbrSchG zurückgegriffen werden.[1269] Danach wird ein Qualitätsmangel als Abweichung der Ware von der vertraglich vereinbarten Qualität definiert. Fehlt eine solche Vereinbarung über die Qualität, ist die Tauglichkeit der Ware für den gewöhnlichen oder besonderen – sofern dem Verkäufer mitgeteilt - Zweck entscheidend (Art. 469 Punkt 2 ZGB, Art. 4 Punkt 2 VerbrSchG).[1270]
Des weiteren scheiden Ansprüche aus, wenn sich der Verkäufer die Mängel vorbehalten hat (Art. 503 Punkt 1 ZGB). Wurde also der Käufer über die Existenz einzelner Mängel informiert, kann er die in Art. 503 Punkt 1 ZGB aufgelisteten Gewährleistungsrechte nicht mehr geltend machen.[1271] Damit sollen insbesondere solche Sachverhalte erfasst werden, in denen es sich um reduzierte oder Secondhand-Ware handelt.[1272] Eine solche Regelung ist auch verständlich. Denn nimmt der Käufer aufgrund des niedrigeren Kaufpreises bestimmte Mängel der Ware in Kauf, wäre es nicht sachgerecht, ihm in solchen Fällen die Berufung auf umfangreiche Gewährleistungsrechte zu gestatten.
Verschulden des Verkäufers ist keine Anspruchsvoraussetzung i.S.d. Art. 503 ZGB, Art. 18 VerbrSchG.[1273] Insbesondere folgt dies nicht aus Artt. 13 Punkt 4 und 14 Punkt 5 VerbrSchG. Danach kann sich der Verkäufer von der Haftung befreien, wenn er den Nachweis erbringt, dass die Erfüllung seiner Pflichten gegenüber dem Verbraucher durch höhere Gewalt oder andere gesetzlich vorgesehene Gründe unmöglich ist.[1274] Dies entspricht aber gerade dem Grundsatz der verschuldensunabhängigen Haftung für Unternehmer gemäß Art. 401 Punkt 3 ZGB.[1275]

(bb) Besonderheiten einzelner Rechtsbehelfe

Bei einzelnen Rechtsbehelfen des Käufers ergeben sich einige Besonderheiten gegenüber dem allgemeinen Kaufrecht. So besteht der **Anspruch auf Ersatz durch eine mangelfreie Ware** ausnahmsweise bei technisch aufwendigen oder hochwertigen Waren[1276] (wie etwa bei Kühlschränken, PKW, Waschmaschinen oder PCs) nur dann,[1277] wenn ein wesentlicher Mangel vorliegt.[1278] Dies soll Rechtsmiss-

---

Verkäufer auch für Mängel nach der Übergabe der Sache einzustehen hat, wenn der Käufer beweist, dass sie infolge von fehlenden Informationen entstanden sind.

[1269] *Sadikov-Levšina,* Kommentar zum ZGB II 1998, Art. 503, Ziff. 1. Im einzelnen zum Fehlerbegriff vgl. *Steininger,* Kaufrecht, S. 301 ff.

[1270] Ähnlich § 434 Abs. 1 BGB.

[1271] Vgl. *Sadikov-Levšina,* Kommentar zum ZGB II 1998, Art. 503 Ziff.1, Art. 475, Ziff. 1. Ähnlich verfährt auch das deutsche Recht in § 442 Abs. 1 BGB, der Rechte des Käufers wegen eines Mangels ausschließt, wenn der Käufer bei Vertragsschluss den Mangel kennt.

[1272] Vgl. *Sadikov-Levšina,* Kommentar zum ZGB II 1998, Art. 503, Ziff. 1 f.

[1273] A.M. *Steininger,* Kaufrecht, S. 362, in Bezug auf Ansprüche aus Art. 18 VerbrSchG.

[1274] Vgl. *Steininger,* Kaufrecht, S. 362.

[1275] Vgl. *Parcij,* Kommentar zum VerbrSchG, Art. 19, Ziff. 3, Art. 13, Ziff. 7.

[1276] Ob die Ware als hochwertig einzuordnen ist, ist vom Gericht unter Berücksichtigung aller Umstände im Einzelfall zu entscheiden (Ziff. 17 des Plenumsbeschlusses des OG vom 29.9.1994 Nr. 7 (RG vom 26.11.1994, VVAS 1995 Nr. 3) i.d.F. vom 21.11.2000 (RG vom 13.1.2001, BVSRF 2001 Nr. 2, 2 ff.). Um hochwertige Waren dürfte es sich etwa beim Schmuck aus Edelmetallen oder Edelsteinen handeln (Bsp. nach *Levšina,* Rozničnaja kupla-prodaža, S. 281).

[1277] Der Katalog von technisch aufwendigen Konsumgütern wurde durch die RegierungsVO vom

bräuchen durch Verbraucher vorbeugen. Solche waren bis zur Verabschiedung des neuen VerbrSchG von 1996 zahlreich.[1279] So bestanden Verbraucher selbst bei unbedeutenden geringen Mängeln auf Lieferung einer komplett neuen mangelfreien Ware, obwohl der Mangel ohne großen Zeit- und Geldaufwand hätte behoben werden können, wodurch Verkäufern unverhältnismäßig hohe Kosten entstanden.[1280] Ferner hält die Judikatur den Anspruch auf Ersatz der Ware dann für ausgeschlossen, wenn die Ersatzbeschaffung dem Verkäufer unmöglich ist, wie etwa bei eingestellter Produktion oder bei eingestellter Belieferung.[1281]
Das Problem des rechtsmissbräuchlichen Verbraucherverhaltens hätte der russische Gesetzgeber m.E. viel einfacher durch einen Zusatz in Art. 503 ZGB lösen können, dass der Verbraucher vom Verkäufer eine unentgeltliche Ersatzlieferung nur dann verlangen kann, wenn diese dem Verkäufer nicht unverhältnismäßig oder unmöglich ist.[1282] Damit wäre einerseits eine größere Bandbreite von Waren (nicht nur technisch aufwendige und hochwertige Waren) erfasst, deren Umtausch dem Verkäufer unzumutbar ist, und es hätte andererseits keiner Korrektur durch die Rechtsprechung bedurft.

Die **Durchführung des Umtausches, der Minderung und der Vertragsauflösung** richtet sich nach Art. 504 ZGB. Diese Sonderbestimmung für den Einzelhandelskauf wurde im Lichte des Verbraucherschutzes verfasst.[1283] Die aufgrund der Preisinstabilität häufige Änderung der Preise zwischen Vertragsschluss und Mängelgewährleistung soll dem Verbraucher nicht zur Last gelegt werden.[1284] So kann der Verkäufer beim Umtausch der mangelhaften gegen eine gleiche[1285] mangelfreie Ware nicht die Differenz zwischen dem ursprünglichen und dem inzwischen gestiegenen Preis verlangen (Art. 504 Punkt 1 ZGB, Art. 24 Punkt 1 VerbrSchG). Ist der Preis einer Ware zwischen Kauf und Umtausch gefallen, muss der Verkäufer dem Verbraucher dann die Preisdifferenz erstatten, wenn es sich um gleichartige, aber sich nach Größe, Modell, Sorte und anderen Merkmalen unterscheidende mangelfreie Ware handelt (Art. 504 Punkt 2 ZGB, Art. 24 Punkt 2 ZGB).[1286] Der Errechnung der Preisdifferenz werden die Preise im Zeitpunkt des Umtauschs bzw. der Geltendmachung der Minderung oder des Rücktritts oder der

---

13.5.1997 festgelegt (SZ RF 1997 Nr. 20, Art. 2303).

[1278] Dies folgt im Umkehrschluss aus Art. 503 Punkt 1 S. 2 ZGB. Vgl. Art. 3 Abs. 6 VerbrauchsgüterkaufRL, der bei einer geringfügigen Vertragsverletzung den Anspruch des Käufers auf Vertragsauflösung ausschließt.

[1279] Vgl. *Kornilov,* RJ 1998 Nr. 8, 14 f.

[1280] Vgl. *Kornilov,* RJ 1998 Nr. 8, 15; *Parcij,* ChiP 1999 Nr. 10, 84. So hat z.B. ein Verbraucher dreimal beim Pkw-Kauf kurz vor dem Ablauf der Gewährleistungsfrist unter Berufung auf unwesentliche Fehler, die objektiv auch von einem Nichtspezialisten hätten beseitigt werden können, erfolgreich ein Ersatzauto verlangen können.

[1281] Ziff. 19 des Plenumsbeschlusses des OG vom 29.9.1994 Nr. 7 (RG vom 26.11.1994, VVAS 1995 Nr. 3) i.d.F. vom 21.11.2000 (RG vom 13.1.2001, BVSRF 2001 Nr. 2, 2 f.).

[1282] Vgl. insofern Art. 3 Abs. 3 der Richtlinie 1999/44/EG.

[1283] Vgl. *Sergeev/Tolstoj,* Graždanskoe pravo II, S. 57.

[1284] Vgl. *Sadikov-Levšina,* Kommentar zum ZGB II 1998, Art. 504 Ziff. 1.

[1285] Wörtlich: „Ware, die dem Vertrag über den Einzelhandelskauf entspricht".

[1286] Daraus folgt im Umkehrschluss, dass bei einer gleichen Ware kein Ausgleich der Preisdifferenz erfolgt.

Verkündung einer Gerichtsentscheidung über den Umtausch zugrundegelegt.[1287] Schließlich ist der Verkäufer nicht berechtigt, die Erstattung eines Nutzungsentgeltes für die Zwischenzeit zu verlangen.[1288]
Im ZGB ungeregelt bleibt die Frage, bis wann der Verkäufer die mangelhafte Ware umtauschen muss. Daher wird in diesem Zusammenhang auf die allgemeine Norm des Art. 314 ZGB und auf Art. 21 VerbrSchG zurückgegriffen.[1289] Danach ist die Ware grundsätzlich innerhalb von sieben Tagen nach Erhebung der entsprechenden Forderung oder – wenn eine zusätzliche Überprüfung der Qualität erforderlich ist – innerhalb von 20 Tagen umzutauschen. Fehlt dem Verkäufer der Tauschgegenstand, bleibt ihm für den Umtausch ein Monat. Für die „Wartezeit" muss der Verkäufer dem Käufer auf seinen Wunsch eine ähnliche Ware zur kostenlosen Nutzung zur Verfügung stellen.[1290]

(cc) Bewertung

Die Gewährung eines fast uneingeschränkten Wahlrechts zwischen verschiedenen Sachmängelansprüchen (unabhängig von der Wesentlichkeit des Mangels) in Art. 503 ZGB, Art. 18 VerbrSchG entspricht der Intention des Verbrauscherschutzes der Artt. 492 ff. ZGB. Dies scheint zunächst gerechtfertigt zu sein, wenn man bedenkt, dass es der Verkäufer und nicht der Käufer ist, der seine Vertragspflichten verletzt. Hätte der Verkäufer seine Pflicht nicht verletzt, wäre der Käufer bereits im Besitz der gewünschten mangelfreien Ware. Daher dürfte es auch legitim sein, dem Verbraucher die Wahl zwischen verschiedenen Rechtsbehelfen zu überlassen. Insbesondere soll dem Käufer die Entscheidung überlassen bleiben, ob er sich auf Nachbesserungsversuche des sich als unzuverlässig erwiesenen Verkäufers noch einlassen möchte oder ob er nicht sofort zu anderen Rechtsbehelfen übergeht. Ähnlich verfährt auch das französische Recht, welches dem Käufer grundsätzlich ein freies Wahlrecht zwischen verschiedenen Rechtsbehelfen gibt.[1291]
Fraglich erscheint in diesem Zusammenhang jedoch die Angemessenheit des jederzeitigen Rücktrittsrechts. Auf der einen Seite ist gegen eine Aufhebung des Vertrages dann nichts einzuwenden, wenn die Leistung für die beabsichtigten Zwecke gar nicht zu gebrauchen ist oder so spät erbracht wird, dass daran kein Interesse mehr besteht. Auch sind Situationen vorstellbar, in denen etwa aus Gründen der Insolvenz des Schuldners der Rücktritt der einzige vernünftige Rechtsbehelf ist. Auf der anderen Seite ist es nicht unzweifelhaft, dem Verbraucher auch bei geringfügigen Mängeln, ein Vertragsauflösungsrecht zu gewähren, ohne dabei

---

[1287] Art. 504 Punkte 1, 2 (Umtausch), Punkt 3 (Minderung), Punkt 4 (Rücktritt) ZGB; ebenso Art. 24 Punkte 3,4 VerbrSchG.
[1288] Vgl. Art. 503 Punkt 3 Abs. 3 ZGB; *Sadikov-Levšina,* Kommentar zum ZGB II 1998, Art. 504 Ziff. 5.
[1289] Vgl. *Sadikov-Levšina,* Kommentar zum ZGB II 1998, Art. 503 Ziff. 3.
[1290] Art. 21 Punkt 1 Abs. 2 S. 2 VerbrSchG. Die Liste von Waren, die nicht darunter fallen, ist in der RegierungsVO vom 19.1.1998 i.d.F. vom 2.10.1999 (SZ RF 1998 Nr. 4, Art. 482, SZ RF 1999 Nr. 41, Art. 4923) enthalten.
[1291] Dazu im einzelnen s. *Rohlfing-Dijoux,* in: Grundmann/Medicus/Rolland, Europäisches Kaufgewährlesitungsrecht, S. 155.

anderen Rechtsbehelfen Vorrang einzuräumen, die seine Rechte zureichend wahren.[1292] Zwar könnte man dagegen argumentieren, dass es der Rechtswirklichkeit entspricht, dass der Käufer beim Auftreten eines Mangels regelmäßig nicht die Rückgängigmachung des gesamten Vertrags, sondern in erster Linie die Reparatur oder den Umtausch bzw. die Herabsetzung des Kaufpreises wünscht. Es ändert aber nichts daran, dass der Käufer sogar dann vom Vertrag zurücktreten kann, wenn er nicht rechtzeitig gerügt hat (vgl. Art. 483 Punkt 2 ZGB). Dies beeinträchtigt jedoch die Interessen des Verkäufers unangemessen. Denn die Passivität auf Seiten des Käufers kann den Verkäufer zu der Annahme veranlassen, dass die von ihm erbrachte Leistung – auch wenn sie zu spät oder mangelhaft erfolgt - akzeptiert wurde. Eine Aufhebung des Vertrages bedeutet für den Verkäufer in so einem Fall in der Regel einen ernsthaften Nachteil. Die russische Regelung führt dazu, dass dem Verkäufer das „Recht zur zweiten Andienung" genommen wird, durch dessen Ausübung er weitergehende Rechte des Käufers abwehren könnte. Die dem Verbraucher zur Verfügung stehenden Gewährleistungsrechte (Nachbesserung, Minderung, Aufwendungsersatz) reichen gewöhnlich aus, um den Verbraucher umfassend zu schützen. Auch wenn eine Einschränkung des Rücktrittsrechts auf nur wesentliche Vertragsverletzungen, wie sie im allgemeinen Kaufrecht existiert, für den Einzelhandelskauf nicht eignen mag, so wäre ein Ausschluss der Vertragsaufhebung bei lediglich geringfügigen Vertragsverletzungen angebracht gewesen.[1293] Ferner leuchtet nicht ein, wieso der Rücktritt bereits bei einfachen Mängeln, während der Umtausch von mangelhaften technisch aufwendigen und hochwertigen Waren nur bei wesentlichen Mängeln erlaubt sein soll. Denn dadurch läuft der beabsichtigte Verkäuferschutz vor rechtsmissbräuchlichem Verbraucherverhalten gerade leer. Zu denken wäre in diesem Zusammenhang höchstens an eine dahingehende Interpretation des Begriffes „anstatt" in Art. 503 Punkt 3 ZGB, dass damit nicht nur ein alternatives Recht auf der Rechtsfolgenseite geschaffen wird, sondern auch die Voraussetzungen des Umtauschrechts erhalten bleiben.[1294] Diese Lösung wäre zumindest konsequent gewesen, scheint jedoch zu weit hergeholt zu sein.[1295] Ein Verbraucherschutz, der unnötig auf Kosten des Verkäufers erfolgt, geht m.E. zu weit und ist für die in Russland erst aufkeimende Marktwirtschaft nicht förderlich. Art. 503 Punkt 3 ZGB sollte daher *de lege ferenda* überdacht werden.

Darüber hinaus wird Art. 483 Punkt 2 ZGB den Interessen des Verkäufers nicht gerecht. Der Verkäufer kann danach sein Leistungsverweigerungsrecht nur dann ausüben, wenn ihm die begehrte Leistung infolge der Verspätung der Mängelanzeige

---

[1292] Dies wird nochmals in Ziff. 17 des Plenumsbeschlusses des OG vom 29.9.1994 Nr. 7 i.d.F. vom 21.11.2000 betont (abgedruckt in: *Murzin,* ZGB-Rechtsprechung, S. 607). Keine Bedenken auch bei *Gutnikov,* ChiP 2000 Nr. 10, 7.

[1293] So z.B. das französische Recht, vgl. *Rohlfing-Dijoux,* in: Grundmann/Medicus/Rolland, Europäisches Kaufgewährlesitungsrecht, S. 155.

[1294] Dafür *Parcij,* ChiP 1999 Nr. 10, 85.

[1295] Dagegen spricht auch der Wortlaut des Art. 18 Punkt 1 Abs. 8 VerbrSchG. Danach erstreckt sich die Einschränkung bei technisch aufwendigen und hochwertigen Sachen lediglich auf Ersatz der Ware (Absätze 4 und 5 des Punktes 1 nach der russischen Zählweise) und nicht auch auf den Rücktritt.

unmöglich oder unzumutbar geworden ist. In anderen Fällen bleibt die Versäumung der Rügefrist für den Käufer praktisch folgenlos.
Ungeregelt sind auch die Rechtsfolgen von Verbrauchermissbräuchen bei fristgerechter Rüge, wie etwa ein schikanöses Verlangen von Ersatzlieferung trotz mit einfachsten Mitteln einwandfrei zu bewirkender Reparatur oder stures Bestehen auf unverhältnismäßig aufwendigen und teueren Reparaturen einer geringwertigen Sache trotz möglicher Ersatzlieferung. Offensichtlich hat sich der russische Gesetzgeber so sehr auf die Aufgabe der Schaffung bzw. Stärkung der Verbraucherrechte konzentriert, dass der Schutz des Verkäufers unterlaufen wurde. Dies zeigt nicht zuletzt die Tatsache, dass sowohl Artt. 492 ff. ZGB als auch das VerbrSchG keine separaten Ansprüche des Verkäufers für die Fälle vorsehen, in denen der Verbraucher seinen Pflichten nicht nachkommt. Damit wird die Intention des Gesetzgebers bestätigt, Artt. 492 ff. ZGB als reinen Verbraucherschutzabschnitt des Kaufrechts zu konstruieren.[1296] Der unternehmerisch tätige Verkäufer ist zwar unstreitig weniger schutzbedürftig als der Verbraucher; er ist aber in der sich erst noch stabilisierenden Marktwirtschaft gerade im Bereich des Einzelhandels vielen Risiken ausgesetzt und hat daher keine so starke Position, dass er seinerseits keines Schutzes bedürfte. Eine einseitige Aufwertung der Position des Verbrauchers erscheint daher übertrieben und könnte möglicherweise in der Zukunft durch die Judikatur relativiert werden.

(2) Folgen der Nicht- und Schlechterfüllung der Käuferpflichten

(a) Abnahme- und Zahlungsstörungen

Verweigert der Käufer unberechtigt die Abnahme und Bezahlung der Ware, kann der Verkäufer gemäß Artt. 484 Punkt 3, 486 Punkt 4 ZGB alternativ auf der Abnahme bestehen und die Zahlung des Kaufpreises verlangen oder seinerseits die Vertragserfüllung verweigern. Wird die Abnahme erzwungen, hat der Verbraucher dem Verkäufer die durch den Annahmeverzug entstandenen Kosten zu ersetzen.[1297] Entscheidet sich der Verkäufer dafür, die Erfüllung des Vertrages im Sinne des Art. 450 Punkt 3 ZGB zu verweigern, kann er über die Ware anderweitig verfügen, etwa einen Deckungskauf vornehmen, wobei sein Kaufpreisanspruch jedoch erlischt.
Besonderheiten gegenüber den Rechtsfolgen der Nichterfüllung der Zahlungspflicht im allgemeinen Kaufrecht ergeben sich für den Einzelhandelskauf gemäß Art. 500 Punkte 2 und 3 ZGB. Sie bestehen bei Vorzahlungspflicht des Verbrauchers und bei Verbraucherkreditverträgen, d.h. bei Einzelhandelskaufverträgen, in denen Ratenzahlung vereinbart wurde. Die unterbliebene Vorauszahlung des Kaufpreises innerhalb der dafür vertraglich vorgesehenen Frist begründet im allgemeinen Kaufrecht ein Zurückbehaltungsrecht des Verkäufers (Artt. 487 Punkt 2 i.V.m. 328 ZGB). Der Verkäufer kann die Übergabe der geschuldeten Ware bis zur vollständigen

---
[1296] Vgl. *Steininger*, Kaufrecht, S. 370 mwN.
[1297] Arg. e. Art. 406 Punkt 2 ZGB.

Bezahlung verweigern oder er kann von der Erfüllung gänzlich absehen und Schadensersatz verlangen.[1298] Dagegen wird im Einzelhandelskauf die Nichtbezahlung als Rücktritt des Käufers vom Vertrag und damit als Verzicht auf die Gegenleistung angesehen (Art. 500 Punkt 2 ZGB). Dies führt zum Erlöschen der gegenseitigen Leistungspflichten mit der Folge, dass dem Verkäufer keine Schadensersatzansprüche wegen Nichterfüllung zustehen.[1299]

Eine weitere Besonderheit gilt bei Erwerb der Ware auf Kredit, insbesondere beim Ratenzahlungskauf. Nach dem allgemeinen Kaufrecht kann der Verkäufer bei Zahlungsverzug bezüglich einer auf Kredit verkauften Sache entweder Bezahlung der Ware oder Rückgabe der bereits übergebenen Ware verlangen (Art. 488 Punkt 3 ZGB). Der rückständige Betrag ist entsprechend Artt. 488 Punkt 4 i.V.m. 395 Punkt 1 ZGB entsprechend dem jeweiligen Bankendiskontsatz zu verzinsen. Bei Verbraucherkreditverträgen findet jedoch Art. 488 Punkt 4 Abs. 1 ZGB gemäß Art. 500 Punkt 3 ZGB ausnahmsweise keine Anwendung, so dass für den Verbraucher die Verzinsungspflicht ab Fälligkeit entfällt.[1300] Art. 500 Punkt 3 ZGB schließt jede vertragliche Vereinbarung einer Verpflichtung zu einer zusätzlichen verzugsbedingten Zinszahlung aus.[1301] Die zur Stundung des Kaufpreises vereinbarte Pflicht zur Zinszahlung bleibt im Falle des Zahlungsverzugs allerdings bestehen, da Art. 500 Punkt 3 ZGB auf den zweiten Absatz des vierten Punktes des Art. 488 ZGB nicht verweist.

Es fällt auf, dass die in der Praxis relevanten Verbraucherkreditverträge weder im ZGB noch im VerbrSchG einer näheren Regelung zugeführt werden.[1302] Daher ist der Kritik von *Junge* zuzustimmen, dass der Ratenvertrag im Einzelhandelskauf normativ zu kurz ausfalle.[1303] Der russische Gesetzgeber ist im Rahmen der Gesetzgebungsarbeiten dem Vorschlag von *Junge*[1304] nicht gefolgt, dem Verkäufer in Punkt 3 des Art. 500 ZGB die Pflicht aufzuerlegen, beim Ratenkauf den Barpreis und den Ratenzahlungspreis anzugeben, die berechneten Zinsen und die sonstigen Kosten aufzuführen und vor allem dem Käufer ein Rücktrittsrecht binnen einer Woche nach Vertragsschluss einzuräumen. Dies wäre zum Teil insofern nicht nötig gewesen, als bereits nach Art. 489 Punkt 1 Abs. 2 ZGB für das Zustandekommen eines Verbraucherkreditvertrages eine Einigung über den Preis der Ware, die Art und Weise, Fälligkeit und Höhe der einzelnen Teilzahlungen notwendig ist. Ob weitere Kriterien *de lege ferenda* als erforderlich erachtet werden, bleibt abzuwarten. Zu

---

[1298] Vgl. Art. 328 Punkt 2 Abs. 1 ZGB.

[1299] Vgl. Artt. 500 Punkt 2 i.V.m. 450 Punkt 3, 453 Punkt 2 ZGB.

[1300] Aus diesem Grunde wird Punkt 19 der Bestimmungen über den Verkauf von langlebigen Gütern an Bürger auf Kredit (Sobranie aktov Presidenta i Pravitel'stva RF vom 27.9.1993 Nr. 39, Art. 3613) als unvereinbar mit dem ZGB und daher als unanwendbar angesehen, der Zinsen in Höhe von 0,5 % von der geschuldeten Summe für jeden Verzugstag neben der Zahlung von Kreditzinsen vorsieht (vgl. *Sadikov-Levšina,* Kommentar zum ZGB II 1998, Art. 500, Ziff. 5).

[1301] Vgl. *Sadikov-Levšina,* Kommentar zum ZGB II 1998, Art. 500, Ziff. 5; ebenso *Mundry,* Kaufvertrag, Rn. 223.

[1302] Zu beachten ist hier die RegierungsVO Nr. 895 vom 9.9.1993 „Über die Bestätigung von Bestimmungen über den Verkauf von langlebigen Gütern an Bürgern auf Kredit", Sobranie aktov Presidenta i Pravitel'stva RF 1993 Nr. 39, Art. 3613.

[1303] *Junge,* Anmerkungen, S. 10; ebenso *Steininger,* Kaufrecht, S. 226..

[1304] *Junge,* Anmerkungen, S. 10.

bemerken sei lediglich, dass es sich dabei nicht um ein mögliches Formgebot handeln wird. Entgegen der Meinung von *Steininger*[1305] ist nämlich im Rahmen des Einzelhandelskaufs kein zusätzliches Formgebot erforderlich, um den Verbraucher vor übereilten Handlungen zu schützen. Denn das Schriftformerfordernis für Verbraucherkreditverträge ergibt sich bereits *de lege lata* aus Artt. 161 Punkt 1 Nr. 1 i.V.m. 23 Punkt 3 ZGB, da bei solchen Verträgen auf der Verkäuferseite zwingend entweder eine kommerzielle Organisation oder ein Einzelunternehmer steht.

(b) Versäumung der Untersuchung und der Rüge

Im Gegensatz zum UN-Kaufrecht[1306] hat die Versäumung der Rüge für den Käufer nicht den Verlust, sondern lediglich die Beschneidung seiner Rechtsbehelfe zur Folge. Ansprüche auf Nachlieferung bei unvollständiger Ware, Mängelbeseitigung und auf Ersatzleistung scheiden gemäß Art. 483 Punkt 2 ZGB aus, wenn die begehrte Leistung dem Verkäufer infolge der verspäteten Benachrichtigung über eine nicht gehörige Erfüllung unmöglich oder unzumutbar geworden ist. Der bösgläubige Verkäufer kann allerdings den etwaigen Forderungen des Käufers nicht das Versäumnis der Rüge entgegenhalten.[1307] Die Beweislast für die Unmöglichkeit bzw. Unzumutbarkeit trägt der Verkäufer. Im Umkehrschluss aus Art. 483 Punkt 2 ZGB folgt, dass der Verkäufer auch bei verspäteter Mängelrüge immer dann den Wünschen des Verbrauchers entsprechen muss, wenn dies ihm trotz der verspäteten Anzeige möglich und zumutbar ist. Damit relativiert sich die Strenge der Untersuchungs- und Rügeobliegenheit des Käufers erheblich.

Ungeachtet der Sanktionen des Art. 483 Punkt 2 ZGB kann der Verbraucher die dort nicht genannten Rechtsbehelfe, wie etwa die Minderung des Kaufpreises, den Aufwendungsersatz oder den Rücktritt vom Vertrag geltend machen.[1308] Eine analoge Anwendung des Art. 483 Punkt 2 ZGB auf diese Rechtsbehelfe[1309] verbietet sich aus folgenden Gründen. Zwar entsteht in der Tat ein Rechtsvakuum hinsichtlich der Folgen der Nichteinhaltung der Rügepflicht für die in Art. 483 Punkt 2 ZGB nicht erwähnten Rechtsbehelfe, da es nicht klar ist, was geschieht, wenn der Käufer zu spät rügt. Jedoch ist diese Regelungslücke eindeutig vom Gesetzgeber beabsichtigt gewesen, woran der klare Wortlaut der Norm, der nur bestimmte Rechtsbehelfe aufzählt, keine Zweifel lässt.[1310] Die Anknüpfung unterschiedlicher Rechtsfolgen bei den verschiedenen Rechtsbehelfen im Fall der Übergabe einer mangelhaften Ware könnte sich daraus erklären, dass alle in Art. 483 Punkt 2 ZGB aufgelisteten

---

[1305] *Steininger,* Kaufrecht, S. 226.

[1306] Gemäß Art. 39 Abs. 1 CISG führt die Nichtanzeige der Vertragswidrigkeit der Ware innerhalb einer angemessenen Frist zum Verlust des Rechts des Käufer, sich auf die Vertragswidrigkeit der Ware zu berufen.

[1307] Art. 483 Punkt 3 ZGB. Vgl. eine entsprechende Regelung in Art. 40 CISG.

[1308] Vgl. *Sadikov-Rozenberg,* Kommentar zum ZGB II 1998, Art. 483, Ziff. 4.

[1309] Dafür *Steininger,* Kaufrecht, S. 319.

[1310] So auch die h.M. Vgl. *Sadikov-Rozenberg,* Kommentar zum ZGB II 1998, Art. 483, Ziff. 4; *Braginskij/Vitrjanskij,* Dogovornoe pravo II, S. 35; *Braginskij*-Vitrjanskij, Kommentar zum ZGB für Unternehmer, S. 29; *Kozyr'/Makovskij/Chochlov/Vitrjanskij,* Kommentar zum ZGB II, S. 258.

Anspruchsgrundlagen (Mängelbeseitigung, Vervollständigung der Ware, Umtausch mangelhafter Ware) im direkten Zusammenhang mit der Ware stehen, während die dort nicht erwähnten Anspruchsgrundlagen (Minderung, Aufwendungsersatz, Rücktritt) sich im Grunde auf eine Geldkompensation für den Mangel beziehen. Vor diesem Hintergrund erscheint es als nachvollziehbar, dass dem Verkäufer dann ein Leistungsverweigerungsrecht zusteht, wenn sich die Ansprüche des Käufers auf die Ware selbst beziehen. Denn gerade in solchen Fällen kann dem Verkäufer die Mängelbeseitigung oder Vervollständigung der Ware nicht mehr möglich (z.B. die Ware wird nicht mehr produziert) oder unzumutbar sein (z.B. die für die Mängelbeseitigung benötigten Einzelteile können nur mit unverhältnismäßig hohen Kosten erworben werden). Dagegen kann sich der Verkäufer bei Geldforderungen, sei es im Wege des Preisnachlasses oder Schadensersatzes bei Vertragsauflösung, nicht auf fehlende Liquidität berufen, so dass alle mit der finanziellen Erstattung verbundenen Rechte unproblematisch geltend gemacht werden können.

Auch wenn eine generelle Untersuchungs- und Rügepflicht des Verbrauchers auf den ersten Blick dem Verbraucherschutz nicht gerade dienlich ist,[1311] handelt der Gesetzgeber dadurch m.E. seiner Intention zur Stärkung des Verbraucherschutzes nicht zuwider[1312]. Von einer Erschwerung der Geltendmachung von Sachmängelansprüchen kann m.E. keine Rede sein, wenn man sich die milden Sanktionen für eine Verletzung der rechtzeitigen Rügepflicht vergegenwärtigt. Im Gegenteil stellt sich die Frage, ob der Verbraucher nicht sogar zu sehr geschützt ist, wenn er trotz der verspäteten Mängelrüge zum Teil seine Rechte weiterhin ohne jegliche Konsequenzen erheben kann. Ferner erscheint eine Untersuchungspflicht im Zweifel innerhalb von zwei Jahren als durchaus angemessen. Bedenkt man, dass der Käufer wesentliche Mängel[1313] u.U. sogar innerhalb einer Frist von bis zu 10 Jahren rügen kann (Art. 19 Punkt 6 VerbrSchG), kommt man zum Schluss, dass der Gesetzgeber dem Verbraucherschutz genügend Rechnung trägt. Die russische Lösung hat gerade zum Vorteil, dass zum Teil auch die Interessen der unternehmerisch tätigen Verkäufer Berücksichtigung finden. Diese werden nämlich durch die Festsetzung einer vertraglichen Garantiefrist bzw. durch die grundsätzliche Begrenzung der Geltendmachung von Ansprüchen auf zwei Jahre nicht der Rechtsunsicherheit ausgesetzt, dass Verbraucher innerhalb eines unbegrenzten Zeitraumes ihre Gewährleistungsrechte geltend machen.[1314]

(3) „Moralischer Schaden"

Im Rahmen des allgemeinen Schadensersatzes kann der Verbraucher unabhängig vom Ersatz eines Vermögensschadens eine Kompensation des immateriellen

[1311] So *Steininger,* Kaufrecht, S. 354.
[1312] So *Steininger,* Kaufrecht, S. 354.
[1313] Als wesentlich gilt ein Mangel, der gar nicht oder nur mit unverhältnismäßigem Aufwand behebbar ist oder mehrfach oder wiederholt auftritt (Art. 475 Punkt 2 ZGB, Präambel zum VerbrSchG).
[1314] Ähnlich *Ruwwe,* WiRO 1999, 43.

(wörtlich: „moralischen“) Schadens verlangen (Art. 15 VerbrSchG). Nach der Legaldefinition des Art. 151 Punkt 1 ZGB wird unter dem immateriellen Schaden zugefügtes körperliches oder geistiges Leid verstanden. Voraussetzung für den Ersatz immateriellen Schadens ist das Verschulden des Verkäufers bzw. des Herstellers, welches widerlegbar vermutet wird. Fraglich bleibt bei fehlender Parteivereinbarung, wie der Schaden zu bemessen ist. Die Gerichte orientierten sich offenbar, sofern es um immaterielle Schäden im Bereich des Gewährleistungsrechts geht, am Wert des Kaufgegenstands bzw. der Höhe des ersatzpflichtigen Vermögensschadens und der Vertragsstrafe.[1315] Allerdings wurde eine solche Herangehensweise vom Obersten Gericht kritisiert.[1316] Der Plenumsbeschluss hat selbst aber auch nur teilweise Klarheit geschaffen, indem er betonte, dass immaterieller Schaden allein anhand der subjektiven Umstände des geschädigten Verbrauchers einzelfallabhängig gemessen werden muss.[1317] Zurückzugreifen ist wohl auf die in Art. 151 Punkt 1 Abs. 2 ZGB genannten Kriterien, wie etwa den Grad der Schuld des Schädigers. Im übrigen wird in der Literatur eine Art Tabelle zur Messung des immateriellen Schadens vorgeschlagen.[1318] In der Praxis handelt es sich vor allem um die Geltendmachung der Verbraucherrechte im Zusammenhang mit Qualitätsmängeln, in erster Linie bei Störungen der Mängelbeseitigung.[1319] Hier soll der Anspruch auf Ersatz des immateriellen Schadens eine Kompensation für den Verbraucher darstellen, der in besonders unzulänglicher Weise an der Durchsetzung seiner Rechte durch den Anbieter behindert worden ist.[1320] Der meistens durch monopolistische bzw. marktbeherrschende Anbieter geschädigte Verbraucher soll gleichsam als „Trostpflaster“ seine besonderen „Leiden“ finanziell kompensiert bekommen, womit gleichzeitig auf das Anbieterverhalten eingewirkt werden soll.[1321] Daher ist mit *Reich*[1322] bei den in Russland immer noch dominierenden „Verkäufermärkten“ dem Rechtsbehelf des „moralischen Schadens“ eine gewisse Innovationskraft nicht abzusprechen.

[1315] Vgl. Übersicht der Rechtspraxis des Obersten Gerichts der RF in Zivilsachen 1995, BVS 1995 Nr. 10.

[1316] Vgl. Ziff. 25 des Plenumsbeschlusses des OG vom 29.9.1994 Nr. 7 (RG vom 26.11.1994, VVAS 1995 Nr. 3) i.d.F. vom 21.11.2000 (RG vom 13.1.2001, BVS 2001 Nr. 2, 2 ff.).

[1317] Ziff. 25 des Plenumsbeschlusses des OG vom 29.9.1994 Nr. 7 (RG vom 26.11.1994, VVAS 1995 Nr. 3) i.d.F. vom 21.11.2000 (RG vom 13.1.2001, BVSRF 2001 Nr. 2, 2 ff.).Dies wurde bei der Novellierung des VerbrSchG im Jahr 1999 berücksichtigt, vgl. Art. 15 VerbrSchG 1999.

[1318] Vgl. z. B. für einzelne Rechtsverletzungen *Ėrdelevskij*, RJ 1994 Nr. 10, 17 ff.

[1319] Vgl. Übersicht der Rechtspraxis des Obersten Gerichts der RF in Zivilsachen 1995, BVS 1995 Nr. 10. So hat das OG der Klägerin den Ersatz des immateriellen Schadens zugesprochen, da sie während einer längeren Zeit mehrmals vergeblich ihren Kühlschrank beim Verkäufer reparieren lassen versuchte. Der geringe Fehler hätte ohne großen Zeitaufwand vom Fachmann repariert werden können. Die Klägerin konnte also eine längere Zeit ihr Kühlschrank nicht benutzen und wurde deswegen Unannehmlichkeiten und Problemen im Zusammenhang mit Lagerung ihrer Lebensmittel ausgesetzt.

[1320] Vgl. *Reich,* Verbraucherrecht, S. 197.

[1321] Vgl. *Reich,* Verbraucherrecht, S. 197.

[1322] Vgl. *Reich,* Verbraucherrecht, S. 197.

ff. Ergebnis

Der persönliche Anwendungsbereich des Einzelhandelskaufs ist wegen der möglichen Einbeziehung von Unternehmern auf der Käuferseite formal weiter als der des Verbrauchsgüterkaufs nach § 474 BGB. Jedoch handelt es sich dabei um Ausnahmefälle; die Vertragsparteien sind in der Regel Unternehmer und Verbraucher. Daher kann beim Einzelhandelskauf – wie beim Verbrauchsgüterkauf nach deutschem Recht - von einem einseitigen Handelsgeschäft gesprochen werden.

Die erstrangige Intention des russischen Gesetzgebers, den rechtsunkundigen und unerfahrenen Verbraucher zu schützen, prägt das gesamte Einzelhandelskaufrecht. Die besondere Regelung des Kaufvertrages mit Letztverbrauchern erlaubt es, mehr Schutzvorschriften für Verbraucher einzubauen. Jedoch ist der Interessenausgleich zwischen Verkäufer und Käufer merklich einseitig zugunsten des Käufers ausgefallen.

Mit der Änderung des VerbrSchG vom 17.12.1999 wurden dessen Regeln an das ZGB angepasst und bestehende Widersprüche beseitigt.[1323] Damit stellt sich - an dieser Stelle lediglich im Hinblick auf das Kaufrecht - die Frage nach der Berechtigung eines separaten VerbrSchG. Denn momentan, insbesondere nach der Gesetzesänderung von 1999, entsprechen die Normen des VerbrSchG den Artt. 492 ff. ZGB, so dass es an vielen Stellen zu reinen (z.T. wortgleichen) Wiederholungen kommt. Diese sind überflüssig, weshalb das Verbraucherschutzrecht m.E. ohne weiteres komplett in das ZGB integriert werden könnte.[1324] Dies würde einer Zersplitterung des Privatrechts entgegenwirken und den Bedürfnissen der Rechtssuchenden durch Überschaubarkeit des Rechtsstoffes entgegenkommen.[1325] Im Ergebnis ist daher *Pellegrino*[1326] darin zuzustimmen, dass der russische Gesetzgeber mit dem Erlass des ZGB diese Gelegenheit, das Verbraucherrecht in das Zivilrecht zu integrieren, leider nicht wahrgenommen hat.

b. Vertrag über die Lieferung von Waren (Handelskauf)

Der Begriff der Warenlieferung (Handelskauf) war schon sowohl dem vorrevolutionären als auch dem sozialistischen Recht bekannt, hatte aber einen anderen Inhalt als im geltenden Recht.[1327] Heute ist dem Handelskauf § 3 des 30. Kapitels mit den Artt. 506-524 ZGB gewidmet. Diese Vorschriften ergänzen bzw. modifizieren im wesentlichen das Leistungsstörungs- und Gewährleistungsrecht des allgemeinen Schuld- bzw. Kaufrechts. Im folgenden ist nach dem Zusammenspiel der Sonderregelungen für den Handelskauf mit den zugehörigen allgemeinen Bestimmungen zu fragen.

[1323] Ebenso *Gutnikov*, ChiP 2000 Nr. 10, 7 f.
[1324] Ähnlich auch *Steininger*, Kaufrecht, S. 365, 370; *Pellegrino*, RIW 1998, 501.
[1325] Vgl. *Pellegrino*, RIW 1998, 502.
[1326] *Pellegrino*, RIW 1998, 502.
[1327] S. dazu im einzelnen *Braginskij/Vitrjanskij*, Dogovornoe pravo II, S. 98 ff. mwN.

aa. Anwendungsbereich

De lege lata ist der Handelskauf in Art. 506 ZGB definiert. Danach liegt ein Handelskauf vor, wenn ein unternehmerisch tätiger Verkäufer sich verpflichtet, eine von ihm hergestellte oder erworbene Ware dem Käufer innerhalb einer vereinbarten Frist zu unternehmerischen und anderen Zwecken, die nicht mit persönlichem, familiärem, häuslichem oder ähnlichem Gebrauch verbunden sind, zu übergeben. Damit bestimmt die Legaldefinition sowohl die Vertragsparteien als auch den Vertragsgegenstand. Als Verkäufer tritt beim Handelskauf - ebenso wie beim Einzelhandelskauf - ein Unternehmer i.S.d. Art. 2 Punkt 1 Abs. 3 ZGB auf.[1328] Aus der ausdrücklichen Zweckbestimmung der verkauften Ware folgt, dass auch auf der Käuferseite ein Unternehmer steht.[1329] Damit handelt es sich beim Handelskauf um ein beiderseitiges Handelsgeschäft.

bb. Besonderheiten beim Vertragsschluss

(1) Einigung über die wesentlichen Vertragsbedingungen

Der Handelskauf gilt als zustande gekommen, wenn eine Einigung über die gesetzlich vorgeschriebenen oder über die unter den Parteien als notwendig vereinbarten Bedingungen erreicht wird. Neben dem Kaufgegenstand (Bezeichnung und Menge der Ware), welcher bestimmt oder zumindest bestimmbar sein muss,[1330] gehört aufgrund des Wortlauts der Legaldefinition in Art. 506 ZGB auch die Lieferfrist, die jedenfalls bestimmbar sein muss,[1331] zu den gesetzlichen *essentialia negotii*.[1332] Die Vertragsparteien können vertraglich bestimmte Termine vorsehen oder Lieferung der Ware innerhalb der Laufzeit des Vertrages in einzelnen Teillieferungen vereinbaren, ohne hierfür im einzelnen bestimmte Lieferfristen zu bestimmen.[1333] Im letzteren Fall ordnet Art. 508 Punkt 1 ZGB eine monatliche Sukzessivlieferungspflicht an.

[1328] Vgl. *Sadikov-Klejn*, Kommentar zum ZGB II 1998, Art. 506 Ziff. 1; *Sergeev/Tolstoj*, Graždanskoe pravo II, S. 59; *Popondopulo/Jakovleva*, Kommerčeskoe pravo, S. 255; *Braginskij/Vitrjanskij*, Dogovornoe pravo II, S. 101; *Braginskij/Vitrjanskij*, Kommentar zum ZGB II für Unternehmer, S. 35.

[1329] Vgl. *Popondopulo/Jakovleva*, Kommerčeskoe pravo, S. 255; *Sadikov-Klejn*, Kommentar zum ZGB II 1998, Art. 506 Ziff. 1; *Braginskij/Vitrjanskij*, Dogovornoe pravo II, S. 102; *Braginskij/Vitrjanskij*, Kommentar zum ZGB II für Unternehmer, S. 35; *Sergeev/Tolstoj*, Graždanskoe pravo II, S. 59.

[1330] Art. 455 Punkt 3 ZGB.

[1331] S. Plenumsbeschluss des HWiG vom 22.10.1997 Nr. 18, Punkt 7 (abgedruckt in: *Murzin*, ZGB-Rechtsprechung, S. 610).

[1332] So die **h.M.**: *Braginskij/Vitrjanskij*, Dogovornoe pravo II, S. 105; *Popondopulo/Jakovleva*, Kommerčeskoe pravo, S. 255; *Sergeev/Tolstoj*, Graždanskoe pravo II, S. 60; *Sadikov-Levšina-Klejn*, Kommentar zum ZGB II 1997, Art. 455 Ziff. 3; *Braginskij/Vitrjanskij*, Kommentar zum ZGB II für Unternehmer, S. 36; *Kozyr'/Makovskij/Chochlov/Vitrjanskij*, Kommentar zum ZGB II, S. 259; i.E. auch *Ušakov*, Zakonodatel'stvo i ėkonomika 2001 Nr. 3, 10; *Zavidov*, ChiP 1997 Nr. 7; a.M.: *Sadikov-Klejn*, Kommentar zum ZGB II 1998, Art. 506 Ziff. 3.

[1333] Vgl. *Popondopulo/Jakovleva*, Kommerčeskoe pravo, S. 255; *Braginskij/Vitrjanskij*, Dogovornoe pravo II, S. 105 f.; *Puginskij*, Kommerčeskoe pravo, S. 157 f.; *Sadikov-Klejn*, Kommentar zum ZGB II 1998, Art. 508 Ziff. 1; Plenumsbeschluss des HWiG vom 22.10.1997 Nr. 18, Ziff. 7 (abgedruckt in: *Murzin*, ZGB-Rechtsprechung, S. 610).

Die Erweiterung der Zahl der wesentlichen Vertragsbedingungen beim Handelskauf entspricht dem Wesen dieses Vertragstyps. Die Warenlieferung ist als typischer Vertrag für langfristige Kooperation zwischen Unternehmern vorgesehen, die in laufender Geschäftsbeziehung stehen.[1334] Erscheinungsformen dieses Vertragstyps sind daher etwa Rechtsgeschäfte zwischen Produktionsbetrieben und Zulieferern oder zwischen Herstellungsbetrieben und Großhändlern.[1335] Die Besonderheit der Lieferverträge liegt somit darin, dass innerhalb der Lieferkette ein großes Bedürfnis an Stabilität und langfristiger Planung besteht.[1336] Vor diesem Hintergrund erscheint gesetzliche Ausgestaltung der Lieferfrist als wesentlicher Vertragsbedingung als zutreffend.

(2) Angebot und Annahme

Die Tatsache, dass beide Vertragsparteien eines Handelskaufs Unternehmer sind, hat einige Besonderheiten im Prozess des Vertragsschlusses zur Folge. Eine solche Sonderregelung ist in Art. 507 ZGB enthalten. Geregelt wird die Konstellation, in welcher eine Partei der anderen ein Angebot zum Vertragsschluss (Vertragsentwurf) schickt und daraufhin eine abweichende Annahmeerklärung, meistens in Form eines Dissensprotokolls, bekommt. Es handelt sich dabei um ein modifiziertes Angebot, welches die erste Partei verpflichtet, es entweder anzunehmen oder Schritte zur Einigung über die strittigen Vertragsklauseln zu unternehmen oder dem Angebot binnen einer Frist von 30 Tagen zu widersprechen. Unterlässt die erste Partei jegliche Maßnahmen zur Beseitigung der entstandenen Meinungsverschiedenheiten innerhalb von 30 Tagen und setzt sie die Gegenpartei nicht schriftlich über die Ablehnung des modifizierten Angebots in Kenntnis, so wird sie schadensersatzpflichtig (Art. 507 Punkt 2 ZGB). Die Schadensersatzpflicht umfasst insbesondere die Kosten, die der anderen Partei nach Ablauf der 30-Tage-Frist für die Vorbereitung der Vertragserfüllung entstanden sind.[1337] Sie kann auch den Ersatz der Preisdifferenz verlangen, wenn die unterbliebenen Handlungen der ersten Partei dazu geführt haben, dass die gewünschten Waren erst mit Verspätung und deshalb zu höheren Konditionen bei einem dritten Lieferanten erworben werden konnten.[1338]

Die Regelung des Art. 507 ZGB soll nach Meinung der russischen Literatur einerseits das Procedere des Vertragsschlusses formalisieren, andererseits für Stabilität und Rechtsklarheit des Wirtschaftsverkehrs sorgen.[1339] Dieser Gedanke ist dem russi-

---

[1334] Vgl. *Kozyr'/Makovskij/Chochlov/Vitrjanskij,* Kommentar zum ZGB II, S. 260; *Puginskij,* Kommerčeskoe pravo, S. 106.
[1335] Vgl. *Kozyr'/Makovskij/Chochlov/Vitrjanskij,* Kommentar zum ZGB II, S. 260; *Puginskij,* Kommerčeskoe pravo, S. 106.
[1336] Vgl. *Puginskij,* Kommerčeskoe pravo, S. 106, 155 f.; *Kozyr'/Makovskij/Chochlov/ Vitrjanskij,* Kommentar zum ZGB II, S. 260.
[1337] Vgl. Ziff. 6 des Plenumsbeschlusses des HWiG Nr. 18 vom 22.10.1997 (VVAS 1998 Nr. 3, 23); *Sadikov-Klejn,* Kommentar zum ZGB II 1998, Art. 507 Ziff. 3.
[1338] Vgl. *Sadikov-Klejn,* Kommentar zum ZGB II 1998, Art. 507 Ziff. 3.
[1339] *Sergeev/Tolstoj,* Graždanskoe pravo II, S. 61.

schen Recht nicht neu, sondern wurde beim Abschluss von Lieferverträgen seit Jahrzehnten in der russischen und sowjetischen Wirtschaftspraxis praktiziert. Damals war das Verfahren allerdings weitaus stärker formalisiert, durch Geldstrafen gesichert und wurde unter maßgebender Beteiligung der Staatsarbitragen abgewickelt.[1340] Nunmehr werden diese Verhaltensregeln als positivierte Anforderungen der Geschäftsethik verstanden.[1341] Der Gedanke, dem Erstofferenten bei Vertragsverhandlungen eine Pflicht zum aktiven Verhalten aufzuerlegen, dient u.a. dem Zweck, den Kontrahenten nicht im Unklaren darüber zu lassen, ob der von beiden Parteien gewünschte Vertrag im Ergebnis zustande kommt.[1342] Damit wird der Kontrahent in Grunde in seinem Vertrauen darauf geschützt, dass der Vertrag zu den von ihm vorgeschlagenen Bedingungen geschlossen wird.[1343] Ob ein solcher Vertrauensschutz notwendig ist, ist zweifelhaft und wäre nur dann gerechtfertigt, wenn das Schweigen des Erstofferenten auf das modifizierte Angebot als Annahme zu werten wäre.[1344] Dies ist aber nach Art. 438 Punkt 2 ZGB gerade nicht der Fall, da das Schweigen auf ein Vertragsangebot grundsätzlich – auch im unternehmerischen Rechtsverkehr - keine Rechtswirkungen auslöst.[1345] Man könnte allenfalls an einen Handelsbrauch denken, wonach – ähnlich dem Art. 19 Abs. 2 CISG - Schweigen auf eine lediglich unwesentlich modifizierte Annahme als Annahme gilt. Die Herausbildung eines solchen Handelsbrauchs in Russland ist bisher jedoch nicht ersichtlich. Die Regelung des Art. 507 ZGB lässt sich aber möglicherweise damit rechtfertigen, dass sie Rechtsklarheit schafft und der Beschleunigung des Geschäftsverkehrs dient, da der Erstofferent einem gewissen Druck im Hinblick auf drohende Schadensersatzansprüche für den Fall seines Schweigens ausgesetzt ist. Schließlich liegt es im Ermessen der Parteien, besondere vorvertragliche Verhaltenspflichten i.S.d. Art. 507 ZGB auszubedingen und ein anderes Verfahren des Vertragsabschlusses vorzusehen, so dass keine unangemessene Benachteiligung des Erstofferenten vorliegt.

(3) Wirksamkeit

Für den Handelskauf bestehen keine Sonderbestimmungen hinsichtlich der Form und den übrigen Wirksamkeitsbedingungen. Es gelten die allgemeinen Grundsätze des Schuld- und Kaufrechts.[1346]

[1340] Vgl. *Solotych,* ZGB Teil 2, S. 60; *Sergeev/Tolstoj,* Graždanskoe pravo II, S. 61.
[1341] Vgl. *Solotych,* ZGB Teil 2, S. 60; *Sergeev/Tolstoj,* Graždanskoe pravo II, S. 61.
[1342] Vgl. *Braginskij/Vitrjanskij,* Kommentar zum ZGB II für Unternehmer, S. 36.
[1343] Vgl. *Solotych,* ZGB Teil 2, S. 60.
[1344] Kritisch zu Art. 507 ZGB auch *Mundry,* Kaufvertrag, Rn. 225.
[1345] Ähnlich auch *Solotych,* ZGB Teil 2, S. 60.
[1346] Vgl. dazu oben Kapitel 2 C III 2.

cc. Pflichten des Lieferanten

Den Lieferanten trifft - wie bei jedem Kaufvertrag - die Übergabepflicht (Belieferungspflicht) bzw. die Bereitstellungspflicht, wenn eine Holschuld ausdrücklich vereinbart wurde (Artt. 506, 458 Punkt 1, 1. Alt., 510 Punkt 2 ZGB).
Die *Belieferungspflicht* des Lieferanten wird für den Handelskauf in Art. 509 ZGB konkretisiert. Die Ablieferung erfolgt in erster Linie durch die Versendung[1347] der Ware mit dem vertraglich bestimmten Transportmittel und zu vertraglich bestimmten Bedingungen an den Käufer oder an die von diesem benannte Person.[1348] Fehlt eine solche Vereinbarung, so darf der Lieferant das Transportmittel und die Transportbedingungen bestimmen, sofern keine anderslautende Rechtsakte bzw. Handelsbräuche existieren.[1349] Der Inhalt der Lieferanweisungen durch den Käufer und die Frist deren Absendung an den Lieferanten können vertraglich bestimmt werden.[1350]
Die Parteien können vertraglich eine Bringschuld vorsehen, indem sie z.B. Incoterms wie CIF-Klausel verwenden. In diesem Fall kommt der Verkäufer seiner Belieferungspflicht in dem Zeitpunkt der Aushändigung der Ware an den Käufer oder eine durch ihn benannte Person nach.[1351] Der Verkäufer hat dann für die Beförderung zu sorgen, d.h. er muss etwa die für die Versendung an den Bestimmungsort erforderlichen Verträge schließen, was in der Praxis meistens durch die Beauftragung eines Transportunternehmens geschieht. Bei einer Übergabepflicht an eine dritte Person muss der Käufer gegenüber dem Verkäufer eine Versanddisposition treffen, in welcher der Empfänger und die Lieferfristen genannt sind.[1352] Diese Regelung soll der Erleichterung des Handelsverkehrs dienen, da dadurch den Großhändlern ermöglicht wird, die bestellte Ware direkt etwa an den Endverbraucher weiterzuleiten, ohne dass eine Zwischenlagerung beim Einzelhändler notwendig ist.[1353]
Wurde eine Holschuld vereinbart, hat der Verkäufer die Ware mangels einer anderen Abrede am Ort seiner Niederlassung übernahmefertig zur Verfügung zu stellen. Diese *Bereitstellungspflicht* des Lieferanten entspricht derjenigen des allgemeinen Kaufrechts gemäß Art. 458 Punkt 1, 2. Var. ZGB.[1354] Danach gilt die Ware als bereitgestellt, wenn sie durch Markierungen oder anderweitige Identifizierung zu dem vertraglich bestimmten Termin ausgesondert und der Käufer darüber informiert wurde. Die Bereitstellung der Ware durch den Verkäufer führt zur Erfüllung der Leistungspflicht des Verkäufers mit der Folge, dass die Gefahr des zufälligen Untergangs während des Verzugs mit der Abholung der Käufer trägt.[1355] Auch wenn

---

[1347] Wörtlich: „otgruzka" = „Verladung".
[1348] Artt. 510 Punkt 1, 509 Punkt 1 ZGB.
[1349] Art. 510 Punkt 1 Abs. 2 ZGB
[1350] Art. 509 Punkt 2 Abs. 2 ZGB.
[1351] Art. 458 Punkt 1, 1. Alt. ZGB.
[1352] Art. 509 Punkt 2 ZGB.
[1353] Vgl. *Steininger,* Kaufrecht, S. 236.
[1354] Vgl. Ziff. 8 des Plenumsbeschlusses des HWiG Nr. 18 vom 22.10.1997 (VVAS 1998 Nr. 3, 23); *Sadikov-Klejn,* Kommentar zum ZGB II 1998, Art. 510 Ziff. 1.
[1355] Vgl. Artt. 459 Punkt 1 i.V.m. 458 Punkt 2 ZGB.

die Gefahr des zufälligen Untergangs auf den Käufer bereits zu einem Zeitpunkt übergeht, in welchem er noch keine Verfügungsgewalt über die Ware hat, erscheint eine Änderung des Erfüllungszeitpunkts auf den Zeitpunkt der Übergabe *de lege ferenda* für den unternehmerischen Verkehr nicht erforderlich.[1356] Es ist nicht einzusehen, wieso gerade der Käufer geschützt werden soll, wenn die Bereitstellung fristgerecht erfolgt und er darüber ordnungsgemäß vom Verkäufer informiert wurde. Der Käufer hat im Vorfeld genügend Zeit, sich auf den Transport der Ware einzustellen und die dafür erforderlichen Maßnahmen zu treffen. Die Haftungsgefahr wird den Käufer zur fristgemäßen Abholung der Ware veranlassen und der raschen Abwicklung des Handelsgeschäfts dienen. Damit wird nicht nur den Interessen des Verkäufers, sondern auch dem Verkehrsinteresse Rechnung getragen.
Sofern keine Bringschuld oder Holschuld vereinbart ist, kommt der gesetzliche Regelfall der Schickschuld gemäß Art. 458 Punkt 2 ZGB zur Anwendung, der als allgemeine Vorschrift auch für Lieferverträge gilt.[1357] Danach erfüllt der Verkäufer seine Belieferungspflicht bereits durch die Übergabe der Ware an den Beförderer, so dass ab diesem Zeitpunkt die Gefahr des Transports auf den Käufer übergeht.[1358] Die Aufbürdung der Transportgefahr auf den Käufer ist eine sachgerechte Lösung, die den Bedürfnissen und Interessen des Handelsverkehrs gerecht wird. Entsprechende Regelungen sind auch im internationalen Geschäftsverkehr sowohl in Allgemeinen Geschäftsbedingungen wie in der Klauselpraxis weit verbreitet. Die russische Regelung entspricht den internationalen Gepflogenheiten, wonach die Ware grundsätzlich auf Gefahr des Käufers reist (Art. 67 CISG, § 446 BGB, Art. 7:10 BW).

Eine Spezialbestimmung gegenüber dem grundsätzlichen Verbot einer vorzeitigen Leistung im unternehmerischen Verkehr (Art. 315 S. 2 ZGB) stellt Art. 508 Punkt 3 ZGB dar. Danach kann bei einem Dauerliefervertrag eine vorzeitige Lieferung nur mit Zustimmung des Käufers erfolgen, wobei die vorzeitig gelieferten Waren auf die Menge der innerhalb der nächsten Frist zu liefernden Ware angerechnet werden. Diese Regelung ist eine konsequente Folge aus der Tatsache, dass beim Handelskauf die Lieferfrist eine wesentliche Vertragsbedingung ist, die eines Konsenses zwischen beiden Parteien bedarf. Insbesondere bei den häufigen durch „just in time"-Vereinbarungen begründeten Fixhandelskäufen mit der Maßgabe, dass nach einem strengen Plan oder auf Abruf geliefert werden soll, besteht auf Seiten des Käufers meistens gerade kein Interesse an einer verfrühten Leistung (da z.B. seine Lagerkapazitäten nicht ausreichen). Daher ist für eine vorfristige Erfüllung eine Sonderzustimmung des Käufers notwendig.[1359] Fraglich ist die Rechtslage jedoch bei einer vorzeitigen Belieferung ohne ausdrückliche Zustimmung des Käufers. Zum Teil wird

[1356] Eine solche Lösung wird z.B. von *Steininger,* Kaufrecht, S. 197, favorisiert.
[1357] Vgl. Ziff. 8 des Plenumsbeschlusses des HWiG Nr. 18 vom 22.10.1997 (abgedruckt in: *Murzin,* ZGB-Rechtsprechung, S. 612), *Sadikov-Klejn,* Kommentar zum ZGB II 1998, Art. 510 Ziff. 1; *Puginskij,* Kommerčeskoe pravo, S. 160.
[1358] Ebenso *Steininger,* Kaufrecht, S. 237 f.
[1359] Vgl. *Sergeev/Tolstoj,* Graždanskoe pravo II, S. 62 f.; *Zavidov,* ChiP 1997 Nr. 7.

in der Literatur unter Berufung auf die Rechtspraxis vertreten, dass in solchen Fällen Art. 514 ZGB zur Anwendung kommt, mit der Folge, dass der Käufer die Ware jedenfalls anzunehmen und aufzubewahren hat.[1360] Eine solche Pflichtauferlegung kann aber m.E. nicht ohne weiteres aus Artt. 508, 514 ZGB hergeleitet werden und geht zu weit. Die Formulierung in Art. 508 Punkt 3 Abs. 2 ZGB, dass „vorfristig gelieferte und *vom Käufer angenommene* Waren ... angerechnet werden", deutet vielmehr darauf hin, dass es dem Käufer überlassen bleibt, ob er die verfrühte Lieferung überhaupt annimmt oder sie zunächst ablehnt und auf einer termingerechten Leistung besteht. Eine andere Interpretation des Art. 508 ZGB würde den Käufer unangemessen benachteiligen und den vereinbarten Parteiwillen bei „just in time"- Beziehungen einfach ignorieren. Art. 514 ZGB regelt zwar die Annahmepflicht des Käufers, bezieht sich jedoch auf den Fall einer ordnungsgemäßen, d.h. einer rechtzeitigen Leistung. Mangels vergleichbarer Sachverhalte kann Art. 514 ZGB daher nicht im Wege einer Analogie zur Begründung der Annahme- und Aufbewahrungspflicht herangezogen werden. Auch ist der Verkäufer bei Fixgeschäften i.S.d. Art. 457 Punkt 2 ZGB nicht berechtigt, vor Beginn der bestimmten Frist ohne Einverständnis des Käufers zu liefern.[1361] Daraus folgt, dass es im Ermessen des Käufers liegt, die vorfristige Leistung anzunehmen oder abzulehnen. Zu dem gleichen Ergebnis kommt schließlich das HWiG in seiner Leitentscheidung vom 22.10.1997 zu Lieferverträgen, das auf Art. 457 ZGB Bezug nimmt und eine Benachrichtigung des Verkäufers über die Ablehnung der vorzeitigen Erfüllung für entbehrlich erklärt.[1362] Damit besteht für den Käufer analog Art. 514 ZGB keine Annahme- bzw. Aufbewahrungspflicht der vorfristig gelieferten Waren.[1363]

Nimmt der Käufer die vorzeitig gelieferte Ware trotzdem an, so führt dies zu keiner Änderung der getroffenen Zahlungsvereinbarungen.[1364] Die Bezahlung dieser Ware erfolgt bei fehlenden anderslautenden Vereinbarungen zu dem Preis, welcher am Tag der nächst vorgesehenen Lieferungsfrist gilt.[1365] Wurde eine Zahlung bei Lieferung oder innerhalb einer bestimmten Frist ab Lieferung vereinbart, so ist die Zeit des Erhaltens der Ware durch den Käufer maßgeblich.[1366] Diese Regeln gelten entsprechend, wenn der Käufer zwar kein ausdrückliches Einverständnis mit der vorfristigen Lieferung erklärt, jedoch die Waren annimmt oder nutzt.[1367]

[1360] Vgl. *Sadikov-Klejn,* Kommentar zum ZGB II 1998, Art. 508 Ziff. 3; *Sergeev/Tolstoj,* Graždanskoe pravo II, S. 63.

[1361] Umkehrschluss aus Art. 457 Punkt 2 Abs. 2 ZGB.

[1362] Vgl. Ziff. 11 des Plenumsbeschlusses des HWiG Nr. 18 vom 22.10.1997 (abgedruckt in: *Murzin,* ZGB-Rechtsprechung, S. 611).

[1363] I.E. ebenso *Puginskij,* Kommerčeskoe pravo, S. 157; *Popondopulo/Jakovleva,* Kommerčeskoe pravo, S. 257; *Kozyr'/Makovskij/Chochlov/Vitrjanskij,* Kommentar zum ZGB II, S. 261.

[1364] Vgl. Ziff. 17 des Plenumsbeschlusses des HWiG Nr. 18 vom 22.10.1997 (abgedruckt in: *Murzin,* ZGB-Rechtsprechung, S. 611); *Sadikov-Klejn,* Kommentar zum ZGB II 1998, Art. 508 Ziff. 3.

[1365] Vgl. *Sadikov-Klejn,* Kommentar zum ZGB II 1998, Art. 508 Ziff. 3; *Sergeev/Tolstoj,* Graždanskoe pravo II, S. 63; Ziff. 17 Abs. 1 des Plenumsbeschlusses des HWiG Nr. 18 vom 22.10.1997 (abgedruckt in: *Murzin,* ZGB-Rechtsprechung, S. 611).

[1366] Ziff. 17 Abs. 3 des Plenumsbeschlusses des HWiG Nr. 18 vom 22.10.1997 (abgedruckt in: *Murzin,* ZGB-Rechtsprechung, S. 611).

[1367] Ziff. 17 Abs. 4 des Plenumsbeschlusses des HWiG Nr. 18 vom 22.10.1997 (abgedruckt in: *Murzin,* ZGB-Rechtsprechung, S. 611).

dd. Pflichten des Käufers

Der Kreis der Pflichten eines Handelskäufers ist gegenüber den allgemeinen Käuferpflichten erheblich erweitert. So obliegt dem Handelskäufer neben der Bezahlung der Kaufsache die Annahme und Aufbewahrung der Ware, ihre Untersuchung und eine unverzügliche Rüge bei bestehenden Abweichungen der Ist- von der Sollbeschaffenheit sowie die Rücksendung von Verpackungsmaterial (Artt. 513, 515 ff. ZGB).

(1) Zahlung des Kaufpreises

Unter den Pflichten des Käufers steht die Pflicht zur Kaufpreiszahlung im Vordergrund. Sie ergibt sich für den Handelskauf aus Art. 516 ZGB, der im wesentlichen den allgemeinen Bestimmungen des Kaufrechts entspricht. Die Modalitäten der Kaufpreiszahlung richten sich nach dem Vertrag, ansonsten hat die Zahlung mittels Überweisung zu erfolgen (Art. 516 Punkt 1 ZGB). Die Bezahlung einzelner Waren, die zu einem Warensatz gehören, wird nach Versendung des letzten Teils des Warensatzes vorgenommen (Art. 516 Punkt 3 ZGB). Ansonsten gelten die allgemeinen Grundsätze des Kaufrechts, Artt. 486 ff. ZGB.

(2) Abnahme- und Aufbewahrungspflicht

Neben die Pflicht zur Kaufpreiszahlung tritt die Abnahme- und Aufbewahrungspflicht des Handelskäufers. Die Pflicht zur Abnahme des Kaufgegenstandes umfasst nach einhelliger Meinung der russischen Literatur nicht nur die körperliche Annahme der Ware, sondern auch alle Mitwirkungspflichten bezüglich der Beförderung der Ware, wie etwa die Abgabe von Versandinstruktionen an den Verkäufer.[1368] Zwar kann der Käufer grundsätzlich auch beim Handelskauf wie im allgemeinen Kaufrecht die Abnahme des Kaufgegenstandes dann verweigern, wenn ihm wegen vertragswidriger Leistung ein Rücktrittsrecht zusteht oder er den Ersatz der Ware verlangen kann (Artt. 484 Punkt 1, 514 Punkt 1 ZGB). Der Käufer eines Liefervertrags muss jedoch auch bei einer beanstandeten Ware diese solange sicher aufbewahren, bis der Verkäufer sie innerhalb einer vernünftigen Frist abholt, und den Lieferanten unverzüglich über die Verweigerung der Annahme in Kenntnis setzten (Art. 514 Punkte 1, 2 ZGB). Dadurch wird der Schutz des Verkäufers gewährleistet. Denn das Zurücksenden kann für den Verkäufer unwirtschaftlich sein, so dass ihm die Möglichkeit gegeben wird, die Ware dort, wo sie sich befindet, anders zu verwenden.[1369]

[1368] Vgl. *Sergeev/Tolstoj*, Graždanskoe pravo II, S. 34; *Zavidov*, ChiP 1997 Nr. 7; *Zavidov/Gusev*, Pravo i ėkonomika 2000 Nr. 7, 13; *Kozyr'/Makovskij/Chochlov/Vitrjanskij*, Kommentar zum ZGB II, S. 258; *Popondopulo/Jakovleva*, Kommerčeskoe pravo, S. 257. Vgl. Artt. 53, 60 CISG.

[1369] So erklärt sich auch eine Ausnahme von Art. 514 ZGB für Beförderung innerhalb einer Stadt oder Ortschaft (50 km). Vgl. Art. 72 Güterkraftverkehrstatut vom 8.1.1969 (SP RSFSR 1969, Nr. 2-3, Art. 8) , *Zavidov/Gusev*, Pravo i ėkonomika 2000 Nr. 7, 16.

Wurde eine Holschuld vereinbart, so muss der Käufer die Ware mangels abweichender vertraglicher Vereinbarungen innerhalb einer angemessenen Frist nach Mitteilung über die Bereitstellung abholen (Art. 515 Punkt 1 ZGB).

(3) Untersuchungs- und Rügeobliegenheit

Dem unternehmerisch tätigen Käufer werden in Art. 513 Punkt 2 ZGB eine Untersuchungs- und Rügelast auferlegt. Nur die Arglist bzw. das Kennenmüssen des Verkäufers bezüglich des Warenmangels befreit den Käufer von dieser Rügelast.[1370] Die Untersuchung hat die Menge und die Qualität der Ware zu umfassen und in der den Gesetzen, anderen Rechtsakten, dem Vertrag und dem Handelsbrauch entsprechenden Weise zu erfolgen.[1371] Die Strenge und Formalisierung der Anforderungen an die Untersuchung und an den Nachweis und die Anzeige jeglicher Abweichungen vom Vertrag kommt insbesondere bei Belieferung mit Hilfe eines Transportunternehmens zum Ausdruck. So muss der Käufer gemäß Art. 513 Punkt 3 ZGB die Übereinstimmung der Waren mit den Angaben in den Transportdokumenten und anderen Begleitpapieren sorgfältig überprüfen sowie diese Ware von dem Transportunternehmen entsprechend den Bestimmungen des jeweiligen Transportstatuts (Eisenbahn-,[1372] Güterkraftverkehrsstatut,[1373] Handelsseeschifffahrtsgesetzbuch[1374] etc.) abnehmen. Bei Mengenabweichungen gegenüber dem Vertrag oder Beförderungsschäden ist ein entsprechendes Schadensprotokoll – sog. „kommerzieller Akt" – grundsätzlich unverzüglich nach der Ladung zu erstellen, andernfalls sind u.U. Ersatzansprüche sowohl gegenüber dem Beförderer als auch gegenüber dem Verkäufer ausgeschlossen.[1375] Eine weniger strenge Untersuchungspflicht trifft Zwischenhändler, die originalverpackte Ware an Einzelhändler weiterleiten. Diesen obliegt grundsätzlich nur die Prüfung der Warenmenge.[1376]
Die bis zum Inkrafttreten des zweiten Teils des ZGB geltenden Instruktionen der sowjetischen Staatsarbitrage „Über das Verfahren zur Untersuchung der Quantität von Erzeugnissen für den technisch-produktiven Gebrauch und von Waren für den Bevölkerungsbedarf"[1377] gelten *formal* nicht mehr. Sie sind gemäß der Leitentscheidung des HWiG zum Handelskauf grundsätzlich nur dann anzuwenden, wenn

[1370] Arg. e Art. 483 Punkt 3 ZGB.
[1371] Insbesondere sind dabei die für die jeweilige Ware einschlägigen Standards (GOST) zu beachten, Art. 474 ZGB.
[1372] Föderales Gesetz vom 8.1.1998, SZ RF 1998 Nr. 2, Art. 218.
[1373] Das Güterkraftverkehrsstatut gilt bis zum Inkrafttreten eines entsprechenden föderalen Gesetzes, soweit es dem ZGB nicht widerspricht (vgl. Art. 784 Punkt 2 ZGB).
[1374] Handelsseeschifffahrtsgesetzbuch vom 30.4.1999, SZ RF 1999 Nr. 18, Art. 2207.
[1375] Vgl. *Solotych,* ZGB Teil 2, S. 33; Art. 174 Eisenbahntransportstatut i.V.m. Bestimmungen über die Erstellung von Akten bei der Eisenbahngüterbeförderung vom 3.12.2000 (bestätigt durch den Beschluss des Ministeriums für Eisenbahnverkehr, BNA 2001, Nr. 13, S. 24 ff.). Vgl. Beschluss des föderalen Wirtschaftsgerichts des Nord-Westlichen Bezirks vom 9.2.2000, abgedruckt in: *Dolženko/Reznikov/Chochlova,* Sudebnaja praktika, S. 481 f.; Beschluss des Präsidiums des HWiG vom 1.6.1999; VVAS RF 1999 Nr. 9.
[1376] Vgl. *Puginskij,* Kommerkoe pravo, S. 310, 311.
[1377] Bestätigt durch die Entscheidung der Staatlichen Staatsarbitrage der USSR Nr. P-6 vom 16.6.1965 und Nr. P-7 vom 4.4.1966 (BNA 1975, Nr. 2 und 3).

Parteien dies ausdrücklich vereinbart haben.[1378] Jedoch sind die von ihnen geprägten und seit Jahrzehnten geübten Gepflogenheiten hinsichtlich der Untersuchung und Rüge auch heute noch zu berücksichtigen.[1379] So wird ein gemäß den Instruktionen erstelltes Schriftstück[1380] über Qualitäts- bzw. Quantitätsmängel von den Wirtschaftsgerichten auch dann als Beweisstück akzeptiert, wenn die Geltung der Instruktionen nicht vertraglich vereinbart wurde.[1381] Deswegen wird in der Literatur vereinzelt von den Instruktionen als von einem herausgebildeten Handelsbrauch gesprochen.[1382]

Haben die Parteien eine *Holschuld* vereinbart, muss der Käufer die Ware am Ort der Übergabe auf ihre Vereinbarkeit mit dem Vertrag, insbesondere auf ihre Vollständigkeit und Mangelfreiheit prüfen (Art. 515 Punkt 1 ZGB). Ausnahmsweise wird bei einer Übergabe der Ware in der Tara und/oder Verpackung nur der Zustand der Tara bzw. Verpackung am Übergabeort untersucht. Die Überprüfung der Ware erfolgt dann innerhalb der in Artt. 513, 474 ZGB bestimmten Frist.

Zeigt sich im Rahmen der Untersuchung der Ware ein Mangel, so ist der Käufer nach Art. 513 Punkt 2 Abs. 2 ZGB verpflichtet, den Verkäufer darüber in Kenntnis zu setzen. Form und der wesentliche Inhalt der Rüge sind in Artt. 513 Punkt 2 Abs. 2, 483 Punkt 1 ZGB zwingend vorgeschrieben. Die Anzeige muss schriftlich unter Beilegung von Nachweisen erfolgen. Eine formlose Rüge ist damit - anders als im deutschen Recht – unwirksam. Der Käufer muss dem Verkäufer alle Abweichungen der Menge, des Sortiments, der Qualität, der Tara und (oder) Verpackung mitteilen.[1383] Der notwendige Inhalt einer Rüge dürfte wohl *in concreto* einzelfallbezogen zu bestimmen sein. Jedenfalls muss eine ordnungsgemäße Rüge substantiiert sein, d.h. den gerügten Mangel hinlänglich erkennen lassen.[1384] Notwendig ist die Beschreibung des Fehlers nach Art und Umfang.[1385] Der Mangel ist genau zu benennen,[1386] denn der Verkäufer muss gegen das Nachschieben unpräziser Beanstandungen geschützt werden. Eine falsche Bezeichnung (des Mangels) mangels Sachkunde dürfte allerdings nicht schaden. Bei Quantitätsmängeln muss die genaue Zahl der fehlenden Ware genannt sowie beschrieben werden, wie die Mängel festgestellt wurden.[1387] Auch bei Qualitätsmängeln wird von der Recht-

---

[1378] Ziff. 14 Abs. 1 des Plenumsbeschlusses des HWiG Nr. 18 vom 22.10.1997 (abgedruckt in: *Murzin*, ZGB-Rechtsprechung, S. 614).

[1379] Vgl. *Puginskij*, Kommerčeskoe pravo, S. 302; *Solotych*, ZGB Teil 2, S. 33.

[1380] Russ.: „akt".

[1381] Vgl. *Puginskij*, Kommerčeskoe pravo, S. 302.

[1382] So z.B. ausdrücklich *Puginskij*, Kommerčeskoe pravo, S. 302.

[1383] Art. 483 Punkt 1 ZGB.

[1384] Vgl. *Puginskij*, Kommerčeskoe pravo, S. 303.

[1385] Vgl. Anlage 1 zu Bestimmungen über die Erstellung von Akten bei der Eisenbahngüterbeförderung vom 3.12.2000 (bestätigt durch den Beschluss des Ministeriums für Eisenbahnverkehr, BNA 2001, Nr. 13, S. 24 ff.); Vgl. *Puginskij*, Kommerčeskoe pravo, S. 308.

[1386] Vgl. *Puginskij*, Kommerčeskoe pravo, S. 303.

[1387] Vgl. Anlage 1 zu Bestimmungen über die Erstellung von Akten bei der Eisenbahngüterbeförderung vom 3.12.2000 (bestätigt durch den Beschluss des Ministeriums für Eisenbahnverkehr, BNA 2001, Nr. 13, S. 24 ff.); Beschluss des föderalen Wirtschaftsgerichts des Nord-westlichen Bezirks vom 3.5.2000, sprechung eine präzise Zahl der mangelhaften Ware in der Mängelanzeige verlangt.[1388]

Die Bestimmung der Rügefrist liegt grundsätzlich im Ermessen der Parteien, die sie im Vertrag präzisieren können. Fehlt diesbezüglich eine Parteivereinbarung, so hat die Mängelanzeige unverzüglich nach Entdeckung des Mangels zu erfolgen. „Unverzüglich" bedeutet nach der russischen Kommentarliteratur „unmittelbar bzw. innerhalb des kürzesten technisch möglichen Zeitraums", mit anderen Worten alsbald nach Untersuchung und Feststellung der Unvereinbarkeit der Ist- mit der Sollbeschaffenheit.[1389] Dies spricht für eine Objektivierung des Merkmals „unverzüglich" und entspricht sowohl dem Normzweck des Art. 513 Punkt 2 ZGB als auch dem Grundgedanken des Artt. 38 f. CISG, denen Artt. 513 Punkt 2, 515 Punkt 1 ZGB nachempfunden sind.[1390] Eine Exkulpation etwa wegen zufälliger Ereignisse, die in der Sphäre des Käufers liegen, kennt das ZGB nicht. Für bestimmte Bereiche wird der Begriff „unverzüglich" in untergesetzlichen Normen präzisiert. So betragen die Untersuchungs- und Rügefristen bei Eisenbahngüterbeförderung maximal 24 Stunden nach erfolgter Ablieferung,[1391] bei Beförderung per Seeschiff ist innerhalb von drei Tagen nach Übergabe des beförderten Gutes zu rügen, ansonsten gilt die Ware als ordnungsgemäß geliefert[1392].

Die Auferlegung einer unverzüglichen Rügelast auf den Käufer stellt eine Verschärfung gegenüber dem allgemeinen Kaufrecht dar, welches in Art. 483 Punkt 1 ZGB lediglich von einer *angemessenen* Rügefrist spricht. Damit wird der Professionalität der Parteien eines Handelskaufs Rechnung getragen. Der Grundgedanke des Art. 513 Punkt 2 ZGB liegt in dem Bedürfnis des unternehmerischen Verkehrs nach Klarheit und Schnelligkeit der Abwicklung von Rechtsgeschäften. In erster Linie soll damit den Belangen des Verkäufers Rechnung getragen werden. Ihm soll angesichts der Beweisnot, in die er mit zunehmendem Zeitablauf zu geraten droht, ermöglicht werden, möglichst bald den Beanstandungen durch den Käufer nachzugehen und entsprechende Feststellungen und notwendige Handlungen etwa zur Sicherstellung von Beweisen oder zur Schadensabwendung zu treffen. Der Verkäufer soll nicht noch längere Zeit nach der Ablieferung im Ungewissen darüber gelassen werden, ob er etwaigen Ansprüchen des Käufers ausgesetzt ist.

---

abgedruckt in *Dolženko/Reznikov/Chochlova,* Sudebnaja praktika, S. 477; Vgl. *Puginskij,* Kommerčeskoe pravo, S. 307.

1388 S. z.B. Beschluss des föderalen Wirtschaftsgerichts des Nord-Westlichen Bezirks vom 3.5.2000, abgedruckt in *Dolženko/Reznikov/Chochlova,* Sudebnaja praktika, S. 477.

1389 Vgl. *Sadikov- Klejn,* Kommentar zum ZGB II 1998, Art. 513 Ziff. 5.

1390 Vgl. *Sadikov-Rozenberg,* Kommentar zum ZGB II 1998, Art. 477 Ziff. 1.

1391 Punkt 1.3. der Bestimmungen über die Erstellung von Akten bei der Eisenbahngüterbeförderung vom 3.12.2000 (bestätigt durch den Beschluss des Ministeriums für Eisenbahnverkehr, BNA 2001, Nr. 13, S. 24 ff.).

1392 Art. 162 Punkt 2 des Handelsseeschifffahrtsgesetzbuchs vom 30.4.1999 (SZ RF 1999 Nr. 18, Art. 2207) i.d.F. vom 26.5.2001 (SZ RF 2001 Nr. 22, Art. 2125).

(4) Rücksendung von Verpackungsmaterial

Schließlich trifft den Handelskäufer die Pflicht zur Rückgabe des wiederverwendbaren Verpackungsmaterials, insbesondere von Paletten. Bezüglich der Zeit der Rücksendung gilt Art. 314 ZGB entsprechend.[1393] Das Verfahren der Rückgabe kann sich bei entsprechender Vereinbarung nach der früher geltenden Verordnung „Über den Umlauf von wiederverwendbaren Mitteln der Verpackung in der Volkswirtschaft" vom 14.2.1980[1394] richten.[1395] Die dispositive Bestimmung des Art. 517 ZGB kann vertraglich abgedungen werden.

ee. Verantwortlichkeit für Pflichtverletzungen

(1) Leistungsstörungen auf der Verkäuferseite

(a) Nichterfüllung der und Verzug mit der Übergabepflicht

Erfüllt der Verkäufer seine Hauptleistungspflicht zur Lieferung der Ware nicht, so steht dem Käufer bei ungerechtfertigter Übergabeverweigerung neben den Ansprüchen des allgemeinen Schuldrechts[1396] seinerseits das Recht zur Verweigerung der Vertragserfüllung gemäß Art. 463 ZGB zu.
Gerät der Lieferant in Verzug, so gelten für den Handelskauf Sonderbestimmungen lediglich für den Fall, dass mehrere Teillieferungen vereinbart wurden. Erfolgt eine Teillieferung mit einer Fehlmenge, muss der Verkäufer sie gemäß Art. 511 Punkt 1 ZGB mit der nächsten Teillieferung kompensieren. Solange dies nicht geschieht, befindet er sich im Verzug (Art. 511 Punkt 3 ZGB). Schon eine verspätete Teillieferung bzw. die Fehlmenge bei einer Teillieferung berechtigt den Käufer im Zweifel zur Abnahme- und Zahlungsverweigerung bezüglich der nicht rechtzeitig gelieferten Ware. Dies gilt allerdings nur dann, wenn eine entsprechende Mitteilung dem Verkäufer zugeht, bevor die verzögerte Leistung erfolgt ist (Art. 511 Punkt 3 ZGB). Die mehrmalige Verspätung von Teillieferungen gilt nach Art. 523 Punkt 2, 2. Alt. ZGB als wesentliche Vertragsverletzung und berechtigt den Käufer zur einseitigen Auflösung bzw. Änderung des gesamten Vertrages. Nach russischer Literatur und Rechtsprechung muss der Verkäufer dabei mindestens zweimal gegen die ursprünglich mit dem Käufer vereinbarte oder nach Art. 314 ZGB festgelegte Lieferfrist verstoßen haben.[1397] Im Gegensatz zu den allgemeinen Vorschriften über die

---

[1393] Ziff. 19 des Plenumsbeschlusses des HWiG Nr. 18 vom 22.10.1997 (abgedruckt in: *Dolženko/Reznikov/Chochlova*, Sudebnaja praktika, S. 492).
[1394] Gossnab UdSSR und Gossarbitraž UdSSR vom 14.2.1980, BNA 1980 Nr. 8.
[1395] Vgl. *Sadikov-Klejn*, Kommentar zum ZGB II 1998, Art. 517 Ziff. 4.
[1396] Je nach Sachlage sind es: Schadensersatz wegen Nichterfüllung (Art. 393 ZGB); Herausgabe der geschuldeten Speziessache und Ersatz des Verzugsschadens oder Schadensersatz wegen Nichterfüllung (Artt. 398 Punkt 1 i.V.m. 405 Punkt1 ZGB oder Art. 398 Punkt 2 ZGB); Beschaffung der von Verkäufer herzustellenden Kaufsache bei einem Dritten auf Kosten des Verkäufers und Ersatz weiteren Schadens (Artt. 397, 393 ZGB).
[1397] Vgl. *Sadikov-Klejn*, Kommentar zum ZGB II 1998, Art. 523 Ziff. 2.

Gestaltung bei wesentlichen Vertragsverletzungen (Art. 450 Punkt 2 ZGB) bedarf es in diesem Fall begrüßenswerterweise keines gerichtlichen Gestaltungsurteils.[1398] Diese Ausnahme von dem allgemeinen Grundsatz ist beim Handelskauf, wo beide Parteien Unternehmer und daher weniger schutzbedürftig sind, geboten. Die richterliche Einschaltung bei Vertragsaufhebung hat u.a. den Zweck, eine beiden Parteiinteressen entsprechende Lösung zu finden und damit eine einseitige Benachteiligung einer der Vertragsparteien zu vermeiden.[1399] Diese Funktion einer richterlichen Entscheidung über die Vertragsaufhebung entfällt naturgemäß bei geschäftsgewandten und daher weniger schutzbedürftigen Unternehmern. Ferner wird durch die Erleichterung der Vertragsaufhebung dem Bedürfnis nach einfacher und schneller Abwicklung des Handelsverkehrs Rechnung getragen.[1400] Die Rechtsfolgen der einseitigen Vertragsgestaltung richten sich nach Art. 453 Punkte 4 und 5 ZGB. Neben dem Rücktrittsrecht kann der Käufer bei Verzug des Verkäufers von ihm eine Vertragsstrafe nach Art. 521 ZGB verlangen.

(b) Notverkauf

Eine für den Handelsverkehr unentbehrliche Regelung enthält Art. 514 Punkt 2 ZGB für den Fall, dass der Verkäufer solche Ware, die der Käufer rechtmäßigerweise nicht abgenommen und lediglich zur Aufbewahrung angenommen hat, nicht ordnungsgemäß abholt. Trifft der Lieferant innerhalb einer angemessenen Zeit keine Verfügung über die Ware, so darf der Käufer die Ware veräußern oder an den Lieferanten zurückgeben. Im Fall eines Notverkaufs steht der Verkaufserlös dem Lieferanten zu, Art. 514 Ziff. 3 Abs. 2 ZGB.[1401]

(2) Leistungsstörungen auf der Käuferseite

(a) Zahlungsstörungen

Die Folgen von Zahlungsstörungen hängen davon ab, ob die Ware bereits übergeben wurde und wann der Kaufpreis fällig wird, und richten sich grundsätzlich nach den allgemeinen kaufrechtlichen Bestimmungen.[1402] Es gelten Artt. 486 ff. ZGB. Eine Sonderregelung beinhaltet lediglich Art. 523 Punkt 1 i.V.m. Punkt 3 1. Alt. ZGB für den Fall mehrfacher, d.h. mindestens zweimaliger,[1403] Nichtbefolgung der Zahlungsfristen. Dies wird als wesentliche Vertragsverletzung angesehen und berechtigt den Verkäufer zur einseitigen Vertragsänderung oder Vertragsauflösung und einem Schadensersatzanspruch nach Art. 453 Punkt 5 ZGB. Dabei bedarf die

---

[1398] Artt. 450 Punkt 3, 452 ZGB.
[1399] Vgl. *Voltchenko,* PSJEEL 1996 Vol. 3:713, S. 729.
[1400] Vgl. *Voltchenko,* PSJEEL 1996 Vol. 3:713, S. 729 f.
[1401] Vgl. im deutschen Recht § 379 II HGB.
[1402] Vgl. Ziff. 16 des Plenumsbeschlusses des HWiG Nr. 18 vom 22.10.1997 (abgedruckt in: *Doljenko/Reznikov/Chochlova,* Sudebnaja praktika, S. 491 f.).
[1403] Vgl. *Sadikov-Klejn,* Kommentar zum ZGB II 1998, Art. 523 Ziff. 2.

einseitige Änderung bzw. Auflösung eines Handelskaufs im Unterschied zum allgemeinen Kaufrecht (Art. 450 Punkt 2 ZGB) keines gerichtlichen Urteils.[1404] Der Vertrag gilt bereits zu dem Zeitpunkt als geändert bzw. aufgelöst, in dem der vertragsbrüchigen Partei eine schriftliche Erklärung des Rücktrittsberechtigten über die einseitige vollständige oder teilweise Verweigerung der Vertragserfüllung zugeht.[1405]

(b) Abnahmestörungen

Verweigert der Käufer ohne rechtfertigenden Grund die Annahme der gelieferten Ware, so ist der Lieferant berechtigt, deren Bezahlung zu fordern, Art. 514 Punkt 4 ZGB. Dem Käufer steht in diesem Fall kein Leistungsverweigerungsrecht nach Art. 328 ZGB zu. Unterlässt es der Käufer, die Lieferanweisungen an den Verkäufer abzuschicken, kann der Lieferant von dem Vertrag zurücktreten und Schadensersatz verlangen (Art. 509 Punkt 3 ZGB). Wurde eine Holschuld vereinbart, so gibt die Nichtabholung der zur Verfügung gestellten Ware dem Verkäufer das Recht, die Erfüllung des Vertrages zu verweigern oder die Bezahlung zu verlangen (Art. 515 Punkt 2 ZGB). Bei Dauerlieferverträgen, in denen der Käufer regelmäßig bestimmte Partien beim Verkäufer abholt, betrifft das Leistungsverweigerungsrecht des Verkäufers lediglich die zu dem konkreten Termin bestimmte und ausgestellte Warenmenge, er kann daher nicht bei einer einmalig unterbliebenen Abholung den Rücktritt vom Gesamtvertrag erklären.[1406] Bei mehrmaliger Nichtabholung kann der Verkäufer gemäß Artt. 523 Punkt 3 2. Alt. i.V.m. 453 ZGB vom gesamten Vertrag zurücktreten und bei einem Weiterverkauf an einen Dritten vom ursprünglichen Vertragspartner die Differenzkosten erstattet bekommen[1407].

(c) Versäumung der Rüge

Artt. 506 ff. ZGB enthalten keine spezielle Regelung der Rechtsfolgen des Rügeversäumnisses, so dass für den Handelskauf der allgemeine Art. 483 ZGB zur Anwendung kommt.[1408] Demnach verliert der Käufer bei verspäteter bzw. unterlassener Rüge nicht seine Gewährleistungsrechte, wie es etwa im deutschen und internationalen Recht der Fall ist,[1409] sondern ist lediglich in seinen Rechtsbehelfen beschränkt. Gelingt dem Verkäufer kein Nachweis der Unmöglichkeit bzw. der Unzumutbarkeit der vom Käufer begehrten Nachlieferung, Mängelbeseitigung oder Ersatzleistung, bleiben dem Käufer trotz des Rügeversäumnisses alle Rechte erhalten. Die Verletzung der Rügeobliegenheit bleibt für ihn in diesem Fall praktisch

---

[1404] Vgl. schon oben Kapitel 2 D II 1 b ee (1) (a).
[1405] Vgl. Art. 523 Punkt 4 ZGB.
[1406] Vgl. *Sadikov-Klejn,* Kommentar zum ZGB II 1998, Art. 515 Ziff. 2.
[1407] Vgl. Art. 524 Punkt 2 ZGB.
[1408] Eine Analogie ist hier entgegen der Meinung von *Steininger,* Kaufrecht, 383, nicht erforderlich. Zum Art. 483 ZGB vgl. oben Kapitel 2 D II a ee (1) (e).
[1409] Vgl. § 377 HGB und Art. 39 CISG.

folgenlos. Dieses Ergebnis kann m.E. den Bedürfnissen des Handels nicht genügen und trägt dem Ziel des Art. 513 ZGB nach einer raschen und endgültigen Abwicklung von Geschäften kaum bei. Die Interessen des Verkäufers gehen bei einer solchen Betrachtungsweise unter, was im krassen Gegensatz zu *ratio legis* des Art. 513 ZGB steht.
Erstaunlicherweise scheint der Verzicht auf eine Sonderbestimmung im Handelskaufrecht über die Sanktionen einer nicht fristgemäßen Rüge bewusst vorgenommen worden zu sein. Die Entstehungsgeschichte des ZGB zeigt, dass sich der russische Gesetzgeber im Rahmen der Gesetzgebungsarbeiten hinsichtlich der Untersuchungs- und Rügelast am UN-Kaufrecht orientiert hat. Eine Regelung der Rechtsfolgen der Rügeverletzung wurde jedoch nicht übernommen. Gerade für beiderseitige Handelsgeschäfte, wie den Handelskauf, wäre aber eine gegenüber dem allgemeinen Art. 483 ZGB strengere Spezialvorschrift mit Androhung des Rechtsverlustes zu erwarten gewesen. Der Verzicht des russischen Gesetzgebers hierauf könnte sich allenfalls daraus erklären, dass er dies einfach nicht für notwendig erachtet hat, da den angesprochenen Zielen z.T. bereits auf anderen Wegen Rechnung getragen wird. Zu denken wäre dabei etwa an stark formalisierte Anforderungen an den Nachweis und die Anzeige jeglicher Abweichung vom Vertrag in den Spezialtransportstatuten, deren Nichteinhaltung den Rechtsverlust nach sich zieht.
Im Ergebnis kann man jedoch von einer inkonsequenten Lösung der Untersuchungs- und Rügeobliegenheit des Käufers sprechen. Den überaus strengen Anforderungen an diese Pflichten stehen – zumindest im ZGB – keine für den Handelsverkehr adäquaten Rechtsfolgen gegenüber. Auch wenn der Rückgriff auf untergesetzliche Rechtsnormen möglich ist, wäre es systematisch angebracht gewesen, für den Handelsverkehr die in Betracht kommenden Sanktionen einer Rügeversäumnis im ZGB zu regeln.

(3) Haftung für Sachmängel

(a) Qualitätsmängel

(aa) Artt. 518 Punkt 1 i.V.m. 475 ZGB

Ist die gelieferte Ware nicht vertragsgemäß, so richten sich die Rechte des Käufers danach, ob eine Falsch- oder Schlechtlieferung vorliegt. Für den Fall einer qualitativ mangelhaften Ware steht dem Käufer ein Gewährleistungsanspruch gemäß Artt. 518 Punkt 1 i.V.m. 475 ZGB zur Verfügung. Es handelt sich bei Art. 518 Punkt 1 ZGB um einen Rechtsgrundverweis mit der Besonderheit, dass Art. 475 ZGB dann nicht zur Anwendung kommt, wenn der Verkäufer auf die Mängelrüge hin unverzüglich, d.h. innerhalb der nach den Umständen möglichen kürzesten Frist,[1410] die mangelhafte Ware gegen eine mangelfreie umtauscht.

[1410] *Sadikov-Klejn,* Kommentar zum ZGB II 1998, Art. 518 Ziff. 1.

Macht der Verkäufer von seinem Nachbesserungsrecht keinen Gebrauch, kann der Käufer Minderung des Kaufpreises, Mängelbeseitigung innerhalb einer angemessenen Frist oder Aufwendungsersatz verlangen (Artt. 518 i.V.m. 475 Punkt 1 ZGB). Zur Vertragsauflösung und Ersatzlieferung ist der Käufer dagegen nur bei wesentlichen Vertragsverletzungen berechtigt (Artt. 523 Punkt 1 i.V.m. Punkt 2 1. Alt., 475 Punkt 2 ZGB).

Das Recht des Verkäufers auf unverzügliche Nachlieferung soll dem Verkäufer eine letzte Chance gewähren, den mit der Rückabwicklung des Vertrages verbundenen wirtschaftlichen Nachteil abzuwenden. Dies ist grundsätzlich auch für den Käufer interessengerecht: Er bekommt ohne größere zeitliche Einbuße das, was er vertraglich beanspruchen kann. Die Bestimmung des Art. 518 Punkt 1 ZGB erinnert auf den ersten Blick an das Nacherfüllungsrecht des Verkäufers im deutschen[1411] und im internationalen Recht[1412]. Das UN-Kaufrecht gibt dem Käufer das Recht, vom Verkäufer Nachbesserung oder Ersatzlieferung zu verlangen.[1413] Gemäß Art. 47 CISG kann der Käufer dem Verkäufer eine angemessene Nachfrist zur Erfüllung seiner Pflichten setzen, vor Ablauf dieser Frist kann er grundsätzlich keinen Rechtsbehelf wegen Forderungsverletzung ausüben. Dagegen werden in Art. 518 ZGB keine konkreten Voraussetzungen des Nacherfüllungsrechts genannt. Nach bisher erkennbarer Praxis ist das Nacherfüllungsrecht nach russischem Verständnis außer der Unverzüglichkeit der Ersatzlieferung an keinerlei Bedingungen gebunden, zu seiner Ausübung bedarf es offenbar weder der Ankündigung noch der Zustimmung des Käufers.[1414] Eine solche vage Regelung kann Rechtsunklarheit und -unsicherheit in der Rechtsbeziehung zwischen Verkäufer und Käufer hervorrufen und ist daher für den unternehmerischen Verkehr nicht förderlich. Um die Interessen des Verkäufers genügend zu wahren, bedarf es einer klaren Bestimmung entweder über den primären Charakter des Nacherfüllungsanspruchs oder aber über die genaueren Voraussetzungen des sofortigen Nachbesserungsrechts des Verkäufers. Darüber hinaus gebietet es m.E. die Interessenlage, dem Verkäufer für den Fall, dass er prompt und für den Käufer belästigungsfrei handelt, nicht nur das Recht auf sofortigen Umtausch gegen eine mangelfreie Ersatzsache, sondern auch das Wahlrecht zwischen beiden Formen der Nacherfüllung - Nachlieferung und Nachbesserung - zu gewähren. Ähnlich verfährt auch das UN-Kaufrecht in Art. 48 Abs. 1 CISG.[1415] Diese Lösung scheint den gegenseitigen Missbrauchsmöglichkeiten der Parteien am besten zu begegnen. Der Käufer profitiert selbst von der sofortigen Nachbesserung, denn der geschuldete Erfolg wird - auf welche Weise auch immer - schnell herbeigeführt. Durch die Ausübung des Wahlrechts in diesem Fall würde der Käufer nur missbräuchlich handeln.

[1411] Vgl. §§ 437, 439 BGB.
[1412] Vgl. Art. 3 Abs. 3 der Richtlinie 1999/44/EG vom 25.5.1999, Art. 46 ff. CISG.
[1413] Vgl. Art. 46 Abs. 2, 3 CISG.
[1414] *Solotych*, ZGB Teil 2, S. 57 mwN; *Sadikov-Klejn,* Kommentar zum ZGB II 1998, Art. 518 Ziff. 1.
[1415] Danach kann der Verkäufer einen Mangel in der Erfüllung seiner Pflichten auch nach dem Liefertermin auf eigene Kosten beheben, wenn dies keine unzumutbaren Verzögerung nach sich zieht und dem Käufer weder unzumutbare Unannehmlichkeiten noch Ungewissheit über die Erstattung seiner Auslagen durch den Verkäufer verursacht.

Bei unterlassener sofortiger Nachbesserung durch den Verkäufer steht das Wahlrecht zwischen verschiedenen Rechtsbehelfen des Art. 475 ZGB zurecht dem Käufer zu. Dies ist insbesondere auch deshalb gerechtfertigt, weil es nicht einsichtig ist, warum die vertragsbrüchige Partei auch noch dadurch belohnt werden sollte, dass sie zwischen den gesetzlichen Rechten der anderen Partei wählen kann.

(bb) Art. 518 Punkt 2 ZGB

Für den Verkauf an einen Einzelhändler sieht der Gesetzgeber in Art. 518 Punkt 2 ZGB ein Durchwirken der einschlägigen Verbraucherschutzbestimmungen[1416] auf den zugrundeliegenden Handelskauf vor.[1417] Danach kann der Käufer den Ersatz der mangelhaften Ware innerhalb einer angemessenen Frist verlangen, nachdem ihm diese Ware vom Verbraucher zurückgegeben wurde. Was dabei unter angemessener Frist zu verstehen ist, definiert weder das Gesetz noch – soweit ersichtlich – die bisherige Rechsprechung. Unter Heranziehung von verbraucherrechtlichen Grundsätzen könnte eine Frist von maximal einem Monat in Betracht kommt. Denn gemäß Art. 21 Punkt 1 Abs. 2 VerbrSchG muss der Einzelhändler die mangelhafte Sache beim Fehlen einer mangelfreien Ersatzware, d.h. im Fall, dass er die Ersatzware bei seinem Lieferanten neu beziehen muss, innerhalb eines Monats vom Tag der Forderungserhebung an umtauschen. Allerdings wird wohl in der Praxis von einer längeren Frist auszugehen sein.[1418] Daher empfiehlt sich daher eine Parteivereinbarung über die Frist für die Ersatzlieferung.[1419]
Der Anspruch des Einzelhändlers aus Art. 518 Punkt 2 ZGB setzt zum einen voraus, dass der Mangel bereits bei Lieferung der Sache an ihn vorhanden war und nicht etwa durch falsche Lagerung bei diesem selbst entstanden ist. Ferner muss die Rücknahme der Ware durch den Einzelhändler Folge der Mangelhaftigkeit sein und nicht etwa aus Kulanz oder aufgrund der Geltendmachung des Umtauschrechts aus Art. 502 ZGB[1420] erfolgen. Der Anspruch auf Ersatzleistung scheint nach dem Wortlaut des Gesetzes weder von der Wesentlichkeit des Mangels noch von der Rechtzeitigkeit der Mängelrüge abhängig zu sein.[1421] Damit wird für den Einzelhändler die Geltendmachung seiner Rechte erleichtert. Eine solche Rückgriffsmöglichkeit ist gerecht, da der Verkäufer beim Einzelhandelskauf keine kürzeren als die vom Hersteller bestimmten Garantiefristen vereinbaren und auch den gesetzlichen Ersatzleistungsanspruch des Verbrauchers nicht abbedingen darf.[1422] Allerdings darf dem Einzelhändler nicht mehr an Rechten zustehen, als dem Verbraucher. Daher kann eine Ersatzlieferung technisch aufwendiger oder hochwertiger Waren bei lediglich unwesentlichen Mängeln auch gegenüber dem Lieferanten nicht geltend

---

[1416] Vgl. Art. 503 ZGB.
[1417] Vgl. *Solotych,* ZGB Teil 2, S. 57.
[1418] *Parcij,* ChiP 1999 Nr. 10, 81.
[1419] Dafür plädiert auch *Parcij,* ChiP 1999 Nr. 10, 81.
[1420] Dazu vgl. oben Kaptil 2 D II a cc (3).
[1421] Arg. e Artt. 518 Punkt 1 i.V.m. 475 Punkte 1, 2 ZGB. Ebenso *Sadikov-Klejn,* Kommentar zum ZGB II 1998, Art. 518 Ziff. 2; *Solotych,* ZGB Teil 2, S. 57.
[1422] *Solotych,* ZGB Teil 2, S. 57.

gemacht werden.[1423] Inwieweit ein Einzelhändler seinen Lieferanten in Regress nehmen kann, wenn er im Verhältnis zum Verbraucher eine längere Grantiefrist als die des Lieferanten (Herstellers) vereinbart, bleibt im ZGB ausgespart. Orientiert man sich am Wortlaut des Art. 518 Punkt 2 ZGB, müsste der Einzelhandelsverkäufer auch Garantieansprüche des Verbrauchers im Regress gegen den ursprünglichen Verkäufer geltend machen können.[1424]

Dem Art. 518 Punkt 2 ZGB liegt die Überlegung zugrunde, dass ein Rückgriff innerhalb des jeweiligen Vertragsverhältnisses vorgenommen werden sollte. Diesem Grundsatz folgt auch die Rechtsprechung. So hat das HWiG[1425] unter Berufung auf Art. 518 ZGB die Klage eines Einzelhändlers gegen den Hersteller von mangelhaften Kühlschränken mit dem Argument abgewiesen, der Anspruch aus Art. 518 ZGB stehe dem Einzelhändler als Endverkäufer nur gegen seinen Lieferanten, nicht dagegen gegen den Hersteller zu. Verbraucherrechtliche Vergünstigungen, wie etwa Art. 18 Punkte 2 und 3 VerbrSchG, die dem Verbraucher bei Geltendmachung von Gewährleistungsansprüchen eine Wahl zwischen dem Händler und Hersteller gewähren, gelten nur im Verhältnis Verbraucher und Einzelhändler und können nicht auf das Verhältnis Einzelhändler und Hersteller übertragen werden.

Die Gewährung einer Rückgriffsmöglichkeit des Einzelhändlers gegen den Lieferanten legt die Vermutung nahe, dass der Gesetzgeber dadurch eine Gewährleistungslücke des Einzelhändlers verhindern wollte.

Der Einzelhandelsverkäufer sollte nicht allein das wirtschaftliche Risiko selbst dann tragen, wenn der Grund für seine Haftung – der Mangel der Sache – nicht aus seiner Sphäre stammt, sondern etwa auf einen Fehler im Herstellungsprozess zurückzuführen ist. Allerdings fällt auf, dass Art. 518 Punkt 2 ZGB dem Einzelhändler lediglich einen Regressanspruch auf Umtausch der Ware gibt, während andere Aufwendungen, die dem Einzelhändler aus der Erfüllung weiterer Gewährleistungsansprüche gemäß Art. 503 ZGB entstehen, in Art. 518 Punkt 2 ZGB nicht erwähnt werden.[1426] Zwar steht dem Einzelhändler ein Gewährleistungsanspruch nach Art. 518 Punkt 1 i.V.m. 475 ZGB zu, dieser setzt jedoch eine unverzügliche Mängelrüge und u.U. auch die Wesentlichkeit des Mangels voraus. An dieser Stelle wäre eine gesetzliche Klarstellung angebracht gewesen, dass bei einem Verkauf an Einzelhändler diesem eine verlängerte Rügefrist insofern zusteht, dass es für eine rechtzeitige Rüge des Einzelhändlers genügt, wenn der Endverbraucher rechtzeitig rügt und der Einzelhändler diese Rüge unverzüglich an den Lieferanten weiterleitet. Ansonsten wäre der Einzelhändler praktisch immer benachteiligt, da dem Verbraucher gesetzlich eine längere Untersuchungs- und Rügefrist zusteht, was zu Verzögerungen der Mängelrüge im Verhältnis Einzelhändler - Lieferant führen und für den Einzelhändler eine Beschneidung seiner Rechtsbehelfe zur Folge haben kann (Art. 483 ZGB).

[1423] Vgl. oben Kapitel 2 D II a ee (2) (b).
[1424] Vgl. *Solotych*, ZGB Teil 2, S. 57.
[1425] Beschluss des HWiG vom 22.6.1999, VVAS 1999 Nr. 10.
[1426] Dies bemängelt auch *Parcij*, ChiP 1999 Nr. 10, 81; ähnlich *Steininger*, Kaufrecht, S. 384 f.

Dieses Ergebnis bestätigt die Tatsache, dass es dem russischen Gesetzgeber bei Art. 518 Punkt 2 ZGB in erster Linie nicht um den Schutz des Zwischenhändlers vor mangelhafter Ware seines Lieferanten ging, sondern im Endeffekt um den Verbraucherschutz. So betont die russische Kommentarliteratur, dass mit Art. 518 Punkt 2 ZGB beabsichtigt war, dem Verbraucher eine tatsächliche Durchsetzung seines primären Rechts auf Umtausch einer mangelhaften Ware gegen eine mangelfreie zu garantieren.[1427] Damit wird aber verkannt, dass bei mangelhaften Ware der Einzelhändler schutzbedürftiger ist als der Verbraucher. Denn der Verbraucher kann seine Gewährleistungsrechte gemäß Art. 18 Punkte 2, 3 VerbrSchG nicht nur gegenüber dem Verkäufer, sondern auch direkt gegenüber dem Hersteller geltend machen. Der Einzelhändler bleibt dagegen einem erhöhten Haftungsrisiko ausgesetzt, da er u.U. dem Verbraucher gegenüber in höherem Umfang haftet, als er im Wege des Regresses von seinem Lieferanten ersetzt bekommt.[1428]

(b) Lieferung unvollständiger Ware

Liegt eine unvollständige Lieferung vor, so kann der Käufer die allgemeinen Gewährleistungsrechte des Art. 480 ZGB geltend machen. Art. 519 ZGB enthält diesbezüglich einen Rechtsgrundverweis, wobei – wie schon in Art. 518 ZGB – dem Lieferanten eine unverzügliche Nachlieferung vorbehalten bleibt. Damit wird der Verkäufer gegenüber anderen Kaufvertragstypen bessergestellt. Eine solche Bevorzugung der Verkäuferinteressen rechtfertigt sich gerade bei beiderseitigen Handelsgeschäften, da hier – anders als bei einseitigen Handelsgeschäften - der Verbraucherschutzgedanke nicht zum tragen kommt. Dem Verkäufer wird durch den Vorrang des Nacherfüllungsrechts zu Recht das „Recht zur zweiten Andienung“ gewährt, was regelmäßig auch den Erwartungen des Käufers entspricht.[1429]
Liegt eine Lieferung an einen Einzelhändler vor, so kann der Einzelhändler bei Rückgabe der unvollständigen Ware durch den Verbraucher direkt eine Ersetzung durch eine vollständige Ware von seinem Lieferanten verlangen, ohne abzuwarten, bis dieser die Ware trotz Aufforderung unter Fristsetzung nicht vervollständigt hat.[1430] Diese den Lieferanten belastende Regelung kann allerdings vertraglich abbedungen werden.

(c) Mengenabweichungen

Bei einer Minderlieferung kann der Käufer einen Deckungskauf tätigen und Schadensersatz nach den Regeln des Art. 524 ZGB geltend machen (Art. 520 Punkt 1 ZGB). Bis zur Lieferung fehlender Ware ist der Käufer berechtigt, den Kaufpreis zurückzubehalten oder, wenn er bereits gezahlt hat, diesen zurückzuverlangen (Art.

[1427] *Sadikov-Klejn,* Kommentar zum ZGB II 1998, Art. 518 Ziff. 2.
[1428] Ähnlich *Steininger,* Kaufrecht, S. 385.
[1429] Vgl. im einzelnen schon oben zu Artt. 518 i.V.m. 475 ZGB.
[1430] Vgl. Art. 519 Punkt 2 ZGB, Ziff. 13 des Plenumsbeschlusses des HWiG Nr. 18 vom 22.10.1997 (abgedruckt in: *Doljenko/Reznikov/Chochlova,* Sudebnaja praktika, S. 490 f.).

520 Punkt 2 ZGB). Die gleichen Ansprüche stehen dem Käufer bei Störungen bei der Ersatzlieferung und bei Vervollständigung der Ware zu.[1431] Die Rechtsfolgen einer Minderlieferung bei einem Handelskauf entsprechen im Grundsatz denjenigen des Art. 466 ZGB. Art. 520 ZGB erweitert die Rechte insofern, als ein sofortiger Deckungskauf möglich ist, ohne dass der Käufer zunächst die Nachlieferung verlangen soll. Dies entspricht den Bedürfnissen des unternehmerischen Verkehrs nach einer schnellen Abwicklung von Handelsgeschäften und wird den Interessen des Käufers gerecht.

ff. Ergebnis

Die Warenlieferung entspricht dem Begriff des Handelskaufs in der deutschen Rechtsterminologie und stellt ein beiderseitiges Handelsgeschäft dar.
Artt. 506 ff. ZGB enthalten einige vom allgemeinen Kaufrecht abweichende Regelungen, die den besonderen Bedürfnissen des unternehmerischen Verkehrs gerecht werden. Diese Sonderregelungen sollen insbesondere zur Beschleunigung der Vertragsabwicklung und zur Rechtsklarheit im unternehmerischen Rechtsverkehr beitragen.
Der Charakter der unternehmerischen Sonderbestimmungen lässt sich dahingehend kennzeichnen, dass vorwiegend der Verkäufer begünstigt wird. So sind in seinem Interesse die Pflichten des Käufers verschärft, um so die für den Geschäftsverkehr erwünschte Klärung und Abwicklung des Rechtsverhältnisses zu erreichen. Eine Ausnahme bildet insbesondere das Zustimmungserfordernis des Käufers bei vorfristiger Lieferung beim Fixhandelskauf sowie das Eindeckungsrecht des Käufers bei Minder- und unvollständigen Lieferungen, die auch den Interessen des Käufers dienen.

c. Gesamtergebnis zu Veräußerungsverträgen

Die im ZGB und in weiteren Spezialgesetzen – in erster Linie im VerbrSchG – enthaltenen Bestimmungen über den Einzelhandelskauf und über den Handelskauf weisen im Vergleich zum allgemeinen Kaufrecht einige merkliche Besonderheiten auf. Diese Spezialregelungen haben größtenteils modifizierenden und ergänzenden Charakter gegenüber dem allgemeinen Schuld- und Kaufrecht.
Die Zielrichtung der Sonderbestimmungen im Einzelhandelskaufrecht ist mit derjenigen im Handelskaufrecht nicht identisch. So beruhen Bestimmungen über den Handelskauf größtenteils auf dem Gedanken, dass der unternehmerische Verkehr in gesteigertem Maße auf Flexibilität, Schnelligkeit, Einfachheit und Rechtssicherheit angewiesen ist. Der Gesetzgeber geht von der höheren Fähigkeit von Unternehmern zum Selbstschutz aus. Von Unternehmern wird Geschäftsgewandtheit und Rechtserfahrenheit erwartet, woraus die Verminderung von deren Schutzbedürftigkeit resultiert. Dies führt zu einer Erweiterung der Privatautonomie für den Bereich des

[1431] Vgl. Art. 520 ZGB.

Handelskaufs. Damit werden einige Einschränkungen der Privatautonomie vermieden, die für den Einzelhandelskauf gelten und dem Bedürfnis des unternehmerischen Verkehrs nach möglichst weitgehender Befreiung von „formalen Fesseln" widersprechen.
Dagegen ist das vorrangige Regelungsziel im Einzelhandelskaufrecht nicht die Beschleunigung des Handelsverkehrs, sondern in erster Linie die „soziale Verantwortung" der Unternehmer gegenüber den Verbrauchern. Dies hat in erster Linie die Statuierung besonderer Sorgfaltspflichten und -obliegenheiten für Unternehmer zur Folge. Diese verbraucherschützende Tendenz prägt das gesamte Einzelhandelskaufrecht. Der Gedanke des Verbraucherschutzes schlägt sich aber auch zum Teil im Handelskaufrecht nieder, wenn es um Kaufverträge zwischen einem Lieferanten und einem Einzelhändler geht.
Der russische Gesetzgeber hat den unterschiedlichen Zielrichtungen von einseitigen und beiderseitigen Handelsgeschäften im Bereich des Kaufrechts durch bestimmte Sonderregelungen im Ganzen genug Rechnung getragen. So werden Verbraucher nicht den scharfen Form- und Fristanforderungen an eine Mängelrüge unterworfen, denen insoweit Unternehmer unterliegen. Vergleicht man die Freiheit des Käufers zwischen den Gewährleistungsansprüchen zu wählen, so ist der Käufer bei einem Einzelhandelskauf freier gestellt, als bei einem Handelskauf. Während beim letzteren eine Rangfolge von Rechtsbehelfen aufgestellt wird, je nachdem, ob eine wesentliche Verletzung gegeben ist oder nicht, hat der Käufer eines Einzelhandelskaufs grundsätzlich ein uneingeschränktes Wahlrecht. Ferner wird die Ersatzlieferung im Einzelhandelskaufrecht großzügiger erlaubt als im Handelskaufrecht.
Die Annahme eines erhöhten Schutzbedürfnisses von Verbrauchern mag aber in mancher Hinsicht übertrieben sein. So dürfte es abzulehnen sein, dass eine Vertragsaufhebung bzw. -änderung auch im Einzelhandelskaufrecht ohne weiteres zulässig ist.
Auf der anderen Seite entsteht an einzelnen Stellen ein Mangel an verbraucherschützenden Sonderregelungen. So trägt *de lege lata* der Käufer sowohl beim Handelskauf als auch beim Einzelhandelskauf die Transportgefahr, sofern keine Bringschuld vereinbart wurde. Eine solche vollständige Gleichbehandlung von Verbrauchern und Unternehmern auf der Käuferseite ist jedoch nicht geboten. Während im unternehmerischen Verkehr die Zuweisung der Transportgefahr an den Käufer eine selbstverständliche unternehmerische Regelung ist, überzeugt es nicht, dass der Verbraucher als Versendungskäufer die Transportgefahr tragen soll.
Im Ergebnis lässt sich feststellen, dass die das allgemeine Kauf- und Schuldrecht modifizierende bzw. ergänzende Sonderregelungen im Einzelhandelskaufrecht weit überwiegend dem Verbraucherschutz, im Handelskaufrecht dagegen den Interessen des unternehmerischen Verkehrs dienen.

2. Verträge auf Überlassung zu Gebrauch und Nutzung

Weite Verbreitung im Geschäftsverkehr finden ferner Verträge auf Überlassung zu Gebrauch und Nutzung. In der russischen Rechtsterminologie entspricht diesen Verträgen der Oberbegriff der Pacht (russ.: „arenda"). Anders als im deutschen Recht wird im russischen Recht nicht strikt zwischen Miete (russ.: „naëm") und Pacht unterschieden, beide Begriffe werden vielmehr synonym verwendet.
Zu den Verträgen auf Überlassung zu Gebrauch und Nutzung zählen die gewerbsmäßige Miete von beweglichen Sachen[1432] (Art. 626 ZGB), die Finanzierungsmiete[1433] (Leasing, Art. 665 ZGB) und die Unternehmenspacht (656 ZGB). Bei der letzteren verlangt das Gesetz zwar die Unternehmereigenschaft nicht ausdrücklich für beide Seiten des Geschäftes; dies folgt aber aus dem Wesen des Vertrages.[1434]
Beispielhaft soll im folgenden die gewerbsmäßige Miete von beweglichen Sachen als einseitiges Handelsgeschäft und der Leasingvertrag als ein beiderseitiges Handelsgeschäft im einzelnen behandelt werden.

a. Gewerbsmäßige Miete von beweglichen Sachen

aa. Anwendungsbereich

Die gewerbsmäßige Sachmiete ist ein gegenseitiger Schuldvertrag, in dem sich ein professioneller Unternehmer (Vermieter) verpflichtet, der anderen Partei (Mieter) den Besitz und Gebrauch einer beweglichen Sache gegen Entgelt zeitweise zu gewähren.[1435] Damit stellt die gewerbsmäßige Sachmiete eine Unterart des Mietvertrags i.S.d. Art. 606 ZGB mit der Besonderheit dar, dass der Mieter nur zum Besitz und Gebrauch der Sache berechtigt ist, während ihm ein Recht an den Früchten und Erzeugnissen der überlassenen Sache nicht zusteht. Gegenstand der gewerbsmäßigen Sachmiete können ausschließlich bewegliche Sachen sein mit Ausnahme von Transportmitteln, für deren Miete Spezialregelungen[1436] existieren. Beim Vermieter handelt es sich zwingend um einen Unternehmer, „der die Überlassung von Sachen zur Miete als eine ständige unternehmerische Tätigkeit betreibt" (Art. 626 Punkt 1 Abs. 1 ZGB). Da das Mietobjekt gewöhnlich für den persönlichen, familiären oder ähnlichen Gebrauch bestimmt ist,[1437] stehen auf der Mieterseite meistens Verbraucher.[1438] Damit kann bei der gewerbsmäßigen Miete von einem einseitigen Handelsgeschäft gesprochen werden.

[1432] Russ.: „prokat".
[1433] Russ.: „finansovaja arenda".
[1434] So die einhellige Meinung in der Literatur. Vgl. z.B. *Popondopulo/Jakovleva,* Kommerčeskoe pravo, S. 272; *Gubin/Lachno,* Predprinimatel'skoe pravo, S. 375; *Rovnyj,* Ponjatie, S. 70.
[1435] Vgl. Art. 626 Punkt 1 Abs. 1 ZGB.
[1436] Artt. 632 ff. ZGB.
[1437] Vgl. Art. 626 Punkt 1 Abs. 2 ZGB.
[1438] *Braginskij-Vitrjanskij,* Kommentar zum ZGB II für Unternehmer, S. 71.

bb. Vertragsschluss und Vertragsaufhebung

Die gewerbsmäßige Sachmiete ist ein öffentlicher Vertrag i.S.d. Art. 426 ZGB mit den daraus resultierenden Besonderheiten beim Vertragsabschluss (Art. 626 Punkt 3).[1439] Für den Vertrag ist Schriftform erforderlich.[1440] Er wird befristet geschlossen, wobei die gesetzliche maximale Vertragsdauer ein Jahr beträgt.[1441] Die Beschränkung der Vertragsdauer auf ein Jahr ist offenbar eine bewusste rechtspolitische Entscheidung mit dem Ziel, eine längerfristige Überlassung von Gegenständen der genannten Art zu verhindern. Für den Mieter besteht kein Vorrecht auf Abschluss eines neuen Mietvertrages zu gleichen Bedingungen, wie es im allgemeinen Mietrecht der Fall ist.[1442] Dem Mieter wird das Recht gewährt, den Vertrag jederzeit unter Einhaltung einer zehntägigen Kündigungsfrist schriftlich zu kündigen.[1443] Gibt dann der Mieter die Mietsache vorzeitig zurück, muss der Vermieter den erhaltenen Mietzins anteilsmäßig zurückerstatten.[1444] Fraglich ist, ob diese Regelung einem angemessenen Risikoausgleich entspricht. Der Vermieter, der Sachen gewerbsmäßig vermietet, ist naturgemäß darauf angewiesen, mit der Vermietung Einkünfte zu erzielen, die seine Ausgaben möglichst decken und einen Gewinn erbringen. Grundsätzlich muss er mit der vorzeitigen Rückgabe des vermieteten Gegenstandes bei gehöriger Erfüllung auf seiner Seite ohne weiteres nicht rechnen. Deshalb ist es auch nicht möglich, während der ursprünglich angenommenen Dauer des Mietvertrags über den Mietgegenstand mit Dritten Verträge abzuschließen. Die vorzeitige Rückgabe des vermieteten Gegenstandes wird also in vielen Fällen bei ihm zu einem wirtschaftlichen Verlust führen, bis die Sache weiter verwendet werden könne. Es ist nicht ohne weiteres einzusehen, warum das Risiko eines solchen Verlustes in vollem Umfang gerade beim Vermieter verbleiben soll, soweit er eine Leistung vertragsgemäß erbringt. Dadurch wird der Verbraucher m.E. unsachgerecht begünstigt. Es wäre daher *de lege ferenda* zu überlegen, ob nicht eine Regelung angemessener wäre, die dem Vermieter einen Anspruch auf den gesamten Mietzins entsprechend dem geschlossenen Vertrage gibt, der Vermieter sich andererseits anrechnen lassen muss, was er aus der anderweitigen Nutzung der vorzeitig zurückgegebenen Sache erwirtschaftet. Das Risiko, das den Vermieter der Abschluss eines Deckungsgeschäftes nicht mehr oder nur unter schlechten Konditionen möglich ist, würde so auf den Mieter verlagert.

cc. Pflichten des Vermieters

Die Tatsache, dass die Kontrahenten des Unternehmers meistens Verbraucher sind, hat eine Ergänzung bzw. eine Verschärfung der Pflichten des Vermieters zur Folge.

[1439] Vgl. dazu bereits oben Kapitel 2 C II 1, III.
[1440] Art. 626 Punkt 2 ZGB.
[1441] Art. 627 ZGB.
[1442] Artt. 627 Punkt 2 i.V.m. 621 ZGB.
[1443] Art. 627 Punkt 3 ZGB.
[1444] Art. 630 Punkt 2 ZGB.

Neben der allgemeinen Pflicht zur Verschaffung des zeitweisen Besitzes und der Nutzungsmöglichkeit der Mietsache (Artt. 611, 626 Punkt 1 ZGB) sieht Art. 628 ZGB weitere Vermieterpflichten vor. So muss der Vermieter in Anwesenheit des Mieters die Tauglichkeit der Mietsache überprüfen sowie den Mieter mit der Bedienungsanleitung vertraut machen bzw. ihm schriftliche Bedienungsinstruktionen aushändigen. Artt. 9 f. VerbrSchG gelten entsprechend.[1445] Die Informationspflicht korrespondiert damit mit derjenigen im Einzelhandelsrecht.[1446] Ob die strikten Verhaltenspflichten des VerbrSchG immer zwingend sind, mag - wie bereits im Einzelhandelskaufrecht - bezweifelt werden.[1447]
Darüber hinaus trifft den gewerbsmäßigen Vermieter die Pflicht, die Mietsache in dem vertragsgemäßen Zustand zu erhalten (Instandhaltungspflicht). Dem Vermieter obliegt es demnach, während der Mietzeit die dazu erforderlichen Erhaltungs- und Reparaturarbeiten vorzunehmen. Die Instandhaltungspflicht umfasst bei der gewerbsmäßigen Miete – anders als beim allgemeinen Mietvertrag[1448] – nicht nur die Vornahme der Generalreparatur, sondern auch laufende Reparaturen der vermieteten Sache (Art. 631 Punkt 1 ZGB). Eine solche Erweiterung der Vermieterpflichten ist einerseits auf die Unternehmereigenschaft des Vermieters und die Natur der gewerbsmäßigen Miete zurückzuführen.[1449] Angesichts der Kürze der Mietzeit und der Beschränkung des Mietverhältnisses auf bewegliche Sachen ist dem Vermieter die Auferlegung einer weitergehenden Instandhaltungspflicht zuzumuten.[1450] Auch prägt das ZGB und das VerbrSchG das Leitbild eines unerfahrenen und schutzbedürftigen Verbrauchers, dem sowohl nötige Kenntnisse als auch technische Mittel für eine Reparatur fehlen[1451]. Daher ist die Lösung des Art. 631 Punkt 1 ZGB konsequent. Schließlich hat diese Lösung zum Vorteil, dass sich das Problem der Abgrenzung zwischen General- und laufenden Reparaturen aus dem allgemeinen Mietrecht vermeiden lässt.

dd. Pflichten des Mieters

Hauptpflicht des Mieters ist die Verpflichtung zur Leistung des vereinbarten Entgelts (Artt. 626 Punkt 1 Abs. 1, 630 ZGB). Der Mietzins besteht in einer Geldleistung, er wird als ein fester Betrag bestimmt, der regelmäßig in wiederkehrenden Zeitabständen oder als einmalige Leistung zu entrichten ist. Letzteres ist vor allem bei Mietverträgen über eine kurze, fest bestimmte Zeit, wie z.B. bei einem Bootsverleih, der Fall. Damit werden andere Erfüllungsmöglichkeiten, die in dem allgemeinen Art. 614

[1445] Zur Anwendung des VerbrSchG im Rahmen der gewerbsmäßigen Miete s. Punkt 1 Abs. 3 des Plenumsbeschlusses des OG vom 29.9.1994 Nr. 7 i.d.F. vom 21.11.2000, RG vom 26.11.1994 und vom 13.1.2001; *Kabalkin/Sannikova,* RJ 2000 Nr. 6, 18; *Braginskij/Vitrjankij,* Dogovornoe pravo II, S. 501.
[1446] Vgl. oben Kapitel 2 II 1 a cc (2).
[1447] Vgl. oben Kapitel 2 II 1 a cc (2).
[1448] Art. 616 Punkt 2 ZGB.
[1449] Vgl. *Sadikov-Šapkina,* Kommentar zum ZGB II, Art. 631, Ziff. 1; *Kabalkin/Sannikova,* RJ 2000 Nr. 6, 17; *Romanec,* Zakonodatel'stvo 1999 Nr. 12, 10.
[1450] Vgl. *Kabalkin/Sannikova,* RJ 2000 Nr. 6, 17.
[1451] Vgl. *Kabalkin/Sannikova,* RJ 2000 Nr. 6, 17; *Braginskij/Vitrjankij,* Dogovornoe pravo II, S. 501.

Punkt 2 ZGB genannt sind, wie etwa Naturalien oder Dienstleitungen, ausgeschlossen; sie können vertraglich nicht vereinbart werden.[1452]
Ferner ist der Mieter zu einer vertragsgemäßen Nutzung der Mietsache verpflichtet (Art. 615 ZGB). Zur Einhaltung des vertragsmäßigen Gebrauchs gehört es bei der gewerbsmäßigen Miete auch, dass der Mieter den Gebrauch der Mietsache Dritten nicht überlässt, insbesondere nicht untervermietet.[1453] Diese Besonderheit der gewerbsmäßigen Miete erklärt sich aus der Tatsache, dass sie dem persönlichen spezifischen Gebrauch des Mieters dient und nicht anderen Personen zugute kommen soll.[1454]
Aus Art. 612 Punkt 2 ZGB ergibt sich, dass dem Mieter die Untersuchung und Überprüfung der Funktionsfähigkeit der Mietsache beim Abschluss des Vertrages oder bei der Übergabe der Sache obliegt.[1455] Der Mieter muss die entdeckten Mängel rügen.[1456] Von ihm wird keine genaue fachliche Untersuchung verlangt; es handelt sich dabei nur um offensichtliche Mängel, die sich dem Mieter bei einer gewöhnlichen aufmerksamen Prüfung bei Abnahme der Sache aufdrängen müssen.[1457] Die Regelung des Art. 612 Punkt 2 ZGB dient dem Schutz des Vermieters vor rechtsmissbräuchlicher Inanspruchnahme durch den Mieter. Sie ist aber auch für den Mieter nicht unzumutbar, da sich die Untersuchungs- und Rügeobliegenheit nur auf offensichtliche Mängel beschränkt. Insofern erscheint die Risikoverteilung zu Lasten des Mieters angemessen.
Schließlich hat der Mieter nach Beendigung der Mietzeit dem Vermieter die Mietsache zurückgeben (Art. 622 Abs. 1 ZGB).

ee. Leistungsstörungen auf der Seite des Unternehmers

Erfüllt der gewerbsmäßige Vermieter seine Pflichten nicht oder schlecht, so stehen dem Mieter die Rechte des allgemeinen Miet- und Schuldrechts zu. Er hat, soweit keine Unmöglichkeit vorliegt, zunächst einen Erfüllungsanspruch und kann Ersatz des Verzugsschadens verlangen (Artt. 611 Punkte 2, 3 i.V.m. 398 ZGB). Kommt der Vermieter seiner Instandhaltungspflicht nicht nach, steht dem Mieter alternativ das Recht auf Minderung des Mietzinses, auf Rücktritt und Schadensersatz sowie auf Aufwendungsersatz bei selbst vorgenommenen Reparaturen zu.[1458]
Für Mängel haftet der Vermieter grundsätzlich auch dann, wenn er sie bei Vertragsschluss nicht kannte.[1459] Es gilt somit das Prinzip der verschuldensunabhängigen Garantiehaftung für Mangelfreiheit. Nach dem allgemeinen Mietrecht kann der Mieter

---

[1452] Vgl. *Sadikov-Šapkina*, Kommentar zum ZGB II, Art. 630, Ziff. 1; *Kabalkin/Sannikova,* RJ 2000 Nr. 6, 17.
[1453] Vgl. Art. 631 Punkt 2 ZGB. Grundsätzlich ist eine Untervermietung etc. dem Mieter mit Erlaubnis des Vermieters gestattet, Art. 615 Punkt 2 ZGB.
[1454] Vgl. *Braginskij-Vitrjanskij*, Kommentar zum ZGB II für Unternehmer, S. 72; *Kabalkin/Sannikova,* RJ 2000 Nr. 6, 17; *Vitrjanskij,* Zakon 1996, 115.
[1455] Vgl. *Sergeev/Tolstoj,* Graždanskoe pravo II, S. 175.
[1456] Arg. e Art. 629 Punkt 1 ZGB.
[1457] Vgl. *Sadikov-Šapkina*, Kommentar zum ZGB II, Art. 612, Ziff. 2.
[1458] Artt. 616 Punkt 1 Abs. 3, 620 Ziff. 3 ZGB.
[1459] Art. 612 Punkt 1 Abs. 1 ZGB.

nach seiner Wahl unentgeltliche Mängelbeseitigung, Minderung oder Aufwendungsersatz verlangen, den Mietzins bei Verständigung des Vermieters zurückbehalten oder vom gesamten Vertrag vorzeitig zurücktreten (Art. 612 Punkt 1 Abs. 2 ZGB). Allerdings steht dem Vermieter das Recht zu, wahlweise unverzüglich auf eigene Kosten den Mangel zu beseitigen oder dem Mieter eine mangelfreie Ersatzsache zur Verfügung zu stellen.[1460] Dies soll den Interessen des Vermieters dienen, den Vertrag zu den früheren Bedingungen aufrechtzuerhalten und damit die negativen wirtschaftlichen Folgen einer Vertragsauflösung zu vermeiden.[1461]
Die Haftung des Vermieters ist dann ausgeschlossen, wenn der Mieter beim Vertragsschluss die Mängel kannte bzw. hätte erkennen müssen.[1462] Der Vermieter kann sich darüber hinaus von der Haftung für Mängel durch den Nachweis unsachgemäßer Benutzung oder anderer schuldhafter Handlungen des Mieters befreien.[1463]

Für den Bereich der gewerbsmäßigen Miete schränkt Art. 629 ZGB Rechte des Mieters erheblich ein. Danach kann der Mieter von dem Vermieter lediglich eine Mängelbeseitigung innerhalb von 10 Tagen nach der eingegangenen Mängelrüge oder innerhalb einer noch kürzeren Frist (sofern vertraglich vereinbart) vor Ort verlangen oder er kann den Umtausch der mangelhaften Ware gegen eine mangelfreie fordern. Das Recht auf vorzeitige Kündigung sowie auf Minderung soll dem Mieter dagegen nicht zustehen.[1464] Dies soll dem Mieter eine ununterbrochene Nutzung der Mietsache innerhalb der gesetzlich auf ein Jahr beschränkten Vertragszeit gewährleisten.[1465] Fraglich erscheint jedoch die Angemessenheit der 10 Tage-Frist, die dem Vermieter für die Mängelbeseitigung und für den Umtausch gegeben wird. Je nachdem, was für ein Gegenstand vermietet wird, kann unter Umständen eine längere Frist erforderlich sein, so dass eine flexiblere Lösung angebracht wäre. Auch lässt das Gesetz die Folgen die Folgen der Versäumung der 10-Tage-Frist offen. Ferner ergeben sich Zweifel daran, ob die Aufzwingung einer Mängelbeseitigung *vor Ort* angemessen ist. Denn in bestimmten Fallkonstellationen mag eine Mängelbeseitigung vor Ort gar nicht möglich sein. So kann z.B. bei technisch aufwendigen Geräten eine umfassende Mängelbeseitigung nur in den Räumlichkeiten des Vermieters gewährt werden. Wieso gerade dem gewerbsmäßigen Vermieter in solchen Fällen diese Möglichkeit verschlossen werden soll, bleibt unklar. Eine unverzügliche Mängelbeseitigung – auch wenn sie nicht vor Ort erfolgt - entspricht in jedem Fall auch den Interessen von Verbrauchern und sollte daher dem gewerbsmäßigen Vermieter erlaubt sein.

[1460] Art. 612 Punkt 1 Abs. 3 ZGB.
[1461] Vgl. *Kozyr'/Makovskij/Chochlov/Kozyr'*, Kommentar zum ZGB II, S. 332.
[1462] Art. 612 Punkt 2 ZGB.
[1463] Arg. Art. 629 Punkt 2 ZGB; vgl. *Kabalkin/Sannikova,* RJ 2000 Nr. 6, 17 f.
[1464] Vgl. *Kozyr'/Makovskij/Chochlov/Kozyr'*, Kommentar zum ZGB II, S. 337.
[1465] *Kozyr'/Makovskij/Chochlov/Kozyr'*, Kommentar zum ZGB II, S. 337.

ff. Leistungsstörungen auf der Seite des Mieters

Die Rechte des Vermieters bei Nicht- oder Schlechterfüllung der Mieterpflichten richten sich nach den allgemeinen Regeln des Miet- und Schuldrechts. Gerät der Mieter mit der Zahlung des Mietzinses mehr als zweimal in Verzug, kann der Vermieter bei vorheriger schriftlicher Abmahnung den Vertrag vorfristig kündigen (Art. 619 Abs. 1 Ziff. 3, Abs. 3 ZGB). Bei einer wesentlichen Verletzung der Zahlungspflicht hat der Vermieter das Recht auf eine Vorauszahlung des Mietzinses (Art. 614 Punkt 5 ZGB). Eine Sonderbestimmung zu Gunsten des gewerbsmäßigen Vermieters enthält Art. 630 Punkt 3 ZGB. Danach erfolgt die Vollstreckung der Mietzinsforderung ohne Streitverfahren aufgrund eines notariellen Vollstreckungsvermerks.[1466] Diese Vereinfachung der Beitreibung betrifft aber lediglich den geschuldeten Mietzins, nicht dagegen etwaige Schadensersatz- und Vertragsstrafeansprüche des Vermieters.[1467] Nach dem Wortlaut des Gesetzes bleibt allerdings unklar, ob die außergerichtliche Beitreibung des Mietzinses die einzige Vollstreckungsmöglichkeit sein soll. Dagegen spricht, dass es weder für den Mieter noch für den Vermieter zwingend ist, sich einem derartigen Vollstreckungsakt bei Abschluss des Mietvertrages zu unterwerfen, denn eine notarielle Beurkundung ist für den Abschluss der gewerbsmäßigen Miete an sich nicht erforderlich. Daher sollte es dem Vermieter auch die Möglichkeit gegeben werden, bei einem schriftlichen Mietvertrag den Mietzins auf dem Gerichtsweg beizutreiben.

Kommt es zu einer vertragswidrigen Nutzung der Mietsache, so richten sich die Ansprüche des Vermieters nach Artt. 615 Punkt 3 und 619 Abs. 1 Ziff. 1 ZGB. Er kann vom Vertrag zurücktreten und Schadensersatz verlangen. Die gleichen Rechte stehen dem Vermieter bei wesentlicher Verschlechterung der Mietsache durch den Mieter zu (Art. 619 Abs. 1 Ziff. 2 ZGB).

Gravierende Rechtsfolgen treffen den Mieter bei Unterlassung der Untersuchungs- und Rügeobliegenheit. Hat der Mieter die Mängel nicht rechtzeitig gerügt, so führt dies nach Art. 612 Punkt 2 ZGB auch bei der gewerbsmäßigen Miete zum Ausschluss der Haftung des Vermieters. Diese Rechtsfolge des allgemeinen Mietrechts erscheint auch unter Rücksicht auf die Beteiligung von Verbrauchern nicht zu streng. Denn es handelt sich dabei nur um offensichtliche Mängel, diese müssen aber auch dem Verbraucher ohne unzumutbaren Aufwand erkennbar sein. Der erzielte Vermieterschutz ist daher sachgerecht.

Schließlich hat der Mieter bei Nicht- oder verspäteter Rückgabe der Mietsache den Mietzins für die Dauer des Verzugs zu entrichten. Darüber hinaus kann der Vermieter unter Umständen zusätzlich Schadensersatz verlangen (Art. 622 Abs. 2 ZGB).

[1466] Vgl. Artt. 89 ff. der Grundlagen der Gesetzgebung über das Notariat vom 11.2.1993 (VSND 1993 Nr. 10, Art. 357).

[1467] Vgl. *Kabalkin/Sannikova*, RJ 2000 Nr. 6, 18; *Sergeev/Tolstoj*, Graždanskoe pravo II, S. 176.

b. Finanzierungsmiete (Leasing)

aa. Anwendungsbereich

Die Finanzierungsmiete (Leasing) ist rechtssystematisch als eine Unterart des Mietvertrags im Besonderen Teil des Mietrechts in Artt. 665 ff. ZGB geregelt. Gegenüber den übrigen Mietunterarten weist das Leasing die Besonderheit auf, dass es sich hier um eine Dreiecksbeziehung zwischen Lieferant, Leasinggeber und Leasingnehmer handelt. Nach dem Leasingvertrag verpflichtet sich der Leasinggeber, das Leassinggut zu Eigentum bei einem bestimmten Verkäufer zu erwerben und dem Leasingnehmer gegen Entgelt zum zeitweiligen Besitz und Gebrauch für unternehmerische Zwecke zu überlassen (Art. 665 Abs. 1 ZGB, Art. 2 Fall 2 i.V.m. Art. 3 LeasingG[1468]). Der Grundgedanke des Leasings besteht somit darin, dass Gebrauchs- oder Investitionsgüter vom Leasingnehmer nicht zu Eigentum erworben, sondern lediglich zum Gebrauch überlassen werden sollen.
Aus der Legaldefinition des Leasingvertrags ergeben sich Besonderheiten hinsichtlich des persönlichen Anwendungsbereichs. Aus der Formulierung „Besitz und Gebrauch für unternehmerische Zwecke" folgt, dass der Leasingnehmer zwingend Unternehmer sein muss.[1469] Dies ist der wesentliche Unterschied zwischen dem russischen und dem deutschen Recht. Auch beim Leasinggeber handelt es sich naturgemäß um einen Unternehmer, was sich aus dem Wesen dieses Vertragstyps ergibt.[1470] Gegenstände des Leasing sind gemäß Art. 666 ZGB bewegliche und unbewegliche nicht verbrauchbare Sachen[1471] mit Ausnahme von Grundstücken und anderen Naturobjekten.[1472] Das Finanzierungsleasing ist bewusst auf solche Sachen beschränkt, die zu unternehmerischen Zwecken genutzt werden. Damit scheiden Konsumgüter als mögliches Leasinggut aus.

bb. Vertragsschluss und -aufhebung

Der Leasingvertrag kommt zwischen dem Leasinggeber und dem Leasingnehmer nach allgemeinen Regeln zustande. Nach zutreffender Meinung muss lediglich eine

[1468] Föderales Gesetz „Über das Leasing" (fortan: LeasingG) vom 29.10.1998 (SZ RF 1998 Nr. 44, Art. 5394) i.d.F. vom 29.1.2002 (SZ RF 2002 Nr. 5, Art. 376).
[1469] Vgl. *Braginskij/Vitrjanskij,* Dogovornoe pravo II, S. 584; *Sergeev/Tolstoj,* Graždanskoe pravo II, S. 193 f.; *Vasilevskaja,* Lizing, S. 42, 155; *Evteev,* Graždanin i pravo 2001 Nr. 4, 54; ähnlich *Konnova,* Zakonodatel'stvo 1998 Nr. 9, 18; *Priluckij,* Finansovyj lizing, S. 12; *Goremykin,* Lizing, S. 19 f.
[1470] Vgl. Artt. 4 Punkt 1 Fall 1 i.V.m. Art. 5 Punkt 1 LeasingG. Ebenso *Vasilevskaja,* Lizing, S. 155 f.; *Braginskij/Vitrjanskij,* Dogovornoe pravo II, S. 585; *Sergeev/Tolstoj,* Graždanskoe pravo II, S. 193, 194.; *Evteev,* Graždanin i pravo 2001 Nr. 4, 54; ähnlich *Konnova,* Zakonodatel'stvo 1998 Nr. 9, 18; *Priluckij,* Finansovyj lizing, S. 11; *Goremykin,* Lizing, S. 19 f.
Gegen die zwingende Unternehmereigenschaft des Leasinggebers lässt sich im übrigen nicht anführen, dass die Leasingtätigkeit nunmehr nicht lizenzpflichtig ist. Arg. e Art. 49 Punkt 1 Abs. 3 ZGB folgt, dass nicht jede unternehmerische Tätigkeit lizenzierungspflichtig ist.
[1471] Gemäß Art. 670 ZGB fallen unter den Begriff „nicht verbrauchbare Sachen" Sachen, die ihre natürlichen Eigenschaften infolge der Benutzung nicht einbüßen.
[1472] Ebenso Art. 3 LeasingG.

Einigung über den Leasinggegenstand[1473] und über den Verkäufer, bei dem das Leasinggut durch den Leasinggeber zu erwerben ist, erzielt werden.[1474] Nicht notwendig ist dagegen eine Einigung über die Vertragsdauer[1475] oder etwa über den Ort und das Verfahren der Übergabe des Leasingguts, das Verfahren der Instandhaltung des Leasingguts sowie über das Verfahren der Bilanzführung, die im LeasingG in der Fassung bis zum 29.1.2002[1476] missverständlicherweise als wesentliche Vertragsbedingungen genannt wurden.[1477]
Der Leasingvertrag läuft über eine längere feste Grundlaufzeit, die sich an der betriebsgewöhnlichen Nutzungsdauer orientiert.[1478] Während der Grundlaufzeit ist der Leasingvertrag grundsätzlich unkündbar.[1479]

cc. Vertragspflichten des Leasinggebers und Folgen ihrer Verletzung

Das den Leasingvertrag charakterisierende Dreiecksverhältnis spiegelt sich in den Pflichten der Parteien wider. Es ist daher zwischen dem Leasingvertrag im eigentlichen Sinne und dem Vertrag zwischen dem Verkäufer und dem Leasinggeber zu unterscheiden.

(1) Erwerbs- und Übergabepflicht

Im Verhältnis zum Leasingnehmer trifft den Leasinggeber zunächst die Pflicht, das Leasinggut bei einem bestimmten Verkäufer als Eigentum zu erwerben (Art. 665 Punkt 1 ZGB, Art. 15 Punkt 4 1. Alt. LeasingG). Zutreffend ist der Gesetzgeber von der strikten ZGB-Entwurfsfassung abgewichen und hat es den Parteien freigestellt, darüber zu entscheiden, wer den Verkäufer und das Leasinggut auswählt. Ferner ist der Leasinggeber zur zeitweisen Besitz- und Gebrauchsüberlassung des Leasinggegenstandes verpflichtet (Art. 665 Punkt 1 ZGB, Art. 17 Punkt 1 LeasingG). Dabei erfolgt die Übergabe des Leasingguts direkt vom Verkäufer an den Leasingnehmer. Der Leistungsort ist gemäß Art. 668 Punkt 1 ZGB der Aufenthaltsort des Leasingnehmers. Damit wird die Leistungspflicht des Verkäufers zu einer Bringschuld zugunsten des Leasingnehmers.[1480]
Kommt es zu einem Verzug mit der Übergabe des Leasingguts, kann der Leasingnehmer nach Art. 668 Punkt 2 ZGB die Aufhebung des Vertrages und

[1473] Arg. e Art. 15 Punkt 3 LeasingG.
[1474] Arg. e Art. 665 ZGB, Artt. 2 Fall 2, 15 Punkt 3 LeasingG. Vgl. *Braginskij/Vitrjanskij,* Dogovornoe pravo II, S. 601; *Evtreev,* Graždanin i pravo 2001 Nr. 4, 54; *Vasilevskaja,* Lizing, S. 127; nach *Kumpfert/Rybalkin,* WiRO 2003, 17, ist dagegen lediglich die Festlegung einer bestimmbaren Leasingsache die „einzige Wirksamkeitsvoraussetzung eines Leasingvertrages".
[1475] Arg. e Art. 610 Punkt 2 ZGB.
[1476] Art. 15 Punkt 4 LeasingG a.F.
[1477] Zur Widersprüchlichkeit des neuen LeasingG sowie zu seiner Unvereinbarkeit mit dem ZGB s. eingehend *Vasilevskaja,* Lizing, S. 42, 129 ff.
[1478] Art. 7 Punkt 3 Abs. 2 ZGB.
[1479] Ausnahmsweise ist eine vorfristige Vertragsauflösung nach Art. 668 Punkt 2 ZGB (Nichtlieferung bzw. Verzug mit der Lieferung des Leasingguts) möglich.
[1480] Vgl. *Braginskij/Vitrjanskij,* Dogovornoe pravo II, S. 588 f.

Schadensersatz[1481] verlangen, soweit der Verzug aufgrund von Umständen eingetreten ist, die der Leasinggeber zu vertreten hat.
Ist das Leasinggut mit einem Mangel behaftet, so stehen dem Leasingnehmer die Gewährleistungsansprüche des Leasinggebers gemäß Art. 670 Punkt 1 ZGB, Art. 10 Punkt 2 LeasingG unmittelbar gegen den Verkäufer zu. Eine Auflösung des Kaufvertrages kann der Leasingnehmer indes nicht verlangen. Der Leasinggeber haftet gegenüber dem Leasingnehmer nicht für die Erfüllung der Forderungen, die dem Verkäufer obliegen, da diese aus Leasingvertrag an den Leasingnehmer abgetreten werden.[1482] Eine Ausnahme besteht konsequenterweise für den Fall, dass der Leasinggeber die Wahl des Verkäufers übernimmt. Trifft den Leasinggeber ein Auswahlverschulden, so haften der Leasinggeber und der Verkäufer in Beziehung zum Leasingnehmer gesamtschuldnerisch.[1483]
Hierin besteht der wesentliche Unterschied zum allgemeinen Mietrecht, welches in Art. 612 Punkt 1 Abs. 1 ZGB den Vermieter immer für alle Mängel des Mietgegenstandes unabhängig von seiner Kenntnis haftbar macht.

(2) Unterrichtungspflicht

Der Leasinggeber ist ferner verpflichtet, den Verkäufer darüber zu unterrichten, dass die gekaufte Ware Gegenstand eines Leasingvertrags sein wird (Art. 667 ZGB). Diese Unterrichtungspflicht erklärt sich aus dem den Leasingvertrag charakterisierenden Dreiecksverhältnis und ist auch konsequent, da beim Leasing Interessen des Verkäufers unmittelbar tangiert werden.[1484] Dieser wird nämlich bei eventuell auftretenden Leistungsstörungen den Ansprüchen des Leasingnehmers ausgesetzt und muss – sofern nicht anders vereinbart – die Ware direkt an den Leasingnehmer übergeben.[1485] Allerdings sieht Art. 667 ZGB keine eigenständige Sanktion für die Verletzung der Unterrichtungspflicht vor. Sollte der Leasinggeber die Unterrichtung des Verkäufers schuldhaft unterlassen, so käme etwa ein Schadensersatzanspruch aus Art. 393 ZGB in Betracht.

(3) Instandhaltungspflicht

Die Pflicht zur Generalinstandhaltung der Sache gemäß Art. 17 Punkt 5 i.V.m. Punkt 4 LeasingG a.F. ist nach der Änderung des Leasinggesetzes vom 29.1.2002 begrüßenswerterweise entfallen.

[1481] Vgl. auch Artt. 15, 393 ZGB.
[1482] Vgl. Art. 670 Punkt 2 ZGB.
[1483] Art. 670 Punkt 2 ZGB.
[1484] Ebenso *Kabatova*, Lizing, S. 99 f.
[1485] Vgl. Artt. 670, 668 Punkt 1 ZGB.

dd. Vertragspflichten des Leasingnehmers und Folgen ihrer Verletzung

(1) Zahlungspflicht

Die Hauptverpflichtung des Leasingnehmers besteht in der Zahlung der Leasingraten (Art. 665 Abs. 1 S. 1 ZGB, Art. 15 Punkt 5 2. Var. LeasingG). Sofern vertraglich keine Vereinbarungen bezüglich der Leasingraten getroffen wurden, gilt das allgemeine Mietrecht.[1486] Mit dem Wegfall der widersprüchlichen Artt. 27, 29 und 32 LeasingG a.F. kann das Leasingentgelt nunmehr vereinbart werden, ohne dass die Investitionskosten einzeln belegt werden müssen.[1487] Art. 28 Punkt 3 Abs. 3 LesingG gewährt den Parteien das Recht, die Leasingraten – allerdings nicht häufiger als einmal in drei Monaten – zu ändern. Damit können die Leasingraten etwa aufgrund vereinbarter Zinsgleitklauseln angepasst werden.[1488]
Bei mehrmaliger Nichterfüllung der Pflicht zur Zahlung der Leasingraten ist der Leasinggeber nach dem allgemeinen Mietrecht zur vorfristigen Kündigung des Vertrages berechtigt (Art. 619 Abs. 1 Ziff. 3 ZGB).[1489] Er kann auch die Bank des Leasingnehmers anweisen, vom Konto des Schuldners die entsprechende geschuldete Summe abzubuchen (Art. 13 Punkt 1 LeasingG).[1490]

(2) Annahmepflicht, Untersuchungs- und Rügeobliegenheit

Der Leasingnehmer muss ferner die Annahme des Leasingguts gewährleisten, insbesondere alle dafür erforderlichen Handlungen vornehmen.[1491] Aus der Tatsache, dass der Leasingnehmer die Rechte und Pflichten hat, als wäre er selbst (und nicht der Leasinggeber) Partei des Kaufvertrages, folgt, dass der Leasingnehmer das Leasinggut untersuchen und ggf. unverzüglich rügen muss (Artt. 670 Punkt 1 Abs. 1 S. 2 i.V.m. 513 Punkt 2 ZGB).[1492] Angesichts der Tatsache, dass es sich beim Leasingnehmer um einen Unternehmer handelt, erscheint die Anwendung

---

[1486] Vgl. Art. 614 ZGB; *Braginskij/Vitrjanskij,* Dogovornoe pravo II, S. 595 f. S. auch Artt. 27 ff. LeasingG mit zutreffendem Kommentar dazu bei *Braginskij/Vitrjanskij,* Dogovornoe pravo II, S. 596 f.

[1487] Die Aufzählung in Art. 27 LeasingG a.F. erfolgte vorwiegend, um die Besteuerung der Lesingtätigkeit zu regeln, *Kumpfert/Rybalkin,* WiRO 2003, 18.

[1488] Vgl. Punkt 11 des Informationsbriefs des Präsidiums des HWiG Nr. 66 vom 11.1.2002, VVAS 2002 Nr. 3.

[1489] S. dazu Beschluss des föderalen Wirtschaftsgerichts des Moskauer Bezirks vom 13.2.2002 Nr. KG-A40/459-02 und Punkt 29 des Informationsbriefes des Präsidiums HWiG vom 11.1.2002, VVAS 2002 Nr. 3. Diese Möglichkeit übersehen *Kumpfert/Rybalkin,* WiRO 2003, 18, nach denen dem Leasinggeber bei Zahlungsverzug über zwei Raten allein das Recht auf Abbuchung der Geldsumme zusteht. Zwar trifft das LeasingG in der Tat keine Regelung über das Kündigungsrecht des Leasinggebers bei Zahlungsverzug des Leasingnehmers; die entsprechenden Vorschriften des ZGB finden aber weiterhin Anwendung.

[1490] Vgl. dazu im einzelnen *Gazman,* ChiP 2002 Nr. 12, 35 f. S. auch Verordnung der Zentralbank vom 12.04.2001 „Über bargeldlose Zahlungen in der Russischen Föderation", Ėkspress-zakon 2001 Nr. 23.

[1491] Arg. e Artt. 670 Punkt 1 Abs. 1 S. 2 i.V.m. 454 Punkt 1, 484 ZGB, Art. 15 Punkt 5 1. Var. LesingG. Vgl. auch *Braginskij/Vitrjanskij,* Dogovornoe pravo II, S. 590.

[1492] Vgl. *Braginskij/Vitrjanskij,* Dogovornoe pravo II, S. 590.

des Art. 513 Punkt 2 ZGB aus dem Liefervertragsrecht angebracht. Insofern gilt das zum Liefervertrag Gesagte.[1493]

(3) Vertragsmäßige Nutzung, Instandhaltung

Den Leasingnehmer trifft - wie auch jeden Mieter – die Pflicht, die geleaste Sache vertragsgemäß bzw. entsprechend der Zweckbestimmung der Sache zu nutzen (Art. 615 Punkt 1 ZGB, Art. 17 Punkt 3 LeasingG). Insbesondere ist er nicht befugt, das Leasinggut ohne Erlaubnis des Leasinggebers einem Dritten zu überlassen (Art. 615 Punkt 2 ZGB, Art. 8 Punkt 2 LeasingG). Ansonsten droht dem Leasingnehmer die Vertragsaufhebung und Schadensersatzansprüche seitens des Leasinggebers (Artt. 615 Punkt 3, 619 Abs. 1 Ziff. 1, 2 ZGB).
Dem Leasingnehmer obliegen ferner laufende Reparaturen sowie Aufwendungen für die Erhaltung des Leasingguts im funktionstüchtigen Zustand (Art. 616 Punkt 2 ZGB). Nach der Gesetzesänderung vom 29.1.2002 trifft den Leasingnehmer nunmehr darüber hinaus auch die Pflicht zur Durchführung der Generalreparaturen, sofern nichts anderes im Leasingvertrag vereinbart wurde. Die Abwälzung aller Kosten der Wartung und Instandhaltung auf den Leasingnehmer gemäß Art. 17 Punkt 3 LeasingG ist zu begrüßen. Einerseits kann allein dies dem Finanzierungszweck des Leasingvertrages gerecht werden, andererseits werden dem Leasingnehmer im Gegenzug kaufrechtliche Gewährleistungsrechte gegen den Verkäufer übertragen (Art. 10 Punkt 2 LeasingG).[1494] Ferner profitiert der Leasingnehmer von der wirtschaftlichen Nutzung des Leasinggegenstandes, weshalb es billig erscheint, ihn auch die laufenden Lasten tragen zu lassen.

(4) Rückgabepflicht

Wie jeder Mieter ist der Leasingnehmer ferner verpflichtet, nach der Beendigung des Vertrages dem Leasinggeber das Leasinggut zurückzugeben (Art. 17 Punkt 4 LeasingG). Erfolgt dies nicht, so kommt – wie auch bei der gewerbsmäßigen Miete - Art. 622 Abs. 2, 3 ZGB[1495] zur Anwendung.

(5) Gefahrtragung

Eine Besonderheit gegenüber dem allgemeinen Mietrecht stellen Art. 669 ZGB und Art. 22 LeasingG dar, die Gefahrtragungsregeln beinhalten. Während im Mietrecht der Vermieter als Eigentümer der Sache entsprechend dem Grundsatz in Art. 211 ZGB die Gefahr des zufälligen Untergangs oder der zufälligen Beschädigung der Sache trägt, bestimmen Art. 669 ZGB und Art. 22 Punkt 1 LeasingG im Gegenteil, dass die Gefahr des zufälligen Untergangs der Leasingnehmer ab dem Zeitpunkt der

---

[1493] S. oben Kapitel 2 D I 1 b dd (3).
[1494] I.E. ebenso *Kumpfert/Rybalkin,* WiRO 2003, 17 f.
[1495] Ebenso Art. 17 Punkt 5 LeasingG.

Übergabe des Leasingguts trägt. Allerdings stellt es die dispositive Formulierung des ZGB bzw. des LeasingG in das Ermessen der Parteien, eine andere Gefahrtragungsregelung zu treffen. Die Auferlegung der Gefahrtragung auf den Leasingnehmer erscheint konsequent, da sie dem Finanzierungszweck des Leasingvertrages und der „passiven Rolle des Leasinggebers“[1496] entspricht.[1497] Die russische Regelung stimmt insofern auch mit dem internationalen Recht überein.[1498]

c. Ergebnis zu Mietverträgen

Der Hauptunterschied zwischen dem einseitigen Handelsgeschäft der gewerbsmäßigen Miete und dem beiderseitigen Handelsgeschäft der Finanzierungsmiete liegt darin, dass lediglich bei der ersteren Gedanken des Verbraucherschutzes zum Tragen kommen, was sich insbesondere in der Ergänzung und Verschärfung der Vermieterpflichten widerspiegelt.
Das Recht der gewerbsmäßigen Miete zeichnet sich durch ein sehr weitgehendes Rücktrittsrecht des Mieters (Verbrauchers) aus. Dem steht ein striktes Vertragsauflösungsrecht des unternehmerisch tätigen Leasingnehmers gegenüber.
Ferner wird im Rahmen der gewerbsmäßigen Miete der Mieter von jeglichen Instandhaltungspflichten befreit, während bei Leasing diese gerade auf den Leasingnehmer abgewälzt werden.
Die Verteilung des Risikos des zufälligen Untergangs bzw. der zufälligen Verschlechterung der Ware erfolgt konträr. Während im Recht der gewerbsmäßigen Miete der allgemeine Grundsatz beibehalten bleibt, wonach das Verlustrisiko dem Eigentümer und damit dem Vermieter auferlegt wird, trägt beim Leasingvertrag der Leasingnehmer als Mieter das Verlust- bzw. das Verschlechterungsrisiko.
Im Ergebnis lässt sich feststellen, dass der Vermieter bei der gewerbsmäßigen Miete das Investitions- und Überalterungsrisiko, beim Leasing dagegen der Leasinggeber, der die Nutzungsmöglichkeit des Leasingnehmers finanziert, lediglich das Kreditrisiko trägt; das Investitionsrisiko trifft dort den Leasingnehmer.

3. Verträge über Ausführung von Tätigkeiten (Verbraucherwerkvertrag)

Der Gesetzessystematik zufolge sind als nächstes Verträge über die Ausführung von Tätigkeiten darzustellen. Dabei handelt es sich zum einen um Verträge über Ausführung von Arbeiten (Werkverträge), wie den Verbraucherwerkvertrag[1499] (Art. 730 ZGB) und den Bauwerkvertrag (Art. 740 ZGB), zum anderen um bestimmte Dienstleistungsverträge, wozu die Beförderung im öffentlichen Verkehr[1500] (Art. 789

[1496] Der Ausdruck von *Kabatova,* Lizing, S. 100.
[1497] Vgl. *Sergeev/Tolstoj,* Graždanskoe pravo II, S. 196 f.
[1498] Vgl. Art. 8 der UNIDROIT-Konvention über den internationalen Leasing vom 28.5.1988 (SZ RF 1999 Nr. 32, Art. 4040).
[1499] Russ.: "bytovoj podrjad" = "alltäglicher Werkvertrag".
[1500] Russ.: „perevozka transportom obščego pol'zovanija".

ZGB), der Speditionsvertrag[1501] (Art. 801 ZGB), der Lagervertrag (Art. 907 ZGB) und der Versicherungsvertrag des unternehmerischen Risikos (Art. 933 ZGB) zählen. Als Beispiel für diesen Vertragstyp soll hier der **Verbraucherwerkvertrag** untersucht werden.

a. Anwendungsbereich

Der Verbraucherwerkvertrag i.S.d. Art. 730 Punkt 1 ZGB stellt einen Untertyp des allgemeinen Werkvertrags dar, der sich durch seine Spezifik des persönlichen Anwendungsbereichs von anderen Werkvertragstypen unterscheidet. Der Besteller ist nämlich zwingend eine natürliche Person, die von einem Unternehmer die Ausführung einer bestimmten Arbeit und eines Arbeitsergebnisses zur Befriedigung ihrer alltäglichen und persönlichen Bedürfnisse begehrt.[1502] Damit handelt es sich bei dem Auftraggeber um einen Verbraucher. Der Auftragnehmer muss nach dem eindeutigen Wortlaut des Art. 730 Punkt 1 ZGB zwingend ein Unternehmer i.S.d. Art. 2 Punkt 1 Abs. 3 ZGB sein. Der Verbraucherwerkvertrag zählt damit zu den einseitigen Handelsgeschäften.
Gegenstand des Verbraucherwerkvertrages ist nicht die Arbeitsleistung als solche, vielmehr wird ein selbständig vergegenständlichtes Arbeitsergebnis als Werk vorausgesetzt.[1503] Demzufolge wird nicht nur der Arbeitseinsatz, sondern ein bestimmter Arbeitserfolg geschuldet, für dessen Eintritt der Unternehmer das Risiko trägt.[1504] Vertragsgegenstand kann nicht nur die Herstellung oder Veränderung einer Sache sein, vielmehr kommt auch jeder andere durch Arbeit herbeizuführende Erfolg als Werk in Betracht.[1505]

b. Vertragsschluss und -aufhebung

Als Schuldvertrag folgt der Verbraucherwerkvertrag den allgemeinen Regeln über die Begründung von Schuldverhältnissen. Besonderheiten ergeben sich zum einen aus der Tatsache, dass der Verbraucherwerkvertrag gemäß Art. 730 Punkt 2 ZGB ein öffentlicher Vertrag i.S.d. Art. 426 ZGB ist.[1506] Dies hat für den Unternehmer in erster Linie einen Kontrahierungszwang zur Folge.
Der Vertragsschluss setzt eine Einigung über die Herstellung eines bestimmten Werkes sowie über den Anfangs- und Endtermin der durchzuführenden Arbeit voraus.[1507] Kein *essentialium negotii* stellt dagegen der Werklohn dar.[1508] Ist die

---

[1501] Russ.: „dogovor transportnoj ėkspedicii".
[1502] Vgl. Artt. 730 Punkt 1, 702 Punkt 2 i.V.m. Punkt 1 ZGB.
[1503] Arg. e Artt. 730 Punkt 1, 702 Punkt 2 i.V.m. Punkt 1 ZGB. Vgl. auch *Sergeev/Tolstoj*, Graždansikoe pravo II, S. 323; *Solotych*, ZGB Teil 2, S. 61 mwN.
[1504] Art. 705 Punkt 1 Abs. 2 ZGB; vgl. auch Punkt 20 der Beilage zum Informationsbrief des Präsidiums des HWiG vom 24.1.2000 Nr. 51, angedruckt in: *Murzin*, ZGB-Rechtsprechung, S. 681.
[1505] Artt. 702 Punkt 2 i.V.m. 793 Punkt 1 ZGB.
[1506] S. dazu bereits oben Kapitel 2 C II 1.
[1507] Arg. e Artt. 730 Punkt 1, 702 Punkt 2 i.V.m. 708 Punkt 1 S. 1 ZGB. So die einhellige Meinung vgl. etwa *Sergeev/Tolstoj*, Graždanskoe pravo II, S. 310 f.; *Sadikov-Sadikov*, Kommentar zum ZGB II, Art. 708, Ziff. 1; *Kozyr'/Makovskij/Chochlov/Vitrjanskij*, Kommentar zum ZGB II, S. 369;

Vergütung des Unternehmers parteilich nicht vereinbart, kann sie nach dem Vertragschluss entsprechend Art. 424 Punkt 3 ZGB bestimmt werden.[1509] Damit wird im Zweifel ein Preis geschuldet, der unter vergleichbaren Umständen für derartige Leistungen gewöhnlich verlangt werden darf. Allerdings darf der Werklohn im Interesse des Verbrauchers[1510] den u.U. staatlich festzusetzenden oder zu regelnden Preis nicht übersteigen (Art. 735 S. 1 ZGB).
Um den durch Unternehmer auf Verbraucher im Rahmen von Vertragsverhandlungen aufgebauten Druck zu mildern, schreibt der Gesetzgeber in Art. 731 Punkt 1 ZGB ein Verbot der Aufzwingung zusätzlicher Leistungen vor. Sollte dies trotzdem erfolgen, kann der Besteller nach der Ausführung der Arbeit die Bezahlung von zusätzlichen, ihm aufgezwungenen Leistungen verweigern.
Wie bereits bei der gewerbsmäßigen Miete (Art. 627 Punkt 3 ZGB) wird dem Verbraucher auch im Werkvertragsrecht ein weitreichendes Kündigungsrecht gewährt (Art. 731 Punkt 2 ZGB, Art. 32 VerbrSchG). Dieses Kündigungsrecht ist – anders als noch Art. 360 Abs. 3 ZGB 1964 – an keine triftigen Gründe gebunden und kann bis zur Abnahme des Werkes ausgeübt werden. Während im allgemeinen Werkvertragsrecht (Art. 717 S. 1 ZGB) das Kündigungsrecht des Bestellers vertraglich abbedungen werden kann, ist es im Verbraucherwerkvertragsrecht zwingend, mit der Folge, dass alle Abweichungen von Art. 731 Punkt 2 ZGB nichtig sind. Diese Norm soll dem Verbraucherschutz dienen.[1511] Damit wollte der Gesetzgeber offensichtlich dafür sorgen, dass der beabsichtigte Verbraucherschutz aufgrund der stärkeren Position der Unternehmer nicht unterlaufen wird. Angesichts der Tatsache, dass Verbraucher des öfteren auf die Leistungen eines bestimmten Unternehmers angewiesen[1512] und damit der Gefahr der Aufzwingung von ungünstigen Vertragsbedingungen ausgesetzt sind, erscheint eine solche Einschränkung der Privatautonomie zu Gunsten von Verbrauchern nachvollziehbar. Darüber hinaus sind die Rechtsfolgen eines Rücktritts vom Verbraucherwerkvertrag für den Verbraucher weniger streng als bei einem allgemeinen Werkvertrag. So muss der Verbraucher lediglich die bis zur Kündigung erfüllte Leistung bezahlen und dem Unternehmer bereits getätigte Aufwendungen ersetzen, während jeder andere Besteller daneben noch Aufwendungen und den Schaden ersetzen muss, der dem Unternehmer durch die vorzeitige Vertragsbeendigung entstanden ist (Art. 717 ZGB)[1513]. Eine derartige Begünstigung des Verbrauchers, die in der russischen Kommentarliteratur ohne

---

Popondopulo/Jakovleva, Kommerčeskoe pravo, S. 289.
[1508] Arg. e Artt. 730 Punkt 1, 709 Punkt 1 i.V.m. 424 Punkt 3, 735 ZGB. Dies kann ebenfalls im Umkehrschluss aus Art. 740 Punkt 1 hergeleitet werden. Dort bestimmt der Gesetzgeber ausdrücklich in der Legaldefinition des Bauwerkvertrags, dass die Vergütung beim Vertragsschluss zu vereinbaren ist. Ebenso *Kozyr'/Makovskij/Chochlov/Vitrjanskij,* Kommentar zum ZGB II, S. 370; *Zavidov,* Pravo i ėkonomika 2000 Nr. 9, 9; *Popondopulo/Jakovleva,* Kommerčeskoe pravo, S. 288 f. .
[1509] Art. 709 Punkt 1 ZGB.
[1510] Vgl. *Kabalkin,* RJ 1998 Nr. 8, 17; *Kozyr'/Makovskij/Chochlov/Vitrjanskij,* Kommentar zum ZGB II, S. 374; *Braginskij-Braginskij,* Kommentar zum ZGB II für Unternehmer, S. 115.
[1511] Vgl. *Kozyr'/Makovskij/Chochlov/Vitrjanskij,* Kommentar zum ZGB II, S. 373 f.; *Braginskij-Braginskij,* Kommentar zum ZGB II für Unternehmer, S. 114; *Kabalkin,* RJ 1998 Nr. 8, 17.
[1512] Vgl. Auszug aus der Übersicht des Gerichtskollegiums für Zivilsachen des OG RF, abgedruckt in: *Murzin,* ZGB-Rechtsprechung, S. 669 f.
[1513] Der Schadensersatzanspruch umfasst auch den entgangenen Gewinn.

jedwede Rechtfertigung hingenommen wird,[1514] erscheint indes nicht selbstverständlich. Leider sind keine Motive des Gesetzgebers für einen derartig weitgehend ausgestalteten Rücktritt vom Vertrag ersichtlich.[1515] Der Gesetzgeber folgt mit dieser Bestimmung wohl seiner Absicht, einen umfassenden Verbraucherschutz zu gewährleisten.[1516] Ob ein solcher Verbraucherschutz auf Kosten des Unternehmers notwendig ist, ist zu bezweifeln. Es vermag nicht zu überzeugen, dass allein der Unternehmer das wirtschaftliche Risiko eines einseitigen Rücktritts tragen muss, ohne dass er diesen Rücktritt etwa durch eigenes vertragswidriges Verhalten hervorgerufen hat. Auch wenn man dem Verbraucher das jederzeitige Recht zur Auflösung des Vertrages zuspricht, so bestehen m.E. keine überzeugenden Gründe dafür, ihn gegenüber anderen Bestellern zu begünstigen. Die Rechtslage *de lege lata* beeinträchtigt einseitig die Interessen von Unternehmern und erscheint daher nicht sachgerecht.

c. Pflichten des Unternehmers und Folgen deren Verletzung

aa. Herstellungspflicht

Wie im allgemeinen Werkvertragsrecht besteht die Hauptverpflichtung des Unternehmers in der Herstellung eines vertragsgemäßen Werks (Artt. 730 Punkt 1, 721 ZGB). Der Unternehmer braucht grundsätzlich nicht persönlich tätig zu werden, sondern kann sich bei der Erfüllung dieser Pflicht dritter Personen bedienen; in diesem Fall hat er für deren Verhalten einzustehen (Artt. 702 Punkt 2 i.V.m. 706 ZGB). Die Beweislast über die Höhe des Schadensersatzes trägt dabei der Unternehmer.[1517]

Die Herstellung des Werkes hat grundsätzlich auf Kosten des Unternehmers und mit seinen eigenen Mitteln zu erfolgen.[1518] Wird das Werk aus den Materialien des Bestellers hergestellt, muss der Unternehmer dem Besteller beim Vertragsschluss in der Quittung eine genaue Bezeichnung, Beschreibung und den Preis des Materials angeben (Art. 734 S. 1 ZGB). Darüber hinaus trifft den Unternehmer die Pflicht zur sparsamen und wirtschaftlichen Nutzung des Materials des Bestellers (Art. 713 Punkt 1 ZGB).

Kommt der Unternehmer mit der Herstellung des Werkes in Verzug oder wird es offensichtlich, dass die Leistung nicht rechtzeitig erbracht wird, so kann der

---

[1514] Vgl. etwa *Kozyr'/Makovskij/Chochlov/Braginskij,* Kommentar zum ZGB II, S. 363 ff.; *Braginskij-Braginskij,* Kommentar zum ZGB II für Unternehmer, S. 113 ff.; *Sadikov-Levšina,* Kommentar zum ZGB II, Art. 731, Ziff. 5; *Sergeev/Tolstoj,* Graždansikoe pravo II, S. 327; *Kabalkin,* RJ 1998 Nr. 8, 17.

[1515] Keine der vorhandenen Kommentarliteratur (vgl. etwa *Sadikov-Levšina,* Kommentar zum ZGB II, Art. 731, Ziff. 5; *Kozyr'/Makovskij/Chochlov/Braginskij,,* Kommentar zum ZGB II, S. 363 ff.; *Braginskij-Braginskij,* Kommentar zum ZGB II für Unternehmer, S. 113 ff.) geht auf dieses Thema ein.

[1516] Vgl. Vgl. *Kozyr'/Makovskij/Chochlov/Vitrjanskij,* Kommentar zum ZGB II, S. 373 f.; *Braginskij-Braginskij,* Kommentar zum ZGB II für Unternehmer, S. 114; *Kabalkin,* RJ 1998 Nr. 8, 17.

[1517] Vgl. dazu Beschluss des Präsidiums des HWiG vom 9.2.1999 (keine off. Veröffentlichung, Quelle: „Garant") und vom 19.12.1998 (abgedruckt in: *Dolženko/Reznikov/Chochlova,* Sudebnaja praktika, S. 708 f.)

[1518] Artt. 702 Punkt 2 i.V.m. 704 Punkt 1 ZGB; Art. 34 Punkt 1 VerbrSchG.

Verbraucher gemäß Art. 730 Punkt 3 ZGB i.V.m. Art. 28 Punkt 1 VerbrSchG) nach seiner Wahl von folgenden Rechten Gebrauch machen: Er kann dem Unternehmer eine neue Frist zur Erfüllung setzen oder einen Dritten mit der Herstellung des Werkes für eine vernünftige Vergütung beauftragen oder die Arbeit selbst ausführen und vom Unternehmer dafür Aufwendungsersatz verlangen. Darüber hinaus steht dem Verbraucher das Recht auf Minderung des Werklohns sowie auf Vertragsauflösung mit entsprechendem Schadensersatz zu. Der Unternehmer haftet verschuldensunabhängig (Art. 401 Punkt 3 ZGB), es sei denn ihm gelingt der Nachweis, dass der Verzug vom Verbraucher verschuldet ist (Art. 28 Punkt 6 VerbrSchG). Ferner muss der Unternehmer dem Verbraucher für jeden Verzugstag 3% des Werklohns zahlen, sofern vertraglich keine höhere Vertragsstrafe bestimmt ist (Art. 28 Punkt 5 VerbrSchG).

bb. Vorvertragliche Informationspflicht

Ein Novum im russischen Recht stellt Art. 732 Punkt 1 ZGB dar, welcher eine vorvertragliche Informationspflicht des Unternehmers im Verbraucherwerkvertragsrecht statuiert. Danach hat der Unternehmer dem Verbraucher die notwendige und wahrheitsgemäße Information über die angebotene Leistung, ihre Arten und Besonderheiten, über den Preis und Zahlungsformen sowie auf Wunsch des Verbrauchers andere Angaben bezüglich des Vertrages mitzuteilen. Soweit dies für den Charakter der Leistung von Bedeutung ist, ist der Unternehmer verpflichtet, dem Besteller die Person zu nennen, die die Leistung erbringen wird (Art. 732 Punkt 1 S. 2 ZGB). Der Inhalt der Informationspflicht wird durch Artt. 9 f. VerbrSchG deutlich ergänzt.[1519] Insofern gilt das im Rahmen des Einzelhandelskaufrechts zu Art. 495 ZGB Gesagte.[1520]
Gewährt der Unternehmer dem Besteller keine Möglichkeit, unverzüglich am Ort des Vertragsschlusses die notwendigen Informationen zu erhalten, kann der Verbraucher den Ersatz des durch die unbegründete Verweigerung des Vertragsschlusses verursachten Schadens nach Art. 445 Punkt 4 ZGB verlangen (Art. 732 Punkt 2 Abs. 1 ZGB).[1521] Kommt der Verbraucherwerkvertrag jedoch zustande, so begründet die Verletzung der Informationspflicht ein Rücktrittsrecht des Bestellers (Art. 732 Punkt 2 Abs. 2 ZGB). Schließlich führt die Vernachlässigung der Informationspflicht zu einer vertraglichen Haftung, wenn sie für die Entstehung eines Mangels ursächlich ist (Art. 732 Punkt 2 Abs. 3 ZGB).[1522] Damit wurden die Rechtsfolgen der Verletzung der vorvertraglichen Informationspflicht im Verbraucherwerkvertragsrecht an diejenigen

---

[1519] Arg. e Art. 730 Punkt 3 ZGB; vgl. *Sadikov-Levšina,* Kommentar zum ZGB II, Art. 732, Ziff. 1; *Kabalkin,* RJ 1998 Nr. 8, 17.
[1520] S. oben Kapitel 2 D II 1 a cc (2). Vgl. insbesondere Punkt 22 des Plenumsbeschlusses des OG RF vom 29.9.1994 i.d.F. vom 17.1.1997, abgedruckt in *Murzin,* ZGB-Rechtsprechung, S. 701.
[1521] Ebenso Art. 12 Punkt 1 VerbrSchG.
[1522] Vgl. auch Art. 12 Punkt 2 VerbrSchG.

im Einzelhandelskaufrecht (Ar. 495 ZGB) im Rahmen der Gesetzesänderung von 1999[1523] angeglichen.

cc. Warnpflicht hinsichtlich der Benutzung des Werks

Im engen Zusammenhang mit der vorvertraglichen Informationspflicht steht eine weitere – ebenfalls im russischen Recht bisher unbekannte - Sonderpflicht des Unternehmers - die Warnpflicht. Gemäß Art. 736 Punkt 1 ZGB ist der Unternehmer verpflichtet, bei Abgabe des Werkes den Verbraucher über die Anforderungen, die für den effektiven und gefahrfreien Gebrauch des Werkes einzuhalten sind, sowie über die möglichen Folgen der Nichteinhaltung der entsprechenden Anforderungen zu unterrichten.[1524]

Das ZGB sieht keine Folgen der Verletzung der Warnpflicht im Verbraucherwerkvertragsrecht vor. Die Kommentarliteratur geht von einer analogen Anwendbarkeit des Art. 495 Punkt 4 ZGB aus.[1525] Führt die unterbliebene Warnung zu Gesundheits- oder Vermögensschäden, so richten sich die Rechte des Bestellers nach Artt. 1095 ff. ZGB.[1526]

dd. Benachrichtigungspflicht

Erfolgt die Herstellung des Werkes aus dem Material des Bestellers, so trifft den Unternehmer – wie bereits im allgemeinen Werkvertragsrecht - eine Benachrichtigungspflicht für den Fall, dass sich die Untauglichkeit oder Mangelhaftigkeit des Materials oder mögliche für den Besteller nachteilige Folgen der Ausführung seiner Anweisungen herausstellen (Art. 716 Punkt 1 ZGB, Art. 35 Punkt 1 VerbrSchG).

Die Nichterfüllung dieser Pflicht führt dazu, dass der Unternehmer sich auf diese Umstände im Falle einer Inanspruchnahme seitens des Bestellers nicht berufen kann (Art. 716 Punkt 2 ZGB)

d. Pflichten des Bestellers und Folgen deren Verletzung

aa. Entrichtung der Vergütung

Der Verbraucher ist seinerseits zur Entrichtung des Werklohns verpflichtet (Art. 730 Punkt 1 ZGB). Die Vergütung ist erst nach der Endabnahme fällig (Art. 735 S. 2 ZGB). Dagegen ist das Material des Unternehmers grundsätzlich bereits beim Vertragsschluss vollständig oder zu einem vertraglich bestimmten Preis zu bezahlen (Art. 733 ZGB; Art. 34 Punkt 2 VerbrSchG). Dabei dürfen dem Verbraucher nachträg-

---

[1523] Föderales Änderungsgesetz vom 17.12.1999, SZ RF 1999, Nr. 51, Art. 6288.

[1524] Art. 736 ZGB wurde im Rahmen der Gesetzesänderung vom 17.12.1999 neu gefasst. Vgl. auch Art. 7 Punkt 3 VerbrSchG.

[1525] Vgl. etwa *Sadikov-Levšina*, Kommentar zum ZGB II, Art. 736, Ziff. 2; *Kabalkin*, RJ 1998 Nr. 8, 18.

[1526] Vgl. *Sadikov-Levšina*, Kommentar zum ZGB II, Art. 736, Ziff. 2; *Braginskij-Braginskij*, Kommentar zum ZGB II für Unternehmer, S. 115.

liche Preisänderungen des Materials des Unternehmers nicht entgegengehalten werden.[1527] Der Unternehmer kann die im Vertrag bestimmte Vergütung auch dann verlangen, wenn seine tatsächlichen Ausgaben geringer waren als ursprünglich kalkuliert (Art. 710 ZGB).
Eine gesetzliche Sicherung der Werklohnforderungen des Unternehmers stellt sein Einbehaltungsrecht gemäß Artt. 712 i.V.m. 359 f. ZGB dar. Das Einbehaltungsrecht erstreckt sich sowohl auf das hergestellte Werk als auch auf noch beim Unternehmer befindliche Ausrüstungsgegenstände, Stoffreste oder sonstige Sachen des Bestellers.

bb. Abnahmepflicht

Den Verbraucher trifft weiterhin die Pflicht zur Abnahme des vertragsgemäß hergestellten Werkes (Art. 730 Punkt 1 ZGB). Diese weist gegenüber dem allgemeinen Werkvertragsrecht (Artt. 702 Punkt 1, 720 Punkt 1 ZGB) keine Besonderheiten auf. Mit der Abnahme geht die Gefahr des zufälligen Untergangs bzw. der Beschädigung des Werkes vom Unternehmer auf den Besteller über.[1528] Befindet sich der Besteller mit der Abnahme des Werkes in Verzug, so trägt er das Verlustrisiko.[1529] Weigert sich der Verbraucher unberechtigt, das bestellte Werk abzunehmen, so kann der Unternehmer nach Ablauf von zwei Monaten ab der schriftlichen Benachrichtigung des Bestellers das Werk anderweitig für einen vernünftigen Preis verkaufen (Art. 738 ZGB). Damit wird dem Unternehmer die Geltendmachung des Notverkaufsrechts im Vergleich zum allgemeinen Werkvertragsrecht erleichtert. Anders als nach Art. 720 Punkt 7 ZGB ist der Unternehmer nämlich weder daran gebunden, einen Monat nach dem Verzugseintritt abzuwarten noch anschließend den Besteller zweimal zu warnen, bevor er den Notverkauf tätigt.

cc. Untersuchungs- und Rügeobliegenheit

Wie bereits im Kaufrecht obliegt es dem Besteller, bei der Abnahme das hergestellte Werk zu untersuchen und festgestellte Abweichungen vom Vertrag unverzüglich gegenüber dem Unternehmer zu rügen (Art. 720 Punkt 1 ZGB). Während der Abnahme müssen festgestellte Mängel schriftlich in einem sog. Abnahmeakt festgehalten werden, andernfalls kann sich der Besteller später darauf nicht berufen,[1530] auch wenn Zeugenaussagen das Vorhandensein des Mangels bestätigen[1531]. Verzichtet der Besteller bei der Abnahme auf eine Untersuchung, verliert er seine Gewährleistungsrechte hinsichtlich der Mängel, die bei einer gewöhnlichen Untersuchung hätten festgestellt werden können (offene Mängel, Art. 720 Punkt 3 ZGB). Rechte hinsichtlich der versteckten Mängel bleiben dagegen

[1527] Vgl. Art. 733 Punkt 3 ZGB.
[1528] Umkehrschluss aus Art. 705 Punkt 1 2. Alt. ZGB.
[1529] Vgl. Artt. 705 Punkt 2, 720 Punkt 7 ZGB.
[1530] Art. 720 Punkt 2 ZGB.
[1531] Vgl. *Parcij,* Kommentar zum VerbrSchG, Art. 29, Ziff. 6.

davon unberührt, wenn der Besteller diese später nach der Entdeckung innerhalb einer angemessenen Frist rügt.[1532]
Die Konsequenzen der Verletzung der Untersuchungs- und Rügeobliegenheit fallen im Werkvertragsrecht damit deutlich strenger aus, als im Kaufvertragsrecht, wo sie lediglich die Einschränkung der Gewährleistungsrechte und nicht deren Verlust zur Folge haben.[1533] Allerdings wird diese Strenge z.T. dadurch relativiert, dass die Bestimmung des Art. 720 Punkt 3 ZGB dispositiv ist. Damit bleibt es den Parteien überlassen, ob sie vertraglich andere Rechtsfolgen der Versäumung der Untersuchung vorsehen.

dd. Mitwirkungspflichten

Schließlich werden dem Besteller bestimmte Mitwirkungspflichten auferlegt. Zum einen handelt es sich dabei um vertraglich bestimmte Pflichten, deren Verletzung lediglich Schadensersatzansprüche und den vorzeitige Übergang der Preisgefahr auf den Besteller nach sich zieht (Art. 718 Punkt 1 Abs. 2, Punkt 2 ZGB). Zum anderen sieht das ZGB Mitwirkungshandlungen des Bestellers zur rechtszeitigen Überlassung des Materials, Ausrüstung etc. (Art. 719 Punkt 1 ZGB) sowie zum Umtausch seines untauglichen oder mangelhaften Materials nach einer diesbezüglichen Unterrichtung seitens des Unternehmers vor (Art. 716 Punkt 3 ZGB). Unterlässt der Besteller die erforderlichen Mitwirkungen, die vom Gesetzgeber als Gegenleistung behandelt werden, so kann der Unternehmer die Vertragserfüllung verweigern und Schadenersatz fordern (Artt. 716 Punkt 3, 719 Punkt 2 ZGB).

e. Haftung für Mängel

Die Gewährleistungsrechte des Verbrauchers im Falle von Mängeln werden im Vergleich zum allgemeinen Werkvertragsrecht erweitert. Die Spezialbestimmung des Art. 737 Punkt 1 ZGB verweist zunächst auf den allgemeineren Art. 723 ZGB. Danach stehen dem Besteller nach seiner Wahl Mängelbeseitigung, Minderung und Aufwendungsersatz zu.[1534] Zusätzlich gibt Art. 737 Punkt 1 ZGB dem Besteller das Recht auf unentgeltliche Neuherstellung.[1535] Dagegen steht es im allgemeinen Werkvertragsrecht dem Unternehmer frei, ob er dem Nacherfüllungsbegehren des Bestellers durch Mängelbeseitigung nachkommt oder ob er – weil das etwa für ihn günstiger ist – das Werk neu herstellt und den Verzugsschaden ersetzt (Art. 723 Punkt 2 ZGB). Auch wird der Anspruch auf Aufwendungsersatz nicht davon abhängig gemacht, ob die Parteien ein Selbstnachbesserungsrecht in ihrem Vertrag vereinbart hatten.[1536]

[1532] Arg. e Artt. 720 Punkt 4 i.V.m. Punkt 3 ZGB.
[1533] Vgl. dazu oben Kapitel 2 D II 1 a (2) (b) und 1 b ee (2) (c).
[1534] Ebenso Art. 29 Punkt 1 Fall 1, 2, 4 VerbrSchG.
[1535] Ebenso Art. 29 Punkt 1 Fall 3 VerbrSchG.
[1536] Art. 723 Punkt 1 ZGB und Art. 29 Punkt 1 Fall 4 VerbrSchG.

Im Fall wesentlicher und unbehebbarer Mängel hat der Verbraucher das Rücktrittsrecht mit Schadensersatzanspruch (Art. 723 Punkt 3 ZGB, Art. 29 Punkt 1 Abs. 3 S. 2 VerbrSchG). Nach dem von der Rechtsprechung für den Verbraucherwerkvertrag entwickelten Begriff des wesentlichen Mangels liegt ein solcher vor, wenn der Mangel die Benutzung des Werkes entsprechend seiner Zielsetzung unmöglich oder unzulässig macht, oder entweder gar nicht oder nur mit unverhältnismäßig hohem Arbeits- und Zeitaufwand behebbar ist, oder mehrmalig bzw. nach der Mängelbeseitigung erneut auftritt, oder wenn der Verbraucher durch den Mangel darauf verzichten muss, worauf er beim Vertragsabschluss hatte rechnen dürfen.[1537] Damit verzichtet der russische Gesetzgeber im Werkvertragsrecht begrüßenswerterweise auf die Erweiterung des Rücktrittsrechts des Verbrauchers auf einfache Mängel, wie sie im Einzelhandelskaufrecht stattfindet.[1538]
Das Rücktrittsrecht mit Anspruch auf Schadensersatz besteht ebenfalls bei verzögerter Nachbesserung (Art. 723 Punkt 3 ZGB, Art. 29 Punkt 1 Abs. 3 S. 1 VerbrSchG). Daneben steht dem Verbraucher eine Vertragsstrafe für jeden Verzugstag mit der Nachbesserung 3% in Höhe des Werklohns zu (Artt. 30 Abs. 3 i.V.m. 28 Punkt 5 VerbrSchG).
Voraussetzung für die Geltendmachung der Gewährleistungsansprüche ist die Feststellung bzw. das Auftreten des Mangels während der Abnahme oder innerhalb der vertraglichen oder gesetzlich bestimmten Garantiefristen. Fehlt eine vertragliche Garantiefrist, so müssen die Mängel innerhalb einer angemessenen Frist, jedoch innerhalb von zwei Jahren[1539] festgestellt werden (Art. 724 Punkt 2 ZGB, Art. 29 Punkt 3 Abs. 2 VerbrSchG). Werden Mängel nach Ablauf der vertraglichen Garantiefrist, jedoch noch innerhalb der zweijährigen gesetzlichen Haftungsdauer festgestellt, führt dies zur Umkehr der Beweislast zu Gunsten des Unternehmers (Art. 724 Punkt 4 ZGB, Art. 29 Punkt 5 VerbrSchG). Bei wesentlichen Mängeln wird die Haftungsdauer zu Gunsten des Verbrauchers zeitlich erweitert. Er kann Mängelbeseitigung innerhalb der vom Hersteller bestimmten Lebensdauer bzw. - in Ermangelung dieser - innerhalb von zehn Jahren verlangen, auch wenn er den Mangel erst nach Ablauf von zwei Jahren feststellt, vorausgesetzt, ihm gelingt der Nachweis, dass der Mangel vor der Abnahme vorhanden war oder die Ursachen für den Mangel vor der Abnahme gesetzt wurden (Art. 737 Punkt 2 ZGB, Art. 29 Punkt 6 VerbrSchG).
Mängelansprüche verjähren grundsätzlich mit Ablauf eines Jahres (Art. 725 ZGB). Die Verjährungsfrist beginnt zu laufen mit der Feststellung des Mangels bzw. mit dem Zeitpunkt, zu dem der Mangel bei gewöhnlicher Sorgfalt hätte festgestellt werden

[1537] S. Ziff. 15 des Plenumsbeschlusses des OG RF vom 29.9.1994 Nr. 7 i.d.F. vom 17.1.1997, abgedruckt in: *Murzin*, ZGB-Rechtsprechung, S. 696.

[1538] Irreführend ist damit der Verweis von Art. 739 ZGB auf Art. 503 ZG, der einen jederzeitigen Rücktritt bei bereits geringfügigen Mängeln gerade ermöglicht. Dass es vom Gesetzgeber im Werkvertragsrecht nicht gewollt ist, folgt eindeutig aus Art. 723 Punkt 3 ZGB und Art. 29 Punkt 1 Abs. 3 S. 2 VerbrSchG. Vgl. auch *Sadikov-Levšina*, Kommentar zum ZGB II, Art. 739, die ausdrücklich darauf hinweisen, dass nicht alle in Artt. 503 ZGB genannten Rechte auf den Verbraucherwerkvertrag Anwendung finden.

[1539] Für unbewegliches Vermögen gilt die Frist von fünf Jahren, Art. 29 Punkt 3 Abs. 2 VerbrSchG, Art. 756 Punkt 2 ZGB.

müssen.[1540] Damit beginnt die Verjährung für Ansprüche wegen offensichtlichen Mängeln mit der Abnahme des Werks, wogegen bei verdeckten Mängeln der Zeitpunkt des Auftretens entscheidend ist. Soweit keine Garantiefrist bestimmt ist und die Mängel innerhalb der Garantiefrist gerügt wurden, beginnt die Verjährungsfrist mit der Mängelrüge.[1541]

Die Entscheidung des Gesetzgebers, dem Besteller ein uneingeschränktes Wahlrecht zwischen verschiedenen Rechtsbehelfen zu gewähren, lässt Parallelen zum Einzelhandelskauf erkennen.[1542] Hierfür spricht der bereits im Rahmen des Einzelhandelskaufs erwogene Gedanke, dass die nicht gehörige Vertragserfüllung (die mangelhafte Ausführung des Werkes) auf dem Verhalten des Unternehmers beruht und der Besteller ansonsten ohne Zeitverzögerung das vertragsgemäße Werk erlangt hätte. Daher erscheint es gerechtfertigt, den den Nachteil erleidenden Besteller darüber entscheiden zu lassen, wie er gegen die Vertragsverletzung vorgeht. Diese Lösung birgt jedoch einerseits die Gefahr in sich, dass der Verbraucher seine starke Position ausnutzt und missbraucht. Um dem vorzubeugen, wäre eine Verhältnismäßigkeitsklausel erforderlich gewesen. Andererseits spricht die Interessenlage beim Werkvertrag dafür, dem Unternehmer das Wahlrecht zwischen Mängelbeseitigung und Neuherstellung zu überlassen. Der Unternehmer ist nämlich mit dem Herstellungsprozess eng befasst und kann als Fachexperte besser als der unerfahrene Verbraucher einschätzen, was unter dem Zeit- und Kostenaspekt effizienter ist - Mängelbeseitigung oder Herstellung eines neuen Werkes. Die für den Unternehmer wirtschaftlich bedeutsame Wahl zwischen diesen beiden Rechtsbehelfen von der möglicherweise willkürlichen Entscheidung des Verbrauchers abhängig zu machen, erscheint nicht sachgerecht. Für die Geltung der allgemeinen werkvertraglichen Regelung des Art. 723 ZGB auch im Verbraucherwerkvertragsrecht spräche, dass dadurch die berechtigten Interessen des Verbrauchers nicht in unangemessener Weise beeinträchtigt wären: Er hätte weiterhin das Wahlrecht zwischen Minderung, Aufwendungsersatz und Nacherfüllung; ob die Nacherfüllung durch Mängelbeseitigung oder Neuherstellung erfolgt – beides würde zu dem vom Verbraucher begehrten Erfolg führen. Daher vermag die gesetzgeberische Entscheidung, dem Verbraucher ein Wahlrecht zwischen Mängelbeseitigung und Neuherstellung einzuräumen, nicht zu überzeugen. *De lege ferenda* wäre somit eine Rückkehr zur allgemeinen werkvertraglichen Regelung des Art. 723 Punkt 2 ZGB zu begrüßen.

f. Ergebnis

Mit der Regelung des Verbraucherwerkvertrags zielt der Gesetzgeber auf die Gewährung zusätzlicher Verbrauchergarantien im Vergleich zum allgemeinen Werk-

[1540] Art. 200 Punkt 1 ZGB.
[1541] Art. 725 Punkt 3 ZGB.
[1542] Vgl. oben Kapitel 2 D II 1 a ee (1) (d).

vertragsrecht ab.[1543] Viele Vorschriften im Verbraucherwerkvertragsrecht entsprechen inhaltlich und in ihrer Funktion denjenigen im Einzelhandelskaufrecht, was auf die Verbrauchereigenschaft einer der Vertragsparteien zurückzuführen ist. Auch wenn das Verbraucherwerkvertragsrecht insgesamt durch eine starke, den Verbraucher schützende Tendenz geprägt ist, hält sich dies insbesondere im Gewährleistungsrecht - anders als im Einzelhandelskaufrecht - im Rahmen des Vernünftigen. Wie bereits im Kaufrecht festgestellt, kommt es auch im Werkvertragsrecht zu zahlreichen wortgleichen Überschneidungen zwischen ZGB und VerbrSchG, was die Notwendigkeit eines separaten VerbrSchG in Frage stellt und für die Integration weitergehender verbraucherschützenden Bestimmungen des VerbrSchG in das ZGB spricht.

5. Verträge über Wahrnehmung fremder Angelegenheiten (Kommissionsvertrag)

Als Verträge über Wahrnehmung fremder Angelegenheiten im unternehmerischen Verkehr können der Handelsvertretervertrag (Art. 184 ZGB), der Kommissionsvertrag (Art. 990 ZGB) und die treuhänderische Vermögensverwaltung[1544] (Art. 1012 ZGB) qualifiziert werden.
Beispielhaft soll hier der **Kommissionsvertrag** dargestellt werden.

a. Anwendungsbereich

Gemäß Art. 990 Punkt 1 Abs. 1 ZGB liegt ein Kommissionsvertrag vor, wenn sich eine Partei (Kommissionär) verpflichtet, im Auftrag der anderen Partei (des Kommittenten) gegen Provision[1545] ein oder mehrere Rechtsgeschäfte im eigenen Namen, jedoch für Rechnung des Kommittenten abzuschließen. Da der Kommissionär für fremde Rechnung tätig wird, treffen die Folgen des von ihm abgeschlossenen Geschäfts wirtschaftlich gesehen nicht ihn, sondern seinen Auftraggeber – den Kommittenten. Die Tatsache, dass der Kommissionär immer im eigenen Namen handelt, hat zur Folge, dass er selbst und nicht der Kommittent Vertragspartner des Dritten wird. Auch wenn der Kommissionär erkennen lässt, dass er für fremde Rechnung handelt, bleibt er immer Träger der Rechte und Pflichten aus dem mit dem Dritten abgeschlossenen Geschäft (Art. 990 Punkt 1 Abs. 2 ZGB). Es handelt sich damit beim Kommissionsvertrag - wie auch im deutschen Recht – um einen Fall mittelbarer Stellvertretung.
Der Kommissionär ist nach richtiger Auffassung nicht *ipso jure* ein Unternehmer,[1546] auch wenn in der Praxis die meisten Kommissionäre unternehmerisch tätig sind[1547].

[1543] Vgl. *Kozyr'/Makovskij/Chochlov/Vitrjanskij,* Kommentar zum ZGB II, S. 373; *Braginskij-Braginskij,* Kommentar zum ZGB II für Unternehmer, S. 114.
[1544] Russ.: „dogovor doveritel'nogo upravlenija imuščestvom".
[1545] Russ.: „voznagraždenie" (Vergütung).
[1546] Vgl. *Vilesova/Kazakova,* Auditorskie vedomosti 2001 Nr. 2; *Sergeev/Tolstoj,* Graždanskoe pravo II, S. 564; *Sadikov-Jakovlev,* Kommentar zum ZGB II, Art. 1002; a.M. *Logunov,* Zakonodatel'stvo 1999

Dies folgt bereits aus Artt. 995 Punkt 1 Abs. 2, 1002 4. Fall ZGB, die Besonderheiten der Rechtslage bei Beteiligung eines unternehmerisch tätigen Kommissionärs regeln und damit implizit eine „nichtprofessionelle" Kommission erlauben. Die Möglichkeit der Gelegenheitskommission wird schließlich auch in der Legaldefinition des Kommissionsvertrages in Art. 990 Punkt 1 ZGB vorausgesetzt, welche die Besorgung auch nur eines einzigen Rechtsgeschäftes erfasst. Für das Betreiben einer unternehmerischen Tätigkeit i.S.d. Art. 2 Punkt 1 Abs. 3 ZGB ist dagegen eine systematische auf Gewinnerzielung gerichtete Tätigkeit erforderlich, was bei Ausführung eines einzigen Geschäftes im eigenen Namen für fremde Rechnung sicherlich noch nicht bejaht werden kann.
Auch der Kommittent braucht nach dem Gesetzeswortlaut nicht zwingend Unternehmer zu sein. Bei strikt systematischer Betrachtung stellt das Kommissionsrecht damit keinen Gegenstand des Sonderprivatrechts der Unternehmer dar.
Auch wenn die Hauptbedeutung der Kommission heute im Warenhandel liegt,[1548] ist der Gegenstand der Kommission keineswegs ausschließlich auf den Warenhandel beschränkt, obwohl viele Gesetzesbestimmungen (so etwa Artt. 995 Punkte 2, 3, 996, 998, 1000 ZGB) darauf missverständlich hindeuten.[1549]

b. Vertragsschluss und -aufhebung

Art. 990 Punkt 2 ZGB überlässt die genau Ausgestaltung des Kommissionsvertrags den Parteien. Diese können entscheiden, ob sie den Vertrag für eine bestimmte Zeit abschließen, das Territorium der Vertragsausführung und das Warensortiment genau bestimmen oder dem Kommittenten das Verbot auferlegen, Dritte mit den gleichen Aufgaben zu beauftragen. Haben die Parteien die genannten Punkte nicht als Vertragspunkte vereinbart, so sind diese keine *essentialia negotii*. Auch stellt weder die Höhe der Provision noch das Verfahren deren Auszahlung einen wesentlichen Vertragsbestandteil dar.[1550] Wurde die Provision nicht parteilich bestimmt und ergibt sie sich nicht nach der Vertragsauslegung, so ist der Preis zu zahlen, der bei vergleichbaren Rechtsverhältnissen gewöhnlich für ähnliche Dienstleistungen verlangt wird (Artt. 991 Punkt 1 Abs. 2 i.V.m. 424 Punkt 3 ZGB).

Nr. 2, 24; *Puginskij,* Kommerčeskoe pravo, S. 199.
[1547] Vgl. *Kozyr'/Makovskij/Chochlov/Kalmykov,* Kommentar zum ZGB II, S. 521; *Sergeev/Tolstoj,* Graždanskoe pravo II, S. 564.
[1548] Vgl. *Braginskij-Suchanov,* Kommentar zum ZGB II für Unternehmer, S. 228; *Puginskij,* Kommerčeskoe pravo, S. 196; *Sergeev/Tolstoj,* Graždanskoe pravo II, S. 564; *Vilesova/Kazakova,* Auditorskie vedomosti 2001 Nr. 2.
[1549] Einhellige Meinung in der Literatur, vgl. etwa *Vilesova/Kazakova,* Auditorskie vedomosti 2001 Nr. 2; *Sergeev/Tolstoj,* Graždanskoe pravo II, S. 564; *Sadikov-Jakovlev,* Kommentar zum ZGB II, Art. 990. Zur Kommission auf den Warenbörsen s. das Gesetz vom 20.2.1992 „Über Warenbörsen und Börsenhandel" (Vedomosti RF 1992 Nr. 18, Art. 961 i.d.F. v. 19.6.1995, SZ RF Nr. 26, Art. 2397); zu Besonderheiten des Handels mit Nichtlebensmitteln s. „Bestimmungen des Kommissionshandelns mit Nichtlebensmitteln", bestätigt durch den Regierungsbeschluss vom 20.9.1994 (SZ RF 1994 Nr. 23, Art. 2569); zur Kommission beim Verkauf von zur Kreditsicherung verpfändeten Aktien der RF, s. Beilage Nr. 3 zum Präsidentenerlass Nr. 889 vom 31.8.1995, SZ RF 1995 Nr. 36, Art. 3527).
[1550] Ebenso *Kozyr'/Makovskij/Chochlov/Kalmykov,* Kommentar zum ZGB II, S. 520.

Hinsichtlich der Form bestehen keine besonderen Bestimmungen im Kommissionsrecht; damit gelten Artt. 158 ff. ZGB.

Bei einem unbefristeten Kommissionsvertrag haben sowohl der Kommittent als auch der Kommissionär die Möglichkeit, den Vertrag jederzeit einseitig zu kündigen.[1551] Widerruft der Kommittent seinen Auftrag, muss er dem Kommissionär den Ersatz des dadurch entstandenen Schadens zahlen (Art. 1003 Punkt 1 ZGB). Der Kommittent hat den Kommissionär über seine Kündigung nicht später als dreißig Tage im voraus zu unterrichten und dem Kommissionär die Provision für bereits vorgenommenen Geschäfte zu zahlen sowie getätigte Aufwendungen zu ersetzen (Art. 1003 Punkt 2 ZGB). Eine entsprechende Unterrichtungspflicht obliegt im Kündigungsfall dem Kommissionär (Art. 1004 Punkt 1 S. 2 ZGB). Ihm werden die bis zur Kündigung getätigten Aufwendungen erstattet und die Provision ausgezahlt (Atz. 1004 Punkt 3 ZGB).
Eine einseitige Kündigung des Kommissionärs bei einem befristeten Kommissionsvertrag ist zu Gunsten des Kommittenten grundsätzlich nicht gestattet (Art. 1004 Punkt 1 ZGB).

c. Pflichten des Kommissionärs

Der Kommissionär ist verpflichtet, das übernommene Ausführungsgeschäft auszuführen (Artt. 990 Punkt 1 ZGB). Die Ausführungspflicht umfasst nicht nur den Abschluss des Ausführungsgeschäftes, sondern erstreckt sich grundsätzlich auch auf dessen Abwicklung.[1552] Der Kommissionär hat ein möglichst vorteilhaftes Rechtsgeschäft mit einem zuverlässigen Dritten abzuschließen. Für Störungen durch den Dritten haftet er jedoch gegenüber dem Kommittenten ohne eigenes Verschulden grundsätzlich nicht (Art. 993 ZGB). Eine Haftung für die Erfüllung des Ausführungsgeschäftes durch den Dritten besteht lediglich im Fall nicht sorgfältiger Auswahl des Dritten oder bei vereinbarter Delkrederehaftung[1553] (Art. 993 Punkt 1 ZGB).
Die erforderliche Sorgfalt bei Auswahl des Dritten erfordert nach herrschender Literaturauffassung eine Prüfung der Gesetzmäßigkeit der Gründung und das Vorhandensein der erforderlichen Registrierung bei juristischen Personen als Dritten, eine Überprüfung der Vollmacht der die Gesellschaft vertretenden Person, eine Prüfung der Zahlungsfähigkeit des Kontrahenten und seines geschäftlichen Rufes.[1554] Solche weitgehenden Anforderungen an den Kommissionär zu stellen, erscheint indessen nicht sachgerecht. Jedenfalls kann von einem nichtunternehmerischen Kommissionär m.E. nicht verlangt werden, etwa die „Gesetzmäßigkeit des Gründungsverfahrens einer juristischen Person" zu beurteilen. Insoweit darf auch der Kommissionär auf die Registerpublizität verlassen. Im übrigen würden ihm allein

[1551] Vgl. Artt. 1003 Punkt 1 und 1004 Punkt 1 ZGB.
[1552] Vgl. *Sergeev/Tolstoj*, Graždanskoe pravo II, S. 564.
[1553] Es handelt sich dabei i.d.R. um eine Bürgschaft.
[1554] So *Puginskij*, Kommerčeskoe pravo, S. 201; ähnlich *Braginskij-Suchanov*, Kommentar zum ZGB II für Unternehmer, S. 231.

schon die erforderlichen fachspezifischen Kenntnisse fehlen. Aber auch für einen Unternehmer-Kommissionär würden die strengen Anforderungen bedeuten, dass es praktisch zu einer Umkehr des Grundsatzes der Nicht-Haftung für Erfüllung durch Dritte kommt. Denn in der Praxis wird man dem Kommissionär immer vorwerfen können, er hätte mehr Nachforschungen treiben, sich besser vergewissern können und damit sorgfältiger handeln müssen. Auch kann m.E. eine Prüfung des „geschäftlichen Rufes" wegen der Unbestimmtheit des Begriffes nie vollständig erfolgen, so dass man dem Kommissionär immer ein Fehlverhalten anlasten könnte. Ein solches Ergebnis ist jedoch vom Gesetzgeber nicht gewollt gewesen. Art. 993 Punkt 1 ZGB folgt mit seinem Grundsatz der Nichtverantwortung für Erfüllung durch Dritte der Vorgängernorm des Art. 411 ZGB 1964, so dass von einer Abkehr zum umgekehrten Grundsatz der Verantwortung für Erfüllung durch Dritte keine Rede sein kann.

Ebenso unzutreffend geht eine Literaturmeinung von der Beweislast des Kommissionärs dafür aus, dass er seinen Vertragspartner mit der erforderlichen Sorgfalt ausgesucht hat.[1555] Denn dies bedeutet ebenfalls eine Umkehr des Nichthaftungs-Grundsatzes, der aus dem Wortlaut des Art. 993 Punkt 1 ZGB folgt. Außerdem gilt nach Art. 65 Punkt 1 WiPO und Art. 50 Abs. 1 Zivilprozesskodex[1556] das Prinzip, wonach jede Partei diejenigen Umstände zu beweisen hat, auf welche sie sich zu Begründung ihrer Forderungen beruft. Dies bedeutet, dass dann, wenn der Dritte nicht erfüllt und der Kommittent den Kommissionär dafür in Anspruch nimmt, der Kommittent beweisen muss, dass der Kommissionär die erforderliche Sorgfalt bei der Auswahl des Dritten unterlassen hat.

Im Gegensatz zur Literatur hat die Judikatur bisher, soweit ersichtlich, keine besonders strengen Anforderungen an die erforderliche Sorgfalt gestellt.[1557] Es bleibt abzuwarten, wie die Rechtsprechung den Begriff der erforderlichen Sorgfalt künftig auslegen wird.

Der Kommissionär ist - anders als noch nach dem ZGB 1964 - nicht mehr daran gehalten, persönlich die Kommission auszuführen. Vielmehr kann er mangels anderslautender gesetzlicher oder parteilicher Regelungen einen Zwischenkommissionär mit der Erfüllung des Kommissionsvertrages beauftragen, für dessen Handeln er dann einzustehen hat (Art. 994 ZGB).

Bei Abschluss des Ausführungsgeschäfts muss der Kommissionär gemäß Art. 992 Punkt 1 ZGB die Interessen des Kommittenten wahren und seine Weisungen befolgen. Die Interessenwahrungspflicht entspricht dem Geschäftsbesorgungscharakter des Kommissionsvertrags. Demgemäß hat der Kommissionär im Rahmen des Möglichen die für den Kommittenten günstigsten Vertragsbedingungen zu vereinbaren. Weisungen des Kommittenten sind zu befolgen. Die Abweichung von einer Weisung ohne vorheriges Einverständnis des Kommittenten ist nur dann nicht vertrags-

---

[1555] *Puginskij*, Kommerčeskoe pravo, S. 201.

[1556] Zivilprozesskodex vom 11.6.1964 i.d.F. vom 7.8.2000 (SZ RF 2000 Nr. 33, Art. 3346).

[1557] Vgl. etwa Beschluss des Präsidiums des HWiG vom 15.8.2000, VVAS 2000, Nr. 11; Beschluss des föderalen WiG des Moskauer-Bezirks vom 15.2.2000, abgedruckt in *Dolženko/Reznikov/Chochlova,* Sudebnaja praktika, S. 821 f.

widrig, wenn sie nach den Umständen des Falles erforderlich ist und den Interessen des Kommittenten entspricht (Art. 995 Punkt 1 Abs. 1 ZGB). So sind Abweichungen zum Vorteil des Kommittenten immer erlaubt, der Gewinn wird dabei zwischen dem Kommissionär und dem Kommittenten zu gleichen Anteilen geteilt, was der Tätigkeit des Kommissionärs einen zusätzlichen Ansporn gibt[1558] (Art. 992 Abs. 2 ZGB). Dem unternehmerisch tätigen Kommissionär kann das Recht zu Abweichungen von Weisungen auch ohne vorheriges Einverständnis des Kommittenten vertraglich gewährt werden. Dann muss der Kommissionär innerhalb einer angemessenen Frist den Kommittenten über die möglichen Abweichungen informieren (Art. 995 Punkt 1 Abs. 2 ZGB). Bei Verkauf des Kommissionsguts unter dem vereinbarten Preis ist dem Kommittenten die Differenz zu ersetzen, es sei denn, ein solcher Verkauf war unumgänglich.[1559] Gleicht der Kommissionär den Preisunterschied selbst aus, liegt keine vertragswidrige Abweichung zum Nachteil des Kommittenten mit der Folge vor, dass der Kommittent das Geschäft nicht mehr als ein weisungswidriges Geschäft zurückweisen darf.[1560] Eine Abweichung vom festgesetzten Preis beim Wareneinkauf zum Nachteil des Kommittenten ist eine Vertragsverletzung, welche das Zurückweisungsrecht des Kommittenten zur Folge hat (Art. 995 Punkt 3 ZGB). Allerdings entfällt das Zurückweisungsrecht, wenn der Kommittent das Geschäft in Kenntnis seiner Weisungswidrigkeit gebilligt hat. Dies wird dann angenommen, wenn der Kommittent innerhalb einer angemessenen Frist nach der Unterrichtung über die Abweichung von seiner Weisung diese nicht rügt.[1561] Kommt er dieser Rügelast also nicht nach, so gilt das Rechtsgeschäft als genehmigt.

Zur Interessenwahrungspflicht gehört auch die Sorge des Kommissionärs für einen mangelfreien Zustand des Kommissionsgutes. Er muss das vom Kommittenten übergebene bzw. für den Kommittenten erworbene Gut auf erkennbare Mängel prüfen, bei zugefügten Schäden Maßnahmen zum Schutz der Interessen des Kommittenten ergreifen, die erforderlichen Beweise sammeln und alles dem Kommittenten unverzüglich anzeigen (Art. 998 Punkt 2 ZGB). Verwahrt der Kommissionär das Gut im Rahmen der Kommission, so haftet er gemäß Art. 998 Punkt 1 ZGB für dessen Untergang, Teilverslust oder Beschädigung, sofern er sich nicht entlasten kann. Im Gegensatz zur Vorgängernorm (Art. 412 ZGB 1964) stellt Art. 998 ZGB bei der Haftung des Kommissionärs nicht mehr auf das Verschulden des Kommissionärs ab. Dies bedeutet jedoch nicht, dass das Prinzip einer verschuldensunabhängigen Haftung zur Geltung kommt, sondern erklärt sich daraus, dass der Kommissionär unterschiedliche Subjektseigenschaften haben kann.[1562] Anzuwenden sind daher die allgemeinen Grundsätze des Art. 401 ZGB, wonach lediglich ein unternehmerisch tätiger Kommissionär verschuldensunabhängig haftet. Vertraglich

[1558] Vgl. *Sadikov-Jakovlev,* Kommentar zum ZGB II, Art. 992.
[1559] Die Beweislast trägt dabei der Kommissionär, Art. 995 Punkt 2 ZGB.
[1560] Arg. e Art. 995 Punkt 3 Abs. 2 ZGB.
[1561] Vgl. Art. 995 Punkt 3 Abs. 1 ZGB.
[1562] Vgl. *Sadikov-Jakovlev,* Kommentar zum ZGB II, Art. 998.

kann ferner eine Versicherungspflicht des Kommissionärs auf Kosten des Kommittenten[1563] vorgesehen werden (Art. 998 Punkt 3 ZGB).
Der Kommissionär muss das zustande gekommene Ausführungsgeschäft dem Kommittenten unverzüglich anzeigen. Er hat Rechenschaft abzulegen und dem Kommittenten das aus der Geschäftsbesorgung Erlangte herauszugeben (Art. 999 ZGB). Er muss also entweder seine Ansprüche aus dem Ausführungsgeschäft mit dem Dritten an den Kommittenten abtreten[1564] oder an diesen bei der Verkaufskommission den Erlös abführen bzw. bei der Einkaufskommission den Besitz[1565] an dem Gut verschaffen.

d. Pflichten des Kommittenten

Die Hauptpflicht des Kommittenten besteht in der Provisionszahlung. Unterliegt der Kommissionär einer Delkrederehaftung und ist ein Ausführungsgeschäft zustande gekommen, steht ihm darüber hinaus eine besondere Vergütung zu (Art. 991 Punkt 1 Abs. 1 ZGB). In der Praxis wird traditionell ein Prozentsatz von dem Ver- bzw. Einkaufspreis vereinbart.[1566] Der Anspruch auf Provisionszahlung besteht nur dann, wenn der Kommissionär selbst den Vertrag erfüllt hat. Ohne dass der Vertrag erfüllt ist, kann der Kommissionär die Provision jedoch dann verlangen, wenn die Erfüllung aus einem in der Person des Kommittenten liegenden Grund unterbleibt. Daneben steht dem Kommissionär in diesem Fall Aufwendungsersatz zu (Art. 991 Punkt 2 ZGB). Zu Sicherung seiner Provisionsforderung hat der Kommissionär ein gesetzliches Pfandrecht an dem Kommissionsgut (Artt. 996 Punkt 2 i.V.m. 359 Punkt 1 ZGB). Dieses deckt alle Forderungen aus dem Kommissionsvertrag. Ferner steht dem Kommissionär ein Zurückbehaltungsrecht in Höhe seines Provisionsanspruches gegenüber dem Kommittenten zu sämtlichen Mitteln zu, die zu ihm für Rechnung des Kommittenten fließen (Artt. 997 i.V.m. 410 ZGB).
Dem Kommittenten obliegt darüber hinaus die Annahme des aus dem Ausführungsgeschäft Erlangten und die Untersuchung des Kommissionsgutes (Art. 1000 1. und 2. Fall ZGB). Stellt er Mängel des Kommissionsgutes fest, muss er diese unverzüglich dem Kommissionär anzeigen.
Gemäß Art. 1001 ZGB ist der Kommittent ferner zum Aufwendungsersatz verpflichtet. Diese Verpflichtung entspricht dem Wesen des Kommissionsvertrags,

---

[1563] *Sadikov-Jakovlev,* Kommentar zum ZGB II, Art. 998; *Braginskij-Suchanov,* Kommentar zum ZGB II für Unternehmer, S. 231.
[1564] Vgl. *Braginskij-Suchanov,* Kommentar zum ZGB II für Unternehmer, S. 231 f.; s. auch Art. 993 Punkt 2 ZGB.
[1565] Anders als im deutschen Recht bedarf es keiner Übertagung des Eigentums, denn nach dem traditionellen russischen Verständnis sind Sachen, die der Kommissionär für den Kommittenten erworben hat, bereits Eigentum des Kommittenten (Art. 996 Punkt 1 ZGB). Art. 996 Punkt 1 ZGB enthält somit den Rechtsgedanken, dass Vermögenswerte, die der Kommissionär für den Kommittenten erwirbt und die zunächst in seiner Rechtsträgerschaft stehen, im Insolventfall des Kommissionärs als Gegenstände des Kommittenten anzusehen sind. Vgl. den gleichen Rechtsgedanken in § 392 Abs. 2 HGB-D.
[1566] Vgl. *Puginskij,* Kommerčeskoe pravo, S. 204 f.; s. z.B. Beschluss des Präsidiums des HWiG vom 1.2.1996, VVAS 1996, Nr. 6.

wonach der Kommissionär für Rechnung des Kommittenten tätig wird. Erfasst werden alle Aufwendungen (z.B. Transport-, Auslade-, Versicherungskosten[1567]) mit Ausnahme von Aufwendungen für Lagerung des Kommissionsgutes, die der Kommissionär zum Ziele der Erfüllung des Kommissionsvertrages getätigt hat. Hat der Kommissionär den Dritten noch nicht befriedigt, bestehen seine Aufwendungen in der Eingehung einer Verbindlichkeit gegenüber dem Dritten. Der Kommittent hat dann den Kommissionär von dieser Verbindlichkeit zu befreien (Art. 1000 3. Fall ZGB).

e. Ergebnis

Der Kommissionsvertrag stellt ein in der RF vor allem im Bereich des Warenhandels weit verbreitetes Handelsgeschäft dar. Artt. 990 ff. ZGB wurden den marktwirtschaftlichen Anforderungen in durchaus gelungener Weise angepasst und stellen eine geeignete Grundlage für den Kommissionshandel dar.

5. Sonstige Verträge (Handelskonzessionsvertrag)

Schließlich zählen zu den Handelsgeschäften Verträge im Bereich des Finanz- und Zahlungsverkehrs – der Kredit- (Art. 819 ZGB), der Bankkontovertrag (Art. 845 ZGB) und das Factoring (Art. 824 ZGB) - sowie der Handelskonzessionsvertrag[1568] (Franchising[1569], Art. 1027 ZGB). Zum Teil wird auch der zum Zwecke einer unternehmerischen Tätigkeit abgeschlossene Gesellschaftsvertrag einer einfachen Gesellschaft (Art. 1041 Punkt 2 ZGB) als Handelsgeschäft angesehen.[1570] Im folgenden wird der **Handelskonzessionsvertrag** im einzelnen behandelt.

a. Anwendungsbereich

Der Franchisevertrag wird in Art 1027 ZGB definiert als Vertrag, bei dem sich der Rechtsinhaber (Franchisegeber)[1571] verpflichtet, dem Benutzer (Franchisenehmer)[1572] gegen Entgelt für eine bestimmte Frist oder fristlos das Recht zu übertragen, eine Gesamtheit von Ausschließlichkeitsrechten des Franchisegebers im Rahmen der unternehmerischen Tätigkeit des Franchisenehmers zu nutzen. Als Ausschließlichkeitsrechte nennt das Gesetz insbesondere das Recht an der Firma

---

[1567] *Puginskij,* Kommerčeskoe pravo, S. 205.

[1568] Russ.: „dogovor kommerčeskoj koncessii".

[1569] Die russische Kommentarliteratur bezeichnet den Handelskonzessionsvertrag als Franchisevertrag (vgl. etwa *Sadikov,* ZEuP 1999, 916; *Braginskij-Suchanov,* Kommentar zum ZGB II für Unternehmer, S. 246; *Sadikov-Trachtengerz,* Kommentar zum ZGB II, vor Artt. 1027 ff. ZGB; *Sosna,* GiP 1997, 25).

[1570] *Popondopulo/Jakovleva,* Kommerčeskoe pravo, S. 429; *Rovnyj,* Ponjatie, S. 70; *Gibin/Lachno,* Predprinimatel'skoe pravo, S. 383.

[1571] Russ.: „pravoobladatel'", fortan in Übereinstimmung mit der deutschen Terminologie: Franchisegeber.

[1572] Russ.: „pol'zovatel'", fortan in Übereinstimmung mit der deutschen Terminologie: Franchisenehmer.

und (oder) Geschäftsbezeichnung[1573], an der geschützten Geschäftsinformation, an Warenzeichen und Dienstleistungsmarken sowie an gewerblichen Schutzrechten (insbesondere Patentrechten).[1574] Ferner sieht der Franchisevertrag die Nutzung des geschäftlichen Rufes und der Geschäftserfahrung des Franchisegebers in einem bestimmten Umfang, mit oder ohne Angabe des Gebiets der Nutzung im Zusammenhang mit einem bestimmten Bereich unternehmerischer Tätigkeit (Verkauf von Waren, Ausführung von Arbeiten, Erbringung von Dienstleistungen) vor (Art. 1027 Punkt 2 ZGB). Der Handelskonzessionsvertrag umfasst somit streng gesehen die Vertragstypen des Franchisevertrags und des Lizenzvertrags.[1575] Aus der Legaldefinition des Handelskonzessionsvertrags folgt, dass der Gegenstand des Vertrages nicht lediglich auf Ausschließlichkeitsrechte beschränkt ist, sondern sich auch auf Waren und Dienstleistungen beziehen kann. Man kann daher funktionell zwischen Produktions-, Vertriebs- und Dienstleistungsfranchising unterscheiden. Charakteristisch für das Franchising ist, dass der Franchisenehmer im eigenen Namen und auf eigene Rechnung handelt.[1576]
Die Vertragsparteien des Franchisevertrages sind Unternehmer i.S.d. Art. 2 Punkt 1 Abs. 3 ZGB (Art. 1027 Punkt 3 ZGB), was diesen Vertragstyp zu einem klassischen beiderseitigen Handelsgeschäft macht.

b. Vertragsschluss, -änderung und -aufhebung

Das Zustandekommen des Franchisevertrages richtet sich nach den allgemeinen Normen des Vertragsrechts.[1577] Zu den wesentlichen Bedingungen des Franchisevertrages zählt neben dem Vertragsgegenstand insbesondere die Festlegung der Höhe und der Zahlungsmodalitäten der Franchisegebühren, nicht dagegen die Vertragslaufzeit und eventuelle Exklusivitätsbindung.[1578]

Der Franchisevertrag bedarf der Schriftform. Wird die Schriftform nicht gewahrt, ist der Vertrag abweichend vom Grundsatz in Art. 162 Punkt 1 ZGB unwirksam (Art. 1028 Punkt 1 ZGB). Ferner muss der Franchisevertrag in zweifacher Weise registriert werden.[1579] Zum einen handelt es sich um eine Registrierung durch das gleiche Organ, welches die juristische Person bzw. den Einzelunternehmer registriert hat, die Franchisegeber ist (Art. 1028 Punkt 2 ZGB).[1580] Zum anderen wird eine

[1573] Darunter wird eine nicht registrierte, aber allgemein bekannte und rechtlich geschützte Bezeichnung verstanden, die vom Unternehmer ständig verwendet wird (*Braginskij-Suchanov,* Kommentar zum ZGB II für Unternehmer, S. 248).
[1574] Vgl. Artt. 1027 Punkt 1, 1031 Punkt 1 Fall 2, 1028 Punkt 2 Abs. 4 ZGB.
[1575] Ähnlich *Braginskij-Suchanov,* Kommentar zum ZGB II für Unternehmer, S. 248; *Sadikov-Trachtengerz,* Kommentar zum ZGB II, vor Artt. 1027 ff. ZGB.
[1576] Vgl. *Braginskij-Suchanov,* Kommentar zum ZGB II für Unternehmer, S. 248.
[1577] Vgl. dazu oben Kaptitel 2 C.
[1578] Arg. e Artt. 1027 Punkte 1, 2, 1030 ZGB; ebenso *Braginskij-Suchanov,* Kommentar zum ZGB II für Unternehmer, S. 248 f.
[1579] Vgl. das „Verfahren der Registrierung von Handelskonzessionsverträgen", bestätigt durch den Erlass des Ministeriums für Steuern und Abgaben vom 20.12.2002, http://mns.park.ru/public/default.asp?no=12029559 (Stand: 8.1.2003).
[1580] In Abweichung zu Art. 433 Punkt 3 ZGB gilt der Vertrag im Verhältnis zwischen dem

Registrierung im föderalen Organ der Exekutive für Patente und Warenzeichen verlangt, sofern Gegenstand des Franchisevertrages ein Objekt ist, das gemäß Patentgesetzgebung geschützt ist.[1581] Die doppelte Registrierung ist durch Besonderheiten des Registrierungsverfahrens der Entstehung und des Schutzes von Ausschließlichkeitsrechten bedingt.[1582] Eine solche Registrierungspflicht erscheint zum Schutze des Rechtsverkehrs als durchaus sinnvoll.[1583]

Der Franchisevertrag kann in Übereinstimmung mit den allgemeinen Grundsätzen geändert werden.[1584] Insbesondere ist auch eine einseitige Vertragsänderung gestattet, wenn die Parteien eine solche Möglichkeit im Vertrag vorgesehen haben (Art. 310 S. 2 ZGB). Im Verhältnis zu Dritten können sich die Vertragsparteien allerdings auf diese Änderungen erst ab der Registrierung berufen (Art. 1036 Abs. 2 ZGB). Darüber hinaus sind Franchiseverträge auf unbestimmte Dauer mit einer Kündigungsfrist von sechs Monaten ordentlich kündbar (Art. 1037 Punkt 1 ZGB). Die vorzeitige Vertragsaufhebung unterliegt ebenso wie der Vertragsschluss und die Vertragsänderung der Registrierung (Art. 1037 Punkt 2 ZGB).
Ist der Franchisenehmer daran interessiert, nach Ablauf der Vertragslaufzeit den Vertrag zu verlängern, gibt ihm Art. 1035 Punkt 1 ZGB das Recht, den Abschluss eines Anschlussvertrages zu gleichen Bedingungen zu verlangen. Der Franchisegeber kann den neuen Vertragsabschluss zwar verweigern, ist in diesem Fall jedoch kraft Gesetzes verpflichtet, innerhalb von drei Jahren nach Laufzeitende des Altvertrages keine entsprechenden Franchiseverträge mit Dritten zu schließen oder sich mit der Vergabe von Sub-Franchiseverträgen einverstanden zu erklären, die sich auf dasselbe Vertragsgebiet wie der Altvertrag beziehen. Kommt es indessen zu einem Vertragsschluss mit einem neuen Franchisenehmer innerhalb von drei Jahren nach der Vertragsbeendigung mit dem alten Franchisenehmer, so steht diesem ein Schadensersatzanspruch, darunter der entgangene Gewinn, zu.[1585] Die Regelung des Art. 1035 ZGB soll nach Meinung der russischen Literatur in erster Linie die Interessen des vertragstreuen Franchisenehmers, insbesondere sein Vertrauen darauf schützen, dass der Vertrag bei vertragsgemäßem Verhalten zu den gleichen

---

Franchisegeber und Franchisenehmer nicht erst ab der Registrierung als geschlossen, sondern bereits bei Erzielung der Einigung über die wesentlichen Vertragspunkte (Arg. e Art. 1028 Punkt 2 Abs. 3 ZGB). Dagegen können sich die Vertragsparteien im Verhältnis zu Dritten auf den Vertrag erst ab dem Zeitpunkt der Registrierung berufen.

[1581] Vgl. Art. 27 des Gesetzes „Über Warenzeichen, Dienstleistungszeichen und Herkunftsbezeichnungen" vom 23.9.1992 (RG vom 17.10.1992 = VSND 1992 Nr. 42, Art. 2322) i.d.F. vom 27.12.2000 (SZ RF 2001 Nr. 1, Art. 2) und Art. 13 des Patentgesetzes vom 23.9.1992 (VSND 1992 Nr. 42, Art. 2319) i.d.F. 27.12.2000 (SZ RF 2001 Nr. 1, Art. 2).

[1582] *Sadikov-Trachtengerz,* Kommentar zum ZGB II, Art. 1028 Ziff. 2. S. Bestimmungen über die Registrierung von Verträgen über die Abtretung von Warenzeichen und von Lizenzverträgen über die Einräumung von Nutzungsrechten an Warenzeichen, bestätigt durch Rospatent vom 26.9.1995 i.d.F. vom 27.7.1998 (RG vom 13.1.1996, Bulletin von Normativakten der föderalen Organe der Exekutive vom 7.9.1998, Nr. 22). Zu den Ausschließlichkeitsrechten im einzelnen s. *Lippott,* Die Strukturreform der Rechte an technischen Erfindungen, S. 128 ff.

[1583] Ebenso *Sadikov-Trachtengerz,* Kommentar zum ZGB II, vor Art. 1028 Ziff. 3.

[1584] Vgl. Artt. 1036 i.V.m. 450 ZGB.

[1585] Artt. 1035 S. 2 i.V.m. 15 ZGB.

Bedingungen fortgesetzt werden wird.[1586] Diesem Ansatz ist zunächst zuzugeben, dass das russische Recht für den Fall der Vertragsbeendigung keinen gesetzlichen Ausgleichsanspruch des Franchisenehmers vorsieht. Alternativ hat sich der Gesetzgeber offenbar für die dreijährige Schutzdauer vor Konkurrenz entschieden, um dem (ehemaligen) Franchisenehmer die Fortführung der erarbeiteten Existenz auch ohne Nutzung der Ausschließlichkeitsrechte des Franchisegebers zu ermöglichen. Aus welchem Grund ein solches Vertrauen überwiegend schutzwürdig sein soll, wird allerdings nicht erörtert.

Eine Abwägung der gegenläufigen Interessen des Franchisenehmers und des Franchisegebers bei Vertragsbeendigung sucht man in der Literatur, soweit ersichtlich, vergeblich. Art. 1035 ZGB schränkt das Recht des Franchisegebers, sich vom Vertrag zu lösen und einen neuen (aus seiner Sicht besseren) Franchisenehmer zu für den Franchisegeber günstigeren Bedingungen einzuschalten, äußerst weitgehend ein.[1587] Zwar kann es den Interessen des Franchisegebers durchaus entsprechen, die Vertragsbeziehung mit einem Franchisenehmer, der gewissenhaft seine Pflichten erfüllt, fortzusetzen.[1588] Jedoch wird der Franchisegeber im Grunde einem ständigen Kontrahierungszwang unterworfen, außer wenn er seine Ausschließlichkeitsrechte für die Zukunft nicht mehr ausüben möchte. Eine solche Einschränkung der Vertragsfreiheit des Franchisegebers erscheint problematisch, wenn man bedenkt, dass die Ausschließlichkeitsrechte immerhin dem Franchisegeber zustehen und diesem auch die wirtschaftliche Nutzung derselben verbleibt. Deshalb soll dem Franchisegeber zumindest bei vernünftigen Gründen das Recht zur Verweigerung der Fortsetzung des Vertrages ohne eine dreijährige Schutzfrist erhalten bleiben. Da der Kontrahierungszwang nur dann besteht, wenn sich der Franchisenehmer vertragstreu verhalten hat, können solche „vernünftige Gründe" indessen nicht in Pflichtverletzungen des Franchisenehmers zu sehen sein. Allerdings ist nicht ohne weiteres ersichtlich, warum dem Franchisegeber eine wirtschaftlich attraktivere Verwertung seiner Rechte nach Vertragsbeendigung verwehrt sein soll, wenn eine entsprechende Abschlussmöglichkeit mit einem Dritten besteht.
Zudem besteht innerhalb der gesetzlichen Regelungen ein Wertungswiderspruch in Bezug auf die grundsätzlich höher anzusetzende Schutzbedürftigkeit des Franchisenehmers. Während Art. 1035 ZGB – wie dargestellt – sehr weitgehend ist, folgt aus Art. 1033 Punkt 1 Abs. 2 ZGB, dass es dem Franchisegeber grundsätzlich freisteht, die dem Franchisenehmer eingeräumten Rechte bereits während der Vertragslaufzeit für dasselbe Vertragsgebiet zusätzlich anderweitig zu vergeben, soweit mit dem Franchisenehmer keine entsprechende Exklusivitätsklausel vereinbart ist. Da der Franchisenehmer in der Regel die wirtschaftlich schwächere Partei ist, wird er in den meisten Fällen eine solche Exklusivität nicht gegenüber dem Franchisegeber durchsetzten können. Gleiches müsste dann aber erst recht nach Vertrags-

[1586] Vgl. *Braginskij-Suchanov*, Kommentar zum ZGB II für Unternehmer, S. 253.
[1587] Ähnlich auch *Booth/Baibakova*, Financial Times East European Law, 96-XII, S. 2.
[1588] So *Braginskij-Suchanov*, Kommentar zum ZGB II für Unternehmer, S. 253.

beendigung gelten, um die Gesetzessystematik einzuhalten. Andernfalls hätte der Gesetzgeber die Exklusivitätsklausel i.S.d. Art. 1033 Punkt 1 ZGB als zwingenden Vertragsbestandteil ausgestalten müssen, um auf diese Weise ein dem Art. 1035 ZGB entsprechendes Schutzniveau für den Franchisenehmer bereits während der Vertragslaufzeit sicherzustellen.
Im übrigen eröffnet das Spannungsverhältnis zwischen Art. 1035 Punkt 1 ZGB und Art. 1033 Punkt 1 ZGB Raum für Missbrauchsmöglichkeiten: Will der Franchisegeber die Beschränkung des Art. 1035 Punkt 1 ZGB nach Vertragsbeendigung umgehen, reicht es aus, unmittelbar vor Ablauf der vereinbarten Vertragslaufzeit die Rechte anderweitig einzuräumen. Es bleibt abzuwarten, ob die Rechtsprechung solchen Gestaltungen einen Riegel vorschieben wird.

Der Übergang der Ausschließlichkeitsrechte des Franchisegebers auf eine andere Person führt nicht zur Änderung bzw. Beendigung des Franchisevertrages (Art. 1038 ZGB). Der Zessionar wird kraft Gesetzes Vertragspartei des Franchisevertrages.

c. Pflichten des Franchisegebers

Die Pflichten des Franchisegebers sind in Art. 1031 ZGB gesetzlich festgelegt. Da der Franchisevertrag durch ein dauerhaftes Vertragsverhältnis und durch organisatorische und wirtschaftliche Einbindung des Franchisenehmers in das System des Franchisegebers gekennzeichnet ist, löst er eine Förderungspflicht des Franchisegebers aus. So muss der Franchisegeber dem Franchisenehmer technische und geschäftliche Unterlagen übergeben, andere Informationen zu Verfügung stellen, die zur Ausübung der übertragenen Nutzungsrechte erforderlich sind, sowie den Franchisenehmer und dessen Arbeitnehmer in das Franchise-Konzept einarbeiten. Ist im Franchisevertrag die Übertragung von Lizenzen vorgesehen, so hat der Franchisegeber alles dafür Erforderliche (z.B. Registrierung, Entrichtung von Gebühren und Abgaben[1589]) zu gewährleisten. Diese Pflichten sind gesetzestechnisch imperativ formuliert, d.h. die Parteien können davon nicht abweichen (Art. 422 Punkt 1 ZGB).
Dispositiv ist dagegen die Pflicht zur Registrierung des Vertrages, die dauerhafte technische und beratende Support-Pflicht (u.a. Unterstützung bei Aus- und Fortbildung des Personals des Franchisenehmers) sowie die Pflicht zur Qualitätskontrolle. Diese Pflichten dienen dem einseitigen Interesse des Franchisegebers, auf diese Weise seinen geschäftlichen Ruf abzusichern, und sind daher nicht zwingend.[1590]

Die Vertragsparteien können schließlich zum Schutze der Interessen des Franchisenehmers eine Vertragstreuepflicht des Franchisegebers vereinbaren. So kann sich

---

[1589] *Braginskij-Suchanov,* Kommentar zum ZGB II für Unternehmer, S. 250.
[1590] Ausnahmsweise wird die Pflicht zur Qualitätskontrolle zur wesentlichen Bedingung bei Franchiseverträgen, die Lizenzverträge über die Nutzung des Warenzeichens zum Inhalt haben, Art. 26 Abs. 2 des Gesetzes „Über Warenzeichen, Dienstleistungszeichen und Herkunftsbezeichnungen".

der Franchisegeber verpflichten, dem Franchisenehmer den Gebietsschutz oder auch ein Alleinvertriebsrecht einzuräumen (Art. 1033 Punkt 1 S. 1 Fall 1 und 2 ZGB).

d. Pflichten des Franchisenehmers

Dem Franchisenehmer werden in Art. 1032 ZGB strenge und umfassende Konzeptanwendungs- und -förderungspflichten auferlegt, die darauf beruhen, dass die Funktionsfähigkeit des Franchisesystems meist gerade durch die Gleichartigkeit der Tätigkeit einer Vielzahl von Franchisenehmern gewährleistet und gestärkt werden soll. Deren Inhalt lässt sich nicht abschließend bestimmen, sondern richtet sich nach Charakter und Eigenart der konkreten Tätigkeit. In erster Linie hat der Franchisenehmer den Firmennamen bzw. die Geschäftsbezeichnung des Franchisegebers zu führen und zu gewährleisten, dass die Qualität seiner Waren bzw. Dienstleistungen den Anforderungen des Franchisegebers entspricht. Ferner muss der Franchisenehmer alle Instruktionen und Weisungen des Franchisegebers befolgen. Das Weisungsrecht des Unternehmers betrifft die gesamte Betriebsorganisation, wie etwa die Geschäftsräume, die Organisation der Lagerhaltung, die Art der Werbung, die Durchführung des Kundendienstes und, bei entsprechender Parteivereinbarung, auch die Außen- und Innenausstattung der Geschäftsräume (Art. 1033 Punkt 1 S. 1, 4. Fall ZGB).[1591] Nicht erfasst werden zurecht die Komponenten, die den Kernbereich der selbständigen Tätigkeit des Franchisenehmers bilden, also insbesondere die Preisgestaltung und Kundenauswahl (Art. 1033 Punkt 2 ZGB). Auch andere Bindungen des Franchisenehmers können für unwirksam erklärt werden, wenn sie gegen kartellrechtliche Bestimmungen verstoßen (Art. 1033 Punkt 1 S. 2 ZGB). Eng verbunden damit ist die Vertragstreuepflicht des Franchisenehmers, dem Vertragsabschlüsse mit Konkurrenten des Franchisegebers verboten sind, soweit dies ausdrücklich vereinbart wird (Art. 1033 Punkt 1 S. 1 3. Fall ZGB).

Prägend für den Franchisevertrag ist auch die Pflicht zur Wahrung des Geschäftsgeheimnisses.[1592] Hervorzuheben ist schließlich die Offenlegungspflicht gegenüber Dritten. Danach muss der Franchisenehmer den Käufer bzw. den Besteller möglichst offensichtlich darüber informieren, dass die Firma, das Warenzeichen etc. aufgrund eines Franchisevertrages benutzt werden. Dadurch wird dem Dritten verdeutlicht, dass Rechtsinhaber *(Franchisegeber)* und Benutzer *(Franchisenehmer)* verschiedene Personen sind.[1593] Auf diese Weise soll eine Irreführung des Dritten hinsichtlich der Identität seines Vertragspartners vermieden werden. Es soll klar gestellt werden, dass nur der im eigenen Namen und auf fremde Rechnung tätig werdende Franchisenehmer Vertragspartner des Dritten wird. Der russische Gesetz-

---

[1591] Vgl. *Sadikov-Trachtengerz*, Kommentar zum ZGB II, Art. 1033 Ziff. 3.
[1592] Zum Begriff des Geschäftsgeheimnisses s. Art. 139 ZGB.
[1593] Vgl. *Braginskij-Suchanov*, Kommentar zum ZGB II für Unternehmer, S. 251.

geber bezweckt damit in erster Linie den Verbraucherschutz.[1594] Eine solche Regelung ist aus Gründen des Verkehrsschutzes sehr begrüßenswert.
Für den Franchisevertrag charakteristisch ist ferner die Pflicht des Franchisenehmers zur Entrichtung der Franchisevergütung (Art. 1027 Punkt 1, 1030 ZGB). Wie die Franchisevergütung im einzelnen ausgestaltet werden muss, ist gesetzlich nicht bestimmt, sondern der Parteivereinbarung überlassen. In der Praxis gliedern sich Franchisevergütungen häufig in eine einmalige Zahlung eines festen Betrages bei Beginn des Vertrages und in laufende Zahlungen während der Vertragsdauer, die oft nach einem bestimmten Prozentsatz vom Umsatz des Franchisenehmers bestimmt werden.[1595] Die Eintrittsgebühr stellt wirtschaftlich gesehen einen Beitrag zu den Kosten für die Schaffung des Franchisesystems und eine Gegenleistung für die Möglichkeit der Teilnahme an diesem dar, während die laufenden Zahlungen meistens Entgelte für die laufenden Organisations-, Werbungs- und Unterstützungsmaßnahmen des Franchisegebers sind.[1596]

e. Gewährleistungshaftung im Verhältnis zu Dritten

Im Verhältnis zu Dritten stellt sich die Frage, ob neben dem Franchisenehmer auch der Franchisegeber haftet, weil nach außen wegen des einheitlichen Erscheinungsbilds oft nicht klar ist, ob der Franchisenehmer als ein selbständiges Rechtssubjekt oder als eine bloße Filiale des Franchisegebers agiert. In Geschäftsbeziehungen des Franchisenehmers zu anderen Unternehmern dürfte dies weniger problematisch sein, da diesen die wahre Rechtlage meistens bekannt oder zumindest leicht erkennbar sein wird. Anders verhält es sich dagegen mit Verbrauchern als Kunden des Franchisenehmers, da diesen die Struktur von Franchiseketten eher undurchsichtig bleiben wird. Der Kunde kann grundsätzlich erwarten, dass hinter einem zu einer Franchisekette gehörenden Unternehmern ein zentraler Franchisegeber steht, an den er sich notfalls mit seinen Gewährleistungsansprüchen wenden kann.
Um einen entsprechenden Verkehrsschutz, insbesondere den Verbraucherschutz, zu gewähren, sieht Art. 1034 ZGB eine weitgehende Haftung des Franchisegebers für Qualitätsmängel gegenüber Dritten vor.[1597] Es wird zwischen zwei Fallkonstellationen unterschieden. Ist der Franchisenehmer gleichzeitig der Hersteller einer Produktion, die anschließend mit dem Warenzeichen oder anderen Firmenbezeichnungen des Franchisegebers verkauft wird, so haften der Franchisenehmer und der Franchisegeber gesamtschuldnerisch (Artt. 1034 Abs. 2 i.V.m. 323 ff. ZGB). In allen anderen Fällen besteht eine subsidiäre Haftung des Franchisegebers (Artt. 1034 Abs. 1 i.V.m. 399 ZGB). Die unterschiedliche Haftung des Franchisegebers ist wohl darauf zurückzuführen, dass der Franchisenehmer als Hersteller an die Instruktionen und Weisungen des Franchisegebers hinsichtlich der Qualität strikt gebunden

[1594] *Braginskij-Suchanov,* Kommentar zum ZGB II für Unternehmer, S. 251.
[1595] Vgl. *Sadikov-Trachtengerz,* Kommentar zum ZGB II, Art. 1030; *Braginskij-Suchanov,* Kommentar zum ZGB II für Unternehmer, S. 249; *Novosel'cev,* Finansovaja gazeta 1999 Nr. 19.
[1596] Vgl. *Novosel'cev,* Finansovaja gazeta 1999 Nr. 19.
[1597] *Braginskij-Suchanov,* Kommentar zum ZGB II für Unternehmer, S. 251.

ist.[1598] Daher soll die gesamtschuldnerische Haftung nach der gesetzgeberischen Intention den Franchisegeber dazu bewegen, die erforderliche Qualität der Produktion sicherzustellen.[1599]

Mit Art. 1034 ZGB statuiert der russische Gesetzgeber eine strenge Haftung des Franchisegebers, der für Qualitätsmängel des Franchisenehmers einstehen muss. Die russische Kommentarliteratur argumentiert damit, dass der Verbraucher den wahren Hersteller der Ware nicht kennt und auch nicht kennen muss. Daher sei es rechtsmissbräuchlich, wenn sich der Franchisegeber darauf berufen könne, er hätte die Waren nicht hergestellt, und damit die Haftung auf den Franchisenehmer abwälzen könnte.[1600] Dies kann jedoch lediglich in den Fallkonstellationen überzeugen, in welchen dem Franchisegeber ausdrücklich im Franchisevertrag eine Pflicht zur Qualitätskontrolle auferlegt wird. Ansonsten sind die Haftungsvorschriften des Art. 1034 ZGB eher dem Vorwurf zu weitgehender Strenge ausgesetzt. Sie haben nämlich zur Folge, dass dem Dritten aufgrund einer vertraglichen Beziehung zum Franchisenehmer im Ergebnis zwei Schuldner - der Franchisenehmer und der Franchisegeber – zur Verfügung stehen. Eine solche Verdoppelung der Haftungsgrundlage erscheint aber nicht ohne weiteres gerechtfertigt. So ist es nicht nachzuvollziehen, warum sich auch ein Dritter auf Art. 1034 ZGB berufen kann, wenn der Franchisenehmer seiner Informationspflicht in Art. 1032 Fall 7 ZGB ordnungsgemäß nachgekommen ist. Denn in diesem Fall weiß der Dritte sehr wohl Bescheid, dass es sich bei seinem Vertragspartner um einen Franchisenehmer handelt. Daher ist der Dritte auch nicht schutzbedürftig. Folgt man aber dem Gesetzeswortlaut, stünden solchen Dritten trotzdem zwei Schuldner zur Verfügung. Eine Haftung des Franchisegebers sollte dann gegeben sein, wenn er selbst dem Dritten einen Schaden zufügt, so etwa bei fehlerhaftem Konzept oder bei einem vom Franchisegeber hergestellten Produkt. Eine subsidiäre Haftung für jegliches Verhalten des Franchisenehmers scheint dagegen etwas überzogen zu sein.[1601]

f. Ergebnis

Der Handelskonzessionsvertrag stellt ein klassisches beiderseitiges Handelsgeschäft dar. Die Schaffung von speziellen gesetzlichen Bestimmungen für diesen modernen Vertragstyp, der in sich das Franchising und den Lizenzvertrag vereint und im Wirtschaftleben eine immer größere Rolle spielt, ist sehr sinnvoll. Das ZGB schreibt allerdings eine sehr enge Bindung zwischen Franchisegeber und Franchisenehmer vor. Dies könnte auf der einen Seite die Selbständigkeit des Franchisenehmers, der im eigenen Namen und auf eigene Rechnung unternehmerisch i.S.d. Art. 2 Punkt 1 Abs. 3 ZGB handelt, in Frage stellen.

1598 Vgl. *Sergeev/Tolstoj,* Graždanskoe pravo II, S. 648.
1599 *Sergeev/Tolstoj,* Graždanskoe pravo II, S. 648.
1600 Vgl. *Braginskij-Suchanov,* Kommentar zum ZGB II für Unternehmer, S. 251.
1601 Ähnlich *Booth/Baibakova,* Financial Times East European Law, 96-XII, S. 2 f.

Auf der anderen Seite kann sich die erhebliche Einschränkung der Abschlussfreiheit des Franchisegebers (durch Verpflichtung zur Fortsetzung des Franchisevertrages) und die weitgehende Haftung des Franchisegebers neben dem Franchisenehmer in der Praxis negativ auswirken und potenzielle Franchisegeber davon abschrecken, diese Rechtskonstruktion für ihre Tätigkeit zu wählen. Dies wird auch durch die Tastsache verdeutlicht, dass bisher der - für Russland neue – Vertragstyp des Franchising in der Praxis nicht richtig etabliert ist,[1602] was u.a. der Mangel an entsprechender höchstrichterlicher Rechtsprechung zeigt.

[1602] Vgl. *Puginskij,* Kommerčeskoe pravo, S. 219.

Kapitel 3: Zusammenfassung der Ergebnisse und Bewertung

A. Verhältnis von Zivilrecht und Handelsrecht

I. Entscheidung für Monismus/Dualismus

Die Besonderheiten des professionellen Wirtschaftsverkehrs erfordern Regeln, die die allgemeinen zivilrechtlichen Vorschriften ergänzen oder von ihnen abweichen. Es gibt unterschiedliche Möglichkeiten, das Vorliegen professionellen Wirtschaftsverkehrs zu identifizieren und daran Spezialregeln zu knüpfen. Die Spannbreite der möglichen Ansätze ist dabei sehr groß.

Der rechtsvergleichende Überblick hat gezeigt, dass die Frage nach der Erforderlichkeit einer handelsrechtlichen Sonderkodifikation sowie nach dem Anknüpfungspunkt des Handelsrechts in Europa nicht einheitlich beantwortet wird. Insbesondere haben unterschiedliche politische und wirtschaftliche Entwicklungen des 19. Jahrhunderts dazu geführt, dass sich das System der dualistischen Vollkodifizierung zunächst durchsetzen konnte. Dieses dualistische System liegt heute traditionsgemäß insbesondere den Rechtsordnungen Deutschlands und Frankreichs zugrunde. Allerdings ist in jüngerer Zeit eine Tendenz feststellbar, dass immer mehr Staaten handelsrechtliche Vorschriften in ihre allgemeinen Zivilrechtskodifikationen aufnehmen (monistisches System), teils innerhalb anderer zivilrechtlicher Bestimmungen, teils in besonderen Abschnitten. Der Verzicht auf eine gesonderte Kodifikation beruht dabei zum Teil auf eigenen Rechtstraditionen, ist aber überwiegend das Ergebnis umfassender Neukodifikationen des Zivilrechts. Dem monistischen System folgen heute in dem kontinentaleuropäischen Raum die Schweiz, Italien, Niederlande und neuerdings auch die Russische Föderation, deren Zivilgesetzbücher das komplette Vertragsrecht, darunter das Recht der Handelsgeschäfte, regeln.

Dem stehen im osteuropäischen Transformationsprozess Staaten wie Bulgarien, Tschechien und die Slowakei gegenüber, die sich nach dem Systemwechsel - im Gegensatz zu Polen, Ungarn und Slowenien[1603] – für den Dualismus entschieden haben. Dies ist insbesondere auf Bestrebungen zurückzuführen, an die jeweilige eigene vorsozialistische Rechtslage anzuknüpfen, welche das dualistische Kodifikationsmodell rezipiert hatte. Bemerkenswert ist, dass – wie das Beispiel Tschechiens zeigt – auch hier die Entscheidung für das dualistische Konzept kontrovers diskutiert und verbreitet eine Hinwendung zur monistischen Kodifikationsentwicklung und damit zum Monismus befürwortet wird.

In Russland lässt sich eine eigenständige Handelsrechtstradition nicht erkennen. Im zaristischen Russland kam es nicht zu einer Absonderung des Rechts der Kaufleute,

---

[1603] Vgl. dazu im einzelnen *Rudolf,* ZfRV 2002/4, 103 ff.

wie sie in anderen europäischen Staaten zu beobachten war. Die herrschende Rechtsauffassung richtete sich gegen den Dualismus von Zivil- und Handelsrecht. Damit wurde das Verhältnis von Handelsrecht und allgemeinem Zivilrecht vor der Revolution von 1917 durch den Umstand geprägt, dass das Handelsrecht weder einen dogmatisch noch gesetzgebungstechnisch eigenständigen Bereich darstellte.
In der Sowjetzeit gewann die Frage nach der Einordnung des Wirtschaftsrechts im System des gesamten Sowjetrechts und nach einer Sonderkodifikation des Wirtschaftsrechts zunehmend an Bedeutung. Die Diskussion drehte sich um die Frage, ob sich die rechtsgeschäftlichen Vorgänge, die in Ausführung von Planaufgaben durch die Wirtschaftssubjekte abgewickelt wurden, nach Zivilrecht richten oder ob sie zusammen mit den planungsrechtlichen Instrumentarien eine Einheit bilden und in einer eigenständigen Materie, dem Wirtschaftsrecht, abschließend und zusammenfassend geregelt werden sollen. Dabei handelte es sich um ein spezifisches Problem des sozialistischen Rechtskreises, welches mit der Diskussion in Europa über die materielle und formelle Selbständigkeit des Handelsrechts nicht vergleichbar ist. Das Problem des Dualismus und Monismus des Privatrechts wurde erst Anfang der 90-er Jahre im Zusammenhang mit der Frage nach der Verabschiedung eines Handels- bzw. Unternehmenskodexes besonders aktuell. Im lange geführten Streit zwischen den Anhängern des monistischen Konzepts und den Verfechtern eines separaten Unternehmensrechts konnten sich schließlich die "Zivilisten" mit dem Ergebnis durchsetzen, dass 1995 und 1996 die ersten beiden Teile des einheitlichen ZGB in Kraft traten. Trotz der immer noch zahlreichen Befürworter einer unternehmensrechtlichen Sonderkodifikation sowohl in Kreisen der „Wirtschaftswissenschaftler" als auch unter den „Zivilisten" ist die Verabschiedung eines weiteren Handels- bzw. Unternehmensgesetzbuches neben dem ZGB in der nahen Zukunft kaum denkbar.
Die Entscheidung des russischen Gesetzgebers, in einem Zivilgesetzbuch sowohl das Vertragsrecht zwischen bzw. unter Beteiligung von Unternehmern als auch rein bürgerliche Rechtsgeschäfte zu regeln, ist zu begrüßen. Für eine solche einheitliche Lösung sprechen mehrere Gesichtspunkte:

- Die Schaffung eines separaten Unternehmensgesetzbuches, wie es die Anhänger der Theorie des Wirtschaftsrechts in Russland fordern, hätte mit überwiegender Wahrscheinlichkeit zur Folge, dass es zu verwirrenden teilidentischen Bestimmungen grundsätzlicher Fragen (insbesondere Zustandekommen, Form, Unwirksamkeit, Abschluss, Auslegung, Erfüllung) in zwei Gesetzestexten kommen würde. Eine parallele Regelung wäre jedoch nicht nur unnötig, sondern im Hinblick auf die Überschaubarkeit und die Geschlossenheit der Rechtsordnung äußerst problematisch. Bei einem gut durchdachten und stimmigen Konzept für eine einheitliche privatrechtliche Zivilkodifikation besteht kein Bedürfnis für eine Ausgliederung des Rechts der Handelsgeschäfte in ein separates Gesetzbuch. Das schweizerische, italienische, niederländische und das russische Modell zeigen gerade, dass sich die jeweilige legitime Sonderregelung für den unternehmerischen Verkehr rechtstechnisch unproblematisch am jeweiligen Regelungsstandort in die fragliche Norm integrieren lässt (so etwa Artt. 310, 315, 401, 428 ZGB). Dadurch wird eine sachgerechte Differenzierung der Schuldverhältnisse bezogen auf den rechtlichen Status der daran beteiligten Parteien ermöglicht. Auch lassen sich unternehmensspezifische Vertragstypen zwanglos als spezielle Ausformungen der allgemeinen Vertragstypen in den besonderen Teil des Vertragsrechts einfügen. Zusammenhängende, dieselbe Materie betreffende Vorschriften müssen in einem Gesetzbuch enthalten sein, denn ansonsten besteht nicht nur die Gefahr von Wiederholungen, sondern auch von Überschneidungen und sogar Widersprüchen. Durch die Regelung des Rechts der Handelgeschäfte im ZGB wird eine Rechtszersplitterung zumindest in erheblichem Maße vermieden.

- Ferner bildet das Vertragsrecht ein unentbehrliches Grundelement eines Zivilgesetzbuches und gehört zu den drei „Säulen" des Zivilrechts – Personen (personae), Rechtsobjekte (res) und Rechtsgeschäfte (pacta). Diese drei Säulen beruhen als Rechtsinstitute des Privatrechts auf den Grundsätzen der Vertrags- und Gestaltungsfreiheit und stehen in einem engen funktionellen Zusammenhang. Um diese funktionelle Einheit nicht in Frage zu stellen, ist eine einheitliche Kodifikation der Rechtsmaterie der bürgerlichen Rechtsgeschäfte und der Handelsgeschäfte zweckmäßig. Dafür spricht auch, dass auf diese Weise das bürgerliche Vertragsrecht eher an den Fortschritten des Unternehmensrechts partizipiert.

- Die russische Regelungskonzeption trägt noch einem weiteren – heutzutage im gesamten europäischen Raum besonders aktuellen – Gesichtpunkt, dem Verbrauchervertragsrecht, Rechnung. Das Verbrauchervertragsrecht ist einerseits ein Hauptteil des Schuldvertragsrechts, andererseits ist es strukturell mit dem Recht der Handelsgeschäfte vergleichbar. Denn bei den meisten einseitigen Handelsgeschäften handelt es sich gerade um Rechtsgeschäfte zwischen Unternehmern und Verbrauchern. Dies ist u.a. auf den weiten Unternehmerbegriff zurückzuführen, worunter auch einige freie Berufe fallen. Rein bürgerliche Verträge spielen in der Praxis dagegen (bis auf einige Ausnahmen im Grundstücks- und Gebrauchtwagenkauf) keine große Rolle mehr. Sind Verbraucherverträge gleichzeitig einseitige Handelsgeschäfte, so liegt es aus Gründen der Systembildung und des Systemdenkens nahe, diese zusammen mit den beiderseitigen Handelsgeschäften in einer zivilrechtlichen Gesamtkodifikation zu regeln.

- Darüber hinaus erleichtert ein einheitliches Zivilrecht die Hinwendung zur angestrebten Liberalisierung der Wirtschaftsverhältnisse. Das von den Anhängern der Wirtschaftsrechtslehre angestrebte Unternehmensgesetzbuch, welches horizontale und vertikale Rechtsbeziehungen als komplexe Einheit in sich vereinen würde, würde die Gefahr bergen, dass verwaltungsrechtliche Elemente den Wirtschaftsablauf tendenziell dominieren würden. Gerade dies wollte man jedoch mit dem neuen Kurs verhindern.

- Es besteht Einigkeit darüber, dass die Gründe, die zur kodifikatorischen Verselbständigung des Handelsrechts in anderen Jurisdiktionen geführt haben, in erster Linie historischer Natur sind. Die Abtrennung der Handels- von der Zivilrechtskodifikation wird heutzutage in Europa - zumindest im Hinblick auf das Recht der Handelsgeschäfte - zunehmend auch von Verfechtern des Dualismus abgelehnt.

- Gegen eine selbständige Regelung für Handelsgeschäfte im Kaufrecht gegenüber „normalen" Kaufverträgen hat sich schließlich auch das UN-Kaufrecht entschieden, obwohl es gerade ein Gebiet betrifft, in dem Sonderregeln des Handelsrechts in vielen europäischen Rechten praktisch ihre Hauptbedeutung haben. Denn Art. 1 Abs. 3 CISG bringt klar zum Ausdruck, dass die Anwendung des Übereinkommens nicht davon abhängt, ob die Parteien Kaufleute oder Nichtkaufleute sind, oder ob der Vertrag handelsrechtlicher oder bürgerlich-rechtlicher Art ist. Nicht anwendbar ist das UN-Kaufrecht auf Verbraucherverträge (Art. Art. 2 a) CISG). Demnach folgt das CISG nicht dem klassischen Dualismus, führt aber implizit ein Sonderprivatrecht für Verbraucher ein.

II. Anknüpfungspunkt für Sonderregelungen und der Begriff unternehmerischer Tätigkeit

Die Frage der Integration von Sonderregelungen des unternehmerischen Verkehrs in das allgemeine Zivilrecht ist von der Frage nach dem Anknüpfungspunkt für solche Sonderregelungen zu trennen. Herkömmlicherweise unterscheidet man zwischen dem subjektiven, dem objektiven und dem gemischten System. Es wurde festgestellt, dass die Entscheidung zwischen Monismus und Dualismus nicht automatisch die Entscheidung für das eine oder andere System präjudiziert. So werden im deutschen Recht bestimmte Personen – Kaufleute – den Sonderregeln des HGB unterworfen, im französischen Recht wird dagegen an bestimmte Rechtsgeschäfte (Handelsgeschäfte) angeknüpft, obwohl in beiden Rechtsordnungen die handelsrechtlichen Sondervorschriften ein eigenes Gesetzbuch bilden.

Der russische Gesetzgeber hat ein Zivilgesetzbuch geschaffen, in dem Regeln nach der Person des Vertragspartners differenzierend ausgestaltet werden (subjektives System). Der Begriff „Handelsgeschäft" ist heute im geschriebenen russischen Recht kaum existent und wird in der Literatur als ein zivilrechtlicher Vertrag zwischen Unternehmern (beiderseitiges Handelsgeschäft) oder unter deren Beteiligung (einseitiges Handelsgeschäft) definiert, der im Rahmen ihrer unternehmerischen Tätigkeit geschlossen wird. Unternehmer sind nach dem russischen Verständnis sowohl unternehmerisch tätige registrierte Einzelunternehmer als auch kommerzielle sowie u.U. auch nichtkommerzielle Organisationen. Zum zentralen Begriff im Recht der Handelsgeschäfte wird daher der Begriff unternehmerischer Tätigkeit. Diese wird in Art. 2 Punkt 1 Abs. 3 ZGB definiert als eine selbständige und auf eigenes Risiko ausgeübte Tätigkeit, die auf systematische Gewinnerzielung aus Vermögensnutzung, Warenkauf oder Ausführung von Arbeiten und Dienstleistungen gerichtet ist. Dabei ist die Gewinnerzielung, die zu Sowjetzeiten maßgebendes Kriterium zur Begründung des Unwerturteils war, zum tragenden Kriterium unternehmerischer Tätigkeit geworden und dient zur Abgrenzung zwischen kommerziellen und nichtkommerziellen Organisationen. Zu den konstitutiven Merkmalen unternehmerischer Tätigkeit zählen Selbständigkeit, eigenes Risiko und systematische Gewinnerzielungsabsicht, nicht dagegen die Ununterbrochenheit, die Berufsmäßigkeit, die öffentlich-rechtliche Erlaubtheit sowie die Mittel, die zwecks Gewinnerzielung eingesetzt werden. Auch wenn der Begriff unternehmerischer Tätigkeit im russischen Recht einige Parallelen zum deutschen Begriff des Gewerbebetriebs aufweist, erweisen sich die Unterschiede als weitaus gravierender. Dies kommt vor allem in der Frage der Einbeziehung der „freien Berufe“, insbesondere von frei schaffenden Künstlern und Wissenschaftlern, in den Unternehmerbegriff zum Ausdruck. Nach dem russischen Recht fallen die freien Berufe grundsätzlich unter die Definition unternehmerischer Tätigkeit. Der russische Gesetzgeber betrachtet Freiberufler allgemein und im jeweiligen Tätigkeitskreis prinzipiell (z.B. Wirtschaftsprüfer) als ebenso geschäftserfahren und -gewandt wie den „klassischen“ Unternehmer. In der Tat überzeugt es vom Grundsatz her, über umfassende geschäftliche und rechtliche Kenntnisse verfügende Steuerberater, Wirtschaftsprüfer, Notare, Rechtsanwälte und Unternehmensberater den strengeren Regeln des unternehmerischen Rechtsverkehrs zu unterwerfen. Auch ist anzunehmen, dass Architekten, Ärzte und andere Angehörige freier Berufe typischerweise in ihrem Tätigkeitsfeld in aller Regel über hinreichende Geschäftserfahrung verfügen, insbesondere dann, wenn sie mit einer größeren Organisation selbständig sind.[1604] Hinzu kommt, dass Dritte vielen Freiberuflern regelmäßig gerade wegen deren besonderen Qualifikationen erhöhtes Vertrauen entgegenbringen, was strengere Pflichten und Sorgfaltsanforderungen nach sich ziehen muss. Allerdings ist das russische System in sich nicht schlüssig. So werden bestimmte Gruppen von Freiberuflern, wie Rechtsanwälte und Notare, vom Unternehmerbegriff ausgeschlossen. Dagegen werden aber planmäßige dauerhafte wissenschaftliche und künstlerische Tätigkeiten sowie Ärztetätigkeiten, die systematisch mit Gewinnerzielungsabsicht am Markt angeboten werden, als wirtschaftliche angesehen und vom Begriff unternehmerischer Tätigkeit mitumfasst. Zwar kann man hier nicht von einer inadäquaten Ungleichbehandlung Gleicher sprechen, weil die freien Berufe sich durchaus voneinander unterscheiden. Jedoch entbehrt die vom russischen Gesetzgeber erfolgte Differenzierung jeder Logik. Denn es werden gerade diejenigen freien Berufe vom Unternehmerbegriff ausgeklammert, deren Angehörige sich durch eine ausgesprochen hohe Qualifikation auf wirtschaftlich-juristischem Gebiet auszeichnen und damit eine bestimmte berufliche Geschäftserfahrung aufweisen dürften. Auf der anderen Seite werden aber freischaffende Künstler und Wissenschaftler als Unternehmer angesehen. Auch wenn man idealistische Motive als Grund für die Herausnahme dieser Berufsgruppen

[1604] Vgl. näher *Preis*, ZHR 158 (1994), 604 f.

aus dem Unternehmerbegriff heutzutage als wirklichkeitsfremd ablehnt, könnte man sie durchaus aufgrund besonderer Ausbildung, kreativer Fähigkeiten oder höchstpersönlicher Leistung auch als Nichtunternehmer qualifizieren. Im Ergebnis kann festgestellt werden, dass überwiegende Gründe dafür sprechen, im modernen Rechtsverkehr freie Berufe in den Unternehmerbegriff prinzipiell einzubeziehen, so dass diese Entscheidung des russischen Gesetzgebers grundsätzlich zu begrüßen ist. Es vermag aber nicht zu befriedigen, dass *de lege lata* die Unternehmereigenschaft vergleichbarer Berufe ohne ersichtliche Gründe unterschiedlich beurteilt wird. Die russische Lösung ist daher nicht systemkonform und enthält Wertungswidersprüche, die *de lege ferenda* behoben werden sollten.

B. Recht der Handelsgeschäfte

I. Gesetzestechnische Ausgestaltung des Rechts der Handelsgeschäfte

Die Entscheidung des russischen Gesetzgebers für die monistische Konzeption eines einheitlichen Zivilgesetzbuches prägt die gesetzestechnische Ausgestaltung des Rechts der Handelsgeschäfte. Es wurden zwei unterschiedliche Regelungstechniken gewählt. So werden im allgemeinen Teil des Vertragsrechts und im allgemeinen Schuldrecht die unternehmerischen Sonderregelungen in die entsprechenden allgemeinen Bestimmungen entweder als Zusatzsatz, -absatz oder -punkt eingeführt (so Artt. 310 S. 2, 315 S. 2, 316 3. Fall, 322 Punkt 2, 359 Punkt 1 Abs. 2, 401 Punkt 3, 428 Punkt 3 ZGB). Im besonderen Schuldrecht sieht der Gesetzgeber dagegen für einzelne Handelsgeschäfte, die größtenteils Abwandlungen der Hauptverträge sind (z.B. Einzelhandelskauf, gewerbsmäßige Miete, Verbraucherwerkvertrag), traditionsgemäß in den jeweiligen Kapiteln spezielle Abschnitte vor, die alle Sonderregelungen hinsichtlich dieses Vertragstyps enthalten. Im übrigen werden diese Vertragstypen den allgemeinen Regeln über den Hauptvertrag unterstellt. Dies entspricht der Rechtsnatur der speziellen Ausformungen der allgemeineren Vertragstypen und macht ihre Regelung einfacher und klarer.

II. Inhaltliche Ausgestaltung des allgemeinen Teils des Rechts der Handelsgeschäfte

Die Betrachtung der allgemeinen Sonderregeln über die Handelsgeschäfte hat gezeigt, dass einige Bestimmungen durchaus geeignet sind, die Entstaatlichung und Liberalisierung der russischen Wirtschaft zu fördern, andere dagegen umgekehrt eine private unternehmerische Tätigkeit und damit den Übergang zu einer an den Regeln des Marktes orientierten Wirtschaftsordnung eher behindern. Als Haupterfolg kann die Postulierung des Grundsatzes der Vertragsfreiheit für den gesamten Rechtsverkehr, darunter auch für den unternehmerischen Verkehr festgehalten werden (Art. 421 ZGB). Dies ist eine wesentliche Voraussetzung auf dem Weg in eine funktionierende Marktwirtschaft. Entscheidend ist dabei jedoch, in welchem

Umfang den Teilnehmern am Rechtsverkehr bei der Begründung und inhaltlichen Ausgestaltung ihrer vertraglichen Beziehung tatsächlich Freiräume zur Verfügung stehen. Bedenklich erscheint unter diesem Aspekt die erhebliche Einschränkung der Vertragsfreiheit der Unternehmer bei öffentlichen Verträgen, die einem Kontrahierungszwang mit weitgehenden Konsequenzen unterliegen. Zwar könnte für den Kontrahierungszwang rechtspolitisch angeführt werden, dass für den Übergang vom planwirtschaftlichen System zur Marktwirtschaft, in dem sich Russland immer noch befindet, der sozialistisch geprägte Kontrahierungszwang hilfreich sei, um insbesondere die Grundversorgung der Bevölkerung zu gewährleisten. Auch ist anderen europäischen Rechtsordnungen der Begriff des Kontrahierungszwanges – insbesondere gegenüber Verbrauchern - nicht unbekannt. Jedoch handelt es sich dabei größtenteils um untergesetzliche Regierungsverordnungen, die lediglich in einigen Teilbereichen der Rechtsordnung gelten. Der strikte Kontrahierungszwang im russischen Recht bezieht sich dagegen wegen des sehr weit gefassten Wortlauts des Art. 426 ZGB auf weite Teile des täglichen Wirtschaftslebens. Ein solcher erheblicher Eingriff in die Vertragsfreiheit der Unternehmer ist jedoch zumindest dann fragwürdig, wenn er nicht durch eine Monopol- oder marktbeherrschende Stellung des Anbieters gerechtfertigt ist.

Bei der Ausgestaltung des Rechts der Handelsgeschäfte konnte Russland insbesondere auf das UN-Kaufrecht sowie auf Erfahrungen der Niederlande mit ihrer neuen Zivilrechtskodifikation zurückgreifen, welche sich als moderne marktwirtschaftskonforme Regelung anbot. Dies wird insbesondere bei der Regelung des Abschlusses von Verträgen, darunter auch von Handelsgeschäften deutlich, die im ganzen als gut strukturiert und gelungen zu bewerten ist. So finden etwa die modernen technischen Entwicklungsmöglichkeiten für den Abschluss eines Vertrages Berücksichtigung. Allerdings wurde festgestellt, dass sich in Russland eine sehr weite Auslegung des Rechtsbindungswillens bei *invitatio ad incertas personam* durchgesetzt hat, die sich in der Praxis als problematisch erweist. Vor allem im Bereich des Einzelhandelskaufs (Art. 494 ZGB) kann sie zur Hemmung der Privatinitiative führen und sollte, wenn nicht auf Gesetzeswegen, dann zumindest durch die Judikative modifiziert werden.

Positiv hervorzuheben ist die große Rolle von Handelsbräuchen, auf die das ZGB an insgesamt 27 Stellen verweist.[1605] Allerdings bleibt noch abzuwarten, ob sich in der RF derartige Handelsbräuche und Gepflogenheiten - insbesondere für Annahme durch Schweigen - herausbilden.

Trotz des deutlichen ausländischen Einflusses weist das ZGB viele nationale, z.T. aus dem Sowjetrecht stammende, Besonderheiten auf. Dies betrifft vor allem den

[1605] Artt. 309, 311, 312, 313, 314, 315, 406, 427, 431, 438, 451, 452, 459 Punkt 2, 474 Punkt 2, 478, 508 Punkt 1, 510 Punkt 1, 513 Punkt 2, 724 Punkt 2, 848, 862 Punkt 2, 863 Punkt 1, 867 Punkt 3, 874 Punkt 2, 992, 998 Punkt 3, 1006 ZGB.

immer noch stark ausgeprägten Formalismus im Vertragsrecht. Auch wenn die Formvorschriften liberaler als früher gefasst worden sind, verkehrt sich die als Grundsatz proklamierte Formfreiheit im unternehmerischen Rechtsverkehr zu einer Ausnahme, was sich im modernen, marktorientierten und schnellen Handelsverkehr als Bremsfaktor auswirkt. Der Schriftformzwang für alle Rechtsgeschäfte zwischen Unternehmern lässt sich deshalb nicht befürworten. Allerdings relativieren sich die Rechtsfolgen des Formzwangs durch wenig strenge Formerfordernisse und milde Folgen der Nichteinhaltung der Schriftform.

Zu beobachten ist ferner, dass Unternehmer in Fragen der Vertragsgestaltung und -beendigung freier als normale Bürger sind. So ist die Auflösung eines beiderseitigen Handelsgeschäfts bei entsprechender vertraglicher Vereinbarung durch einseitiges Gestaltungsrecht möglich (Art. 310 S. 2 ZGB), während es dafür bei rein bürgerlichen Verträgen grundsätzlich einer Auflösungsklage bedarf (Art. 450 Punkt 2, 452 ZGB). Dies entspricht dem Bedürfnis des unternehmerischen Verkehrs nach möglichst weitgehender Befreiung von Formalitäten und Einschränkungen und wird dem Prinzip der Privatautonomie gerecht. Zu kritisieren ist dagegen die starke Bindung von Unternehmern an unbillige Beitrittsverträge (Art. 428 Punkt 3 ZGB). Die Ungleichbehandlung von Unternehmern und Verbrauchern bei benachteiligenden Vertragsklauseln überzeugt nicht. Zwar ist das Schutzbedürfnis für rechtsunkundige und geschäftsungewandte Verbraucher im allgemeinen Geschäftsverkehr naturgemäß höher als im unternehmerischen Rechtsverkehr. Jedoch bewahrt die Unternehmereigenschaft nicht vor Aufzwingung unbilliger Verträge. Gerade in der stark monopolisierten russischen Wirtschaft muss kleineren und mittleren Unternehmern die Möglichkeit eingeräumt werden, einen durch monopolistische bzw. marktbeherrschende Anbieter aufgezwängten Vertrag nachträglich zu ändern oder sich von dem Vertrag lösen zu können.

Im Bereich der Erfüllung und Erfüllungssicherung weist das Recht der Handelsgeschäfte kaum nennenswerte Besonderheiten auf. Für den unternehmerischen Verkehr wichtig ist das grundsätzliche Verbot vorzeitiger Leistung bei beiderseitigen Handelsgeschäften (Art. 315 ZGB), welches in der Regel den Anforderungen des modernen Geschäftsverkehrs entspricht. Allerdings hat es der russische Gesetzgeber versäumt, einen Rechtsmissbrauchstatbestand einzuführen, der die rechtsmissbräuchliche Ablehnung einer vorfristigen Leistung unterbindet, wenn dem Gläubiger aus einer Erfüllung vor Fälligkeit keine Nachteile drohen. Andererseits zu begrüßen ist die Einführung des neuen Sicherungsmittels des Zurückbehaltungsrechts (Art. Art. 359 Punkt 1 Abs. 2 ZGB), dem im unternehmerischen Verkehr naturgemäß eine wichtige Funktion zukommt.

Als zentralen Punkt der neuen Zivilrechtskodifikation kann das Konzept der verschärften gesamtschuldnerischen Haftung der Unternehmer für Nicht- bzw. nicht gehörige Erfüllung genannt werden (Artt. 401 Punkt 3, 322 ZGB). Im Gegensatz zum allgemeinen Rechtsverkehr gilt für Unternehmer das Verursachungsprinzip und nicht das Verschuldensprinzip. Es wurde festgestellt, dass die Verschärfung unternehmerischer Haftung in erster Linie den Sonderumständen der Übergangszeit von einer sozialistischen Plan- zu einer marktorientierten Wirtschaft in den neunziger Jahren zuzuschreiben ist. Aufgrund der Instabilität der wirtschaftlichen Gesamtsituation zu Beginn der Transformationsperiode war es evident, dass die Berücksichtigung subjektiver Entlastungsgründe für die Sicherheit des Rechtsverkehrs nicht förderlich ist. Die gesamtschuldnerische verschuldensunabhängige Haftung soll die für eine Wettbewerbswirtschaft notwendige Rechtssicherheit wiederherstellen und bei Unternehmern Vertragsdisziplin erzwingen. Grundsätzlich ist von einem Unternehmer als professionellem und geschäftserfahrenem Akteur des Wirtschaftslebens stets hohe Sorgfalt und Vorsicht bei der Erfüllung seiner vertraglichen Verbindlichkeiten zu erwarten. Eine solche Herangehensweise ist auch anderen Rechtsordnungen bekannt.[1606] Für die Einführung einer verschuldensunabhängigen Haftung spricht ferner, dass sie vor allem im Handelsverkehr in viel größerem Umfang der Wirklichkeit entspricht als die verschuldensabhängige Haftung. Denn im modernen Massenvertrieb neu hergestellter und original verpackter Produkte ist eine Mitverantwortlichkeit des Händlers für den schadensursächlichen Mangel nur selten vorstellbar. Hinzu kommt, dass bei vielen Produkten der Mangel nicht durch bloße Untersuchung, sondern erst durch den Gebrauch der Ware beim Endverbraucher erkennbar wird. Für die Angemessenheit der russischen Regelung lässt sich darüber hinaus anführen, dass im besonderen Teil des ZGB mehrere Ausnahmevorschriften von dem Prinzip der verschuldensunabhängigen Haftung bestehen, womit ungerechte Ergebnisse bei der Risikoverteilung vermieden werden können. Schließlich lässt die als Garantiehaftung konzipierte Vertragshaftung für Unternehmer dem Verschuldensprinzip einen Raum, indem sie insbesondere bei beiderseitigen Handelsgeschäften parteiliche Haftungsbeschränkungen erlaubt. Insofern zeigt sich, dass die strenge gesamtschuldnerische Unternehmerhaftung sich erheblich relativiert.

III. Inhaltliche Ausgestaltung der besonderen Handelsgeschäfte

Das gesamte neue besondere Vertragsrecht, darunter das Recht ein- und beiderseitiger Handelsgeschäfte, ist im zweiten Teil des ZGB von 1996 geregelt. Nach der Betrachtung von sieben Handelsgeschäften, die beispielhaft für die jeweiligen Klassifikationstypen ausgewählt wurden, lassen sich folgende Tendenzen feststellen.

Je nach dem, ob es sich um ein- oder beiderseitige Handelsgeschäfte handelt, kann zwischen dem Verbrauchervertragsrecht und dem Handelsgeschäftsrecht im engeren Sinne unterschieden werden. Unter das Verbrauchervertragsrecht fallen Geschäfte von Unternehmern mit Verbrauchern. Gegenstand des Handelsgeschäftsrechts im engeren Sinne sind Geschäfte zwischen zwei oder mehreren

---

[1606] So z.B. das italienische Recht, das französische Kaufrecht, das Common Law, UN- Kaufrecht (Art. 79 CISG) und die PECL (Art. 9:501). Vgl. dazu näher *Pellegrino,* ZEuP 1997, 41 ff.

Unternehmern. Dementsprechend sind auch die Regelungsziele beider Rechtskomplexe unterschiedlich ausgestaltet.

1. Verbrauchervertragsrecht

Die Untersuchung der einseitigen Handelsgeschäfte hat gezeigt, dass ein differenziertes Verbraucherrecht dabei eine bedeutende Rolle einnimmt. Der Schutzbereich des ZGB ist sehr deutlich zu Gunsten der Verbraucher verschoben. Als schutzwürdig werden natürliche Personen angesehen, die zum persönlichen, familiären, häuslichen oder anderen nicht unternehmerischen Gebrauch handeln, wobei der Grad der persönlichen rechtsgeschäftlichen Erfahrung keine Rolle spielt. Der „Normalverbraucher“ wird praktisch einem „Freizeit-Unternehmer“ (Unternehmer in seiner Privatsphäre) gleichgestellt. Eine solche gesetzliche Typisierung ist vertretbar und wird im internationalen Recht auch nicht in Frage gestellt. Als nicht schutzwürdig behandelt der russische Gesetzgeber dagegen selbständig dauerhaft mit Gewinnerzielungsabsicht handelnde natürliche und juristische Personen, darunter auch einige freie Berufe.

Die klare verbraucherschützende Ausrichtung des gesamten besonderen Vertragsrechts konnte in allen untersuchten einseitigen Handelsgeschäften festgestellt werden. Dies wirkt sich auf der einen Seite in der Erweiterung und Verschärfung der Unternehmerpflichten (so etwa in Art. 495 ZGB, Art. 502 Punkt 1 ZGB i.V.m. Art. 25 Punkt 1 VerbrSchG im Kaufrecht; Artt. 628, 631 Punkt 1 ZGB im Mietrecht; Artt. 732 Punkt 1, 736 Punkt 1 ZGB im Werkvertragsrecht), auf der anderen Seite in der Erweiterung der Verbraucherrechtsbehelfe bei Nicht- bzw. Schlechterfüllung aus (Art. 495 Punkt 3, 2. Alt. ZGB und Art. 12 Punkt 1, 2. Alt. VerbrSchG, Art. 503 ZGB und Art. 18 VerbrSchG, Art. 505 ZGB; Art. 730 Punkt 3 ZGB i.V.m. Art. 28 Punkte 1, 5 VerbrSchG, Art. 732 Punkt 2 Abs. 2 ZGB). Das erstrangige Ziel des Verbrauchervertragsrechts wird damit in der „sozialen“ Verantwortung der Unternehmer gegenüber Verbrauchern gesehen.

Es ist zu begrüßen, dass der russische Gesetzgeber den Verbraucherschutz zu einem zentralen Anliegen der Zivilrechtsreform gemacht hat und es anstrebt, ein möglichst hohes Verbraucherschutzniveau zu gewährleisten. Dies entspricht den modernen Tendenzen auf europäischer Ebene. So sind auch in Art. 153 EG-Vertrag bestimmte Verbraucherrechte verankert, welche ihre nähere Ausgestaltung in den Verbraucherschutzrichtlinien[1607] und in den nationalen Rechtsordnungen finden. Die moderne Massenproduktion mit kaum überschaubaren Produktvielfalt, die technische

---

[1607] S. z.B. Richtinie über die irreführende Werbung (RL 84/450/EWG vom 10. 9.1984 ABl. L 250 vom 19.9.1984, S. 17), geändert durch die Richtlinie über vergleichende Werbung (RL 997/55/EG vom 6.10.1997, ABl. L 290 vom 23.10.1997, S. 18), Richtlinie über missbräuchliche Klauseln in Verbraucherverträgen (RL 93/13/EWG vom 5.4.1993, ABl. L 95 vom 21.4.1993, S. 29), Richtlinie über Verbrauchsgüterkauf und Garantien für Verbrauchsgüter (RL 1999/44/EG vom 25.5.1999, ABl. L 171 vom 7.7.1999, S. 12).

Entwicklung mit immer komplizierteren Geräten, Schematisierung und Anonymisierung des Güteraustausches mit Hilfe typisierter und standardisierter Vertragsbedingungen (die vom Verkäufer unter Wahrung seiner Interessen aufgestellt sind) machen die Gewährleistung eines besonderen Schutzes des Verbrauchers notwendig. Gerade in postkommunistischen Gesellschaften besteht ein erhöhter Schutzbedarf, da diese immer noch in einem viel stärkeren Maß durch Unerfahrenheit und Leichtgläubigkeit geprägt sind, als Gesellschaften mit einer jahrzehntelangen marktwirtschaftlichen Wirtschaftsordnung. Daher ist es auch konsequent, dass sowohl dem ZGB als auch dem VerbrSchG das Leitbild eines uninformierten Konsumbürgers zugrunde liegt, dem die nötigen Informationen und Kenntnisse fehlen, um bei Vertragsschlüssen seine Belange wirksam wahrnehmen zu können. Ein solches Leitbild ist zu begrüßen, da es in Russland jedenfalls realistischer ist als das Modell eines aufgeklärten und mündigen Konsumentenbürgers. Rechtspolitisch ist daher die Berücksichtigung des Verbraucherrechts im Vertragsrecht angemessen.

Mit der deutlichen Betonung des Verbraucherschutzrechts kommt Russland seiner Verpflichtung aus dem Partnerschaftsabkommen mit den Europäischen Gemeinschaften aus dem Jahr 1994[1608] nach. Darin hat Russland erklärt, sich zu bemühen, seine Rechtsvorschriften - insbesondere auf dem Gebiet des Verbrauscherschutzes - schrittweise mit dem Gemeinschaftsrecht in Einklang zu bringen (Art. 55 des Abkommens). Dabei wird der in Art. 60 Abs. 2 des Partnerschaftsabkommens als Schwerpunkt des Verbraucherschutzes benannten Verbesserung der Verbraucherinformation (insbesondere über Preise, Wareneigenschaften und angebotene Dienstleistungen) besonders Rechnung getragen.

Mit dem Anspruch ein neues modernes Vertragsrecht zu schaffen, hätte der russische Gesetzgeber jedoch beachten müssen, dass das Vertragsrecht nicht einseitig Interessen einer Personengruppe verfolgen, sondern die Bedürfnisse der verschiedenen Beteiligten möglichst passgenau treffen sollte. Die Schutzbedürftigkeit von Verbrauchern muss sich in der adäquaten Berücksichtigung ihrer Rechte und Befugnisse widerspiegeln. Allerdings kann eine überproportionierte Betonung der Schutzbedürfnisse von Verbrauchern dazu führen, dass andere Personengruppen in ihrer Flexibilität und Gestaltungsfreiheit beschnitten werden. Bedenkt man die Vorgeschichte der Entstehung des ZGB und die jahrelangen Erfahrungen in der sozialistischen Planwirtschaft, so verwundert es nicht, dass dem russischen Gesetzgeber kein ausgewogener Ausgleich zwischen den Interessen von Verbrauchern und Unternehmern gelungen ist. Hinzu kommt, dass in der Übergangszeit von der Plan- zur Marktwirtschaft der Markt insbesondere mit ausländischen Waren überschwemmt wurde, die völlig unzureichende Sicherheitsstandards aufwiesen. Dies erforderte als

[1608] „Abkommen über Partnerschaft und Zusammenarbeit zur Gründung einer Partnerschaft zwischen den Europäischen Gemeinschaften und ihren Mitgliedsstaaten einerseits und der Russischen Föderation andererseits" vom 24. Juni 1994, Amtsblatt Nr. L 327 1997, S. 3 ff.

Gegeninstrument ein schnelles staatliches Eingreifen durch Festsetzung von strikten Qualitäts- und Sicherheitsstandards sowie durch Gewährung von weitgehenden Verbraucherrechten.

Das Verbrauchervertragsrecht ist auch aus gesetzessystematischen Gründen als reformbedürftig anzusehen. Die Betrachtung der aktuellen Rechtslage hat gezeigt, dass es nach der umfassenden Änderung und Anpassung des VerbrSchG an das ZGB zu zahlreichen Doppelnormierungen und Überschneidungen gekommen ist. Dies hätte der Gesetzgeber vermeiden können, wenn er im Rahmen der Zivilrechtsreform alle verbraucherschützenden Normen in das ZGB integriert hätte. Eine Regelung des kompletten Verbrauchervertragsrechts im ZGB begegnet keinen systematischen Bedenken; im Gegenteil entspricht allein sie dem Prinzip der Einheit der Rechtsordnung. Für die Zusammenführung aller verbraucherschützenden Bestimmungen in das ZGB spricht ferner, dass die Regelung des Verbraucherrechts Kernbereich marktwirtschaftlichen Transaktionsrechts ist und daher in die zentrale Zivilrechtskodifikation gehört. Eine Integration des Verbraucherrechts in das ZGB hätte auch keine technischen Schwierigkeiten bereitet, was die bereits existierenden verbraucherschützende Normen des ZGB bestätigen. Leider hat der russische Gesetzgeber diese Gelegenheit nicht wahrgenommen und das seit 1992 existierende VerbrSchG beibehalten. Damit steht Russland in Europa zwar nicht alleine. So haben etwa Frankreich mit dem Code de la consommation von 1993 sowie Österreich mit dem Konsumentenschutzgesetz von 1979 denselben Weg beschritten. Die moderne Rechtsentwicklung zeigt jedoch, dass sich die europäischen Staaten im Rahmen des EU-Harmonisierungsprozesses bemühen, die verbraucherrechtlichen Normen in ihre Zivilrechtskodifikationen einzugliedern. So enthalten das Niederländische Bürgerliche Gesetzbuch sowie neuerdings auch das BGB spezifische verbraucherrechtliche Bestimmungen. Dies bestätigt die Tatsache, dass eine Integration des Verbraucherrechts in die einzelnen Teilgebiete des ZGB keinen technisch-formalen Einwänden begegnen würde und *de lege ferenda* in Russland anzustreben ist.

2. Handelsgeschäftsrecht im engeren Sinne

Im Gegensatz zum Verbrauchervertragsrecht zielt das Recht der Handelsgeschäfte im engeren Sinne nicht auf den Schutz einer bestimmten Personengruppe ab, sondern dient den Interessen des unternehmerischen Verkehrs. Die Untersuchung beiderseitiger Handelsgeschäfte hat gezeigt, dass der Gesetzgeber von einer höheren Fähigkeit von Unternehmern zum Selbstschutz ausgeht. Von Unternehmern wird Geschäftsgewandtheit und Rechtserfahrenheit erwartet, woraus die Verminderung ihrer Schutzbedürftigkeit resultiert. Dies führt zu einer Erweiterung der Privatautonomie im Bereich beiderseitiger Handelsgeschäfte. Damit werden einige Einschränkungen der Privatautonomie vermieden, die für den allgemeinen Rechtsverkehr gelten und dem Bedürfnis des unternehmerischen Verkehrs nach möglichst weitgehender Befreiung von „formalen Fesseln" widersprechen.

Die Bestimmungen des Handelsgeschäftsrechts im engeren Sinne beruhen größtenteils auf dem Gedanken, dass der unternehmerische Verkehr in gesteigertem Maße auf Flexibilität, Schnelligkeit, Einfachheit und Rechtssicherheit angewiesen ist. Dem entspricht etwa im Kaufrecht die Auferlegung der Pflicht zur Beseitigung von im vorvertraglichen Stadium entstandenen Meinungsverschiedenheiten auf den Erstofferenten (Art. 507 ZGB), der Annahme- und Aufbewahrungspflicht (Art. 514 ZGB) sowie der unverzüglichen Rügelast auf den Handelskäufer (Art. 513 Punkt 2 ZGB) und die Erleichterung der Vertragsaufhebung (Art. 523 i.V.m. 450 Punkt 3, 452 ZGB). Diese das Handelsgeschäftsrecht im engeren Sinne tragenden Grunderwägungen entsprechen somit den Charakteristika handelsrechtlicher Normen anderer europäischer Rechtsordnungen.

Positiv hervorzuheben ist die Regelung von modernen, für den Wirtschaftsverkehr bedeutenden Vertragstypen, wie des Franchise- und des Factoringvertrages im ZGB, auch wenn diese durchaus noch änderungsbedürftig sind und durch die Praxis bisher noch nicht nachhaltig adaptiert wurden.

Im Ergebnis ist festzuhalten, dass die Gestaltung vieler Handelsgeschäfte merklich von Bestrebungen um eine internationale Rechtsvereinheitlichung beeinflusst wird. Dadurch wird der zunehmenden Internationalisierung des Geschäftsverkehrs Rechnung getragen, die sich infolge fortschreitender internationaler Verflechtung der Wirtschaftbeziehungen immer mehr verstärkt und sich nicht zuletzt im Bereich des Vertrags- und Schuldrechts bemerkbar macht.

Die Betrachtung des Rechts der Handelsgeschäfte hat gezeigt, dass im ZGB im Bereich des Vertragsrechts der rechtliche Rahmen für den Geschäftsverkehr in einer Marktwirtschaft geschaffen worden ist. Anders als den „Vätern der PECL", die bereits seit 1982 mit der Herausarbeitung eines europäischen Vertragsrechts beschäftigt sind,[1609] oder auch der Schuldrechtskommission in Deutschland, ist es dem russischen Gesetzgeber gelungen, in sehr kurzen Zeit ein modernes, an den Bedürfnissen des Wirtschaftlebens ausgerichtetes Vertragsrecht im Rahmen der neuen Zivilrechtskodifikation zu schaffen. Bedenkt man, unter welchem Zeitdruck und unter welchen Bedingungen insbesondere die ersten beiden Teile des ZGB entstanden sind, wird verständlich, dass die gegenwärtige Rechtslage trotz des Versuches, neuere europäische Entwicklungen zu berücksichtigen, keineswegs perfekt ist und noch Defizite aufweist.

[1609] Im Einzelnen dazu *Lando*, Some features of the Law of Contract in the third Millenium, http://www.cbs.dk/departments/law/staff/ol/commission_on_ecl/literature/lando01.htm, S. 363.

Insgesamt gesehen ist das Recht der Handelsgeschäfte trotz einiger Entlehnungen bzw. Anstöße aus dem Ausland ein selbständig erarbeitetes und nationale Besonderheiten aufweisendes Recht, das gewachsene Strukturen berücksichtigt und Kontinuität wahrt, soweit dies mit dem radikalen Umbau von Wirtschaft und Gesellschaft in Russland vereinbar ist.

LITERATURVERZEICHNIS

Abova, T./ Kabalkin, A./ Mozolin, V. Graždanskij kodeks Rossijskoj Federacii, čast' pervaja. Naučno-praktičeskij kommentarij (Zivilgesetzbuch der Russischen Föderation, Erster Teil. Wissenschaftlich-praktischer Kommentar), Moskau 1996 (zit.: Abova/ Kabalkin/ Mozolin, Kommentar zum ZGB I)

Aksenčuk, L. A. Pravosposobnost' inostrannogo graždanina v sfere predprinimatel'skoj dejatel'nosti (Die Rechtsfähigkeit des Ausländers im Bereich unternehmerischer Tätigkeit), Zakonodatel'stvo 2001 Nr. 2, S. 31 ff.

Alekseev, S. S. Graždanskij kodeks. Zametki iz istorii podgotovki proekta. Zamečanija o soderžanii Kodeksa, ego značenii i sud'be (Zivilgesetzbuch. Bemerkungen zur Geschichte der Vorbereitung des Entwurfs. Anmerkungen zum Inhalt des Gesetzbuches, seiner Bedeutung und seinem Schicksal), in: Graždanskij kodeks Rossii. Problemy. Teorija. Praktika: Sbornik pamjati S. A. Chochlova (Zivilgesetzbuch Russlands. Probleme. Theorie. Praxis: Gedenkschrift S. A. Chochlov), Moskau 1998, S. 21 ff. (zit.: Alekseev, GK)

ders. Častnoe pravo – nesčastnyj vopros (Privatrecht – eine unglückliche Frage), Ėkonomika i žizn' 1994 Nr. 45, S. 15 f.

Almási, A. Ungarisches Privatrecht, 1. Band, Leipzig 1924

Amfiteatrov, G. Osnovnye načala graždanskogo zakonodatel'stva i bor'ba za marksistskuju metodologiju (Die Grundlagen der Zivilgesetzgebung und der Kampf um die marxistische Methodologie), SGiP 1930 Nr. 4, S. 74 f.

Andreev, V. K. Graždanskij kodeks Rossijskoj Federacii i novejšee zakonodatel'stvo (Zivilgesetzbuch der Russischen Föderation und neueste Gesetzgebung), GiP 1996 Nr. 4, S. 110 ff.

ders. Problemy pravosub"ektnosti v predprinimatel'skoj dejatel'nosti (Probleme der Rechtssubjektivität bei unternehmerischer Tätigkeit), in: Pravovoe regulirovanie predprinimatel'skoj dejatel'nosti (Rechtliche Regulierung unternehmerischer Tätigkeit), Moskau 1995, S. 23 ff.

ders. Dogovory v predprinimatel'skoj dejatel'nosti (Verträge in der unternehmerischen Tätigkeit), RJ 1995 Nr. 4, S. 9 ff.

Andreeva, L. Forma dogovora i posledstvija eë nesobljudenija (Form eines Vertrags und Folgen ihrer Nichteinhaltung), RJ 1999 Nr. 2, S.

15 ff.

Archipov, D. Vozloženie na predprinimatelja neblagoprijatnych posledstvij clučaja v objazatel'stvach iz dogovora (Auferlegung der Zufallshaftung auf den Unternehmer bei vertraglichen Schuldverhältnissen), ChiP 2002 Nr. 12, S. 46 ff.

Arnold, H. Zivilgesetzbuch der Russischen Föderation im Entstehen, RIW 1995 (11), S. 897 ff.

Arzinger, R. / Galander, T. Russisches Wirtschaftsrecht, 1. Auflage, Berlin 1997

Avilov, G. E. Chozjajstvennye tovariščestva i obščestva v Graždanskom kodekse Rossii (Handelsgesellschaften im Zivilgesetzbuch Russlands), in: Graždanskij kodeks Rossii. Problemy. Teorija. Praktika: Sbornik pamjati S. A. Chochlova (Zivilgesetzbuch Russlands. Probleme. Theorie. Praxis: Gedenkschrift S. A. Chochlov), Moskau 1998, S. 176 ff.

Barenbojm, P. Torgovyj kodeks – ključevoj ėlement ėkonomičeskogo razvitija Rossii (Das Handelsgesetzbuch – Schlüsselelement der ökonomischen Entwicklung Russlands), RJ 1994 Nr. 12, S. 29 ff.

Basedow, J. Grundfragen der Vertragsrechtsreform. Niederländische Erfahrungen, ZvglRWiss 1980, S. 132 ff.

Baumbach, A./ Hopt, K. J. Kommentar zum Handelsgesetzbuch, 30. Auflage, München 2000

Becker, C. Gesellschaftsrecht in Rußland, 1. Auflage, Berlin 1998

Belov, V. V. Predislovie. Nesomnenno znajuščij i ispytannyj civilist (Vorwort. Zweifellos kundiger und bewährter Zivilist), in: *Čitovič,* Očerk osnovnych ponjatij torgovogo prava (Grundriss der Grundbegriffe des Handelsrechts), Moskau 2001 (zit.: Belov, Predislovie)

ders. Primečanija (Bemerkungen), in: *Citovič,* Očerk osnovnych ponjatij torgovogo prava (Grundriss der Grundbegriffe des Handelsrechts), S. 351, Moskau 2001 (zit.: Belov, Primečanija)

Belych, A. G. Predprinimatel'skoe pravo: problema formirovanija i razvitija (Unternehmensrecht: das Problem der Herausbildung und Entwicklung), VMU 1993 Nr. 6, S. 9 ff.

Belych, V. S. Teorija chozjajstvennogo prava v uslovijach stanovlenija i razvitija rynočnych otnošenij v Rossii (Theorie des Wirtschaftsrechts unter den Bedingungen der Etablierung und Entwicklung marktwirtschaftlicher Verhältnisse in Russland), GiP 1995 Nr. 11, S. 53 ff.

ders. Predprinimatel'skoe pravo v sisteme prava Rossii (Unternehmensrecht im Rechtssystem Russlands), Pravovedenie 2001 Nr. 1, S. 115 ff.

Benöhr, H.-P. Die Grundlage des BGB – Das Gutachten der Vorkommission von 1874, JuS 1977, S. 79 ff.

Bergmann, W. Der kurze, aber schwierige Weg zum neuen Zivilgesetzbuch für die Russische Föderation, in: Osteuropa-Institut der Freien Universität Berlin und IRZ-Stiftung (Hrsg.), Zivilgesetzbuch der Russischen Föderation (erster Teil), Berlin 1997 (zit.: Bergmann, Einführung ZGB I)

ders. Der Zweite Teil des russischen Zivilgesetzbuches – ein Kompromiß zwischen Möglichem und Wünschenswertem, in: Osteuropa-Institut der Freien Universität Berlin und IRZ-Stiftung (Hrsg.), Zivilgesetzbuch der Russischen Föderation (Zweiter Teil) von 1995, Berlin 2000, S.31 ff. (zit.: Bergmann, Der Zweite Teil des ZGB)

Bernstoff, Ch. Graf von Vertrags-, Kauf-, Handels- und Gesellschaftsrecht in Osteuropa 1. Auflage 1999, Stuttgart 1999

Bilinsky, A. Das sowjetische Wirtschaftsrecht, Tübingen 1968

Bogatych, E. Graždanskoe i torgovoe pravo (Zivil- und Handelsrecht), Moskau 1996

Boguslawskij, M. Handels- und Unternehmensrecht in Russland, in: Horn/Pleyer, Handelsrecht und Recht der Kreditsicherheiten in Osteuropa, Berlin 1997, S. 35 ff. (zit.: Boguslawskij, in Horn/Pleyer)

ders. Die Internationalisierung des Privatrechts in Russland und in anderen Ländern der GUS, WiRO 1998 Heft 5, S. 169 ff.

Boguslawskij, M. / Knieper, R. (Hrsg.) Wege zum neuen Recht, Materialien internationaler Konferenzen in St.Petersburg und Bremen, Berlin 1998

Bohata, P. Novelle des Handelsgesetzbuches, des Wertpapiergesetzes und des Börsengesetzes in Tschechien, WiRO 1996, S. 314 ff.

Boizova, V./ Boizova, L. (Hrsg.) Pravovaja sistema Niderlandov (Das Rechtssystem der Niederlanden), Moskau 1998

dieselb. Gollandskaja pravovaja kul'tura (Die holländische Rechtskultur), Moskau 1998

Booth, L./ Baibakova, O. Franchising in Russia, in: Financial Times East European Business Law, issue number 96-XII, S. 2 ff.

Borisov, A. B. Kommentarij k Graždanskomu kodeksu Rossijskoj Federacii časti pervoj i vtoroj (Kommentar des ersten und des zweiten Teils des Zivilgesetzbuchs der Russischen Föderation, Moskau 2000) (zit.: Borisov, Kommentar zum ZGB I, II)

Braginskij, M. I. Kommentarij k časti pervoj Graždanskogo kodeksa Rossijskoj Federacii (Kommentar zum 1. Teil des Zivilgesetzuchs der Russischen Föderation), Moskau 1995 (zit.: Braginskij-Bearbeiter, Kommentar zum ZGB I)

ders. Kommentarij časti pervoj Graždanskogo kodeksa Rossijskoj Federacii dlja predprinimatelej (Kommentar des ersten Teils des Zivilgesetzbuchs der Russischen Föderation für Unternehmer), Moskau 1996 (zit.: Braginskij-Bearbeiter, Kommentar zum ZGB I für Unternehmer)

ders. Sdelki. Predstavitel'stvo. Sroki. Iskovaja davnost' (Rechtsgeschäfte. Stellvertretung. Fristen. Verjährung), ChiP 1995 Nr. 6, S. 3 ff.

ders. Kommentarij časti vtoroj Graždanskogo kodeksa Rossijskoj Federacii dlja predprinimatelej (Kommentar des zweiten Teils des Zivilgesetzbuchs der Russischen Föderation für Unternehmer), Moskau 1996 (zit.: Braginskij-Bearbeiter, Kommentar zum ZGB II für Unternehmer)

ders. Problemy predprinimatel'skich dogovorov (Probleme der Handelsgeschäfte) in: Ėkonomičeskie reformy i graždansoe zakonodatel'stvo: novoe v dogovornom prave, arbitražnye spory (Wirtschaftsreformen und Zivilgesetzgebung: Neues im Vertragsrecht, Wirtschaftsgerichtsstreitigkeiten), Materialy naučno-praktičeskoj konferencii v IZSP (Materialien der wissenschaftlich-praktischen Konferenz im Institut für Gesetzgebung und Rechtsvergleichung), in: ŽRP 1997 Nr. 6, S. 138 ff.

ders. Dogovory v predprinimatel'stve po GK (Verträge im Unternehmertum nach dem ZGB), in: Pravo i ėkonomika 1998 Nr. 1, S. 59 ff.

Braginskij, M. I./ Vitrjanskij, V. V. Dogovornoe pravo. Obščie položenija (Vertragsrecht. Allgemeine Grundsätze), Moskau 1997 (zit.: Braginskij/itrjanskij, Dogovornoe pravo I)

dieselb. Dogovornoe pravo. Dogovory o peredače imuščestva (Vertragsrecht. Verträge über die Vermögensübertragung), Moskau

2000 (zit.: Braginskij/ Vitrjanskij, Dogovornoe pravo II)

Brendel, Th. J. Die allgemeinen Grundsätze im neuen Zivilgesetzbuch der Russischen Föderation, in: JbOR Band XXXVI (1995/2), S. 205 ff.

Brox, H. Handelsrecht und Wertpapierrecht, 12. Auflage, München 1996

Brunner, G./ Schmid, K./ Westen, K. (Hrsg.) Wirtschaftsrecht der osteuropäischen Staaten – WOS, Baden-Baden 1991, Loseblatt, Stand: März 2001 (zit.: Brunner/Schmid/Westen, WOS)

Brunner, G. Ungarn, Einführung, in: Brunner/Schmid/Westen, WOS I 3 Ungarn (1), S. 1 ff.

Bryzgalin, A.V. Ponjatie i suščnost' sub"ekta predprinimatel'skoj dejatel'nosti kak učastnika graždansko-pravovych otnošenij (Begriff und Wesen des Subjekts unternehmerischer Tätigkeit als eines Teilnehmers zivilrechtlicher Beziehungen), Pravovedenie 1994 Nr. 1, S. 73 ff.

Bučková, I. Handels- und Unternehmensrecht in der Tschechischen Republik, in: Horn, Norbert/Pleyer, Klemens (Hrsg.), Handelsrecht und Recht der Kreditsicherheiten in Osteuropa, Berlin 1997 (zit.: Bučková, in: Horn/Pleyer)

Bykov, A. G. Predprinimatel'skoe pravo: problemy formirovanija i razvitija (Unternehmensrecht: Probleme der Entstehung und Entwicklung), in: VMU 1993 Nr. 6, S. 3 ff.

Canaris, C.-W. Handelsrecht, 23. Auflage, München 2000

Čerepnin, L.(Hrsg.) Pamjatniki russkogo prava (Denkmäler des russischen Rechts), Band II: XIV-XV. Jahrhunderte, Moskau 1955; Band III: XV-XVII. Jahrhundert, Moskau 1956 (zit.: Čerepnin, Pamjatniki russkogo prava, Bd.)

Chochlov, S. A. / Makovskij, A. L. Vvodnyj kommentarij k Graždanskomu kodeksu. Graždanskoe zakonodatel'stvo Rossii (Einführungskommentar zum Zivilgesetzbuch. Zivilgesetzgebung Russlands), Moskau 1996 (zit.: Chochlov/Makovskij, Vvodnyj kommentarij)

Chochlov, S. A. Konceptual'naja osnova časti vtoroj Graždanskogo kodeksa (Konzeptuelle Grundlage des zweiten Teils des Zivilgesetzbuchs), in: Makovskij (Hrsg.), Graždanskij kodeks Rossii. Problemy. Teorija. Praktika: Sbornik pamjati S. A. Chochlova (Zivilgesetzbuch Russlands. Probleme. Theorie. Praxis: Gedenkschrift S. A. Chochlov), Moskau 1998, S. 407 ff. (zit.: Chochlov, Konceptual'naja osnova)

Citovič, P. P. K voprosu o slijanii torgovogo prava s graždanskim (Zur Frage der Vereinigung des Handelsrechts mit dem Zivilrecht), Pravo 1900 Nr. 42 ff.

ders. Lekcii po torgovomu pravu (Vorlesungen im Handelsrecht), Odessa 1875

ders. Očerk osnovnych ponjatij torgovogo prava (Grundriss der Grundbegriffe des Handelsrechts), Moskau 2001 po izdaniju Kiev 1886 (Nachdruck)

Coing, H. Zur Geschichte des Privatrechtssystems, Frankfurt am Main 1962

David, R./ Grasmann, G. (Hrsg.) Einführung in die großen Rechtssysteme der Gegenwart, 2. dt. Auflage, München 1989 (zit.: David/Grasmann/Bearbeiter)

Dedikov, S. Publičnyj dogovor (Öffentlicher Vertrag), ChiP 1997 Nr. 11, S. 115 ff.

Denisov, S. A. O porjadke zaključenija dogovora (Über das Verfahren des Vertragsabschlusses), in: *Braginskij, M. (Hrsg.),* Aktual'nye problemy graždanskogo prava (Aktuelle Probleme des Zivilrechts), Moskau 1998, S. 229 ff. (zit.: Denisov, Zaključenie dogovora)

Denisov, A. I./ Bernštejn, N. I. Osnovy graždanskogo zakonodatel'stva i "chozjajstvennoe pravo" (Die Grundlagen der Zivilgesetzgebung und das "Wirtschaftsrecht"), SGiP 1959 Nr. 5, S. 48 ff.

Dernburg, H. Lehrbuch des Preußischen Privatrechts und der Privatrechtsnormen des Reichs, Band II, Das Obligationenrecht Preußens und des Reiches und das Urheberrecht, 3. Auflage, Halle a. S. 1882, zit.: Dernburg, Bd. II)

Dijk, D. van Der politische Werdegang des Niederländischen Bürgerlichen Gesetzbuches 1992, in: *F. Bydlinsky, Th. Mayer-Maly, J. Pichler (Hrsg.),* Renaissance der Idee der Kodifikation. Das neue Niederländische Bürgerliche Gesetzbuch 1992, Schriftenreihe zur Rechtspolitik, Band 5, 1991, S. 23 ff. (zit.: van Dijk, in: Bydlinsky/Mayer-Maly/Pichler)

Diltej, F.-G. Načal'nye osnovanija veksel'nogo prava (Grundlagen des Wechselrechts), Teil 1, Vladimir 1801 (zit.: Diltej, veksel'noe pravo)

Dojnikov, I. V. Predprinimatel'skoe pravo (Unternehmensrecht), Moskau 1998

Dolženko, A./ Reznikov, V./ Chochlova, N. (Hrsg.) Sudebnaja praktika po graždanskim delam (Rechtsprechung in Zivilsachen), Moskau 2001 (zit.: Dolženko/ Reznikov/ Chochlova, Sudebnaja praktika)

Dovgert, A. S. Das neue Zivilgesetzbuch in der Ukraine, Mitteilungen der Vereinigung für deutsch-russisches Wirtschaftsrecht Nr. 22 (Jg. 14/2003), S. 3 ff.

Dozorcev, V. A. Tendencii razvitija rossijskogo graždanskogo prava pri perechode k rynočnoj ėkonomike (Tendenzen der Entwicklung des russischen Zivilrechts auf dem Weg zur Marktwirtschaft), in: Tezisy dokladov na meždunarodnoj naučno-praktičeskoj konferencii „Graždanskoe zakonodatel'stvo Rossijskoj Federacii: sostojanie, problemy, perspektivy" (Thesen der Vorträge auf der internationalen wissenschaftlich-praktischen Konferenz „Zivilgesetzgebung der Russischen Föderation: Zustand, Probleme, Perspektiven"), Moskau 1993, S. 6 ff. (zit.: Dozorcev, in: Tezisy)

ders. Problemy soveršenstvovanija graždanskogo prava RF pri perechode k rynočnoj ėkonomike (Probleme der Vervollkommnung des Zivilrechts der RF beim Übergang zur Marktwirtschaft), GiP 1994 Nr. 1, S. 26 ff.

ders. One Code or Two?, in: PSJEEL 1995 (Vol 2:27), S. 27 ff.

ders. Odin kodeks ili dva? (Nužen li chozjajstvennyj kodeks Rossii i kakim emu byt'?) (Ein Gesetzbuch oder zwei? (Braucht Russland einen Wirtschaftskodex und wie soll er sein?)), in: Pravovye problemy rynočnoj ėkonomiki v Rossijskoj Federacii: Trudy IZSP pri Pravitel'stve RF (Rechtliche Probleme der Marktwirtschaft in der Russischen Föderation: Beträge des IGRV bei der Regierung der RF), Moskau 1994, Vypusk 57, S. 115 ff. (zit.: Dozorcev, Trudy)

Drobnig, U. Das neue Niederländische Bürgerliche Gesetzbuch aus rechtsvergleichender und deutscher Sicht, ERPL 1993, S. 171

Drücke, H. Die Gründung von Unternehmen mit ausländischer Kapitalbeteiligung, in: Handbuch Wirtschaft und Recht in Osteuropa, Band 1, Syst 11 CS, S.1 ff., München 2000 (zit.: Drücke, in: WiRO-Handbuch, Syst 11 CS)

Dudko, A. G. Suščestvennoe izmenenie obstojatel'stv kak osnovanie izmenenija ili rastorženija dogovora (Wesentliche Veränderung der Umstände als Grund für die Änderung oder Auflösung des Vertrages), VMU 2000 Nr. 1, S. 97 ff.

Eichler, H. Die Einheit des Privatrechts. Grundsätzliche Bemerkungen zur

Abgrenzung von bürgerlichem Recht und Handelsrecht, ZHR 126 (1964), S. 181 ff.

Eisenhardt, U. Deutsche Rechtsgeschichte, 2. Auflage, München 1995

Eliáš, K. Entwicklung, Stand und Perspektiven des tschechischen Privatrechts, Osteuropa-Recht, Heft 6/2000, S. 427 ff.

Endemann, W. Die Entwicklung der Justizgesetzgebung des Reiches im Jahre 1873, Hirth's Annalen (Annalen des Deutschen Reiches für Gesetzgebung, Verwaltung und Statistik) 1874, Spalten 379 – 430

Ėrdelevskij, A. M. O razmere vozmeščenija moral'nogo vreda (Über die Höhe des Ersatzes des immateriellen Schadens), in: RJ 1994 Nr. 10, S. 17 ff.

ders. (Hrsg.) Kommentarij k zakonu Rossijskoj Federacii „O zaščite prav potrebitelej" (Kommentar zum Gesetz der Russischen Föderation „Über den Verbraucherschutz"), Moskau 2002

Eršova, I. V./ Ivanova, T. M. Predprinimatel'skoe pravo (Unternehmensrecht), 2. Auflage, Moskau 2000

Evteev, V. S. Dogovor lizinga v Graždanskom kodekse Rossii (Leasingvertrag im Zivilgesetzbuch Russlands), Graždanin i pravo 2001 Nr. 4, S. 53 ff.

Fedorenko, N. V./ Pipnik, T. D. O nekotorych problemach pravovogo regulirovanija lizinga (Zu einigen Problemen der rechtlichen Regulierung des Leaings), Zakonodatel'stvo 1999 Nr. 12, S. 16 ff.

Fëdorov, I. V. Soveršenstvovanie principial'noj osnovy graždanskogo zakonodatel'stva Rossijskoj Federacii (Vervollkommnung der Grundlagen der Zivilgesetzgebung der Russischen Föderation), in: *Volovič, V. F. (Hrsg.),* Aktual'nye voprosy gosudarstva i prava. Sovremennyj period (Aktuelle Fragen von Staat und Recht. Die moderne Periode), Tomsk 1994, S. 87 ff.

Feldbrugge, F. J. Russian Law: The end of the Soviet System and the role of law, Dordrecht 1993 (zit.: Feldbrugge, Russian Law)

ders. The new Civil Code of the Russian Federation, RCEEL 1995 No. 2, 237 ff.

Filippov, A. N. Učebnik" istorii russkogo prava (Lehrbuch der russischen Rechtsgeschichte), Teil 1, 4. Auflage, Jur'ev 1912

ders. O peresmotre svoda našich graždanskich zakonov (Über die

Durchsicht der Sammlung unserer Zivilgesetze), Juridičeskij vestnik 1882 Nr. 3, S. 570 ff.

Fišman, L. I. Dualizm i monizm (Dualismus und Monismus), Pravo i žizn' 1925 Nr. 7, S. 5 ff.

Flejsič, E. A./ Makovskij, A. L. O graždanskom kodekse RSFSR (Über den Zivilkodex der RSFSR), SGiP 1964 Nr. 8, S. 14 ff.

Frenzke, D. (Hrsg.) Das Zivilgesetzbuch und das Ehe- und Familiengesetzbuch der Russischen Sozialistischen Föderativen Sowjetrepublik (RSFSR), Berlin 1988

Freund, H. Das Zivilrecht in der Sowjetunion, in: Heinsheimer (Hrsg.), Die Zivilgesetze der Gegenwart, Band VI: Sowjetunion, Leipzig 1927

ders. Das Zivilrecht Sowjetrußlands, Mannheim 1924

Gambarov, Ju.S. Kurs graždanskogo prava (Kurs des Zivilrechts), St. Petersburg 1911

Garibjan, P. Ėlektronnaja cifrovaja podpis': pravovye aspekty (Digitale Unterschrift: Rechtliche Aspekte), in: RJ 1996 Nr. 11, S. 12 ff.

Gazman, V. Izmenenija v zakonodatrel'stve o lizinge (Änderung in der Lesinggesetzgebung), in: ChiP 2002 Nr. 12, S. 29 ff.

Gelbke, V. F. Torgovoe pravo i Graždanskoe uloženie. K voprosu o predmete i sisteme russkogo graždanskogo prava (Handelsrecht und Zivilgesetzbuch. Zur Frage nach Gegenstand und System des russischen Zivilrechts), St. Petersburg 1884

Getz, H. Die deutsche Rechtseinheit im 19. Jahrhundert als rechtspolitisches Problem, Bonn 1966 (zit.: Getz, Die deutsche Rechtseinheit)

Gierke, J. von Handelsrecht und Schifffahrtsrecht, 8. Auflage, Berlin 1958

ders./Sandrock, O. Handels- und Wirtschaftsrecht, 9. Auflage, Berlin 1975

Gincburg, L. Ja. O chozjajstvennom kodekse SSSR (Über den Wirtschaftskodex der UdSSR), Moskau 1933

ders. K voprosu o chozjajstvennom prave (Zur Frage des Wirtschaftsrechts), SGiP 1956 Nr. 10, S. 84 ff.

Giovanoli, S. Das revidierte Obligationenrecht ("Handelsrecht") vom 18. Dezember 1936 im Hinblick auf das System der schweizerischen Gesetzgebung, ZSR 1942, S. 1 ff.

Girkin, V. A. Dogovor kupli-prodaži i zaščita prav graždan-potrebitelej v torgovom obsluživanii (Kaufvertrag und Verbraucherschutz), Stavropol' 1999

Gluško, E. Pravovoe regulirovanie licenzirovanija (Rechtliche Regulierung der Lizenzierung), Zakon 2001 Nr. 10, S. 121 ff.

Gmür, R. Über Gegenwart und Zukunft des schweizerischen Zivil- und Handelsrechts, Bern 1913 (zit.: Gmür, Schweizerisches Zivil- und Handelsrecht)

Goetz, L. K. Das Russische Recht (Russkaja Prawda), Vierter Band: Die dritte Redaktion des Russischen Rechtes als literarisches Denkmal und als Rechtsurkunde, Stuttgart 1913

Goldschmidt, L. Das preußische Recht und das Rechtsstudium, insbesondere auf den preußischen Universitäten, Preußische Jahrbücher, Band III (1859), S. 29 ff.

ders. Der Abschluß und die Einführung des allgemeinen Deutschen Handelsgesetzbuchs, ZHR 5 (1862), S. 204 ff.

ders. Die Codifikation des deutschen bürgerlichen und Handels-Rechts, ZHR 20 (1874), S. 134 ff.

ders. Handbuch des Handelsrechts, Neudruckausgabe in drei Teilen, Band 1, Abteilung 1, Lieferung 1 in 3. Auflage, Universalgeschichte des Handelsrechts, Band 1 in 2. Auflage, Geschichtlich literarische Einleitung und Grundlagen, Stuttgart 1875, Neudruck, Aalen 1973

ders. Schweizerisches Obligationenrecht mit Einschluß des Handels- und Wechselrechtes, Beilagenheft zu ZHR 23 (1878), S. 108 ff.

ders. Universalgeschichte des Handelsrechts, 1. Lieferung, 3. Auflage, Stuttgart 1891

ders. Das neue ungarische Handelsgesetzbuch, ZHR 21 (1976), 164

Gol'msten, A. Ch. Očerki po russkomu torgovomu pravu (Skizze des russischen Handelsrechts), St. Petersburg 1895 (zit.: Gol'msten, Očerki)

Gordon, V .M. Sistema sovetskogo torgovogo prava (System des sowjetischen Handelsrechts), Char'kov 1927 (zit.: Gordon, Sistema)

Goremykin, V. A. Lizing (Leasing), Moskau 1997

Gorskij, A. D. (Hrsg.) Zakonodatel'stvo perioda obrazovanija i ukreplenija Russkogo zentralisovannogo gosudarstva (Gesetzgebung der Zeit der Gründung und Stärkung des zentralistischen Staates), Band 2, Moskau 1985, in: Cistjakova (Hrsg.), Rossijskoe zakonodatel'stvo X-XX vekov (Russische Gesetzgebung des X.-XX. Jahrhunderts) (zit.: Gorskij, Russkoe zentralizovannoe gosudarstvo)

Gotzen, P. Niederländisches Handels- und Wirtschaftsrecht, 2. Auflage, Heidelberg 2000

Gralla, E. Einführung zum Gesetz über die Wirtschaftstätigkeit vom 23. Dezember 1988, in: WOS I 1 Polen III 2 (zit.: Gralla, Einführung zum WiTG, WOS I 1 Polen III 2)

ders. Gesellschaftsrecht in Polen, 1. Auflage, München 1994

ders. Das neue polnische Gewerberecht, WGO MfOR 1989, S. 57 ff.

Graždanskoe uloženie Kniga pjataja. Objazatel'stva. Proekt Vysočajše utverždënnoi Redakcionnoj komissii po sostavleniju Graždanskogo uloženija (Zivilkodex. Fünftes Buch. Obligationen. Entwurf der Allerhöchst errichteten Redaktionskommission zur Aus-arbeitung eines Zivilkodexes), Band V mit Erläuterungen, St. Petersburg, 1899 (zit.: Motive E ZGB)

Grekov, B. D. Krest'jane na Rusi s drevnejšich vremën do XVII veka (Bauern in Russland vom Altertum bis zum XVII. Jahrhundert), Band 1, 2. Auflage, Moskau 1952

Gribanov/Ioffe, O. Chozjajstvennoe zakonodatel'stvo i graždanskoe pravo (Wirtschaftsgesetzgebung und Zivilrecht), SGiP 1976 Nr. 3, S. 59 ff.

Gsovski, V. Soviet Civil Law I-II, Ann Arbor 1948-1949

Gubin, E./ Lachno, P. (Hrsg.) Predprinimatel'skoe pravo (Unternehmensrecht), Moskau 2001

Guev, A. N. Postatejnyj kommentarij Graždanskogo kodeksa Rossijskoj Federacii, čast' dva (Kommentar des Zivilgesetzbuches der Russischen Föderation, Teil 2), Artt. 454-1109, 2. Auflage, Moskau 1998 (zit.: Guev, Kommentar zum ZGB II)

Guseva, T. A. Priznanie sdelok nedejstvitel'nymi po iskam nalogovych organov (Nichtigkeitsklagen der Steuerbehörden gegen Rechtsgeschäfte), RNK 1999 Nr. 5

Gutnikov, O. Kommentarij k izmenenijam v zakonodatel'stve o zaščite prav potrebitelej (Kommentar zu Änderungen der Gesetzgebung über den Verbraucherschutz), ChiP 2000 Nr. 10, S. 3 ff.

Habersack, M. Europäisches Gesellschaftsrecht, München 1999

Hartkamp, A. Das neue niederländische BGB aus europäischer Sicht, RabelsZ 57 (1993), S. 664 ff.

ders. Einführung in das neue niederländische Schuldrecht, in: F. Bydlinsky, Th. Mayer-Maly, J. Pichler (Hrsg.), Renaissance der Idee der Kodifikation. Das neue Niederländische Bürgerliche Gesetzbuch 1992, Schriftenreihe zur Rechtspolitik, Band 5, 1991, S. 96 ff. (zit.: Hartkamp, in: Bydlinsky/Mayer-Maly/Pichler)

ders. Das neue niederländische Bürgerliche Gesetzbuch aus europäischer Sicht, RabelsZ 57 (1993), S. 664 ff.

Hartkamp, A./ Tillema, M. Contract Law in The Netherlands, Boston 1995

Heck, Ph. Weshalb besteht ein vom bürgerlichen Recht gesondertes Handelsprivatrecht?, AcP 92 (1902), S. 348 ff.

Heinemann, A. Handelsrecht im System des Privatrechts, in: Festschrift Fikentscher, 1998, S. 349 ff. (zit.: Heinemann, in: FS Fikentscher)

Heymann, E. Handelsrecht mit Wertpapierrecht und Seerecht, Berlin 1938 (zit.: Heymann, Handelsrecht)

ders. Die Beziehungen des Handelsrechts zum Zivilrecht, Referat zum Haager internationalen Kongreß für Rechtsvergleichung, Berlin 1932, Sitzungsberichte der Preußischen Akademie der Wissenschaften, Philosophisch-Historische Klasse, 1932 V, S. 86 ff.

Herber, R. Probleme der gesetzlichen Fortentwicklung des Handels- und Gesellschaftsrechts, ZHR 144 (1980), S. 47 ff.

Herrnfeld, H.-H. Recht europäisch. Rechtsreform und Rechtsangleichung in den Visegrád-Staaten, Gütersloh 1995 (zit.: Herrnfeld, Recht europäisch)

ders. Die Zivilrechts- und Unternehmensgesetzgebung in der Ukraine, in: Schroeder, Die neuen Kodifikationen in Russland, S. 91 ff. (zit.: Herrnfeld, in: Schroeder, Die neuen Kodifikationen in Russland)

Hirsch, E. Leitfaden für das Studium des Handels- und Gesellschaftsrechts, 3. Auflage, Berlin 1962 (zit.: Hirsch, Leitfaden)

Holloch, K. Das neue russische Wirtschaftsrecht, insbesondere das Gesellschaftsrecht, in: Schroeder, Die neuen Kodifikationen in Russland, S. 39 ff. (zit.: Holloch, in: Schroeder, Die neuen Kodifikationen in Russland)

Hondius, E. H. Dutch Civil Law and Jurisprudence. Recodification of the Law in The Netherlands. The New Civil Law Experience, in: Boizova/ Boizova, Pravovaja sistema Niderlandov (Rechtssystem der Niederlande), S. 225 ff.

ders. Das neue niederländische Zivilgesetzbuch, Allgemeiner Teil, in: F. Bydlinsky, Th. Mayer-Maly, J. Pichler (Hrsg.), Renaissance der Idee der Kodifikation. Das neue Niederländische Bürgerliche Gesetzbuch 1992, Schriftenreihe zur Rechtspolitik, Band 5, 1991, S. 35 ff. (zit.: Hondius, in: Bydlinsky/Mayer-Maly/ Pichler)

ders. Das neue niederländische Zivilgesetzbuch, AcP 191 (1991), S. 378 ff.

Horn, N./ Pleyer, K. (Hrsg.) Handelsrecht und Recht der Kreditsicherheiten in Osteuropa, Berlin 1997 (zit.: Bearbeiter in: Horn/Pleyer)

Hübner, U. / Constantinesco, V. Einführung in das französische Recht, 2. Auflage, München 1988

Humlová-Uetltzhöffer, O./ Kořínková, D. Große Novelle des tschechischen Handelsgesetzbuches, WiRO 8/2001, S. 234 ff.

Indova, E. I. (Hrsg.) Zakonodatel`stvo perioda absoljutizma, Band 5, Moskau 1987, in: Čistjakov (Hrsg.), Rossijskoe zakonodatel'stvo X-XX vekov (zit.: Indova, Absolutismus)

Ioffe, O. S. Pravovoe regulirovanie chozjajstvennoj dejatel'nosti v SSSR (Rechtliche Regulierung der Wirtschaftstätigkeit in der UdSSR), Leningrad 1959 (zit.: Ioffe, Pravovoe regulirovanie)

ders. Izbrannye trudy po graždanskomu pravu (Ausgewählte Werke zum Zivilrecht), Moskau 2000 (zit.: Ioffe, Izbrannye trudy)

Ittenbach, H. J. Handelsrechtssysteme in Deutschland, Frankreich und England. Entwicklung, Ausgestaltung und Zukunftsperspektiven, Frankfurt am Main 1994 (zit.: Ittenbach, Handelsrechtssysteme)

Ivanickij, D. I. Proekt Torgovogo Svoda (Entwurf eines Handelsgesetzbuches), in: Vestnik promyšlennosti, torgovli i transporta

(Informationsblatt der Wirtschaft, des Handels und des Transports) 1924 Nr. 4, S. 210 ff.

Jakovlev, V. F. Graždanskij kodeks i gosudarstvo (Zivilgesetzbuch und Staat), in: Graždanskij kodeks Rossii. Problemy. Teorija. Praktika: Sbornik pamjati S. A. Chochlova (Zivilgesetzbuch Russlands. Probleme. Theorie. Praxis: Gedenkschrift S. A. Chochlov), Moskau 1998, S. 21 ff. (zit.: Jakovlev, Graždanskij kodeks i gosudarstvo)

Janin, V. L. Zakonodatel'stvo Drevnej Rusi (Gesetzgebung des Altrußlands), Band 1, in: Čistjakova, O. I. (Hrsg.), Rossijskoe zakonodatel'stvo X-XX vekov (Russische Gesetzgebung der X-XX Jahrhunderte), Moskau 1984

Jehn, A./Knaul, A. Russische Föderation: Musterkaufverordnung, WiRO 1997, S. 467 ff.

Jestel, W. Die historische und dogmatische Begründung eines besonderen Handelsrechts neben dem bürgerlichen Recht im Gesamtkreise der europäischen Civilisation, I. Theil: Für Italien und Deutschland, Diss. Breslau 1900 (zit.: Jestel, Die historische und dogmatische Begründung)

Junge, W. Anmerkungen zum Entwurf des Kapitels 30 des Zivilgesetzbuches der Russischen Föderation (Stand 25. Januar 1995), unveröffentlicht (zit.: Junge, Anmerkungen)

Kabalkin, A. Ponjatija i uslovija dogovora (Begriff und Bedingungen des Vertrags), RJ 1996 Nr. 6, S. 19 ff.

ders. Zaključenie dogovora (Vertragsabschluss), RJ Nr. 9, S. 12 ff.; Nr. 10, S. 22 ff.

ders. Izmenenie i rastorženie dogovora (Vertragsänderung und -aufhebung), RJ 1996 Nr. 10, S. 19 ff.

ders. Dogovor bytovogo podrjada (Verbraucherwerkvertrag), RJ 1998 Nr. 8, S. 16 ff.

ders./Sannikova, L. Dogovor prokata (Gewerbsmäßige Miete von beweglichen Sachen), RJ 2000 Nr. 6, S. 16 ff.

Kabatova, E. V. Lizing: pravovoe regulirovanie, praktika (Leasing: rechtliche Regulierung, Praxis), Moskau 1996 (zit.: Kabatova, Lizing)

Kalmyckov, Ju. Ch. O značenii obščich položenij graždanskogo zakonodatel'stva (Über die Bedeutung der allgemeinen Grundsätze der Zivilgesetzgebung), in: Graždanskij kodeks Rossii. Problemy.

Teorija. Praktika: Sbornik pamjati S.A. Chochlova (Zivilgesetzbuch Russlands. Probleme. Theorie. Praxis: Gedenkschrift S.A. Chochlov), Moskau 1998, S. 21 ff. (zit.: Kalmyckov, O značenii)

Kalus, S. Die Entwicklung des Eigentums- und des Gesellschaftsrechts in Polen, in: Wirtschafts- und Gesellschaftsrecht Osteuropas im Zeichen des Übergangs zur Marktwirtschaft, Band 1, Hrsg. Wolfgang Seiffert, Franz-Jürgen Säcker, Rüdiger Wolfrum, München 1992 (zit.: Kalus, in: Wirtschafts- und Gesellschaftsrecht Osteuropas)

Kanda, A. Zur Rekodifizierung des tschechischen Privatrechts, WiRO 12/1997, S. 441 ff.

Kašanina, T. V. Predprinimatel'stvo. Pravovye osnovy (Unternehmertum. Rechtsgrundlagen), Moskau 1994 (zit.: Kašanina, Predprinimatel'stvo)

Kępiński, M. Die Reform des polnischen Zivilgesetzbuches, in: Martiny, Dieter/Witzleb, Norman (Hrsg.), Auf dem Weg zu einem Europäischen Gesetzbuch, Heidelberg 1999, S. 87 ff. (zit.: Kępiński, in: Martiny/Witzleb*)*

Kindler, P. Einführung in das italienische Recht, München 1993

Klejn, N. J. Predprinimatel'skoe pravo (Unternehmensrecht), Moskau 1993

dies. Ėkonomičeskie reformy i graždanskoe zakonodatel'stvo: novoe v dogovornom prave, arbitražnye spory (Wirtschaftsreformen und Zivilgesetzgebung: Neues im Vertragsrecht, Wirtschaftsgerichtsstreitigkeiten), Materialy naučno-praktičeskoj konferencii v IZSP (Materialien der wissenschaftlich-praktischen Konferenz im Institut für Gesetzgebung und rechtsvergleichende Rechtswissenschaft), in: ŽRP 1997 Nr. 6, S. 138 ff.

Klibanskij, H. O. (Übers.) Das Handelsrecht, Wechselrecht, Konkurs- und Seerecht Russlands, in: Die Handelsgesetze des Erdballs, Bd. IX Osteuropa, 3. Auflage, Berlin 1906 (zit.: Klibanskij, Die Handelsgesetze des Erdballs)

ders. (Hrsg.) Handbuch des gesamten russischen Zivilrechts. Der russische Zivilkodex, Band I (1. und 2. Buch), Berlin 1911, Band II (3. Buch), Berlin 1917, Band III (4. Buch), Berlin 1918 (zit.: Klibanskij, Handbuch, Bd.)

ders. Die Gesetzgebung der Bolschewiki, Leipzig Berlin 1920

Knapp, K. Zivilrecht und Wirtschaftsrecht in der Tschechoslowakei, in: *T. Sándor (Hrsg.),* Theoretische Fragen des Wirtschaftsrechts,

Beiträge der Ost-West-Konferenz über theoretische Fragen des Wirtschaftsrechts in Siófok – Ungarn - 1985, Budapest 1986, S. 147 ff.

Konnova, T. A. Dogovor finansovoj arendy (lizinga) (Finanzierungsmiete (Leasing)), Zakonodatel'stvo 1998 Nr. 9, S. 16 ff.

Kornilov, Ė. Praktika primenenija zakonodatel'stva o zaščite prav potrebitelej (Praxis der Anwendung der Gesetzgebung über den Verbraucherschutz), RJ 1998 Nr. 8, S. 13 ff.

Koršunova, N. M./ Ėriašvili, N. D. Predprinimatel'skoe pravo (Unternehmensrecht), Moskau 2000

Kort, M. Zum Begriff des Kaufmanns im deutschen und französischen Handelsrecht, AcP 193 (1993), S. 453 ff.

Košaeva, T. O. Ugolovnaja otvetstvennost' za nezakonnoe predprinimatel'stvo (Strafrechtliche Haftung für ungesetzliches Unternehmertum), Pravo i ėkonomika 1997 Nr. 3, S. 11 ff.

Kozlov, V. B./ Falileev, P. A. Sootnošenie obščich i special'nych pravovych norm na primere graždanskogo i morskogo prava (Verhältnis der allgemeinen und speziellen Rechtsnormen am Beispiel des Zivilrechts und des Seerechts), GiP 1997 Nr. 11, S. 82 ff.

Kozlova, A. V. Organizacionnye formy predprinimatel'stva: dostoinstva i nedostatki (Organisationsformen des Unternehmertums: Vor- und Nachteile), in: Zakonodatel'stvo 1997 Nr. 2, S. 24 ff.

Kozyr', O. M./ Makovskij, A. L./ Chochlov, S. A. (Hrsg.) Graždanskij kodeks Rossijskoj Federacii. Čast' vtoraja. Tekst, kommentarii,alfavitno-predmetnyj ukazatel' (Zivilgesetzbuch der Russischen Föderation, zweiter Teil. Gesetzestext, Kommentierungen, Schlagwortregister), Moskau 1996 (zit.: Kozyr'/Makovskij/Chochlov/Bearbeiter, Kommentar zum ZGB II)

Kruglova, N. Ju. Chozjajstvennoe pravo (Wirtschaftsrecht), Moskau 1997 (zit.: Kruglova, Chozjajstvennoe pravo)

Kruse, T. Die personalistische Kapitalgesellschaft russischen Rechts, Diss. Köln, Frankfurt am Main 2002

Kučer, A. N. Oferta kak stadija zaključenija predprinimatel'skogo dogovora (Offerte als Stadium des Abschlusses eines Handelsgeschäfts), Zakonodatel'stvo 2001 Nr. 5, S. 43 ff.

dies. Akcept kak stadija zaključenija predprinimatel'skogo dogovora (Annahme als Stadium des Abschlusses eines Handelsgeschäfts), Zakonodatel'stvo 2001 Nr. 7, S. 36 ff.

Kudaškin, V.	Juridičeskaja priroda pravosposobnosti sub"ektov prava v sferach občšich dozvolenij i zapretov (Rechtsnatur der Rechtsfähigkeit von Rechtssubjekten in der Sphäre der allgemeinen Gebote und Verbote), ChiP 1999 Nr. 9, S. 108 ff.
ders.	Otkaz lica ot dejstvij, razrešënnych licenziej, kak sredstvo realizacii pravosposobnosti i sub"ektivnogo prava (Verzicht einer Person auf durch Lizenz erlaubte Tätigkeiten als Mittel der Realisierung der Rechtsfähigkeit und des subjektiven Rechts), GiP 1999 Nr. 11, S. 22 ff.
Kudrjavcev, Ju. V. (Hrsg.)	Kommentarij k Konstitucii Rossijskoj Federacii (Kommentar zur Verfassung der Russischen Föderation), Moskau 1996
Kuglarz, P.	Handels- und Unternehmensrecht in Polen, in: Horn, Norbert/Pleyer, Klemens (Hrsg.), Handelsrecht und Recht der Kreditsicherheiten in Osteuropa, Berlin 1997 (zit.: Kuglarz in: Horn/Pleyer)
Kumfert, U./ Rybalkin, I.	Russische Föderation: Leasinggesetz. Einführung mit Textübersetzung, WiRO 2003, S. 16 ff.
Kuss, K.-J.	Neue Investitionsmechanismen in Osteuropa: Anteilserwerb – Unternehmenskauf - Unternehmenspacht, RiW 1993, S. 99 ff.
Kuznecov, V.	Predmet kursov predprinimatel'skogo i kommerčeskogo prava (Gegenstand von Kursen im Unternehmens- und Kommerzrecht), RJ 1999 Nr. 4, S. 51 ff.
Lando, O./ Beale, H. (Hrsg.)	Principles of European Contract Law, Parts I & II, London 2000 (zit.: Lando/Beale, Art. PECL)
Laptev, V. V./ Mamutov, V. K./ Vedenin, I. N./ Masljaev, A. I./ Olejnik, O. M.	Sovremennye problemy chozjajstvennogo (predprinimatel'-skogo) prava (Aktuelle Probleme des Wirtschafts- (Unternehmensrechts), Wissenschaftliche Konferenz, GiP 1996 Nr. 4, S. 59 ff.
Laptev, V. V.	O sovetskom chozjajstvennom prave (Über das sowjetische Wirtschaftsrecht), SGiP 1959 Nr. 4, S. 70 ff.
ders.	Predmet i sistema chozjajstvennogo prava (Gegenstand und System des Wirtschaftsrechts), Moskau 1969 (zit.: Laptev, Predmet)
ders.	Die rechtliche Stellung der Unternehmen unter den neuen wirtschaftlichen Bedingungen, in: Wähler/Voßkühler (Hrsg.), Deutsches und Sowjetisches Wirtschaftsrecht, Band V,

Tübingen 1991, S. 5 ff. (zit.: Laptev, Die rechtliche Stellung der Unternehmen)

ders. Chozjajstvennoe pravo – pravo predprinimatel'skoj dejatel'nosti (Wirtschaftsrecht – Recht der unternehmerischen Tätigkeit), GiP 1993 Nr. 1, S. 33 ff.

ders. Die Rechtsstellung von Unternehmen in Russland, ROW 1993 Nr. 5, S. 135 ff.

ders. Sozdat' čëtkuju sistemu chozjajstvennogo zakonodatel'stva (Ein genaues System der Wirtschaftsgesetzgebung schaffen), RJ 1994 Nr. 5, S. 13 ff.

ders. Rechtliche Regelung der Unternehmertätigkeit in Russland, RIW 1994 Heft 5, S. 371 ff.

ders. O predprinimatel'skom zakonodatel'stve (Über die Unternehmensgesetzgebung), GiP 1995 Nr. 5, S. 48 ff.

ders. Predprinimatel`skoe pravo: ponjatie i sub"ekty (Unternehmensrecht: Begriff und Subjekte), Moskau 1997 (zit.: Laptev, Predprinimatel'skoe pravo)

ders. Das Unternehmen im russischen Recht, in : Festschrift für Ernst-Joachim Mestmäcker, 1. Auflage, Baden-Baden 1996 (zit.: Laptev, in: FS Mestmäcker)

ders. Problemy predprinimatel'skoj (chozjajstvennoj) pravosub"-ektnosti (Probleme der unternehmerischen (wirtschaftlichen) Rechtssubjektivität), GiP 1999 Nr. 11, S. 13 ff.

Lehmann, K. Die Entwicklung des deutschen Handelsrechts, ZHR 52 (1902), S. 1 ff.

Levšina, T. L. Rozničnaja kuplja-prodaža (Einzelhandelskauf), in: O. Kozyr', A. Makovskij, S. Chochlov (Hrsg.), Graždanskij kodeks Rossijskoj Federacii, čast' vtoraja. Tekst, kommentarii, alfavitno-predmetnyj ukazatel' (Zivilgesetzbuch der Russischen Föderation, zweiter Teil. Gesetzestext, Kommentierungen, Schlagwortregister), Moskau 1996 (zit.: Levšina, Rozničnaja kuplja-prodaža)

Libánský, V. Neue Entwicklungen im Wirtschafts- und Handelsrecht der ČSFR, in: Wolfgang Seiffert/Franz-Jürgen Säcker/Rüdiger Wolfrum (Hrsg.), Wirtschafts- und Gesellschaftsrecht Osteuropas im Zeichen des Übergangs zur Marktwirtschaft, Band 1, München 1992 (zit.: Libánský, in: Wirtschafts- und Gesellschaftsrecht Osteuropas)

Lippott, J. Die Strukturreform der Rechte an technischen Erfindungen beim Übergang zur Marktwirtschaft: die Entwicklung des Erfinder- und Patentrechts in Russland, in der Gemeinschaft Unabhängiger Staaten und in den baltischen Staaten, Berlin 1998

Litovkin, V. N. Otdel Graždanskogo zakonodatel'stva (Abteilung für Zivilrecht), in: Institutu zakonodatel'stva i sravnitel'nogo pravovedenija 75 let (75 Jahre dem IGRV), S. 133 ff. (zit.: Litovkin, in: 75 Jahre)

Litovkin, V. N./ Rachmilovič, V. A./ Orlovskij, Ju. N. Koncepcija razvitija graždanskogo zakonodatel'stva (Konzeption der Entwicklung der Zivilgesetzgebung, in: IZSP (Hrsg.), Pravovaja reforma: koncepcija razvitija rossijskogo zakonodatel'stva (Rechtsreform: Konzeption der Entwicklung der russischen Gesetzgebung), S. 70 ff., 2. Auflage, Moskau 1995 (zit.: Litovkin/Rachmilovič/Orlovskij, Koncepcija 1994)

Logunov, D. A. Pravovoe regulirovanie dogovora komissii (Rechtliche Regulierung des Kommissionsvertrages), Zakonodatel'stvo 1999 Nr. 2, S. 23 ff.

Lunc, L. A. / Flejšic, E. A. Eščё raz o predmemte chozjajstvennogo prava (erneut zum Gegenstand des Wirtschaftsrechts), Pravovedenie 1960 Heft 4, S. 46 ff.

Luther, G. Zur Einheit von Bürgerlichem Recht und Handelsrecht, in: Rotondi, Inchieste di diritto comparato, Band 3, Padua 1974, S. 245 ff. (zit.: Luther, in: Rotondi)

Lutter, M. Gedanken zur aktuellen Bedeutung des Handelsgesetzbuches der Bundesrepublik Deutschlands, in: Rotondi, Inchieste di diritto comparato, Band 3, Padova 1974, S. 265 ff. (zit.: Lutter, in: Rotondi)

Lütge, J. Deutsche Sozial- und Wirtschaftsgeschichte, 2. Auflage, 1960

Lysenko, O. L. Ėtapy stanovlenija nauki torgovogo prava Germanii (Etappen der Herausbildung der Handelsrechtswissenschaft Deutschlands), VMU 2000 Nr. 6, S. 72 ff.

Makovskij, A. L. Koncepcija Graždanskogo kodeksa Rossii (Konzeption des Zivilgesetzbuches Russlands), in: Tezisy dokladov na meždunarodnoj naučno-praktičeskoj konferencii „Graždanskoe zakonodatel'stvo Rossijskoj Federacii: sostojanie, problemy, perspektivy" (Thesen der Verträge auf der internationalen wissenschaftlich-praktischen Konferenz „Zivilgesetzgebung der Russischen Föderation: Zustand, Probleme, Perspektiven"), Moskau 1993, S. 40 ff. (zit.: Makovskij, in: Tezisy) *ders.* O koncepcii pervoj časti Graždanskogo kodeksa Rossijskoj Federacii (Über die Konzeption des ersten Teils des Zivilgesetzbuches der Russischen Föderation), VVAS 1995 Nr. 4, S. 83 ff.

ders. The preface to the english translation of the Civil Code, p. lii ff., in: The Civil Code of the Russian Federation, parts 1 and 2, New York London 1997 (zit.: Makovsky, The Preface)

ders. Die neuen Zivilgesetzbücher der GUS-Staaten: Stabilität und Übergangscharakter der Regelungen, in: M. Boguslawskij/R. Knieper (Hrsg.), Wege zum neuen Recht, Berlin 1998, S. 127 ff. (zit.: Makovskij, in: Boguslawskij/Knieper)

ders. (Hrsg.) Graždanskij kodeks Rossii. Problemy. Theorija. Praktika (Zivilgesetzbuch Rußlands. Probleme. Theorie. Praxis), Moskau 1998

ders./Chochlov, S. Novyj Graždanskij kodeks (Neues Zivilgesetzbuch), Zakon 1995 Nr. 2, S. 89 ff.

Mamutov, V. K. Chozjajstvennoe pravo – na službu kommunističeskomu stroitel'stvu (Das Wirtschaftsrecht im Dienst des Kommunismus), SGiP 1959 Nr. 5, S. 61 ff.

ders. Kodifikacija chozjajstvennogo zakonodatel'stva Ukrainy v novych ėkonomičeskich uslovijach (Kodifikation der Wirtschaftsgesetzgebung der Ukraine unter den neuen Wirtschaftsbedingungen), GIP 1994 Nr. 6, S. 79 ff.

ders. Sbliženie sovremennych sistem pravovogo regulirovanija chozjajstvennoj dejatel'nosti (Annäherung der gegenwärtigen Systeme der rechtlichen Regulierung der Wirtschaftstätigkeit), GiP 1996 Nr. 8, S. 47 ff.

ders. Sbliženie sovremennych sistem pravovogo regulirovanija chozjajstvennoj dejatel'nosti. Prodolženie. (Annäherung der gegenwärtigen Systeme der rechtlichen Regulierung der Wirtschaftstätigkeit. Fortsetzung des Beitrags in GiP 1996 Nr. 8), in: GiP 1999 Nr. 1, S. 18 ff.

ders. Ponjatijno-pravovaja ėkvilibristika ne možet zamenit' predmetnogo issledovanija (Rechtsbegriffliche Äquilibristik kann eine inhaltliche Untersuchung nicht ersetzen), ChiP 2001 Nr. 8, S. 14 ff.

ders. Formirovanie i razvitie chozjajstvennogo zakonodatel'stva Ukrainy (Herausbildung und Entwicklung der Wirtschaftsgesetzgebung der Ukraine), ŽRP 2001 Nr. 7, S. 129 ff.

Man'kov, A. G. Akty Zemskich soborov, Band 3, in: Čistjakova, O.I. (Hrsg.), Rossijskoe zakonodatel'stvo X-XX vekov (Russische Gesetzgebung des X.-XX. Jahrhunderts), Moskau 1985 (zit.: Man'kov, Akty Zemskich soborov)

Martem'janov, V. S. Chozjajstvennoe pravo (Wirtschaftsrecht), kurs lekcij (Vorlesungsreihe), Band 1, Moskau 1994 (zit.: Martem'janov, Chozjajstvennoe pravo)

Matveev, G. K. O koncepcii chozjajstvennogo prava (Zur Konzeption des Wirtschaftsrechts), Pravovedenie 1961 Nr. 1, S. 70 ff.

ders. Ėkonomičeskaja reforma i kodifikacija graždanskogo zakonodatel'stva (Wirtschaftsreform und die Kodifikation der Zivilgesetzgebung), GiP 1992 Nr. 5, S. 50 ff.

Merz, H. Die Quellen des schweizerischen Obligationenrechts von 1881. Ein Beispiel interner Rechtsvereinheitlichung, in: Festschrift für Konrad Zweigert, S. 667 ff. (zit.: Merz, in: FS für Zweigert)

Mickevič, A. V. Sistematizacija zakonov Rossijskoj Imperii M. M. Speranskim (Die Systematisierung der Gesetze des russischen Reiches durch M. M. Speranskij), ŽRP 2001 Nr. 5, S. 154 ff.

Mittermaier, F. Die Leistungen der Gesetzgebung, Rechtsprechung und Wissenschaft in Italien auf dem Gebiete des Handelsrechts, ZHR IV (1861), S. 327 ff.

Moiseev, M. Predprinimatel'skaja dejatel'nost' graždan: ponjatie i konstitutivnye priznaki (Unternehmerische Tätigkeit der Bürger: Begriff und konstitutive Merkmale, ChiP 1997 Nr. 3, S. 76 ff.

Mossa, L. Die Kodifikationen des Privat- und Prozeßrechts in Italien 1939 bis 1948, AcP 150 (1949), 315 ff.

Müller-Erzbach, R. Deutsches Handelsrecht, 3. Auflage, Tübingen 1928

Müller-Freienfels, W. Zur „Selbständigkeit" des Handelsrechts, in: Festschrift für Ernst von Caemmerer, Tübingen 1978, S. 583 ff. (zit.: Müller-Freienfels, in: FS von Caemmerer)

Mundry, Thomas Kaufvertrag in Russland. Zustande kommen. Inhalt. Abwicklung, 1. Auflage, Münster 1998 (zit.: Mundry, Kaufvertrag)

Murzin, D. (Hrsg.) Graždanskij kodeks Rossijskoj Federacii. S postatejnym priloženiem materialov praktiki Konstitucionnogo Suda RF, Verchovnogo Suda RF, Vysšego Arbitražnogo Suda RF

(Zivilgesetzbuch der Russischen Föderation. Mit Nachweisen zur Rechtsprechung des Verfassungsgerichts der RF, des Obersten Gerichts der RF und des Höchsten Wirtschaftsgerichts der RF), 2. Auflage, Moskau 2000 (zit.: Murzin, ZGB-Rechtsprechung)

Nefed'ev, E. A. Učebnik torgovogo prava (Lehrbuch des Handelsrechts), 2 Bände, Moskau 1904

Nieper, F./ Westerdijk, A. S. Niederländisches Bürgerliches Gesetzbuch, Buch 2 Juristische Personen, Buch 6 Allgemeiner Teil des Schuldrechts, Bücher 7 und 7A Besondere Verträge, München 1995

Nosov, V. A. Dogovor i dogovornye objazatel'stva po GK RF (Vertrag und Vertragspflichten nach dem ZGB RF), in: Krašeninnikov, E. A. (Hrsg.), Očerki po torgovomu pravu (Grundrisse des Handelsrechts), S. 51 ff., Jaroslavl' 1995 (zit.: Nosov, Dogovor)

Novosel'cev, O. Frėnčajzing: istorija razvitija, pravovoe regulirovanie, ocenka (Franchising: Geschichte der Entwicklung, rechtliche Regulierung, Bewertung), Finansovaja gazeta 1999 Nr. 19

Oftinger, K. Handelsrecht und Zivilrecht, Monismus oder Dualismus des Privatrechts und seiner Gesetzbücher, SJZ 50 (1954), S. 153 ff.

Okun'kov. L. A./ Tichomirov, Ju. A./ Orlovskij, Ju. N. Koncepcija razvitija graždanskogo zakonodatel'stva (Konzeption der Entwicklung der Zivilgesetzgebung), in: Okun'kov/Tichomirov/Orlovskij (Hrsg.), Koncepcija razvitija rossijskogo zakonodatel'stva (Konzeption der Entwicklung der russischen Gesetzgebung), S. 61 ff., Moskau 1994 (zit.: Okun'kov/Tichomirov/Orlovskij, Koncepcija 1994)

Olejnik, O. (Hrsg.) Predprinimatel'skoje (chozjajstvennoe) pravo (Unternehmens-(Wirtschafts-) recht), Band 1, Moskau 2000 (zit.: Olejnik, Predprinimatel'skoe pravo)

dieselb. Pravovye osnovy licensirovanija chozjajstvennoj dejatel'nosti, Zakon 1994 Nr. 6

Osteuropa-Institut Berlin Zivilgesetzbuch der RSFSR, Berichte des Osteuropa-Instituts an der Freien Universität Berlin, Reihe Wirtschaft und Recht, Walter Meder (Hrsg.), Berlin 1965

Pachman, S. V. Istorija kodifikacii graždanskogo prava (Geschichte der Kodifikation des russischen Zivilrechts), Petersburg 1876

Parcij, Ja. E. Kommentarij k Zakonu Rossijskoj Federacii „O zaščite prav potrebitelej" (Kommentar zum Gesetz der Russischen Föderation „Über den Verbraucherschutz"), Moskau 2001 (zit.

Parcij, Kommentar zum VerbrSchG)

ders. Vlijanie zakona o zaščite prav potrebitelej na formirovanie uslovij dogovorov postavki i komissii (Einfluß des Verbraucherschutzgesetzes auf die Gestaltung der Liefer- und Kommissionsverträge), ChiP 1999 Nr. 9, S. 98 ff. und ChiP 1999 Nr. 10, S. 78 ff.

Pashchenko, T. Die Wiedereinführung der Friedensrichter in Russland, Osteuropa-Recht 1999 Nr. 4, S. 319 ff.

Pavlov, I. V. O sisteme sovetskogo socialističeskogo prava (Über das System des sozialistischen Sowjetrechts), SGiP 1958 Nr. 11, S. 3 ff.

ders. K voprosu o kodifikacii sovetskogo graždanskogo zakonodatel'stva (Zur Frage der Kodifikation des sowjetischen Zivilrechts), SGiP 1959 Nr. 8, S. 36 ff.

Pellegrino, M. Übergang zur Marktwirtschaft und allgemeines Vertragsrecht im neuen russischen Zivilgesetzbuch, RIW 1998 Heft 7, S. 501

ders. Subjektive oder objektive Vertragshaftung?, ZEuP 1997, S. 41

Petrov, I. V. Rossijskoe predprinimatel'skoe pravo (Russisches Unternehmensrecht), Krasnodar 2000

Petrova, C. V./ Konjuchova, T. V. Koncepcija razvitija graždanskogo zakonodatel'stva (Konzeption für die Entwicklung der Zivilgesetzgebung), in: Pravovaja reforma: koncepcija razvitija rossijskogo zakonodatel'stva (Die Rechtsreform: Konzeption für die Entwicklung der russischen Gesetzgebung), 2. Auflage, Moskau 1995

Pliev, Ė. G. Otdel'nye problemy graždansko-pravovogo regulirovanija predprinimatel'stva v Rossii (Einzelne Probleme der zivilrechtlichen Regulierung des Unternehmertums in Russland), Moskau 1998

Pokrovskij, I. A. Osnovnye problemy graždanskogo prava (Grundprobleme des Zivilrechts), St. Petersburg 1917

Popondopulo, V. Ponjatie kommerčeskogo zakonodatel'stva (Der Begriff der Wirtschaftsgesetzgebung), Pravovedenie 1993 Nr. 1, S. 15 ff.

ders. Pravovoj režim predprinimatel'stva (Rechtliche Basis des Unternehmertums), St. Petersburg 1994

Popondopulo, V. / Jakovleva, V. (Hrsg.) Kommerčeskoe pravo (Handelsrecht), St. Petersburg 1998

Popov, A. Obstojatel'stva, vlijajuščie na uveličenie razmera imuščestvennoj otvetstvennosti predprinimatelja (Umstände, die die Erhöhung der vermögensrechtlichen Haftung eines Unternehmers beeinflussen), Pravo i ėkonomika 2000 Nr. 7, S. 22 ff.

ders. Obstojatel'stva, vlijajuščie na ograničenie i umen'šenie razmera imuščestvennoj otvetstvennosti predprinimatelja (Umstände, die die Begrenzung der vermögensrechtlichen Haftung eines Untrenehmers beeinflussen), Pravo i ėkonomika 2001 Nr. 2, S. 8 ff.

Preis, U. Der persönliche Anwendungsbereich der Sonderprivatrechte, ZHR 158 (1994), S. 567 ff.

Puginskij, B. I. Kommerčeskoe pravo Rossii (Handelsrecht Russlands), Moskau 2000

Puginskij, B. I./ Sidorova, T. Ė. Kommerčeskoe pravo (Handelsrecht), Moskau 1993

Priluckij, L. Finansovyj lizing (Finanzierungsleasing), Moskau 1997

Raban, P./ Bohata, P. Das tschechische HGB zu Beginn des neuen Milleniums, JOR Band 42 (2001), S. 53 ff.

Rachmilovič, V. A. O dostiženijach i prosčëtach novogo Graždanskogo kodeksa Rossijskoj Federacii (Über Errungenschaften und Fehlschläge des neuen Zivilgesetzbuches der Russischen Föderation), GiP 1996 Nr. 4, S. 117 ff.

ders. The new Civil code of the Russian Federation, RCEEL 1996 No. 2, S. 135 ff.

ders. O problemach i protivorečijach Graždanskogo kodeksa (Über Probleme und Widersprüche des Zivilgesetzbuches), ŽRP 1997 Nr. 12, S. 54 ff.

Raisch, P. Die Abgrenzung des Handelsrechts vom Bürgerlichem Recht als Kodifikationsproblem im 19. Jahrhundert, Stuttgart 1962 (zit.: Raisch, Die Abgrenzung)

ders. Geschichtliche Voraussetzungen, dogmatische Grundlagen und Sinnwandlung des Handelsrechts, Karlsruhe 1965 (zit.: Raisch, Geschichtliche Voraussetzungen)

Ranieri, F. Die Entwicklung der italienischen Gesetzgebung, Rechtsprechung und Lehre auf dem Gebiet des Handelsrechts seit 1958, ZHR 132 (1969), S. 327 ff.

Recknagel, Ch. Die Trennung von Zivil- und Handelsrecht unter besonderer Berücksichtigung der Untersuchungs- und Rügepflicht nach § 377 HGB, Frankfurt am Main 1985

Reich, N. Kodifikation und Reform des Russischen Zivilrechts im neunzehnten Jahrhundert bis zum Erlaß des Svod Zakonov (1835), in: Ius Commune Bd. 3 (1970), S. 152 ff.

ders. Sozialismus und Zivilrecht, Frankfurt am Main 1972

ders. Die Entwicklung des Verbraucherrechts im postsozialistischen Russland: vom Klienten zum Konsumbürger?, in: Micklitz, H.-W. (Hrsg.), Rechtseinheit oder Rechtsvielfalt in Europa? Rolle und Funktionen des Verbraucherschutzrechts in der EG und in den MOE-Staaten, Baden-Baden 1996, S. 183 ff. (zit.: Reich, Verbraucherrecht)

Rehme, P. Geschichte des Handelsrechts, in: Ehrenbergs Handbuch des gesamten Handelsrechts, 1. Band, Leipzig 1913, S. 28 ff. (zit.: Rehme, in: Ehrenbergs Handbuch, 1. Band)

Rivinius, W. Juristische Personen im russischen Recht, ROW 1996 Nr. 1, S. 15 ff.

Roggemann, H. Das sowjetische Zivilverfahrensrecht, OER 1966 Heft 4, S. 230

ders. Die Entwicklung des sowjetischen Betriebsrechts, JbOR Bd. VIII (1967/2), S. 59 ff.

ders. Entwicklung und allgemeine Grundlage des sowjetischen Zivilrechts, JbOR Jg.12 (1971/1), S. 149 ff.

ders. Grundzüge und Entwicklung des Zivilrechts der Russischen Föderation – Zum ZGB RF (erster Teil) von 1994, in: Zivilgesetzbuch der Russischen Föderation (Erster Teil) von 1994, Osteuropa-Institut der Freien Universität Berlin und IRZ-Stiftung (Hrsg.), Berlin 1997, S. 13 ff. (zit.: Roggemann, Grundzüge ZGB I)

ders. Grundzüge, Entwicklung und Regelungsbereich des Zweiten Teils des ZGB RF von 1995, in: Zivilgesetzbuch der Russischen Föderation (Zweiter Teil) von 1995, Osteuropa-Institut der Freien Universität Berlin und IRZ-Stiftung (Hrsg.), Berlin 2000, S. 17 ff. (zit.: Roggemann, Grundzüge ZGB II)

Rohlfing-Dijoux, St. Umsetzungsüberlegungen zur Kaufgewährleistungs-Richtlinie in Frankreich, in: Grundmann, S./Medicus, D./Rolland, W., Europäisches Kaufgewährlesitungsrecht, Reform und

Internationalisierung des deutschen Schuldrechts, Hallesche Schriften zum Recht, Band 13, 2000 (zit.: Rohlfing-Dijoux, in: Grundmann/Medicus/Rolland, Europäisches Kaufgewährleistungsrecht)

Romanec, Ju. V. Dogovory, napravlennye na peredaču imuščestva vo vremennoe pol'zovanie (Verträge, die auf zeitweise Gebrauchsüberlassung von Vermögensgegenständen gerichtet sind), Zakonodatel'stvo 1999 Nr. 12, S. 7 ff.

Rotar', A. Soglasovanie uslovij dogovora (Abstimmung von Vertragsbedingungen), Zakonodatel'stvo 2001 Nr. 11, S. 24 ff.

Roth, G. Handels- und Gesellschaftsrecht, 4. Auflage, München 1994 (zit.: Roth, Handelsrecht)

Rotondi, M. Entstehung und Niedergang des autonomen Handelsrechts in Italien, AcP 167 (1967), S. 29 ff.

ders. Inchieste di diritto comparato, Band 3 „Die Einheit des Obligationenrechts", Padua 1974 (zit.: Rotondi, Bd. 3)

Rovnyj, V. V. Ponjatie i priznaki predprinimatel'stva. Graždansko-pravovoj aspekt (Begriff und Merkmale des Unternehmertums. Zivilrechtlicher Aspekt), Irkutsk 1998 (zit.: Rovnyj, Ponjatie)

ders. Graždansko-pravovaja priroda predprinimatel'stva (Zivilrechtliche Natur des Unternehmertums), Irkutsk 1996

Rudolf, C. Das neue slowenische Schuldgesetzbuch, ZfRV 2002/4, S. 103 ff.

Ruwwe, D. Grundzüge des russischen Kaufrechts, WiRO 1999 Heft 2, S. 41 ff.

Sadikov, O. Ausgewählte Fragen des neuen russischen Wirtschaftsrechts. Ein Überblick. Stand: 1. November 1993, Arbeitspapiere herausgegeben von Peter Doralt, Nr. 14 (zit.: Sadikov, Ausgewählte Fragen)

ders. Das neue Zivilgesetzbuch Russlands, ZEuP 1996, S. 257 ff.

ders. Das zweite Buch des neuen ZGB Russlands, ZEuP 1999, S. 903 ff.

Sadikov, O. (Hrsg.) Kommentarij k Graždanskomu kodeksu Rossijskoj Federacii časti pervoj i vtoroj (Kommentar zum ersten und zweiten Teil des Zivilgesetzbuchs der Russischen Föderation), Moskau 1996 (zit.: Sadikov-Bearbeiter, Kommentar zum ZGB I, II) *ders.* Kommentarij k Graždanskomu kodeksu Rossijskoj Federacii časti pervoj I vtoroj (Kommentar zum ersten und zweiten Teil des Zivilgesetzbuchs der Russischen Föderation), 2. Auflage, Moskau 1997 (zit.: Sadikov-Bearbeiter, Kommentar zum ZGB I, II 1997)

Sandrock, O. (Hrsg.) Handbuch der internationalen Vertragsgestaltung, bearbeitet von Klaus F. Beckmann, Harald Jung, Udo Kornmeier, Peter Müller, Otto Sandrock und Fritz-Peter Steinschulte, Bd. 1, Heidelberg 1980

Sárközy, T. Das ungarische Wirtschaftsrecht an der Schwelle zum 21. Jahrhundert, Osteuropa-Recht, Hefte 3-4 2000, S. 255 ff.

ders. Handels- und Unternehmensrecht in Ungarn, in: Horn, Norbert / Pleyer, Klemens (Hrsg.), Handelsrecht und Recht der Kreditsicherheiten in Osteuropa, Berlin 1997, S. 90 ff. (zit.: *Sárközy,* in: Horn/Pleyer)

Sawadsky, S. Allgemeiner Teil, Sachen- und Obligationenrecht, in: Maklezov, A. V. (Hrsg.), Das Recht Sowjetrusslands, Tübingen 1925, S. 247 ff.

Schioppa, A. P. Handelsrecht (Italien), in: Coing (Hrsg.), Handbuch der Quellen und Literatur der neueren europäischen Privatrechtsgeschichte, Band III/3, 1986, S. 3209 ff. (zit.: Schioppa, in: Coing, Bd. III/3)

Schmidt, K. Das HGB und die Gegenwartsaufgaben des Handelsrechts, Berlin 1983 (zit.: Schmidt, Gegenwartsaufgaben)

ders. Handelsrecht, 5. Auflage, München 1999 (zit.: Schmidt, HandelsR)

Schmitthoff, C. M. Das neue Recht des Wandels, RabelsZ, 28 (1964), S. 47 ff.

Schultz, L. Russische Rechtsgeschichte, Lahr 1951

Schulze, U. W. Vortragsnachmittag zum ukrainischen Zivilrecht, in: Mitteilungen der Vereinigung für deutsch-russisches Wirtschaftsrecht e.V. Nr. 22 (Jg. 14/2003)

Schrage, E. J. H. The new Civil Code of The Netherlands: some old, some new, in: Boizova/Boizova, Gollandskaja pravovaja kul'tura (Holländische Rechtskultur), Moskau 1998

Schwark, E. Die Abgrenzung von Schuldrecht und Handelsrecht als legislatorisches Problem, in: Kindermann, H. (Hrsg.), Studien zu einer Theorie der Gesetzgebung, 1982, Berlin 1982, S. 11 f.

Schwarz, B. Die Staatliche Registrierung beim Wirtsschaftsministerium der Russischen Föderation, WiRO 8/1995, S. 314

Seeler, W. von Der Entwurf des russischen Zivilgesetzbuches, Berlin 1911, Einleitung, S. 6 ff. (zit.: Seeler, Entwurf)

Semeusov, V. A. Predprinimatel'skoe pravo: Programma kursa (Unternehmensrecht: Kursprogramm), Irkutsk 1996 (zit.: Semeusov, Predprinimatel'skoe pravo)

Sergeev, A. P./ Tolstoj, Ju. K. (Hrsg.) Graždanskoe pravo, čast' 1 (Zivilrecht, 1. Teil), 3. Auflage, Moskau 1998 (zit.: Sergeev/Tolstoj, Graždanskoe pravo I)

dieselben Graždanskoe pravo, čast' 2 (Zivilrecht, 2. Teil), Moskau 1997 (zit.: Sergeev/Tolstoj, Graždanskoe pravo II)

Šeršenevič, G. F. Učebnik torgovogo prava (Lehrbuch des Handelsrechts), po izdaniju 1914, Neudruck: Moskau 1994 (zit.: Šeršenevič)

ders. Učebnik russkogo graždanskogo prava (Lehrbuch des russischen Zivilrechts), po izdaniju 1907, Neudruck: Moskau 1995 (zit.: Šeršenevič, Učebnik russkogo graždanskogo prava)

ders. Kurs torgovogo prava (Kurs des Handelsrechts), 4 Bände, Band 1, 4. Auflage, St. Petersburg 1908 (Šeršenevič, Kurs torgovogo prava, Band 1)

ders. Sistema torgovych dejstvij. Kritika osnovnych ponjatij torgovogo prava (Das System der Handelsgeschäfte. Eine Kritik der Grundbegriffe des Handelsrechts), Kazan' 1887 (zit.: Šeršenevič, Sistema torgovych dejstvij)

Šičanin, A./ Grivkov, O. Osnovanija izmenenija i prekraščenija dogovorov v sfere predprinimatel'skoj dejatel'nosti (Gründe für Vertragänderung und -aufhebung in der Sphäre der unternehmerischen Tätigkeit), Pravo i ėkonomika 2001 Nr. 2, 23

Smetanin, A. Dogovor – zakonnaja svoboda (Vertrag – die gesetzliche Freiheit), ĖiŽ- Jurist vom 10.3.2001, S. 2 ff.

Smirnova, E. Primenenie Konvencii OON o dogovorach meždunarodnoj kupli-prodaži tovarov (Anwendung des Übereinkommens der Vereinten Nationen über Verträge über den internationalen Warenkauf), RJ 1997 Nr. 11, S. 26 ff.

Smith, T.B. The influence abroad of the modern Dutch movement for code revision, WPNR 1980, S. 55 ff.

Solotych, St. Das Zivilgesetzbuch der Russischen Föderation, Erster Teil, Textübersetzung mit Einführung, 2. Auflage, Baden-Baden 1997 (zit.: Solotych, ZGB Teil 1)

dies. Das neue russische ZGB aus rechtsvergleichender Sicht, in: Schröder, F.-Chr. (Hrsg.), Die neuen Kodifikationen in Russland, Berlin 1997, S. 27 ff. (zit.: Solotych, in: Schröder, Die neuen Kodifikationen)

dies. Das russische Recht der Handelsgesellschaften, in: WiRO-Handbuch SYST 31 RUS, S. 1 ff. (zit.: Solotych, Das russische Recht der Handelsgesellschaften, S. 1 f.)

dies. Unternehmensgründung in der Russischen Föderation, in: WiRO-Handbuch SYST 11 RUS (zit.: Solotych, Unternehmensgründung)

dies. Das Zivilgesetzbuch der Russischen Föderation, Zweiter Teil, Textübersetzung mit Einführung, 1. Auflage, Baden-Baden 2000 (zit.: Solotych, ZGB Teil 2)

Solovjanenko, N. Soveršenie sdelok putëm ėlektronnogo obmena dannymi (Geschäftsabschluss durch elektronischen Datenaustausch), ChiP 1997 Nr. 6, S. 52 ff. und Nr. 7, S. 55 ff.

Sonnenberger, H. Französisches Handels- und Wirtschaftsrecht, 2. Auflage, München 1991

Sosna, S. A. Novoe v graždanskom prave: frėnčajzing (Neues im Zivilrechts: Franchising), GiP 1997 Nr. 7, S. 25 ff.

Speranskij, M. M. Geschichtliche Einleitung in das Corpus Juris des Russischen Reichs (Übersetzung aus den Russischen), Riga und Dorpat 1833

Sprague, L. Russia`s Civil Code (Diamond in the Rough): A model code in a dysfunctional state, JEEL 2000 Vol. 7 No. 1, S. 1 ff.

Šreter, V. Sovetskoe chozjajstvennoe pravo (pravo torgovo-promyšlennoe), Moskau-Petersburg 1928

Ščur, D. L. Dogovory v torgovle (Verträge im Handel), Moskau 1997

Stalev, Z. Economic reform in Bulgaria and its legal framework, in: Seiffert, W./Säcker, F.-J./Wolfrum, R. (Hrsg.), Wirtschafts- und Gesellschaftsrecht Osteuropas im Zeichen des Übergangs zur Marktwirtschaft, Band 1, München 1992 (zit.: Stalev, in: Wirtschafts- und Gesellschaftsrecht Osteuropas)

Stampe, V. Der Funktionsbereich der russischen Wirtschaftsgerichtsbarkeit, Diss. Köln, Hamburg 2000

Staudenmayer, D. EG-Richtlinie 1999/744/EG zur Vereinheitlichung des Kaufgewährleistungsrechts, in: Grundmann, S./Medicus, D./Rolland, W., Europäisches Kaufgewährleistungsrecht, Reform und Internationalisierung des deutschen Schuldrechts, Hallesche Schriften zum Recht, Band 13, 2000 (zit.: Staudenmayer, in: Grundmann/Medicus/Rolland, Europäisches Kaufgewährleistungsrecht)

Staudinger, J. von Kommentar zum Bürgerlichen Gesetzbuch mit Einführungsgesetz und Nebengesetzen, Erstes Buch, Einleitung, Allgemeiner Teil, 13. Auflage, Berlin 1993 (zit.: Staudinger-Bearbeiter)

Steininger, A. Das russische Kaufrecht, Diss., Berlin 2001 (zit.: Steininger, Kaufrecht)

Strumilin, S. G. Dogovor zaijma v drevnerusskom prave (Darlehensvertrag im altrussischen Recht), Moskau 1929

Suchanov, E. A. Osnovy graždanskogo zakonodatel'stva (Grundlagen der Zivilgesetzgebung), ChiP 1992 Nr. 1, S. 13 ff.

ders. O proekte novogo Graždanskogo kodeksa Rossii (Über den Entwurf des neuen russischen Zivilgesetzbuches), VMU 1993 Nr. 5, S. 3 ff.

ders. Sistema častnogo prava (System des Privatrechts), VMU 1994 Nr. 4, S. 30 ff.

ders. Predislovie (Einführung), in: Šeršenevič, Učebnik torgovogo prava (Lehrbuch des Handelsrechts), po izdaniju 1914, Neudruck: Moskau 1994 (zit.: Suchanov, Einführung)

ders. Russia's new Civil code, PSJEEL 1994, Vol. 1, S. 619 ff.

ders. Economic Partnerships and companies in the new Civil Code of Russia, Review of Central and East European Law 1995 No. 5, p. 483 ff.

ders. Novyj Graždanskij kodeks Rossii (Neues Zivilgesetzbuch Russlands), Zakonnost' 1995 Nr. 3, S. 2 ff.

ders. Sovremennaja kodifikacija graždanskogo zakonodatel'stva v Rossii (Gegenwärtige Kodifikation der Zivilgesetzgebung in Russland), VMU 1995 Nr. 3, S. 3 ff.

ders.	Razvitie graždanskogo zakonodatel'stva Rossii pri perechode k rynku (Die Entwicklung der Zivilgesetzgebung Russlands beim Übergang zum Markt), in: Graždanskoe pravo Rossii pri perechode k rynku (Zivilrecht Russlands im Übergang zum Markt), Gedenkschrift für V. P. Gribanov, Moskau 1995 (zit.: Suchanov, in: FS für Gribanov)
ders.	Juridičeskie lica (Juristische Personen), ChiP 1995 Nr. 3, S. 3 f.
ders.	Juridičeskie lica, gosudarstvennye i municipal'nye preobrazovanija (Juristische Personen, staatliche und kommunale Unternehmen), ChiP 1995 Nr. 4, S. 3 ff.
ders.	Problemy pravovogo položenija kompanij v novom Graždanskom kodekse Rossii (Probleme der Rechtsstellung von Handelsgesellschaften im neuen Zivilgesetzbuch Russlands), ChiP 1995 Nr. 8, S. 61 ff.
ders.	Graždanskoe pravo (Zivilrecht), tom I (Band I), 2. Auflage, Moskau 1998
ders.	Interview mit Prof. Suchanov, Zakonodatel'stvo 1998 Nr. 10, S. 2 ff.
Suchanov, E .A./ Bergmann, W.	Vvedenie (Einführung), in: Germanskoe pravo, čast' I, Graždanskoe uloženie (Deutsches Recht, Teil 1, Bürgerliches Gesetzbuch), Moskau 1996 (zit.: Suchanov/Bergmann, Einführung)
Suchanov, E./ Makovskij, A.	Eščë raz o chozjajstvennom prave, tekuščem momente i ob ošibkach t. Mamutova (Nochmals zum Wirtschaftsrecht, zur aktuellen Lage sowie zu den Fehlern von G. Mamutov), ChiP 2001 Nr. 8, S. 17 ff.
Spiro, K.	Einheit der Kodifikation und Selbständigkeit des Handelsrechts in der Schweiz, in: Rotondi, Inchieste di diritto comparato Bd. 3 „Die Einheit des Obligationenrechts" (Padua 1974), S. 569 ff. (zit.: Spiro, in: Rotondi)
Szécsényi, L.	Aktuelle Rechtsfragen des ungarischen Handelsrechts, Fälle und Lösungen, Arbeitspapier Nr. 68; Stand: Dezember 1999 (zit.: Szécsényi, Ungarisches Handelsrecht)
Tadevosjan, V. S.	Nekotorye voprosy sistemy sovetskogo prava (Einige Fragen des Systems des Sowjetrechts), SGiP 1956 Nr. 8, S. 99 ff.
ders.	Suščnost' sovetskogo chozjajstvennogo prava i predstojaščaja kodifikacija graždanskogo zakonodatel'stva (Das Wesen des

sowjetischen Wirtschaftsrechts und die bevorstehende Kodifikation der Zivilgesetzgebung), SGiP 1959 Nr. 6, S. 50 ff.

Tal', L. Ponjatie i suščnost' chozjajstvennogo prava (Begriff und Wesen des Wirtschaftsrechts), Pravo i žizn' 1924 Nr. 9, S. 18 f.

Tel'garin, R. O svobode zaključenija graždansko-pravovych dogovorov v sfere predprinimatel'stva (Zur Abschlussfreiheit von zivilrechtlichen Verträgen in der Sphäre des Unternehmertums), RJ 1997 Nr. 10, S. 13 ff.

ders. O svobode zaključenija dogovora prisoedinenija. Analiz zarubežnogo i rossijskogo zakonodatel'stva (Über die Abschlussfreiheit des Beitrittsvertrags. Analyse der ausländischen und russischen Gesetzgebung), RJ 1997 Nr. 1, S. 12 ff.

Thöl, H. Das Handelsrecht als gemeines in Deutschland geltendes Privatrecht mit Berücksichtigung des ausserdeutschen Handelsrechts, Band 1, 1. Auflage, Göttingen 1841 (zit.: Thöl, Handelsrecht)

Tereščenko, L. K. Pravovoe regulirovanie ėlektronnoj kommercii (Rechtliche Regulierung des E-Commerce), Juridičeskij mir, Oktober 2001, S. 36 ff.

Tichomirov, Ju. A. Predprinimatel' i zakon. Praktičeskoe posobie (Unternehmer und Gesetz. Praktisches Handbuch), Moskau 1996

Tišanskaja, O. V. Ponjatie predprinimatel'skoj dejatel'nosti (Begriff der unternehmerischen Tätigkeit), Pravovedenie 1994 Nr. 1, S. 68

Titov, Ju. P. Chrestomatija po istorii gosudarstva i prava Rossii (Textsammlung zu Geschichte und Recht Russlands), Moskau 1999

Tjunin, V. I. Ugolovnaja otvetstvennost' za nezakonnoe predprinimatel'stvo v sfere torgovli (Strafbarkeit für ungesetzliches Unternehmertum in der Sphäre des Handels), Pravovedenie 1996 Nr. 1, S. 70 ff.

Tolstoj, G. K. Kodifikacija grazdanskogo zakonodatel'stva v SSSR (Die Kodifikation der Zivilgesetzgebung der UdSSR), Leningrad 1970 (zit.: Tolstoj, Kodifikacija)

Tolstoj, Ju. K. Kakim byt' graždanskomu zakonodatel'stvu? (Wie soll die Zivilgesetzgebung sein?), Pravovedenie 1990 Nr. 5, S. 62 ff.

ders. Na putjach kodifikacii graždanskogo zakonodatel'stva (Auf dem Weg der Kodifizierung der Zivilgesetzgebung), Pravovedenie 1994 Nr. 3, S. 22 ff.

ders. Graždanskoe pravo i graždanskoe zakonodatel'stvo (Zivilrecht und Zivilrechtsgesetzgebung), Pravovedenie 1998 Nr. 2, S. 128 ff.

Toropnin, B. Die Rechtsgrundlagen der Wirtschaftsreform in Russland, in: Seiffert/Säcker/Wolfrum (Hrsg.), Wirtschafts- und Gesellschaftsrecht Osteuropas im Zeichen des Übergangs zur Marktwirtschaft, Band 1, München 1992 (zit.: Toropnin, in: Wirtschafts- und Gesellschaftsrecht Osteuropas)

Tot'ev, K. Publičnyj dogovor (Öffentlicher Vertrag), ChiP 1995 Nr. 6, S. 76

Udincev, V. A. Istorija obosoblenija torgovogo prava (Geschichte der Absonderung des Handelsrechts), Kiev 1900 (zit.: Udincev, Istorija obosoblenija)

Ušakov, D. Sroki v dogovore postavki i rynočnye otnošenija (Fristen im Liefervertrag und marktwirtschaftliche Beziehungen), Zakonodatel'stvo i ėkonomika 2001 Nr. 3, S. 9 ff.

Vachnin, I. Ob osnovanijach formirovanija uslovij dogovora v predprinimatel'skoj dejatel'nosti (Über die Grundlagen der Ausgestaltung von Vertragsbedingungen im Rahmen unternehmerischer Tätigkeit), ChiP 1999 Nr. 3, S. 39 ff.

ders. Osobennosti formirovanija obyčaev delovogo oborota v dogovornoj rabote (Besonderheiten der Herausbildung der Handelsbräuche in der Vertragspraxis), Zakonodatel'stvo 1999 Nr. 5, S. 35 ff.

Vanin, V. V. O charaktere pravosposobnosti predprinimatelja (Über den Charakter der Rechtsfähigkeit des Unternehmers), in: Severo-Kavkazskij vestnik (Nord-Kaukasischer Informationsbote) 1997 Nr. 2, S. 147 ff.

Vasilevskaja, L. Ju. Lizing v Germanii i Rossii: opyt sravnitel'nogo pravovogo issledovanija (Leasing in Deutschland und Russland: Erfahrungen einer rechtsvergleichenden Untersuchung), Moskau 2002

Vékás, L. Zum neuen ungarischen Gesellschaftsrecht, JbOR XXX/2 (1989), S. 345 ff.

ders. Privatrecht und Wirtschaftsverfassung in Ungarn, in: Schlechtriem, Peter (Hrsg.), Privatrecht und Wirtschaftsverfassung, Schriften der Ernst von Caemmerer-Gedächtnisstiftung, 1. Auflage, Baden-Baden 1994

Vitrjanskij, V. V. Nedejstvitel'nost' sdelok v sudebno-arbitražnoi praktike (Unwirksamkeit von Geschäften in der Praxis der Wirtschafstgerichte), in: Graždanskij kodeks Rossii. Problemy. Teorija. Praktika: Sbornik pamjati S. A. Chochlova (Zivilgesetzbuch Russlands. Probleme. Theorie. Praxis: Gedenkschrift an S. A. Chochlov), Moskau 1998, S. 131 ff. (zit.: Vitrjanskij, Nedejstvitel'nost' sdelok)

ders. Dogovory, obslživajuščie graždan. Rozničnaja kuplja-prodaža, prokat (Verbraucherverträge. Einzelhandelskauf, Verbraucherwerkvertrag), Zakon 1996 Nr. 6, S. 112 ff.

Venediktov, A. V. Obsuždenie voprosov sistemy sovetskogo prava i socialističeskoi zakonnosti (Diskussion über Fragen des Systems des Sowjetrechts und der sozialistischen Gerechtigkeit), SGiP 1958 Nr. 11, S. 127 ff.

Vilesova, O. P./ Kazakova, A. V. Dogovor komissii: pravovoe regulirovanie (Kommissionsvertrag: rechtliche Regulierung), Auditorskie vedomosti 2001 Nr. 2

Vladimirskij-Budanov, M. Obzor" istorii russkogo prava (Überblick über die russische Rechtsgeschichte), 7.Auflage, Petrograd 1915

Vol'dman, Ju. Ob osobennostjach pravovogo regulirovanija truda v krest'janskom (fermerskom) chozjajstve (Über Besonderheiten der rechtlichen Regulierung der Arbeit in einer Land- (Farm-) wirtschaft, ChiP 1998 Nr. 3, S. 48 ff., Nr. 4, S. 38 ff.

Vol'f, V.Ju. Osnovy chozjajstvennogo prava (Grundlagen des Wirtschaftsrechts), Moskau 1928

Voltchenko, M. Remedies for breach of sales contracts: An analysis of the new Russian Civil Code from a comparative perspective, PSJEEL 1996 Vol. 3:713, S. 713 ff.

Voskresenskij, G. Torgovoe pravo v Rossii dolžno byt' (Handelsrecht in Russland muss existieren), RJ 1994 Nr. 12, S. 28 ff.

Wähler, J. P. Das Verhältnis von Zivilrecht und Wirtschaftsrecht in der Sowjetunion, RabelsZ 51 (1987), S. 515 ff.

ders. (Hrsg.) Deutsches und sowjetisches Wirtschaftsrecht, Band I, Tübingen 1981; Band II 1983; Band III 1990, Band IV 1990, Band V, 1991 (zit.: Wähler (Hrsg.), Deutsches und sowjetisches Wirtschaftsrecht, Band)

ders. (Hrsg.) Zur Einführung eines neuen Zivilgesetzbuches in der Russischen Föderation, in: Vereinigung für deutsch-russisches Wirtschaftsrecht e.V. (Hrsg.), Mitteilungen Nr. 8-9 (Jg. 5/ 1994/ 1-2), S. 24 ff.

Westen, K. Die Rolle der Rechtsvergleichung im ost- und mitteleuropäischen Reformprozess, ROW 1991 /1, S. 1 ff.

ders. Das „sozialistische Zivilrecht“ und die Kontinuität europäischer Zivilrechtsentwicklung, JZ 1993, S. 8 ff.

Wilhelm, W. Gesetzgebung und Kodifikation in Frankreich im 17. und 18. Jahrhundert, in: Ius Commune, Band 1, Veröffentlichungen des Max-Planck-Instituts für Europäische Rechtsgeschichte, Frankfurt 1967, S. 241 ff. (zit.: Wilhelm, in: Ius Commune, Band 1)

Zalesskij, V. V. Pravosposobnost' juridičeskogo lica (Rechtsfähigkeit der juristischen Person), Pravo i ėkonomika 1999 Nr. 5, S. 85 ff.

Zavadskij, A. W. Vvedenie. Ob istočnikach russkogo torgovogo prava (Einleitung. Quellen des russischen Handelsrechts), in: Die Handelsgesetze des Erdballs, Band IX Osteuropa, Berlin 1906, S. V ff. (zit.: Zavadskij, Quellen des russischen Handelsrechts)

Zavidov, B. Dogovor kommerčeskogo predstavitel'stva (Handelsvertretervertrag), RJ 1998 Nr. 1, S. 23 ff.

ders. Osobennosti vozmezdnych dogovorov. Otdel'nye sovety predprinimateljam po dogovornym objazatel'stvam. (Besonderheiten entgeltlicher Verträge. Einzelne Ratschläge für Unternehmer bei vetraglichen Verpflichtungen), Pravo i ėkonomika 2000 Nr. 8, S. 24 ff. und Nr. 9, S. 5 ff.

ders./Gusev, O. Osobennosti vozmezdnych dogovorov. Otdel'nye osobennosti dogovoroa i ego struktura (Besonderheiten entgeltlicher Verträge. Einzelne Besonderheiten des Vertrages und seiner Struktur), Pravo i ėkonomika 2000 Nr. 7, S. 7 ff.

Zenkin, I. V. Novyj Graždanskij kodeks Rossijskoj Federacii. Predprijatie i predprinimatel'skaja dejatel'nost' (Das neue Zivilgesetzbuch der Russischen Föderation. Unternehmen und unterneh-merische Tätigkeit), Moskau 1995 (zit.: Zenkin)

Žilinskij, S. Predprinimatel'skoe pravo (pravovaja osnova predprinimatel'skoj dejatel'nosti) (Unternehmensrecht – Rechtsgrundlagen unternehmerischer Tätigkeit), Moskau 2000 (zit.: Žilinskij, Predprinimatel'skoe pravo)

Zinčenko, S./ Lapač, V./ Gazar'jan, B. Novyj Graždanskij kodeks i predprinimatel'stvo: problemy regulirovanija (Das neue Zivilgesetzbuch und das Untrenehmertum: Probleme der Regulierung), ChiP 1995 Nr. 10, S. 87 ff.

Zinčenko, S./ Gazar'jan, B Ničtožnye i osporimye sdelki v sfere predprinimatel'stva (Nichtige und anfechtbare Rechtsgeschäfte in der Sphäre des Unternehmertums), ChiP 1997 Nr. 2, S. 120 ff.

Zinčenko, S./ Šapsugov, D./ Korch, S. Predprinimatel'stvo i status ego sub"ektov v sovremennom rossijskom prave (Unternehmertum und der Status seiner Subjekte), Rostov na Donu 1999

Zvereva, E.A. Predprinimatel'skajaj dejatel'nost': pravovye kriterii (Unternehmerische Tätigkeit: rechtliche Kriterien), ĖPOS 1996 2 (7), S. 24 ff.

dies. Otvetstvennost' predprinimatelja za narušenija dogovornych objazatel'stv (Haftung des Unternehmers für Verletzung vertraglicher Pflichten), Moskau 1999 (zit.: Zvereva, Otvetstvennost')

Zweigert, K./ Kötz, H. Einführung in die Rechtsvergleichung auf dem Gebiete des Privatrechts, Band 1 - Grundlagen, 3. Auflage, Tübingen 1996

Textübersetzungen des ZGB

Butler, W. E. Civil Code of the Russian Federation, Parts 1 & 2, Second Edition, London 1998

Muggs, P./ Zhiltsov, A. The Civil Code of the Russian Federation, parts 1 and 2, New York, London 1997

Osteuropa-Institut der Freien Universität Berlin und IRZ-Stiftung (Hrsg.) Zivilgesetzbuch der Russischen Föderation (Erster Teil) von 1994, Berlin 1997 und Zweiter Teil von 1995, Berlin 2000

Solotych, St. Das Zivilgesetzbuch der Russischen Föderation, Erster Teil, Textübersetzung mit Texteinführung, 2. Auflage, Baden-Baden

1998

dies. Das Zivilgesetzbuch der Russischen Föderation, Zweiter Teil, Textübersetzung mit Texteinführung, 1. Auflage, Baden-Baden 2000

Peter Lang · Europäischer Verlag der Wissenschaften

Britta Leippe

Die Bilanzierung von Leasinggeschäften nach deutschem Handelsrecht und US-GAAP

Darstellung und Zweckmäßigkeitsanalyse

Frankfurt am Main, Berlin, Bern, Bruxelles, New York, Oxford, Wien, 2002.
XXVI, 384 S., 41 Abb.
Betriebswirtschaftliche Studien. Rechnungs- und Finanzwesen, Organisation und Institution. Herausgegeben von Wolfgang Ballwieser, Christoph Kuhner und Dieter Ordelheide (†). Bd. 60
ISBN 3-631-39027-0 · br. € 68.50*

Leasinggeschäfte als eine besondere Form der Miete werden eine immer beliebtere Finanzierungsalternative, weil sie die Liquidität der Unternehmen schonen, steuerliche Vorteile bieten und so gestaltet werden können, daß sie sich in der Bilanz des Leasingnehmers nicht niederschlagen. Letzteres wird begünstigt durch fehlende oder unklare Bilanzierungsvorschriften für Leasing im deutschen Bilanzrecht, so daß es dem Management weitgehend selbst überlassen bleibt, ob und wie es Leasinggeschäfte in der Bilanz darstellt. Die Arbeit untersucht daher, wie Leasinggeschäfte bilanziert werden müssten, damit der Zweck der Rechnungslegung – Schutz der Kapitalgeber vor einem eigennützig handelnden Management – erfüllt wird. Zusätzlich wird analysiert, welche Konsequenzen die Übernahme der US-amerikanischen Vorschriften zur Leasingbilanzierung in das deutsche Bilanzrecht hätte.

Aus dem Inhalt: Rechtliche und ökonomische Aspekte des Leasing · Rechnungslegungszwecke und -konzeptionen · Bilanzierung von Leasinggeschäften nach deutschem Handelsrecht und US-GAAP · Zweckmäßige Bilanzierungsvorschriften für Leasinggeschäfte